电力企业合规师职业技能技术培训教材

中国电力企业联合会
中国电力国际产能合作企业联盟　编著

中国建设科技出版社有限责任公司
China Construction Science and Technology Press Co., Ltd.
北　京

图书在版编目（CIP）数据

电力企业合规师职业技能技术培训教材/中国电力企业联合会中国电力国际产能合作企业联盟编著．北京：中国建设科技出版社有限责任公司，2025.6.
ISBN 978-7-5160-4446-9

Ⅰ.F426.61

中国国家版本馆CIP数据核字第20252RN514号

电力企业合规师职业技能技术培训教材
DIANLI QIYE HEGUISHI ZHIYE JINENG JISHU PEIXUN JIAOCAI

中国电力企业联合会
中国电力国际产能合作企业联盟　编著

出版发行：	中国建设科技出版社有限责任公司
地　　址：	北京市西城区白纸坊东街2号院6号楼
邮　　编：	100054
经　　销：	全国各地新华书店
印　　刷：	北京联兴盛业印刷股份有限公司
开　　本：	889mm×1194mm　1/16
印　　张：	28.5
字　　数：	810千字
版　　次：	2025年6月第1版
印　　次：	2025年6月第1次
定　　价：	**148.00元**

本社网址：www.jskjcbs.com，微信公众号：zgjskjcbs
请选用正版图书，采购、销售盗版图书属违法行为
版权专有，盗版必究。本社法律顾问：北京天驰君泰律师事务所，张杰律师
举报信箱：zhangjie@tiantailaw.com　举报电话：（010）63567684
本书如有印装质量问题，由我社事业发展中心负责调换，联系电话：（010）63567692

本书编委会

主　　　任　杨　昆
副　主　任　江宇峰
主　　　编　许光滨
副　主　编　孙建华　刘冬野　王　茁　张瑞江　刘树根　张云涛　陈德贵
　　　　　　张　彤　吴姜宏　林　峰　周京皖　蔡午江　屈自伟　张轶斐
　　　　　　陈　臻

综　述　篇　刘　坤　黄　遵　齐　娜　魏　武　朱　黔　李书鹏　苑　迪
　　　　　　李祎晨　徐　丹　郝　婕　孙梦婕　吕卓琳　武华慧　乔　骄
第　一　章　田　禾　张　健　高宏伟　邵维梓　蒋瀚云　林　姝　田　森
第　二　章　李爱平　张葛军　罗中治　刘海龙　王　腾
第　三　章　魏　超　李　婷　余　欣　邹一葵　唐锡良　胡　金
第　四　章　王　兴　丁　锐　任世辉　欧阳静蕾　汪东峡　马　永
第　五　章　王　兰　屈凡玉　吴俣昊　张雪松　董汉清　孙彦斌
第　六　章　王　岩　王　勇　王伟伟　蒋　烨　李小燕　张忠凯
第　七　章　陈　艳　张懿啸　王超君　李　昂　宋艳媚　王春林　徐志杰
第　八　章　张　硕　吕巧珍　杨程程　白如伟　孙　晨　李昕雨　徐　鑫
　　　　　　田志平
第　九　章　董　芳　胡　蓉　刘玉飞　徐澜涛　韩景达　商　微　赵倩茹

前　　言

在当今高度发展且复杂多变的能源领域，电力行业作为国民经济的重要支柱，其合规运营对于保障能源供应的稳定、安全，促进社会经济的可持续发展，以及维护公共利益都具有至关重要的意义。随着电力体制改革的不断深入，市场竞争的日益激烈，以及法律法规和监管要求的日益严格，电力企业面临着前所未有的合规挑战。为了帮助广大电力从业者提升合规意识和技能，我们精心编写了这本《电力企业合规师职业技能技术培训教材》。

合规，不仅仅是遵守法律法规，更是一种价值理念和企业文化的体现。对于电力企业而言，合规意味着在电力生产、传输、分配和销售的各个环节，都要遵循相关的法律、法规、政策和标准，确保企业的运营活动合法、公正、透明。合规不仅能够帮助企业规避法律风险，避免因违法违规行为而遭受行政处罚和经济损失，还能够提升企业的社会形象和市场竞争力，赢得社会公众的信任和支持。

然而，电力合规并非一蹴而就，它需要电力从业者具备扎实的专业知识、敏锐的风险意识和有效的应对策略。这本教材的编写，正是基于这样的需求和背景，旨在为广大电力从业者提供一套系统、全面、实用的合规技能培训资料。

本教材涵盖了电力合规的各个方面，包括招标投标合规管理、电力项目投资并购合规管理、电力环保合规管理、第三方管理合规管理、反腐败与反商业贿赂合规管理、知识产权合规管理、网络安全与数据保护合规管理、电力市场交易合规管理、境外合规管理等。在内容编排上，我们力求做到条理清晰、重点突出、通俗易懂。每一章都配有丰富的案例分析和实际操作指南，帮助读者更好地理解和掌握相关的合规知识和技能。

在编写过程中，我们充分借鉴了国内外电力合规领域的先进经验和研究成果，结合我国电力行业的实际情况，对电力合规的理论和实践进行了深入的探讨和分析。我们还邀请了多位电力行业的专家学者和资深从业者参与教材的编写和审核工作，确保教材的内容具有权威性、实用性和前瞻性。

我们希望，通过这本教材的学习，广大电力从业者能够树立正确的合规理念，掌握扎实的合规知识和技能，提升自身的合规能力和水平。同时，我们也希望能够为电力企业加强合规管理，推动电力行业的健康发展贡献一份力量。

然而，我们也深知，电力合规是一个不断发展和变化的领域，法律法规和监管要求也在不断更新和完善。因此，我们将持续关注电力合规领域的最新动态，及时对教材内容进行修订和完善，以确保教材的时效性和实用性。

最后，我们要感谢所有参与教材编写和审核工作的专家学者和资深从业者，感谢他们的辛勤付出和无私奉献。同时，我们也要感谢广大读者对本教材的支持和关注，希望大家在学习过程中能够多提宝贵意见和建议，以便我们不断改进和完善教材内容。

让我们共同努力，提升电力合规技能，为推动我国电力行业的高质量发展，保障能源安全和公共利益，建设美丽中国贡献自己的力量！

本书编委会
2024 年 10 月

目 录

综述篇 ……………………………………………………………………………………（ 1 ）

第一章　招投标合规管理 ……………………………………………………………（ 30 ）
　　第一节　招投标合规基础知识 ………………………………………………………（ 30 ）
　　第二节　电力企业招投标合规管理实务 ……………………………………………（ 43 ）
　　第三节　招投标合规管理经典案例 …………………………………………………（ 56 ）
　　附录　相关法律法规、标准、指引知识 ……………………………………………（ 61 ）

第二章　电力项目投资并购合规管理 ………………………………………………（ 63 ）
　　第一节　电力项目投资并购基础理论 ………………………………………………（ 63 ）
　　第二节　电力项目投资并购中的常见要点 …………………………………………（ 71 ）
　　第三节　电力项目投资并购领域合规管理实务 ……………………………………（ 74 ）
　　第四节　电力项目投资并购合规风险案例 …………………………………………（ 94 ）

第三章　电力环保合规管理 …………………………………………………………（ 97 ）
　　第一节　电力企业环保合规基础理论 ………………………………………………（ 97 ）
　　第二节　电力环保领域合规管理实务 ………………………………………………（109）
　　第三节　电力环保领域合规管理经典案例 …………………………………………（129）
　　附录　相关法律法规、标准、指引知识 ……………………………………………（132）

第四章　第三方管理合规管理 ………………………………………………………（133）
　　第一节　第三方管理领域基础理论 …………………………………………………（133）
　　第二节　第三方管理领域合规管理实务 ……………………………………………（151）
　　第三节　第三方管理领域合规管理经典案例 ………………………………………（167）

第五章　反腐败与反商业贿赂合规管理 ……………………………………………（173）
　　第一节　反腐败与反商业贿赂基础理论 ……………………………………………（173）
　　第二节　反腐败与反商业贿赂合规管理实务 ………………………………………（188）
　　第三节　反腐败与反商业贿赂合规管理经典案例 …………………………………（205）

第六章　知识产权合规管理 …………………………………………………………（210）
　　第一节　电力行业知识产权合规基础理论 …………………………………………（210）

第二节　知识产权领域合规管理实务 …………………………………………………………（222）
  第三节　知识产权合规管理领域典型案例 ………………………………………………………（252）

第七章　网络安全与数据保护合规管理 ……………………………………………………………（260）
  第一节　网络安全基础知识 ………………………………………………………………………（260）
  第二节　数据安全基础知识 ………………………………………………………………………（266）
  第三节　密码基础知识 ……………………………………………………………………………（273）
  第四节　工业控制系统基础知识 …………………………………………………………………（278）
  第五节　网络安全工作方法 ………………………………………………………………………（287）
  第六节　网络安全与数据保护合规管理实务 ……………………………………………………（308）
  第七节　网络安全与数据保护合规管理经典案例 ………………………………………………（366）

第八章　电力市场交易合规管理 ……………………………………………………………………（372）
  第一节　电力市场交易基础理论 …………………………………………………………………（372）
  第二节　电力市场交易合规管理实务 ……………………………………………………………（387）
  第三节　电力市场交易领域合规管理案例 ………………………………………………………（393）

第九章　境外合规管理 ………………………………………………………………………………（400）
  第一节　境外领域合规管理基础理论 ……………………………………………………………（400）
  第二节　境外领域合规管理实务 …………………………………………………………………（418）
  第三节　境外领域合规管理经典案例 ……………………………………………………………（444）

综 述 篇

一、引言

（一）编写背景

在当今复杂多变的商业环境中，电力行业的企业面临着日益严峻的法律、监管及道德挑战。鉴于电力行业的企业多处于技术密集型且对社会经济发展至关重要的领域，确保企业运营严格遵守国家法律法规、行业标准以及国际最佳实践显得尤为关键。随着全球范围内对于可持续发展、环境保护、安全生产等方面的重视程度和监管要求不断提高，建立健全有效的合规管理体系已成为电力行业企业不可或缺的一环和亟须面对的关键课题。电力行业的合规管理是企业适应市场变化、防范风险、提升竞争力的重要手段，对于保障企业的长期稳定发展具有不可替代的作用。

然而，行业内具备专业知识与技能的合规师相对匮乏，这已成为制约企业有效应对合规挑战的关键因素之一。根据中国电力企业联合会发布的《中国电力行业年度发展报告（2023）》(http://www.cec.org.cn/)，电力企业在合规管理方面普遍存在人才短缺问题，特别是在高级合规管理和风险控制领域。许多企业尚未建立起完善的合规管理体系，缺乏系统性的培训和指导，导致从业人员的专业能力难以满足实际工作需要。此外，由于合规管理工作涉及面广、专业性强，现有员工往往难以全面掌握相关法律法规和最佳实践，从而影响了企业的整体合规水平。

因此，加强电力行业企业合规师队伍建设，提高其专业技能，已成为当务之急。通过系统的培训和教育，培养一批既懂电力业务又精通合规管理的专业人才，不仅能够帮助企业更好地适应外部监管环境，还能有效防范潜在风险，推动行业的健康持续发展。

（二）编写目的

随着我国经济的持续快速发展和电力行业的不断改革深化，电力企业面临的法律环境日益复杂多变。电力行业作为国民经济的重要支柱之一，其健康发展对于保障国家能源安全、推动经济社会可持续发展具有不可替代的作用。在此背景下，企业合规管理成为确保企业合法经营、防范风险、提升竞争力的关键环节。为此，本教材旨在通过系统介绍电力行业企业合规管理的相关知识与技能，达到以下五个主要目的。

1. 加强合规意识

本教材致力于培养电力行业合规从业者的合规意识。在电力行业快速发展的过程中，法律法规的更新速度也在加快，电力企业及合规从业者个人必须时刻保持对法律法规变化的关注，确保自身行为符合最新的法律规定。通过学习本教材，读者能够深刻理解合规的重要性，认识到遵守法律法规不仅是避免法律责任的需要，更是电力企业社会责任感的体现，是实现可持续发展的必要条件。

2. 提升专业能力

本教材注重提升电力行业合规从业者的专业能力。针对电力行业特点，详细解析了与之相关的法律法规、标准规范等内容，全面覆盖从基础概念到高级策略的重要内容，同时结合实际案例分析，帮助读者掌握解决具体问题的方法与技巧。通过系统的学习与实践，使电力行业合规从业者能够在复杂多变的市场环境中准确判断，有效应对各类法律风险，为电力企业的稳健运营提供坚实的法律支撑。使电力行业合规从业者不仅了解什么是合规，还懂得如何实施有效的合规计划。

3. 促进实践应用

本教材强调理论与实践相结合，鼓励电力行业合规从业者将所学知识应用于实际工作中。书中不仅提供了丰富的案例分析，还设计了多个模拟场景练习，旨在让电力行业合规从业者在模拟真实工作情境中加深对知识点的理解，提高解决问题的能力。此外，本教材还将定期更新，及时反映电力行业最新的政策动态和技术进展，确保内容的时效性和实用性。除了理论教学外，本书还将引入大量真实案例供读者参考借鉴，鼓励大家将所学应用于实际工作中去解决问题。正如美国的现代管理学之父彼得·德鲁克所说："管理是一种实践，其本质不在于知而在于行；其验证不在于逻辑而在于成果。"

4. 适应最新趋势

随着技术进步和社会变革，电力行业的运营模式和法律环境正经历着前所未有的变化。本教材紧跟时代步伐，紧密围绕行业发展新趋势，如新能源开发、智能电网建设等热点领域，深入探讨这些变化给企业合规管理带来的挑战与机遇。通过学习，电力行业合规从业者可以更好地把握行业发展方向，提前做好准备，以更加积极主动的态度面对未来可能遇到的各种挑战。

5. 支持职业发展

本教材还着眼于支持电力行业合规从业者的职业生涯规划与发展。无论是对于初入职场的新手还是经验丰富的专业人士，掌握扎实的企业合规管理知识都是职业生涯成功的重要基石。本教材通过提供全面的知识体系和实用的操作指南，帮助电力行业合规从业者建立正确的职业观念，明确个人发展目标，为实现职业生涯的长期规划打下坚实基础。同时，也为那些希望在企业合规管理领域深耕细作的人士提供了宝贵的学习资源和支持。通过参加配套的认证考试并获得相应资格证书，可以显著提高个人市场竞争力，开启更广阔的职业发展空间。

总之，《电力行业企业合规师考试教材》不仅仅是一本简单的教科书，更是每位致力于推动电力行业健康发展的从业人员不可或缺的工作指南。本教材的编写不仅是为了响应国家关于加强企业合规管理的要求，更是为了满足电力行业从业人员自我提升的需求，助力每一位电力行业合规从业者成长为既懂业务又通法律合规的复合型人才，共同推动电力行业的健康稳定发展。

（三）教材结构

本教材旨在为电力行业合规从业者提供一套全面而系统的合规管理知识体系。全书共分为十个章节，包括一个综述篇和九个具体领域的合规管理章节，每个章节均按照"基础知识理论概述""合规管理实务""合规管理经典案例"三个部分进行编排，力求理论与实践相结合，帮助读者深入理解和掌握相关知识。以下是具体领域各章节的内容概览：

（1）招标投标合规：涵盖招标投标法律法规、操作流程以及常见违规行为的识别与预防。

（2）电力项目投资并购合规：讲解电力项目投资并购过程中的法律风险评估、尽职调查及合同条款设计等关键环节。

（3）电力环保合规：聚焦电力生产与消费过程中的环境保护要求，探讨如何通过合规管理减少环境污染。

（4）第三方管理：讨论如何在选择和管理供应商、合作伙伴等第三方时确保其行为符合法律法规要求。

（5）反腐败与反商业贿赂合规：介绍国际国内反腐败与反商业贿赂的法律法规，分享有效的内部控制措施。

（6）知识产权合规：阐述电力行业中涉及的技术创新、品牌保护等方面的知识产权保护策略。

（7）网络安全与数据保护合规：关注电力信息系统安全和个人信息保护的法律法规，提出相应的防护措施。

（8）电力市场交易合规：分析电力市场交易规则，指导企业在市场化改革背景下如何合法开展经营活动。

（9）境外合规：针对电力企业海外投资与运营面临的特殊挑战，提供跨国合规管理的策略建议。

二、企业合规基础

（一）什么是企业合规？

1. 定义与解释

合规源于英文"compliance"，通常指的是组织或个人的行为符合法律、法规、规章、行业标准、道德规范等要求的状态。在早期，合规更多地被看作是一种被动的法律遵循行为，主要是为了避免法律制裁。随着全球化进程加快，跨国公司的出现使得合规的概念开始向更广泛的领域扩展，包括反腐败、数据保护、环境保护等方面。同时，企业开始意识到合规不仅是避免惩罚的手段，更是提升竞争力的重要因素。

企业合规，顾名思义，企业在其经营管理活动中，遵循所有适用的法律法规、行业标准、内部规章制度以及道德规范的行为准则。合规管理的目标是确保企业在追求经济效益的同时，不会因为违法违规行为而遭受法律制裁或声誉损失，从而实现企业的可持续发展。

合规一词，在我国发布的《中央企业合规管理指引（试行）》《企业境外经营合规管理指引》《中央企业合规管理办法》中已被赋予了法律定义。合规是指企业及其员工的经营管理行为符合法律法规、监管规定、行业准则和企业章程、规章制度以及国际条约、规则等要求。

2. 合规的历史与发展

合规管理的发展历程显示，从20世纪初至今，合规管理从最初的法律法规遵从，逐步发展成为企业经营管理的重要组成部分。全世界各国和地区在不同阶段都出台了一系列法律法规和规范性文件，推动了合规管理的不断完善。随着技术的发展和全球化进程的推进，合规管理将继续面临新的挑战和机遇，企业需要不断创新和优化合规管理体系，以适应不断变化的法律环境和市场要求。总体来说，合规的发展历程大致经历了三个阶段。

（1）早期阶段（20世纪初至70年代）：欧美合规监管部分体系的建立

19世纪末至20世纪初，美国政府通过《谢尔曼反托拉斯法》（1890年）和《克莱顿反托拉斯法》（1914年），以打击垄断行为，保护市场竞争。这些法律为企业合规管理提供了重要的法律依据。20世纪初，美国金融市场频繁出现欺诈行为和不正当竞争，导致投资者信心受损。为了解决这些问题，美国政府出台了一系列法律法规，如1933年的《证券法》和1934年的《证券交易法》，这些法律的出台标志着企业合规管理的初步形成。此外，美国于 1977 年通过《反海外腐败法》（FCPA）这一在国际合规史上具有深远影响的里程碑法案，正式扩张了其域外长臂管辖权的执法行动范围。

20 世纪上半叶，英国通过《公司法》（1908 年）和《公司法》（1929 年），加强了对公司治理和合规管理的要求。德国在 20 世纪上半叶通过《股份公司法》（1937 年），确立了公司治理的基本框架，要求企业遵守法律法规。

（2）中期阶段（20 世纪 80 年代至 90 年代）：全球化进程与监管制度的增强

20 世纪 80 年代，随着全球化进程的加速，企业面临着更加复杂的法律环境和市场挑战。为了应对这些挑战，企业开始重视合规管理，建立专门的合规部门，制定合规政策和程序。

许多国家和国际组织也纷纷开始加强监管制度的完善。比如，1991 年，美国联邦量刑委员会发布了《组织量刑指南》，明确提出企业应建立健全的合规管理体系，以减少因违法违规行为而受到的刑事处罚。这一举措极大地推动了企业合规管理的发展。1995 年，欧盟通过《数据保护指令》（Directive 95/46/EC），要求成员国制定数据保护法律，保护个人隐私。这标志着企业在数据保护方面的合规管理成为重要议题。2014 年，国际标准化组织（ISO）更新发布了《ISO 19600：2014 合规管理体系指南》，为企业提供了建立合规管理体系的国际标准。这一标准的出台，使得企业合规管理在全球范围内得到了广泛认可和应用。

（3）近代阶段（21 世纪至今）：我国合规开始发力，全球合规趋势越发增强

在中国，企业合规管理的概念相对较新，但随着市场经济体制的不断完善和对外开放程度的加深，合规管理逐渐受到重视。2006 年，中国银行业监督管理委员会发布《商业银行合规风险管理指引》，标志着中国正式开始推动企业合规管理。此后，多个行业监管部门陆续出台了相关合规管理指南和标准，如国家卫生健康委和国家中医药管理局联合发布的《医疗机构依法执业自查管理办法》、国家市场监督管理总局发布的《企业知识产权管理规范》等。2018 年，中国开启"合规元年"，发布《中央企业合规管理指引（试行）》《企业境外经营合规管理指引》两大合规指引，并生效首个国家合规类标准《合规管理体系指南》GB/T 35770—2017。而后，国内许多省份陆续发布省属的合规管理指引。

随着全球化进程的推进，企业需要更加关注国际合规标准和要求，确保在全球范围内合法经营。例如，美国《反海外腐败法》（FCPA）和英国《反贿赂法》对企业在海外的合规管理提出了更高的要求。随着信息技术的快速发展和全球经济一体化的推进，企业合规管理面临着新的挑战和机遇。一方面，互联网和大数据技术的应用为企业合规管理提供了新的工具和手段，提高了合规管理的效率和效果；另一方面，跨境经营和国际合作的增加，使得企业需要更加关注国际合规标准和要求，确保在全球范围内合法经营。近年来，合规科技（Regulatory Technology，RegTech）迅速崛起，通过人工智能、区块链、云计算等技术手段，帮助企业更高效地进行合规管理。合规科技的应用不仅提高了合规管理的自动化水平，还降低了合规成本，提升了合规管理的质量和效果。

（二）企业合规的重要性

企业合规管理是确保企业合法经营、防范风险、提升竞争力的重要手段。通过建立完善的合规管理体系，企业可以更好地应对复杂的法律环境和市场挑战，实现可持续发展。对于电力行业企业而言，合规管理尤为重要，不仅有助于企业遵守法律法规，防范风险，提升声誉，还能促进企业的可持续发展。

1. 法律法规遵从

法律法规遵从是企业合规管理的基础。企业在经营过程中必须严格遵守国家和地方的法律法规，

以及参与国际合作、国际项目所在国的法律合规监管要求，包括但不限于公司法、税法、劳动法、环境保护法等。只有合法经营，企业才能避免因违法违规行为而面临罚款、停业整顿甚至刑事责任等严重后果。

电力行业是关系到国计民生的重要行业，其法律法规遵从尤为重要。例如，电力企业必须遵守《电力法》《环境保护法》《安全生产法》等相关法律法规。如果电力企业在发电、输电、配电等环节违反环保法规，可能会导致环境污染，不仅会受到罚款，还可能被责令停产整改。电力企业还需遵守《安全生产法》，确保电力设施的安全运行，避免安全事故的发生。合规管理可以帮助电力企业及时发现和纠正潜在的违法行为，降低法律风险。此外，电力企业还需遵守《反垄断法》和《反不正当竞争法》，确保市场公平竞争。通过建立完善的合规管理体系，电力企业可以有效识别和控制法律风险，确保合法经营。

2. 风险管理

合规管理是企业全面风险管理的重要组成部分。通过建立完善的合规管理体系，企业可以有效识别、评估和控制各种风险，包括法律风险、财务风险、操作风险等。合规管理可以帮助企业建立预警机制，及时发现和处理潜在的风险点，从而保障企业的稳健运营。

电力行业涉及大量的固定资产投资和复杂的运营流程，风险管理尤为重要。例如，电力行业涉及大量的高风险操作，如高压输电、变电站运行等。合规管理在风险管理中的作用尤为突出。例如，电力企业在进行项目建设时，必须严格遵守《建设工程质量管理条例》和《安全生产法》，确保工程质量和施工安全。通过合规管理，电力企业可以及时发现和纠正潜在的安全隐患，降低事故发生率。电力企业在进行市场交易时，必须遵守《电力市场交易规则》，避免因违规操作而引发的市场风险。合规管理不仅有助于企业防范风险，还能提高企业的抗风险能力，保障企业的长期稳定发展。电力企业在项目投资并购过程中，需要进行详细的尽职调查，确保项目的合法性和可行性。合规管理可以帮助企业识别和评估潜在的法律风险，如土地使用权、环境保护要求等。

3. 企业声誉与信任

企业声誉是企业最重要的无形资产之一，良好的企业声誉可以吸引更多的客户、投资者和合作伙伴，提升企业的市场竞争力。相反，一旦企业因违法违规行为而被曝光，不仅会失去客户的信任，还可能面临严重的市场信誉损失。合规管理可以帮助企业树立良好的社会形象，增强客户和合作伙伴的信任，从而为企业带来更多的商业机会。

电力行业是关系国计民生的重要行业，企业声誉直接影响社会公众的满意度和信任度。电力企业必须严格遵守环保法规，减少污染物排放，保护生态环境。例如，电力企业在环境保护方面表现出色，可以赢得社会的广泛赞誉，提升企业的品牌形象。相反，如果电力企业因环境污染或安全事故被曝光，不仅会受到媒体和公众的谴责，还可能导致客户流失和市场信任度下降，甚至导致市场份额下降。合规管理可以帮助电力企业树立良好的社会形象，增强客户和合作伙伴的信任，从而为企业带来更多的商业机会。

4. 可持续发展

合规管理是企业实现可持续发展的基础。企业不仅要追求短期的经济效益，还要关注长期的社会责任和环境影响。通过合规管理，企业可以确保其经营行为符合社会伦理和环境保护的要求，实现经济效益与社会效益的双重提升。合规管理还有助于企业获得政府的政策支持和社会的认可，从而实现可持续发展。

电力行业是能源生产和供应的重要环节，其可持续发展意义重大。企业的可持续发展不仅关系到自身的经济效益，还关系到国家的能源安全和环境保护。例如，电力企业在生产过程中严格遵守环境保护法律法规，不仅可以减少环境污染，还可以获得政府的政策支持和社会的认可，从而实现可持续发展。电力企业还可以通过开展节能减排项目、参与碳交易市场等方式，实现绿色可持续发展。此外，电力企业通过合规管理，可以确保其业务活动符合社会伦理和道德规范，提升企业的社会责任感。例如，电力企业可以通过参与社会公益活动，如扶贫帮困、捐资助学等，树立良好的社会形象，增强企业的社会影响力。

（三）企业合规的关键要素

企业合规管理是确保企业在经营管理活动中遵循所有适用的法律法规、行业标准、内部规章制度以及道德规范的行为准则。有效的合规管理不仅有助于企业避免法律风险，还能提升企业的市场竞争力和社会形象。

1. 合规政策与程序

合规政策与程序是企业合规管理的基础，它们明确了企业合规管理的基本原则、目标和要求。合规政策通常由企业的最高管理层制定，并以正式文件的形式发布。合规程序则是将合规政策具体化为可操作的步骤和方法，确保企业各项业务活动符合合规要求。

合规的政策与程序通常包括如下内容：

（1）合规承诺：企业对合规管理的坚定承诺，表明企业将严格遵守法律法规和道德规范。

（2）合规目标：企业希望通过合规管理实现的具体目标，如减少法律风险、提升企业声誉等。

（3）合规原则：企业合规管理的基本原则，如诚信、透明、公平等。

（4）合规范围：合规管理的适用范围，包括所有员工、合作伙伴、供应商等。

（5）合规责任：明确各级管理人员和员工在合规管理中的职责和义务。

电力行业企业需要建立全面的合规政策与程序，以应对复杂的法律法规环境。例如，某电力公司在其《合规手册》中明确规定了公司对环境保护、安全生产、反腐败等方面的合规承诺和目标。该公司还制定了详细的合规程序，如《环境保护合规程序》《安全生产合规程序》等，确保各项业务活动符合相关法律法规的要求。此外，该公司还设立了专门的合规部门，负责监督和执行合规政策与程序，确保合规管理的有效实施。

2. 合规文化

合规文化是指企业内部形成的以合规为核心的价值观和行为规范。合规文化的建设需要企业高层的积极推动和全体员工的共同参与。良好的合规文化可以促进员工自觉遵守合规要求，形成积极的合规氛围。

合规文化通常包括如下内容：

（1）领导示范：企业高层管理人员应率先垂范，带头遵守合规要求，树立良好的榜样。

（2）全员参与：合规管理不仅是合规部门的工作，更是全体员工的共同责任。企业应通过培训、宣传等方式，提高全体员工的合规意识。

（3）激励机制：建立合规激励机制，对合规表现优秀的员工给予奖励，对违规行为进行严肃处理，形成正向激励和负向约束。

（4）文化建设：通过举办合规主题活动、制作合规宣传材料等方式，营造浓厚的合规氛围。

电力行业企业需要建立强大的合规文化，以确保员工在日常工作中自觉遵守合规要求。例如，某电力公司通过高层领导的示范作用，强调合规的重要性，并将其纳入公司核心价值观。该公司定期举办合规培训和宣传活动，提高员工的合规意识。此外，该公司还设立了"合规之星"评选活动，对合规表现优秀的员工进行表彰和奖励，形成了良好的合规文化氛围。

3. 培训与教育

合规培训与教育是确保员工了解并掌握合规要求的重要手段。企业应建立系统的合规培训体系，定期对员工进行合规培训，提高员工的合规意识和能力，确保所有员工都能理解和执行合规要求。

合规培训与教育的主要内容包括：

（1）新员工培训：新员工入职时，应接受合规培训，了解企业的合规政策和程序。

（2）定期培训：定期对全体员工进行合规培训，更新合规知识，提高合规技能。

（3）专项培训：针对特定岗位或特定业务领域的员工，开展专项合规培训，如境外投资合规培训、境外工程总承包合规培训、反腐败培训、网络安全与数据保护培训等。

（4）在线培训：利用在线平台，提供灵活多样的合规培训资源，方便员工随时学习。

（5）效果评估：通过考试、问卷调查等方式，评估合规培训的效果，及时调整培训内容和方式。

电力行业企业需要开展系统化的合规培训与教育，以提高员工的合规意识和能力。例如，某电力公司建立了完善的合规培训体系，包括新员工入职培训、定期全员培训和专项培训。该公司还利用在线学习平台，提供丰富的合规培训资源，方便员工随时学习。此外，该公司还定期进行合规培训效果评估，通过考试和问卷调查等方式，确保培训效果达到预期目标。

4. 监督与审计

合规监督与审计是确保企业合规管理有效实施的重要手段。企业应建立多层次的合规监督与审计机制，定期检查企业的合规状况，及时发现和纠正违规行为。

合规监督与审计的内容主要包括：

（1）内部审计：设立专门的合规审计部门，定期对企业的各项业务活动进行合规审计，检查是否存在违规行为。

（2）外部审计：聘请第三方专业机构进行独立的合规审计，确保审计结果的客观性和公正性。

（3）举报机制：建立匿名举报机制，鼓励员工和其他利益相关方举报违规行为，保护举报人的合法权益。

（4）整改落实：根据审计结果，制订整改计划，明确整改措施和责任人，确保违规行为得到有效纠正。

电力行业企业需要建立严格的合规监督与审计机制，以确保合规管理的有效实施。例如，某电力公司设立了专门的合规审计部门，定期对公司的各项业务活动进行合规审计，检查是否存在违规行为。该公司还聘请了第三方专业机构进行独立的合规审计，确保审计结果的客观性和公正性。此外，该公司还建立了匿名举报机制，鼓励员工和其他利益相关方举报违规行为，并保护举报人的合法权益。

5. 违规行为处理

违规行为处理是合规管理的重要环节，企业应建立严格的违规行为处理机制，确保违规行为得到严肃处理，防止类似违规行为的再次发生。

企业处理合规违规行为的主要内容包括：

（1）违规认定：明确违规行为的认定标准和程序，确保违规行为的认定客观公正。

（2）处罚措施：根据违规行为的性质和严重程度，采取相应的处罚措施，如警告、罚款、降级、解雇等。

（3）整改措施：要求违规行为的责任人或部门制定整改措施，防止类似违规行为再次发生。

（4）记录保存：建立违规行为处理记录，保存相关证据和资料，以备后续核查和参考。

（5）培训警示：将违规行为处理结果作为典型案例，用于合规培训和警示教育，提高全体员工的合规意识。

电力行业企业需要建立严格的违规行为处理机制，以确保违规行为得到严肃处理。例如，某电力公司制定了详细的违规行为处理流程，明确了违规行为的认定标准和程序。该公司对违规行为采取严厉的处罚措施，如警告、罚款、降级甚至解雇。此外，该公司还要求违规行为的责任人或部门制定整改措施，防止类似违规行为再次发生。该公司还建立了违规行为处理记录，保存相关证据和资料，以备后续核查和参考。最后，该公司还将违规行为处理结果作为典型案例，用于合规培训和警示教育，提高全体员工的合规意识。

三、境内外合规趋势与挑战

（一）国际合规标准与框架

1. 联合国全球契约十项原则

联合国全球契约（UN Global Compact）是由联合国前秘书长科菲·安南于1999年1月在达沃斯世界经济论坛上提出的倡议。该倡议旨在鼓励企业界遵守十项原则，在人权、劳工标准、环境保护以及反腐败方面采取负责任的态度。这十项原则基于《世界人权宣言》、国际劳工组织的《关于工作中的基本原则和权利宣言》《里约环境与发展宣言》《联合国反腐败公约》等国际文件。

十项原则的主要内容包括：

（1）人权：支持并尊重对国际公认的人权保护；确保不参与侵犯人权的行为。

（2）劳工标准：自由选择职业，认可集体谈判的权利；消除一切形式的强迫劳动；有效废除童工；消除就业与职业方面的歧视。

（3）环境：对环境保护采取预防措施；推广更环保的技术和发展方式；鼓励开发不会对环境造成损害的产品和服务。

（4）反腐败：反对企业内部任何形式的腐败行为，包括勒索和贿赂。

2.《合规管理体系 要求及使用指南》ISO 19600/ISO 37301：2021

ISO 19600最初发布于2014年，由国际标准化组织（International Organization for Standardization，ISO）制定。ISO 37301：2021标准于2021年4月正式发布，同样由ISO组织发布，并取代了ISO 19600。ISO 37301是一个要求类标准，而不仅仅是指导性文件。

ISO 37301：2021提供了一套系统化的方法来帮助组织建立、实施、维护和改进其合规管理体系。它采用PDCA（计划-执行-检查-处理）循环方法，覆盖了从识别合规义务到持续改进的全过程。标准的主要内容包括：

（1）组织环境：识别内外部因素，理解相关方需求，确定合规义务，评估合规风险等。

（2）领导作用：高层管理者的承诺，确立合规方针，明确职责和权限。

（3）策划：设定合规目标，规划应对风险和机会的措施。

（4）支持：资源分配，员工培训，沟通与信息管理。

（5）运行：执行过程控制，举报程序，调查程序。

（6）绩效评价：监控合规体系的有效性，内部审核，管理评审。

（7）改进：采取纠正措施，确保持续改进。

3. 经济合作与发展组织《OECD关于促进企业道德行为的良好实践指南》

《OECD关于促进企业道德行为的良好实践指南》是基于OECD的《跨国企业指引》（*Guidelines for Multinational Enterprises*）和《反贿赂公约》（*Anti-Bribery Convention*）等国际标准，旨在为企业提供一套实用的方法来加强内部治理、提高道德标准，并确保合规操作。它强调了企业在全球运营中应遵循的核心价值观和原则。

《OECD关于促进企业道德行为的良好实践指南》主要包括以下几个方面：

（1）企业道德文化建设

① 领导层承诺：高层管理者应当明确表示对建立强大道德文化的承诺，并通过实际行动展现这一立场。

② 道德准则：制定清晰的企业道德规范或行为守则，涵盖诚信、透明度以及公平交易等方面。

③ 培训与教育：定期为员工提供有关道德规范的培训，增强其识别和处理道德困境的能力。

（2）内部控制与风险管理

① 风险评估：定期进行风险评估，识别可能影响企业声誉及业务连续性的潜在问题。

② 控制机制：建立有效的内部控制系统以预防违规行为的发生，包括但不限于财务报告准确性、法律遵守情况等。

③ 审计与监督：实施独立的内部审计程序，确保所有活动都符合既定政策和法律法规要求。

（3）合规管理

① 合规体系构建：设立专门负责合规事务的部门或职位，明确职责范围。

② 举报机制：建立健全的匿名举报渠道，鼓励员工报告任何可疑行为而不必担心报复。

③ 调查与处罚：对于违反公司规定的行为采取适当的调查措施，并根据调查结果给予相应的纪律处分。

（4）利益相关者沟通

① 透明沟通：保持与股东、客户、供应商及其他关键利益相关者的开放沟通，及时分享重要信息。

② 社会责任：积极履行社会责任，参与社区服务项目，支持可持续发展目标。

（二）国内合规管理监管体系要求

1.《中央企业合规管理指引》《中央企业合规管理办法》

《中央企业合规管理指引（试行）》由国务院国有资产监督管理委员会（简称"国资委"）于2018年11月发布。《中央企业合规管理办法》也是由国资委于2022年9月正式颁布实施。这两份文件是我国针对国有企业特别是中央企业的合规管理工作制定的重要指导性文件。它们的出台体现了我国政府对加强国有企业治理、提升国际竞争力以及防范法律风险等方面的高度重视。

《中央企业合规管理指引（试行）》旨在指导中央企业建立健全合规管理体系，主要内容包括：

（1）基本原则：强调了依法依规、全面覆盖、强化责任、协同联动等原则。

（2）组织架构：要求设立专门的合规管理部门或指定相关部门负责合规事务，并明确其职责权限。

（3）制度建设：提出建立和完善包括合规政策、程序、指南在内的规章制度体系。

（4）风险管理：强调识别、评估和应对各类合规风险的重要性。

（5）运行机制：涵盖合规审查、培训教育、举报调查等内容。

（6）保障措施：提供资源支持、绩效考核及持续改进机制等方面的要求。

《中央企业合规管理办法》进一步细化并明确了中央企业在合规管理方面的具体操作规范，主要内容如下：

（1）定义与适用范围：界定了合规管理的概念及其适用对象。

（2）合规管理体系建设：详细规定了如何构建一个有效的合规管理体系，包括组织结构设置、职能分配等。

（3）合规行为准则：提出了企业应遵循的基本行为准则，如诚信经营、遵守法律法规等。

（4）合规风险防控：系统地阐述了从风险识别到处置的全过程管理方法。

（5）合规文化培育：提倡通过教育培训等方式促进全体员工形成良好的合规意识。

（6）监督与评价：建立了内外部监督机制，并规定了定期进行合规审计和自我评估的要求。

（7）违规处理：明确了对于违反合规规定的处理程序和处罚措施。

（8）国际合作与交流：鼓励与其他国家和地区的企业就合规管理开展交流合作。

2.《企业境外经营合规管理指引》

《企业境外经营合规管理指引》是由中国商务部、发展改革委、外交部、公安部、司法部、财政部、住房和城乡建设部、交通运输部、人民银行、国资委、海关总署、税务总局、工商总局、质检总局、新闻出版广电总局、食品药品监管总局、国家旅游局、外汇局18个部门联合发布的。该指引于2018年12月26日正式对外发布，旨在指导和支持我国企业加强境外经营活动的合规管理工作，防范和应对境外经营风险。

该指引主要内容包括：

（1）总则：明确指引的目的、适用范围以及基本原则。

（2）组织架构与职责：建议企业建立健全境外经营合规管理体系，并明确各级管理层及相关人员的责任。

（3）制度建设：鼓励企业建立和完善覆盖业务流程全链条的合规管理制度，确保各项业务活动符合所在国法律法规及国际规则的要求。

（4）风险管理：强调企业应识别评估境外经营过程中可能遇到的各种法律风险，并采取有效措施加以控制。

（5）监督与检查：提出企业需定期对自身及其合作伙伴的合规情况进行审查，发现问题及时整改。

（6）培训与文化建设：提倡通过多种形式加强对员工特别是海外工作人员的合规教育，营造良好的企业文化氛围。

（7）应急处理机制：建议设立专门机构或指定专人负责处理突发事件，保障企业在遭遇危机时能够迅速响应并妥善解决。

（8）附录：提供了一些实用工具模板供参考使用，如合规尽职调查表、合规手册样本等。

该指引不仅为中国企业提供了系统化的指导框架，还反映了我国政府对企业"走出去"战略下合法合规经营的高度关注。它强调了企业在参与国际化进程中必须遵循的基本原则和最佳实践，有助于提升我国企业的国际形象和竞争力。

3.《合规管理体系 要求及使用指南》GB/T 35770—2022

《合规管理体系 要求及使用指南》GB/T 35770—2022是由中国标准化研究院牵头制定，并经国家市场监督管理总局、国家标准化管理委员会批准发布的国家标准。该标准于 2022 年 10 月 12 日正式发布，并随即实施，它取代了之前的 GB/T 35770—2017 版本。

GB/T 35770—2022 是 ISO 37301：2021 的等同转换版本，旨在为各类组织提供建立、开发、实施、评价、维护和改进合规管理体系的要求与指南。其主要内容涵盖以下几个方面：

（1）范围：规定了适用于所有类型组织（无论规模大小或性质）的合规管理体系要求，并提供了使用指南。

（2）术语和定义：对合规相关的术语进行了明确定义，如"合规义务""合规风险"等。

（3）组织环境：

① 理解组织及其环境。

② 理解相关方的需求和期望。

③ 确定合规管理体系的范围。

（4）领导作用：

① 领导的作用和承诺。

② 合规方针。

③ 岗位、职责和权限。

（5）策划：

① 应对风险和机会的措施。

② 合规目标及其实现的策划。

③ 针对变更的策划。

（6）支持：

① 资源。

② 能力。

③ 意识。

④ 沟通。

⑤ 文件化信息。

（7）运行：

① 运行的策划和控制。

② 外部提供的过程、产品和服务的控制。

③ 产品的设计和开发。

④ 交付后的活动。

（8）绩效评价：

① 监视、测量、分析和评价。

② 内部审核。

③ 管理评审。

（9）改进：

① 不符合项和纠正措施。

② 持续改进。

此外，GB/T 35770—2022 还包含了资料性附录 NA，对我国特定情境下的合规义务、合规文化、数字化与合规管理以及管理体系一体化融合做了进一步的补充说明。

该标准为企业和其他组织提供了系统化的指导，帮助它们构建有效的合规管理体系，从而确保其业务活动遵守适用的法律法规、行业规范以及其他自愿遵循的标准。同时，它也为组织声明符合合规管理体系要求提供了依据，并促进了国际上的相互认可。

4. 上市公司治理准则

《上市公司治理准则》于2002年1月7日由中国证券监督管理委员会（简称"中国证监会"）和国家经济贸易委员会联合发布，是中国证监会为了规范上市公司的治理结构，提高公司治理水平而制定的一套指导性文件。该准则在2018年9月30日进行了修订以适应新的市场环境和发展需求。

《上市公司治理准则》主要围绕以下几个方面对上市公司的治理提出了具体要求：

（1）股东与股东大会：

① 明确了股东的权利和义务。

② 规定了股东大会的召开程序、表决方式等。

③ 强调保护中小股东权益的重要性。

（2）控股股东与上市公司：

① 要求控股股东不得利用其控制地位损害公司利益。

② 控股股东应依法行使股东权利，不得超越股东大会直接干预公司决策。

（3）董事与董事会：

① 对董事的任职资格、职责、义务以及薪酬等方面做出规定。

② 董事会应当独立运作，确保决策过程的公正性和透明度。

③ 设立专门委员会如审计委员会、提名委员会等，以增强董事会的专业性和有效性。

（4）监事与监事会：

① 监事会是公司的监督机构，负责监督董事、高级管理人员的行为是否符合法律、法规及公司章程的规定。

② 监事会成员中应有一定比例的外部监事或职工代表监事。

（5）绩效评价与激励约束机制：

① 建立健全绩效考核体系，合理确定高管人员薪酬。

② 实施股权激励计划时需遵循相关法律法规，确保公平合理。

（6）信息披露与透明度：

① 上市公司应及时、准确地披露信息，保证投资者能够获取充分的信息。

② 重视企业社会责任报告和社会责任实践。

（7）利益相关者：

① 关注员工、债权人、供应商等其他利益相关者的合法权益。

② 鼓励公司在追求经济效益的同时兼顾社会效益。

（8）内部控制与风险管理：

① 加强内部控制体系建设，防范经营风险。

② 定期进行内部审计，评估内控的有效性。

通过以上这些方面的规定，《上市公司治理准则》旨在促进上市公司建立健全有效的治理结构，提高公司运营效率和管理水平，最终实现公司价值的最大化。

5. 《中国商业联合会国际商业合规管理指引（暂行）》

《中国商业联合会国际商业合规管理指引（暂行）》是由中国商业联合会（CGCC）发布的，旨在为会员单位及其他中国企业提供国际商业活动中合规管理的指导。这份指引主要包括以下方面：

（1）总则

指引的使用范围、目标、主体、术语和定义。

（2）合规管理体系和组织结构

涵盖商业合规管理体系中合规管理风险、商业合作中的合规风险领域，以及建立合规管理组织架构。

（3）合规事项内容与评估分析办法

包括合规管理风险识别方法、信息数据来源、识别内容、风险分析、风险评价。

建立和完善合规制度、文化和无形资产管理体系。

（4）合规管理和商业秘密保障机制

① 企业合规管理领导责任人负责制和权力保障机制。

② 国际商业投资架构合规保障机制。

③ 企业商业合规和商业秘密管理机制。

（5）商业秘密合规管理与无形资产确权流程

提出合规管理提升企业商业价值的内在逻辑。

（6）附则

6.《电力企业合规管理体系规范》T/CEC 369—2020

《电力企业合规管理体系规范》T/CEC 369—2020 是一项由中国电力企业联合会（China Electricity Council，CEC）于 2020 年 6 月 30 日发布，2020 年 10 月 1 日实施的团体标准，旨在为电力企业提供构建和实施合规管理体系的指导。这项标准是推荐性的，并非强制执行，但它是电力企业在制定和完善自身合规管理体系时的重要参考。

《电力企业合规管理体系规范》T/CEC 369—2020 的内容涵盖了电力企业如何建立、实施、维护和改进合规管理体系的具体要求与建议，主要包括以下几个方面：

（1）范围

规定了本标准适用于哪些类型的电力企业以及其适用的业务活动范围。

（2）术语和定义

对涉及的术语进行了定义，以确保理解的一致性。

（3）总则

阐述了电力企业建立合规管理体系的重要性及其基本框架。

（4）领导作用

强调高层管理者的承诺和支持对于成功实施合规管理体系的关键作用。

（5）策划

包括识别和评估合规风险的方法论，以及如何基于这些评估结果来规划合规措施。

（6）支持

涉及资源分配、员工能力提升、意识培训、信息交流等方面的支持机制。

（7）运行

描述了具体操作层面的要求，如政策制定、流程控制、文档记录等。

（8）绩效评价

提出了监视、测量、分析和评审合规管理体系的有效性的方法，包括内部审核和管理评审。

(9) 改进

关注于通过持续改进来增强合规管理体系的效果，包括纠正措施和预防措施的实施。

T/CEC 369—2020 的出台是为了响应国家对电力行业加强监管的要求，同时帮助企业应对日益复杂的国内外法律法规环境，确保电力企业的经营活动符合相关法律、法规及其他要求，促进电力行业的健康发展。

（三）电力行业全球合规的挑战热点

1. 出口管制及经济制裁

随着国际政治经济格局的不断变化，各国政府为保护国家安全、促进本国产业发展以及应对地缘政治紧张局势，对关键技术和战略物资的出口实施了更为严格的管制，并通过经济制裁手段影响特定国家或实体的行为。对于电力行业而言，这些措施带来了复杂的合规挑战。

1) 出口管制层面

（1）技术敏感性

电力行业的许多技术，如发电设备、智能电网组件、储能系统等，都可能涉及先进的技术和知识产权。当这些技术被认定为"新兴"或"基础"技术时，它们可能会受到美国《出口管制改革法案》(ECRA)、《出口管制条例》(EAR)，欧盟《2021年两用物项出口管制条例》《第833/2014号欧盟条例》(修订版)及其他国家类似法规的限制。例如，智能电网技术中的人工智能算法优化、高级计算能力用于电力系统的模拟与预测，以及量子信息传感技术在电能质量监测中的应用，均属于高敏感领域，可能面临严格的出口许可要求。

（2）设备供应

电力设备供应商通常需要从国外进口零部件或者软件来组装最终产品。如果这些部件含有一定比例的美国原产成分，那么根据美国《出口管制条例》(EAR)，即使是在第三国生产的产品也可能受到管制。比如，变压器、断路器等高压电气设备中使用的电子元器件，若来自美国或含有美国技术，就有可能触发美国出口管制的长臂管辖。

（3）供应链复杂性

电力项目往往涉及跨国采购和技术合作，这增加了供应链管理的难度。企业必须确保整个供应链符合各参与国的法律法规，避免因第三方违规而导致自身遭受牵连。例如，在"一带一路"倡议下的跨境电力基础设施建设项目中，中国公司需要保证所有合作伙伴遵守当地及国际上的出口管制政策。

2) 经济制裁层面

（1）地区风险

某些地区由于政治不稳定或其他因素成为经济制裁的目标，而电力企业在这些地区的业务活动将直接受到影响。例如，伊朗的能源产业长期处于美国二级制裁之下，任何与伊朗石油、石化相关联的电力设施建设和服务提供都有可能违反制裁规定。同样，俄罗斯在乌克兰问题后遭到多轮制裁，影响了与其有关联的电力工程和贸易往来。

（2）融资障碍

受制裁影响，金融机构对涉制裁国家或实体的融资变得极为谨慎。对于电力项目来说，资金短缺可能导致项目停滞不前。特别是在发展中国家开展的大规模电力基础设施建设，依赖国际资本市场的支持至关重要。一旦触及制裁红线，不仅项目的顺利推进会受到影响，还可能引发一系列连锁反应，如合同违约、债务违约等问题。

(3) 市场准入限制

经济制裁还会造成市场准入壁垒,限制电力企业进入某些市场。例如,美国对委内瑞拉的制裁使得该国电力市场对外投资吸引力大幅下降。同时,被列入特别指定国民清单(SDN List)的企业几乎无法正常开展国际贸易。此外,即便不在直接制裁名单上,但若与受制裁方有业务关联,也会间接遭受损失,因为其他潜在客户为了避免麻烦会选择远离这些存在风险的合作对象。

2. 数据安全、跨境传输与隐私保护

随着信息技术的迅猛发展,电力行业在全球范围内面临着前所未有的数据安全、跨境传输和隐私保护方面的合规挑战。这些挑战不仅关系企业的日常运营效率和竞争力,更直接影响国家安全和社会稳定。

1) 数据安全

(1) 关键信息基础设施(CII)的安全保障

电力系统作为国家关键信息基础设施的一部分,其网络安全直接关乎国计民生乃至国家安全。根据《关键信息基础设施安全保护条例》,电力企业需履行严格的网络安全保护义务,包括同步规划、建设和使用安全措施,设立专门的安全管理机构,并确保 7×24 小时值班值守制度等。此外,对于被认定为 CII 的电力设施,还需要特别关注物理安全防护,以防止恶意破坏或攻击事件的发生。

(2) 敏感数据管理和风险行为监控

电力企业在日常运营中会产生大量的敏感数据,如用户用电记录、电网运行状态参数等。这些数据一旦泄露或遭到篡改,可能会导致严重的经济损失甚至危及公共安全。因此,电力企业必须加强对内部敏感数据的管理,实施有效的脱敏策略,同时部署数据库审计工具来全程跟踪和记录所有数据访问行为,以便及时发现并阻止任何异常活动。

2) 跨境传输

(1) 法律法规差异带来的复杂性

不同国家和地区对数据跨境流动有着各自的规定,这增加了跨国电力企业在处理跨境业务时的法律遵从难度。例如,中国出台了《促进和规范数据跨境流动规定》,适当放宽了部分数据出境条件,但同时电力行业的重要数据目录尚未出台,也给数据出境时的分类分级带来了一定困难;而欧盟则有《通用数据保护条例》(GDPR)这样严格的数据保护条例。面对多样的立法框架,电力企业需要确保自身能够遵守各地的法律法规要求,避免因不合规而导致罚款或其他不利后果。

(2) 技术手段支持合规操作

为了满足日益严格的跨境传输要求,电力企业不仅要依赖健全的管理制度,还需采用先进的技术手段来保障数据安全。比如,利用加密技术确保数据在传输过程中的保密性和完整性;运用去中心化的数据空间、APN6 等新技术实现对数据流动的溯源、隔离和追踪。此外,隐私计算技术也为跨国界的数据共享提供了新的解决方案,在保证数据不离开本地的同时完成必要的计算任务。

3) 隐私保护

(1) 用户隐私权重视度提升

近年来,公众对个人隐私的关注度不断提高,加之各国政府纷纷出台个人信息保护法,使得电力企业在收集、处理和存储用户数据时必须更加谨慎。特别是在智能电表普及后,用户家庭用电模式等私人信息变得更加容易获取。此时,电力公司应遵循最小化原则,仅采集必要的数据,并采取适当的技术措施防止未经授权的访问。

(2) 行业自律与社会监督

除了遵守外部法律法规外,电力行业内部也逐渐形成了一套自我约束机制。通过行业协会制定的行为准则和技术标准，指导成员企业如何正确地进行数据安全管理。与此同时，社会各界也在积极参与监督，推动电力企业不断提升自身的数据保护水平。例如，消费者组织可以就数据滥用等问题向监管机构投诉，促使企业改进相关做法。

3. 可持续发展与ESG（环境、社会和公司治理）

随着全球对气候变化的关注度日益增加，以及投资者和社会公众对企业社会责任期望的提高，电力行业在全球范围内面临着前所未有的可持续发展与ESG（环境、社会和公司治理）合规挑战。这些挑战不仅影响企业的运营成本和市场竞争力，更决定了其在未来经济转型中的角色和发展潜力。同时，这些合规挑战既带来了压力，也提供了机遇。在追求经济效益的同时，电力企业应当积极响应全球趋势，将环境保护、社会责任和良好治理融入日常经营中，努力成为推动低碳经济转型和社会进步的重要力量。通过不断探索创新解决方案，电力企业不仅可以满足当前严格的合规要求，更能为未来的发展奠定坚实基础。

1）环境（E）

（1）碳排放管理

电力生产是全球温室气体排放的主要来源之一。因此，电力企业在应对气候变化方面承担着重要责任。各国政府纷纷出台政策法规，要求电力企业减少碳足迹，如中国的"双碳"目标、欧盟的《欧洲绿色协议》等。为了符合这些规定，电力公司必须加大对清洁能源的投资力度，例如风能、太阳能和其他可再生能源，并逐步淘汰煤炭等高污染燃料。同时，还需要引入先进的碳捕捉与储存技术（CCS），以降低现有火力发电厂的二氧化碳排放量。

（2）资源效率提升

除了控制直接排放外，电力行业还需关注资源使用效率的问题。这意味着要优化整个价值链上的能源消耗，从原材料采购到产品生命周期结束后的处理。具体措施包括采用高效节能设备、推广分布式能源系统、加强电网智能化改造，以及推动循环经济模式的应用，比如废旧电池回收再利用等。

2）社会（S）

（1）利益相关方沟通

电力项目通常涉及广泛的社区利益，特别是在新兴市场或偏远地区建设大型基础设施时。良好的社会关系对于确保项目的顺利实施至关重要。因此，电力企业应建立健全的利益相关方沟通机制，通过透明的信息披露、公众参与活动等方式增进理解和支持。此外，还应该积极支持当地经济发展，创造就业机会，改善居民生活质量，从而实现共赢局面。

（2）员工福利与发展

作为劳动密集型行业，电力企业的人力资源管理同样不可忽视。这涉及员工的职业健康安全、培训教育、性别平等及多元化等方面。一个重视员工福祉的企业不仅能提高工作效率，还能吸引更多优秀人才加入。特别是在数字化转型过程中，培养具备新技术技能的专业队伍尤为重要。

3）公司治理（G）

（1）公司治理结构完善

有效的公司治理是确保电力企业长期稳定发展的基石。这需要构建科学合理的董事会架构，明确管理层职责权限，强化内部控制体系建设，确保决策过程公开透明。同时，还需建立健全的风险管理体系，识别并评估潜在风险因素，及时采取预防性措施。另外，遵守国际公认的会计准则和财务报告标准也是良好治理的重要体现。

(2) 合规文化建设

面对复杂的国内外监管环境，电力企业必须树立强烈的合规意识，形成全员参与的良好氛围。这不仅限于遵守法律法规，还包括遵循道德规范、履行社会责任。通过制定严格的行为准则、开展定期培训课程、设立举报渠道等手段，可以有效防范违法违规行为的发生，维护企业形象和社会信誉。

四、企业合规体系构建

构建符合企业实际的企业合规体系是提高企业合规管理水平、促进企业经营管理的核心内容。企业合规体系是确保企业在复杂的法律、监管和市场环境中健康运营的关键工具，通过建立有效的合规体系，企业不仅能降低法律和财务风险，还能提升市场竞争力、增强社会责任感并实现可持续发展。

构建企业合规体系对于电力行业至关重要，由于电力行业特性涉及高额投资、严格监管、复杂供应链和全球化的运营特性，合规管理的挑战更为突出，合规体系的建设情况与完善与否直接影响电力行业企业的持续发展能力。

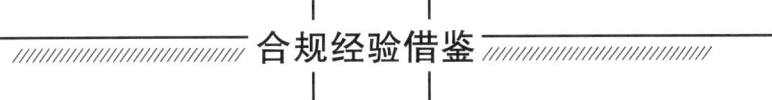

西班牙伊维尔德罗拉（Iberdrola）集团

西班牙 Iberdrola 集团公司作为全球领先的可再生能源企业，其构建的企业合规体系强有力促进其经营管理，增强其当地声誉及市场竞争力。Iberdrola 集团公司建立了一套有效、自主、独立和健全的合规体系，以预防、管理和降低企业内部可能出现的不正当行为和违法行为以及违反治理和可持续发展体系行为的风险，并确保企业的行为符合道德原则、法律和内部规则。

早在 2002 年，Iberdrola 集团公司就制定了《职业道德准则》，以指导公司董事、专业人员和供应商行为以及集团公司附属公司的行为；2010 年，Iberdrola 集团公司批准了《预防犯罪政策》，该政策与其 2016 年生效的《反腐败和反欺诈政策》一起，体现了 Iberdrola 集团公司积极发展以道德和诚信为基础的企业文化，以及 Iberdrola 集团公司及附属公司在其所有活动领域积极应对打击腐败和欺诈挑战的责任和承诺。

此外，Iberdrola 集团公司仍继续完善其合规体系，积极根据已积累经验，在公司治理水平和可持续发展质量得到进一步提高的同时，继续致力于在合规文化方面发挥领导作用，如在 2023 年 6 月 20 日，Iberdrola 集团公司在法律、公司章程和宗旨与价值观所规定的行为准则的框架内，根据其防止不正当行为、违反法律行为的原则，以及治理与可持续发展制度所蕴含的文化，以及其对道德与合规的坚定承诺，批准了《合规与内部报告以及举报人保护制度政策》，该政策整合、重新制定并进一步强化了不再有效的《预防犯罪政策》的内容，并覆盖合规领域的最新监管要求以及该领域的最新趋势和最高国际标准。

构建企业合规体系的过程中，企业通常需要进行以下几个关键步骤：识别合规风险、制定合规策略、实施与维护以及应急响应和危机管理。

（1）识别合规风险：通过对内部和外部环境的深入分析，识别和评估可能影响企业合规的各类风险，并进行优先级排序。

（2）制定合规策略：根据合规风险识别和评估结果，企业应明确合规的战略目标，并制定相应的实施计划和具体措施。制定合规策略也有利于培育合规文化，为企业的经营发展保驾护航。

（3）实施与维护：在企业合规体系的实施过程中，企业需要建立一套严格的政策和流程，确保每一个环节，尤其是关键环节都符合合规要求。此外，所实施的企业合规体系并非一成不变，仍需要定期进行审查和更新，确保其在变化的法律和市场环境中持续有效，企业可通过建立内部审计和外部监督机制，及时发现合规漏洞并进行修正。例如，电力企业可以通过加强环境审计，监控项目的碳排放量，从而确保环保合规。

（4）应急响应和危机管理：在企业发生或可能发生合规风险时，企业应及时启动应急预案、进行危机管理，避免风险的发生或扩大，以免给企业造成重大损失。

（一）识别合规风险

合规管理与风险管理密不可分，二者共同作用以降低企业暴露在法律和声誉等风险中的可能性，合规风险是企业全面风险管理的一部分，识别、评估和应对可能影响企业目标的风险有助于企业平稳高效运行。企业合规体系的建设首先要识别和评估潜在的合规风险，确保企业能够有效识别影响目标实现的各种风险并采取适当的措施，为后续制定合规策略、实施与维护、应急响应和危机管理打好坚实的基础。

在电力行业，合规风险管理的重点不仅包括法律领域，还包括财务、环境、社会责任和公司治理（ESG），劳工权益保护，数据隐私保护等各个领域，电力行业企业需要结合自身经营管理的实际，全面落实各领域的合规风险识别和评估工作，重点落实关键领域的合规风险识别和评估工作。

（1）财务合规风险：财务报表造假等问题将严重影响企业存续。如2001年，美国安然（Enron）公司因财务欺诈、未能识别财务报表中的违规操作风险，引发市场信任崩塌，最终破产，其破产事件成为现代企业合规史上极具警示性的案例。

（2）环境合规风险：电力行业涉及大量碳排放和其他污染源，因此在众多国家都受到严格的环保监管。

（3）数据隐私保护合规风险：随着智能电网和能源数字化的推广，大量数据的采集和存储增加了数据隐私风险。例如，欧洲《通用数据保护条例》（GDPR）对企业在跨境数据传输中的规定，直接影响了许多跨国电力企业的业务运作。

（4）劳工权益保护合规风险：在海外工程中，劳工权益问题时常成为风险点，电力企业在当地工程项目中未充分了解当地劳动法规可能导致项目停工并面临巨额罚款。

1. 风险评估方法

合规风险评估是企业在法律、法规、行业规范和内部政策下，对可能导致违规的活动、流程或行为进行系统识别和评估分析的过程，是企业合规体系建设的重要环节。系统性识别和评估法律、法规、行业规范和内部政策下可能发生的合规风险，有助于明确高风险领域，帮助企业合理分配资源，将有限的人力和财力用于最重要的合规环节；有助于企业在问题发生前采取预防措施，避免高昂的经济成本和声誉损失；有助于为企业建立更加健全的合规管理体系提供数据支持，从而提高企业整体的法律和社会责任水平；有助企业在法规复杂的国际市场中建立可信赖的形象，赢得客户、投资者和合作伙伴的信任，如在能源市场中，具备完善合规体系的企业可能更容易获得绿色投资和公共项目招标。

在电力行业，合规风险识别和评估具有特别重要的意义，因为其运营管理涉及多个高风险领域。

电力企业常用的合规风险评估方法包括：

（1）法规和政策识别：确定适用的法律法规（如环保法、能源监管法、数据隐私法等）。

（2）风险分类与识别：划分风险类型（如法律、财务、声誉等）并识别具体风险点。

（3）定性与定量评估：定性与定量方法的结合能全面识别和量化合规风险，分析风险的发生概率和可能影响，为企业制定精准的应对策略奠定基础。电力企业可通过定性风险评估，采取专家访谈、文件审查和现场调查等方式识别潜在风险，如中国电力企业在境外新能源并购项目中，通常会对当地法律法规进行全面评估，识别出可能影响项目进度的主要风险；电力企业也可通过定量风险评估，利用数据分析工具对风险进行量化，如可引入人工智能技术，对供应链和运营风险等进行实时量化分析，预测可能的经济损失或项目延误成本，从而可以大大提高合规风险管理的效率。

（4）优先级排序：基于合规风险评估结果，确定高、中、低优先级风险，从而根据风险的性质和发生概率合理安排公司资源。

（5）制定应对策略：在合理可行的情况下，根据合规风险识别和评估结果，事前初步制定全面的合规风险应对策略，或基于企业实际需求，为中、高风险领域制定具体的预防和缓解措施。

（6）定期监控和调整：在法律环境或业务流程变化时，及时更新合规风险的识别和评估结果。

2. 关键风险点分析

合规关键风险点是指企业在业务活动中最可能导致违规、违法或不符合政策规定的环节。分析这些关键风险点有助于企业预防合规违规行为、提升管理效率、规避高成本的法律诉讼和项目中断风险。在电力行业，关键风险点集中于以下几个方面：

（1）电力市场交易：电力市场交易是一种涉及发电商、电力交易中心、零售商和消费者的高度复杂的市场行为，受多种法律法规和市场规则的约束。合规风险主要来自交易过程中的法律、市场、操作及技术等方面的挑战。例如，电力市场可能出现市场操控、价格垄断或反竞争行为，包括发电商联合抬价或零售商锁定供应渠道等行为；电力交易中的价格形成机制复杂，若透明度不高或数据不准确，可能导致价格操控和消费者利益受损；电力交易越来越关注环保法规，包括可再生能源配额、碳排放交易等。未能满足环保合规要求可能面临法律责任或市场准入限制等。

（2）招投标：电力行业的招投标过程涉及广泛的法律法规、政策要求和商业规则，以确保公平竞争和资源优化。然而，由于电力项目的复杂性和高价值项目的特点，招投标环节存在多种合规风险，如果这些风险未被妥善管理，可能导致法律处罚、项目延误以及企业声誉受损。例如，投标方可能通过串标、围标等行为，操控招标结果，破坏市场竞争；可能通过行贿方式影响评标结果，获取不正当优势；可能提供虚假资料（如资质文件或履约能力证明）骗取中标；可能忽视环保法规，面临法律处罚或项目停工。招标方可能偏向特定企业，设计排他性条件，限制竞争；内部人员可能收受不当利益，泄露标书信息；可能未严格审核投标企业的资质或技术能力，导致中标方无法履约；未考虑项目的环境影响或社区关系，可能导致项目受阻或法律纠纷等。

（3）投资并购：投资并购是电力企业实现业务扩展、市场整合和资源优化的重要途径。然而，由于电力行业涉及复杂的法律法规和多元化的市场环境，企业在投资并购过程中面临着显著的合规风险。这些风险如果未能得到妥善管理，可能对项目进展、经济效益甚至企业声誉造成严重影响。例如，电力行业具有自然垄断特性，投资并购可能因市场集中度提高而引发反垄断监管；国际电力项目投资并购中，目标公司或所在国家可能涉及国际制裁，违反相关法规会导致资金冻结或项目暂停；未妥善评估目标企业的税务历史，可能承担其未披露的税务义务；目标企业可能存在未解决的环境违法行为或与社区的冲突，未评估这些风险可能导致交易后承担巨额整改成本或项目搁置，以及投资并购涉及多个利益相关方，若未能有效监控，可能发生贿赂或不当利益传递行为等。

（4）知识产权管理：电力行业涉及大量交叉学科技术（如机械工程、电力电子、信息技术），专利覆盖范围广，企业容易误触他人知识产权（Intellectual Property，IP），知识产权合规风险日益成为企业管理和技术创新中的重要问题，由于电力行业高度依赖专有技术、创新研发以及跨境合作，未妥善管理知识产权可能导致法律纠纷、经济损失以及市场竞争力削弱。例如，电力行业使用的核心技术（如智能电网、发电设备、可再生能源系统）常受专利保护，电力企业若在未授权情况下使用受保护技术，可能面临侵权诉讼；电力企业可能因在海外市场中误用商标或未注册商标遭遇侵权纠纷；电力企业在技术引进和出口过程中，未能明确技术使用范围、权利归属及商业限制，可能导致合同争议；电力行业研发的关键技术可能因内部人员或合作伙伴泄露而被竞争对手获取；电力行业数字化转型中广泛使用开源软件，但若未遵守开源许可证（如 GPL、Apache License 等）条款，可能面临诉讼或代码公开要求。

（5）第三方管理：第三方是指与电力企业存在任何业务或工作往来关系的单位或个人，具体而言可分为以下几个类别，即企业产品和服务的生产商、供应商或承包商；企业的商业伙伴，如合作伙伴、商业联盟等；企业的咨询机构，如战略顾问、财务顾问、法律顾问等；企业接触到的政府机构；与企业业务相关的监管机构，以及企业的客户。第三方管理主要是指确保第三方遵守其有关行业的法律法规、道德准则等，避免因第三方的不合规行为对企业本身产生不利影响。

（6）反腐败反商业贿赂：电力行业资金密集、资源富集、覆盖面广，相较于其他行业，其腐败和商业贿赂的合规风险更高，因此在企业经营管理的过程中应当注意与投资和市场相关的领域，尤其是物资采购、市场营销和工程建设业务中的反腐败反商业贿赂合规管理。

（7）对外贸易、投资与运营：中国企业"走出去"步伐加快，但对国际规则与境外合规管理要求的认识不足，大批中国企业因违规经营行为而受到国际组织及东道国的监管和制裁，给中国企业国际形象带来负面影响。随着"一带一路"倡议的不断推进，越来越多的中国企业参与到全球市场竞争当中，"走出去"的电力企业在我国境外业务合规管理起步较晚的背景下，更应积极针对涉外业务重要领域，根据所在国家（地区）法律法规等，结合实际制定专门的境外业务合规管理体系。

（8）网络安全与数据保护：电力行业企业时常被视为关键基础设施，其网络安全漏洞可能导致严重的社会和经济后果，网络攻击可能导致停电或设备损坏，例如，乌克兰在 2015 年发生的电力公司黑客事件中，恶意软件造成了大规模断电；电力公司存储的大量用户数据（包括个人身份信息和能源使用数据）可能被黑客窃取，导致隐私和财务损失，例如，作为欧洲能源领域的顶尖巨头之一、总部位于意大利罗马的意大利国家电力集团（Enel Group）在 2020 年曾受到黑客攻击，导致客户和员工的敏感信息外泄，并伴随勒索威胁；此外，电力企业存在工业控制系统使用设备老化从而缺乏现代安全特性，以及用于管理的监控与数据采集系统（SCADA）的远程访问端点可能被利用等风险，例如，在 2017 年的特里同（Triton）恶意软件攻击事件中，Triton 曾攻击沙特阿拉伯石化厂的工业控制系统，意图破坏关键设施。

（9）电力项目开发和建设：电力项目的建设和开发涉及多个阶段，包括规划、设计、施工、运营及维护，这些阶段中，电力企业面临着多种合规风险，这些风险如果得不到有效管理，可能导致项目延误、法律纠纷、经济损失甚至项目停工。例如，未按要求完成或提交环境影响评估报告，可能导致审批受阻或项目停工；电厂排放污染物（如废气、废水、固体废弃物）未能达到当地或国际标准，可能引发巨额罚款；项目施工可能破坏当地生态，如水电站对鱼类栖息地的影响，可能面临环境诉讼；项目可能涉及大规模土地征用，如果未能公平补偿，可能引发社区抗议或诉讼等风险。

（二）制定合规策略

制定有效的合规策略是确保企业在不断变化的法律、监管和市场环境中合法运作的关键。合规策略可以帮助企业确保其运营和决策符合现行法律法规和政策要求；帮助企业在日常运营中避免潜在的财务损失；有助于提升企业信誉，增强其在行业中的竞争力，尤其是在电力行业，客户、政府及合作伙伴更倾向于与遵守法规、注重环保和社会责任的企业合作；有助于加强公司治理，明确管理责任，规范业务操作流程，帮助企业提升决策透明度、确保高层管理人员的责任落实；有助于企业履行社会责任和可持续发展，企业需要遵守可再生能源配额、碳排放法规和劳工权益等多重社会和环保要求等。

制定合规策略需要结合企业的实际情况和行业特点。在电力行业，制定合规策略的重点通常包括设定合规目标和制订合规计划。

1. 设定合规目标

制定合规策略的首要任务是明确企业的合规目标。通过设定明确的合规目标，企业能够明确其业务活动应符合所有适用的法律法规、行业标准和企业内部政策要求，特别是在电力行业，涉及诸如能源生产、环境保护、市场竞争和安全等多个监管领域，明确合规目标能帮助企业遵守这些要求，避免法律风险和处罚；明确合规目标还能够展示企业的透明度和社会责任，提升品牌形象和市场竞争力。

设定合规目标需要清晰、具体、可衡量，并与企业的整体战略相一致。合规目标要清晰、具体，避免要求模糊不清；合规目标可以量化，比如减少碳排放量、降低投诉率等衡量标准；合规目标需现实可行，考虑企业在实现目标时需要投入的资源和能力；合规目标应与企业的整体战略和价值观相符合；企业可为每个目标设定明确的完成时限。

2. 制订合规计划

企业可将设定的具体合规目标分解为不同的行动计划，如年度环保目标、员工合规培训计划等。此外，企业可定期检查合规目标的进展情况，确保目标得以实现，若发现偏差或新的合规风险，应及时调整目标和计划。

电力企业的合规计划通常包括环境保护、能源效率和社会责任等方面，能够帮助企业实现可持续发展目标，并履行社会责任。这不仅符合企业发展的需求，也有助于应对全球气候变化，推动绿色能源转型等。

（三）实施与维护

合规体系的实施与维护是确保合规策略有效落地的措施。采取切实可行和高效的合规体系实施与维护措施，可以加强企业在经营管理中的合规性，有助于帮助企业预防违规行为，这对于避免法律风险、减少公司罚款、避免项目停工以及保护企业声誉至关重要。

1. 政策与流程的实施

电力企业面临复杂、高强度的监管，必须通过标准化流程和技术手段保障合规体系的稳定、高效、长期运行。合规政策的实施往往依赖于标准化的工作流程，通过流程管控实施合规政策是确保企业业务活动符合所有法律法规、行业标准以及公司内部规范的核心手段，电力行业作为一个高度受监管的行业，其中的电力企业必须建立严密的流程管控系统，确保各个环节都能实现合规目标和计划。

通过流程管控实施合规政策，必须明确合规政策的核心内容，并将其融入每个业务的流程中，电力企业可采取以下方式：

(1) 合规审查：在招投标、合同签署、项目审批等重要环节设置合规审查流程，确保符合环境保护、税务、劳动法等各项法律法规、行业标准和内部道德准则。

(2) 设立标准操作程序：为了确保合规政策的顺利执行，可以根据不同业务领域制定具体的标准操作程序，操作流程包含以下内容：操作步骤（每个合规环节的详细操作步骤）、责任分配（明确每个环节的负责人及其职责，确保责任落实到人），以及审查机制（每个流程步骤的审查节点，确保无违规行为发生）。

2. 持续监控与改进

合规体系应具有灵活性，能够根据法律法规变化、市场动态和运营情况及时进行调整，持续监控和改进，以确保合规体系的高效性和实用性。

定期对合规政策和程序进行审计是持续监控的基础。审计包括对所有部门和业务流程的合规性进行检查，确保它们符合内部规定和外部法规的要求，审计可以在内部进行，也可以通过外部审计公司来完成，确保透明度和客观性。电力企业可借助现代技术工具进行实时监控，如合规管理软件或专门的风险管理平台，这些工具能够自动化合规流程的跟踪、审核，并生成报告，便于管理层及时了解合规状态。此外，电力企业可以通过制定与合规相关的关键绩效指标（KPI），监控合规政策的执行效果，如合规培训完成率、合规检查合格率、合规审计结果等，以量化合规活动的效果，及时调整合规策略。

合规政策应具有灵活性，以便根据外部反馈和内部评估不断进行改进。来自员工、供应商和客户的反馈，以及合规审计结果，都是改进政策的重要依据。通过收集这些反馈，企业能够识别当前政策中存在的漏洞和不足，并进行调整。电力企业可以定期开展员工和供应商调查，收集其对合规政策执行效果的意见，从而进一步完善政策。

（四）应急响应与危机管理

电力行业因涉及广泛的基础设施建设、复杂的市场交易和严格的法规要求，合规风险的应急响应和危机管理对于保障公司运营稳定、法律遵循以及社会责任履行至关重要。有效的应急响应与危机管理不仅能帮助公司应对突发事件，还能减少潜在的财务损失、法律责任和声誉风险。电力行业面临许多不可预见的风险，当合规风险发生时，快速有效的应急响应和危机管理可以防止事态进一步恶化，减少对公司运营和财务的负面影响。

1. 危机预案制定

1）制定原因

(1) 及时应对合规风险

电力行业涉及众多合规领域，随着法规的变化和市场环境的不断发展，合规风险是无法完全预见的。通过制定合规风险危机预案，企业可以在面对突发的合规危机时迅速作出反应，减少对业务的负面影响。

(2) 避免法律风险和财务损失

合规危机可能导致罚款、诉讼和项目延误等财务损失。制定应急预案能够帮助企业快速应对可能的合规问题，采取有效的补救措施，避免或减少法律风险和财务损失。

(3) 保护企业声誉与市场竞争力

合规危机如果处理不当，不仅会带来法律和财务上的影响，还可能损害企业的品牌形象和市场声誉。应急预案可确保企业在面对危机时能够进行快速、透明、有效的沟通，从而减轻给公众和客户造成的冲击，维护企业的声誉。

（4）增强管理层和员工的危机应对能力

应急预案有助于提升管理层和员工的危机应对能力。通过明确责任和行动计划，确保在危机发生时，各方能够迅速配合、协作，并执行既定的解决方案。

（5）提高合规管理水平

制定和实施合规风险危机预案还能够促进合规管理体系的持续优化。在执行过程中，公司可以识别潜在的合规漏洞或不足，并进行修正，从而不断提高合规管理的效率和效果。

2）制定步骤

制定合规风险危机预案是一项系统性工作，主要包括以下步骤：

（1）制定应急响应方案

根据合规风险的评估结果，企业需要制定详细的应急响应方案。应急响应方案通常包括以下几个方面：责任分配，明确合规危机发生时各部门的职责，确保应急响应过程中每个环节都有人负责。危机应对流程，设定一套标准化的应对流程，包括从危机发现到报告、决策、行动的每个步骤，例如，如何快速通知高层管理，如何与监管机构和公众沟通等；沟通策略：在危机发生时，如何与监管机构、媒体、员工及公众沟通，确保信息透明，减少误解和恐慌。

（2）定期演练与培训

危机预案的有效性不仅取决于方案本身，还依赖于团队的执行能力。因此，定期的危机管理演练和员工培训至关重要。企业可以定期组织应急演练，模拟不同的合规危机场景，测试员工和管理层的反应能力。为员工提供合规危机应对的培训，确保在危机发生时，他们能迅速理解并执行预案。

（3）评估与改进

在危机发生并处理完毕后，企业应进行事后评估，分析应急响应过程中的成功与不足。通过评估，企业可以总结经验并不断优化合规风险危机预案，提高未来的应对能力。

2. 事件报告机制

合规风险事件报告机制是企业为了确保及时发现并处理合规问题而设立的机制。合规风险事件报告机制的有效性取决于报告的及时性和信息的完整性，企业应鼓励员工和外部方在事件发生初期就报告问题，避免问题积累扩大，报告人应能够及时得到事件处理进度和结果的反馈，提高透明度，增强信任感。

1）报告渠道

企业应设立多个渠道供员工和第三方报告合规风险事件，以保证信息的畅通：

（1）内部举报渠道：例如，匿名举报热线、电子邮件、公司内部合规平台等。

（2）外部举报渠道：例如，与监管机构或合规咨询公司合作，设立合规风险报告渠道。

（3）第三方举报平台：允许供应商、客户和其他利益相关方报告可能的合规问题。

2）保护性措施

为确保员工和外部方敢于报告合规问题，合规事件报告机制应保证举报渠道的保密性，防止举报人受到报复。企业可采取以下保护性措施：

（1）匿名性保障：确保举报人可以匿名举报，保护其个人信息。

（2）反报复政策：明确规定对于因报告合规事件而遭受报复的行为进行处罚，并确保举报人的安全。

（3）为举报人提供法律保障：在一些国家或地区，法律要求公司提供对举报人的法律保护，避免他们因报告违规行为而受到处罚或其他不利影响。

3）报告流程

为确保合规事件报告机制的全面性和可用性，企业可提供多种语言选项，确保全球员工和合作伙伴能够无障碍报告。此外，企业应确保报告机制的透明性和有效性，制定标准化的报告流程。报告流程通常包括以下步骤：

（1）报告接收：当合规风险事件发生时，相关人员可通过报告渠道提交信息。

（2）信息筛选与分类：对接收到的报告进行初步筛选和分类，确定事件的严重性和紧急性。

（3）调查与核实：合规团队或指定部门对报告的合规事件进行调查，收集证据并确认事件的真实性。

（4）决策与行动：根据调查结果，决定采取的处理措施，包括整改、处罚、通知监管部门等。

（5）跟踪与反馈：处理措施完成后，确保跟进评估事件的结果，并向报告人反馈事件的处理进度或结果。

3. 内外部沟通策略

合规事件的有效沟通是减少危机、保护公司声誉并确保合法合规的关键步骤。制定内外部沟通策略，对于快速响应合规事件至关重要。有效的沟通不仅可以确保各方理解问题的严重性，还能促进透明性，帮助公司维持利益相关者的信任。

1）内部沟通关键策略

内部沟通是确保员工了解合规事件的处理过程、应急响应措施和公司立场的基础。关键策略包括：

（1）迅速通知关键人员

合规事件发生后，第一时间通知公司高层、法律团队和相关部门（如合规、审计、信息技术部门、公共关系等），确保公司能够迅速作出反应。通知应简明扼要，说明事件的性质、影响和初步行动。

（2）透明和一致的信息传递

内部沟通需要保持信息的透明和一致，避免信息泄露或误解。所有员工应通过统一渠道（如公司内部邮件、通知或会议）获取关于合规事件的进展。定期更新内部情况，确保信息的流畅传递。

（3）明确责任和应对措施

按照制订的应急响应计划，确保员工了解其在合规事件中的角色和责任，确保每个部门了解自己需要采取的措施，特别是涉及操作、法律和客户管理的部门。

2）外部沟通关键策略

外部沟通旨在确保公司与监管机构、公众、媒体、客户、供应商以及其他利益相关者保持透明和合作，避免合规事件对企业声誉的负面影响。

（1）及时与监管机构沟通

在合规事件发生时，企业应第一时间与相关监管机构（如环保部门、能源监管机构等）进行沟通。向监管机构报告事件的发生、公司采取的应对措施，并确保遵循法律要求，避免进一步的处罚或负面影响。企业应确保合规报告的准确性，按时提交所有要求的文件，并在适当的情况下寻求监管机构的建议或指导。

（2）危机沟通声明

公司应准备标准化的危机沟通声明，在事件发生时迅速发布。声明可以包含事件的基本事实、公司目前的应对措施、公司对事件的承诺（如加强合规性、改进流程等）。这些声明应简洁、透明、专业，以避免造成混乱或误解。公司应通过官网、社交媒体、新闻稿等渠道发布声明，并确保媒体和公众能够及时获取信息。

(3) 与媒体和公众的沟通

通过媒体发布的公告应避免过于详细的内容，避免泄露敏感信息。与此同时，公关团队应与记者保持沟通，确保媒体报道的准确性，并根据情况提供更多背景信息，但应避免对事件的过度解释或辩解，以免引发公众的不满。

(4) 与客户和供应商沟通

合规事件可能影响客户和供应商的信任，特别是当事件涉及产品质量、服务安全或合规违法行为时。公司应直接联系客户和供应商，提供透明的信息，解释事件的性质和应对措施，并在可能的情况下，提供客户补偿或改善方案，以恢复客户关系。

(5) 建立外部利益相关者支持

与客户、投资者及其他相关方建立定期的沟通机制，确保他们知道企业如何管理合规风险，并展示公司在事件发生后的改进计划。这可以通过定期的股东会议、投资者关系报告和客户满意度调查等方式进行。

五、企业合规文化的培育

企业的合规性不仅仅依赖于合规程序和政策的执行，还与企业文化紧密相关。企业的合规文化包括企业内部对合规行为的认同程度、管理层的合规态度和员工的合规意识。有效的合规文化能够深入企业的各个层级，推动员工在日常工作中自觉遵守法规要求，而不仅仅依赖外部检查和监督。

对于电力行业来说，合规文化的建设尤为重要。电力行业涉及的合规领域全面且复杂，如何在全球化的环境中保持一致的合规标准，成为企业面临的重大挑战。在全球范围内，许多电力企业已采取措施来加强和培育合规文化，确保其业务活动符合国内外法规要求，同时推动可持续发展和社会责任。

（一）领导层的角色

1. 高层承诺

领导的公开承诺通常包括：强调合规对公司长期发展的重要性；承诺遵守所有适用的法律法规，特别是在环境保护、安全生产和市场透明度等方面的合规要求；鼓励员工以高度的诚信和责任心履行职责。

领导层的合规承诺对于企业合规体系建设具有强烈的带头示范作用，有利于推动整个企业的合规体系发展。领导层的合规承诺为企业的整体合规文化奠定了基础，企业的高层管理人员通过公开承诺和积极行动，能够在组织内外树立起合规的价值观，并激励员工遵守相关法律法规，这种领导力的示范作用至关重要，因为员工通常会根据领导的行为来判断合规的重要性；领导层的合规承诺能够确保合规成为企业运营的优先事项，而非次要考虑因素，在电力行业，合规不仅关系到法律遵循，还关系到环境保护、安全运营和社会责任，领导层的支持能够确保这些合规要求得到足够的资源和重视，从而推动企业在合规方面的持续改进和完善；领导层的合规承诺能有效增强企业的社会责任感和品牌声誉，更容易赢得消费者、投资者和合作伙伴的信任，并且能有效避免因违规而带来的法律诉讼或品牌损害；领导层的合规承诺能够推动有效的合规风险管理，使企业在合规领域有明确的战略和规划。

2. 行为示范

领导层的合规行为示范在塑造企业合规文化中发挥着至关重要的作用，通过领导层的榜样作用，可以有效地推动合规标准在整个公司中的落实，提升全员合规意识，并确保公司遵守法律法规。以下为几种常见的领导层合规行为示范的方式：

（1）亲自参与合规培训和教育

领导层通过亲自参与合规培训、内部研讨会和行业会议，可以强有力地释放合规是全公司共同关注的重点事项的信息，不仅增强了合规培训的权威性，为员工提供具体的合规知识，还能通过互动解决实际问题，领导层可以通过分享个人的合规经验，阐明合规对企业的实际影响，提升员工对合规文化的认同感。

（2）建立有效的合规监督机制

领导层可以通过建立和支持合规监督机制向全公司传达公司管理层全力支持合规的态度和发展理念。领导层应支持和推动合规团队的独立性，确保合规监督机制的有效性，如领导层可通过设立合规委员会、聘请合规官，确保合规审查与监督过程不受公司其他业务部门的干扰，此外，领导层还需确保公司有足够的资源来支持合规建设。

（3）实施问责制与奖励机制

领导层不仅在言辞上，还可以通过在合规行为的执行过程中设立明确的问责和奖惩制度来传达公司管理层全力支持合规的态度和发展理念。领导层应确保每个部门和员工都对合规结果负责，同时对合规行为表现优秀的员工设置奖励机制，表彰在合规方面表现优秀的员工或团队，激励员工保持合规行为。

（4）透明和及时沟通

在合规事件发生时，领导层应亲自领导危机沟通，确保信息透明且及时传达给所有利益相关者。无论是员工、客户还是监管机构，透明的沟通能够帮助减少不信任和不确定性。领导层需要在合规危机发生时迅速行动，向外界传达公司在采取什么措施应对事件，并向内部员工及时反馈事态发展情况。领导层还应积极主动向外界展示公司如何处理合规事件并改进相关流程，恢复声誉。

（二）员工参与与培训

1. 全员合规意识培养

企业领导层的行为示范对于全员合规意识的培养至关重要。领导者应公开承诺合规的重要性，并通过自己的行动、决策和言辞，传递合规文化。例如，领导层可以通过公司年度大会或正式文件强调合规对公司长期发展的重要性，并亲自参与合规培训。

企业可以通过制定明确的合规策略，将合规融入企业文化中，使全体员工认识到合规不仅是合规部门的责任，更是全体员工的共同责任。企业可以定期发布合规新闻、报告或成功案例，让员工看到合规的实际成果，并让员工对合规的价值有更深的理解。

此外，设立合规举报渠道，让员工在遇到合规问题时能够无障碍地报告，这也能鼓励员工积极参与到合规文化的建设中来。

2. 定期培训与考核

企业合规培训计划应覆盖所有员工，内容应根据员工的职责和岗位进行定制化。培训计划可以根据企业实际需求包含以下内容：

（1）合规基础知识：包括反腐败、反垄断、环保法规、电力市场的合规规定等。

（2）企业内部政策与程序：确保员工了解公司在合规方面的具体操作流程和要求。

（3）行业法规与标准：培训员工了解行业的最新合规要求，并及时更新法律法规的变动。

合规培训应持续进行，企业可以采取多种方式进行合规培训，针对重要岗位和部门采取深入的面对面的合规培训；为员工提供在线学习平台，允许员工随时随地完成合规相关课程；定期举行专题研讨会，邀请合规专家或法律顾问进行讲解等。合规培训过程中，可以结合公司过去的合规事件或行业内的典型案例，进行案例分析和讨论，通过实际案例帮助员工理解合规风险，并学习如何处理类似问题。

六、企业合规的未来展望

（一）技术进步对合规的影响

1. 人工智能（AI）与大数据的应用

随着技术的快速发展，AI与大数据将在企业合规管理中发挥越来越重要的作用。

AI可以通过分析大量的数据，快速识别潜在的合规风险。AI技术可用于解析法律法规文本，帮助企业快速理解最新的法律要求，通过大数据平台，企业还能实时获取监管动态，确保合规策略的及时更新。例如，电力企业可以使用AI工具解析电力项目相关的法律法规等，将最新的要求自动嵌入其运营流程中。

利用大数据技术，企业可以实时监控关键业务指标，如能源交易、电力消耗和排放数据。当数据出现异常时，AI可以生成自动警报，提示管理层采取相应的措施。例如，电力企业可以通过部署基于AI的实时监控系统，预测电网可能存在的网络安全威胁，并及时修复漏洞，避免合规违规事件。

大数据技术可帮助企业从海量历史数据中提取有价值的信息，为合规决策提供数据支持。例如，电力企业可以通过分析过去的合规案例、审计结果等，识别哪些领域更易出现合规问题，从而优化资源分配。

AI可以根据员工的岗位职责和工作记录，定制合规培训内容。例如，对于电力企业中的环境工程师，AI可以重点提供环保法规的培训，而对于市场部门的员工，则侧重反垄断法规的学习。

2. 区块链技术

在电力行业及其他高度依赖数据透明性和监管的领域，区块链的应用可以提高合规的效率、透明度和可靠性。

区块链技术的核心特性是数据不可篡改，这确保了企业的合规数据（如合同文档、交易记录、碳排放量的监测数据）在整个生命周期中保持完整性和真实性。因此，电力企业可以利用区块链记录能源交易，确保能源交易过程及电价信息符合市场监管要求，避免数据造假或争议。此外，区块链的实时记录功能可以自动化生成审计报告，为监管机构提供即时且透明的数据，显著缩短审计时间。电力企业可以通过区块链向政府和监管机构实时报告能源生产与消耗数据，确保环境合规性等。

尽管区块链技术在合规中具有巨大潜力，但也存在一些挑战，比如，区块链技术的部署和维护需要较高的资金投入，其实施成本之高可能对中小企业造成负担等。

（二）法规变化的趋势

1. 国际合作加强

随着全球化进程的加快，电力行业的国际合作不断加强。这种趋势为电力企业带来了新的机遇，但也显著增加了合规管理的复杂性。

（1）法律法规的多样化与合规要求的复杂化

国际合作促使电力企业在多个司法管辖区开展业务，而各国的法律、法规和监管标准可能存在显著差异，甚至相互冲突。国际合作项目中的不确定性，例如进口设备的质量标准、合同执行法律的管辖权和税务合规等可能导致法律争端的风险增加。

（2）国际标准化的推动

随着国际合作的加强，电力企业需要越来越多地遵循国际标准，如国际电工委员会（IEC）标准、国际能源署（IEA）的可再生能源框架等。这些标准通常要求企业在技术、环保和安全领域进行合规管理。此外，国际合作推动了电力行业的标准化，然而，也要求企业在遵循这些标准的同时，适应本地化的需求，电力企业需投入更多资源符合国际标准，同时协调国际与本地需求之间的平衡。

（3）社会责任要求增强

国际合作中，企业需满足全球范围内对人权、劳工权利和社区利益的保护。例如，项目建设中可能需要与当地社区达成协议，以减小对社区的社会影响。

（4）数据保护与网络安全合规

电力行业涉及大量运营数据、能源交易数据和客户数据。在国际合作中，数据的跨境流动可能受到多国法律的限制，例如欧盟《通用数据保护条例》（GDPR）对数据跨境传输的限制。此外，国际电力项目中，智能电网和物联网技术的应用使得网络安全成为重要的合规领域，各国对关键基础设施的网络安全监管差异显著，企业需确保满足多方要求，避免因未能满足当地网络安全审查要求而导致项目延迟。

（5）合规成本与资源投入的增加

国际合作中，企业需要应对复杂的多边法律、监管和市场要求。这显著提高了企业合规的人力成本、时间成本、技术成本等。

2. 更严格的监管环境

近年来电力项目的监管变得更加严格，这与能源政策转型、环境保护要求的提高以及数据和网络安全等需求密切相关。国际气候协议（如《巴黎协定》）要求各国在减排目标上做出承诺，导致各国对电力行业的环保要求日益严格，包括燃煤电厂在内的高排放电力项目需满足更高的排放标准，并可能面临逐步被淘汰的风险；此外新建电力项目可能要求出具更详细的环境影响评估，水资源利用、噪声影响和生态系统保护等多重因素均可能成为监管的重要内容；再者大规模接入新能源需要更高的储能技术和电网灵活性，因此对储能设施和电网项目的监管要求同步提高；随着智能电网的普及和物联网技术的应用，电力行业面临越来越多的网络安全风险，许多国家加强了对电力项目数据保护和网络安全的监管等。

（三）电力行业企业合规师的职业发展

企业合规师在电力行业的作用日益重要，特别是随着法律法规、环境要求和技术标准的复杂化，其职业发展路径和持续学习的需求显得尤为关键。

1. 职业路径

电力行业企业合规师分为初级、中级、高级三个层级，进行考核并获得相关认证。对于企业合规师的职业路径，通常从基础岗位逐步迈向更高层次的管理职位。以下是较为典型的职业发展路径。

（1）初级合规专员

职责：处理日常合规事务，如合同审查、数据收集、法规解读等。协助编写合规政策和报告。

技能要求：熟悉基础法律法规，具备文档管理和良好的沟通能力。

职业起点：通常为法律、审计、能源管理等相关领域的毕业生或初级从业人员。

（2）中级合规顾问/高级合规专员

职责：参与合规风险评估，并监督公司各部门的合规执行情况，协调跨部门的合规培训和政策实施。

技能要求：熟悉行业法规（如环境法规、电力交易规则），具备数据分析和项目管理能力。

职业提升：通过在多个项目中的实操经验积累，获得更全面的行业知识和合规管理技能。

（3）合规经理/合规部门负责人

职责：负责制定并实施企业的整体合规战略，与高管团队和外部监管机构沟通，监督重大合规问题的处理。

技能要求：出色的领导能力，全面了解国际国内的电力行业法规，具有决策经验。

职业成就：可逐步提升至企业的中层，成为企业在合规事务上的关键决策者。

（4）首席合规官（Chief Compliance Officer，CCO）

职责：在企业的最高管理层中担任角色，直接向首席执行官（Chief Executive Officer，CEO）或董事会汇报。领导整个合规团队，制定企业的长期合规战略。

技能要求：深厚的法律知识、卓越的沟通和协调能力、国际合规经验。

职业巅峰：掌控企业合规方向，并可能在行业协会或国际合规机构中获得领导地位。

2. 持续学习与专业认证

随着电力行业的快速发展，企业合规师需要不断提升自己的专业能力，以适应行业法规和技术的变化。持续学习和获取专业认证是职业发展的关键。

（1）持续学习的重要性

行业变化：例如，国际碳交易规则、电网技术升级、数据隐私法规（如 GDPR）的更新都对合规师提出新要求。

技能拓展：学习风险管理、网络安全和环保合规知识，可以拓宽职业发展路径。

学习方式：专业书籍、线下或在线培训课程、行业会议和论坛等。

企业内部培训：通过公司组织的专项合规培训，掌握企业实际需求。

（2）专业认证

获得国内国际公认的合规相关认证，不仅能够提升专业技能，还能增强职业竞争力。

国际认证：注册合规与道德专业人员（Certified Compliance & Ethics Professional，CCEP），该认证由企业合规与道德协会（Society of Corporate Compliance and Ethics，SCCE）提供，专注于合规与道德领域的知识和实践，包括风险评估、政策实施等核心内容，官网提供考试申请、资源和学习指南；注册信息系统审计师（Certified Information Systems Auditor，CISA），由信息系统审计与控制协会（Information Systems Audit and Control Association，ISACA）提供，该认证专注于信息系统审计和安全领域，适用于数据保护和网络安全合规领域的专业人士。

行业专项认证：ISO 14001 环境管理体系认证，适用于环保合规的专业人士；ISO 27001 信息安全管理体系认证，涉及网络安全和数据合规领域。

第一章 招投标合规管理

第一节 招投标合规①基础知识

一、招投标合规国内外发展概况

从20世纪70年代以来，促进各采购主体在招投标领域履行社会责任及加强合规管理就受到国际组织和各国政府的普遍重视。以经济合作与发展组织（OECD）、联合国（UN）为代表的国际组织发布了招投标领域合规管理相关规制政策，引导各国政府和企业在招投标领域加强合规管理。改革开放之后，随着我国市场经济地位的确立，相关部门不断完善招投标领域规制政策，促进市场主体按照招投标合规要求开展业务，成为积极创造和保护社会主义市场经济竞争环境的重要手段。本部分将介绍国际国内招投标合规管理的发展与规制要求，以便我们能较为全面地了解招投标领域合规管理发展概况。

（一）招投标合规管理国际发展简介

无论是政府部门公共采购，还是企业自行开展的采购，招投标作为最主要的采购方式，是最容易产生腐败的领域之一。为提高各国政府在采购领域的透明度、实现良好管理、防止不当行为、开展问责制和建立有效控制程序来防止不当行为，OECD制定了相关文件引导政府部门在公共采购时加强诚信合规管理。我国政府部门和企业在进行采购规制政策制定或参与国外政府和国际企业的招标采购项目时，也重视与国际通行的招标采购规则标准与做法接轨。正如习近平总书记在2019年4月26日举行的第二届"一带一路"国际合作高峰论坛开幕式演讲中指出，"引入各方普遍支持的规则标准，推动企业在项目建设、运营、采购、招投标等环节按照普遍接受的国际规则标准进行，同时要尊重各国法律法规"。

1. OECD发布政府部门采购合规指引

自1997年以来，OECD加大力度引导各国跨国公司按照良好的商业实践在全球开展商业活动。在招投标领域，OECD指出各国政府采购存在大量浪费、腐败和不公平竞争等情况，建议各国政府在采购活动中遵循法律和法规、司法判决、行政决定、标准合同条款以及确定、授予和管理具体采购的实际手段和程序来开展工作，从而加强对企业招投标活动的合规治理。在2004年召开的OECD全球治理论坛上，该组织强调各国政府需要采取额外措施，防止整个采购周期出现腐败风险，并发布了新的采购合规政策要求。OECD指出，招投标中出现的不合规行为主要表现在需求评估阶段的干预、合同管

---

① 招投标是招标、投标的合称。电力企业招投标合规管理侧重电力企业在市场交易过程中，通过对招标采购的各个环节进行有效合规管控，实现招标采购活动的合规。

理和付款阶段的透明度缺失,因为这些环节不在采购条例的有效监管范围内。在例外情况下,这些方面也容易出现采购不合规问题。OECD把诚信合规作为采购政策制定的核心要求,提出各方在使用资金、资源、资产、权力时要符合公共利益。采购中要防止诚信不合规行为:腐败行为,包括贿赂、"回扣"、裙带关系、任人唯亲和客户主义;欺诈和盗窃资源行为,例如通过交付过程中的产品替代,导致材料质量降低;服务和就业中的利益冲突;串通投标行为;滥用和操纵信息;采购过程中的歧视性待遇;浪费和滥用组织资源。[①]

OECD提出了招标采购合规管理四个标准(透明度、良好管理、防止不当行为、问责和控制)及相关标准之下的10项合规政策要求。这10项合规政策要求包括透明度、良好管理、防止不当行为和监督、实施问责和控制四个方面。第一,在透明度方面,政策要求包括:在整个采购周期中提供足够程度的透明度,以促进对潜在供应商的公平对待;最大限度地提高招投标的竞争性与透明度,并采取预防措施加强诚信,尤其是减少不适用招标的例外情况。第二,在做到良好管理方面,政策要求包括:确保公共资金按照预期用途用于采购;确保采购官员在知识、技能和诚信方面达到较高的专业标准。第三,在防止不当行为和监督方面,政策要求包括:建立机制,防止公共采购中的诚信风险;鼓励政府和私营部门密切合作,保持高标准的诚信,特别是在合同管理方面做到诚信;提供以监督公共采购和发现不当行为并实施相应制裁的具体机制。第四,在实施问责和控制方面,政策要求包括:要建立明确的责任链和有效的控制机制;公平及时地处理潜在供应商的投诉;授权民间社会组织、媒体和广大公众审查公共采购项目。在上述10项政策原则下,相关采购主体还要围绕招标前期(需求评估、规划和预算编制、需求定义和程序选择)、招标中期(招标、评标和授标)、招标后期(合同管理、订单和付款)三阶段制定具体的合规管理措施,从而确保政府部门在采购领域的合规管理政策是完整的与可执行的。

2. 联合国鼓励各国政府加强招标采购合规管理

联合国在2000年正式启动了全球契约组织,该组织旨在推进全球企业按照良好的劳工、环境和反腐败标准治理企业,引导企业实现可持续发展。联合国在引导企业可持续发展的同时,也要求各国在招投标领域加强合规管理。联合国要求各缔约国根据本国法律制度的基本原则,采取必要步骤,秉持透明度、竞争和客观的决策标准,建立合适的采购制度,有效防止采购领域出现腐败行为。

为此,联合国提出五项要求,一是公开发布与采购程序和合同有关的信息,包括招标信息和授予合同的相关信息,使潜在投标人有足够的时间准备和提交标书;二是提前制定参与条件,包括遴选和授予标准及招标规则,并对外公布;三是对公共采购决策使用客观和预先确定的标准,以便随后能够核查规则或程序是否适用;四是建立有效的内部审查制度,包括有效的申诉制度,以确保在不遵守招标规定的规则或程序的情况下可以进行法律追索和补救;五是采取适当措施规范负责采购的人员的履职行为,如对特定公共采购项目要求相关内部人员进行利益申报、开展内部合规筛查和进行培训。

与此同时,联合国还要求各缔约国根据本国法律制度的基本原则,采取适当措施,促进公共财政管理和国有企业的透明度和问责制。这些措施包括:一是建立预算程序;二是及时报告收入和支出;三是建立会计和审计准则及相关监督制度;四是建立有效的风险管理和内部控制系统;五是建立及时纠正机制,在未能遵守上述规定时,应采取纠正措施。

3. 国际组织采购规制政策促进企业采购合规

在经济全球化时代,无论是国内本土企业还是跨国公司,都会在一定程度上受到国际组织所倡导

---

① OECD ENHANCING INTEGRITY IN PUBLIC PROCUREMENT:A CHECKLIST,2008.

的采购合规原则和规则的影响。事实上，这些原则和规则已经演变成招标采购领域的国际通行规则，对企业的招标合规管理产生了重要影响。

具体来看，有以下三个方面：第一，招标采购的国际通行规则为各国政府和企业提供了制定招标采购规则的指导原则。国际组织通过研究各国政府在采购中遇到的诚信合规问题，总结各国政府在采购中的良好管理与做法，提炼出采购中应遵循的原则与政策框架。这对各国政府和企业在制定招标采购规则时提供了重要借鉴。第二，招标采购的国际通行规则为企业开展招标采购业务提供了良好的实践蓝本。国际组织的资金通常来源于政府或企业的赞助或捐赠。为了不辜负赞助者的信任，国际组织需要合规和善用这些资金，并定期接受外部审计。因此，国际组织在招标采购中更加关注廉洁和资金的合规使用，并制定一套透明、公平的招标采购标准。在执行和总结自身的招标采购实践时，国际组织形成了一系列实践蓝本，指导各类企业进行合规采购。第三，招标采购的国际通行规则为各国企业在招标采购合规管理方面提供规则指引。长期以来，各国企业在招标采购中存在管理不善的问题，如管理错误、决策失误、严重不称职、有意识地打破规则（如出于不合理的运营原因）以及为谋取私利故意违规等。

国际组织通过整理各国政府在采购中存在的问题与最佳实践案例，供各国企业参考，以改善其招标采购管理，提升招标采购的效率和合规性。总之，国际组织在推进各国政府加强招标采购规制政策制定的过程中，所提供的方法与路径，不仅对各国政府具有重要指导意义，对参与全球经营的企业同样具有良好的指导作用。许多跨国企业参考国际组织在招标采购管理中的原则和做法，制定了本企业的招标采购管理政策，并在跨国经营过程中积极践行招投标的合规管理。

（二）我国招投标合规规则的变化

随着经济改革不断深入，我国在参与市场化与全球化发展的过程中，不断借鉴和吸纳国际招标采购的规制经验，在招投标领域不断完善立法和政策，促进招投标领域更加规范化发展。以下对我国招投标规制政策的变化进行简要介绍。

1. 指导企业自主采购阶段（改革开放到 2000 年）

改革开放之后，我国经济发展按照调整、改革、整顿和提高方针不断扩大企业自主权和市场在经济发展中的作用，引导企业在市场经济中参与竞争。为此，政府部门将"鼓励竞争、规范市场"作为制定招标采购政策的指导性政策。1980 年发布的《国务院关于开展和保护社会主义竞争的暂行规定》于 2001 年废止。在 1980 年到 2001 年的二十余年间，促进了市场主体间的竞争，增强了市场主体的独立性。该文件明确了扩大企业的自主权，尊重企业相对独立的商品生产者地位，明确企业有产、供、销、人、财、物等方面的权利，企业与任何地区或部门签订的合同与协议，基于双方互信的基础上签订，受到国家法律的保护，任何试图毁约一方都要承担经济与法律责任，这从法律上保护了企业的自主采购权和经济利益。

企业自主采购权的自主性还体现在以下方面：一是在一定条件下可以自主采购和按市场需求进行供给。企业在完成了国家规定的供货任务之后，可以根据市场的需求，开展自主采购，安排生产或者承担协作任务。二是企业可以根据性价比原则择优采购。在国家计划分配的物资以外，企业可以在国家政策法令许可的范围内，到外地或者外单位购买生产所需要的物资。三是计划内生产自主采购的范围也在不断扩大。那些原本属于国家计划分配的物资，也可以在一定范围内选择供货单位。四是企业利益受到侵犯时，有抵制和申诉的权利，对自主权进行了行政保护。五是对企业公平竞争与道德要求进行了规范。明确要求企业严格遵守国家的政策法令，通过合法手段进行竞争。企业不得从事弄虚作假、行贿受贿、投机倒把等行为，不得牟取暴利，损害国家和人民的利益。企业要树立良好的信誉，形成良好的企业道德。

2. 招投标法律规则确定与完善阶段（2001 年至 2017 年）

企业在经济活动中的自主性增强，同时招投标领域由于规制政策不完善，出现了招投标活动混乱无序、项目质量问题频发、项目中腐败现象滋生等诸多问题。为了规范国内招投标活动，提高经济效益，保证项目质量，保护社会公共利益和招标投标活动当事人合法权益，1999 年 8 月 30 日，第九届全国人民代表大会常务委员会第十一次会议通过《中华人民共和国招标投标法》（下称《招标投标法》），并于 2000 年 1 月 1 日正式实施。该法案正式通过以后，我国以立法方式对招投标活动进行法律规范。从《招标投标法》的内容来看，该法案明确招标投标活动的原则，就招标活动涉及的招标人、招标项目要求、招标方式、招标代理机构、招标文件编制以及禁止行为等方面作出立法规定。对投标活动中涉及的投标人、投标人资格、投标活动程序、联合体投标以及禁止行为等作出立法规定。该法还对开标、评标和中标、法律责任等行为进行了立法规定。《招标投标法》的实施，特别是 2001 年年底，我国正式加入世界贸易组织（WTO），标志着我国市场经济的规则逐步与国际接轨。我国市场经济的规模逐渐扩大，市场主体在经济活动中的自主性进一步增强，企业采购的自主性也得到了更大的发挥。我国招标投标事业进入了快速发展的新阶段，招投标范围不断扩大，取得较好效果。从建设工程发包、机电设备进口、产品和服务采购到科研课题立项以及土地使用权转让，政府投资项目、采购等基本上都实行了招投标。据统计，到这一阶段末全国每年的招标投标市场金额在 20 万亿元左右，占 GDP 总额的 15%～20%，建筑、交通、水利水电等行业依法必须招标项目达 90% 以上，国内每年参加招投标的企业占大中型企业的 80%。[①] 全国已经拥有招标专业从业人员数十万，从事工程招标代理工作的专业机构数千家。招标投标机制为市场经济的发展与建设发挥了重要作用。《招标投标法》经历了近二十年的发展，建立了完整的招标，投标，开标，评标，定标等流程机制，为国有资金、国有资产、公共基础设施及公共安全设施项目的合规合法交易保驾护航，捍卫了国家的利益、公共利益及投标人的合法权益。招标投标制度逐步完善，使得市场在资源配置中发挥出了极为重要的作用，对完善社会主义市场经济体制、推进投融资体制改革、规范公共采购等具有重要意义。

3. 招投标合规的法律规则体系成熟阶段（2018 年至今）

随着我国市场经济不断发展，招投标领域规制政策体系已基本建立。特别是在 2021 年 1 月，中共中央办公厅、国务院办公厅印发《建设高标准市场体系行动方案》，提出要建成统一开放、竞争有序、制度完备、治理完善的高标准市场体系。招标投标市场作为全国统一大市场和高标准市场体系的重要组成部分，需要形成高效规范、公平竞争、充分开放的招标投标市场，促进商品要素资源在更大范围内畅通流动，为建设高标准市场体系、构建高水平社会主义市场经济体制提供坚强支撑。随着招标投标法律规则的不断完善，我国在招标投标法律领域的监管规则体系也得到了不断健全。从我国立法监管规制政策来看，监管规则的法律效力从高到低依次是：法律、行政法规、地方性法规、部门规章及规范性文件。

在招投标领域，重要的合规监管法律法规体系包括：《中华人民共和国招标投标法》《中华人民共和国招标投标法实施条例》《电子招标投标办法》《必须招标的工程项目规定》《必须招标的基础设施和公用事业项目范围规定》《国家发展改革委等部门关于严格执行招标投标法规制度 进一步规范招标投标主体行为的若干意见》《国务院办公厅关于创新完善体制机制推动招标投标市场规范健康发展的意见》《招标

[①] 袁炳玉，践行二十年依然在路上——写在《中华人民共和国招标投标法》颁布二十周年之际，《招标采购管理》，2019 年 1 期

投标领域公平竞争审查规则》等。

值得一提的是，2024年3月15日，国家市场监督管理总局和国家标准化管理委员会发布了《电子采购交易规范 非招标方式》（GB/T 43711—2024），这是我国首个非招标方式且通过信息技术实施的采购交易的国家标准，填补了该领域的标准空白。我国招投标合规的法律规则体系形成了法规、国标、行标、团标四个层次的制度，并建立了立体化的电子采购交易制度体系，支持建立和完善统一开放、公平竞争、规范透明和诚实守信的采购交易市场体系。

（三）企业招投标合规管理趋势

从国际组织推进招标采购合规管理工作及我国招投标领域立法的发展历程来看，企业招投标合规管理呈现具体化、体系化和全面化的趋势。这些变化体现在，企业从招投标业务活动合规，如招投标过程中的廉洁性以及公司资金的合理使用，扩大到了供应链合规管理。招投标合规管理不局限于招投标活动中采购环节的合规管理，还包括了关注招标采购的产品质量合规、环境保护合规、反腐败合规、出口管制及供应链合规，相关的范围逐渐扩大，在开展招投标合规管理时应把握好这些趋势。

1. 由单个环节到全流程的反腐败合规管控

过去，企业的招标采购合规管理主要关注某个环节，如今已经扩展到对招标采购全流程的合规管控。在需求评估环节，要减少与投标方的信息不对称，采用战略方法管理采购市场。在规划和预算环节，对预算进行现实的估算，并确保及时批准。对于价值、复杂性或敏感性特别高的重要项目，应准备商业案例，确保职责和授权分离。在需求定义环节，采取预防措施防止利益冲突、共谋和腐败，促进行业廉洁，并在选择过程中考虑诚信合规因素。在方式选择环节，指导采购部门确定最佳采购策略，以平衡行政效率和供应商公平准入的需求。在招标书制定环节，保证公平，不设置带有倾向性的条款。在评标环节，确保提交信息的安全和保密，明确开标程序，保证评标公正，评估过程中防止利益冲突和腐败。在招标环节，将招标过程的结果告知投标人和公众，防止审批过程中的利益冲突和腐败，并记录相关程序。在招标后阶段，做好授标后的诚信合规风险管理。在合同管理环节，明确合同管理的期望、角色和责任。密切监督商业伙伴的表现和诚信，有效控制合同变更。在订单和付款环节，认真验证货物或服务的接收是否符合预期标准，确保预算系统能及时发放资金，以便根据合同条件付款。此外，还应考虑项目后评估的可能性。通过以上措施，企业能够在各个环节实现全面的合规管理，确保招标采购过程的透明和公平。

2. 从产品与服务质量合规到关注全面合规

过去，招投标过程中主要是关注供应商提供的产品与服务质量是否达到标准要求。如今企业除关注产品与服务质量合规外，还关注供应商的环境合规管理、出口管制合规管理等。环境合规审查的重点内容主要包括环境保护，污染物排放，环境违法案例等。近年来，随着金融领域的ESG（环境、社会、公司治理）投资的兴起，各类企业对商业合作伙伴的环境合规加大了审查力度，不仅审查环境保护合规内容，还审查企业在气候变化即可持续发展方面的做法，这无疑扩大了招投标合规管理的范围。除了环境合规外，出口管制合规也是当前招投标合规管理的重要方面，比如，某企业参与招标采购的所有业务单位和职能部门，应了解公司提出遵守的、与任何出口受控设备、技术数据或技术的转让、放行、转出口、销售或处理有关且适用的管制要求，并遵守这些要求。企业合规管理部门应制定出口管制合规手册，对出口合规计划进行规定，覆盖合作伙伴筛查、许可管理、档案管理、违规报告、审计及转出口和控制要求等方面。手册要求各单位在采购中需严格按照商业行为准则、出口合规计划、进出口管理措施及进出口管理的材料库存操作准则进行商业活动。一些公司依托IT系统对研发、物流、销售、售后服务等各环节的合规状况进行管控。

3. 从企业自身合规到关注供应链合规

为打造稳健的供应链，企业在招标采购时需要对商业伙伴合规情况进行持续评估，提升双方的合规水平。某电力企业的做法是在电子商务网站的注册模块加入合规背景调查，对每一个新供应商进行调查。此外，企业颁发了《供应商基本行为准则》，要求供应商必须遵循《供应商基本行为准则》和当地法律法规。企业在引入供应商的全流程中倡导供应链的多元化，鼓励不同文化、民族和发展特征的供方公平平等地参与供应链的所有合作，并辅导供应商发展各自的多元化供应链。一些国际化的大型电力企业，还建立了涵盖劳工权益、健康安全、环境保护、有害物质含量管控、信息安全、网络安全、商业道德、下级供应商等方面的供应商企业社会责任管理体系，明确了供应商在诚信守法、人权、劳工标准、健康安全、环境保护、禁止的商业行为、冲突矿产等方面的行为准则。有的电力企业要求合作供应商签署《供应商阳光合作及反贿赂合规承诺书》《供应商企业社会责任协议》《供应商绿色环保承诺书》《供应商安全协议》等文件。此外，无论是联合国还是经济合作与发展组织都提出了针对来自冲突区域矿石的负责任供应链管理倡议计划。这一计划得到了多国政府的共同支持，各利益相关方参与，其目的是帮助企业尊重人权，避免矿产采购活动助长冲突。通过这些措施，电力企业可以确保供应链合规，进一步提升企业的社会形象和市场信誉。

4. 从事后整改到事前合规预防

过去，招投标合规管理主要通过建立与业务相关的制度来防范合规风险。现在，企业更加重视全面的合规管理。所谓合规管理，就是企业在内部建立一套系统化和制度化的监督与管理机制，以预防企业出现合规风险。合规管理不仅包含制度建设，还包括组织机构设置、运行机制和文化建设等，使得合规风险预防更加全面和系统化。例如，反腐败合规一直是招投标合规管理的重点。招投标合规管理的一个重要目标就是避免将采购的关键领域集中在一个人手中，这是预防腐败的重要措施。为了实现决策和控制过程的管控，企业通常采用至少由承担独立责任的两人通过双重签字、交叉核对、资产双重控制以及职责和授权分离的形式。尽可能将授权交易、处理和记录交易、审查交易和处置相关资产的职责分离，这也是防止腐败的手段之一。然而，在管理过程中，实现责任与授权分离是企业管理的一个关键性挑战，须在确保管理层、预算及采购人员之间信息流动的同时，避免责任分散与缺乏整体协调而导致程序烦琐。

企业在开展合规管理时，应根据风险水平，对某些事项进行多级审查和批准流程，而不是在决策过程中由某个人说了算。又如，投标前竞争性和非竞争性战略供应商的选择或重大合同修订都可以引入多级审查机制，这些可以由独立于采购和项目管理的高级管理人员或特定的合同审查委员会按照审查流程执行。值得注意的是，多层次审查人员可能对采购项目了解不太详细，这存在分散责任的风险。此外，引入轮岗制度是避免采购主管与供应商之间长期接触的一种策略。一些企业甚至引入电子系统，避免企业管理人员和潜在供应商之间的直接接触。事实上，电子系统中的标准化流程提供了良好的管理实践。使用新技术可能需要采取安全控制措施来处理信息，例如：使用唯一的用户身份代码来验证每个授权用户的真实性；明确定义的计算机访问权限和采购权限级别，以及机密数据的加密。这些措施帮助企业更有效地防范合规风险。

（四）电力企业招投标发展趋势

我国电力企业随着经济发展在不断发展壮大，其中一批电力企业已经进入了世界500强，还有一批企业跻身中国 500 强企业。电力企业在规模化发展与强化合规管理的过程中,其招标活动正在向规范化、专业化、数字化方向发展。

第一,电力企业招标制度不断完善,实现了规范化管理。电力企业普遍通过自上而下建立统一的制度规则,然后各个企业根据业务实际进行细化,追求适用性和可执行性,形成协调统一的招标采购制度体系,既符合现代企业管理要求,又满足企业发展实际需求。例如,某电力企业集团公司围绕非公开招标,出台了《非公开招标采购管理办法》,通过对招标采购程序及方式、拟邀请单位来源确定方式,以及招标采购定价的依据和方式等关键流程进行规范,不留"死角",构建严密的拒腐防变制度体系。企业通过开展供应商资格审查工作,完善合同管理并做好日常资料存档,明确发布非公开招标"十严禁"规定,画好制度"红线",为非公开招标的公正、透明、合规开展提供了保障,同时有效降低集团采购成本,提高投资效益。

第二,电力企业组建专业化招标队伍,对招标开展专业化管理。从电力企业招标发展来看,过去主要是由企业内部组织人员进行采购,企业内部没有形成专业化的团队来组织招标工作,甚至没有内部组织机构,也没有专门的部门。现在,各大电力企业已经组建了专业机构,不仅一级企业有专业部门,二级、三级单位也有负责招标采购的专业机构。随着电力企业招标采购专业性与合规性的加强,市场上已经成长出了一批招标代理公司,一批电力企业的招标采购工作由委托代理的方式转变成了招标代理的方式。

第三,在数字中国、数字政务大力推进的契机下,传统的招投标领域面临新的变革。特别是疫情之后,招标采购数字化转型进程进一步加快。早在 2013 年,《电子招标投标办法》落地,此后国家发展改革委联合多个部门连续 3 年发文,助推与电子招投标相关的各项配套政策相继出台。2019 年,财政部发布了《关于促进政府采购公平竞争优化营商环境的通知》,强调加快推进电子化政府采购,推进采购项目电子化实施。针对新冠疫情情况,财政部印发了《关于疫情防控期间开展政府采购活动有关事项的通知》,明确在疫情期间应尽量通过电子化方式实施采购。值得注意的是,2020 年修订了《中华人民共和国档案法》,鼓励和支持推进传统档案载体数字化,电子档案与传统载体档案具备同等效力,为电子招标投标文件归档提供了上位法依据。"互联网+招标采购"将全流程线下招投标采购等搬到线上,能提高招标采购效率、营造透明的环境,确保流程合规,提高采购公信力并节约社会资金。电子化招标采购已经成为一种趋势,借助大数据、云计算、人工智能、区块链等先进技术,企业招标采购将由当前的"全流程线上化"阶段,向"全面数字化"转型升级。建立合规、便捷、透明、稳定、高效的全流程智能化在线招标采购平台和体系,在线公告发布、招标文件编制、投标文件编制、远程不见面开标、异地分散评标,全流程线上处理,并且实现远程开评标,做到数据留痕一键归档,这为招标采购反腐败合规管理和审计监管提供了强大的技术支撑。

二、招投标的基本原则与术语

招投标作为公共工程发包和政府采购的形式,需要最大限度地体现公平竞争和公共资金效益最大化的双重目标。所以,招投标是否合法规范,既关系到交易双方当事人的合法权益,也关系国家利益和社会公共利益[①]。因此,各方在参与招投标时,要秉持基本原则进行招标投标活动。

(一)招投标的基本原则

选择服务和质量优良的供应商,降低交易成本,是企业招标采购的主要目的。采购合规透明不仅

---

① 张利江,等,招标采购实践 200 问(第 1 辑)[M].北京:法律出版社,2018.

是公司控制风险的需要，也是公司现代化管理的需要。为此，招投采购应遵循以下四项原则：

一是公开原则。公开原则要求招标投标活动必须保证充分的透明度。招投标程序、投标人的资格条件、评审委员会人员的选择、评标标准和方法、评标流程、中标结果等信息要公开，保证每个投标人能够获得相同的信息，公平参与投标竞争。同时，这也便于每个投标人、监管机构及其他社会监督主体进行监督，预防腐败及贿赂等廉洁问题的产生。

二是公平原则。对所有投标人一视同仁，公平原则要求在投标的各个流程环节中，给予投标人平等的竞争机会和条件。各个投标人享有同样的权利并履行相同的义务。《招标投标法》第六条规定，任何单位和个人不得违法限制或者排斥本地区、本系统以外的法人或者其他组织参加投标，不得以任何方式非法干涉招标投标活动。第十八条规定，招标人不得以不合理的条件限制或者排斥潜在投标人，不得对潜在投标人实行歧视待遇。这意味着投标人能获得同等的投标机会，同时平等地享有投标的权利，履行招标人要求的相应义务，进而促使招标人和所有投标人之间权利义务均衡并合理承担民事责任。

三是公正原则。招标人公正对待所有投标人，不得排斥、歧视任何投标人，任何投标人不得享有超越其他投标人的特权。为此，招标人应该设定统一、科学、合理的招投标程序和标准，评标委员会依据上述标准客观地评审投标文件，真正做到择优确定中标人。《招标投标法》对招标、投标、开标、评标和中标、合同签订的程序、标准、条件、要求等进行了规定，以规范招投标流程，保证招投标过程及结果的公正。《招标投标法》第四十四条规定，评标委员会成员应当客观、公正地履行职务，遵守职业道德，对所提出的评审意见承担个人责任。

四是诚实信用原则。要求招投标当事人在投标以及履行合同过程中遵守法律法规的要求，遵守双方协议及承诺，诚实守信，不得故意隐瞒真相、弄虚作假或欺诈，不得围标、串通、恶意竞争。在追求自身合法利益的同时，不得损害国家利益、社会公共利益或者他人的合法权益。例如，《招标投标法》第三十二条规定，投标人不得相互串通投标报价，不得排挤其他投标人的公平竞争，损害招标人或者其他投标人的合法权益。投标人不得与招标人串通投标，损害国家利益、社会公共利益或者他人的合法权益。

（二）招投标相关术语

采购：指以合同方式有偿取得货物、工程和服务的行为，包括购买、租赁、委托、雇佣等。

货物：指各种形态和种类的物品，包括原材料、燃料、设备、产品等。

工程：指建设工程，包括建筑物和构筑物的新建、改建、扩建、装修、拆除、修缮等。

服务：指除货物和工程以外的其他采购对象。

招标活动：又称为招标采购活动，是指招标人依照国家招标投标法律法规及业务规范的规定提出招标项目、进行招标的活动。

投标活动：指投标人按照招标人的招标需求响应招标、参加投标竞争的活动。

招标人：也称为采购人，指汇总和发布采购需求，组织实施招标采购交易的法人或非法人组织。

供应商：响应采购人邀请，拟向采购人提供工程、货物或服务的法人、非法人组织或自然人。

招标采购合规义务：招标采购合规义务的来源包括合规要求和合规承诺，主要为相关采购法律法规及监管机构发布的命令、条例或指南，与相关组织、机构和客户签订的协议、采购人自行作出的承诺等。采购人在采购实施过程中应遵守这些义务，并且采购人应有适当的流程以便识别最新的法律法规、准则和其他合规义务，确保持续合规。

招标采购合规风险：合规风险是指不确定性对合规目标的影响。合规风险主要涉及事件发生的可能性以及不合规的后果，是企业生产经营过程中最基本的风险。具体到采购环节，主要涉及因采购人不遵守或忽视合规义务所带来的风险。

三、电力企业招标采购流程

企业可以根据自己的招标采购实践来制定本企业的招标采购流程。这里结合电力企业招标采购实践，将电力企业招标采购活动分解为6个流程。

（1）采购准备阶段：采购人需统一编审采购方案和文件，合理设定采购人和供应商双方权利义务，不得排斥潜在供应商，通过公平竞争合规审查，确保公平竞争。对于周期性重复采购的标的物，可实施一次性供应商资格预审，并规范预审流程。

（2）采购发起阶段：采购人通过招标采购交易平台发布采购文件，确保活动公开、公平、公正。如需澄清或修改已发出的采购文件，应及时通知所有获取文件的投标人（供应商），并为其预留充足的修改时间。

（3）采购响应阶段：投标人（供应商）需在截止时间前编制并提交文件，进行响应。如果是在线响应，则需要在线完成文件编制、加密并递交至指定平台。采购人在线接收、存储投标（应答）文件，并发出确认接收回执。随后，在规定时间内组织开标并公布结果，投标人（供应商）需按时确认是否中标。

（4）采购评审阶段：采购人组建评标（评审）委员会对投标文件进行评审，根据采购文件约定的数量推荐候选供应商，并提交评审报告。供应商履约评价和信用评价结果作为资格审查和评标的重要因素。

（5）采购成交阶段：采购人制定采购成交决策管理制度，成立决策组织，自主确定中标人（成交供应商），并如实记录决策过程、依据和理由。

（6）合同管理阶段：根据采购文件约定，集中采购合同可由采购人或采购需求机构与中标人（成交供应商）签订。

四、电力企业采购的方式及适用条件

从国内电力企业招标采购实践来看，采购通常分为公开招标、邀请招标、谈判采购、询比采购、竞价采购、询比采购、直接采购及采购监督管理部门认定的其他采购方式。

（一）公开招标及适用条件

公开招标是采购的主要方式，是指招标人按照法定程序，通过发布招标公告，邀请所有潜在的不特定的供应商参加投标，招标人通过某种事先确定的标准，从所有投标供应商中择优评选出中标供应商，并与之签订采购合同的一种采购方式。

《招标投标法》《中华人民共和国招标投标法实施条例》（以下简称《招标投标法实施条例》）对于招标项目的范围进行了明确规定。针对下列工程建设项目包括项目的勘察、设计、施工、监理以及与工程建设有关的重要设备、材料等的采购，必须进行招标：

（1）大型基础设施、公用事业等关系社会公共利益、公众安全的项目；

（2）全部或者部分使用国有资金投资或者国家融资的项目；

(3) 使用国际组织或者外国政府贷款、援助资金的项目。[①]

其中工程，是指建设工程，包括建筑物和构筑物的新建、改建、扩建及其相关的装修、拆除、修缮等；所称与工程建设有关的货物，是指构成工程不可分割的组成部分，且为实现工程基本功能所必需的设备、材料等；所称与工程建设有关的服务，是指为完成工程所需的勘察、设计、监理等服务。[②]

同时，国家发展改革委对于必须公开招标的工程项目进行了进一步的明确。对于使用国有预算资金200万元人民币以上，并且该资金占投资额10%以上的项目或使用国有企业事业单位资金，并且该资金占控股或者主导地位的项目必须进行公开招标。上述项目中，勘察、设计、施工、监理以及与工程建设有关的重要设备、材料等的采购达到下列标准之一的，必须招标：

(1) 施工单项合同估算价在400万元人民币以上；
(2) 重要设备、材料等货物的采购，单项合同估算价在200万元人民币以上；
(3) 勘察、设计、监理等服务的采购，单项合同估算价在100万元人民币以上。同一项目中可以合并进行的勘察、设计、施工、监理以及与工程建设有关的重要设备、材料等的采购，合同估算价合计达到前款规定标准的，必须招标。[③]

此外，对于符合上述公开招标条件，但涉及国家安全、国家秘密、抢险救灾或者属于利用扶贫资金实行以工代赈、需要使用农民工等特殊情况，不适宜进行招标的项目，按照国家有关规定可以不进行招标。

(1) 需要采用不可替代的专利或者专有技术；
(2) 采购人依法能够自行建设、生产或者提供；
(3) 已通过招标方式选定的特许经营项目投资人依法能够自行建设、生产或者提供；
(4) 需要向原中标人采购工程、货物或者服务，否则将影响施工或者功能配套要求。招标人不得为适应前款规定弄虚作假。

(二) 邀请招标及适用条件

邀请招标也称选择性招标，是由招标人根据供应商或承包商的资信和业绩，选择一定数目的法人或其他组织（不能少于3家），向其发出投标邀请书，邀请他们参加投标竞争，从中选定中标供应商的一种采购方式。

邀请招标适用情形：(1) 涉及国家安全、国家秘密或者抢险救灾，适宜招标但不宜公开招标的；(2) 项目技术复杂或有特殊要求，或者受自然地域环境限制，只有少量潜在投标人可供选择的；(3) 采用公开招标方式的费用占项目合同金额的比例过大的。

(三) 谈判采购及适用条件

谈判采购是采购人邀请3家以上特定或不特定的供应商沟通协商，择优确定匹配需求的成交供应商的竞争采购交易方式。

采用谈判采购方式的，采购人应发布采购公告或发出采购邀请书，邀请3家以上供应商参与采购，按照采购文件约定规则，与响应供应商进行一轮或多轮协商，组建评审小组评审响应文件，最终确定匹配需求的成交供应商。谈判采购包括竞争谈判采购、合作谈判采购。

---

① 《中华人民共和国招标投标法》第三条
② 《中华人民共和国招标投标法实施条例》第三条
③ 《必须招标的工程项目规定》（国家发展和改革委员会令第16号）第二条、第五条

（1）竞争谈判采购的适用条件：①采购人不能准确地提出采购项目需求及其技术要求，需要与供应商谈判后研究确定的；②采购需求明确，但有多种实施方案可供选择，采购人需要通过与供应商谈判优化、确定实施方案的；③实践已知或通过采购公告验证，有效响应的供应商只有3家的；④采购首台（套）产品且不适用于招标方式的。

（2）合作谈判采购的适用条件：通过合作研发、共担风险方式采购原材料、组部件、装备及技术等原创性产品或服务的。

（四）询比采购及适用条件

询比采购是采购人邀请3家以上符合资格条件的供应商一次性报出不得更改的价格，并递交响应文件，经评定确定匹配需求的成交供应商的采购交易方式。

适用条件为同时满足以下三种情形：①采购人能够清晰、准确、完整地提出采购需求；②采购标的物的技术和质量标准化程度较高；③市场资源较丰富、竞争充分，潜在供应商不少于3家。

（五）竞价采购及适用条件

采用竞价采购方式的，采购人应发布采购公告或发出采购邀请书，邀请3家以上通过资格预审的合格供应商参与多轮次竞争报价，按照采购文件约定的规则，对供应商每次响应报价自动排序，并按最终排序确定成交供应商。

竞价采购的适用条件。采购人能够清晰、准确、完整地提出采购需求，且市场竞争比较充分，潜在供应商不少于3家的采购项目，具体情形包括：①采购的工程、物资或者服务的规格、标准统一，供应充足且价格变化幅度小的；②技术标准或要求相对简单，采购质量标准相对明确，合同估算价相对较低，能够形成充分竞争的。

（六）直接采购及适用条件

直接采购是采购人与单一来源或特定的供应商进行协商并签订合同的非竞争采购交易方式。

采用直接采购方式的，采购人应直接邀请单一来源或特定的供应商进行协商，根据协商结果签订合同。

直接采购适用条件需满足以下情形之一：①涉及国家秘密、国家安全或企业重大商业秘密，不适宜竞争性采购；②因抢险救灾、事故抢修等不可预见的特殊情况需要紧急采购；③需采用不可替代的专利或者专有技术；④需向原供应商采购，否则将影响施工或者功能配套要求；⑤有效供应商有且仅有1家；⑥为保障重点战略物资稳定供应，需签订长期协议定向采购；⑦国家有关部门文件明确的其他情形。

（七）电力生产更新改造、运行与维护类供应商资质条件要求

电力生产在更新改造、运行和进行维护类活动时，选择的供应商要有一定的资质条件要求，电力企业在确定制定供应商基本条件时要按照公平竞争原则制定合适的标准，不应设置对某特定供应商有倾向性的指标导致采购违反公平竞争。以下是某电力企业对电力生产更新改造、运行与维护类供应商选择时提出的基本条件，可供电力企业在采购中参考。

1. 电力生产更新改造类供应商应符合的基本条件

电力生产更新改造类供应商除满足电力企业供应商管理相关办法所列供应商条件外，还应符合以下基本条件：

更新改造（含环保）工程项目，供应商应具备行业相关专业资质，总承包项目供应商应具备相应的总承包资质，原则上应具备 2 个及以上类似工程投产业绩。A/B 级检修项目的供应商必须具备 2 个及以上同级容量机组良好的 A/B 级检修业绩或机电安装业绩，三年内无行业内不良记录。

更新改造（含环保）项目科研、设计的供应商应是电力、热力、环保等相关领域的专业设计院、科研单位等，原则上在近三年内曾成功完成过 2 个及以上同类项目的科研、设计工作。

电力生产运行与维护项目类供应商除满足该公司供应商管理实施细则中所列供应商条件外，基本资质和业绩要求还应符合以下基本条件，各发电企业可根据本企业外包范围内系统、设备的实际情况参照执行：

（1）"三证"齐全："三证"指营业执照、资质证书、法人资格证或法人委托书，营业执照应年检合格，其资格和签约权限应与所承包的工程相适应。

（2）具有健全的项目组织机构及安全保障与监督体系，完善的质量管理体系。

（3）具有相关项目运行维护的资格证书（年检合格或在有效期内），如政府或行业主管部门颁发的"施工资质证书"和"安全资格证书"等，且安全许可范围满足承揽业务等级要求。

（4）具有电力行业相关良好业绩或相关业务行业良好业绩，在业绩中要注明三年内是否发生过死亡及一次重伤三人以上的人身事故的记录。

（5）备有经劳动部门和有关技术部门检验合格，满足设备运行维护需要或保证安全作业的机械、工器具及安全防护设施和安全用具。

（6）备有必需且检验合格的试验、测量设备、工器具以及仪器仪表。

火电企业：承揽主设备和主要辅机（系统）维护供应商应具有电力工程施工总承包一级资质，或具有承装（承修、承试）电力设施许可证二级及以上资质等。承揽辅助设备（系统）及外围设备（系统）维护供应商应具有电力工程施工总承包二级及以上资质，或建筑机电设备安装工程专业承包二级及以上资质及有三年及以上的同等级发电机组或五年及以上的下一等级发电机组同类型业务的业绩等。

水电企业：承揽总装机容量 150MW 及以上水电厂主设备和主要辅机（系统）维护供应商，应具有电力工程施工总承包一级及以上资质，或水利水电工程施工总承包一级及以上资质，或具有承装（承修、承试）电力设施许可证二级及以上资质，或建筑机电安装工程专业承包一级及以上资质等。承揽总装机容量 150MW 以下水电厂主设备和主要辅机（系统）维护供应商应具有电力工程施工总承包二级及以上资质，或水利水电工程施工总承包二级及以上资质，或具有承装（承修、承试）电力设施许可证三级及以上资质，或建筑机电安装工程专业承包二级及以上资质等。承揽总装机容量 20MW 以下水电厂主设备和主要辅机（系统）维护供应商应具有水利水电工程施工总承包三级及以上资质，其他资质同总装机容量 150MW 以下水电厂要求。

风电企业：承揽风电主设备和主要辅机（系统）维护供应商应具有电力工程施工总承包二级资质，或电力行业承装（承修、承试）电力设施许可证三级及以上资质，或建筑机电设备安装工程专业承包三级及以上资质；须具有近三年 33 台（含）或 50MW（含）风电场风力发电机组维护、定检的业绩（含质保期内业绩）。

光伏发电企业：承揽光伏发电主设备和主要辅机（系统）维护供应商应具有电力工程施工总承包二级资质，或电力行业承装（承修、承试）电力设施许可证三级及以上资质，或建筑机电设备安装工程专业承包三级及以上资质；须具有近三年 10MW（含）光伏发电站光伏发电设备维护、定检的业绩（含质保期内业绩）。

承揽特种作业等辅助工作供应商应具有相应特种作业的专项资质。必须具有三年及以上的同等级发电机组或五年及以上的下一等级发电机组同类型业务的业绩。

承揽土建维护和生产区域保洁供应商应具有由行业监察或技术质量监督部门颁发的业务许可。

承揽设备运行业务供应商应具有电力工程施工总承包三级及以上资质，或建筑机电设备安装工程专业承包三级及以上资质（原"机电设备安装工程专业承包三级"及以上资质或原"火电设备安装工程专业承包三级"及以上资质）；须具有三年及以上的同等级发电机组或五年及以上的下一等级发电机组同类型业务的业绩。

电力生产运行与维护项目类供应商各类人员配备等方面应至少满足以下要求：

（1）项目负责人、安全管理人员、技术人员和作业人员身体素质和技术素质符合外包项目要求，有身份证、劳动合同、体检及工伤保险证明、从业经历和资格证明材料等，各类人员资质、履历应满足规定要求。

（2）承包商员工中的电焊工、电工、起重工、架子工、消防维护人员、电梯维修人员等特种作业人员具有主管部门颁发的有效证书；其他专业工种具有合格的业务水平，有一定的安全基础知识。普工、杂工等一律不得从事技术性的工作。

（3）承包商项目部员工数量在10人以下的指定专职或兼职安全员1人；10~30人的应配备项目经理，指定专职安全员1人；30~100人的应配备项目经理1人、副经理1人，项目专工一般不低于2人，指定专职安全员1人；100人以上的应配备项目经理1人、副经理2人，项目专工一般不低于2人，指定专职安全员不低于1人。

（4）在项目外包形式的承包商项目部员工中，正式员工（无固定期限员工）比例应大于40%。

（5）签订合同后，对于工作负责人及以上人员，承包商不得随意更换。一般员工要保持相对稳定，严格控制人员流动。

2. 电力生产运行与维护项目类供应商应符合的基本条件

电力生产运行与维护项目类供应商各类人员的资质和履历应符合如下要求：

（1）项目负责人：是维护项目安全的第一责任人，应掌握《电力安全工作规程》，熟悉电力系统安规反措的各项要求。应具备5年以上电力生产维护经验，具有5年以上同类或类似机组项目运行、检修和维护经验。

（2）安全管理人员：熟悉掌握电力安全的各项要求，应掌握《电力安全工作规程》，熟悉电力系统安规反措的各项要求，具备掌控现场的安全状况的能力。应具备6年以上电力生产维护经验和安全管理经验，具有国家认可的安全资质证书或安全管理人员培训合格证，相关专业专科或以上学历，有良好的组织协调能力，能承担安全督察监察、消防管理、安全教育培训、劳动保护等方面工作。具有5年以上电厂安全管理岗位经验。上岗前通过发电企业的专业资格考试。

（3）专业技术管理人员：熟悉和掌握机械、电气安全知识，应掌握《电力安全工作规程》，了解电力系统安规反措的各项要求。具备5年以上电力运行、检修、安装和维护经验，具有大专及以上学历，具有工程师或技师等同类职称，熟悉热力、电气、热控系统流程，熟悉专业设备的型号参数、结构原理、工作原理及检修维护工艺要点。具有3年以上同类或类似机组项目运行、检修和维护经验，熟悉设备运行、维修管理流程，熟悉运行、检修规程。上岗前通过发电企业的专业资格考试。

（4）班组管理人员：熟悉和掌握机械、电气安全知识，应掌握《电力安全工作规程》，具有高级工或同类以上职称。熟悉热力、电气系统流程、设备的型号参数、结构原理、工作原理及运行、检修维护工艺要点。必须具备5年以上电力检修、安装和维护经验，具有3年以上同类或类似机组项目运行、检修和维护经验，能够独立并指导完成现场检修及消缺的工作。上岗前通过发电企业的专业资格考试。

（5）作业人员（技工）：熟悉和掌握机械、电气安全知识，应掌握《电力安全工作规程》，具有中级工或以上职称。熟悉热力、电气系统流程、设备的型号参数、结构原理、工作原理及运行、检修维护工艺要点。具备2年以上电力检修、安装和维护经验，能够独立完成现场检修及消缺的工作。上岗前通过发电企业的专业资格考试。

（6）作业人员（普工）：熟悉和掌握机械、电气安全知识，应掌握《电力安全工作规程》，具备2年以上本岗位的工作经验，能独立完成本岗位的工作。上岗前通过发电企业的资格考试。

（7）人员流动变化率原则上不得超过总人数的15%。

对于电力生产更新改造、运行与维护项目类供应商的使用，除执行公司的供应商管理实施细则外，还应执行以下规定：

（1）与供应商签订的工程类项目合同条款除项目名称、地点、工作内容、工期、合同价款、付款方式、甲乙方责任和义务等一般性条款外，还应明确供应商组织机构及对应的岗位人员素质、数量。

（2）"安全生产管理协议"作为工程类项目合同的附录，与合同同时签订。

（3）电力生产外包工程（项目）合同中应明确供应商项目负责人，负责合同责任范围内的全部管理和协调工作。

（4）工程类项目合同中应明确安全防护、文明施工措施项目及其费用。

（5）机组检修、生产运行维护外包合同中要明确严禁转包和分包。更新改造工程（项目）外包合同中应明确中标项目不得转包，主体工程和关键性工作不得分包。需要对中标项目的部分非主体、非关键性工作进行分包的，须在投标文件中载明，且在合同中明确分包范围、分包单位、分包负责人等。招标人应对分包单位的资质、分包范围、安全管理能力、人员素质等进行审查。

（6）运行维护项目合同中应明确供应商的资质条件、安全装备、项目负责人、技术人员和作业人员的技术素质等，入厂前安全教育培训和技能考核不合格的人员不得入厂。

（7）为保持运行维护队伍的稳定，发电企业可以根据本单位具体情况，对同一外包项目，可按三年服务内容、分年度报价的方式进行招标并签订合同。合同中应明确每年度的费用以及次年和第三年合同继续履行或中止的具体条款。

第二节　电力企业招投标合规管理实务

电力企业招投标合规管理包括对合规环境的分析，对电力企业招投标合规义务的识别，对招投标合规目标的设定，建立合规风险偏好与容忍度，对电力企业各类招投标合规风险进行识别、评估与合规审查，建立招投标合规管理制度规范与流程，开展招投标合规咨询、举报和调查，对招投标合规义务与风险进行监控，与外部合作相关方沟通招投标合规事务，对采购人员等重点人员及评标专家等进行合规培训，开展合规文化建设等。

一、招投标合规环境分析

电力企业在招标过程中应确定与其宗旨相关的，并影响其实现合规管理体系预期结果的能力的内部和外部事项。

根据《合规管理体系　要求及使用指南》（GB/T 35770—2022）的要求，在开展招标投标领域合规管理时，首先要对企业面临的合规环境进行分析。

为此，电力企业在分析合规环境时应结合诸多事项，包括但不限于：一是分析业务模式。包括招标业务活动和执行的战略、性质、规模、复杂性和可持续性。二是了解与第三方业务关系的性质和范围。三是分析外部的法律和监管环境。四是分析经济状况与行业特点。五是了解社会、文化、环境背景，内部结构、方针、过程、程序和资源，包括技术。六是了解企业自身的合规文化等。这些因素直接或者间接影响企业在招投标中面临的合规风险。

二、招投标合规义务识别方法

电力企业违反合规义务，造成不合规的可能性和后果，就会产生合规风险。根据《合规管理体系要求及使用指南》（GB/T 35770—2022）的规定，合规义务是指组织必须遵守的要求，以及组织自愿选择遵守的要求。电力企业必须遵守的要求包括：电力企业相关法律法规；许可、执照或其他形式的授权；电力企业监管机构发布的命令、规则或指南；法院或行政法庭的判决；条约、公约和议定书。电力企业自愿选择遵守的要求可以包括：与社区团体或非政府组织的协定；与公共机构和客户的协议；组织要求，如方针和程序；自愿原则或行为守则；自愿标识或环境承诺；基于本企业的合同安排所产生的义务；相关组织和行业标准。

从电力招标合规管理的各个环节来看，包括招标前期准备阶段、编制招标文件、发布招标公告、发布招标阶段、接收投标文件、投标、开标、评标、定标、签订合同、存档记录、监督阶段。根据招投标法律与法规，相关的合规义务梳理见表1-1。

表1-1 电力企业招标合规义务梳理

序号	招标阶段	合规义务
1	招标前期准备阶段	**《中华人民共和国招标投标法》** 第四条规定，任何单位和个人不得将依法必须进行招标的项目化整为零或者以其他任何方式规避招标。 第十二条规定，招标人有权自行选择招标代理机构，委托其办理招标事宜。任何单位和个人不得以任何方式为招标人指定招标代理机构。 招标人具有编制招标文件和组织评标能力的，可以自行办理招标事宜。任何单位和个人不得强制其委托招标代理机构办理招标事宜。 依法必须进行招标的项目，招标人自行办理招标事宜的，应当向有关行政监督部门备案。 第十三条规定，招标代理机构是依法设立、从事招标代理业务并提供相关服务的社会中介组织。 招标代理机构应当具备下列条件： （一）有从事招标代理业务的营业场所和相应资金； （二）有能够编制招标文件和组织评标的相应专业力量。 **国家发展改革委等部门《关于严格执行招标投标法规制度进一步规范招标投标主体行为的若干意见》（发改法规〔2022〕1117号）** 1. 依法经项目审批、核准部门确定的招标范围、招标方式、招标组织形式，未经批准不得随意变更； 2. 依法必须招标项目拟不进行招标的、依法应当公开招标的项目拟邀请招标的，必须符合法律法规规定情形并履行规定程序； 3. 除涉及国家秘密或者商业秘密的外，应当在实施采购前公示具体理由和法律法规依据。不得以支解发包、化整为零、招小送大、设定不合理的暂估价或者通过虚构涉密项目、应急项目等形式规避招标； 4. 不得以战略合作、招商引资等理由搞"明招暗定""先建后招"的虚假招标； 5. 不得通过集体决策、会议纪要、函复意见、备忘录等方式将依法必须招标项目转为采用谈判、询比、竞价或者直接采购等非招标方式；

续表

序号	招标阶段	合规义务
1	招标前期准备阶段	6. 对于涉及应急抢险救灾、疫情防控等紧急情况，以及重大工程建设项目经批准增加的少量建设内容，可以按照《招标投标法》第六十六条和《招标投标法实施条例》第九条规定不进行招标，同时强化项目单位在资金使用、质量安全等方面责任； 7. 不得随意改变法定招标程序； 8. 不得采用抽签、摇号、抓阄等违规方式直接选择投标人、中标候选人或中标人； 9. 除交易平台暂不具备条件等特殊情形外，依法必须招标项目应当实行全流程电子化交易
2	编制招标文件	**《中华人民共和国招标投标法实施条例》** 第三十二条规定，招标人不得以不合理的条件限制、排斥潜在投标人或者投标人。 招标人有下列行为之一的，属于以不合理条件限制、排斥潜在投标人或者投标人： （一）就同一招标项目向潜在投标人或者投标人提供有差别的项目信息； （二）设定的资格、技术、商务条件与招标项目的具体特点和实际需要不相适应或者与合同履行无关； （三）依法必须进行招标的项目以特定行政区域或者特定行业的业绩、奖项作为加分条件或者中标条件； （四）对潜在投标人或者投标人采取不同的资格审查或者评标标准； （五）限定或者指定特定的专利、商标、品牌、原产地或者供应商； （六）依法必须进行招标的项目非法限定潜在投标人或者投标人的所有制形式或者组织形式； （七）以其他不合理条件限制、排斥潜在投标人或者投标人。 **《公平竞争审查制度实施细则》** 第十四条规定，商品和要素自由流动标准。（三）不得排斥或者限制外地经营者参加本地招标投标活动，包括但不限于： 1. 不依法及时、有效、完整地发布招标信息； 2. 直接规定外地经营者不能参与本地特定的招标投标活动； 3. 对外地经营者设定歧视性的资质资格要求或者评标评审标准； 4. 将经营者在本地区的业绩、所获得的奖项荣誉作为投标条件、加分条件、中标条件或者用于评价企业信用等级，限制或者变相限制外地经营者参加本地招标投标活动； 5. 没有法律、行政法规或者国务院规定依据，要求经营者在本地注册设立分支机构，在本地拥有一定办公面积，在本地缴纳社会保险等，限制或者变相限制外地经营者参加本地招标投标活动； 6. 通过设定与招标项目的具体特点和实际需要不相适应或者与合同履行无关的资格、技术和商务条件，限制或者变相限制外地经营者参加本地招标投标活动
3	发布招标公告	**《中华人民共和国招标投标法》** 第十六条规定，招标人采用公开招标方式的，应当发布招标公告。依法必须进行招标的项目的招标公告，应当通过国家指定的报刊、信息网络或者其他媒介发布。 招标公告应当载明招标人的名称和地址、招标项目的性质、数量、实施地点和时间以及获取招标文件的办法等事项
4	发布招标阶段	**《中华人民共和国招标投标法实施条例》** 第二十六条规定，招标人在招标文件中要求投标人提交投标保证金的，投标保证金不得超过招标项目估算价的2%。投标保证金有效期应当与投标有效期一致。依法必须进行招标的项目的境内投标单位，以现金或者支票形式提交的投标保证金应当从其基本账户转出
5	接收投标文件	**《中华人民共和国招标投标法实施条例》** 第三十六条规定，未通过资格预审的申请人提交的投标文件，以及逾期送达或者不按照招标文件要求密封的投标文件，招标人应当拒收。招标人应当如实记载投标文件的送达时间和密封情况，并存档备查

续表

序号	招标阶段	合规义务
6	投标	**《中华人民共和国招标投标法》** 第三十二条规定，投标人不得相互串通投标报价，不得排挤其他投标人的公平竞争，损害招标人或者其他投标人的合法权益。 投标人不得与招标人串通投标，损害国家利益、社会公共利益或者他人的合法权益。 禁止投标人以向招标人或者评标委员会成员行贿的手段谋取中标。 第三十三条规定，投标人不得以低于成本的报价竞标，也不得以他人名义投标或者以其他方式弄虚作假，骗取中标。 **《国家发展改革委等部门关于严格执行招标投标法规制度进一步规范招标投标主体行为的若干意见》** （十一）加大违法投标行为打击力度。密切关注中标率异常低、不以中标为目的投标的"陪标专业户"。重点关注投标人之间存在关联关系、不同投标人高级管理人员之间存在交叉任职、人员混用或者亲属关系、经常性"抱团"投标等围标串标高风险迹象。严厉打击操纵投标或出借资质等行为导致中标率异常高的"标王"及其背后的违法犯罪团伙。经查实存在违法行为的，行政监督部门严格依法实施行政处罚，并按照规定纳入信用记录；对其中负有责任的领导人员和直接责任人员，需要给予党纪、政务处分或组织处理的，移交有关机关、单位依规依纪依法处理；涉嫌犯罪的，及时向有关机关移送。不得以行政约谈、内部处理等代替行政处罚，不得以行政处罚代替刑事处罚
7	开标	**《中华人民共和国招标投标法》** 第五条规定，招标投标活动应当遵循公开、公平、公正和诚实信用的原则。 第二十二条规定，招标人不得向他人透露已获取招标文件的潜在投标人的名称、数量以及可能影响公平竞争的有关招标投标的其他情况。 招标人设有标底的，标底必须保密。 **《中华人民共和国招标投标法实施条例》** 第四十四条规定，招标人应当按照招标文件规定的时间、地点开标。 投标人少于3个的，不得开标；招标人应当重新招标。 投标人对开标有异议的，应当在开标现场提出，招标人应当当场作出答复，并制作记录。 第三十四条规定，与招标人存在利害关系可能影响招标公正性的法人、其他组织或者个人，不得参加投标。 单位负责人为同一人或者存在控股、管理关系的不同单位，不得参加同一标段投标或者未划分标段的同一招标项目投标。 违反前两款规定的，相关投标均无效
8	评标	**《中华人民共和国招标投标法实施条例》** 第四十九条规定，标委员会成员应当依照招标投标法和本条例的规定，按照招标文件规定的评标标准和方法，客观、公正地对投标文件提出评审意见。招标文件没有规定的评标标准和方法不得作为评标的依据。 评标委员会成员不得私下接触投标人，不得收受投标人给予的财物或者其他好处，不得向招标人征询确定中标人的意向，不得接受任何单位或个人明示或者暗示提出的倾向或者排斥特定投标人的要求，不得有其他不客观、不公正履行职务的行为。 第五十二条规定，投标文件中含有含义不明确的内容、明显文字或者计算错误，评标委员会认为需要投标人作出必要澄清、说明的，应当书面通知该投标人。投标人的澄清、说明应当采用书面形式，并不得超出投标文件的范围或者改变投标文件的实质性内容。 评标委员会不得暗示或者诱导投标人作出澄清、说明，不得接受投标人主动提出的澄清、说明。

续表

序号	招标阶段	合规义务
8	评标	**《国家发展改革委等部门关于严格执行招标投标法规制度进一步规范招标投标主体行为的若干意见》** （十二）严肃评标纪律。评标专家应当认真、公正、诚实、廉洁、勤勉地履行专家职责，按时参加评标，严格遵守评标纪律……不得透露对投标文件的评审和比较、中标候选人的推荐情况、在评标过程中知悉的国家秘密和商业秘密以及与评标有关的其他情况；不得故意拖延评标时间，或者敷衍塞责随意评标；不得在合法的评标劳务费之外额外索取、接受报酬或者其他好处；严禁组建或者加入可能影响公正评标的微信群、QQ群等网络通讯群组
9	定标	**《中华人民共和国招标投标法实施条例》** 第五十五条规定，国有资金占控股或者主导地位的依法必须进行招标的项目，招标人应当确定排名第一的中标候选人为中标人。排名第一的中标候选人放弃中标、因不可抗力不能履行合同、不按照招标文件要求提交履约保证金，或者被查实存在影响中标结果的违法行为等情形，不符合中标条件的，招标人可以按照评标委员会提出的中标候选人名单排序依次确定其他中标候选人为中标人，也可以重新招标
10	签订合同	**《中华人民共和国招标投标法》** 第四十六条规定，招标人和中标人应当自中标通知书发出之日起三十日内，按照招标文件和中标人的投标文件订立书面合同。招标人和中标人不得再订立背离合同实质性内容的其他协议。 **《中华人民共和国招标投标法实施条例》** 第七十五条规定，招标人和中标人不按照招标文件和中标人的投标文件订立合同，合同的主要条款与招标文件、中标人的投标文件的内容不一致，或者招标人、中标人订立背离合同实质性内容的协议的，由有关行政监督部门责令改正，可以处中标项目金额5‰以上10‰以下的罚款
11	存档记录	**《国家发展改革委等部门关于严格执行招标投标法规制度进一步规范招标投标主体行为的若干意见》** （八）加强招标档案管理。招标人应当按照有关规定加强招标档案管理，及时收集、整理、归档招标投标交易和合同履行过程中产生的各种文件资料和信息数据，并采取有效措施确保档案的完整和安全，不得篡改、损毁、伪造或者擅自销毁招标档案。加快推进招标档案电子化、数字化。招标人未按照规定进行归档，篡改、损毁、伪造、擅自销毁招标档案，或者在依法开展的监督检查中不如实提供招标档案的，由行政监督部门责令改正。 **《电子采购交易规范非招标方式》** 4.1.5 采购资料归档 4.1.5.1 采购人应及时存储归集电子采购交易档案。档案资料宜包括采购方案、采购公告/采购邀请书、资格审查资料、采购文件、成交和候选供应商的响应文件、开启记录、评审报告、预成交公示、成交公告、成交通知书、采购合同、验收报告，以及采购交易争议解决文件等相关资料。 4.1.5.2 采购人应将归集的电子采购交易档案资料及时移交档案管理部门归档，归档保存期限宜不少于15年。采购交易过程中的音视频资料在电子采购交易平台和专业交易工具存储时间宜不少于6个月
12	监督阶段	**《中华人民共和国招标投标法》** 第六十三条规定，对招标投标活动依法负有行政监督职责的国家机关工作人员徇私舞弊、滥用职权或者玩忽职守，构成犯罪的，依法追究刑事责任；不构成犯罪的，依法给予行政处分

三、招投标合规目标设定与方法

招投标合规目标可以通过设置关键绩效指标（KPI）方式进行管理。各参与采购部门设置合规KPI

评价标准，具体就是各个考评指标在数值上应当达到什么样水平评价标准。这里要注意，考评标准需要解决的问题是，被考评部门做得"如何""怎样"，完成了"多少"工作任务就达到"优秀""良好""合格"以及"不合格"相应的等级。大多数 KPI 是数量化的绩效指标，而设定的考评标准通常是一个数值范围，如果被考评部门的绩效超出标准的上限，则说明被考评部门做出了超出期望的水平；如 KPI 的绩效表现低于标准的下限，则表明被考评部门存在明显的不足和缺陷，需要加以改善。在设立考评标准时，标准水平的控制是一个特别需要重视的问题，评价标准水平设定时要根据企业所处的行业、所处的合规发展阶段、经济实力状况、经营状况及部门对合规要求程度等确定指标评价标准。如果标准水平定得过高，被考评部门经过努力都达不到要求，将会失去绩效动力，挫伤员工积极性；如果定得过低，员工无须努力就可以达到，那么也就失去了考核的意义。因此部门合规 KPI 评价标准设定原则为：

（1）考核标准要科学严谨

一般来讲，合作型组织在绩效考核发展导向和评估导向上都表现得很强。一方面，企业想通过绩效考核制定严格的、科学的衡量标准，进而给员工施加一定的任务压力，以提升他们的绩效；另一方面，企业又希望通过绩效考核开发员工的发展潜力，帮助其寻找发展的不足之处，为员工的长远发展进行投资。当组织采用合作型绩效考核时，员工的考核公平感和任务绩效更高。[①] 所以严格科学的衡量标准就是考评标准设定的重要原则之一。合规考核标准的科学性体现在，既要有强制性，又要有引导性。强制性可作为衡量结果，防范合规风险，创建组织文化；引导性是让员工不断提升合规水平，增强行为规范，实现对组织合规文化的认同。

（2）考核标准定量准确

考核标准应当达到准确量化的要求，能量化的，应尽可能使用数量表示和计量。例如，针对合规培训的考核标准如果分三个档次，当采购部门每半年举行合规培训次数在 2 次以上为优秀时，可得 5 分；当采购部门每年组织合规培训大于 1 次但不高于 4 次为合格，得 3 分；一年没有一次合规培训，为不合格，得 0 分。这样的评价比培训次数采用"很多"为 5 分，"较多"为 3 分，"很少"为 0 分的衡量标准更容易考量评定。

（3）考核标准要有效

考核标准要根据企业合规处于不同的发展阶段，对于不同部门的岗位性质和特点，同样一个合规 KPI 考核要求是不同的。比如，采购领域合规制度制定，对于采购部门或者合规管理部门来说，要采取严格标准进行考核，不仅要考核是否建立健全招标采购合规规范和流程，还要考核能否及时更新。

（4）建立部门合规 KPI 考核指标库

部门 KPI 指标分解完成后，我们可以把分解到的指标汇总在一起，组成合规 KPI 指标库（编号、名称、定义、设定目的、责任人、数据来源、计算方法、计分方式、考评周期等内容）。以采购部为例，见表 1-2。

表 1-2　采购部门合规 KPI 考核指标库

编号	名称	定义	设定目的	责任人	数据来源	计算方法	计分方式	考评周期
1	供应商背景调查资料完善	对关键材料供应商的背景调查资料要详尽	选择合规的供应商	采购部	第三方机构或者官网等	按照合规风险尽职调查清单检查，缺 1 项扣 1 分	可用扣分法	月度

[①] 文鹏，廖建桥. 不同类型绩效考核对员工考核反应的差异性影响——考核目的视角下的研究 [J]. 南开管理评论，2010.

续表

编号	名称	定义	设定目的	责任人	数据来源	计算方法	计分方式	考评周期
2	供应商风险评价表更新及时	构建企业内部供应商合规名单，定时更新风险等级，进行动态管理	实时对合作供应商合规风险进行监控	采购部	合规部、官方报道	由于对供应商风险评价不到位，对公司造成损失，得分为0	0-1法	月度
3	供应商所在国销售法规、行规、文化风险最新规定更新	时刻关注供应商所在国的法规、行规、文化等排除违规隐患	跟踪合规义务	采购部/合规部	合规部、官方资料	按照完善程度计分	区间计分法	月度
4	合同包含合规条款声明	所有签订的采购合同是否都有公司要求的合规条款申明	采购合同中必须有合规申明条款	采购部	合规部	缺一份扣一分	减分法	月度
5	供应商选择公开、透明	关键材料的供应商要通过公开竞标方式进入，尽量多开发优质合作伙伴，减少独家供应商	实现供应商多元化	采购部	审计部、合规部	发生贿赂行为，按照贿赂金额范围扣除相应的分数	减分法	月度
6	关键供应商异常问题反馈及时	供应商资质或提供材料异常，要及时反馈给合规部	降低不合规或不合规供应商给企业带来的风险	采购部	生产部、合规部	由于关键供应商问题异常反馈不及时，造成损失得分为0	减分法	月度
7	物品验收严格按照程序和制度	采购物品要按时按量完成，验收包括品种、规格、数量、型号等的核对	确保物品得到及时核验	采购部	生产部	出现差错一次扣一分，若违反流程，未检查供应商提供的商品是否符合公司要求直接入库，得0分	减分法	月度
8	付款流程合规	付款流程按照公司规定，严格控制公司规定应付账款周转天数	按照合同约定支付款项	采购部	财务部	比规定应付账款周转天数少一天扣1分	减分法	月度

续表

编号	名称	定义	设定目的	责任人	数据来源	计算方法	计分方式	考评周期
9	采购文件保存完整	采购相关文件材料，申购表、采购变更表、发票等保存完整、无失误	方便事后审查	采购部	人力资源部、财务部等各使用部门	根据材料完善程度计分	区间计分法	月度

四、设定招投标合规风险偏好与容忍度

在合规风险评估流程中尽早确定风险容忍度水平具有重要意义，但可能会牵扯董事会或公司治理层（如审计委员会）。过去发生的若干涉及招标采购的重大腐败事件都存在一种共同的情况，即事后看来，管理层承担的腐败风险高出治理层了解并认为可以容忍的腐败风险水平。事先确定风险容忍度有助于确保相对简单、客观地评估剩余风险。如果事先没有明确确定风险容忍度，管理层有可能会合理地认为现有的腐败风险水平在可接受的范围内，从而损害了反腐败合规风险评估的目的和价值。

参与方可能会提出与风险容忍度有关的难题，例如在管理层声称对腐败零容忍的情况下，是否有可能在一定程度上容忍或承受腐败风险？对此，一个简单答案是，防止腐败是一门不完美的艺术，即使管理层竭尽全力避免腐败的出现并坚持主张对腐败行为零容忍，还是无法避免一定程度的腐败风险。在评估腐败风险时，管理层会考虑各腐败隐患的风险水平是否在管理层对腐败风险的风险容忍度或风险承受范围内。

除了较大的企业之外，对于通常资源有限、无法投资采取所有"同类最佳"反腐败做法和控制措施的中小型企业来说，风险容忍度的概念也同样意义重大。通过建立风险容忍度，此类企业将能够确定对它们来说最关键的风险，以便集中力量并分配稀缺资源来解决这些风险。

五、招投标合规风险识别、评估与合规审查

电力企业招投标合规风险识别可以按照六个步骤开展：一是建立流程；二是识别风险；三是对固有风险评级；四是确定缓解风险的控制措施；五是计算剩余风险；六是制定行动计划。

在合规风险评估的规划阶段，必须确定如何记录风险评估。一种通用且实用的方法是分别识别和记录每个风险因素、风险内容和风险隐患，将其作为"风险台账"的组成部分录入电子表格或电子文档中。此外，还将利用该风险台账记录每个风险和隐患的评级结果，以及缓解各风险的方案和控制措施。在合规风险识别阶段，针对每个隐患明确风险的详细信息（例如企业内部或第三方可能引发该隐患的潜在方）将大有助益。另外，如果制定了多个方案或控制措施来减轻违规隐患，应在风险台账中记录减轻该隐患的所有方案及控制措施。表1-3是企业招标采购中常见风险点与风险评价表样例。

表1-3 企业招标采购中常见风险点与风险评价表

序号	风险点	风险评价
1	随意变更已依法经项目审批、核准部门确定的招标范围、招标方式、招标组织形式，导致招标不合规	
2	以支解发包、化整为零、招小送大、设定不合理的暂估价或者通过虚构涉密项目、应急项目等形式规避招标，导致招标不合规	

续表

序号	风险点	风险评价
3	以战略合作、招商引资等理由搞"明招暗定""先建后招"的虚假招标,导致招标不合规	
4	通过集体决策、会议纪要、函复意见、备忘录等方式将依法必须招标项目转为采用谈判、询比、竞价或者直接采购等非招标方式,导致招标不合规	
5	随意改变法定招标程序,导致招标不合规	
6	采用抽签、摇号、抓阄等违规方式直接选择投标人、中标候选人或中标人,导致招标不合规	
7	供应商提交的信息未经审批或审批不规范,可能导致不具备相关资质和能力的供应商中标,导致招标不合规	
8	供应商评估机制的缺失、不准确,导致缺乏供应商管理,供应商出现产品质量问题或服务质量下降	
9	供应商评估未得到有效应用,未对低分供应商采取相应措施,可能导致供应商出现产品质量问题或服务质量下降	
10	采购限额制定不合理,导致大额采购风险未能有效控制	
11	采购额度计划不合理,对市场变化及自身需求预测不准,未经过合理审批,可能造成采购短缺或物资积压,导致采购物资浪费	
12	若未建立准确完整的评标专家库,或入库未经适当审批,可能导致评标专家不能胜任工作,或存在舞弊,或招标工作失败	
13	未及时应对处理评标专家不良行为,或处置未经审批,可能导致评标结果有失公允	
14	采购方式不合理,招投标或定价机制不科学,授权审批不规范,可能导致采购物资质次价高,或存在廉洁风险	
15	谈判采购安排不合理,或未编制真实谈判文件,以及未经有效审批,可能影响公司利益,并存在廉洁风险	
16	询比采购安排不合理,或未编制真实有效的比价表,以及未经有效审批,可能影响公司利益,并存在廉洁风险	
17	直接采购不合理或直接采购申请的授权审批不规范,可能导致采购物资质量、价格不符合采购要求,存在廉洁风险	
18	集采目录外、限额以下采购的执行、审批等不合理,缺乏有效监督,可能导致采购物资的质量、价格不符合采购要求,存在廉洁风险	

对于规模较大的企业,可以按运营单位编制风险台账。按运营单位进行风险评估的优势在于能够针对不同情况制定相应的评级和控制措施。由于受风险影响的国家或地区以及运营单位存在差异,企业面对同一风险时可能存在不同程度的风险敞口。通过这种方式,运营单位的本地管理层能够了解其所在区域或运营单位特有的合规风险敞口概况。若按运营单位记录风险台账,仍可通过合并各个运营单位风险评估的结果,汇总影响企业的合规风险,形成全企业视图,进而得出一份企业级合规风险概况。在合并结果时,对于相同隐患具有不同的评级情况,企业可对每个运营单位的评级取平均值,从而为每个隐患提供一个企业级合规风险的合并评级。

风险台账中包含的详细信息,可协助企业编制存在潜在合规风险敞口领域的热力图,以及呈现风险评估的汇总结果。企业可根据合规风险情况,制定招投标制度。在制度制定过程中,可参照表1-4中的问题审查制度的完备性。

表1-4 招标采购合规管理制度完备性审查表

主要内容	审查问题
(一)合规风险制度和流程审查	1. 公司是否有明确的招标采购政策以及相关零容忍的行为规范,明确定义贿赂行为,且禁止一切形式的(无论是直接,或者通过第三方实施的)贿赂行为? 2. 公司是否有正式明确的招标采购合规管理来实施其反贿赂的零容忍政策? 3. 公司是否会定期进行招标采购风险评估,评测招标采购活动中的贿赂风险?如果是,评估是否侧重高风险业务领域。

续表

主要内容	审查问题
（一）合规风险制度和流程审查	4. 从供应商处进行采购以及与承包商进行承包合作之前，公司是否有相关程序进行尽职调查，从而避免与那些知晓其行贿或有行贿嫌疑的合作方交易？ 5. 公司是否有相关流程，在开发、执行、评估、改善招标采购反腐败项目时与相关利益方沟通，比如向公司员工代表咨询？ 6. 公司是否在对礼物、招待和费用方面对员工有相关指导和规定？ 7. 公司是否有针对公司内部及商业伙伴的相关流程，以监督合规项目的有效进展和实施、分享最新的最佳做法、并对有违招标采购合规项目操作的内外部人员实行惩罚
（二）合规风险防控执行情况审查	1. 公司是否有措施确保不通过代理商或者其他中间商进行不当付款？ 2. 对于行贿或者行为不符合招标采购合规要求的供应商，公司是否对其进行制裁？ 3. 公司专门的招标采购合规管理是否能切实针对已发现的腐败风险？ 4. 公司是否有相关流程确保招标采购合规与反腐败法律以及公司运营所在的其他国家司法体系中的相关法规相一致？ 5. 公司是否有相关流程，在全公司范围内实施问责，确保招标采购合规管理在其所有业务实体和分支中有效执行？ 6. 对与公司有主要合作关系的供应商等，公司是否鼓励实施相似的合规管理
（三）合规风险控制组织保障审查	1. 公司是否有内部监控体系，包括账务和机构核查、会计和记录保存管理，并由内部审计人员定期审计，确保有效抵制腐败？ 2. 公司是否提供安全畅通的渠道，鼓励员工和商业伙伴表达顾虑、寻求建议、举报违规行为，且不遭到报复？ 3. 公司是否有相关流程使得包括高管在内的所有员工及分公司及其他与公司有业务关系的商业伙伴的员工，了解招标采购合规管理，并提供较为详细的指南和不断培训，指导如何实施招标采购合规管理？ 4. 公司是否有相关程序、确保审计委员会、监管委员会、董事会等可以监控、评审，并对招标采购合规管理的可行性和有效性做出独立评估，以及及时获取任何问题的报告？ 5. 公司董事会、所有者或者相关高层是否正式批准招标采购合规管理，并且明确表示全力支持

六、电力企业招投标合规管理制度规范与流程

制度文件的基本结构包括名称和正文。用好编码、缩写、引用等技术要素，有利于提高制度文件的管理效率和使用效率。制度文件的行文风格影响其传播性和使用情况。

一是招标合规管理制度名称。制度文件的结构基本上是固定的，由适用主体、管理事项和效力层级组成。首先，制度文件适用主体可以是全体员工，或者是部分员工，这应在制度文件中有明确的要求。其次，管理事项要对管理要素、标准和操作过程进行准确描述。一份制度文件的内容可以针对单一管理事项，也可以针对多个管理事项或者管理事项之间的组合。企业可以通过文件编码或按名称区分制度文件的效力层级。

二是正文。正文是制度文件的核心部分，由制度条款构成。常见的制度条款包括目标、依据、适用范围、术语定义、管理原则、分级分类、职责权限、权利义务、管理程序等。所有条款应当清晰明了，便于理解和执行。目标：明确制度的主要目的和预期成果。依据：说明制度制定的法律和政策依据。适用范围：指出制度适用的部门、岗位或员工群体。术语定义：对文件中出现的专业术语进行解释。管理原则：提出制度执行过程中应遵循的基本原则。分级分类：对制度执行的层级和分类标准进行说明。职责权限：明确各相关部门或岗位在制度执行中的职责和权限。权利义务：提出员工和管理层在制度执行中的具体权利和义务。管理程序：详细描述管理事项操作流程和步骤。

三是附件。附件的内容与正文直接相关，但并非制度文件的必备结构。附件通常包括事项列表、

流程描述、流程图、范本和模板等，它们用于补充和说明正文中的具体内容。这些附件可以显著提升制度的实用性和操作性。事项列表：列出管理事项的详细清单及其具体要求。流程描述：详细描述各项管理活动的操作步骤。流程图：以图示方式展示管理流程，方便理解和执行。范本和模板：提供常见文书或表格的标准格式，便于实际操作。

七、电力企业招投标合规咨询、举报与调查

（一）合规咨询受理

合规咨询受理可采用填写纸质表格、发送邮件或者向相应的管理平台提交文件的方式。在受理阶段，相关责任人员应充分重视咨询，详细记录申诉内容；告知员工或供应商咨询处理流程和时限，或者让供应商感受到公司对合规咨询的重视。

（二）合规举报

1. 建立正确的举报信息收集理念。在举报信息收集工作中，只关注信息本身，不考虑举报人的动机。在后续信息处理过程中，应排除其他因素干扰，仅针对信息所涉及的问题和线索进行调查核实。

2. 拟定举报信息的规范格式。举报信息资料应尽可能规范化，以提高信息收集、整理和开展调查的效率。企业可依据自身情况拟定举报信息的规范格式和体例，内容应客观详实，主要包括被举报人基本信息、涉及项目信息、客户情况、违规情况及分析、涉及的金额及已造成或将导致的经济损失、证据资料（如不能获得证据，可提供获取证据的途径）、其他知情人等。不过不应禁止举报人根据自己所掌握的情况自行编写举报信息内容。

3. 举报信息收集人员的配置。为保证举报网络的监控效能，企业应结合自身规模及实际业务需要，合理配置举报信息收集岗位人员。根据实际情况，岗位可以设置为兼职或专职，同时，在人员配置过程中，还应考虑企业员工分布情况及性别结构等因素。

4. 对举报信息的跟进。举报信息要全部登记在案。收到举报信息后，企业应指派专人对举报信息进行评估分析，并决定进一步的行动，例如是否进行调查，是否移交给其他相关部门处理。如果决定调查，必须按规定的流程启动并进行内部调查。此外，企业应告知举报人已收到相关举报信息并在积极跟进。

5. 举报信息的分类和分享。对于举报信息要按风险类别整理编辑，并按照企业制定的分享渠道和范围，按职责仅分送给"需要知道的人"。分享信息者应承担保密义务。根据保密原则，企业应建立规避机制，严格限定或监督企业领导及具有相应权利的人员调取举报信息。

（三）合规调查

每一项与合规相关的调查应该有一个相应的调查方案。调查方案需根据举报中提及问题的不同性质、复杂程度、牵涉面等来制定。调查方案通常由负责调查的部门或其指定的人员制定。调查方案中要尽可能写明被调查人姓名、职务（以防出现同名同姓的情况）、证人和可能有助于调查的人员的名字，由哪个部门或哪些人员来执行调查，要调查的问题，调查的方向，可能采用的方法等。调查方案要根据新掌握的情况及时补充和更新。

在开展调查前首先要确定合适的调查人员。在很多情形下，调查的质量取决于调查人员的素质。特别是对于一些有可能涉及法律诉讼的案件，调查质量关乎企业能否赢得诉讼，进而避免声誉受损、

经济遭受损失以及败诉所带来的其他不良影响。因此，管理层务必慎重挑选最适合的、有经验的并具有调查资格的调查人员。

在选择调查人员时应注意以下几点：一是客观中立。调查人员必须是独立于案件各方利益的人员。例如，他不能去调查他的直接上级和下属，以及和他关系密切的部门人员或合作伙伴。如果不能找到合适的人选，可以考虑从其他不相关的业务部门或地区选择。二是受过良好的调查技巧培训。必须选择接受过正式的调查技巧培训的调查人员，以确保他知道如何开展调查工作。最好是曾经与具有丰富经验的调查人员一起工作过的、具备询问技巧并有一定经验的调查员。三是了解相关的法律法规、内部规定、政策、条例以及相关的业务流程。调查人员必须熟知相关规定和流程，以便于他明确知道哪里可能有漏洞，要查实哪些事实，清楚哪些是违规行为。四是成为合格的证人。如果有必要，调查人员应该是一个能够在法庭或仲裁机构提供强有力证词的合格证人。五是善于利用外部调查机构。在有些情况下，管理层需向有关部门报案，让专业的调查机构来调查处理案件。通常报案前应该有初步的事实和证据判断，以确定所举报的问题确实成立。例如，涉及公司的或公司高层的违法行为、企业负有重大责任的案件、金额巨大的职务侵占或者是内部调查人员不具备取证能力的重大案件等。

通常情况下，一个调查员负责调查案件、访谈证人和被指控人员就可以了，这样做的好处是可以节约成本。但是如果存在大量人员需要访谈，以及众多文件记录等证据要查验时，管理层就需要指派更多的调查员来进行调查工作。在多人调查一个案件的时候，必须指定一个首席调查员，其他调查员汇报给首席调查员。

在访谈过程中，如果条件允许，最好由两个调查员进行。其中一名调查员主要负责记录，另一名调查员主要负责提问和专注聆听回答。如果事后被访谈人员反悔，负责记录的调查员可以作为证人。负责记录的调查员也可以起到提醒和补充访谈问题、避免遗漏的作用。

八、电力企业招投标合规义务与风险的监控

电力企业监控风险是指对风险的分布和敞口进行持续的关注和评估。换言之，风险监控应当是一个连续的、动态的过程，随着时间的推移而发生变化。评估风险的变化，一方面要考虑企业外部的法律及政策的变化；另一方面要考虑公司内部具体情况的变化，做到知己知彼。

风险监控的方法首先是对风险进行新闻跟踪。一方面，可以在一些门户网站、搜索引擎等网络平台通过关键词定制新闻推送。另一方面，要有意识地去关注与风险相关的新闻。其次，可以订阅一些专业的新闻简报。很多律师事务所、会计师事务所都会编撰并推送新闻简报，所以可以在这些机构的网站上订阅某些专题的新闻简报。有些网站还集成了专业人士的新闻简报。最后，与合规专家进行交流。这些合规专家可能来自公司内部，也可能来自公司外部。

九、电力企业与外部合作相关方沟通招投标合规事务

为了强化商业伙伴的合规意识，确保合规标准和风险管理得以有效践行，电力企业应当定期对商业伙伴进行合规政策的宣讲和培训。培训的内容包括但不限于如下内容：企业对商业伙伴在社会、环境和道德行为上的要求。其中，道德行为要求包括反贿赂、利益冲突、公平竞争、可接受的诚信财务和会计操作规范等，并且要保证这些标准可以随着相关法律法规的改变及时更新。

为了使商业伙伴更好地了解以上内容，公司可采用视频、在线学习和传统的面对面课程等方式进行培训，同时要保证商业伙伴能够便捷地获取各种学习材料。一些企业还会针对特定地区开展商业伙

伴发展项目，为商业伙伴提供更加适宜的、个性化的培训。

商业伙伴可以通过电话、邮件或者网站咨询合规问题，或者举报投诉潜在的违规行为。违规行为包括商业伙伴的行为或者雇佣企业内部员工的行为。企业本身和商业伙伴都应遵从"无报复政策"，即对于员工询问潜在的违法、违规和违反公司政策的行为不予以惩罚。如果公司在全球多个国家运营，则需要建立多语言的热线，使当地员工可以表达疑虑。

十、对采购人员等重点人员、评标专家进行合规培训

在招标方面，电力企业要采取切实有效的措施，定期宣传合规计划，同时依据不同的需求、情况、职位和职责，为公司各级职员，尤其是从事高风险活动的职员（如采购人员、评标专家等重点人员）提供有效培训并予以记录。

采购人员、评标专家在不同项目中面临着不同的合规风险。根据合规风险点所在的不同业务环节、岗位和合规风险等级，依据采购人员、评标专家的工作目标、工作步骤、工作责任主体、工作任务、工作记录、工作标准和工作方法，结合合规要求、合规承诺，有针对性地制定合规培训计划，并开展高效的培训工作。

第一，合规培训的内容应与员工角色和职责所涉及的合规风险及任务相匹配。在任何一个企业中，员工的角色任务都有多样性。例如，采购管理者主要在对外商务活动过程中应注意预防商业腐败相关风险。所以，合规培训的内容应结合受众群体的职能特点和风险概率进行调整。比较好的做法是在培训之前，对受众人员进行深入访谈，结合以往合规风险评估结果，梳理出一些典型的合规风险点。这些风险点经过受众部门的认可、补充和完善后，再进行针对性的培训内容设计。

第二，在条件允许的情况下，合规培训应基于员工认知和能力的不足而设计。企业员工由于家庭背景、教育背景、工作背景不同，岗位职责不同，所接受内部培训的程度也不同，对公司合规政策流程以及价值取向的认识也参差不齐。合规培训应着力填补员工中存在的合规认知差距，使整体员工对合规制度流程的认知以及合规价值取向趋近于同一水平。例如，在培训之前向受众群体发放调查问卷，收集所有员工对合规方面的问题。通过分析这些问题，可以基本掌握受众存在的一些合规认知水平状况，并据此设计培训内容，填补员工对合规认知上的偏差，实现查漏补缺的目的。

第三，合规培训内容应切实可行并且易于被员工理解。与其他类型的培训一样，合规培训应尽量避免冗长而晦涩的理论介绍。"填鸭式"的培训模式是不可取的，合规培训讲师应将培训内容转化为通俗易懂的形式。如果单纯是理论、制度和流程的宣教，员工需要努力理解这些内容，并在实际工作中结合具体任务进行二次消化。倘若员工觉得内容枯燥，很可能连一次消化也不去尝试。因此，无论合规培训内容是什么，都尽量摒弃教条理论传授方式，通过具体的实际工作案例来让员工直观地理解这些教条如何应用。

第四，合规培训的形式应具备足够的灵活性，综合运用各种培训技术，满足企业和员工的不同需求。合规培训的目的是启发员工的合规思维模式，因此在设计培训形式时，需要广开思路，尽最大可能调动受众的参与兴趣。只有全身心融入培训过程，员工才能达到思想意识的触动，进而转化为实际行动。互动式培训是较为推荐的形式，例如，在培训中融入一些简单的互动游戏，或者采用小组讨论的形式，通过讨论具体案例或问题，帮助员工打开思路，集思广益地寻找合规的思维方式。此外，网络培训是现在大多数企业采用的一种高效培训方式，合规培训可以借助此类平台设计培训内容，提高培训效率，实现更多有趣新颖的形式，比如视频和图表培训等，提升培训效果。

十一、招投标合规文化建设

管理学中的"破窗理论"指出：如果有人打坏了一个建筑物的窗户玻璃，而这窗户得不到及时的维修，别人就可能受到某些暗示性的纵容去打烂更多的窗户玻璃。时间一长，这些破窗户就给人造成一种无序的感觉。在这种氛围中，不合规的行为就会滋生、蔓延。

企业在推行合规价值观的过程中，如果自身不能做到言行一致，或者无法做到在处理同一问题时的前后一致，就不能在普通员工中树立起合规价值观的权威性。久而久之，员工对合规的价值观和制度设计就会产生不信任和不尊重的态度。当员工察觉到管理者对合规价值观推行的表里不一或阳奉阴违时，他们就会产生不合规行为的成本低廉和不会给自身带来任何不利后果的错觉，从而导致大量的不合规行为的出现。

行业内的企业也是一样，行业中一个企业经常出现不合规行为时，其他企业也会跟着不合规，最后合规的企业还会受到损失，形成劣币驱逐良币的现象。因此，电力企业在本企业内强化招标合规管理的同时，应该重视在行业内推广招标合规管理的做法与经验，推动行业内的企业在招标采购中主动开展合规管理。

第三节 招投标合规管理经典案例

一、唐某某犯贪污罪和串通投标罪案例[①]

（一）案例基本情况

被告人唐某某，男，1963年12月9日出生。2020年7月因犯单位行贿罪被判处有期徒刑一年两个月，并处罚金人民币十万元，同年7月14日刑满释放。而后，因涉嫌犯职务侵占罪，唐某某于2020年7月14日被刑事拘留，又因涉嫌犯职务侵占罪、串通投标罪，于2020年8月20日被逮捕。

2013年至2016年，唐某某在担任城建十公司法定代表人、董事长、党委书记期间，利用职务之便，非法占有国有参股企业城建十公司钱款，共计1000万元。

2013年1月，上诉人唐某某与翁某商定，由唐某某个人收购城建十公司股东北京福某春投资发展有限公司（法定代表人为翁某）的部分股权。唐某某以城建十公司用款为由，指示该公司项目经理李某1从其负责管理的工程项目部向翁某支付200万元，并要求将此笔款项计入公司经营成本。上述钱款后由城建十公司以支票形式支付给翁某经营的北京永某某春商贸有限公司，并以虚构的材料费名目在城建十公司财务账目记账，实际被用于冲抵唐某某与北京福某春投资发展有限公司之间的股权转让款。

2016年9月，唐某某虚构城建十公司需支付工程投标保证金一事，指示该公司副总经理郭某以该虚构事由，从公司内部银行开出金额为800万元的支票。由于缺乏相关发票用于入账，内部银行未将该支出转至公司财务审计部，公司财务审计部亦未将该支出进行账务处理。唐某某通过翁某将支票兑换为现金并占为己有，交予当时的妻子赵某保管。后赵某将上述钱款用于在海南省三亚市购置房屋及

[①] 华能招标有限公司纪律检查与审计部，招投标警示案例选编2022（2）期总第44期，公司内部资料，2022年2月10日

房屋装修等事宜。

2015年5月至2017年6月期间，被告单位城建十公司、作为城建十公司直接负责的主管人员唐某某在某环经济园生活垃圾焚烧发电厂、综合处理及配套设施（残渣填埋场）项目招投标过程中，以单位名义与招标人北京华某某众环保科技有限公司、投标人北京住总某某开发建设有限公司、北京天某某筑工程有限责任公司等单位分别串通，致使城建十公司中标上述项目，中标价共计6亿余元。

（二）处罚或判决所适用的法律依据及法条规定

被告人唐某某身为国家工作人员，利用职务上的便利，侵吞公共财物，数额特别巨大，其行为已构成贪污罪，依法应予惩处；被告单位北京城建十公司作为投标人，与招标人、其他投标人串通投标，损害国家和其他投标人利益，情节严重；唐某某作为案发时北京城建十公司法定代表人、董事长，是对串通投标罪直接负责的主管人员，依照《中华人民共和国刑法》第三百八十三条第一款第（三）项、第二款，第二百二十三条，第二百三十一条，第三十条，第三十一条，第五十二条，第五十三条，第十二条第一款，第六十九条第一款、第三款，第六十七条第三款，第六十四条，第六十一条；《中华人民共和国刑事诉讼法》第二百三十七条第一款、第二百三十六条第一款；《最高人民法院、最高人民检察院〈关于办理贪污贿赂刑事案件适用法律若干问题的解释〉》第三条第一款、第十八条、第十九条及《最高人民法院关于适用〈中华人民共和国刑事诉讼法〉的解释》第四百零一条第一款的规定，均构成串通投标罪，依法均应予惩处。

（三）处罚或判决的结果

1. 被告单位城建十公司犯串通投标罪，判处罚金人民币二百万元。继续追缴被告人唐某某违法所得人民币一千万元，发还城建十公司。在案查封位于海南省某市天涯区新城路的鲁能三亚湾高×区住宅区×-××栋（C户型）之变价款，并入本判决主文第三项执行；如有余款，作为犯罪所得收益予以没收。

2. 被告人唐某某犯贪污罪，判处有期徒刑十年，并处没收财产人民币二十万元；犯串通投标罪，判处有期徒刑二年六个月，并处罚金人民币三万元。决定执行有期徒刑十一年，并处没收财产人民币二十万元、罚金人民币三万元。

（四）合规管理建议

预防公司投标中存在串通投标行为是招投标合规管理的重要内容。电力企业在开展招标采购时，应建立健全防止串通投标的合规管理制度与机制。根据世界银行的总结，在招标采购过程中，一旦出现以下信号，就可能会出现合规风险，合规管理部门或者采购部门应注意：①来自投标人和其他相关方的投诉（包括公司的员工、竞争对手、承包商或其他投标人、政府官员、非政府组织的雇员和其他官员）；②通过合同分拆方式避免竞争或者减少内部审查；③存在串标、报价异常等异常投标情形；④给中间人或者供应商看似虚高的代理费或商品价格；⑤投标人的实体可疑；⑥报价最低的投标人未入选；⑦不合常理和（或）重复将合同授予同一个投标人；⑧对合同条款和价值进行不合理的变更；⑨在合同签署后及其执行期间，承包商频繁提交变更订单；⑩商品、服务质量低劣或未交付。

二、魏某违规帮助执行合同受贿案例[①]

(一) 案例基本情况

魏某,1966年生,曾任安徽省某市政府副秘书长、某市住房和城乡建设委员会(简称"住建委")党委副书记、书记、副主任、主任,某市经济技术开发区工委副书记、管委会副主任。

违法犯罪事实:经查,魏某利用职务之便,非法收受现金280万余元、黄金1300克。

2007年12月至2014年1月,魏某任某市建委主任,其间兼任某市城市重点工程建设管理办公室主任。2010年至2012年间,魏某累计收受安徽某建设有限公司项目经理李某所送现金56万元、4枚金币,此举是希望魏某对李某给予照顾。魏某在招标过程中违反招标有关规定,同意投标单位安徽某公司在招标过程中,为了公司自身利益,提出"黄山杯"奖惩方面建议的请求,另外,李某在市规划展览馆、六安市政务服务中心房地产分中心综合楼工程投标时,魏某明知李某违反招投标有关规定,分别以周岐银和另一吴姓项目经理进行投标而不予制止,使得安徽某公司在招标过程中增加了中标概率,安徽某公司中标后魏某又同意将项目经理变更为李某,并帮助履行变更程序和执行合同。

(二) 处罚或判决所适用的法律依据及法条规定

《招标投标法实施条例》第五十七条规定:"招标人和中标人应当按照招标投标法和本条例的规定签订书面合同,合同的标的、价款、质量、履行期限等主要条款应当与招标文件和中标人的投标文件的内容一致"。《招标投标法实施条例》第五十二条规定:"评标委员会不得接受投标人主动提出的澄清、说明"。

(三) 处罚或判决的结果

2014年12月17日,经安徽省某市某县检察院依法提起公诉,法院一审以受贿罪判处魏某有期徒刑十一年,并处没收个人财产人民币二十五万元。

(四) 合规管理建议

该案例虽然是政府官员犯受贿罪的典型案例,对企业高管同样有重要的启示。企业内部管理人员若合规意识淡薄,往往会受到外部的诱惑导致不当行为,掌握大量项目发包权的企业管理人员,面临的风险更高。因此,企业要加强项目管理人员、参与招标采购等管理人员的培训,增强他们的廉洁合规意识。

三、蓝思科技两生产主管收受供应商贿赂被判刑案例[②]

(一) 案例基本情况

中国裁判文书网近期公布的两份刑事判决书显示,原蓝思科技(长沙)有限公司某园区生产主管

[①] 华能招标有限公司纪律检查部,招投标警示案例选编2021(01)期总第31期,公司内部资料

[②] 蓝思科技再曝供应链腐败案:两生产主管收受供应商贿赂被判刑,彭拜新闻,2021-04-17:https://baijiahao.baidu.com/s?id=1697292851965005694&wfr=spider&for=pc

杨某、肖某，因收受供应商贿赂，分别被湖南长沙县人民法院一审判刑。

2020年9月，蓝思科技原董事长助理郑某某因收受多家供应商贿赂，金额高达554万余元获刑7年，引起广泛关注。上述杨某、肖某受贿案，涉及行贿的两家供应商东莞市某科技有限公司（以下简称"东莞某科技公司"）、深圳市某科技有限公司（以下简称"深圳某科技公司"），也正是郑某某案中行贿数额较大的供应商，两家公司的相关负责人分别向郑某某行贿160万元、250万元。

生产主管伙同他人一起受贿：法院判决显示，2019年6月，郑某某被查出收受供应商巨额贿赂，也正是这个月，原蓝思科技（长沙）有限公司某园区生产主管杨某被公安机关抓获，次日被浏阳市公安局刑事拘留。

事后的调查证实，这两名不同层级的员工均收受了东莞某科技公司的贿赂。

法院判决显示，自2016年4月起，杨某先后担任蓝思科技（长沙）有限公司某园区6厂生产主管、18厂高级主管等职务，负责相关产品的生产监管工作。2017年，杨某结识了蓝思公司材料供应商东莞某科技公司的法定代表人高某某，高某某多次请求杨某予以关照，杨某则将东莞某科技公司供应原材料的使用情况和数据实时向高某某反馈，以便其依据蓝思公司的需求及时改进技术，调整产品，从而增加其原材料的使用量和竞争力。不仅如此，通过杨某的从中引荐，让高某某结识了蓝思公司其他人员，帮助高某某疏通业务关系，以实现增加其原材料供应量的目的。

法院经审理认定，2017年上半年至2018年端午节后，杨某单独或伙同蓝思公司研发部副经理李某某、谢某某及某园区6厂生产主管胡某（均另案处理）收受东莞某科技公司贿赂共计55万元。

具体犯罪事实如下：

（1）2017年上半年，蓝思公司拟向包括东莞某科技公司在内的原料供应商引进一款抛光液，得知此消息，高某某遂找到杨某，请求杨某给予关照。杨某同意后，向高某某透露蓝思公司对该款原材料的品质要求和注意事项，高某某安排东莞某科技公司技术人员依据杨某告知的信息予以重点改进后顺利承接蓝思公司的原材料订单。事后，为感谢杨某提供的帮助，高某某向杨某行贿共计人民币10万元。

（2）2017年下半年，蓝思公司某园区辅料厂对一款钻石液展开产品验证工作，旨在确定该产品的原材料供应商，研发工程师谢某某、李某某负责此次产品验证操作及解决量产中出现的问题。同年11月的一天，高某某通过杨某找到李某某和谢某某，请求二人给予关照，二人表示同意，随后东莞某科技公司顺利承接蓝思公司此次原材料供应订单。为表示感谢，高某某向杨某、李某某、谢某某三人行贿共计人民币15万元，杨某分得5万元。

（3）2018年初，某园区6厂出现产品品质异常问题，李某某、谢某某认为是东莞某科技公司供应的原材料存在问题，并通过技术手段解决了问题。事后，李某某、谢某某通过杨某向高某某索要好处费。2018年5月，高某某向杨某、李某某、谢某某三人行贿共计人民币20万元，杨某从中分得7万元。

（4）2018年初，主管生产的胡某在生产过程中发现异常情况，通过调查发现东莞某科技公司提供的原材料存在问题，遂按公司程序予以上报。高某某立刻通过杨某联系上胡某，请求胡某在产品出现问题后直接与东莞某科技公司沟通，不要上报，胡某表示应允。2018年端午节后，高某某为表示感谢，向杨某、胡某行贿共计人民币10万元，杨某分得3万元。

另一主管收受46万后投案自首：2月25日当天，长沙县人民法院还对原蓝思科技（长沙）有限公司某园区另一生产主管肖某的受贿案件作出了判决。

判决显示，肖某出生于1988年，因涉嫌犯非国家工作人员受贿罪，于2020年1月16日主动投案。

法院经审理认定，自2014年12月起，肖某在蓝思科技（长沙）有限公司某园区辅料厂担任生产主管，负责辅料研发、生产和品质岗位各项管理工作，因其职位关系，肖某在考察和选定原材料供应商方面拥有话语权。2017年9月至2018年6月期间，原材料供应商东莞某科技公司、深圳某科技公司先后向肖某行贿，贿赂金额共计人民币46万元，请求肖某在材料供应商的选定等方面给予关照，肖某均予以收受。

具体犯罪事实如下：

（1）2017年，蓝思公司某辅料厂拟引进原材料钻石粉的供应商。同年9月，东莞某科技公司的法定代表人高某某联系肖某，请求肖某在此次原材料供应商引进事宜上予以关照，肖某予以应允。在肖某的关照协助下，东莞某科技公司成功获得了蓝思公司原材料采购订单，为感谢肖某提供的帮助，高某某在2017年9月至2018年6月期间，先后向肖某行贿共计人民币40万元。

（2）2018年3月，深圳某科技公司的法定代表人江某某联系肖某，请求肖某帮忙，以期深圳某科技公司能成为蓝思公司某辅料厂的原材料供应商，肖某表示应允。2018年3月至5月期间，为表示对肖某的感谢，江某某先后3次向肖某行贿现金共计人民币6万元。

2020年9月，澎湃新闻曾报道，蓝思科技原董事长助理郑某某收受多家供应商贿赂，金额高达554万余元，经一审审理，长沙浏阳市人民法院认定其犯非国家工作人员受贿罪，判处其有期徒刑七年。早在一年前，浏阳法院还对另一起蓝思科技员工贪腐案作出了判决：蓝思科技工程技术部员工喻某某等4名员工，因收受供应商贿赂约人民币116万元，分别被判处十个月至三年十个月不等的有期徒刑。

蓝思科技作为苹果玻璃盖板的核心供应商而在行业内广为人知。自2015年在创业板上市以来，凭借"苹果供应商""蓝宝石概念"等多个光环，在二级市场受到投资者的热烈追捧，其创始人周群飞一度荣登胡润女富豪榜，成为中国女首富。

然而，面对供应商巨额的金钱诱惑，蓝思科技董事长身边的人却没能坚守住底线：2019年6月，郑某某被查出先后30次收受供应商巨额贿赂。

浏阳法院的判决显示，80后的郑某某于2014年2月至2019年5月期间，先后担任蓝思科技某园区采购部总监、采购部（三园区合并）总监、董事长助理、中央采购部总监等职务。

在此期间，郑某某利用职务之便，多次收受蓝思科技供应商深圳市某净化设备有限公司、湖南某科技有限公司、深圳市某科技公司、东莞市某电子材料有限公司、东莞市某科技有限公司、深圳市某五金设备科技有限公司的财物，受贿金额总计人民币5541460元。

判决书显示，在550余万元的贿赂中，有410万元来自深圳某科技公司和东莞某科技公司。

法院查明，为了提高销量、维持售价，深圳某科技公司股东刘某于2017年9月至2019年1月期间，先后14次向郑某某行贿，共计人民币250万元；2018年6月至7月期间，为了提高销量、维持售价，东莞某科技公司法定代表人先后2次向郑某某行贿，共计人民币160万元。

（二）处罚或判决所适用的法律依据及法条规定

依照《中华人民共和国刑法》第三百八十五条第一款、第三百八十六条、第三百八十三条第一款第（一）项、第二款、第三款、第一百六十三条第一款、第三款、第六十九条第一款、第三款、第六十七条第一款、第五十二条、第五十三条、第六十四条；《最高人民法院、最高人民检察院关于办理贪污贿赂刑事案件适用法律若干问题的解释》第一条、第十九条第一款；及《最高人民法院关于处理自首和立功具体应用法律若干问题的解释》相关规定，法院最终作出判决。

第一章 招投标合规管理

（三）处罚或判决的结果

2020年8月12日，浏阳法院一审宣判，认定郑某某犯非国家工作人员受贿罪，判处其有期徒刑七年。

2020年9月，蓝思科技原董事长助理郑某某因收受多家供应商贿赂，金额高达人民币554万余元，获刑七年。

2021年2月25日，长沙县人民法院一审认定被告人杨某犯非国家工作人员受贿罪，判处其有期徒刑一年六个月零四天。

（四）合规管理建议

蓝思科技在案件发生后，应加强反腐败合规管理。从后续的报道可知，该公司加强合规管理的具体措施包括：对供应商的贪腐行为执行"一票否决"制度，持续跟踪、审核各类已导入供应商的情况，完善内部控制和公司治理结构，持续优化供应链管理。该公司还制定了《关于管理人员廉洁自律的十项规定》等反腐倡廉制度规定。当然，该公司还应该持续强化合规，培育合规文化，包括通过开展多种形式的廉政警示教育系列培训活动，让员工学习公司廉洁文化、推进嵌入式廉洁风险防控和廉洁文化建设，保证公司内部控制制度运行的规范、高效。

附录 相关法律法规、标准、指引知识

电力企业合规师应当了解、熟悉、掌握的招投标相关法律法规、标准、指引知识：

1.《中华人民共和国招标投标法》，2017年修正版，中华人民共和国主席令第86号。

2.《中华人民共和国政府采购法》，2014修正版，中华人民共和国主席令第68号。

3.《中华人民共和国招标投标法实施条例》，2019年修正版，中华人民共和国国务院令第613号。

4.《中华人民共和国政府采购法实施条例》，2014年版，中华人民共和国国务院令第658号。

5.《必须招标的工程项目规定》，2018年，中华人民共和国国家发展和改革委员会令第16号。

6.《电子招标投标办法》，2013年，中华人民共和国国家发展和改革委员会令第20号。

7.《评标委员会和评标方法暂行规定》，2013年修正版，国家计委等7部委12号令。

8.《建设工程工程量清单计价规范》，城乡与住房建设部。

9. 电力建设工程项目工程量清单计价规范（一系列），中电联、水规院等。

10.《最高人民法院关于审理建设工程施工合同纠纷案件适用法律问题的解释（一）》（法释〔2020〕25号）。

11.《国家发展改革委办公厅关于进一步做好〈必须招标的工程项目规定〉和〈必须招标的基础设施和公用事业项目范围规定〉实施工作的通知》（发改办法规〔2020〕770号）。

12.《必须招标的基础设施和公用事业项目范围规定》（发改法规规〔2018〕843号）。

13.《招标公告和公示信息发布管理办法》，2017年，国家发展和改革委员会令第10号。

14. 国家发展改革委等部门《关于严格执行招标投标法规制度进一步规范招标投标主体行为的若干意见》（2022年，中华人民共和国国家发展和改革委员会）。

15.《招标投标领域公平竞争审查规则》，2024年，中华人民共和国国家发展和改革委员会等。

16. 国资委 发改委联合印发《关于规范中央企业采购管理工作的指导意见》。
17. 《电子采购交易规范 非招标方式》(GB/T 43711—2024)。
18. 《工程建设项目货物招标投标办法》，2013年修正。
19. 《工程建设项目勘察设计招标投标办法》，2013年修正。
20. 《工程建设项目施工招标投标办法》，2013年修正。
21. 《工程建设项目招标投标活动投诉处理办法》，2013年修正。
22. 世界贸易组织框架内的《政府采购协议》。
23. 《欧盟采购指令》以及双边和多边贸易协定。

第二章　电力项目投资并购合规管理

第一节　电力项目投资并购基础理论

一、电力项目投资并购概述

1. 并购的定义

并购是指一家企业通过主动购买等方式获取其他企业的全部或部分股权或资产的经济行为。并购又称兼并与收购，虽然理论和实践中经常将兼并与收购混为一谈，但二者其实是不同的法律概念。兼并是指两个公司的合并，收购是指一家公司获取其他公司的股权或资产，目的是取得对目标公司股权或资产的控制权。

2. 并购的基本类型

以并购对象作为分类标准，电力项目并购可以分为股权并购和资产并购。

股权并购是指收购方通过股权转让或增资扩股的方式取得目标公司股权，进而间接实现对电力项目控制的行为。股权并购完成后，收购方成为目标公司股东，并承接目标公司债务，目标公司作为独立的民事法律主体依然存在，但公司的控制经营权根据并购交易的安排，通常会发生变更。

资产并购是指收购方通过现金或其他对价收购出让方全部或部分电力项目资产的行为。资产并购中收购方仅取得资产的所有权，无须承担卖方公司的债务和责任。

二、电力项目概述

（一）电力项目的分类

电力项目是指与电能的生产、输送、分配有关的工程项目，广义上电力项目包括发电项目、电能储能项目和电网工程项目（即变电站与输电线路工程）三类。在当前发电侧的项目并购市场中，电力项目主要包括发电项目与电能储能项目。

发电项目是指将煤炭、石油、天然气、水能、风能、核能等自然界提供的一次能源转换为二次能源（即电能）的项目。根据转换为电能的一次能源类型，常见的发电项目主要包括以下几类：

（1）火力发电：利用煤炭、石油、天然气等可燃物为原料生产电能，其能量的转换过程是：燃料的化学能→热能→机械能→电能。我国火电厂所使用的燃料以煤炭为主。

（2）水力发电：利用河流、湖泊等位于高处的水流至低处，将其中所含势能转换成水轮机的动能，然后依靠水轮机带动发电机产生电能。其能量的转换过程是：水的位能→机械能→电能。

(3) 风力发电：利用风力的动能生产电能。其能量的转换过程是：风的动能→风轮旋转的动能→电能。

(4) 太阳能发电：太阳能发电分为光热发电和光伏发电，通常是指后者。太阳能光伏发电是利用太阳能电池将太阳光能直接转化为电能。其能量的转换过程是：光能→电能。

(5) 核能发电：利用核反应堆中核裂变（或核聚变）所释放出的热能进行发电。其能量的转换过程是：核能→热能→蒸汽热能→汽轮机转子动能→电能。

(6) 其他新能源发电：如潮汐发电、地热能发电等。

电能储能项目是指通过某种介质或者设备，将电能直接或者转换成另一种能量形式储存起来，在需要时可以重新释放出电能的工程。根据不同能力形式及技术原理，电能储能主要包括三类：

(1) 电化学储能：如铅酸电池、钠硫电池、全钒液流电池、锂离子电池储能等。

(2) 机械储能：如抽水蓄能、压缩空气储能、飞轮储能等等。

(3) 电磁储能：如超导磁储能、超级电容器储能等。

（二）电力建设规划和项目开发资格

电力项目建设必须符合国家和地方的电力发展规划以及可再生能源开发利用规划。纳入规划通常是项目办理核准/备案及后续开发建设手续的前提条件。纳入规划的表现形式根据项目类型而有所不同，如风电、光伏项目表现为列入省级年度开发建设方案，而抽水蓄能电站项目则需列入国家能源局批准的抽水蓄能电站选点规划。

纳入规划后，电力项目建设单位通常会与项目所在地人民政府签署项目开发协议，约定建设单位应履行的必要义务。该义务既包括电力项目建设本身的内容，如项目建设进度、投资总额等，也可能包括其他义务。尤其对于新能源项目这块"香饽饽"而言，地方政府出于"以资源换产业"考虑，通常会在项目开发协议中要求建设单位在投资新能源项目的同时，必须按照投资总额的一定比例引进配套产业，或对建设单位提出引进外资、捐赠公益扶贫款等要求。如未按约定兑现承诺的，地方政府有权收回项目开发权。

（三）固定资产项目投资管理制度

电力项目属于固定资产投资。我国对固定资产投资的行政管理体制包括审批制、核准制和备案制三种基本制度。

根据国务院颁发的《关于投资体制改革的决定》和《关于保留部分非行政许可审批项目的通知》的规定，政府出资的投资项目采取审批制。而对于企业投资建设的项目，一律不实行审批制，区别不同情况实行核准制和备案制。政府通过制定和调整《政府核准的投资项目目录》，限定实行政府核准制的范围，并根据变化情况适时调整。而《政府核准的投资项目目录》以外的企业投资项目，无论规模大小，均执行备案制。

核准侧重于事前审批，实行核准管理的项目必须获得有权机关的核准手续后方可开工建设。项目备案侧重于事中事后监管，实行备案管理的项目，企业在开工建设前需将企业基本情况，项目名称、建设地点、建设规模、建设内容、项目总投资额和项目符合产业政策的声明等四个方面的信息告知备案机关，备案机关收到全部信息即为备案。

针对核准和备案，国家先后发布了《企业投资项目核准和备案管理条例》《企业投资项目核准和备案管理办法》《企业投资项目事中事后监管办法》等规定，对核准和备案的申报办理、变更、时效、事中事后监管等提出了更为细致要求。

就电力项目而言,根据《政府核准的投资项目目录(2016年本)》,核准管理的电力项目包括:水电站、抽水蓄能电站、火电站(含自备电站)、热电站(含自备电站)、风电站、核电站、电网工程。其他电力项目实行备案管理。对于光伏、风电等项目,国家在一些专项法律规定中也明确了备案或核准的管理要求。

(四)项目资本金制度

我国项目资本金制度确立于1996年发布的《国务院关于固定资产投资项目试行资本金制度的通知》(国发〔1996〕35号),虽然经过二十几年的多次修改调整,但项目资本金的基本属性和制度框架并没有发生实质变化。

投资项目资本金,是指在投资项目总投资中,由投资者认缴的出资额。对投资项目来说,项目资本金是非债务性资金,项目法人不承担这部分资金的任何利息和债务;投资者可按其出资的比例依法享有所有者权益,也可转让其出资,但不得以任何方式抽回。

项目资本金可以用货币出资,也可用实物、知识产权、土地使用权等非货币财产作价出资。由于实践中电力项目投资往往适用项目法人制,项目公司是独立的法人实体(如有限责任公司),所以使用非货币财产作价出资的通常应当符合《公司法》的要求,即非货币性财产必须具备可以用货币估价且具备转让的可能性,原则上不得以劳务、信用、自然人姓名、商誉、特许经营权或者设定担保的财产等作价出资。

与资本金相对应,项目的债务性资金指的是项目总投资中扣除非债务性资金后的剩余资金,一般通过银行、关联方借款、资本市场等债务融资方式筹措。项目借贷资金、不符合国家规定的股东借款、"名股实债"等资金,不得作为投资项目资本金。

自1996年35号文确立了部分行业的项目资本金比例后,随着不同时期经济发展进程和行业政策的变动,项目资本金比例又经过了多次调整,但绝大多数电力项目资本金比例基本维持在20%。

(五)项目法人制

项目法人制是指由项目法人对项目的策划、资金筹措、建设实施、生产经营和偿还债务以及资产保值增值等方面实行全过程负责,承担风险。

项目法人(项目公司)由投资方组建,是独立行使权利和承担责任的项目建设管理主体。电力项目由于具有投资大、周期长、对国民经济影响大的特点,其管理必然有更高的要求。项目法人制度有利于进一步强化投资风险约束机制,对实现合理工期、控制造价、达标投产,提高投资效益,保护公司和股东等各方面的合法权益具有重要意义。

三、电力项目绿地投资的流程和合规特点

(一)绿地投资的环节和流程

绿地投资又称为"新建投资",即企业"从无到有"开发项目的过程。从企业项目开发角度来说,通常包括以下几个环节和流程(图2-1)。

(二)绿地投资的合规风险因素

就绿地投资而言,主要合规风险因素包括以下几个方面:第一,在前期开发阶段,由于涉及和政

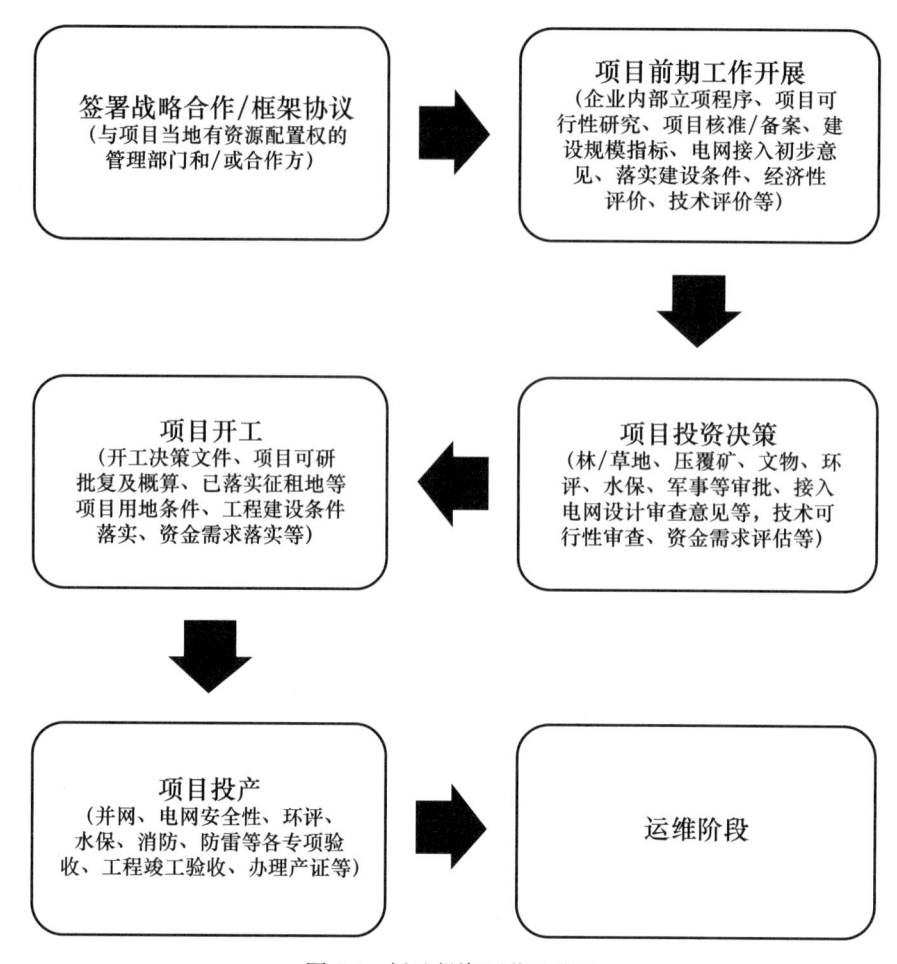

图 2-1 绿地投资环节和流程

府部门、相关合作方的沟通,需要防范反腐败等廉政风险;第二,项目开发中的各项风险,包括项目选址用地合规、批文许可手续合规等;第三,建设期的合规风险,包括招投标、工程质量和安全管理等。

除了上述合规风险因素外,绿地投资也具有一定商业风险,例如项目资源质量(当地网架结构和电网接入、电力市场环境和消纳、风资源或辐照资源等自然禀赋)和资金投入安全等。

具体合规风险因素把控,详见本教材"绿地投资项目合规管理实务"。

四、电力项目并购投资的流程和合规特点

(一) 并购投资的环节和流程

与绿地开发项目不同,在并购项目中,投资人(收购方)从其他主体手中获取项目的控制权。收购方通常并不直接参与项目的开发建设等流程,因而缺乏对项目开发建设过程的管控。所以,并购投资实际上是通过调研、分析一个既有的项目,从而判断该项目是否值得收购,以及在何种条件下进行收购的过程。

实施并购前,收购方通常需明确并购目标,同时要全面考量并购的整个流程和环节:

(1) 并购目标的确定与初步评估:并购目标的选择是十分重要的问题。收购方应当根据行业状况、经营需要、资金管理能力和发展战略,确定并购计划,进而初步确定并购目标。选定并购目标后,与

目标公司的股东初步洽谈，了解项目情况，同时应开展对项目的初步踏勘，排除颠覆性风险。在初步实地考察确认项目无颠覆性风险后，与目标公司股东签署框架协议，进而达成收购意向。

（2）立项与尽职调查：并购目标确定后，收购方根据初步获取的项目信息对转让方资信状况、项目合规性进行风险评估并内部决策立项。立项通过后在转让方的协助下对目标公司的资产、债权债务关系及目标项目合规性展开全面的尽职调查。最后，结合尽职调查结果，对此次并购的可行性进行深入分析。

（3）制定并购方案：收购方需要依据全面的尽职调查和分析，综合项目类型、建设进度、并购双方的商业诉求、自身状况与经济实力制定适当的并购方案。并购方案的内容包括：并购模式的选择、交易价格的确定、融资及支付方式等。

（4）并购谈判与交割：并购双方需就并购方案及主要合同文本进行谈判，最终达成一致共识。签订收购协议后，双方还要办理并购标的交割手续。若采取资产并购的方式，双方应办理资产过户相关的手续；若采取股权并购的方式，双方应办理股权转让的相关手续。

（二）并购投资的模式、操作流程及合规风险因素

最经典的电力项目并购模式是对已经建成的项目（项目公司）权益进行收购。然而在实践中，特别是在新能源领域，由于项目资源稀缺，市场上对未建成项目权益的收购情况也较为普遍。这大大丰富了并购项目的投资模式，也使得并购项目的合规风险难以一概而论。尽管并购项目存在共性的合规风险（许多风险与绿地投资的风险类似，例如项目开发中的选址用地合规、批文许可手续合规等），但也存在一些视并购模式不同而异的合规风险。

以下简要介绍部分常见的电力项目并购模式以及需特别注意的风控要点：

（1）"预收购加控制"模式：是指收购方在签署预收购协议后即行控制项目公司，主导项目建设并在项目并网发电后变更股权的模式。该模式的主要操作流程如图2-2所示。

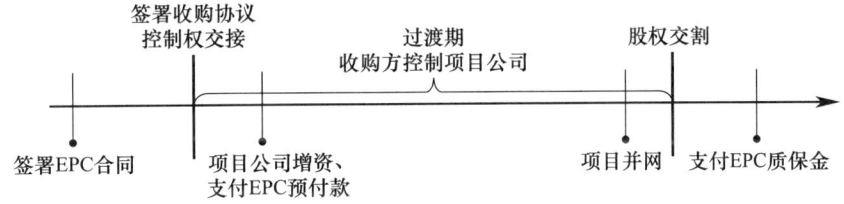

图 2-2 "预收购加控制"模式主要操作流程

对于"预收购加控制"模式，应重点关注如下风险：

被认定为违规变更投资主体的风险：依据国家对新能源项目投资的相关政策，新能源项目的投资开发权益在并网之前不得擅自转让。所以，若在项目全容量并网之前进行项目公司股权变更，存在被认定为违反国家"股权限转""倒卖路条"政策的风险。

风控措施：严格把控交易进度，在项目实现全容量并网之前，坚决不能签署正式的股权转让协议，也不得办理交割手续。原则上，也不应签署附带生效条件的股权转让协议（例如约定实现全容量并网之后才进行股权交割的协议）。收购方可以签署预收购协议，约定在满足特定先决条件后订立正式股权转让协议，但在签订此类协议前，必须经过严格审批。

合作方不诚信交易的风险：由于预收购协议签署后项目建成前由原股东方（即转让方）代持股权，转让方有可能违反商业诚信、中途"跳票"，将目标股权提前转移至第三方或在项目并网后拒绝办理股权变更等。特别是在项目建成投产，临近收购方完成正式收购的关键阶段，转让方待价而沽、一物多

卖的情况极易发生。

风控措施：应在项目并购交易文件中设置排他机制，包括在协议中添加排他条款。对转让方在标的股权交割之前提前"跳票"将项目资产或股权转手他人、采取减损项目资产或股权的其他行为，或在收购条件成就后拒绝配合收购方完成股权交割的行为约定较为严格的违约赔偿机制，包括考虑金额较高的分手费、违约金等。

对于转让方和实控人为资信实力较差的主体或自然人的交易，应安排有充足资产或良好资信实力的第三方提供保证担保、差额补偿、银行独立保函等担保机制。

违规前期投入风险：在"预收购加控制"模式下，收购方负责提供项目建设资金或协助项目公司融资。转让方只是名义股东，不负责项目资金。因此，收购方在前期向转让方或合作方提供"诚意金""意向金"、EPC预付款、开具保函或其他担保措施前，须充分评估是否与集团内部或国资委相关资金管理和担保措施监督管理的相关规定相冲突。

风控措施：若收购方集团内部设有项目并购投资相关管理规定，那么所有通过预收购模式并购的项目都应符合集团公司要求，包括投资决策的前置条件。收购方应要求转让方完成前期资金注入，并考虑市场化融资手段（如EPC方垫资等）来解决项目建设资金问题。

招投标违规的风险：在"预收购加控制"模式下，项目公司建设期便由收购方实施控制，招标由收购方主导开展。

风控措施：即便项目公司股东为非国企，新能源项目仍属于法定必须进行招标的项目范畴。收购方应促使项目公司依照集团公司的管控要求开展招标采购工作，或者要求转让方先期依法依规组织实施招投标工作。

（2）"建设移交"模式：建设移交即Build-Transfer（BT）模式，是指在项目完成备案后、全容量并网之前，转让方依据收购方提出的特定要求进行投资、建设，直至项目实现并网发电后再移交给收购方的一种模式。该模式的主要操作流程如图2-3所示。

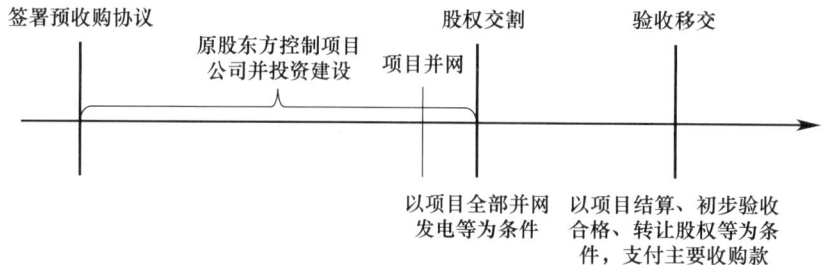

图2-3 "建设移交"模式的主要操作流程

对于"建设移交"模式，应重点关注以下风险：

必然收购义务的风险：若预收购协议中约定买方必然收购某项目，一方面，这将触碰国家关于新能源项目投产前不得擅自变更投资主体的监管红线；另一方面，当项目推进不利时，收购方极易陷入被动，甚至可能引发民事纠纷。因此，此类安排存在合规性和法律争议的风险。

风控措施：前期协议不应约定收购方必然收购的义务，仅可设定收购先决条件和触发机制。对于没有明确"不必然收购"相关内容的预收购协议等前期交易文件，不得审核通过准予签署执行。

违规前期投入的风险：在部分建设移交项目中，资信状况较差的转让方无法筹集到满足项目建设所需的资金，仍然要求收购方以"诚意金""意向金"、EPC预付款等方式提供融资。在这种情况下，收购方存在违规进行前期投入的风险。

风控措施：在"建设移交模式"下，原则上应由转让方解决项目建设的资金问题。前期协议中应明确约定，由转让方承担确保满足项目建设所需融资的责任；严禁约定收购方在完成股权交割和权力交接之前，以任何形式（包括但不限于"诚意金""意向金"、EPC 预付款、开具保函或其他担保措施等）进行资金投入或担保安排。

合作方不诚信交易的风险：该风险基本同"预收购加控制"模式中的类似风险，即转让方违背商业诚信原则、中途"跳票"，将目标股权提前转移至第三方，或者在项目并网后拒绝办理股权变更手续等。

风控措施：与"预收购加控制"模式的风控方式类似，应在项目并购交易文件中设置排他机制，比如在协议中添加排他条款。针对转让方违反排他性约定的行为，可考虑设置金额较高的分手费、违约金等。

此外，收购方原则上应在签署项目前期合作文件前以及签署正式股权转让协议这两个关键节点，分别开展风险识别工作（包括尽职调查）。交易文件中应明确规定收购方有第二次尽职调查的安排。

项目建设监督不足或过当风险："建设移交"模式下，原则上应由转让方或 EPC 方（针对垫资项目而言）负责控制主导项目建设。如果收购方对工程建设放任管理，项目质量、工期、安全管理等均存在不符合收购方最终收购条件的风险；另外，如果收购方对工程建设管理得过细，则有可能被认定为提前进行实际控制，进而触发国家对投资主体变更禁令、经营者集中"抢跑"、财务审计尺度实现控制须并表等合规风险，以及在最终收购条件确认时陷入不利境地，甚至引发纠纷的商业风险。

风控措施：应把握好过程性监督的尺度。首先，收购方应在协议文本和项目建设过程中均应与合作方明确，收购方是否收购项目，仅以其在最终收购条件验证阶段的决定为准。

其次，在项目建设阶段，收购方应与项目公司、转让方、工程单位保持密切沟通，一方面可以从合作角度提出一些建议（如主要设备"短名单"、项目技术标准、验收要求和程序、第三方监理、监督安排等）供合作方参考；另一方面应注意让项目公司、转让方和工程单位保持其建设管理的相对自主性，可以考虑在提出建议时，由项目公司、转让方代为提出要求（避免出现由收购方直接或间接指令），收购方和合作方保持探讨、沟通（而非指令）的交流方式。

最后，对于项目建设过程中明显不合规的情形，例如安全生产违规、工程质量不符合国家规定等情形，可在建设期明确指出、建议合作方予以整改。

（3）"夹层公司收购"模式：夹层公司收购是指收购方通过收购项目公司的上层主体（例如收购项目公司的股东方，即平台公司的股权），来实现并购目标项目的目的。该模式的主要操作流程如图 2-4 所示。

对于"夹层公司收购"模式，应重点关注以下风险：

被认定为违规变更投资主体的风险：尽管"夹层收购"模式并不直接变更项目公司的股权，但从"股权穿透"审查的角度来看，该模式仍存在被认定为违反国家"股权限转""倒卖路条"政策的风险。

风控措施：对于未完成全容量并网的项目，即使采用夹层公司收购模式，原则上也应要求转让方获得原核准/备案机关同意投资主体变更的函件，作为交割先决条件。

尽调不完整的风险：在"夹层收购"模式下，收购方将实际控制目标公司及其下属项目公司多层主体，因此应关注各层主体的法律风险。

风控措施：并购前应对所有目标公司及其直接和间接控制主体以及项目本身进行全面尽调。其中目标公司

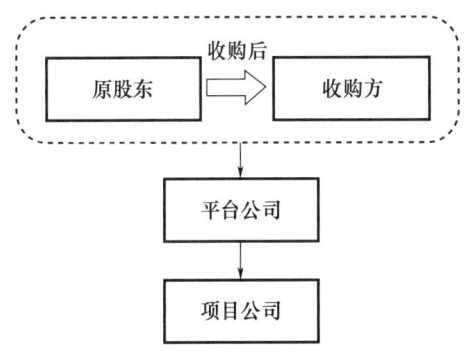

图 2-4 "夹层公司收购"模式的主要操作流程

除一般尽调事项外,应特别关注拟收购股权是否存在质押、查封、冻结等情形,是否存在其他对外投资项目或担保的情形。

五、电力项目投资合规风控的主要环节

(一)项目评估与尽职调查

项目评估是在并购启动前对项目进行整体性、初步的风险排查,核查项目是否存在颠覆性风险,对并购实施的可行性进行研判。项目评估通过后,收购方内部立项,即进入尽职调查阶段,对目标公司及目标项目进行全面审查与分析。

尽职调查又称审慎性调查,是指通过对目标公司及目标项目的相关背景进行调查,收集与拟定交易有关的信息并进行分析,以了解目标公司及目标项目现存和潜在的重大问题以及影响拟定交易的各种因素。尽职调查一般包括法律尽职调查、财务尽职调查和技术尽职调查。

(二)交易方案设计、谈判和成文

在并购活动中,针对具体项目和被并购对象,交易各方需要在考虑项目类型、时间、成本、风险和并购效果等一系列边界因素后,进而执行一套系统筹划的方案。交易方案的设计是一项复杂的工程,在很大程度上受制于并购双方(包括项目)的基本情况和交易目标,因而是一项"量体裁衣"的工作。设计交易方案通常需考虑以下几方面问题:

(1)交易方案的核心要点:交易方案的核心要点指各方在推动某个并购交易中最关切的一些核心问题,主要包括收购方式(资产收购还是股权收购)、交易价格与支付方式、标的物的状态、融资方案、风险分配与控制、退出机制等。

(2)交易各方的需求及关注点:交易结构设计的本质是为了更好地完成交易,最大化交易各方的利益,所以应当充分体现交易各方的需求,及时解决交易各方关注的问题。其中也包括各方诉求间的博弈。

(3)交易方案的合规性和可操作性:在设计交易结构时,需要综合相关法律法规的要求,评估交易结构的合规性(如是否需要进场交易、是否违反股权限转政策等)。同时交易结构在设计时还需考虑可操作性,例如涉及重大资产剥离和人员安置时,就应当考虑资产剥离的难易程度、人员安置的可操作性等潜在风险。

在复杂的商事交易中,交易方案通常需要各方反复谈判、内部审批后细化和定稿。最终,各方的诉求和主张会凝练成交易文本(见后文对交易文本中风险管控的讨论)。协议各方在签署交易文本后应依约履行、共同推动项目合作的落地。

(三)项目交割与交接

股权并购交易中,在各方签署交易文本且满足项目权益移交的先决条件(设置为交割先决条件)后,即需要履行交割和交接手续。

进行股权交割前,应重点审查事先约定的交割先决条件是否满足。条件成就后,各方需办理股权转让的一系列程序,例如修改股东名册、向各收购方颁发出资证明、修改公司章程、作出股东(会)决议(定)、更换公司高级管理人员。此后,各方需至有权的市场监督管理部门依照法定程序,完成目标股权变更登记(股权存在质押登记的,通常需提前解除)。

在涉及目标公司控制权转移的交易中（例如收购方收购目标公司全部股份，或根据交易文件的约定实现控股和公司控制权的移转），还需要办理权利交接手续。权利交接通常在股权交割后一定期限内完成，或与股权交割同时进行。权利交接时应对目标公司的资产进行清点、核实，确保目标公司资产未减少。同时清点、确认目标公司相关权利凭证、经营资质、合同、与业务有关的文件和资料的原件，包括但不限于公章、合同专用章、财务专用章等全部印章，营业执照、银行账户资料、业务记录、财务及会计记录、各类档案材料等，确保全部材料真实、无遗漏。移交的资料应制作详细的交接清单，由双方共同进行确认。

（四）投后整合与管理

收购方在完成交割和交接后，即通过股权持有和控制关系成为目标公司的新主人。然而，在并购交易中，不少收购方常常出现重前端、轻后端的情形，即重视尽职调查、交易结构设计、协议谈判与交割等工作，但忽视了入主公司后的整合与管理。投后整合与管理仍是并购交易的重要一环，管理水平的高低将直接影响项目的投资效益。

投后管理阶段的主要工作包括：

（1）财务状况管理：建立统一的财务管理制度与体系，整合公司资产负债情况，了解项目应收账款和收益是否及时足额到位，做好各类协议的管理与支付。

（2）项目运维管理：选择合适的运维方式（自行运维或委托运维），设置合理的运维考核机制，优化运维组织安排与管理制度，提高运维效率。

（3）项目消缺管理：项目尚存的消缺项如根据协议约定由转让方继续办理的，应及时督促转让方按期完成消缺。

（4）管理机制融合：根据收购方或其集团需要，在组织文化、管理制度等层面，需做好新收购公司及其资产的融合。

第二节　电力项目投资并购中的常见要点

电力项目投资并购是企业对外投资行为。我国法律中对于不同类型主体参与并购活动有一系列特别的规定。针对电力项目并购交易中可能涉及的国有企业、上市公司和外商投资企业，此处我们选取了一些需要关注的问题。

电力项目投资中涉及一些行业特殊性的问题，我们将在后文"绿地投资项目合规管理实务"中予以介绍。

一、国有资产监管相关问题

（一）国有资产交易

电力项目投资往往涉及国有企业的参与，包括国有企业已持有资产的转让或引入新投资人。因此，国有资产交易的相关规定常成为交易需要处理的问题之一。

根据 2016 年 7 月 1 日颁布实施的《企业国有资产交易监督管理办法》（国资委、财政部〔2016〕第 32 号令，以下简称"32 号令"），国有资产交易行为包括企业产权转让、企业增资和企业资产转让三类。国有资产交易应当注意以下要点：

(1) 确定交易基准日：交易基准日是用于确定交易产权价值的日期，是产权转让标的价值体现的特定时点，一般情况下等同于资产评估基准日。因为在交易的过程中，无论公司的股权还是物权价值是不断变化的，所以以交易前需先确定基准日，以此来评估公司在这一固定时点的价值。

(2) 交易价格：企业国有产权出让方应当委托具有相应资质的评估机构对转让标的开展资产评估工作，产权转让价格需以经核准或备案的评估结果为基础予以确定。最终交易价格不得低于经核准或备案的转让标的评估结果。

(3) 内部决策：在国有资产交易前，应按照企业内部管理制度进行决策，形成书面决议。

(4) 交易方式：对于"32号令"中规定的国有独资企业、国有全资企业、国有控股企业以及国有实际控制企业在进行产权交易时，原则上应当通过产权市场公开进行，在法规明确规定的特殊情况下方可采取非公开协议转让的方式进行。可以采取非公开协议转让的情形包括：①政府主导的国有资本布局优化、结构调整与专业化重组；②重要行业和关键领域的企业重组且经国资监管机构批准；③同一国企集团内部重组且经集团审批决策。

(二) 国有企业对外投资

当国有企业成为电力项目投资活动中的收购方时，则需要考虑国有企业对外投资的相关监管要求。

投资行为是优化国有资产布局的重要手段，也是国有企业的一项重要经济行为。为了保障国有企业对外投资的质量，规避投资失败导致国有资产流失的风险，国家相继出台了《中央企业投资监督管理办法》《国务院办公厅关于建立国有企业违规经营投资责任追究制度的意见》《中央企业违规经营投资责任追究实施办法（试行）》等系列关于投资行为管理的规定，对国有企业对外投资加以规范。

根据监管规定要求，国有企业对外投资应当以提高资本回报、维护资本安全为重点。企业投资项目应当纳入年度投资计划，未纳入年度投资计划的投资项目原则上不得进行投资；投资前应对项目做好全面充分的尽职调查和可行性研究，充分评估项目合作主体、政策环境、出资方式、企业管理等各方面的风险；投资前应严格履行投资决策程序，并做好投资事中事后管理工作。

(三) 国有企业资金往来及担保

在电力项目投资并购过程中，存在国有企业与相关方进行资金往来或担保的情形。此时要关注该方面的监管要求。

国有企业提供担保存在较多监管限制。根据《国资委关于印发〈关于加强地方国有企业债务风险管控工作的指导意见〉的通知》（国资发财评规〔2021〕18号）、《国资委关于加强中央企业融资担保管理工作的通知》（国资发财评规〔2021〕75号）等规定，原则上国有企业只能"对内担保"，不得"对外担保"，即国有企业只能对集团内有股权关系的子企业或参股企业提供担保，不得对无产权关系的集团外企业提供担保。即使是对内担保，不得对进入重组或破产清算程序、资不抵债、连续三年及以上亏损且经营净现金流为负等不具备持续经营能力的企业或金融子企业提供担保。

除对担保对象有限制外，提供担保的比例同样受到一定的限制。国企对内担保应当以其对控股、参股的子企业持股比例为限，严禁对参股企业超股比担保。超股比担保的，首先需报集团董事会审批，其次，小股东或第三方还需要通过抵押、质押等方式对超股比担保部分提供足额且有变现价值的反担保。

此外，国企在对外借贷方面也存在严格限制。根据《国资委关于加强中央企业资金管理有关事项的补充通知》（国资厅发评价〔2012〕45号）的要求，禁止国有企业对集团外企业拆借资金，且不得以任何形式变相出借资金。

(四) 职工安置

国有产权转让涉及职工安置事项的，安置方案应当经职工代表大会或职工大会审议通过。职工安置方案必须对所有涉及职工利益的各个重大事项有相应的处置措施，具体如下：

(1) 劳动关系的处理。企业国有产权转让涉及人员重组的情况下，人员需要重新安置，这就需要将原来的劳动关系予以变更、解除或建立新的劳动关系。劳动关系的处理应当依照国家的相关法律法规和政策，避免产生劳动纠纷。

(2) 拖欠职工债务的处理。企业拖欠职工债务包括应发的工资、欠缴的各项社会保险费、住房公积金和其他费用等。拖欠职工债务处理方案可以单独制订，也可以包括在职工安置方案之中。

(3) 社会保险的接续。产权转让后，如果劳动关系发生变更或需要重新签订劳动合同，重组后企业必须及时为职工办理社会保险接续手续。职工安置方案必须明确如何办理各项社会保险接续手续。

二、上市公司交易监管相关问题

(一) 信息披露

随着我国资本市场的不断发展完善，越来越多的企业通过成为上市公司来获得资金融通。信息披露是资本市场监管和保护投资人的一项核心手段。因此，上市公司须遵守相关监管要求。

信息披露通常也叫"信息公开"，是指证券发行人或其他信息披露义务人，在证券发行与流通等环节中，依法将财务、经营状况以及其他影响投资者投资决策的重大信息向社会公众公告的活动。"信息披露义务人"包括发行人、上市公司及其董事、监事、高级管理人员、股东、实际控制人、收购人及其相关人员，重大资产重组交易对方及其相关人员，破产管理人及其成员等。

信息披露应遵循真实、准确、完整、及时、公平五大基本原则。上市公司信息披露由发行前的披露和上市后的持续信息披露组成。发行前的披露包括招股说明书等文件；上市后的持续信息披露包括定期报告及重大事件的临时报告。

我国的证券监管规定和交易所规则对上市公司的一些重大交易事项有明确的信息披露要求。这是在并购过程中需要考虑的一项合规义务。

(二) 决策审议

尽管《公司法》等一般商事立法对企业内部决策审议重大事项有一定要求，但对于上市公司而言，由于涉及公众投资人利益，证券监管规定对公司决策提出了更加严格的要求，所以，上市公司在并购过程中除了关注《公司法》一般规定外，还需关注证券监管对公司内部决策审议机制的特别规定。例如，根据上海证券交易所制定的《股票上市规则》，如交易涉及的资产总额占上市公司最近一期经审计总资产的50%以上，则构成重大交易标准，应当由股东大会审议。

在电力项目并购交易中，除了股权转让关系外，经常也涉及担保关系。上市公司作为公众公司，其对外提供担保属于公司重要经营事项，往往涉及广大投资者利益保护及证券市场交易秩序的稳定。因此，也需要遵守法律中对于担保事项的决策审议要求。例如，为了防止法定代表人的越权担保损害股东利益，确保其代表公司对外提供担保的行为是公司本身的真实意思，《公司法》第15条明确规定，公司对外提供担保不属于法定代表人能够单独决定的事项，应当依照公司章程的规定，由董事会或者股东会或股东大会决议同意。

三、外商投资企业监管相关问题

(一) 国家安全审查

外商投资安全审查是国际通行的外资管理制度,在平衡经济利益和维护国家安全方面发挥重要作用。2020年12月19日,国家发展改革委、商务部发布《外商投资安全审查办法》(以下简称《安审办法》)。《安审办法》以《外商投资法》《国家安全法》为主要法律依据,明确提出将两种交易类型纳入国家安全审查范围,两种交易类型具体内容如下。

(1) 投资军工、军工配套等关系国防安全的领域,以及在军事设施和军工设施周边地域投资。

(2) 投资关系国家安全的重要农产品、重要能源和资源、重大装备制造、重要基础设施、重要运输服务、重要文化产品与服务、重要信息技术和互联网产品与服务、重要金融服务、关键技术以及其他重要领域,并取得所投资企业的实际控制权。

安全审查分为三个阶段,第一阶段是初步审查,在收到符合申报要求的材料之日起15个工作日内,决定是否启动安全审查。第二阶段是一般审查,在启动审查之日起30个工作日内作出通过审查的决定,或按程序进入下一阶段审查。第三阶段是为期60个工作日的特别审查,这一阶段不是每个项目的必经程序,只有未通过一般审查的项目才会进入特别审查;特殊情况下可能延长特别审查时限;特别审查结束后将出具审查决定。审查期间,补充材料时间不计入审查期限。

(二) 数据安全和秘密保护

近年来,我国不断加强对数据安全和秘密保护相关问题的监管。这两个问题并非仅适用于外商投资企业,对外商投资企业而言尤其值得关注。

根据我国目前对网络、数据和个人信息保护的相关立法,企业需要针对这些问题建立健全自身的合规管理制度。此外,需要根据法律规定建立全流程数据安全管理制度,对数据的收集、存储、使用、加工、传输、提供、公开等多方面进行有效的安全管理。对于外商投资企业而言,由于日常经营活动中往往涉及数据的跨境传输,企业还需要重点做好数据跨境传输的合规工作。

而根据我国对国家秘密的相关立法,一切组织和个人都有保守国家秘密的义务。如果在业务活动中获得了国家秘密,企业应遵守国家秘密的获取、使用的限制性要求。类似地,对于非国家秘密的商业机密、知识产权等,企业也需要做好合规管理工作,提升企业员工和第三方的合规意识。

无论是绿地开发(例如获得一些电力项目开发资源的相关材料)还是并购交易,企业均有可能在尽职调查、协议谈判、交接、运营等不同阶段接触到数据、保密信息等。企业应在各个阶段采取适当的策略和措施,在规避相关风险的同时推进交易。

第三节 电力项目投资并购领域合规管理实务

一、电力项目投资与并购过程中的合规风险辨识与评估

(一) 合规管理体系和合规文化

电力项目投资并购的风险管理,是企业合规管理工作的重要部分,也必须建立在企业合规管理体

系和合规文化的基础之上。

建立健全企业合规管理制度是中央企业的法定义务。2022年公布的《中央企业合规管理办法》（国务院国有资产监督管理委员会令第42号）要求，中央企业应当建立健全合规管理制度，构建分级分类的合规管理制度体系；制定合规管理基本制度；针对合规风险较高的业务，制定合规管理具体制度或者专项指南。

企业合规管理的落实，除了需要依靠完备的制度外，还需要企业工作人员对合规事项的真心投入和重视。这是企业合规文化的价值所在。推行企业合规文化需要党的组织及企业领导班子树立榜样，发挥带头作用，通过企业各部门日常培训宣贯、工作环境中的标识提示、业务过程中合规协助指导等多种方式，将合规理念贯彻到各个环节，强调"行稳致远"的观念，宣扬和奖励合规做法，批判和惩戒不合规的行为。

（二）日常化识别和更新合规义务

"台上一分钟，台下十年功。"项目投资并购合规，不是一项在具体投资活动前临时准备就能做好的工作。企业需要日常化开展合规义务识别和更新工作，才能在具体项目决策时有备而无患。

电力项目投资并购中涉及的常见合规义务包括：固定项目投资监管（核准、备案、审批），电力行业规划监管（建设规模、补贴）和电力项目特殊手续（如电网接入、质监验收、电力业务许可证等），选址用地，工程手续，建设项目单项审批和验收（如环境保护、安全生产、职业病防治、水土保持、防洪和水工设施、防雷、消防、地质灾害、地震等），财税合规，国有资产监管合规等。对于海外项目，还需要关注所在国监管及其他适用于合规性要求（例如国际多边发展机构提供资金的项目，需关注该等机构对项目的合规要求）。

合规义务来源于不同的法律规定，且更新变化较快。企业应建立一定流程制度以识别新增及变更的合规义务，确保持续合规。尽管实践中形式不一，但不少企业会通过合规义务清单（库）的方式识别适用于本企业活动的合规义务。对于建立和更新此类合规义务清单（库），应考虑以下几点：

信息的检索和搜集：企业合规人员应具备从不同渠道多方面检索和搜集合规义务的能力。通常而言，合规义务信息可以分为一手信息和二手信息。

一手信息包括法律法规、标准等义务性规定的原文，可以通过发布这些信息的机构（如立法机关和政府部门公报、网站等）查得。一手信息通常较为准确，但其行文并不一定易于理解。此外，由于我国目前尚未建立统一、完整的法律、政策和标准文件的公开信息系统，也存在公开网站上法律规定不全、未及时更新等问题。另外，对于较复杂的问题，为准确把握企业的合规要求，或需要结合多个规定作综合判断和解读。对于一手信息的使用，需核查时效性、完整性等问题。

二手信息通常包括经过加工、解读的信息，例如媒体和公众号解读文章、法律法规汇编、合规培训等。二手信息往往更贴近业务合规需要（例如，专门就电力项目投资并购中的合规义务进行梳理、分析的文章），也能体现实践中的做法，但企业合规人员应注意核查其中引用、摘录一手信息来源的准确性，也需要对二手信息的解读进行独立判断，而不是简单采信二手信息用于指导合规工作。

就电力项目投资并购而言，还可以考虑一类信息检索搜集的工作，即投资并购项目各类风险点的案例以及投资过程中的法律文本模板（例如股权转让合同、合资协议、委托管理合同、前期合作意向协议、工程合同、运维合同、土地租赁合同、合同能源管理协议、履约保函、交接清单等）。这些内容通常可以通过在具体投资项目中积累和复盘、上级或兄弟单位的信息共享、内外部培训来获得。合规人员在参与投资并购项目时，可以有心地观察、参与、思考、总结回顾，提高项目合规实战能力。

初级电力企业合规人员应当具备原始采集和汇总一手信息、二手信息的基础能力，熟悉监管本企业各项业务的政府主管部门、法律体系，以及常用的信息检索手段（包括公开渠道、企业内部知识库等）。中级、高级电力企业合规人员需要根据企业或集团内部的分工，协调内外部资源，建立健全信息检索和搜集的工作条件和工作环境（例如企业内部兄弟单位间的知识共享、外部顾问单位等信息源的挖掘、合规义务检索的组织分工安排和流程管理等）。

合规义务的识别和嵌入业务流程：合规义务相关信息检索后需要加工以符合业务需求。例如，电力项目往往需要办理建设用地手续。而建设用地手续办理过程复杂，相关法律义务散落在《土地管理法》及其实施条例、《城乡规划法》、原国土资源部和现自然资源部的部门规章和规范性文件，以及各地的地方规定和实践监管要求中。故企业除搜集相关法律法规外，还需要根据项目开发流程，梳理与流程中各环节对应的合规义务审查要点。

从合规工作有效性的角度来看，电力企业合规人员应充分了解本单位的业务特点和模式，从业务开展的角度审视合规要求。这并不意味着合规部门应当被业务部门"牵着鼻子走"，完全按照业务部门的想法去"配合"工作，进而放松合规审查甚至放任业务部门不合规的行为。相反，合规人员需要通过熟悉业务，更加精准地挖掘、研判、揭示业务活动中的潜在不合规点及其风险。中级及以上的电力企业合规人员尤其需要在熟悉内外部纸面合规义务的同时，思考这些合规义务对本单位业务开展的实际影响，进而为企业投资决策给出切中要害的提示意见，甚至是中肯有效的解决方案。

鉴于电力项目投资并购对企业经营关切重大，大多数电力企业需要组织跨部门力量统筹开展投资并购工作。从合规常态化管理的角度来看，合规部门可以考虑根据本单位的管理框架和投资决策流程，与各相关部门建立沟通机制，完善专业合规（例如财税、法律、技术工程）的义务更新和审核机制，从而健全符合业务需要的合规管理体系。

合规义务的更新：在初步建立基于业务风险的合规义务清单（库）后，企业还需要定期对合规义务进行更新。

例如，在新能源发电项目领域，随着平价时代的来临，近年来国家和地方对于项目建设规模管理、申报要求等有着较为根本性的改变；类似的，在保障国家粮食安全的大背景下，新能源行业的土地使用政策也正发生变化。企业需要及时跟进此类调整，并反映到合规义务的更新中，方可利用最新的清单（库）指导项目投资并购工作。

（三）投资并购活动中合规风险辨识、评估和应对措施设计

投资并购活动中的合规风险，通常需要通过尽职调查、审计、验收（例如在建设移交模式开展的并购项目中）等方式识别和评估。这些工作的组织在其他章节已有所介绍，此处不再赘述。总体而言，企业需要充分发挥内外部力量，通过严谨、充分的手段开展风险辨识和评估工作，避免在情况不明的状态下盲目推进项目，造成投资决策信息不完备，遗留风险隐患。

在识别合规风险之后，企业应评估风险对项目投资并购的影响。风险评估是一项综合性很强的专业性活动，企业通常需要考虑风险发生的概率、发生后的不利后果、防范风险的应对措施、谈判地位以及风险评估的局限性（例如尽职调查方法学和信息来源的局限，法律法规调整对合规义务变化的影响等），这些因素都会影响风险评估结果的准确性。较为成熟的企业往往会制定系统的风险评估体系以

及指南，指导合规人员开展风险评估工作。但实践中，因为每个投资并购项目情况均不同，风险和缓释措施仍需要项目合规人员因地制宜地分析和设计。

投资并购活动中的合规风险应对措施，通常考虑两类整体思路：一类是在交易路径上采取一些降低或分摊风险的措施，例如对收购节点和模式进行特别设计（比如"建设移交"模式，可以起到将建设期风险转嫁给卖方的作用，"债转股"模式，可以利用债务融资和股权融资的区别，起到保护意向收购方资金安全的作用），安排担保、并购保险机制，设立资金监管或共管安排等。另一类是在股权转让协议中进行结构性的安排，例如设置交割先决条件、保留价款、陈述保证和违约责任、回购条款等。对于应对措施的相关设计见后面章节。

（四）信息留存

项目投资并购活动还应当做好信息留存和管理工作。项目书面材料（例如各类批文手续、合同，其他书面文件）原则上需要留存原件，方便未来一旦发生争议时可以作为证据。投资并购过程中的文件，例如尽职调查报告、审计报告、资产评估报告，重要的内部立项、讨论和决议材料等，也应当妥善保存。

投资并购活动相关信息的留存，原则上应遵守企业内部档案管理制度的相关规定。企业需做好资料清单和管理部门或人员的明确安排。

（五）合规提示与投资并购决策

企业在开展项目投资并购决策前，需要充分考虑各类影响决策因素。合规部门的本职工作包括做好合规风险提示并提出合规视角的建议。

根据企业内部投资管理决策的要求，合规部门需要基于此前尽职调查、风险研判和分析等工作的成果，在并购决策流程中充分提示合规风险。实践中，项目的投资并购方案可能随着尽职调查、内部决策和外部谈判的开展而有所调整。此时合规部门应当评判项目的合规风险会否因此发生变化。如果因此存在新增风险，应及时提示业务部门或决策层。

二、绿地投资项目合规管理实务

（一）项目资源开发的风险管控

绿地投资电力项目的第一步是寻找项目资源、推动前期开发工作。实践中，企业往往通过当地政府、资源方等途径获得项目投资机会，以投资开发合作协议、意向合作函、谅解备忘录等形式锁定项目资源。从合规和风险控制角度来看，投资人应重点注意两类风险：

第一类风险是从维护政商关系、商业合作等角度出发，需要警惕贿赂和其他腐败行为。由于电力项目开发资源的稀缺性，企业获得项目开发权的过程中往往容易滋生不当利益输送等违法行为。业务团队在洽谈项目开发工作时，需要慎重把握与政府工作人员及其亲属、其他合作方人员等交往的分寸和方式，遵守国家法律法规和企业内部廉政规定。企业还应当要求其代理人（例如代理企业开展前期工作的资源方、第三方服务机构）遵守同样的要求。从企业角度出发，需要根据法律法规要求和业务活动中的新情况、新问题，持续完善企业内部对商务交往和政商关系的规定和指引性文件。

第二类风险是绿地项目前期开发中的商业风险。由于近年来电力项目的前期开发市场逐渐呈现卖方市场的形势，项目资源方、合作方、地方政府在与意向投资人谈判时占据较为强势的地位，因此在项目前期开发过程中，电力企业往往被要求通过意向金、诚意金、保函、"干股"等形式对相关方进行让利作为合作条件。在项目的成熟度不足，后续项目能否建成投产存在明显不确定因素的情形下，此类让利约定对电力企业而言存在重大的商业和资金安全风险。因此，从企业投资风险管控以及国资监管的角度来看，电力企业投资方应从严管控绿地项目前期开发中的"让利"允诺。业务人员、合规人员需严格遵守企业内部对于前期项目签约和承诺、资金投入的限制性要求，防范商业和资金安全风险。

此外，在绿地开发的前期阶段，项目能否最终开发成功往往具有很强的不确定性。投资人需要在信息有限的情况下，对项目是否值得投资进行整体把握和判断。一种可以考虑的做法是明确一定的"开发条件"或"开工条件"，即投资人基于电力项目投资经验，提炼出足以判断项目开发价值和潜力的一组指标性要求，用以指导新项目的前期开发工作。而一些具有明显颠覆性的合规风险（例如选址用地问题等），可以负面清单的形式纳入其中。

（二）批文手续办理

电力项目需要办理各类行政批文手续。这些手续可以大致分为如下类别：

1. 固定资产项目投资审批、核准或备案

项目投资审批、核准或备案，通常需根据相关法律和地方实践要求开展项目前期准备工作，例如项目申请报告、征求各行政主管部门意见等。对于绿地开发投资建设的电力项目，投资人需要预留充分的时间开展相关工作。

电力项目获得审批、核准或备案后，若建设过程中发生与先前审批、核准或备案事项的变更，应核查是否属于法定需变更或重新办理核准的情形（常见的情形如投资主体、建设规模、建设地点等）。

审批、核准或备案通常具有一定有效时限（例如两年内必须开工）。投资人在安排项目前期开发和建设时间节点时，需要予以考虑。

2. 电力建设规划（规模）

根据《电力法》《可再生能源法》等法律规定，电力建设项目应当符合电力发展规划、可再生能源开发利用规划等。实践中，电力项目纳入规划是其后续能顺利开发、建设的一个重要前提条件，直接关系到后续并网接入、电力业务许可证等手续的办理。

对于新能源项目而言，纳入可再生能源开发利用规划（业内俗称"指标"）也是国家可再生补贴的先决条件之一。而平价时代到来后，可再生能源开发利用规划的制定也逐步向可再生能源消纳责任权重转变，通过保障性并网和市场化并网的形式指导地方稳步推进可再生能源管理工作。

3. 建设项目专项评价、许可和验收手续

同其他建设项目类似，电力项目的投资建设和投入运行需要办理各类专项手续。常见的专项手续包括：用地选址（见后文具体介绍），环境保护、安全生产、职业病防治、水土保持、防洪和水工设施、防雷、消防、地质灾害、地震安全性、矿产压覆等。还有一些具体项目类型需要关注的合规性问题，例如火电、垃圾焚烧发电项目中的排污许可证，海上风电项目中的海域使用许可证，水力发电、抽水蓄能等项目中的移民安置工作，核能项目中的核安全工作等。

专题解读

建设项目矿产压覆管理工作

大型建设项目在选址用地阶段，往往需要排查项目用地区域是否可能涉及地下矿藏。该问题的风险来源于两方面：一是国家法律和政策对重要性矿产压覆有明确的评估和审批要求，例如《矿产资源法》和《国土资源部关于进一步做好建设项目压覆重要矿产资源审批管理工作的通知》（国土资发〔2010〕137号）等文件中的规定；二是若项目用地存在矿业权或矿产资源（例如探矿权人、采矿权人），则项目建设和运营原则上不能妨碍矿业权和矿产资源的勘查开采工作，否则项目公司或可面临侵权的民事法律责任。

因此，在项目的前期开发阶段，投资人应当向有权的自然资源主管部门查询核实选址用地范围内是否存在潜在的矿产压覆事项。如果查询存在，则需要开展（通常委托第三方）储量评估核查和压覆确认工作，并向主管部门办理备案或批准手续；另外，从民事角度还需要做好与相关矿业权人的准予压覆、补偿等事宜的协商签约工作。

由于目前建设项目的矿产压覆管理具体流程和要求在全国各地差别较大，投资人应当充分调研地方性要求和实践做法，降低法律风险。

这些手续的合规性要求散落在各类法律规范甚至是技术标准中。合规人员需要结合本企业开展的业务，进行针对性的检索、识别和归类。如果不予遵守，企业或面临"未批先建""未验先投"带来的不利后果，包括行政罚金、责令改正、停产停业等。

同固定资产投资审批、核准或备案要求类似，项目公司在办理专项手续时，应留意项目本身情况的变更可能对专项手续的影响（例如，项目发生环境影响评价法律项下的重大变动，需重新报批环评），以及项目专项手续的时效性等问题。

项目公司还需留意项目各部分是否均办理了专项手续。例如，在实践中不少新能源项目的投资人自主投资建设送出工程。根据《建设项目环境影响评价分类管理名录》，输变电工程和风力发电、光伏发电等属于不同类别的建设项目。在不少风电、光伏项目的环境影响评价报告和生态环境部门的批复文件中，升压站、送出工程的环境、辐射影响是明确排除在外的。这意味着项目公司应当对上述事项再行办理另一份环境影响评价手续。

上述事项中的部分事项有建设前（评价或评估）和投产前（验收）两个环节的合规要求，如环境影响评价、安全生产、职业病防治、防雷、消防等。项目公司应当做好两个环节的合规性工作（以及其他国家"三同时"相关制度的工作）。

4. 电网接入和电力业务手续

电力项目显然需要办理电力业务的相关手续。在项目前期开发阶段，发电项目的投资人需要与电网企业沟通确认发电项目的电网接入方案，获得电网企业的接入意见。而在项目建成后，则需要办理质量监督检查、投运备案、电力业务许可证（除法律豁免外）等一系列验收和电力业务经营的手续文件。此外，还需要签署并网调度协议、购售电协议、供用电协议（厂用电）等协议类文件。

(三) 选址策略与用地合规

选址用地是制约电力项目投资的重要因素之一。总体而言，电力项目的选址应关注两种类型的风险：一是项目选址需符合土地用途管制要求（对于海上项目、屋顶（面）项目，也包括用海、附着建筑物的规划要求）；二是项目用地需拥有清晰、明确的权利来源，并避免场址的权利限制。这两类问题一旦出现，投资方和项目均可面临罚款、赔偿甚至拆除、没收等不利境地。因此，选址用地是电力项目合规管理的重要关注因素。

1. 土地（海域）用途管制制度

建设项目在使用土地时，需满足用地规划要求。长期以来，我国存在各级各类空间规划制度。这些制度在支撑城镇化快速发展、促进国土空间合理利用和有效保护方面发挥了积极作用，但也存在规划类型过多、内容重叠冲突，审批流程复杂、周期过长，地方规划朝令夕改等问题。近年来，党和国家提出要将主体功能区规划、土地利用规划、城乡规划等空间规划融合为统一的国土空间规划，实现"多规合一"。相关规划体制改革正稳步推进。

从项目投资并购风控的角度来看，识别和防范土地（海域）用途管制的风险可以从两个角度入手。一是《土地管理法》和《中华人民共和国海域使用管理法》中提到的一般性土地利用规划风险；二是各单行立法（例如林草、生态保护红线、风景名胜、自然保护、军事、文物、航空等）涉及的特殊用地规划风险。

一般性用地规划风险：我国《土地管理法》将土地依据用途划分为农用地、建设用地和未利用地。其中，农用地是指直接用于农业生产的土地；建设用地是指建造建筑物、构筑物的土地；未利用地是指农用地和建设用地以外的土地。《中华人民共和国海域使用管理法》确立海洋功能区划制度。国家和地方政府通过编制土地利用规划、海洋功能区划明确用地用海要求。根据《土地管理法》和《中华人民共和国海域使用管理法》，使用土地和海域的活动均需要符合规（区）划中的用地用海要求。

作为工商业建筑物、构筑物的建设活动，电力项目投资建设原则上应当使用建设用地。仅在国家法律或政策文件中明确允许使用农用地、未利用地的情形下（例如"农光互补"等新能源复合项目），企业可以使用该等用地建设电力项目，但仍应遵守此类法律或政策文件对项目建设的要求。

专题解读

新能源复合项目用地政策变迁

我国对新能源复合项目用地的政策经历了漫长而复杂的演变，其政策取向也不断调整：

2013年7月4日，国务院发布了《关于促进光伏产业健康发展的若干意见》（国发〔2013〕24号），首次提出"探索采用租赁国有未利用土地的供地方式"。

2015年9月18日，国土资源部、国家发展改革委、科技技术部、工业和信息化部、住房和城乡建设部、商务部联合下发《关于支持新产业新业态发展促进大众创业万众创新用地的意见》（国土资规〔2015〕5号，以下简称"5号文"），允许光伏、风力发电等项目使用戈壁、荒漠、荒草地等未利用土地。根据"5号文"要求，对此类项目不占压土地、不改变地表形态的用地部分，可按原地类认定，不改变土地用途，在年度土地变更调查时作出标注，用地允许以租赁等方式取得，

> 双方签订好补偿协议，用地报当地县级国土资源部门备案。但对项目永久性建筑用地部分，应依法按建设用地办理手续。对于建设占用农用地的，所有用地部分均应按建设用地管理。"5号文"的有效期为八年。
>
> 2016年，国土资源部再次发文重申使用农用地新建光伏发电项目的，包括光伏方阵在内的所有用地均应按建设用地管理（国土资厅函〔2016〕1638号）。
>
> 2017年9月25日，国土资源部、国务院扶贫办、国家能源局联合下发《关于支持光伏扶贫和规范光伏发电产业用地的意见》（国土资规〔2017〕8号，以下简称"8号文"）。与"5号文"不同，"8号文"允许使用永久基本农田以外的农用地开展"光伏复合项目"建设；利用农用地布设的光伏方阵可不改变原用地性质。"8号文"要求省级主管部门提出本地区光伏复合项目建设要求（含光伏方阵架设高度）、认定标准，并规定除桩基用地外，严禁硬化地面、破坏耕作层，严禁抛荒、撂荒。尽管如此，变电站及运行管理中心仍应当按建设用地管理。"8号文"的有效期为五年。
>
> 2019年，自然资源部办公厅印发《产业用地政策实施工作指引（2019年版）》，其中提到依据"8号文"的规定符合当地建设要求和认定标准的光伏复合项目，其光伏方阵使用永久基本农田以外的农用地的，在不破坏农业生产条件的前提下，可不改变原用地性质。
>
> 多年以来，不少地方颁布了光伏复合项目的本地技术要求，例如组件高度、角度、支架距离等。项目投资者需要关注并遵守这些具体要求。
>
> 自"8号文"颁布以来，市场上存在一些不符合用地规范的复合项目（例如，假"农光互补"）。出于保障国家粮食安全的考虑，近年来中央有关部委不断出台农村用地政策，旨在遏制农用地"非农化"、耕地"非粮化"的趋势。随着2022年"8号文"期限届满，目前相关主管部门正在研究制定新的光伏用地政策。而一些地方也已先行出台了限制、暂停利用农用地、耕地开发的光伏项目的相关政策。复合项目的投资人应紧密关注该类政策的后续更新变动。

应当注意的是，即使电力项目使用农用地（或者办理农用地转建设用地的规划调整手续），也应注意农用地中部分特定地类的使用风险。例如，我国对法律规定的基本农田实行永久性保护、特殊保护。因此项目选址原则应避免涉及基本农田，否则可能对项目造成颠覆性影响，导致选址调整从而影响项目进度，或面临已建成项目被拆除等风险。

特殊用地规划风险：如前文所述，除了《土地管理法》和《中华人民共和国海域使用管理法》中一般性的用地规划要求外，项目选址还需要注意各类单行立法的特别要求。部分特殊的用地要求如下。

选址问题	关注要点
林地	应遵守各项法律及政策文件中关于避让禁止占用林地的要求［如《中华人民共和国森林法》《建设项目使用林地审核审批管理办法》《关于光伏电站建设使用林地有关问题的通知》（林资发〔2015〕153号）、《关于规范风电场项目建设使用林地的通知》（林资发〔2019〕17号）、地方相关规定等］ 即使项目使用法律法规政策未禁止占用的林地，也应办理林地占用审批手续（根据《中华人民共和国森林法》）
草地	应办理草原占用审批手续（根据《中华人民共和国草原法》）
湿地	禁止占用国家重要湿地（根据《中华人民共和国湿地保护法》） 涉及省级重要湿地或者一般湿地，应当征求县级以上地方人民政府授权的部门的意见（根据《中华人民共和国湿地保护法》）
生态保护红线	生态保护红线原则上按禁止开发区域的要求进行管理。严禁不符合主体功能定位的各类开发活动，严禁任意改变用途（中办国办《关于划定并严守生态保护红线的若干意见》（中办发〔2017〕25号））

续表

选址问题	关注要点
自然保护区	核心区和缓冲区内,不得建设任何生产设施;实验区内,不得建设污染环境、破坏资源或者景观的生产设施(《中华人民共和国自然保护区条例》)
风景名胜区	应在风景名胜区管理机构审核后开展建设活动(风景名胜区条例)
泉域	泉域保护范围内不得新建可能造成地下水污染的建设项目(根据《地下水管理条例》)
军事设施	选址范围内或周边存在军事设施的,通常应取得军事管理机关审查同意(根据《中华人民共和国军事设施保护法》)
文物	选址范围内或周边存在文物的,通常应取得文物行政主管部门审查同意(根据《中华人民共和国文物保护法》)
河道、湖泊、水库等(含管理范围)	光伏电站、风力发电等项目不得在河道、湖泊、水库内建设。在湖泊周边、水库库汊建设的,要科学论证,严格管控(《水利部关于加强河道、湖泊、水库管理的通知》(水河湖〔2022〕216号) 河道、湖泊管理范围内禁止建设妨碍行洪的建筑物、构筑物(根据《中华人民共和国防洪法》) 无关建设项目不得占用防洪规划保留区(根据《中华人民共和国防洪法》) 洪泛区、蓄滞洪区内建设项目,应当编制洪水影响评价报告,并经水利管理部门审查批准(根据《中华人民共和国防洪法》)
航空	禁止在机场净空保护区域内修建不符合净空要求的建筑物或者设施(根据《中华人民共和国民用航空法》《中华人民共和国军事设施保护法》)

因此,在绿地开发项目或并购电力项目前,应充分开展法律、技术等尽职调查,排查上述选址用地的合规性风险。

案例警示

项目选址不慎被责令拆除

近年来,因选址不慎(例如占用自然保护区)而被拆除的电力项目屡见不鲜。三个知名的案例如下:

1. 山东长岛自然保护区违规建设风电项目被责令拆除

2016年1月,环境保护部针对长岛国家级自然保护区存在核心区内建有风电项目等生态环境问题,约谈烟台市政府、山东省林业厅。同年4月,中华环境保护基金会向烟台中院提起环境民事公益诉讼,指出相关风电企业在保护区内设立的风机位于候鸟迁徙的必经之地,对候鸟的保护、繁衍造成破坏,要求涉事风电企业拆除机组并承担环境修复责任。后相关区域内(4处岛屿的80台陆域风机)风机均作拆除处理。

2. 湖北黄冈龙感湖风电项目违规占用自然保护区被拆除

2017年4月,中央第三环境保护督察组在督察时发现问题,并向湖北省反馈和移交,其中包括地处黄冈市的龙感湖国家级自然保护区内风电项目违规占用保护区问题。督察组明确指出,因高空撞击或噪声污染会对鸟类栖息觅食产生影响,鸟类栖息地不适宜发展风电项目。2018年4月19日,在素有"水乡湿地、候鸟天堂"美誉的龙感湖自然保护区内,龙感湖风电项目完成所有24台风机和混凝土基座的拆除,风电项目拆除工作画上了句号。按照中央环保督察组要求,如期完成所有机位的复绿工作。

3. 山东微山湖光伏项目占据自然保护区被拆除

2017年，经自然保护区管理局摸底排查，山东省微山湖省级自然保护区内微山县违规项目共20个，其中有6处光伏发电：微山县汇能光伏电站有限公司100MW光伏发电项目、微山旭日新能源有限公司高楼40MW光伏发电项目、微山县爱康新能源有限公司微山县鲁桥镇30MW光伏发电项目、济宁中广新能源有限公司30MW太阳能发电项目、微山县旭沐新能源科技有限公司49MW光伏发电项目、微山县天沐新能源科技有限公司49MW光伏发电项目。后经国家环保督察组督办，违规项目全部拆除。

2. 土地使用权利的获得和流转

我国实施土地和海域公有制度：就土地而言，包括全民所有制（国有土地）和劳动群众集体所有制（集体土地）；就海域而言，均为国有海域。企业依法获得使用土地（海域）开展电力项目建设和运营的权利。关于土地使用权利的获得和流转的相关法律规定，散见于《土地管理法》《城市房地产管理法》《中华人民共和国农村土地承包法》《中华人民共和国海域使用管理法》等法律、法规、规章、规范性文件和地方性规范，以及《民法典》等通用性的民事法律规范。

国有土地的使用：根据我国法律和相关实践，使用国有土地的权利可以通过一次流转（从法律规定和国家授权的政府部门）或二次流转（从其他土地使用权人）获得。

一次流转的常见方式包括出让和划拨。在出让方式下，企业需通过缴纳土地出让金的方式有偿取得土地使用权。在划拨方式下，企业可无偿获得国有土地使用权，但其仅适用于特定类型的项目用地（具体参考国家和地方发布的《划拨用地目录》），因此并不普遍适用。除出让和划拨外，在国家法律和政策明确允许的情形下，企业也可以通过向有权土地管理部门租赁土地等方式取得使用权。

二次流转的常见方式包括土地使用权的转让、转租等。在二次流转的情形下，企业应特别关注土地使用权的权利来源是否存在瑕疵，以及既有使用权流转是否存在限制，例如土地使用权是否存在抵押、查封等权利受限情况，出让金是否额缴清，原土地是否属于划拨用地（划拨土地使用权的流转需经有权政府部门批准，并补办出让、租赁等有偿手续）等。

专题解读

划拨用地使用权的二次流转

划拨土地使用权原则上不得转让、出租、抵押。但根据《中华人民共和国城镇国有土地使用权出让和转让暂行条例》（2020年版）第四十五条规定，符合该条款罗列一些条件的划拨土地使用权和地上建筑物、其他附着物所有权，可以转让、出租、抵押。其中，特别值得注意的两项条件是，划拨用地的上述流转行为，需向当地市、县人民政府补交土地使用权出让金或者以转让、出租、抵押所获收益抵交土地使用权出让金。此外，流转行为还需经市、县人民政府土地管理部门和房产管理部门批准。

集体土地的使用：实践中，特定类型的电力项目（以风电、光伏等新能源项目为代表）选址多位于乡村地区。乡村地区的土地权属以集体土地为主，国有土地较为稀缺。由于土地用途管制要求，电力项目通常需要使用建设用地，而乡村地区的土地多为农用地、未利用地，建设用地稀少。因此，在乡村地区开发电力项目的投资者，需要同时考虑集体用地权属流转和用途管制的合规性问题。

使用集体土地的权利可通过多种路径实现。首先，因集体农用地、未利用地原则上不能直接用于电力项目建设目的，大多数乡村地区的电力项目需要通过调整规划用途，待土地规划性质变为建设用地（履行农用地转建设用地的程序）后方可合规使用。但由于集体经营性建设用地使用权的流转长期以来受到制度和实际操作的限制，所以对集体以外主体（例如电力项目的投资方）使用土地的情形，农转建程序也通常伴随土地征收，使集体土地在权属上转为国有用地。此类被征收土地使用权的后续流转则依照国有土地流转程序，即企业通过出让等方式最终获得使用土地的权利。

专题解读

乡村地区通过转为建设用地获得项目土地使用权的操作流程

办理建设用地手续过程复杂，主要步骤大致如下：土地利用总体规划调整、建设项目用地预审意见、建设用地申请、用地批准、土地征收、土地出让/划拨——签约、缴付税金及土地出让金、用地规划许可、土地使用权登记（不动产登记）。此外，从地上建筑物、构筑物建设的角度，还需关注工程规划和施工许可。

根据《土地管理法》《城乡规划法》《建筑法》等法律法规的要求，从项目并购角度，意向收购方通常需关注几个核心节点的许可文件：用地预审与选址意见书、建设用地批准书与建设用地规划许可证、建设工程规划许可证、不动产权证。项目开工前，也还需办理建筑工程施工许可证。

上述建设用地手续办理过程中还包括进一步细分的环节。一些重要概念包括：

规划调整（调规）与"农转建"手续：建设项目原则上应当使用土地利用总体规划（或国土空间规划）确定的城市和村庄、集镇建设用地范围内的建设用地。但现实中，乡村地区往往并不在总体规划内，项目选用地块也往往不是建设用地。因此需要办理总体规划调整和农用地转建设用地（"农转建"）的审批手续。总体规划调整工作通常需要在选址流程的前端开展，如用地预审阶段。

用地申请与"一书四方案"：项目公司需要向主管部门提出用地申请。根据《土地管理法》，若项目建设用地选址在土地利用总体规划（或未来统一的国土空间规划）确定的城市和村庄、乡镇建设用地范围以外，则用地申请需由国务院或国务院授权的省级政府批准。

根据《建设用地审查报批管理办法》等法律法规规定，项目公司通常向市、县级国土资源主管部门递交建设用地申请表；而市、县级国土资源主管部门则需要上报建设项目用地呈报说明书和农用地转用方案、补充耕地方案、征收土地方案、供地方案，统称"一书四方案"。

土地征收：《土地管理法》第四十五条、第四十六条明确了有权人民政府可以因公共利益的需要征收集体土地。随着2019年和2021年《土地管理法》《土地管理法实施条例》先后修订，土地征收的程序也进一步明确。

现行《土地管理法实施条例》中的土地征收程序大体包括如下环节：①征收预公告；②土地现状调查和社会稳定风险评估（社稳评估）；③拟定补偿安置方案；④补偿安置方案公告和登记

（此时如果存在多数被征地成员的意见，需组织听证）；⑤确定安置方案；⑥有关部门与拟征收土地的所有权人、使用权人签订征地补偿安置协议；⑦征收申请，报有批准权的政府批准；⑧批准后，发布征收土地公告（补偿安置未达成协议的，作出补偿安置决定）；⑨组织实施。

建设用地指标：根据《土地管理法》《土地管理法实施条例》的规定，我国实行建设用地总量控制制度，各级政府对土地利用实施计划管理。

所谓"建设用地指标"，是指在特定区域和特定期限内，国家对建设用地总量控制的规模指标。从计划管理的角度，对新建项目建设用地指标的需求大体有两种来源：一是对现状为农用地、未利用地的地块开展建设（即新增建设用地指标需求）；二是对已有建设用地"拆旧建新"（即存量建设项目的调整）。

由于电力项目的实践操作往往是利用农用地、未利用地等区域开展项目建设，新增用地指标的需求较为常见。但在建设用地总量控制制度下，建设用地指标往往并不容易获得（在总体规划为城市和村庄、集镇建设用地范围以外的乡村地区，这一问题更加突出）。这也因此带来乡村地区的电力项目（以风光储能类为代表）办理建设用地手续时，需要"等"用地指标的问题。由于新能源等项目工期短且能源主管部门对项目经常存在并网时间要求，建设用地手续不齐即用地、建设的不合规做法较为普遍，值得充分关注。项目投资人在并购之前，应细致核查和评估这类风险。

规划许可：《城乡规划法》规定，以出让方式取得国有土地使用权的建设项目，项目建设单位应领取建设用地规划许可证；进行建筑物、构筑物、道路、管线和其他工程建设的，申请办理建设工程规划许可证，即所谓"规划两证"。

建设用地规划许可载明用地规划条件等，是项目依法用地的关键许可文件之一；若缺失，项目可面临退还土地，没收或拆除地上建筑物等重大风险。另外，缺失建设工程规划许可也可对项目并购带来重大风险。首先，根据《最高人民法院关于审理建设工程施工合同纠纷案件适用法律问题的解释（一）》（法释〔2020〕25号），项目建设单位未取得建设工程规划许可证等规划审批手续，建设工程施工合同或被认定无效；其次，在屋顶或屋面分布式光伏的语境下，根据《最高人民法院关于审理城镇房屋租赁合同纠纷案件具体应用法律若干问题的解释》（法释〔2020〕17号），出租人就未取得建设工程规划许可证或者未按照建设工程规划许可证的规定建设的房屋，与承租人订立的租赁合同无效。由于分布式项目往往存在电站业主租用电力用户房屋建设的情况，所以若此类房屋缺乏建设工程规划许可证，则相关租赁关系也存在无效的风险。

另一类常见的情形是集体土地的所有权不变，但使用权发生流转。这种情形最典型的应用即新能源复合用地项目。由于复合项目中光伏方阵区域（或者光伏、风电项目中，相关政策允许通过租赁方式获得使用权益的未利用土地）无须办理建设用地手续，项目的业主方（项目公司）在实践中通常以"租赁""承包""征用"等名义获得集体用地的使用权。

尽管项目公司签订协议的名称多种多样，但司法实践中并非仅依据协议名称来认定协议中法律关系的实际属性（例如，一份标题为"土地征占用协议"的合同，实际上不一定是上文所述土地征收程序的补偿协议，也可能是土地承包或使用权流转协议）。因此，在评判集体土地使用权流转的法律风险时，透过表象看实质至关重要。从法律性质上看，集体土地使用权的常见的流转路径有两类：未发包到户土地的承包和发包到户土地的流转。

专题解读

我国集体土地的权属格局和权利流转基本要求

改革开放以来，我国农村实行以家庭承包经营为基础、统分结合的双层经营体制，并逐步形成所有权、承包权和经营权分置并行的格局。集体土地所有权归农村集体经济组织所有；但承包（经营）权则可能随着《农村土地承包法》项下家庭承包、其他方式承包的发包方式，转移至具体农户（甚至进一步流转至其他主体）或其他单位或个人。

因此，实践中，农民集体所有的土地存在两种情形：第一种即土地未设定承包经营权，土地所有权属于集体，由集体经济组织或者村委会经营、管理；第二种即土地已设定承包经营权，土地在承包期内使用权归承包人所有。

根据《农村土地承包法》《农村土地经营权流转管理办法》等规定，家庭承包制土地的承包存在承包期限。承包方可以自主决定通过出租等方式向他人流转土地经营权，但是应当向发包方备案。对于工商企业等社会资本流转土地经营权，县级以上地方人民政府还有权审查审核。此外，土地经营权的流转还存在一定的限制要求，例如不得改变土地的农业用途、不得超过承包期的剩余期限、受让方须有农业经营能力或者资质、本集体经济组织成员享有同等条件下流转的优先权等。

在实际操作中，由于农户众多，项目公司往往与农户以外的第三方主体（例如当地村委会、乡镇政府等）统一签订土地使用权流转协议。此时项目公司需注意澄清其中的权利流转关系。根据《民法典》中委托代理的相关规定，若签署协议的主体未获得有权农户的授权（或超出授权范围、授权已终止）即签约流转土地的经营（使用）权，则协议对农户不发生效力。因此需要重点核实农户有无授权土地流转行为。

由于我国农村地区的土地使用权确权数据尚不完善，项目投资人往往处于过度依赖当地合作方告知土地权利现状的被动局面，存在信息不对称的风险。通常，在合作方告知土地未设定承包经营权的情况下，投资人会被建议与集体土地的发包方直接签约。此时需要考虑的风险主要包括：①土地租赁（承包）协议的签约主体不适格（如签约对手方并非集体经济组织或村委会）；②租赁土地实际上存在在先权利人（例如地块实际已发包到户，但投资人并不知情）；③租赁土地未经村民民主决议及其他法定程序等。

针对这些问题，投资人可考虑如下风控措施：①在签订土地租赁（承包）协议前，应核查土地权利人，确保与有权主体签署土地租赁（承包）协议。若土地分属不同主体，则应分别签订协议；若土地权属主体委托某一主体与项目公司签署租赁协议，则应要求各土地权利主体出具授权书；②在签署土地租赁协议前，项目公司应与出租方（发包方）充分沟通，核查租赁（承包）土地是否存在在先权利人；③项目公司在签订土地租赁（承包）协议前，应确保其租赁行为已经通过村民民主集体决议，同意向集体经济组织以外的人出租，此外，村民民主决议文件应作为土地租赁（承包）协议的附件。

而在土地已设定承包经营权的情况下，需要考虑的风险主要包括：①土地租赁协议的签约主体未取得土地承包经营权人的合法授权；②租赁土地无土地承包经营权证；③租赁期限超过土地承包经营权的剩余期限；④租赁土地存在在先权利人；⑤土地租赁协议未向发包方备案或未获得有权政府的审核。应当注意的是，多次流转的经营权原则上每一个流转环节均需满足合规要求。若之前任何一次流转的环节存在瑕疵，则流转链条均存在法律风险。

针对这些问题，投资人可考虑以下风控措施：①项目公司在签订土地租赁协议前，应核查出租人是否为土地承包经营权人或是否取得土地承包经营权人的合法授权，有权签署土地租赁协议（若当地暂未对土地承包经营权进行登记，关于土地使用不合规及因土地不合规造成损失的问题应在相关协议中予以约定）；②农村承包经营权证及承包经营权人给签约人的授权委托书应作为土地租赁协议的附件；③项目公司通过租赁取得土地承包经营权时，应当注意承包期的剩余期限，流转的期限不得超过承包期的剩余期限，若超过应由承包方申请延长；④在签署土地租赁协议前，项目公司应与出租方充分沟通，核查租赁土地是否存在在先权利人，并就现存农作物和附属设施补偿方案达成一致；⑤土地租赁应向发包方备案（并依据相关规定办理政府审核等程序）。

对于多次流转的情况，投资人需对之前每一次流转中的相关授权、承包期等问题进行核查，或可考虑要求合作方清理已有权利流转关系，以相对"干净"的承包经营权流转链条取得土地使用权益。

电力项目还需考虑的一种特殊场景，即架空送出工程的用地方式。由于架空送出工程同样属于建设项目，对于架空线路而言，杆塔基座范围内无法开展农业活动，理论上应办理建设用地手续。不过，现实中不少地方存在"以补代征"的规定，即在项目公司足额补偿相关土地权利人的情况下，允许公司可以不办理建设用地手续即可使用杆塔用地。因此，在有此类政策的地区，电力项目的投资人可以利用相关规定。

（四）建设期合规管理

1. 并购语境下招标投标的法律风险

根据国家发展和改革委员会发布的《必须招标的基础设施和公用事业项目范围规定》（发改法规规〔2018〕843号）、《必须招标的工程项目规定》（国家发展和改革委员会令第16号）和《关于进一步做好〈必须招标的工程项目规定〉和〈必须招标的基础设施和公用事业项目范围规定〉实施工作的通知》（发改办法规〔2020〕770号），电力、新能源等能源基础设施项目均属于法定必须招标的项目范围。由于电力项目的金额规模通常能够达到上述文件中规定应当招标的规模标准，因此电力投资项目的工程建设原则上都需要履行招投标程序。

关于电力项目招投标合规的具体要求，请详见第一章，本章不再赘述。此处仅从电力项目投资并购合规和风险管控的角度，简要分析若拟投资项目未依法履行招投标程序，对外部投资人并购项目公司有何风险。

根据《最高人民法院关于审理建设工程施工合同纠纷案件适用法律问题的解释（一）》（法释〔2020〕25号），建设工程必须进行招标而未招标或者中标无效的，建设工程施工合同应当认定为无效。在没有有效合同的情况下，若建设工程质量合格，一方当事人请求参照实际履行的合同关于工程价款的约定折价补偿承包人的，人民法院应予支持。换言之，此时建设工程承包关系下项目公司应当履行的合同价款支付义务，并不一定局限于原合同中的金额，而是需要考虑工程造价的实际情况（根据司法解释，可能是无效合同中的价款、造价鉴定得出的价款或是工程结算协议中的价款）。从并购角度来看，这意味着投资人承接的项目公司负债具有相当大的不确定性。

实践中还存在另一种情况，即发承包双方首先依法通过招投标方式签署了建设工程合同或明确了商务和技术条件，然而此后又另行签订一份新合同，对工程范围、建设工期、工程质量、工程价款等实质性内容进行变更。这种情形通常称为"阴阳合同"。此时依据前述司法解释，一方当事人可以请求按照中标合同、招标文件、投标文件、中标通知书确定权利义务或作为结算工程价款的依据,且能够获得人民法院支持。

2. 工程施工合同履约阶段合规要点

项目建设单位应当按照相关法律法规的规定,及时办理工程规划许可证、建设用地规划许可证以及施工许可证等证照或备案手续。在取得相关证照或完成备案手续后,应严格按照证照或备案手续规定的期限开工建设,在期限届满前及时办理延期手续。

3. 工程验收阶段合规要点

为避免建设单位在合同完工后迟迟不验收的情况出现,施工合同往往约定,承包单位完工后,向建设单位申请验收,建设单位应在合同约定的期限或合理的期限内进行验收。在工程实践中,由于种种原因,存在建设单位未按合同约定开展验收,或未经验收、未经验收合格擅自投入使用的情形。若工程竣工验收中发现存在少部分不影响项目安全运营生产的质量瑕疵时,可通过让承包商签订整改承诺书的方式,使工程进入质保期,但同时要明确待整改的项目清单、整改时间要求、整改标准、违约责任等内容,以确保项目不因微小瑕疵导致逾期投产,同时又能使项目瑕疵得到整改落实。

(五)运营期合规管理

电力项目进入运营期后,企业仍然需要做好合规工作。由于本教材着重介绍电力项目投资并购的合规管理,这里从意向并购运营期项目的角度,简单介绍两个方面关注要点:

一是投资人应当关注项目运营的合法合规性,比如项目运营期的环保、安全等合规问题。举例来说,生活垃圾焚烧发电项目被纳入《资源综合利用产品和劳务增值税优惠目录》,享受增值税即征即退优惠政策。依据《财政部、国家税务总局关于印发〈资源综合利用产品和劳务增值税优惠目录〉的通知》(财税〔2015〕78号),若此类项目主体因违反税收、环境保护的法律法规受到处罚(警告或单次1万元以下罚款除外),那么自处罚决定下达的次月起36个月内,不得享受该通知规定的增值税即征即退政策。因此,项目运营期的环保合规情况,对税收优惠有着重要影响,需要在并购项目时予以充分调查和考量。

二是企业日常经营活动中的合规管理情况。进入运营期的项目,其日常经营活动中仍难免会发生新的技术改造、运维巡检维修、燃料和备件采购等情况。这些事项中涉及招投标、廉政、税务、知识产权和秘密保护等各方面的合规要求。此类合规情况,也应在并购项目时予以充分调查和考虑。

三、并购投资尽职调查实务

(一)尽职调查的团队组成和角色

并购交易中,尽职调查的目的是排查交易标的潜在风险,消除信息不对称,降低投资风险,保护投资者的合法权益,为企业并购活动的交易估值、方案设计等提供专业信息基础及决策依据。

并购投资尽职调查团队一般涵盖法律、审计、资产评估和技术尽调,分别负责项目合规性、财税专业问题、项目价值及项目技术层面的尽职调查工作。尽职调查活动应遵守法律、行政法规的规定,各尽职调查中介机构应诚实守信、勤勉尽责。尽职调查的基本原则是真实、准确、完整。对国有企业来说,资产评估还应遵循《企业国有资产评估管理暂行办法》《国有资产评估管理办法》等法律法规规定的评估方法、依据等要求,依法进行国有资产评估工作。

收购方应重视尽职调查团队的遴选工作，选择拥有执业资质、专业能力强、对电力行业有深入了解、项目并购经验丰富的法律、审计、评估和技术尽调单位。除收购方所在集团公司相关制度另有规定的情况外，收购方应从所在集团相关中介机构库中选择尽职调查中介机构，并依法依规履行竞争性遴选程序。遴选完毕后，收购方应及时与各尽调单位签订专项服务协议，明确工作范围、工作报酬、工作标准等相关内容。

（二）尽职调查的方式、流程和局限性

尽职调查常见的方式有审查文件、访谈问询、现场勘察。按照尽职调查工作的先后流程顺序，依次开展以下工作：

审查文件，包括查阅公司有关的各类原始文档资料、第三方机构出具的证明材料、权威机构出具的意见、政府机关出具的资料，以及通过公开网站可以检索查询的各类信息。通过审查文件，对公司及项目自身的情况有基础性的了解。

访谈问询：包括对股东、高管、员工等进行访谈。这一阶段旨在对前期文件审查阶段了解到的信息进行补全及完善。

现场勘察：包括对有关资料的现场盘点及查看、走访政府部门及相关机构、项目现场实地踏勘。通过实地查看，一方面对文件及访谈结果进行核实；另一方面，可以了解文件及访谈以外的项目实际情况。

详细的尽调流程图如图 2-5 所示。

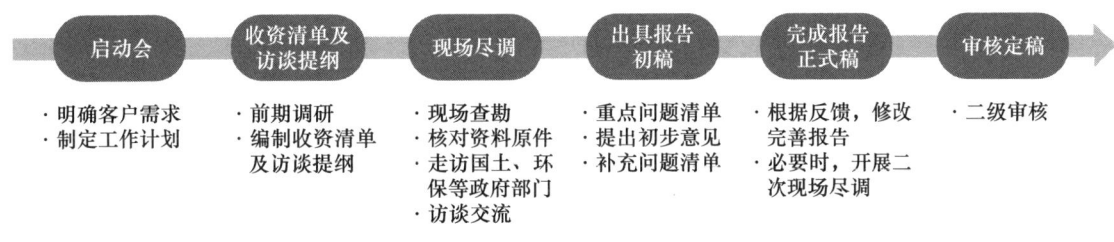

图 2-5　详细的尽职调查流程

尽职调查只能在一定程度上对被收购项目及企业的情况作出了解，但无法做到全方位覆盖。尽职调查结果较大程度上依赖卖方的披露，受限于卖方披露信息的完整性和真实性，收购方需借助尽调中介机构的专业知识储备，尽可能获知被收购项目及企业的全貌。

此外，尽职调查也只能对现行情况作出判断。法律法规、政策的更新迭代也可能对项目及企业的后续运营产生影响，由于法律法规政策的变化无法进行预判，这点是无法通过尽职调查排查风险的。司法实践中，对于因法律法规和政策的变化导致的种种风险，司法机关倾向于认定为"商业风险"，需要由收购方自行承担相应后果。

（三）尽职调查和投资决策中其他环节的关联

电力项目并购作为企业的重大投资行为，具有金额大、交易结构复杂、专业性强等特征，需要包括法律、财务、技术等专业机构提供全过程的咨询服务。

尽职调查仅仅是并购过程中的一个环节，后续项目交易谈判、合同审查及交割法律服务同样重要，只有尽职调查工作与项目交易作为一个整体，才能更好地发挥中介机构的价值，真正防范项目并购中的交易风险。尽职调查过程中发现的项目风险，大部分需要在交易谈判中予以考量，通过合理的交易

架构安排和合同条款的设计，予以规避或最大限度地降低风险，否则将大大削弱尽职调查的意义和作用。

四、并购投资交易方案设计审查实务

（一）交易核心要点的总结和分类

1. 收购价格构成机制

由于项目通常需要融资或由 EPC 方垫资建设，电力项目并购较多采用"承债式"并购方式，用公式可表示为（此处仅为示意，实际项目中可能较为复杂）：

$$收购总价＝股权转让价格＋目标公司负债$$

其中：

（1）收购总价

收购总价是指股权受让方为并购目标公司向转让方及所有相关方（包括但不限于融资机构、运维企业、政府机关等）支付的金钱总额。例如，在项目实践中一般以一定的单价乘以项目容量来表示（如 5 元/瓦×20 兆瓦）。需要注意的是，收购总价的概念所涵盖的金额通常大于项目造价。

（2）股权转让价格

股权转让价格是指受让方为并购目标公司向转让方支付的股权对价。股权转让价格一般需要明确是基于基准日的定价，还是在交割日的定价。若并购方和转让方约定的是在基准日的定价，那么就必然涉及在交割日股权转让价格是否调整，以及如何调整的问题（例如，基准日至交割日时间跨度较长，目标公司电费收入较多等情况）。

在并购方为国有企业的情况下，股权转让价格还需要满足国有产权交易监管的法律法规要求：通常要履行审计、评估、报批、决策等常规程序。

（3）项目公司负债

项目公司负债是指在目标公司基准日所列明的负债，以及未在财务报表中列明，但预计需要目标公司承担的账外负债。目标公司的融资，欠付 EPC 的工程价款，欠付政府主管部门的罚款、税金，交割前存在的股东借款均属于负债范畴。考虑或有负债的问题，在并购协议中一般都会明确或有负债的界定及承担问题。

2. 付款条件与期限

某电力收购项目付款约定为：第一笔付款条件，办理工商变更登记后支付 60%；第二笔付款条件，办理征地手续、林地审批手续后支付 30%⋯⋯。这种约定是否属于约定付款条件？如果项目搁置（因政府政策变化等），收购方是否可以拒绝付款请求？

尽管明确写着是付款条件，但相关判例表明，这实际上是付款"期限"。在没有相反约定的情况下，经过合理期限，尽管"付款条件"从表面上未成就，收购方仍需要支付该笔款项。

3. 并购中的政策变化处理

《民法典》第五百三十三条明确规定了"情势变更"原则；就电力行业而言，很多重大的、扭转整个行业发展的政策变化，是否属于该条法律规定的"重大变化"？

遗憾的是，在我们检索的案例中，鲜有政策变化被司法机关认定为属于"情势变更"的情况。在佛山市中级人民法院审理的"广发信德投资管理有限公司与陈刚股权转让纠纷"一案中，法院直接认为"光伏行业存在不利因素，明显属于该行业商业风险的重大变化"。

（二）交易计划的制定

交易计划制定工作务必做深做实，紧密结合并购模式特点，论证实施并购在各个阶段可能存在的风险和应对举措。

企业应在并购工作流程中预留充足时间，协调内外部专业部门和中介机构，依据项目尽职调查结果，论证项目并购的法律、财务、技术等领域的风险，从风险发生的可能性和后果、应对措施的有效性和可行性、谈判策略、职能分工等维度揭示风险和应对措施，为项目并购决策提供充足依据。

企业及其上级单位在审查项目并购方案时，要重点审查风险识别和应对措施安排的完整性、针对性、有效性，以及项目上报文件和交易文件中风险控制措施安排的一致性，避免出现内部审批文件和实际签署的法律文件重要内容不一致的情况。

在交易计划制定过程中还需提前做好融资协调和工程管理的相关安排。对于融资方和工程单位的遴选、相关商务边界条件、融资和工期时间表等要提前规划，坚决摒弃"走一步、看一步"的心态。工程建设阶段要做好安全生产、环境保护、用地和批文等方面的管理。

五、交易文件合规审查实务

（一）各类交易文件审查要点

电力项目涉及的常见交易文件主要包括：一是用地类协议，如土地租赁协议、土地出让协议等；二是工程建设类协议，如工程总承包协议等；三是融资类协议，如借款合同、贷款合同等；四是收购协议。

1. 用地类协议

租赁土地时，首先应关注土地权属，若租赁集体土地，应将履行民主决策程序作为土地租赁合同签署的前置条件；若土地已发包，还应取得承包权人的授权文件［具体详见本教材第二部分第（二）项"绿地投资项目合规管理实务"第3点"选址策略与用地合规"］；若租赁国有土地，出租主体应为当地土地行政管理部门，如自然资源局。其次，需关注租赁土地的面积和性质。租赁土地的性质应为未利用地或一般农用地，具体以当地政策要求为准，且不涉及永久基本农田、生态保护红线、林地、草地等光伏项目禁止占用的土地类型。租赁土地面积应满足建设容量的要求。最后，应关注租金、租赁期限、租赁关系等问题。需提前审查租金标准、支付方式及调价机制条款，结合综合收益率标准，确保满足各收购方要求。电力项目运营期限一般为25年，但根据《民法典》规定，租赁期限最长为20年，超过部分无效。土地租赁期限不应超过20年，并约定到期后自动续约条款，在确保租赁合同有效的前提下满足电力项目运营期限的要求。租赁关系应尽可能简单，租赁合同以直接与土地权利人签署为佳，如确需转租，应确保转租关系清晰、程序合规。

土地出让协议，首先应当注意合同效力审查，首要内容即为出让人是否适格。实践中，以出让方式签订的土地出让合同，出让人一般为当地土地管理部门；其他部门作为出让人签订的，需要注意主体适格性的审核及相应风险的防范。主体适格性审查中，还需要注意政策新变化而相应产生的新情况。除主体适格性的审查外，还要注意对合同签订程序等的审查，如是否存在违反《招标投标法》规定等程序违法情形。其次，对于出让地块还应注意用地限制，具体包括用地范围限制和建造内容限制。用地范围限制，包括水平范围和垂直竖向范围，地块的地下及地上竖向开发限制，属于土地使用范围的重要组成内容；建造内容限制，包括容积率、建筑密度、绿化、配套设施、建筑限高等各项用地指标的限制，还包括土地特殊性要求（如集体留用地）、建筑的性质、建设内容、商业形态等方面的限制。最后，还应当注意不得擅自变更土地用途，如需改变土地用途的，应当报主管部门审批后再进行。

2. 工程建设类协议

在工程实践中，EPC 合同模式深受建设单位青睐。相对于建设方而言，EPC 总承包合同法律关系清晰，责任主体明确，能合理转移建设单位风险，而且总包方对工程交付质量有保障。EPC 合同审核要点主要包括以下两个方面：

第一，与责任有关的审核要点。首先应核实投标报价中的总承包范围与合同约定的总承包范围是否一致。其次，应关注业主逾期付款违约责任、业主对施工场地的移交义务、总包方工期延误违约责任、总包方缺陷修复责任等。另外，合同终止和暂停条款也至关重要，需关注业主及总包方各自终止合同的情形、终止的后果、暂停的期限、暂停期间费用支付及工期是否顺延。最后，对于争议解决条款，如无特殊约定，建设工程施工合同纠纷适用工程所在地法院专属管辖；如约定仲裁方式解决争议的，应明确仲裁的地区、机构等，并规定仲裁裁决为终局裁决，对双方均有约束力，确保仲裁条款的有效性。

第二，与金钱有关的审核要点。首先是合同价款审核，EPC 合同可以约定固定单价或设置调价机制，在遇到法律法规变更以及双方同意的其他情况下，可以对 EPC 价款进行调整。其次，支付条款，通常分为预付款、进度款、质保金，应当注意审查分段支付的合理性。

3. 融资类协议

在电力项目中，较为常见的融资类协议大多是与银行、融资租赁公司等金融机构签订的。这类合同一般有如下特点：多为制式文本，通常不允许修改合同条款；合同中有许多抽贷条款，对于合同中约定出借人有权提前收回贷款的情形，需格外留意；借款人不能再对外提供担保；借款人承担各种信息及时披露的义务，如合同签订时披露企业当前信息的义务，包括主体信息、股权结构、实际控制人、债权债务、诉讼情况等；披露企业"法律地位发生变化"的义务，如企业发生合并、分立、解散、股权变更等情形。除此以外，收购方更需要关注借贷期限、利率、提前还款条件、违约责任等条款。

4. 收购协议

收购协议的重要约定包括：交割先决条件、定价机制及付款方式、过渡期管理及损益调整、陈述、保证和承诺、担保及增信机制、股权回购条款等。

详见本教材第二部分第（五）项第 3 点"风险缓释的常见方式和适用场景"。

（二）各类交易文件的衔接要点

就已并网电力项目而言，通常已经具备用地类、工程类、融资类协议，因此，需要在项目收购协议中针对尽职调查中发现的问题作出相应安排。

就未并网电力项目而言，如项目尚未开始建设，考虑到国有企业及部分外企较为严格的招投标合规要求，通常收购方会要求转让方在收购前履行招投标流程，并完成工程总承包协议的签订工作。

（三）风险缓释的常见方式和适用场景

项目收购协议是落实收购方案的重要文本安排，建议把握以下合规风控要点：

(1) 交割先决条件：交割先决条件是指在进行股权或资产转让等交割行为前必须满足的前提条件。股权并购协议中通用的交割先决条件包括标的股权不存在任何权利限制，交割前完成公司员工的解聘与安置，对不予承接的公司债务、对外投资项目或资产予以剥离等。针对并购项目的具体情况，还可以设置针对性的交割先决条件。如收购前期项目要求交割前取得必要的前期支持性文件，收购已并网项目要求完成EPC工程结算、完成用地手续办理等。

(2) 定价机制及付款：交易价格及支付方式是并购协议中最为核心的条款，交易价格由股权转让价款和承接负债两部分组成。其中股权转让价款以对标的企业价值的评估结果为主要的定价依据。当并购一方为国有企业时，股权转让价款必须以经核准或备案的目标股权净资产评估值确定。在确定股权转让价款和承接负债的构成比例时，应谨慎考虑将股权转让价款设置为零元或一元。在付款安排上，应充分考虑约定的保留价款比例和付款条件是否能够覆盖交易风险，合理设置支付节点与支付条件。

(3) 过渡期管理及损益调整：采用交割账目机制（基准日定价加交割日后损益调整）的项目，交易文件中应设置过渡期及损益调整机制。过渡期损益通常由一方享有和承担，在过渡期内，除正常生产经营活动外，转让方须保证交割日净资产不低于基准日经审定的净资产；若低于该净资产的，转让方应予补足或收购方可相应调减收购价款。

(4) 陈述、保证和承诺：此条款的功能在于明确交易各方为推进交易而应当承担的责任，从而在因一方违反陈述保证条款而给另一方造成损失时，受损失方可以据此要求赔偿。出让方的陈述保证更为关键，一般而言，出让方应作出的陈述保证内容包括：标的股权不存在任何限制权利，提供的所有法律文件均真实、完整、合法、准确、有效，目标公司不存在或有债务等。

(5) 担保及增信机制：若项目并购中合作方/转让方为自然人或资信实力较弱的企业，应在交易文件中安排担保机制。常见的担保方式包括开具独立保函、提供股权质押、电费收益权质押等。开具独立保函的，事先与交易对手方或合作方沟通保函文本内容和格式，核查独立保函的性质、所担保的基础合同、保函承兑方式等内容。对于需要办理登记的担保措施，除签订担保合同外，还应及时办理登记手续，如在市场监督管理部门的股权质押登记、在中国人民银行征信中心（"中登网"）进行动产融资统一登记等。

(6) 股权回购：对于存在对项目持续正常经营具有颠覆性风险的事项，可考虑安排股权回购机制。当收购方为国有企业时，股权回购条款应明确严格遵守适用的审计评估、进场交易等国资监管的要求。回购的条件须明确设置，以避免产生理解上的争议。在股权转让协议中可以设置关于回购价款的公式，但需明确在回购时，应以根据公式得出的价款和届时评估价值中较高者为准。此外，就项目融资安排而言，应注意以下几点：一是融资租赁承接。承接融资租赁前，应核查目标公司与融资租赁机构签署的所有协议及文件，明确融资金额、利率、还款期限、违约责任等内容，评估融资租赁承接的可行性。此外，由于融资租赁机构投入大量资金，为确保资金安全通常会要求目标公司及股东提供一系列担保措施，如股权质押、股东连带保证、电费收益权质押等，同时对目标公司股权变动作出限制。承接前应取得融资租赁机构的书面同意，并暂时解除目标股权的质押登记。二是融资租赁置换。置换融资租赁应在交割前取得融资租赁机构的同意，并与融资租赁机构、目标公司、转让方达成一致。提前还款的利息应包含在收购总价范围内，融资租赁机构需豁免因提前还款可能导致的目标公司的违约责任。置换融资租赁后，应及时解除原有的担保措施，并办理融资租赁及担保措施的注销登记。

(四) 谈判期内外部沟通与衔接

在准备和谈判项目交易文件时，应注意合理安排谈判团队的分工和工作流程，避免出现协议起草和谈判工作缺乏条理、配合不畅、版本错乱、效率低下、遗漏重要谈判要点等对各收购方不利的情形。

项目并购中涉及各收购方直接参与的重要交易文件，原则上应由各收购方控制协议文本，以各收购方协议的版本为基础启动谈判。重要或较复杂的交易文件（如股权转让协议、预收购协议、合作协议、合资协议等），可以先从核心条款清单谈起，就各方的核心商业诉求达成一致后，再启动完整协议的谈判，边谈边细化核心共识；切忌在交易模式、商业诉求和边界条件等未达成一致的情况下，就对完整版协议字斟句酌地进行谈判，无谓耗费谈判时间。

对于核心要点的谈判，应由负责牵头交易的部门统领谈判工作，各业务部门（例如财务、技术、法律等部门）在各自专长的领域（如融资和担保、技术验收标准、合规要求等方面）予以支持，整个团队要做到"内部交流、外部同声"，以协商一致的立场与合作方沟通；负责牵头交易的部门要有所担当，及时协调、汇总各部门意见，切忌放任各部门在未形成内部统一意见的情况下自行与合作方谈判，进而授人以柄，使各收购方陷入被动地位。

参与谈判的团队在准备交易文件的同时，可以同步准备方便管控谈判流程的辅助性文件，例如谈判进度和分工安排表（若项目涉及同时谈判多个协议的情况）、谈判立场表（用于跟进各方对项目各项核心要点的立场和谈判进展）、风险控制对照表（用于检查尽职调查发现和建议有无在谈判中被采纳，交易文件是否可以覆盖风险管控要求）等。

第四节　电力项目投资并购合规风险案例

一、国有产权"进场交易"前所签协议效力

在国有产权"进场交易"前，部分国有企业会与有意向的受让方就未来股权转让签订书面协议，对未来股权转让交易作初步安排。然而，《企业国有资产法》第五十四条规定，国有资产转让应当遵循等价有偿和公开、公平、公正的原则。除按照国家规定可以直接协议转让的情形外，国有资产转让应当在依法设立的产权交易场所公开进行。转让方应当如实披露有关信息，征集受让方；征集产生的受让方为两个以上的，转让应当采用公开竞价的交易方式。那么，该书面协议的效力是否必然会因违反法律、行政法规的强制性规定而无效呢？通过检索相关司法案例，可以发现法院对该问题所采纳的观点是通过审查意向协议的具体条款是否违背"公开、公平、公正"的原则或者实质性排除其他受让方进场交易的机会，来认定合同的效力。

在（2021）最高法民申 89 号案件中，防城港务集团（转让方）与秉泰公司（受让方）签订了《备忘录》和《意向协议》，约定"双方共同在广西国资委中介机构备选库中遴选审计、评估机构，对防港晶源开展审计、评估工作；审计、评估结果经双方确认同意后，防港集团按程序、按双方约定的股权交易定价原则，公开挂牌转让防港晶源 75.273% 股权，秉泰公司或其指定的主体应按要求报名并参与竞拍"。双方约定的"共同遴选审计、评估机构"以及"审计、评估结果经双方确认同意"再在产权交易所公开挂牌转让的行为，实质上是以公开挂牌交易的形式掩盖了私下直接交易的目的，故最高法院认为上述《备忘录》和《意向协议》无效。

此外，在（2021）最高法民申 6765 号案件中，惠物公司（转让方）与新碧公司（受让方）签订了《项目联合开发协议书框架协议》以及《联合开发补充协议》，约定"通过联合产权交易所，采取竞争性谈判的方式挂牌增资引入"以及"积极按照国资管理部门的要求办理增资入股方案的审批手续，通

过联交所采取竞争性谈判的方式进行增资交易"。最高法院就此认定，上述两份协议就佳泓公司（项目公司）股权转让的约定属于意向性约定，并非违反审批程序或者规避"进场交易"而直接转让股权，故认定《项目联合开发协议书框架协议》与《联合开发补充协议》有效。

因此，为保证国有产权"进场交易"前所签协议有效，在内容设定上应避免排除或限制其他意向受让方参与，并且避免意向受让方参与审计、评估等中介机构的选定以及意向价格的设定。

二、如何认定"开发服务费"支付条件已成就

在电力项目合作开发合同中，合作开发服务费的付款条件往往与合作方取得相关批复核准文件和备案文件的合同义务相挂钩。实务中，由此引发的关于支付条件是否成就的争议也较多。经检索相关司法案例，可以看出法院通常会结合合同约定情况以及实际履行情况，来判断支付条件是否成就，从而进一步认定应当支付的金额。

在（2021）辽01民终14547号案件中，特电公司（甲方）与中核公司（乙方）签订《风电项目开发咨询服务合作协议》，其中约定：3.5付款方式和期限——分阶段比例支付。3.5.1首笔款，在满足下述先决条件后的15个工作日内，甲方或甲方指定的第三方向乙方支付相应装机容量的咨询服务费的30%。（1）按辽宁省分散式开发政策要求，项目公司目标项目已取得辽宁省风电开发方案建设指标（如需要），并取得辽宁省或辽阳市（辽宁省政府下放权力给辽阳市）发展改革委的核准文件；（2）项目公司就目标项目已取得电力公司下发的项目《电网接入设计审查意见》批复和电网接入批复，且该报告内容包含电力消纳问题的描述或有电力消纳报告……"。法院从《合作协议》文本本身出发，认为只有在条件1和2同时成就的情形下，特电公司才产生向中核公司支付相应咨询服务费的义务。而从案件审理情况来看，中核公司并未证明其已确定取得建设指标文件和电网接入相关批复文件，故法院认为付款条件未成就。

在（2019）浙04民终3063号案件中，诺欧博公司与中清能公司签订《服务协议》，其中就咨询服务费用及支付作出约定："当项目获得省发改委联系单和土地租赁协议或屋顶租赁协议，电力局出具同意电力接入意见报告或电力批复后，中清能公司支付诺欧博公司咨询服务费0.1元每瓦。当项目获得当地省级能源主管部门备案、电网公司接入批复，中清能公司支付咨询服务费0.1元每瓦。当项目建设完毕且并网运营后30日内或省发改委备案完成后8个月内，若不是诺欧博公司自身原因导致未完成项目并网，中清能公司支付0.1元每瓦"。之后双方又签订《补充协议》，其中约定："依据《服务协议》，2015年4月30日前完成40MW备案及土地流转手续，2015年5月30日前完成电网接入批复。依据2014年11月24日协议，如该项目不能在本补充协议规定的上述时间内完成备案、土地流转手续和电网接入批复，则每延期30天扣减10%咨询服务费（最多延期90天）；如延期90天，则诺欧博公司无条件退还中清能公司已支付的所有款项"。诺欧博公司在约定时间内完成40MW备案，但未在约定时间内完成土地流转手续和电网接入批复。不过，诺欧博公司在《补充协议》约定期满后仍然提供了部分服务。法院从中清能公司签订合同的目的——获得补贴指标出发，考虑诺欧博公司在前期提供的省发展改革委项目服务联系单、前期电站选址、电力公司并网初步意见函等手续服务，认为中清能公司签订合同的目的已经实现，其应当支付服务费。然而，诺欧博公司无法证明其按时按质完成合同约定义务，并且其提供的项目土地属于基本农田，不符合项目建设要求，故法院认为应当按照诺欧博公司实际提供的服务情况认定中清能公司应当支付的服务费。

因此，收购方作为委托方与受托方签订中介合同/服务合同时，需对该合同的委托范围及主要目的进行明确约定：是仅为撮合签约，还是包括办理相关审批文件（需明确具体文件名称），或是达到某种

条件（如项目顺利完成全容量并网）？此外，针对项目可能出现的各种极端情况，还应在服务协议中约定相应的调价或补偿机制，这对减少自由裁量权、约束受托方行为具有积极意义。

三、用能单位经营不善停产，发电公司能否主张合同期内可得利益损失

在分布式光伏项目能源管理协议中，由于约定的节能效益分享期通常为25年，期间可能出现用能单位经营不善而停产等情形，导致能源管理协议无法继续履行。在这种情况下，发电公司能否主张合同期内的可得利益损失？

在（2019）粤0605民初14959号案件中，原告与被告签订了《屋顶分布式光伏电站项目合同能源管理协议》。但该协议后续因租赁物被陆续查封而导致无法履行，原告因此发函要求解除合同。但原告在解除合同前已经为合同履行做了部分工作，如申办部分项目审批手续，制定部分设计方案和施工方案等。本案中，法院认为被告应当赔偿原告为履行合同做的工作的损失。但对于投资利润及光伏补贴，由于双方并未在《能源管理协议》中予以约定，且该项目尚未开始施工，法院则不予支持。

在（2021）沪0115民初27468号案件中，原告与被告签订了《能源管理协议》，约定原告租赁被告屋顶建设分布式光伏电站，并采用"自发自用、余电上网"的模式。协议签订后，被告阻止原告在其屋顶施工，后来在2021年4月，该房屋被纳入拆迁范围。因此，原告向法院提起诉讼，要求解除合同，并赔偿其损失，包括预期可得利益损失约416万元。法院审理后支持原告要求被告赔偿预期可得利益损失的请求。但针对该损失的金额，法院考虑虽然双方约定的租赁期限为20年，然而案涉房屋已被纳入拆迁范围，事实上也不可能继续履行该协议，所以计算可得利益的年限不应为原告主张的20年，法院最终酌定为1.5年。此外，综合考虑日常维护成本、被告实际用电量等因素，法院酌定原告的可得利益损失为30万元。

在（2014）盐知民初字第00038号案件中，原告与被告签订的《节电技术改造EMC合同》中对可得利益有明确的约定。若该EMC合同能够正常履行，原告将获得1223万元的节电收益，该节电收益是双方在合同订立时能够预见到的利益。但该节电收益的计算是基于安装9台节电设备并且达到15%节电率，而事实上仅安装了7台节电设备。因此，在确定可得利益时应当扣除未安装的2台节电设备可能产生的收益，法院最终酌情确定本案的可得利益损失为1200万元。

可得利益损失的认定因个案差异，实际情况较为复杂，不仅需要考虑合同有效性、违约行为和损失的因果关系、损失的可预见性等原则，还需综合运用减损规则、公平原则等裁判规则，因此，就具体案件而言，司法机关存在较大的裁判空间。

第三章　电力环保合规管理

第一节　电力企业环保合规基础理论

一、基本概念

企业环保合规是指企业在制度制定环节、经营决策环节、生产运营环节、市场退出环节等各项活动中，严格执行环境保护法律、法规、规章、规范性文件、政策、技术标准、行业自律规范、企业准则等规定，同时加强检查，及时发现和整改环保违规问题所开展的一系列工作。

电力企业环保合规管理是指电力企业以有效防控环保合规风险为目的，开展的包括建立环保合规制度、完善运行机制、强化环保监督问责等有组织、有计划的管理活动。其目的是避免企业及其员工在经营管理过程中因违规行为引发环保法律责任，造成经济或者声誉损失，以及其他负面影响的可能性。电力企业环保合规管理涉及内容多、范围广，全面覆盖企业生产过程，掌握执行重点，分析难点，是企业守法生产、依证排污、自证守法的关键所在。

二、环保合规重点

（一）电力项目建设前期

1. 建设项目环境影响评价

根据修订后的《环境保护法》《中华人民共和国环境影响评价法》，国家实行建设项目环境影响评价制度。从决策和开发建设活动开始前，需要开展环境影响评价。

2. 建设项目环境影响评价分类管理

（1）建设项目对环境可能造成重大影响的，应当编制环境影响报告书，对建设项目产生的污染和对环境的影响进行全面、详细的评价；

（2）建设项目对环境可能造成轻度影响的，应当编制环境影响报告表，对建设项目产生的污染和对环境的影响进行分析或者专项评价；

（3）建设项目对环境影响很小、不需要进行环境影响评价的，应当填报环境影响登记表[1]。

环境敏感区的界定为：[2]

---

[1] 《中华人民共和国招标投标法实施条例》第三条
[2] 《建设项目环境影响评价分类管理名录（2021年版）》

① 国家公园、自然保护区、风景名胜区、世界文化和自然遗产地、海洋特别保护区、饮用水水源保护区；

② 除①外的生态保护红线管控范围，永久基本农田、基本草原、自然公园（森林公园、地质公园、海洋公园等）、重要湿地、天然林，重点保护野生动物栖息地，重点保护野生植物生长繁殖地，重要水生生物的自然产卵场、索饵场、越冬场和洄游通道，天然渔场，水土流失重点预防区和重点治理区、沙化土地封禁保护区、封闭及半封闭海域；

③ 以居住、医疗卫生、文化教育、科研、行政办公为主要功能的区域，以及文物保护单位。

环境影响报告书、环境影响报告表应当就建设项目对环境敏感区的影响做重点分析。

名录中对电力行业的现有规定见表3-1。

表3-1 《建设项目环境影响评价分类管理名录》电力建设项目相关规定

环评类别		项目类别	报告书	报告表	登记表	本栏目环境敏感区含义
四十一、电力、热力生产和供应业	87	火力发电4411；热电联产4412（4411和4412均含掺烧生活垃圾发电、掺烧污泥发电）	火力发电和热电联产（发电机组节能改造的除外；燃气发电除外；单纯利用余热、余压、余气（含煤矿瓦斯）发电的除外）	燃气发电；单纯利用余气（含煤矿瓦斯）发电	/	上文①中的全部区域；上文②中的除①外的生态保护红线管控范围，重要水生生物的自然产卵场、索饵场、越冬场和洄游通道
	88	水力发电4413	总装机1000千瓦及以上的常规水电（仅更换发电设备的增效扩容项目除外）；抽水蓄能电站；涉及环境敏感区的	其他	/	
	89	生物质能发电4417	生活垃圾发电（掺烧生活垃圾发电的除外）；污泥发电（掺烧污泥发电的除外）	利用农林生物质、沼气、垃圾填埋气发电的	/	
	90	陆上风力发电4415；太阳能发电4416（不含居民家用光伏发电）；其他电力生产4419（不含海上的潮汐能、波浪能、温差能等发电）	涉及环境敏感区的总装机容量5万千瓦及以上的陆上风力发电	陆地利用地热、太阳能热等发电；地面集中光伏电站（总容量大于6000千瓦，且接入电压等级不小于10千伏）；其他风力发电	其他光伏发电	上文①中的全部区域；上文③中的全部区域
	91	热力生产和供应工程4430（包括建设单位自建自用的供热工程）	燃煤、燃油锅炉总容量65吨/小时（45.5兆瓦）以上的	燃煤、燃油锅炉总容量65吨/小时（45.5兆瓦）及以下的；天然气锅炉总容量1吨/小时（0.7兆瓦）以上的；使用其他高污染燃料的（高污染燃料指国环规大气〔2017〕2号《高污染燃料目录》中规定的燃料）	/	

3. 建设项目环境影响评价流程

环境影响评价工作一般分为三个阶段，即调查分析和工作方案制定阶段，分析论证和预测评价阶段，环境影响报告书（表）编制阶段。具体流程见图3-1。

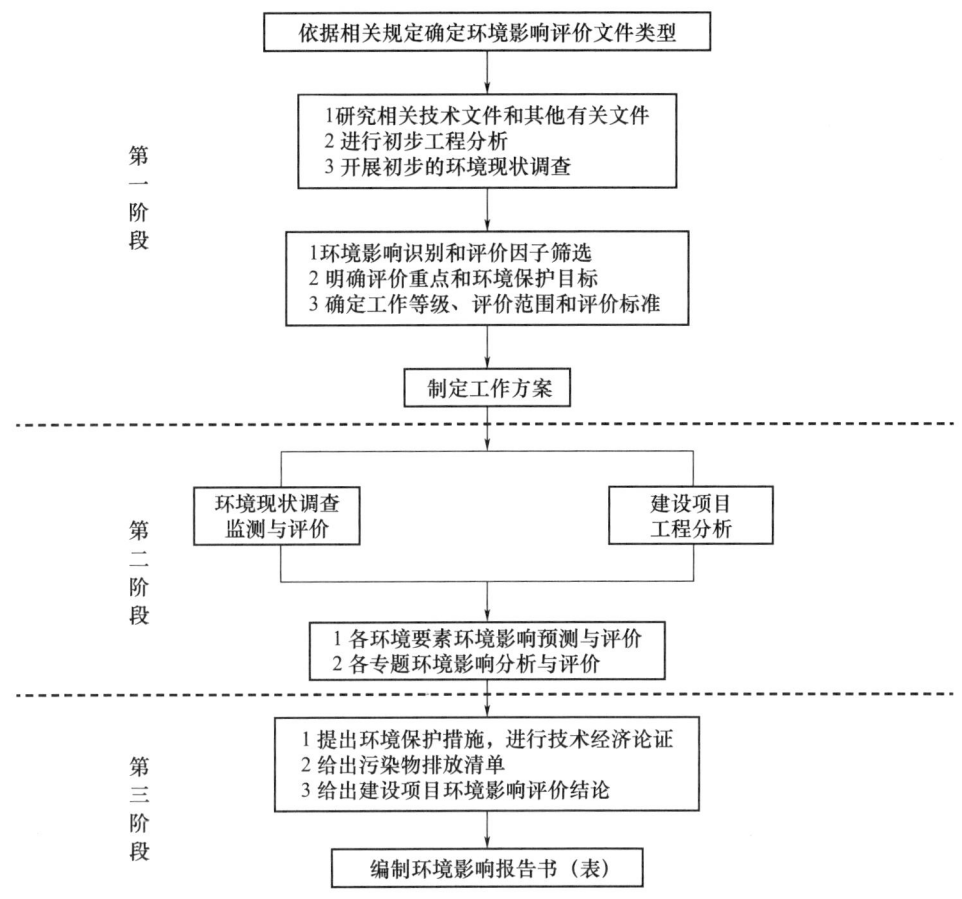

图3-1 建设项目环境影响评价工作程序图

4. 电力建设项目与所涉及生态环境分区管控要求的符合性

风电项目：国家林业和草原局规定了自然遗产地、国家公园、自然保护区、鸟类主要迁徙通道和迁徙地等区域，以及沿海基干林带和消浪林带为风电场项目禁止建设区域。此外，不得占用天然乔木林（竹林）地、年降雨量400毫米以下区域的有林地和一级国家级公益林地及二级国家级公益林中的有林地[①]。

水电项目：应符合流域综合规划、流域水电开发利用专项规划及规划环评等的相关要求。水生动植物自然保护区的核心区、缓冲区及试验区，陆生动植物自然保护区的核心区及缓冲区，饮用水水源一级保护区，风景名胜区的核心景区，森林公园的核心景观区和生态保育区，湿地公园的保育区，水产种质资源保护区的核心区范围内禁止新建、改建、扩建水电项目。在特殊生态敏感区及重要生态敏感区范围内新建、改建、扩建水电项目的，应征得相应主管部门的同意。

光伏项目：从严管控光伏项目用地，严格禁止在永久基本农田、永久基本农田储备区、生态保护红线、自然保护地、重要湿地、绿色屏障一级管控区、饮用水水源一级保护区、行洪供水河道水库的

[①] 《关于规范风电场项目建设使用林地的通知》（2019年版）

水域岸线管理范围内建设光伏项目。鼓励结合石漠化治理、采煤沉陷区治理，充分利用各种边坡、边沟、灰场、填埋场等，充分挖掘土地利用空间来建设光伏项目。

5. 建设项目环境影响评价重点

（1）水电建设项目环境影响评价重点：论证和落实生态流量、水温恢复、鱼类保护、陆生珍稀动植物保护等措施，明确流域生态保护对策措施的设计、建设、运行以及生态调度工作要求。

（2）火电建设项目环境影响评价重点：考虑火电站建设及运转对于植被的影响，考虑施工扬尘的因素以及火电厂工业废气和风力扩散对于周边环境污染的具体影响。

（3）风电建设项目环境影响评价重点：根据风电开发项目特点及环境影响识别结果，风电项目施工期重点进行生态环境影响评价，关注项目因占地对生物多样性、植被、野生动植物等生态环境方面的影响。运营期重点进行噪声环境影响评价、固体废物分析，运行期关注风机产生的噪声、危险废物对周围环境的影响。

（4）光伏建设项目环境影响评价重点：分析项目在施工、运营和退役各阶段可能产生的环境影响，包括大气污染、水污染、土壤污染、噪声污染等，以及项目对生态环境、水资源、地形地貌等的影响。

6. 建设项目环境影响评价文件的编制与审批

（1）建设项目环境影响评价文件的编制要求

《建设项目环境影响评价技术导则总纲》规定，环境影响报告书编制一般包括概述、总则、建设项目工程分析、环境现状调查与评价、环境影响预测与评价、环境保护措施及其可行性论证、环境影响经济损益分析、环境管理与监测计划、环境影响评价结论和附录附件等内容。

（2）建设项目环境影响评价文件审批要求

生态环境主管部门负责审批环境影响报告书、环境影响报告表，其中重点审查建设项目的环境可行性、环境影响分析预测评估的可靠性、环境保护措施的有效性、环境影响评价结论的科学性等。

审批部门应当自收到环境影响报告书之日起六十日内，收到环境影响报告表之日起三十日内，收到环境影响登记表之日起十五日内，分别作出审批决定并书面通知建设单位。依法需要进行听证、专家评审、技术评估的，所需时间不计算在审批期限内。

（3）建设项目环境影响评价文件分级审批规定

根据生态环境部发布的《建设项目环境影响评价文件分级审批规定》，环境保护部负责审批环境影响评价文件的建设项目包括：

① 核设施、绝密工程等特殊性质的建设项目；

② 跨省、自治区、直辖市行政区域的建设项目；

③ 由国务院审批或核准的建设项目，由国务院授权有关部门审批或核准的建设项目，由国务院有关部门备案的对环境可能造成重大影响的特殊性质的建设项目。

此外，环境保护部可以将其负责审批的部分建设项目环境影响评价文件的审批权限，委托给该项目所在地的省级环境保护部门，以环境保护部的名义审批环境影响评价文件，但省级环境保护部门不得再委托其他组织或者个人。

除以上规定以外的建设项目环境影响评价文件的审批权限，由省级环境保护部门提出分级审批建议。当建设项目可能造成跨行政区域的不良环境影响，有关环境保护部门对该项目的环境影响评价结论有争议的，其环境影响评价文件由共同的上一级环境保护部门审批。

7. 建设项目"三同时"相关规定

建设项目需要配套建设的环境保护设施，必须与主体工程同时设计、同时施工、同时投产使用，通常简称为"三同时"制度。在电力建设项目建设前期,要充分考量电力设施建设对周边生态环境的影响,遵守环保法律法规,切实做到"先规划后建设、不规划不建设",严禁出现"未批先建""未验先投"及不落实环评要求等违法违规行为。

(二)电力项目施工期

1. 施工期污染物管理要求

(1)大气污染物管理

施工期大气污染防治应达标排放,施工影响区域应达到规定的环境质量标准。在电力工程施工阶段,尤其是施工初期,土石方的开挖、房屋拆迁和车辆运输等产生的粉尘短期内将使局部区域空气中的总悬浮颗粒物明显增加。在运输水泥、石灰等粉状材料和沥青混合料时,采取堆土苫盖措施,进行严密遮盖。在设备选型时选择低污染设备,并安装空气污染控制系统,减少对空气的污染。

(2)固体废物管理

固体废物处理包括施工废渣、生活垃圾的产生与处理,监理人员监督固体废物处理的程序和达标情况,保证工程所在地现场清洁整齐,不污染环境。输电线路的施工具有施工点位小且分散的特点,施工人员应集中处置产生的生活垃圾,带出后送往统一的垃圾处置场地。

(3)噪声管理

为防止噪声危害,对产生强烈噪声或振动的污染源应按环评文件要求进行防治。监督施工单位在施工区域及影响区域的噪声环境质量达到相应的标准,重点是靠近生活营地和居民区施工必须避免噪声扰民。在建设期的场地平整、挖土填方、钢结构及设备安装等几个阶段,主要噪声源有混凝土搅拌机、电锯及交通运输设备产生的噪声等,这些施工设备运行时会产生较高的噪声。此外,在架线施工过程中,各牵张场内的牵张机、绞磨机等设备也将产生一定的机械噪声。对施工过程产生的噪声,要督促施工单位按申报时间施工,夜间不能施工,监理人员要严格监督管理和适时检测,确保噪声值不超标,尽量减少夜间作业,减少对居民的噪声干扰。

(4)废水控制管理

对于电力工程施工建设阶段产生的施工废水和施工生活污水,其中施工废水主要包括砂石料加工废水、混凝土拌和系统废水、机修系统废水等。施工时应检查污水的排放情况,不得直接排入农田、河流和渠道,须经沉淀或处理达标后方可排放。检查施工中临时堆土点是否远离跨越的水体。基础钻孔及挖孔渣不能随意堆弃,应被运到指定地点堆放。督促施工单位对生产机械要经常进行检修,防止机械和施工用油的跑、冒、滴、漏对水质造成污染。施工或机械产生的废油、废水应采用隔油池或其他方法处理合格后才能排放。

2. 施工期生态影响管理

电力工程建设可能会对项目区及沿线区域的土地利用格局、植被覆盖度、土地生产力和生物多样性造成不同程度的影响。因此,为减少工程建设过程中对区域生态带来的不利影响,工程建设方应依据施工特点,制定具体的生态保护措施,确保施工的顺利开展及工程沿线区域生态的完整性。

(1)风电项目生态影响管理

风电项目施工期生态环境影响重点关注植被破坏和水土流失问题,尤其在敏感的自然保护区或生态脆弱地区,风电建设可能对当地生态环境造成不可逆转的破坏。风电场施工和检修道路,应尽可能利用现有森林防火道路、林区道路、乡村道路等道路资源,在其基础上扩建的风电场道路原则上不得改变现有道路的性质。风电场新建配套道路应与风电场一同办理使用林地手续；风电场配套道路要严格控制道路宽度，合理提高建设标准，合理建设排水沟、过水涵洞、挡土墙等设施；严格按照设计规范施工，禁止强推强挖式放坡施工，防止废弃砂石任意堆放和随意滚落，同步实施水土保持和恢复林业生产条件的措施。吊装平台、施工道路、弃渣场、集电线路等临时占用林地的，应在临时占用林地期满后一年内恢复林业生产条件，并及时进行植被恢复。

(2) 水电项目生态影响管理

《水电水利工程环境保护技术规程》要求，生态保护应遵循"避让、少占、恢复、补偿"的原则，按项目环境影响评价文件和环境保护设计文件以及工程设计文件的要求，修建生态保护设施。

水电项目施工期生态环境影响重点关注生态流量泄放、过鱼、增殖放流、分层取水、栖息地保护、生态修复等措施及其落实情况。应根据规划河段生态用水需求，初步拟定相关电站生态流量泄放要求；结合梯级电站特点和鱼类保护需要，初拟过鱼方式；统筹考虑梯级电站的增殖放流工作，增殖放流应与栖息地保护结合，保障增殖放流效果。依据河流水域环境特点，总体明确各河段放流对象。对涉及生态环境敏感保护对象的梯级电站，应根据规划开发时序研究提出相应保护措施。

(3) 光伏项目生态影响管理

光伏电站建设内容主要包括进站道路工程、施工检修道路工程、光伏阵列系统基础及安装工程、配电装置工程和生活区工程、电缆敷设工程等，这些工程的实施均会占压地表、破坏地表植被。另外，施工机械和人员的活动也会对站内和附近地表土壤及植被造成扰动破坏，引发土壤侵蚀及水土流失。光伏电站水土流失重点时段为施工期，重点区域为光伏阵列区和检修道路区。因此，电站建设中，应按已制定的施工方案明确施工范围，避免对周边土地和植被的扰动。

3. 施工期节能降碳与资源循环利用相关管理措施

对于运输过程中降低碳排放的措施，可以尽量采用铁路、海运等方式进行材料和机械的远距离运输。同时，就近选择项目材料供应商，也能够减少碳排放。

对于施工现场降低碳排放的措施，可以选择相对节能环保的施工设备，如 LED 灯等。

施工方案、工艺选择以及施工管理水平都会对碳排放产生一定影响。施工管理水平较高的项目，工序安排合理紧凑，少有窝工现象以及重复和多余工艺过程，其碳排放也能控制得合理。在工艺方面，则建议避免小功率设备的高负荷运行，提高设备的利用率，选择装配化的施工方式来减少碳排放。此外，使用绿色建材也有助于减少碳排放。

（三）电力项目运行期

1. 运行前验收

电力项目竣工环境保护验收应符合《建设项目竣工环境保护验收技术规范》要求，主要以环评及批复所提出的环保要求为依据，其工作重点应关注工程环保手续履行情况、环保措施落实情况、环保设施运行情况、风险防范及应急措施执行情况、环境管理制度建设情况、环境保护目标及监测达标情况等。

(1) 工程变更的处理

现阶段，我国大部分电力建设项目的竣工环保验收工作主要以环保影响评价文件为依据，若建设项目存在需要改变建设方案和规划的情况，需上报给相关部门审批。根据《中华人民共和国环境影响评价法》第二十四条规定，建设项目的环境影响评价文件经批准后，建设项目的性质、规模、地点、采用的生产工艺或者防治污染、防止生态破坏的措施发生重大变动时，建设单位应当重新报批建设项目的环境影响评价文件。

（2）建设项目配套建设环境保护设施调试

需要对建设项目配套建设的环境保护设施进行调试的，建设单位应当确保调试期间污染物排放符合国家和地方有关污染物排放标准和排污许可等相关管理规定。调试期间，建设单位应当对环境保护设施运行情况和建设项目对环境的影响进行监测。验收监测应当在确保主体工程调试工况稳定、环境保护设施运行正常的情况下进行，并如实记录监测时的实际工况。若国家和地方有关污染物排放标准或者行业验收技术规范对工况和生产负荷另有规定的，按其规定执行。建设单位开展验收监测活动，可根据自身条件和能力，利用自有人员、场所和设备自行监测；也可以委托其他有能力的监测机构开展监测。

（3）建设单位整改与验收

根据《建设项目竣工环境保护验收暂行办法》规定，验收监测（调查）报告编制完成后，建设单位应当根据验收监测（调查）报告结论，逐一检查是否存在本办法第八条所列验收不合格的情形，并提出验收意见。存在问题的，建设单位应当进行整改，整改完成后方可提出验收意见。

验收意见包括工程建设基本情况、工程变动情况、环境保护设施落实情况、环境保护设施调试效果、工程建设对环境的影响、验收结论和后续要求等内容，验收结论应当明确该建设项目环境保护设施是否验收合格。

建设项目配套建设的环境保护设施经验收合格后，其主体工程方可投入生产或者使用；未经验收或者验收不合格的，不得投入生产或者使用。

（4）不得验收的情况

《建设项目竣工环境保护验收暂行办法》第八条规定，建设项目环境保护设施存在下列情形之一的，建设单位不得提出验收合格的意见：

① 未按环境影响报告书（表）及其审批部门审批决定要求建成环境保护设施，或者环境保护设施不能与主体工程同时投产或使用的；

② 污染物排放不符合国家和地方相关标准、环境影响报告书（表）及其审批部门审批决定或者重点污染物排放总量控制指标要求的；

③ 环境影响报告书（表）经批准后，该建设项目的性质、规模、地点、采用的生产工艺或者防治污染、防止生态破坏的措施发生重大变动，建设单位未重新报批环境影响报告书（表）或者环境影响报告书（表）未经批准的；

④ 建设过程中造成重大环境污染未治理完成，或者造成重大生态破坏未恢复的；

⑤ 纳入排污许可管理的建设项目，无证排污或者不按证排污的；

⑥ 分期建设、分期投入生产或者使用依法应当分期验收的建设项目，其分期建设、分期投入生产或者使用的环境保护设施防治环境污染和生态破坏的能力不能满足其相应主体工程需要的；

⑦ 建设单位因该建设项目违反国家和地方环境保护法律法规受到处罚，被责令改正，尚未改正完成的；

⑧ 验收报告的基础资料数据明显不实，内容存在重大缺项、遗漏，或者验收结论不明确、不合理的；

⑨ 其他环境保护法律法规规章等规定不得通过环境保护验收的情形。

（5）电力项目验收报告公开及报送管理规定

验收报告编制完成后5个工作日内，公开验收报告，公示的期限不得少于20个工作日。建设单位公开上述信息的同时，应当向所在地县级以上环境保护主管部门报送相关信息，并接受监督检查。

（6）电力项目验收相关法律法规、标准规范

《建设项目环境保护管理条例》修订后，对建设项目竣工环境保护验收工作作出了较大调整，明确建设单位的环境保护主体责任，同时，《建设项目竣工环境保护验收暂行办法》对建设项目竣工环境保护验收工作作出了细化规定。

2. 电力项目排污许可管理

排污许可制度是指由国家规定的行政主管部门根据排污企业的申请，经过依法审查，允许其按照排污许可证所载明的排污种类、浓度、数量、排放时间、排放路线等要求排放污染物，进而对排污企业的排污行为进行有效约束的管理制度。

电力企业应根据污染物排放标准、总量控制指标、环境影响评价文件及批复要求等，依法合理确定许可排放的污染物种类、浓度及排放量。

（1）排污许可证发放

① 排污许可证发放范围。2016年，国家环保部印发了《火电行业排污许可证申请与核发技术规范》，该文件对排污许可证发放范围明确规定：火电行业排污许可证发放范围为执行《火电厂大气污染物排放标准》（GB 13223—2011）的火电机组所在企业，以及有自备电厂的企业，其中自备电厂所在企业仅包括执行 GB 13223—2011 标准的设施（蒸汽仅用于供热且不发电的锅炉除外）。火电企业排放的大气污染物、水污染物均应实施排污许可管理。

② 排污许可证管理方式。根据《固定污染源排污许可分类管理名录（2019年版）》第二条规定：国家根据排放污染物的企业事业单位和其他生产经营者（以下简称排污单位）污染物产生量、排放量、对环境的影响程度等因素，实行排污许可重点管理、简化管理和登记管理。对污染物产生量、排放量或者对环境的影响程度较大的排污单位，实行排污许可重点管理；对污染物产生量、排放量和对环境的影响程度较小的排污单位，实行排污许可简化管理；对污染物产生量、排放量和对环境的影响程度很小的排污单位，实行排污登记管理。

现有排污单位应当在生态环境部规定的实施时限内申请取得排污许可证或者填报排污登记表。新建排污单位应当在启动生产设施或者发生实际排污之前，申请取得排污许可证或者填报排污登记表。

对于电力、热力生产和供应业，《固定污染源排污许可分类管理名录（2019年版）》附表中对其管理方式的规定如表3-2所示。

表 3-2　《固定污染源排污许可分类管理名录（2019年版）》附表节选

序号	行业类别	重点管理	简化管理	登记管理
95	电力生产 441	火力发电 4411，热电联产 4412，生物质能发电 4417（生活垃圾、污泥发电）	生物质能发电 4417（利用农林生物质、沼气发电、垃圾填埋气发电）	\
96	热力生产和供应 443	单台或者合计出力 20 吨/小时（14 兆瓦）及以上的锅炉（不含电热锅炉）	单台合计出力 20 吨/小时（14 兆瓦）以下的锅炉（不含电热锅炉）和单台合计出力 1 吨/小时（0.7 兆瓦）以下的天然气锅炉	单台且合计出力 1 吨/小时（0.7 兆瓦）及以下的天然气锅炉

③ 在排污许可证有效期内，排污单位有下列情形之一的，应当重新申请取得排污许可证：

ⅰ. 新建、改建、扩建排放污染物的项目；

ⅱ. 生产经营场所、污染物排放口位置或者污染物排放方式、排放去向发生变化的；

ⅲ. 污染物排放口数量或者污染物排放种类、排放量、排放浓度增加的。

(2) 产排污节点具体规定

以火电厂为例，火电企业产排污节点包括对应的生产设施和相应排放口。生产设施主要包括发电锅炉、燃气轮机组、输煤转运系统等；相应排放口主要包括锅炉烟囱和燃气轮机组烟囱等有组织排放口。实施许可管理的废气污染因子为《火电厂大气污染物排放标准》（GB 13223—2011）中的所有污染因子。

火电企业的锅炉烟囱和燃气轮机组烟囱等有组织排放口为主要排放口，对管控许可排放浓度和许可排放量，企业应详细填报排放口具体位置、排气筒高度、排气筒出口内径等信息。对其他有组织废气，企业应在申请排污许可证阶段自行申报，并按照相应的污染物排放标准进行管控；无组织废气污染源，企业应说明采取的控制措施。地方排污许可规范性文件有具体规定或其他要求的，从其规定。

火电企业纳入排污许可管理的废水类别包括生产废水、生活污水和冷却水排水等。单独排入城镇集中污水处理设施的生活污水仅说明其去向。根据《污水综合排放标准》（GB 8978—1996）及企业实际排放情况明确水污染因子，包括化学需氧量、氨氮、pH、SS、硫化物、石油类、TDS、总磷、氟化物、挥发酚等，具体见表 3-3。地方有其他要求的，从其规定。

表 3-3 生产设施及排放口

废气		
生产设施	废气有组织排放口	污染因子
发电锅炉	锅炉烟囱	烟尘
		SO_2
		NO_x
		汞及化合物
		林格曼黑度
燃气轮机组	燃气轮机组烟囱	颗粒物
		SO_2
		NO_x

废气无组织排放		
无组织排放点位	燃料类型	污染因子
厂界无组织排放	以煤、煤矸石、石油焦、油页岩、生物质为燃料	颗粒物
储油罐周边及厂界	以油为燃料	非甲烷总烃
氨罐区周边		氨

废水		
废水类别	废水排放口	污染因子
生产废水，生活污水，冷却水排水，脱硫废水	……	COD
		氨氮
		pH
		SS
		硫化物
		石油类
		TDS

续表

废水		
废水类别	废水排放口	污染因子
生产废水，生活污水，冷却水排水，脱硫废水	……	总磷
		氟化物
		挥发酚
		动植物油类

注：1. 单台出力65t/h以上的纯蒸汽锅炉（非发电锅炉）按本规范执行。
2. 适用于燃煤锅炉。
3. 具备条件的企业还应关注总砷、总铅、总汞等重金属污染物。

(3) 排污许可合规管理的重点难点

在建设项目发生实际排污行为之前，应当按照国家环保相关法律法规以及排污许可证申请与核发技术规范的要求，向生产经营场所所在地设区的市级以上地方人民政府生态环境主管部门申请取得排污许可证。

① 合规申领，持证排污

《排污许可管理办法（试行）》规定，纳入《固定污染源排污许可分类管理名录》的企事业单位和其他生产经营者（以下简称排污单位）应当按照规定要求和时限，申请并取得排污许可证。排污许可申报流程如图3-2所示。

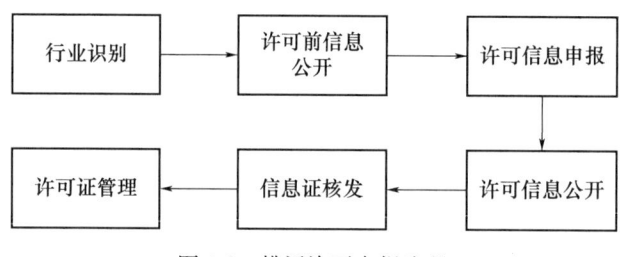

图3-2 排污许可申报流程

② 生产管理要点

生产设施是污染源排放的主要来源，生产状况的好坏是决定污染源达标排放的重要因素，做好生产运行管理是确保污染物达标排放的基本工作。生产管理要点包括生产原料的管控和生产运行管理。

③ 治理设施管理

可行的治理技术是实现污染物达标排放的关键，排污许可技术规范中有明确的可行技术说明，对于未列入可行技术的，需提供该技术的可行性证明。污染治理设施的稳定运行是实现污染物达标排放的关键，在日常运行中，需严格控制运行参数，确保各项运行参数在控制要求范围之内。

④ 排污口规范化管理

排污企业的污染物排放口包括主要排放口和一般排放口，规范的排污口设置是衡量排污许可管理水平高低的直观表现，可通过设置规范的排污口标识牌、建立排污口规范化管理档案来优化排污口管理。

⑤ 在线监测设施管理

排污许可申报技术规范中有明确的污染源排放口监测点位及监测频次的规定，企业在制定监测计划时，必须将排污许可管理要求中的监测点位、监测频次列入计划中，以确保排污许可要求的监测内容按要求完成。

⑥ 做好自行监测

自行监测是企业自证守法、合规生产的重要依据,主要包括在线监测和手工监测两部分。

⑦ 特殊时段及错峰生产期间管理要点

根据国家和地方限期达标规划和其他相关环境管理规定,对排污单位的污染物排放情况有特殊要求的时段(包括重污染天气、冬防期间及错峰生产期间),需满足特殊时段污染物防治要求。

⑧ 排污许可台账及执行报告管理

排污许可台账是排污单位根据排污许可证的规定,对落实环境管理要求以及自行监测情况的具体记录,是企业依证生产的纸质凭证。

排污单位应按照排污许可证规定的时间提交执行报告,每年需提交 1 次排污许可证年度执行报告;同时,还应依据法律法规、标准等文件的要求,提交季度执行报告或月度执行报告。

⑨ 信息公开管理

企业应当及时公开有关排污信息,自觉接受公众监督。

3. 电力项目运营期环境管理

电力项目运营期合规重点:严格执行排污许可证中有关规定;确保项目在生产过程中,污染防治设施正常运行;同时,应重点加强对工业固体废物特别是危险废物的规范化管理。

(1) 运营期生态环保监测

在电力项目运营期,应建立完善的生态环保监测体系,包括定期监测大气、水质、土壤、噪声等环境指标,并结合生物多样性监测,及时发现环境问题。同时,应采取有效的生态保护和修复措施,如植被恢复、水体净化、垃圾处理等,确保项目运营过程中对生态环境的影响最小化,实现可持续发展。

(2) 运营期环境管理要求

针对废气污染治理设施的安装、运行、维护等要求,包括:

① 污染治理设施应与产生废气的生产设施同步运行。由于事故或设备维修等原因造成污染治理设施停止运行时,应立即向当地环境保护主管部门报告;

② 污染治理设施应在满足设计工况的条件下运行,并根据工艺要求,定期对设备、电气、自控仪表及构筑物进行检查和维护,确保污染治理设施可靠运行;

③ 污染治理设施正常运行时,废气的排放应符合国家和地方污染物排放标准。

无组织排放的运行管理应按照国家和地方污染物排放标准要求执行。

针对废水污染治理设施的安装、运行、维护等要求,包括:

① 废水污染治理设施应按照国家和地方的相关规范进行设计;

② 由于事故或设备维修等原因造成污染治理设施停止运行时,应立即向当地环境保护主管部门报告;

③ 污染治理设施应在满足设计工况的条件下运行,并根据工艺要求,定期对设备、电气、自控仪表及构筑物进行检查和维护,确保污染治理设施可靠运行;

④ 全厂综合污水处理厂应加强源头管理,加强对上游装置来水的监测,通过管理手段控制上游来水水质满足污水处理厂的进水要求;

⑤ 污染治理设施正常运行时,废水的排放应符合国家和地方污染物排放标准。

涉及有毒有害污染物的排污单位,针对可能污染土壤和地下水的渗漏、泄漏风险点应采取相应的防治措施,包括:

① 源头控制

对有毒有害物质,特别是液体或粉状固体物质储存及输送、生产加工,以及污水治理、固体废物堆放等环节采取相应的防渗漏、泄漏措施。

② 分区防控

原辅料及燃料储存区、生产装置区、输送管道、污水治理设施、固体废物堆存区的防渗要求，应满足国家和地方相关标准以及防渗技术规范的要求。

③ 渗漏、泄漏检测

对管道、储罐等配置渗漏、泄漏检测装置和阴极保护系统等防腐蚀装置，定期对渗漏、泄漏风险点进行隐患排查。

4. 突发环境事件应急管理制度

企业事业单位应当按照相关法律法规和标准规范的要求，履行下列义务：开展突发环境事件风险评估；完善突发环境事件风险防控措施；排查治理环境安全隐患；制定突发环境事件应急预案并备案、演练；加强环境应急能力保障建设。

（四）电力项目退出期

1. 拆除活动管理流程

（1）前期准备

拆除活动业主单位应在拆除活动施工前，组织识别和分析拆除活动可能污染土壤、水和大气的风险点，以及周边环境敏感点。

（2）制定拆除活动污染防治方案

业主单位组织编写《企业拆除活动污染防治方案》和《拆除活动环境应急预案》。《企业拆除活动污染防治方案》应明确：

① 拆除活动全过程土壤污染防治的技术要求，重点防止拆除活动中的废水、固体废物以及遗留物料和残留污染物污染土壤。

② 针对周边环境特别是环境敏感点的保护，提出防止水、大气污染的要求。

③ 统筹考虑落实《污染地块土壤环境管理办法（试行）》（环境保护部令第42号）的要求，做好与后续污染地块场地调查、风险评估等工作的衔接。

《企业拆除活动污染防治方案》需报所在地县级环境保护主管部门及工业和信息化部门备案。《拆除活动环境应急预案》的编制及管理参照《企业事业单位突发环境事件应急预案备案管理办法（试行）》（环发〔2015〕4号）执行。

（3）组织实施拆除活动

业主单位可自行组织拆除工作或委托具备相应能力的施工单位开展拆除工作。特种设备、装备的拆除和拆解需委托专业机构开展。实施过程中，应当根据现场的情况和土壤、水、大气等污染防治的需要，及时完善和调整《企业拆除活动污染防治方案》。

（4）拆除活动环境保护工作总结

拆除活动结束后，业主单位应组织编制《企业拆除活动环境保护工作总结报告》。

（5）拆除活动污染防治资料管理

业主单位应保存拆除活动过程中的污染防治相关资料并归档，为后续污染地块调查评估提供基础信息和依据。

2. 拆除资源回用

拆除各类建筑物、构筑物、管网等过程中会产生大量的弃土、弃料及其他废弃物等建筑垃圾。目前，处理建筑垃圾的方式主要有土地回用和分类处理两种途径。土地回用是一种较为经济适用的资源化利用方式。

3. 拆除活动中的土壤污染防治

（1）土壤防治原则要求

重点防治拆除活动中的废水、固体废物以及遗留物料和残留污染物对土壤的污染。

（2）土壤等污染防治工作要点

在电力项目退出期，土壤等污染防治工作的要点包括：识别土壤污染风险点，采取污染土壤处理措施，清除污染源，建立土壤监测体系，实现资源再利用，进行风险评估，并严格遵守相关法律法规，以确保土壤环境质量得到有效保护和治理。

（3）做好后续污染地块调查工作的衔接

拆除活动过程中，对识别出的以下区域，应当绘制疑似土壤污染区域分布平面示意图并附文字说明，保留拆除活动前后现场照片、录像等影像资料，为拆除结束后工作总结及后续污染地块调查评估提供基础信息和依据：遗留物料、残留污染物、遗留设备、建（构）筑物等所在的土壤污染风险点区域；发现的土壤颜色、质地、气味等发生明显变化的疑似土壤污染区域；拆除过程中发现的因物料或污染物泄漏而受到影响的区域等。

4. 场地土壤和地下水污染状况调查

场地土壤和地下水污染状况调查分为初步调查、详细调查。初步调查包括资料收集、现场踏勘、人员访谈等工作，编制初步场地调查报告，若初步调查确认地块内及周围区域当前和历史上均无可能的污染源，则认为地块的环境状况可以接受，无须开展后续详细调查和风险评估；否则开展进一步的详细调查。详细调查内容一般包括采样布点方案制定、水文地质勘察、土壤和地下水采样、检测分析及调查报告编制等。

场地调查范围应覆盖全部厂区，兼顾周边临近区域。应根据相关技术规范进行采样布点，采样时记录采样点经纬度并对样品进行描述。采样样品包括场地内的土壤、地下水、地表水、废水、废渣。采样完成后进行实验室分析化验，依据监测数据对场地污染状况进行分析并编制场地调查报告。

5. 污染场地土壤和地下水修复技术

污染场地修复技术按照处置场所、原理、修复方式、污染物存在介质等方面的不同，可以有多种分类方法。按照处置场所，可分为原位修复（in-situ）技术和异位修复（ex-situ）技术；按照修复技术原理，可分为生物、物理、化学和物理化学修复技术等；按照污染物存在介质，可分为土壤修复技术和地下水修复技术；按照"源-途径-受体"控制方式，可分为污染介质治理技术、污染途径阻断技术和受体保护技术。

第二节 电力环保领域合规管理实务

一、电力企业环保合规管理体系建设及运行

（一）环保合规管理组织体系框架

1. 基本构成要素

企业环保合规管理体系的六项基本构成要素为合规领导机构、合规组织、制度计划、风险识别、

监测报告、教育整改。合规领导机构是企业环保合规管理体系的中枢，它既包括企业的最高领导机构，也包括专门的环保合规管理领导机构，共同承担企业环保合规管理的领导责任。

企业的最高领导机构基于其合规管理职责，应要求企业各内设机构、各岗位以及全体员工都要履行环保合规责任，牢固树立合规意识，因此，合规管理体系的结构必须保证环保合规责任在企业内部实现全覆盖。

而在环保合规风险防范过程中，应当形成识别、监测、清除、整改、完善的层次分明、持续精进的结构脉络。

电力企业环保合规组织不仅需要自成体系，而且要与企业自身的组织体系要内在紧密相连，将环保合规管理的制度要求全面渗透到企业的领导机构、管理团队、业务部门、业务岗位直至全体员工中。同时，在自成体系的合规组织中，不仅需要独立的环保合规团队完成环保合规责任的配置、合规计划的制订、合规考核整改和警示教育的落实，而且要建立与业务部门、业务岗位的紧密合作关系，共同对企业环保合规风险进行及时准确的识别、监测和应对，这是合规管理体系的有效功能。环保合规管理组织体系框架图如图3-3所示。

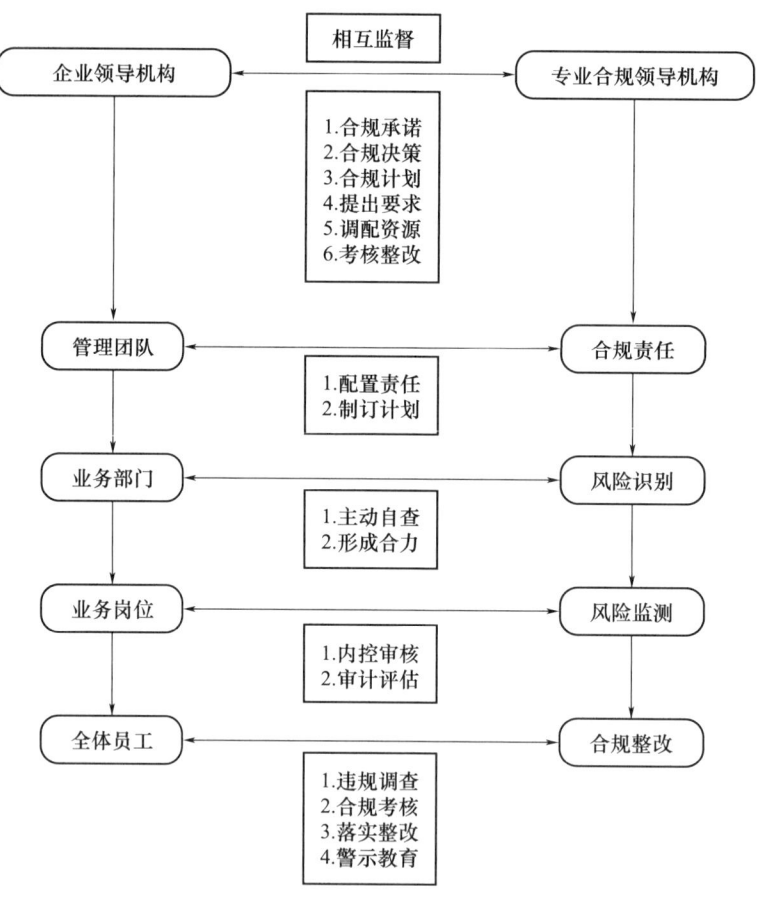

图3-3 环保合规管理组织体系框架图

2. 环保合规管理的"三道防线"

电力企业环保合规管理体系的三道防线包括经营管理部门、内控审计部门和调查考核部门。这三道防线履行各自职责、发挥各自作用，统称为合规功能，包括三大方面：合规风险识别、合规风险监测、合规风险应对如图3-4所示。

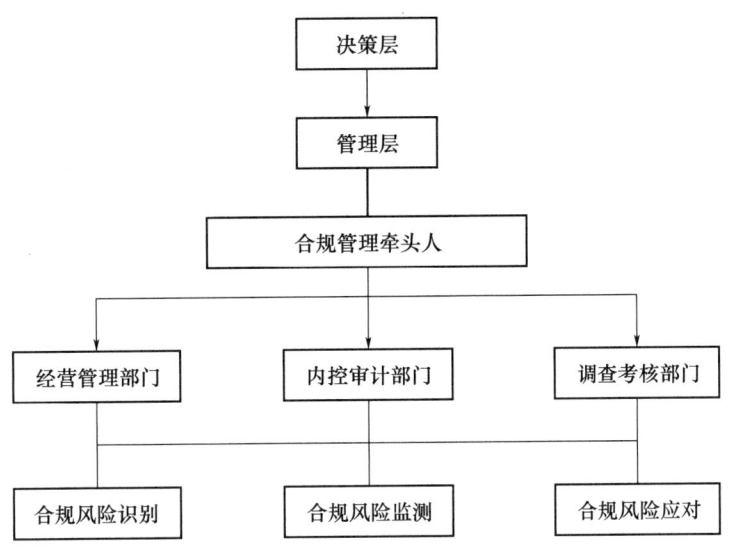

图 3-4 环保合规管理"三道防线"示意图

3. 环保合规管理组织体系的"合规力"

合规管理体系发挥作用的过程,是一个传输能量的发力过程,称之为"合规力"。"合规力"可以清晰地将合规体系与企业风险管理区别开来。合规管理体系所具有的"合规力"不同于"防控力",它不仅具有基本的风险防范功能,更重要的是护卫企业经营安全,坚守企业价值观。

电力企业的环保合规管理体系发挥"合规力"的过程由两方面工作组成,包括环保合规管理体系建设和环保专项合规计划制定,前者是基础性的,后者是适应性的,它们是合规管理工作的两大抓手。"合规力"发挥作用过程图如图 3-5 所示。

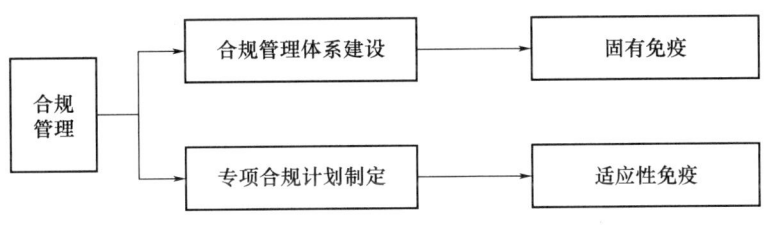

图 3-5 "合规力"发挥作用过程图

(二)环保合规管理运行机制

1. PDCA 方法概念

有效的环保合规管理,关键在于形成内部合理的结构后能够高效运行。只有在持续的运行中,才能及时发现并有效防范合规风险。作为电力企业管理的重要组成部分,环保合规管理也应当遵循企业全面质量管理方法。国际上普遍应用的 PDCA 质量管理办法,可以作为企业合规管理的运行机制。

PDCA 循环的含义是将质量管理分为四个阶段:计划(Plan)、执行(Do)、检查(Check)、处理(Action)。这一工作方法是质量管理的基本方法,也是企业管理各项工作的一般规律。四个阶段的具体含义分别为:

① P(Plan)——计划,包括方针和目标的确定,以及活动规划的制订。

② D(Do)——执行,根据已知的信息,设计具体的方法、方案和计划布局;再根据设计和布局,

进行具体运作,实现计划中的内容。

③ C(Check)——检查,总结执行计划的结果,分清哪些结果对了,哪些结果错了,明确效果,找出问题。

④ A(Act)——处理,对总结检查的结果进行处理,对成功的经验加以肯定,并予以标准化;对于失败的教训也要总结,引起重视。对于没有解决的问题,应提交给下一个PDCA循环去解决。

以上四个过程不是运行一次就结束,而是周而复始地进行。一个循环结束,解决一些问题,而未解决的问题又进入下一个循环,这样阶梯式上升,见图3-6。

2. PDCA方法工作内容

在实际环保合规应用中,PDCA方法体现为四个阶段的工作内容。

第一,计划阶段。一般以电力企业一个经营年度为单位,制订全年的环保合规管理计划,安排全年任务,明确计划实现的管理目标。承担这一阶段职责的是环保合规管理中枢机构,即企业领导机构和专业环保合规领导机构。具体工作如下:

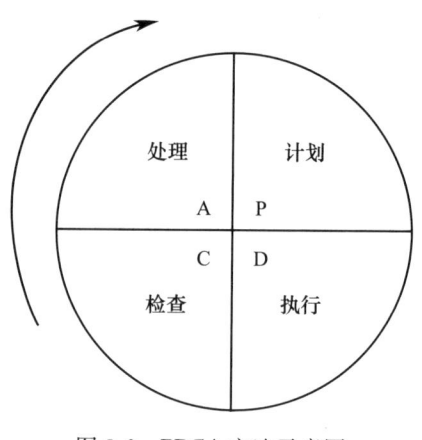

图3-6 PDCA方法示意图

(1) 召开会议,正式确定启动企业环保合规管理体系建设项目;

(2) 建立环保合规管理组织体系,如设立环保合规管理委员会、任命环保合规管理负责人或首席环保合规官等;

(3) 制定环保合规管理体系建设方案,确定合规管理体系的方针、目标、范围、依据、建设方式和建设周期等;

(4) 组建环保合规管理体系建设项目组,可与合规管理体系推行小组或推行办公室合署;

(5) 基于现有业务、制度、流程,梳理环保合规义务;

(6) 识别环保合规风险,并评估合规风险的大小;

(7) 制定合规风险的应对策略和防控措施;

(8) 把合规风险防控措施嵌入业务流程和规章制度;

(9) 编制合规管理体系相关文件;

(10) 对编制的合规管理体系文件进行评审、完善。

第二,执行阶段。按照计划任务,对企业环保合规管理的三道防线分别抓落实,有序推进环保合规风险的识别、监测、评估,以及调查、整改等工作。承担这一阶段职责的是环保合规管理三道防线的岗位(或部门),包括经营管理部门、内控审计部门和调查处置部门。具体工作如下:

(1) 对项目人员进行培训,包括企业整体环保宣贯;按业务类别或业务单元宣贯;按部门宣贯;按专项合规宣贯等;

(2) 按照体系要求各自履行相应的合规义务;

(3) 做好相关运行记录;

(4) 若考虑取得合规管理体系认证,就要按认证标准进行运维;

(5) 开展管理体系审核与认证。

第三,检查阶段。检查环保合规计划的落实情况,及时纠正存在的问题和偏差,确保各项任务落实到位。承担这一阶段职责的是企业环保合规中枢机构及具体执行部门。体系监督检查阶段其实并非一个独立存在的阶段，它通常与处置阶段并存，因为监督离不开监督的对象。改进是针对监督结果进行整改，例如对发现的缺陷或不符合项进行整改。

第四，处理阶段。将监测、审计、调查后所发现的问题集中进行处理，根据处理情况提出整改计划，实现更高水平的合规管理目标。承担这一阶段职责的是第三道防线的部门和环保合规中枢机构。

综合上述情况，PDCA方法在电力企业环保合规管理中的应用如图3-7所示。

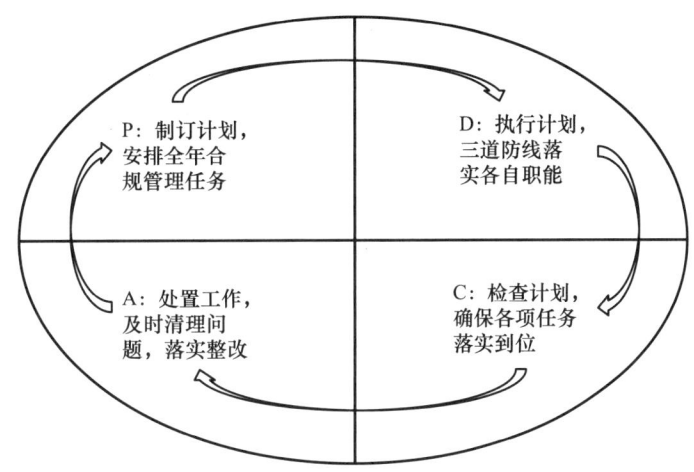

图3-7　PDCA方法在电力企业环保合规管理中的应用

3. 环保合规管理工作运行轨迹

以年度为周期看，电力企业环保合规管理工作运行轨迹大致如下：

（1）年初，企业合规领导机构审议批准年度环保合规工作计划，下发至全公司范围内开始实施。

（2）业务部门根据确定的年度环保合规计划，会同环保合规工作人员（专、兼职均可），有重点地自查业务中的环保合规风险，完善环保合规风险清单，同时将业务开展中需要合规性审查的事项依照业务流程提交内控部门审核。此外，将自查发现的严重违规问题移交调查部门核实处理。

（3）内控部门负责做好日常业务事项的环保合规性审查，及时纠正发现的问题，同时将需要进一步处理的违规问题移交给调查部门核实处理。

（4）审计部门根据年度计划，主动开展对重点业务条线及相关部门（岗位）的环保合规风险和制度执行情况的审计检查，对存在的合规风险点情况和风险防控措施的有效性进行评估，及时提出违规行为的纠正意见，将对严重的问题移交调查部门核实处理。

（5）调查部门根据年度计划，对业务部门自查、内控核查、审计检查发现的违规问题进行核实，并对相关责任人员进行问责。

（6）执行部门（可由合规领导机构的执行部门担任）每季度检查年度环保合规计划的落实情况，对于落实不到位的情况要及时纠正，对于新发现的问题要及时纠偏。

（7）考核部门（由合规中枢机构承担责任）组织对电力企业各层级、各部门、各岗位的环保合规责任落实情况进行考核，根据考核结果进行相应处理，并提出下一步的整改思路。

（8）根据前面的合规自查、内控核查、审计监察、违规调查、合规考核等环节反映出来的问题，在公司内部开展多种形式的环保合规教育，强化员工的环保合规意识。

（9）根据本年度环保合规计划落实中反映出来的问题，执行部门提出来年的环保合规管理计划，提交合规管理委员会审议，启动第二年的环保合规管理工作。

至此，电力企业环保合规管理在企业一个经营年度内就形成了一次循环，通过改进前一个循环的问题，再进入第二个循环，这就是企业环保合规管理迈上新台阶的过程。

（三）电力企业环保合规管理体系运行方案

1. 环保合规管理体系运行步骤

（1）首先，根据电力企业内外部环境的变化动态识别和更新环保合规义务和合规风险；
（2）评估环保合规风险，并针对重大和重要的环保合规风险制定防控措施；
（3）将环保合规义务要求和重大环保合规风险的防控措施整合到企业的业务过程和外包过程中；
（4）对防控措施的有效性进行监视和测量；
（5）对发现的不合规或不符合项进行纠正或制定纠正措施；
（6）对整改情况进行评价；
（7）重新进行企业内外部环境分析，开始新一轮环保合规管理。

2. 环保合规管理体系运行机制

合规管理体系运行的配套机制按事前、事中和事后三个阶段来划分，表明在不同阶段应用不同机制，具体内容见表3-4。

表3-4 按事前、事中和事后三个阶段划分合规管理体系的运行机制

事前	事中	事后
环保合规培训机制	环保合规风险监测机制	环保合规报告（名词）机制
环保合规咨询服务机制	环保合规风险预警机制	环保合规举报机制
环保合规审查机制	环保合规联席会议机制	环保合规绩效考核机制
环保合规风险评估机制	环保合规检查机制	环保合规有效性评价机制
环保合规提示机制	环保合规报告（动词）机制	环保合规问责机制
环保合规尽职调查机制	……	环保合规体系改进机制

二、电力企业环保合规义务管理

（一）项目准备阶段的主要环保合规义务

1. 做好项目环境保护方案的研究

生态环境保护章节的编制应参照环评相关内容，尽可能与环评保持一致，认真分析项目所在地区环境质量现状，充分识别生态环境影响要素和环节，提出合理的生态环境保护和治理措施，并明确环保投资估算。

2. 确定项目环评类别

应当严格按照《建设项目环境影响评价分类管理名录》确定建设项目环评类别，不得擅自改变环评类别。

3. 编制或者填报环评文件

在项目备案后，应根据建设项目对环境的影响程度，按照《建设项目环境影响评价分类管理名录》规定，分别编制建设项目环境影响报告书、环境影响报告表，或者填报环境影响登记表，并取得项目环评审批。未获得批准的，项目不得开工建设。

第三章 电力环保合规管理

4. 项目准备阶段的管理工作

建设工程环境监理是指监理单位受业主委托，依据合同和有关法律法规，按照"公正、独立、自主"的原则，通过工程环境监理的方式，开展环境保护的管理工作。实施工程项目环境监理可保证项目环境影响评价工作中提出的环境保护措施有效实施和"三同时"制度的真正落实，保障施工合同中有关环境保护的合同条款得以落实，变事后管理为过程管理，有效控制工程施工期的生态破坏问题，从而防范和降低工程项目在建设过程中的环境风险。

（二）项目建设阶段的主要环保合规义务

1. 满足项目"三同时"制度要求

建设项目（包含新建、改建、扩建项目和技术改造项目）需要的配套防治污染的设施，应当与主体工程同时设计、同时施工、同时投产使用（即三同时）。防治污染的设施应当符合经批准的环评文件的要求，不得擅自拆除或者闲置。

2. 取得排污许可证

对于纳入排污许可分类管理名录的污染物排放企业，应当按照法定程序申请并取得排污许可证，按照排污许可证的要求排放污染物。

3. 完成项目环保设施竣工验收

在正式投入生产前，建设单位应自主完成环保设施竣工验收等相关程序。

4. 建立突发环境事件应急管理制度

对可能发生突发环境事件的电力企业，应根据本单位的实际情况，针对可能发生的事故类别、性质、特点和范围等，建立突发环境事件应急管理制度。

5. 项目建设阶段的管理工作

项目建设阶段是工程对环境产生影响的形成阶段，通过工程环境监理的方式，开展项目建设阶段环境保护的管理工作。环境监理应采取巡视、旁站、平行检验等方式对环境保护执行情况进行有效的控制。根据施工环境影响情况，组织环境监测，依据监测结果，行使环境监督权，并编写环境监理月报、季报、年报以及专项报告。

施工结束后，试运行阶段环境监理工作内容包括对主体工程及配套环保设施运行情况、施工方撤场后场地清理情况、生态恢复、耕地补偿情况等进行调查汇总；对新发现或遗留的问题，根据性质向建设单位提交《环境监理联系单》或向施工承包商下达《环境监理通知书》，提出整改建议；整改闭环程序与施工阶段相同；试运行结束后，汇总各项内容，编制项目环境监理总结报告；配合项目环境保护专项验收工作，并在环境行政主管部门组织的验收审查会上汇报环境监理情况，对于验收会提出的问题，督促建设单位进行整改；验收通过后，向建设单位移交工程环境监理竣工资料。移交的资料应包括以下内容：环境监理总结报告、环境监理工作方案、环境监理实施细则、环境监理工作联系单、通知单及回执、环境监理报告表、环境保护验收资料、环境敏感地区开工前及完工后的评估报告、相关影像资料等。

（三）项目运营阶段的主要环保合规义务

企业应当确保项目在生产过程中，污染防治设施正常运行，重点加强对大气、水、噪声、土壤污染监测和防治以及工业固体废物，特别是危险废物的规范化管理；加强用能管理，采取技术上可行、经济上合理以及环境和社会可以承受的措施，降低能耗，减少污染物排放，有效合理地利用能源；有效履行企业在清洁生产中的法定义务，项目应采用节能、节水等有利于环境与资源保护的建筑设计方案、建筑和装修材料、建筑构配件及设备，禁止生产、销售和使用有毒、有害物质含量超过国家标准的建筑和装修材料；依法履行环境信息公开以及突发环境事件应急管理等环保合规义务。

项目运营阶段主要环境监测内容包括：

（1）大气环境监测：监测空气中各种污染物的浓度、气象条件、辐射等指标，主要用于评估大气污染程度、控制大气污染和制定环保政策；

（2）水环境监测：监测水中各种污染物的浓度、水质、水体生态状况等指标，主要用于评估水体污染状况、保护水资源和生态环境；

（3）土壤环境监测：监测土壤中各种污染物的浓度、土壤质量、土壤生态状况等指标，主要用于评估土壤污染程度、保护土壤资源和防治土壤污染；

（4）噪声环境监测：监测噪声源的声压水平、声谱特征、噪声时域特性等指标，主要用于评估噪声污染状况、保护人们的听觉健康和生活环境；

（5）危险废物环境监测：监测危险废物的种类、数量、处置情况等指标，主要用于监测危险废物的生成、转移、处理和处置情况，以及保护环境和人们的健康。

（四）项目退出阶段的主要环保合规义务

（1）防范拆除活动污染环境。

编制《企业拆除活动污染防治方案》《拆除活动环境应急预案》，拆除活动结束后，应组织编制《企业拆除活动环境保护工作总结报告》[①]。

（2）承担治理与修复的主体责任。

（3）按相关要求采取土地复垦整治措施。

三、电力企业环保合规风险评估及应对

（一）合规风险评估概述

环境合规风险评估分为风险识别、风险分析和风险评价三个阶段。

（二）电力企业环保合规风险识别

1. 电力企业环保合规风险识别概述

识别环保合规风险，就是为了管理那些当前的和潜在的环保不合规行为。在实践中可以把不合规行为定义为：

① 可能遭受法律制裁的行为；

② 可能遭受环保监管机关处罚的行为；

③ 企业成文制度明确禁止或者严格限制的行为；

---

① 《企业拆除活动污染防治技术规定（试行）》

④ 可能给企业造成经济损失的行为；

⑤ 可能给企业声誉带来负面影响的行为。

2. 合规风险识别基本过程

合规风险识别基本过程见图3-8。

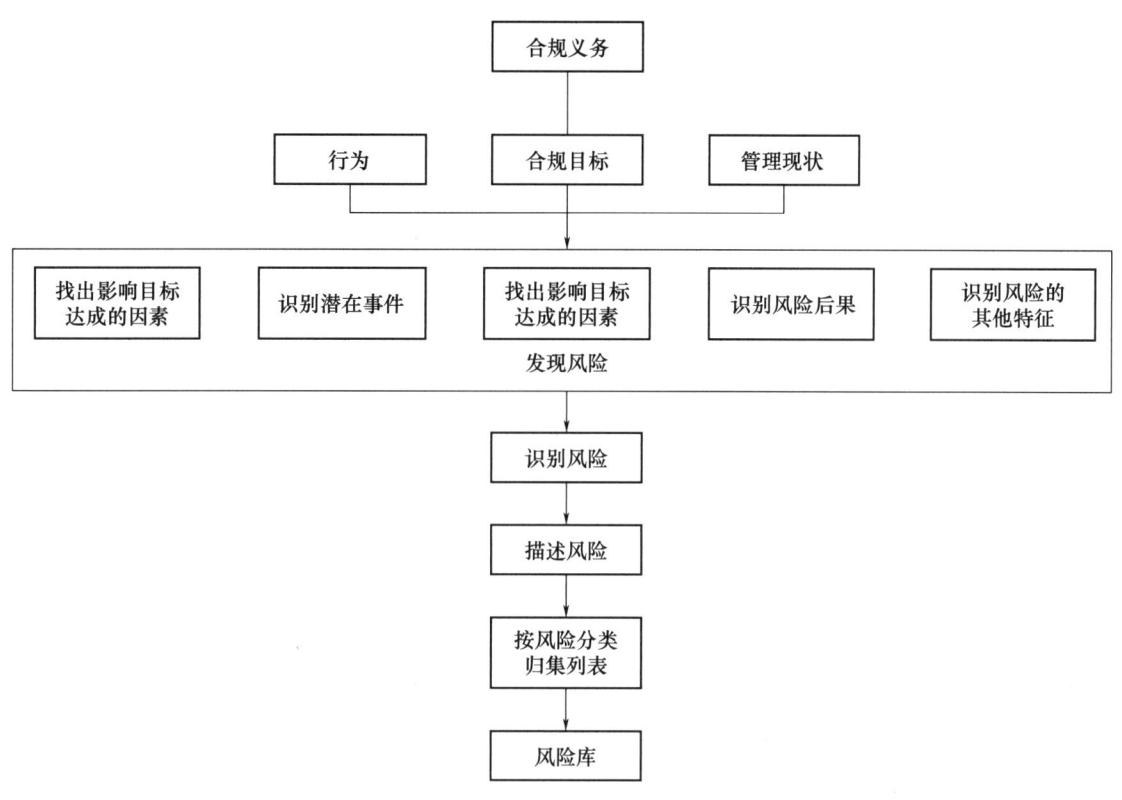

图 3-8 合规风险识别过程图

3. 合规风险识别方法

识别合规风险的方法有很多种，比如基于我国环境与生态保护相关的法律、法规、标准、规章制度等识别环保合规风险；基于过往案例识别环保合规风险；基于专家经验识别合规风险；基于头脑风暴或问卷调查识别合规风险等。

企业在识别合规风险时，可分为自上而下识别和自下而上识别两种方法。所谓自上而下识别，就是合规管理牵头部门先搭建好合规风险分类框架，或者建立好合规风险目录，然后层层分解，由基层员工填报。所谓自下而上识别，则是由各部门员工先识别各个具体的合规风险，然后汇总到部门，再汇总到法律合规部，由法律合规部梳理这些合规风险，最后形成企业的合规风险目录和合规风险清单。

（三）电力企业环保合规风险评估过程分解

1. 合规风险分析

评估合规风险是指在识别合规风险的基础上，对合规风险进行分析与评价，具体如图3-9所示。

对企业环保合规风险的分析主要包括以下内容：

（1）对企业环保合规风险的深入描述；

（2）该风险发生后在哪些方面及以怎样的方式给企业造成影响；

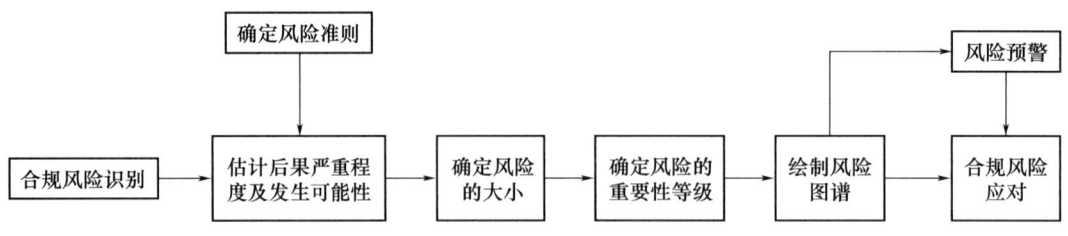

图 3-9 合规风险评估基本过程

（3）该风险对既定目标将产生的影响；

（4）不同影响的程度；

（5）导致该风险发生的真正原因；

（6）该风险可能在什么情况下以什么方式发生；

（7）该风险发生的可能性有多大。

2. 合规风险评价

（1）合规风险评价过程

合规风险评价是将合规风险分析的结果与企业能够承受的风险水平相比较，或者在各种合规风险分析结果之间进行比较，以确定合规风险的等级。

（2）风险重要性准则

常见的合规风险评价方法是按照企业对风险的容忍程度和风险偏好，将合规风险分为三个重要性等级，具体见表 3-5。

表 3-5 合规风险评估的定量可能性准则

重要性等级	等级描述
高	超过合规义务底线，且后果严重
中	超过合规义务底线，且后果轻微
低	接近合规义务底线，或者未达到高标准要求

针对上述三种情况，企业可以选择以下应对策略：

① 对于高合规风险，需要立即应对。处于该等级的风险，无论应对成本多高，都要立即应对；否则就要下调业务目标或终止业务；

② 对于中合规风险，目前可控，可视情况和合规资源进行应对；

③ 对于低合规风险，该等级风险只需持续监测，保持现有防控措施即可。

（3）合规风险评估的成果

合规风险评估的主要成果包括以下内容：

① 合规风险清单；

② 合规风险排序；

③ 合规风险重要性等级划分；

④ 合规风险分布图；

⑤ 重大合规风险的详细分析说明及应对建议；

⑥ 合规风险评估报告。

（四）电力项目碳排放权交易风险管理

1. 碳排放权交易流程

电力企业碳排放权交易流程主要包括监测、核算、核查、交易实施和履约等环节，具体内容见图 3-10。

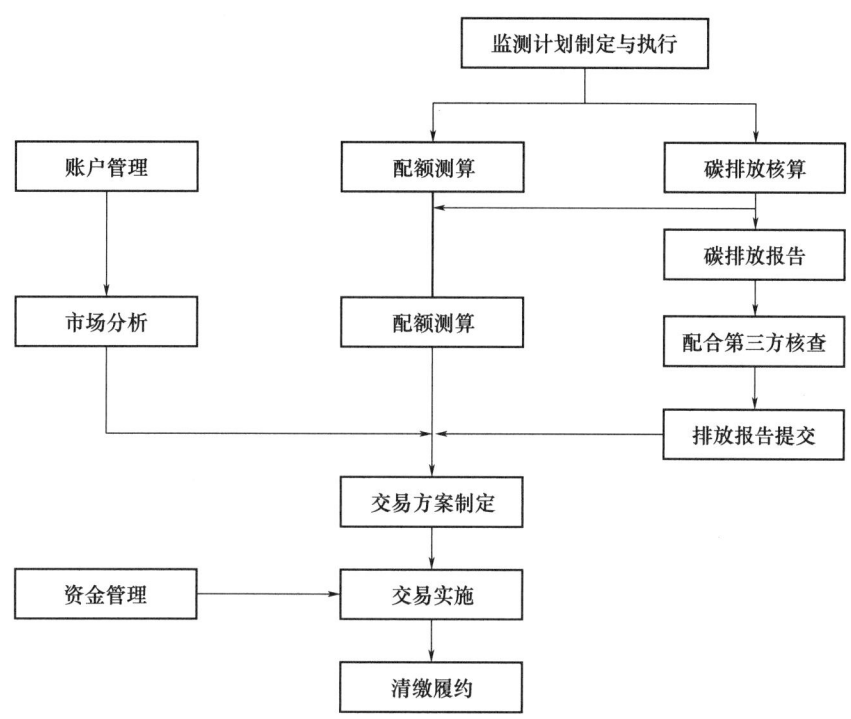

图 3-10　电力企业碳排放权交易流程

2. 碳排放权交易风险评估

（1）碳排放权交易风险识别

我国电力企业面临的碳排放权交易风险主要有以下几种：

① 政策风险：是指碳排放权交易相关政策的不确定性给电力企业带来潜在损失的可能性。

② 技术风险：是指电力企业进行碳排放权交易时，因技术不足给企业带来潜在损失的可能性。

③ 交易风险：是指电力企业的碳排放权交易操作过程中，以及交易对手的信用等方面出现问题给企业带来损失的可能性。

④ 资金风险：是指电力企业碳排放权交易中，资金没有及时到位给企业带来损失的可能性。

⑤ 市场风险：是指碳排放权交易市场价格波动剧烈以及流动性差等情况给企业带来潜在损失的可能性。

电力企业面临的碳排放权交易风险有政策风险、技术风险、交易风险、资金风险和市场风险，这些风险都对电力企业的碳排放权交易净损益产生影响，其中，市场风险对碳排放配额购入成本和出售净损益的影响最为直接和重大，电力企业应重点识别并控制市场风险。

（2）电力企业碳排放权交易风险防控措施

① 通过分散交易进行风险控制

每日关注碳排放权价格变化情况，提出包含预算和建议交易价格的报告，分次分时进行碳排放权交易，以规避碳排放权交易市场风险。

② 进行碳资产管理

电力企业可建立集中化管理的三级职能体系进行碳资产管理，三级职能体系分别为集团公司级、专业碳资产公司级和基层企业级，具体职能见表3-6。

表3-6 电力企业碳资产管理体系

层级	职能单位	职能
集团公司级	最高管理层	制定集团公司的碳排放权交易和碳资产管理运营办法；明确集团公司各级单位各部门的职责；监督各级单位各部门碳排放权交易情况和碳资产管理运营办法的执行情况；协调集团公司各级单位各部门的关系
专业碳资产公司级	碳资产有限公司	建立集团公司的碳排放数据库；协助基层发电企业进行碳排放核查报告；集中进行集团公司的碳排放配额交易，实现集团公司碳资产的统一、专业化管理
基层企业级	基层发电企业	按照相关要求开具碳排放权交易相关账户；向碳资产公司提供碳排放权交易相关账户信息，授权碳资产公司进行管理；向碳资产公司提供交易所需各项信息

（五）电力项目环境公益诉讼及民事侵权损害赔偿风险管理

1. 预防性环境民事公益诉讼重大风险认定基础框架（图3-11）

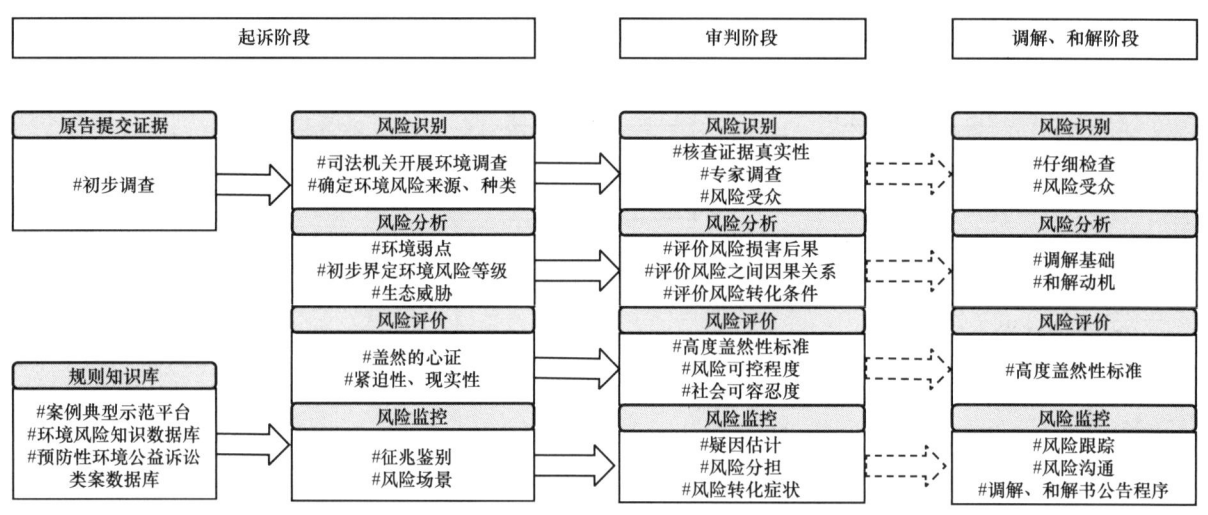

图3-11 预防性环境民事公益诉讼中的基础框架

2. 环境风险事件背景下电力企业合规应对的实务重点

（1）强化风险预警，开展合规调查

当企业收到行政机关关于生态环境损害赔偿磋商的通知或法院关于公益诉讼的立案通知书时，表明企业在环境管理方面出现了违规事件，企业应及时开展内部合规调查。一旦确认违规行为，应当立即主动停止，并积极配合行政机关的调查；同时第一时间寻求律师等专业人员的帮助，及时查找问题的解决路径，善用制度工具，寻求减免法律责任的机会。

（2）把握先后顺序，优先推进磋商

① 法院在受理社会组织提起的环境公益诉讼后，应在人民法院公告网公告三十日。若经内部调查确认公益诉讼诉争的环境违规事件属实，企业宜借助磋商制度解决争议，可充分利用公益诉讼公告三十日的时间差，主动联系行政机关，要求尽快开展生态环境损害赔偿的调查工作。

② 法院受理公益诉讼后，应在立案后十日内将相关情况函告行政机关。尽管目前行政机关与企业开展磋商后，尚无通知法院的法定义务，但建议企业收到立案通知后及时函复法院关于启动磋商的相关情况，并配合行政机关尽快推进磋商进程。

（3）争取中止公益诉讼审理

若要求企业配合行政机关开展磋商调查、鉴定评估、磋商会议等工作，又参与法院组织的证据交换、鉴定评估、法庭调查、法庭辩论等环节，无疑会加重企业负担，同时浪费行政与司法资源。企业可以主动向法院申请中止或暂缓公益诉讼审理，并尽量在磋商程序中解决争议[①]。

（4）生态损害赔偿磋商内容尽量涵盖公益诉讼诉请范围

若生态环境损害赔偿磋商未完全涵盖公益诉讼的诉讼请求，则法院还应当就该部分依法作出裁判。实践中，某企业未就承担赔礼道歉责任与行政机关开展磋商，法院仍判令企业在市级媒体书面赔礼道歉。因此企业与行政机关签订《生态环境损害赔偿协议》时应确保涵盖全部相应的生态环境责任。

（5）申请司法确认，强化生态损害赔偿协议的保障力

达成磋商协议并非赔偿义务的终止，部分生态环境的修复过程具有长期性、复杂性，确保磋商协议的履行状况和效果才是最终目的。因此企业在磋商过程中有必要聘请专业律师团队对磋商协议进行核查把关，确保磋商的合规性，避免出现协议无效的情形。待行政机关与企业签署协议后，应及时向法院申请司法确认，强化协议的法律保障力。

3. 环境侵权民事责任规则

（1）构成要件

① 环境污染行为

民事侵权责任要求行为人须实施了污染环境的行为，但与一般民事侵权责任不同，环境侵权民事责任并不要求环境污染行为具有违法性，即环境污染行为是否违反法律规定，不是判定责任承担的标准，而是要将行为与其结果相结合考量，当某一污染行为引起了或者有造成某种损害后果的可能时，该行为就具备承担责任的前提。

② 损害事实

该种损害包括人身损害、财产损害、环境损害三类。环境损害事实内涵包括：环境损害后果，是指由污染行为导致的实际损害后果，如生命、健康、财产受到损害或者环境遭到破坏，强调后果已经实际发生；环境损害风险，是指污染行为引发的可能出现某种损害的可能性、威胁，强调当前虽然实际结果并未发生，但威胁一旦出现，该污染行为就应当承担不利后果。

③ 污染行为与损害事实之间有因果联系

这是指有关的损害事实是由行为人所实施的污染环境行为所造成的。污染环境行为是因，损害事实是果。只有在二者有因果关系时，行为人才须承担相应的民事责任。

（2）免责事由

环境侵权民事责任免责事由包括：

① 因不可抗力导致且行为人及时采取合理措施（如地震、洪水等）。

② 因受害人过错导致损害后果，污染者在受害人过错范围内免责。

③ 因第三人的过错污染环境造成损害的，第三人与污染者承担不真正连带责任，被侵权人可以向污染者请求赔偿，也可以向第三人请求赔偿。污染者赔偿后，有权向第三人追偿。

[①] 《最高人民法院关于审理生态环境损害赔偿案件的若干规定（试行）》第十七条

（3）法律后果

① 人身损害赔偿

如建筑施工侵权造成他人人身损害，侵权方应赔偿受害方在医疗过程中的各项治疗费用、误工收入等，赔偿义务人应当予以赔偿。受害人因伤致残或死亡的，侵权方还应赔偿其因需要增加生活上所支出的必要费用以及因丧失劳动能力导致的收入损失。

② 财产损害赔偿

赔偿损失应是对受害人遭受的全部损失的赔偿，既包括直接损失，也包括间接损失。

③ 精神损害赔偿

建设施工过程中对受害人造成的侵权，在精神损害赔偿方面一般为赔偿相应的精神损害抚慰金。因侵权致人精神损害，但未造成严重后果，受害人请求赔偿精神损害的，一般不予支持。

四、电力企业日常环保合规运行管理机制

（一）实行环保合规目标责任制

实行环境保护责任制，既是环保合规的基本要求，也是环保合规管理实施的重要保障。

（二）建立环保合规管理工作机制

（1）明确环保合规的具体管理部门，由该部门牵头独立履行环保合规管理职责，加强环保合规部门和人员的能力建设，提高其环保合规管理水平

（2）将环保合规管理工作纳入企业的治理框架，制定企业环保合规管理的目标、方针和计划，为企业环保合规工作指明方向。

（3）强化环保合规的工作协调。

（三）建立环保合规培训制度

根据企业情况，针对不同的人员，应开展各种层面的培训。其中，应当强化对岗位操作人员上岗前的培训以及岗位定期培训，强化对企业领导层关于环保合规及其发展趋势等的战略性培训，对于环境管理人员定期进行环保合规培训，使其能够及时、全面、准确地了解环境法律法规以及合规管理的最新要求。

（四）建立环保合规管理的技术监督与支持体系

环保合规管理涉及大量的技术规范，需要企业建立健全环境设施运行机制以及环境监测等制度，聘请第三方提供环境专项技术服务，合理区分企业与环境服务第三方的责任，通过第三方的专业服务避免和降低环境违规风险。

（五）建立环保合规报告与合规考核评价制度

环保合规管理部门对于企业的环保合规工作以及重大环保合规风险事件及其处理情况等要向企业最高管理者报告。同时，企业应将环保合规情况纳入对各部门和所属企业负责人的年度综合考核，对所属单位和员工合规职责履行情况进行评价，并将结果作为员工考核、干部任用、评先选优等工作的重要依据。

（六）建立举报与违规问责制度

举报是及时发现环保合规风险的重要途径，企业应当建立环境违规行为举报制度，对于举报属实，且及时避免重大环保合规风险发生的，应当予以奖励。同时需要强化违规行为的问责，明确违规责任范围，细化惩处标准，提高对违规行为惩罚的威慑力。

（七）建立合规审查与检查机制

合规审查是合规管理体系运行过程中既繁重又重要的一类活动，是对待决策事项进行审查，并出具正式书面意见的活动。合规检查是企业日常管理的一部分，通常由合规部门定期进行，目的是及时发现和纠正不合格的行为，防止违规风险的发生。在实际操作中，合规审查和合规检查相互配合，共同构成企业的合规管理体系。

（八）培育环保合规文化并推广

通过制定并发放环保合规手册、签订环保合规承诺书等方式，强化全员环保合规意识，树立依法合规、守法诚信的价值观，筑牢合规经营的思想基础。同时，要推广合规文化，推动行业合规文化发展，重视对商业合作伙伴的合规文化的审视以及合规文化的共享。

（九）建立合规管理评估与持续改进机制

合规管理的评估包括企业自行组织的内部评估以及第三方进行的外部评估等不同形式，通过定期开展对环保合规管理有效性的分析，针对重大或反复出现的合规风险和违规问题，深入查找根源，完善相关制度，堵塞管理漏洞，强化过程管控，持续改进提升。

五、电力企业环保合规审查与检查

（一）合规审查概述

合规审查是一种企业内部日常的、专业的合规管理活动，是对企业经营相关事项是否合规进行的审查，包括对企业项目、法律文件、经营决策是否合规进行审查，并提出合规意见。在实践中，合规审查一般由企业合规部、法务部及外聘律师负责实施。

（二）环保合规审查内容

1. 各项业务部门的合规审查

企业的环保合规审查应当覆盖所有业务部门，包括人力资源、财务、采购、销售等部门。环保合规审查检查的是企业在这些业务部门的运营过程中是否遵守法律、法规和商业道德标准。

2. 环保合规规章制度审查

企业环保合规审查还需要涵盖对公司环保制度的审查，例如公司章程、行为规范、企业社会责任政策等。这些规章制度通常规定了公司的行为准则、经营方式、责任分工以及合作关系等。企业应当以合规性为基础，制定和完善各种环保制度，并建立保障机制，以确保制度的执行和提高规范意识。

3. 日常环保合规运行管理审查

日常环保合规运行管理审查是企业必须关注的一个方面。企业应当审查其环保措施的效果，涵盖废物管理、空气和水污染治理、设备管理等方面。合规审查还可能涉及公司的环境政策和策略，以确保企业在环境保护方面符合当地和国际的法律法规要求。

（三）合规检查概述

合规检查是一种事中或事后管控手段，其目的是检查合规制度的执行情况，然后根据发现的合规风险或合规问题进行提示或处理。合规检查一般由企业合规部牵头，在执行合规检查时，需要相关业务部门和职能部门配合，检查的内容包括各部门遵循法律法规及规章制度的情况、合规管理机制实际运行的有效性、违规事件的整改情况等。

（四）合规检查分类方式

在实践中，合规检查形式多样，有例行检查、临时检查，还有综合合规检查、专项合规检查，具体视实际需要而定，合规检查分类情况见表3-7。

表3-7 合规检查的分类

分类方式	类别
按范围	综合合规检查和专项合规检查
按职能	合规职能检查和合规交叉检查
按现场	现场合规检查和非现场合规检查
按执行时间	定期合规检查和不定期合规检查
按内外部检查主体	内部合规检查和外部合规检查

（五）环保合规检查主要内容

① 环境许可证管理；
② 排污许可管理；
③ 废水、废气、固体废物污染治理；
④ 环境风险评估与防控；
⑤ 应急预案管理；
⑥ 环境监测和报告；
⑦ 环境保护投入和绩效评估。

（六）环保合规检查主要方式

① 现场检查；
② 资料审查；
③ 对环保责任人和相关人员进行访谈；
④ 第三方评估。

六、电力企业环保合规报告与调查

（一）合规报告应当包含的内容

合规报告应包括：

(1) 企业需要通知环保部门的事项（例如项目的一些变化可能需要申报，或进行环境影响后评价）；

(2) 合规义务的变化，其对企业的影响以及履行新义务的措施方案（例如当地环保政策法规的变化、新的减碳目标等，都可能造成新的环保要求）；

(3) 合规绩效的测量（例如环保合规培训效果、相关人员职责履行情况等），包括不合规状况和采取的纠正措施；

(4) 合规管理体系的有效性、成就和趋势；

(5) 与环保部门等监管机构的联系和反馈；

(6) 内部审核和监督活动的结果（例如内部环保报告检查的情况）；

(7) 监督行动计划的完整执行情况，特别是基于审计报告或监管机构要求的执行情况。

另外，尽管报告中系统性和重复性问题非常重要，但同样应关注一次性的重大不合规行为、故意不合规的行为。微小的问题也可能表明当前的管理流程存在缺陷。如果不及时报告，一旦被忽视，可能导致它成为系统性问题。内部合规体系也应鼓励及时通报超出定期报告周期以外的事项。

（二）合规报告的记录与保存要求

记录与保存要求如下：

(1) 记录与保存应包括对合规和涉嫌不合规问题的记录、分类，以及为解决问题采取的措施的记录。

(2) 记录的存储方式应确保清晰、易于识别和检索。

(3) 记录应受到保护，防止任何添加、删除、修改、未经授权的使用或隐藏。要防止随意修改和使用环保记录而造成的后续问题。

(4) 组织的合规管理体系记录可包括：

① 合规绩效信息、环保合规报告；

② 环保不合规情况及纠正措施；

③ 对当前环保合规管理体系评审结果及采取的措施。

(5) 保留合规疑虑的上报渠道。

(6) 必要时，应当将面临的合规问题逐级上报至管理层。

(7) 可以考虑建立匿名举报机制，以便企业人员和外部人员能够进行举报，帮助应对不合规的行为（例如环保方面的不良现象和行为）。

（三）建立合规信息文档

一般来说，合规信息文档除了涵盖环境监管报告所要求的内容，还可以包括：

(1) 企业的环保合规程序及目标；

(2) 环保合规指标和内容；

(3) 环保合规责任分配情况；

(4) 合规风险登记册，并依据合规风险评价流程确定应对措施的优先级；

(5) 环保不合规情况、轻微失误操作的记录情况；

(6) 年度环保合规计划内容；

(7) 人员记录，包括但不限于环保合规培训记录；

(8) 企业自我审核过程及时间表的相关记录。

七、电力企业环保合规宣贯与培训

(一) 合规培训的基本要求

治理机构、管理层、负有合规义务的人员应当有能力高效履行其义务。提高其专业能力的途径多种多样,包括通过教育、培训或基于工作经验获得所需的技能和知识。培训计划的最终目标是确保所有在岗人员有能力以符合企业合规文化和合规承诺的方式履行工作职责,让相关人员能够有效地识别合规风险。

(二) 需要合规再培训的情况

不合规会造成严重后果,互动式培训是较好的培训形式。根据ISO37301合规管理体系,组织应对发生过不当行为的领域进行培训。当出现下列情况时,应考虑进行合规再培训:

(1) 职位或职责改变(例如环保负责人员岗位变动后,应确认合规培训是否完善);
(2) 内部方针、流程和程序变更(例如企业确立了新的环保目标);
(3) 组织结构的改变(例如项目所属部门发生变化);
(4) 合规义务的改变,特别是法律和相关方要求的改变(例如环境保护地方性法规和地方性规章发生变化);
(5) 活动、产品或服务的改变(例如电力项目发生变更);
(6) 当由监督、审核、评审、投诉和不合规(包括相关方反馈)发现了合规问题(例如发生了项目环保不合规事件或出现不合规行为)。

(三) 合规培训的内容

培训的基本内容至少应该包括:

(1) 人员可能会面临的合规风险(例如基于项目产生的污染物类型,项目所处阶段可能出现的不合规情况);
(2) 合规有效性评估的方式(例如该项目污染物的监测方式,环境影响评价达标的判断方法);
(3) 定期监督审查方式(例如环评报告、排污相关台账的审查、企业可能的内部监督报告要求)

八、电力企业环保合规考核评价

《中央企业合规管理办法》对中央企业建立健全合规管理制度,明确总体目标、机构职责、运行机制、考核评价、监督问责等方面提出了明确要求,各类电力企业可参考执行。

(一) 考核程序要求

在合规管理体系中,企业应计划、建立、实施和维护考核计划,包括考核的频率,方法,职责、计划要求和报告。在建立考核计划时,应参考相关过程的重要性以及以往考核的结果。需要确保的要点有:

(1) 确定每次考核的目标、标准和范围(例如,至少应检查项目环评报告,排污单位自行监测报告,排污监测点位运行状况等);

(2) 选择考核人员并开展考核工作,以确保考核过程的客观性和公正性;
(3) 确保将考核结果报告给相关管理人员及管理层。

(二) 环保合规考核内容

(1) 人员合规绩效的考核内容应包括:
① 发生的不合规和风险行为(包括未造成负面影响的事件);
② 履行岗位合规义务的情况;
③ 实现环保合规目标的情况;
④ 合规知识、合规技能的掌握情况;
⑤ 环保合规目标的领先和滞后情况(例如,项目环保合规进度是否能够达到项目建设运营进度需要)。

(2) 环保合规管理体系的考核内容可以包括:
① 对相关人员、组织培训的有效性(例如,受训人员是否具有了相应的环保合规技能);
② 控制的有效性(例如,污染物防治措施、生态影响控制是否达到了计划的效果);
③ 合规责任分配的有效性(例如,环保人员与职责明确);
④ 合规义务的时效性(例如,报告的时效性,环保状况是否符合项目所处阶段要求);
⑤ 解决合规缺陷的途径的有效性(例如,先前的合规问题是否得到解决,反映与解决合规问题的渠道是否通畅);
⑥ 按计划进行合规考核的情况(人员考核是否及时、全面);
⑦ 对合规风险以及项目建设经营策略进行定期检查,适时更新。

(三) 合规考核可选的指标

现有指标可包括:
(1) 有效培训人员的比例;
(2) 监管机构介入的频率;
(3) 反馈机制的使用程度(包括社会对反馈渠道的评价,能否反映环保问题);
(4) 发现的不合规问题(按环保不合规问题的类型、发生区域和频率进行报告);
(5) 不合规的后果(包括对货币补偿、罚款和其他处罚、补救费用、声誉影响以及人员时间成本的评估);
(6) 报告和采取纠正措施所花费的时间。

尤其对于电力企业,涉及安全生产和环境保护诸多事宜,应当建立所属单位经营管理和员工履职违规行为记录制度,将违规行为性质、发生次数、危害程度等作为考核评价、职级评定等工作的重要依据。预测性指标可包括:以长期目标的潜在损失/收益为衡量标准的不合规风险;不合规趋势等。

(四) 可用的合规绩效反馈信息来源

为获得对于合规情况的反馈信息,可以参考的信息来源包括:
(1) 相关人员(例如通过社会居民举报设施、求助热线、情况反馈、建议箱等获取反馈):
① 客户(甲方单位);
② 第三方;

③ 供应商；

④ 承包商；

⑤ 监管机构；

⑥ 过程控制日志和活动记录（如排污情况记录等）。

(2) 相关信息收集渠道：

① 发现或识别不合规行为的临时报告；

② 通过热线、投诉和其他反馈渠道（包括举报）获得的信息；

③ 相关研讨会议；

④ 对环境的抽样测试或者完整性测试（例如，对项目周边环境的抽样监测）；

⑤ 社会调查结果；

⑥ 直接观察、正式访谈、设施参观与视察；

⑦ 内部审查结果；

⑧ 培训期间（特别是环保合规受训人员）提出的相关问题、培训要求与反馈。

九、处理与外部单位的环保合规事务

（一）处理环保合规事务注意事项

在与外部企业进行环保合规信息沟通时，需要注意的内容有：

(1) 在考虑合规信息的传播需求时，要考虑多样性的方面和潜在的障碍（例如，在按要求进行环保信息社会公开时，避免造成误读等障碍）；

(2) 确保在建立沟通时考虑有关方面的意见（例如，部分环境信息是否适宜披露，部分环境规章变化是否需要披露）；

(3) 进行关于合规文化、合规目标和义务的沟通（明确双方不同行业、不同项目类型的环保要求差异，避免造成问题）；

(4) 确保要传达的合规信息与企业合规管理系统内生成的信息一致且可靠；

(5) 回应有关本企业环保合规管理系统的沟通事宜；

(6) 注意适当保留文件化信息作为双方沟通的证据；

(7) 确保沟通中人员能够为持续改进合规管理系统作出贡献，能对合规管理体系提出改进意见；

(8) 确保在沟通中相关人员能够提出对合规情况的疑虑（如环保问题、环保不合规行为的举报反馈渠道相关疑虑）。

（二）合规义务来源

组织应将合规义务作为建立、开发、实施、评估、维护和改进其合规管理体系的基础。

1. 组织必须强制性遵守的要求如下：

(1) 法律法规（参考环保法律体系的多级架构，明确各方面提出的要求）；

(2) 许可证，执照或其他形式的授权要求（如排污许可证相关要求）；

(3) 监管机构发布的命令、规则或指南；

(4) 法院或行政法的判决（如类似项目的环保判决）；

（5）条约、公约和议定书；

（6）企业管理程序的要求；

2. 组织自愿选择遵守的要求可以包括：

（1）与社区团体或非政府组织达成的协议；

（2）与公共机构和客户达成的协议；

（3）企业自愿性原则或行为准则、标签承诺、环境承诺；

（4）企业参与的相关组织和行业标准；

（5）在与组织的合同安排下产生的义务。

企业内需要明确这些合规义务的来源和要求，以帮助确定哪些电力项目、哪些环节和部门、哪些职责人员受到对应的环保合规要求的影响。

第三节　电力环保领域合规管理经典案例

一、临汾市霍州某发电厂因环境违法被处罚 132000 元

（一）案情详细介绍

2021年10月3日，临汾市生态环境局霍州分局执法人员对该发电厂进行检查和调查，发现存在以下环境违法行为：

（1）粗灰库卸灰作业过程中未采取有效集中收集等措施减少粉尘排放，致使部分粉尘从门帘处逸散至外环境；

（2）原煤场门口有原煤撒落，未及时清扫。

2021年12月22日，临汾市生态环境局发布针对该发电厂的行政处罚决定书，依法对其处罚132000元。

（二）处罚所适用的法律依据及法条规定

上述行为违反了《中华人民共和国环境保护法》第六条"企业事业单位和其他生产经营者应当防止、减少环境污染和生态破坏，对所造成的损害依法承担责任"、第四十二条"排放污染物的企业事业单位和其他生产经营者，应当采取措施，防治在生产建设或者其他活动中产生的废气、废水、废渣、医疗废物、粉尘、恶臭气体、放射性物质以及噪声、振动、光辐射、电磁辐射等对环境的污染和危害"，以及《临汾市大气污染防治条例》第三十一条第一款"钢铁、发电、建材、焦化、有色金属、石油、化工、制药、矿产开采等企业，应当加强精细化管理，采取集中收集处理、密闭、围挡、遮盖、清扫、洒水等措施，减少粉尘和气态污染物的排放"的规定，依法应当予以处罚。

（三）处罚结果

临汾市生态环境局依据《临汾市大气污染防治条例》第六十六条"违反本条例规定，钢铁、发电、建材、焦化、有色金属、石油、化工、制药、矿山开采等企业未采取集中收集处理、密闭、围挡、遮

盖、清扫、洒水等措施，控制、减少粉尘和气态污染物排放的，由生态环境主管部门责令改正，处二万元以上二十万元以下的罚款；拒不改正的，责令停产整治"和《山西省生态环境系统行政处罚自由裁量基准》的罚款幅度裁定，决定对该发电厂作出如下行政处罚决定：

责令改正，（1）行为处罚款柒万捌仟元整；（2）行为处罚款伍万肆仟元整，合并处罚款壹拾叁万贰仟元整。

（四）合规建议

（1）钢铁、发电、建材、有色金属、石油、化工、制药、矿产开采等企业，应当加强精细化管理，采取集中收集处理等措施，严格控制粉尘和气态污染物的排放。

（2）工业生产企业应当采取密闭、围挡、遮盖、清扫、洒水等措施，减少内部物料的堆存、传输、装卸等环节产生的粉尘和气态污染物的排放。

（3）实行环境保护责任制既是环保合规的基本要求，也是环保合规管理实施的重要保障。明确企业及相关人员的责任，除了处罚企业之外，还应对相关负责人以及负有直接责任的人员进行惩处。

（4）举报是及时发现环保合规风险的重要途径，企业应当建立环境违规行为举报制度，对于举报属实且及时避免重大环保合规风险发生的，应当予以奖励。

二、呼和浩特某热电厂因环境违法被处罚112500元

（一）案情详细介绍

2021年10月15日，呼和浩特市生态环境综合行政执法支队第四大队利用无人机对该热电厂进行航飞检查，经核实发现该单位存在以下环境违法行为：

（1）未按照规定建立工业固体废物管理台账；

（2）贮存工业固体废物未采取符合国家环境保护标准的防护措施。

2022年1月10日，呼和浩特市生态环境局发布针对该热电厂的行政处罚决定书，依法对其处罚112500元。

（二）处罚所适用的法律依据及法条规定

上述行为违反了《中华人民共和国环境保护法》第六条"企业事业单位和其他生产经营者应当防止、减少环境污染和生态破坏，对所造成的损害依法承担责任"、第四十二条"排放污染物的企业事业单位和其他生产经营者，应当采取措施，防治在生产建设或者其他活动中产生的废气、废水、废渣、医疗废物、粉尘、恶臭气体、放射性物质以及噪声、振动、光辐射、电磁辐射等对环境的污染和危害"，《中华人民共和国固体废物污染环境防治法》第三十六条"产生工业固体废物的单位应当建立健全工业固体废物产生、收集、贮存、运输、利用、处置全过程的污染环境防治责任制度，建立工业固体废物管理台账，如实记录产生工业固体废物的种类、数量、流向、贮存、利用、处置等信息，实现工业固体废物可追溯、可查询，并采取防治工业固体废物污染环境的措施"，《中华人民共和国固体废物污染环境防治法》第四十条"产生工业固体废物的单位应当根据经济、技术条件对工业固体废物加以利用；对暂时不利用或者不能利用的，应当按照国务院生态环境等主管部门的规定建设贮存设施、场所，安全分类存放，或者采取无害化处置措施。贮存工业固体废物应当采取符合国家环境保护标准的防护措施"的规定，依法应当予以处罚。

（三）处罚结果

依据《中华人民共和国固体废物污染环境防治法》第一百零二条"违反本法规定，有下列行为之一，由生态环境主管部门责令改正，处以罚款，没收违法所得；情节严重的，报经有批准权的人民政府批准，可以责令停业或者关闭：（八）产生工业固体废物的单位未建立固体废物管理台账并如实记录的；（十）贮存工业固体废物未采取符合国家环境保护标准的防护措施的"的规定，呼和浩特市生态环境局对该单位作出如下行政处罚：

（1）罚款壹佰万元整。（原因：未建设贮存设施，未采取无害化处置措施存放）
（2）罚款壹拾贰万伍仟元整。（原因：未建立固体废物管理台账）

合计罚款壹佰壹拾贰万伍仟元整。

（四）合规建议

（1）产生工业固体废物的单位应当建立健全工业固体废物产生、收集、贮存、运输、利用、处置全过程的污染环境防治责任制度，建立工业固体废物管理台账，如实记录相关信息。

（2）产生工业固体废物的单位贮存工业固体废物，应当采取符合国家环境保护标准的防护措施。

（3）企业应建立环保合规报告与合规考核评价制度，强化对岗位操作人员上岗前培训以及岗位定期培训，对于环境管理人员定期进行环保合规培训。

三、山东省济宁某电力有限公司因逃避环境监管被处罚820000元

（一）案情详细介绍

2020年7月，生态环境部通过大数据分析向有关省级生态环境部门移交了一批焚烧厂涉嫌环境违法行为线索。接到线索后，各省级生态环境部门组织地方生态环境部门进行了现场核实。

2020年7月29日，济宁市生态环境局对该公司（简称焚烧厂）进行现场检查，发现该单位存在以下环境违法行为：3台焚烧炉炉温低于850℃，且该焚烧厂自主标记为"烘炉"期间投加垃圾（《生活垃圾焚烧污染控制标准》要求炉温≥850℃时才可投入垃圾）。济宁市生态环境局依法对该焚烧厂处以82万元罚款。

（二）处罚所适用的法律依据及法条规定

上述行为根据《生活垃圾焚烧发电厂自动监测数据应用管理规定》第十三条"垃圾焚烧厂通过下列行为排放污染物的，认定为'通过逃避监管的方式排放大气污染物'，依照《中华人民共和国大气污染防治法》第九十九条第三项的规定处罚：（一）未按照标记规则虚假标记的；（二）篡改、伪造自动监测数据的"被认定为通过逃避监管的方式排放大气污染物，违反了《中华人民共和国环境保护法》第六条"企业事业单位和其他生产经营者应当防止、减少环境污染和生态破坏，对所造成的损害依法承担责任"、第四十二条"排放污染物的企业事业单位和其他生产经营者，应当采取措施，防治在生产建设或者其他活动中产生的废气、废水、废渣、医疗废物、粉尘、恶臭气体、放射性物质以及噪声、振动、光辐射、电磁辐射等对环境的污染和危害"、《中华人民共和国大气污染防治法》第二十条"企业事业单位和其他生产经营者向大气排放污染物的，应当依照法律法规和国务院生态环境主管部门的规定设置大气污染物排放口。禁止通过偷排、篡改或者伪造监测数据、以逃避现场检查为目的的临时停产、

非紧急情况下开启应急排放通道、不正常运行大气污染防治设施等逃避监管的方式排放大气污染物"、第九十九条"违反本法规定，有下列行为之一的，由县级以上人民政府生态环境主管部门责令改正或者限制生产、停产整治，并处十万元以上一百万元以下的罚款；情节严重的，报经有批准权的人民政府批准，责令停业、关闭：（一）未依法取得排污许可证排放大气污染物的；（二）超过大气污染物排放标准或者超过重点大气污染物排放总量控制指标排放大气污染物的；（三）通过逃避监管的方式排放大气污染物的"的规定，依法应当予以处罚。

（三）处罚结果

依据《中华人民共和国大气污染防治法》第九十九条第三项"违反本法规定，有下列行为之一的，由县级以上人民政府生态环境主管部门责令改正或者限制生产、停产整治，并处十万元以上一百万元以下的罚款；情节严重的，报经有批准权的人民政府批准，责令停业、关闭：（三）通过逃避监管的方式排放大气污染物的"的规定及《山东省规范行政处罚裁量权办法》，结合违法情形综合考量，济宁市生态环境局对该焚烧厂处以82万元罚款。

（四）合规建议

（1）焚烧厂进行垃圾焚烧作业时，需严格符合《生活垃圾焚烧污染控制标准》中所规定的炉温和其他条件。

（2）企业应将环保合规情况纳入对各部和所属企业负责人的年度综合考核，细化评价指标，对所属单位和员工合规职责履行情况进行评价，并将结果作为员工考核、干部任用、评先选优等工作的重要依据。

（3）企业应根据自身情况，针对不同岗位的人员，开展各种层面的培训，使企业员工能够及时、全面、准确地了解环境相关法律法规以及合规管理的最新要求。

附录 相关法律法规、标准、指引知识

1. 《中华人民共和国招标投标法实施条例》（2019年修正版，中华人民共和国国务院令第613号）；
2. 《建设项目环境影响评价分类管理名录》（2021年版，中华人民共和国生态环境部令第16号）；
3. 《国家林业和草原局关于规范风电场项目建设使用林地的通知》（2019年版，林资发〔2019〕17号）；
4. 《合规管理体系标准解读及建设指南》（2021年版）；
5. 《企业拆除活动污染防治技术规定（试行）》（环境保护部公告2017年78号）；
6. 《最高人民法院关于审理生态环境损害赔偿案件的若干规定（试行）》（2020年修正版，法释〔2019〕8号）。

第四章　第三方管理合规管理

第一节　第三方管理领域基础理论

一、第三方管理相关法律理论知识

(一) 第三方管理的基本概念

1. 第三方定义

第三方（Third Party）是从相对方衍生而出的概念。相对方是指企业与员工二者之间存在劳动关系，在企业管理上是管理与被管理的关系。在这对相对方之外的，但却受企业管理影响或参与其中的自然人和法人则统称为第三方，第三方通常具有外部性。新版的《合规管理体系 要求及使用指南》[①]（GB/T 35770—2022）也提到，"第三方独立于组织的个人或机构；注：所有业务伙伴都是第三方，但并非所有第三方都是业务伙伴"。

因此，第三方是指与电力企业存在任何业务或工作往来关系的单位或个人，包括但不限于客户、供应商以及承包商、经销商、咨询机构等其他第三方合作伙伴。

2. 电力行业第三方包含的范围

由定义可知，第三方的范围较广，可以分为以下几个类别：①企业产品和服务的生产商、供应商或承包商；②企业的商业伙伴，如合作伙伴、商业联盟等；③企业的咨询机构，如战略顾问、财务顾问、法律顾问等；④企业接触到的政府机构；⑤与企业业务相关的监管机构；⑥企业的客户。

根据目前的实践经验，大多数电力行业企业的合规重点放在进行供应商管理以及处理与政府、客户的关系上。未来，企业应当考虑在合规体系制度中建立完整的第三方定义，并且明确针对不同类型的第三方分别完善相应的管理模式。

3. 第三方管理定义

第三方管理（Third Party Management）在广义上也即第三方合规管理（Third Party Compliance Management）。第三方合规管理指的是确保参与或影响组织业务的第三方（主要是供应商、承包商和合作伙伴等）遵守其有关行业的法律法规、自律规则，并控制第三方行为对本企业产生影响的过程。

在狭义上，第三方管理也被称为第三方风险管理（Third Party Risk Management）。第三方风险管

[①] 2021年ISO发布了《合规管理体系 要求及使用指南》Compliance management systems—Requirements with guidance for use (ISO 37301：2021)，我国相应地修订了2017版的《合规管理体系 指南》GB/T 35770—2017。

理侧重于识别和降低与第三方相关的风险。

根据目前的实践经验，第三方管理主要聚焦于第三方风险管理方案的提供，对第三方管理按照其风险进行分类。从风险高低来看，一是为企业带来名义上的法律风险，但实质并不需要风险评估；二是存在一定的风险，但该风险比较普遍，有固定的处置流程以管控风险；三是风险较为特殊，需要立项评估，并进行专项风险管控。从风险来源的法律领域来看，存在如知识产权、数据保护、进出口合规、安全审查等合规风险，企业可以通过事先设置问卷或进行法律尽职调查以明确哪些领域需要进一步跟进，针对性处理以减少工作量和成本。[1]

4. 电力行业第三方管理的范围

第三方管理的范围与第三方风险的范围紧密相连。从风险来源的环节来看，第三方风险可以分为：供应链风险、供应商风险、业务可持续性风险和营销风险。企业应当及时地分析和理解第三方风险可能对企业自身带来的影响。从管理流程出发，第三方管理应当注重：要监控的第三方合规性类型；将第三方划分为不同的风险类别（关键材料供应商为高风险，管理服务提供方为中低风险等）；需要对第三方监控的具体合规领域，并制定内部策略、内部管理规程等。

电力行业资金密集、资源富集、覆盖面广，相较于其他行业廉洁风险更高。因此在第三方管理过程中应当注意与投资和市场相关的领域，尤其是物资采购、市场营销和工程建设业务中对第三方的管理。根据有关报道，南方电网公司构建了现代数字供应链体系，通过运用智能评标、智能鉴别围标串标、评标专家异常评分智能识别等新技术，构建实时智能数字监督体系。[2] 将管理机制与智能技术相结合，既能为企业第三方管理提供制度依据，也能提高企业第三方管理的效率。

近年来，第三方管理拓展到了通常被认为属于第三方自身管理的范畴，如对第三方进行合规培训。《合规管理体系 要求及使用指南》中就提到："基于已识别的合规风险，组织应依照程序对代表其开展业务并可能给其带来合规风险的第三方进行培训，增强其合规意识"。

（二）第三方管理的主要内容

1. 第三方管理中关于法律法规、部门规章、规范性文件、行业准则、国际条约规则、多边协定等的主要规定

在建立第三方管理机制前，顶层设计应当紧紧围绕主管部门下发文件的精神，如《中央企业合规管理指引（试行）》对第三方合规管理作出了原则性指导[3]，要求央企从市场交易、产品质量、财务税收、知识产权、商业伙伴等领域搭建管理体系。该文件涉及的合规管理范围比较全面，非央企的其他企业，也可参照该文件精神开展工作。

在建立第三方管理机制时，要收集整理各合规领域的法律法规规定，以法律规定为基础制定合规手册、合规细则。而各领域的管理要求和法律后果则散见于各部法律之中，现摘录部分如表4-1所示。

---

[1] 参见毕马威中国：《第三方风险管理展望（2020）》，载毕马威中国网站 https：//assets.kpmg/content/dam/kpmg/cn/pdf/zh/2021/04/third-party-risk-management-outlook-2020.pdf，访问时间：2022年8月23日。

[2] 参见柴雅欣：《国企反腐持续深化 电力系统查处一批靠电吃电、以电谋私案件 揪出"电耗子"》，载中国纪检监察报，2022年4月4日

[3] 《中央企业合规管理指引（试行）》第十三条规定："加强对以下重点领域的合规管理：（一）市场交易。完善交易管理制度，严格履行决策批准程序，建立健全自律诚信体系，突出反商业贿赂、反垄断、反不正当竞争，规范资产交易、招投标等活动……（三）产品质量。完善质量体系，加强过程控制，严把各环节质量关，提供优质产品和服务……（五）财务税收。健全完善财务内部控制体系，严格执行财务事项操作和审批流程，严守财经纪律，强化依法纳税意识，严格遵守税收法律政策；（六）知识产权。及时申请注册知识产权成果，规范实施许可和转让，加强对商业秘密和商标的保护，依法规范使用他人知识产权，防止侵权行为；（七）商业伙伴。对重要商业伙伴开展合规调查，通过签订合规协议、要求作出合规承诺等方式促进商业伙伴行为合规；（八）其他需要重点关注的领域。"

表 4-1　法律摘录

法律名称	规定内容
《中华人民共和国安全生产法》	第十五条　依法设立的为安全生产提供技术、管理服务的机构，依照法律、行政法规和执业准则，接受生产经营单位的委托为其安全生产工作提供技术、管理服务。生产经营单位委托前款规定的机构提供安全生产技术、管理服务的，保证安全生产的责任仍由本单位负责
《中华人民共和国出口管制法》	第十六条　管制物项的最终用户应当承诺，未经国家出口管制管理部门允许，不得擅自改变相关管制物项的最终用途或者向任何第三方转让。出口经营者、进口商发现最终用户或者最终用途有可能改变的，应当按照规定立即报告国家出口管制管理部门
	第十七条　国家出口管制管理部门建立管制物项最终用户和最终用途风险管理制度，对管制物项的最终用户和最终用途进行评估、核查，加强最终用户和最终用途管理
《中华人民共和国反不正当竞争法》（以下简称《反不正当竞争法》）	第七条　经营者不得采用财物或者其他手段贿赂下列单位或者个人，以谋取交易机会或者竞争优势： （一）交易相对方的工作人员； （二）受交易相对方委托办理相关事务的单位或者个人； （三）利用职权或者影响力影响交易的单位或者个人。经营者在交易活动中，可以以明示方式向交易相对方支付折扣，或者向中间人支付佣金。经营者向交易相对方支付折扣、向中间人支付佣金的，应当如实入账。接受折扣、佣金的经营者也应当如实入账。经营者的工作人员进行贿赂的，应当认定为经营者的行为；但是，经营者有证据证明该工作人员的行为与为经营者谋取交易机会或者竞争优势无关的除外
《中华人民共和国反垄断法》	第十七条　禁止具有竞争关系的经营者达成下列垄断协议：（一）固定或者变更商品价格；（二）限制商品的生产数量或者销售数量；（三）分割销售市场或者原材料采购市场；（四）限制购买新技术、新设备或限制开发新技术、新产品；（五）联合抵制交易；（六）国务院反垄断执法机构认定的其他垄断协议
	第十八条　禁止经营者与交易相对人达成下列垄断协议： （一）固定向第三人转售商品的价格；（二）限定向第三人转售商品的最低价格；（三）国务院反垄断执法机构认定的其他垄断协议。对前款第一项和第二项规定的协议，经营者能够证明其不具有排除、限制竞争效果的，不予禁止。经营者能够证明其在相关市场的市场份额低于国务院反垄断执法机构规定的标准，并符合国务院反垄断执法机构规定的其他条件的，不予禁止
《中华人民共和国个人信息保护法》	第二十一条　个人信息处理者委托处理个人信息的，应当与受托人约定委托处理的目的、期限、处理方式、个人信息的种类、保护措施以及双方的权利和义务等，并对受托人的个人信息处理活动进行监督。受托人应当按照约定处理个人信息，不得超出约定的处理目的、处理方式等处理个人信息；委托合同不生效、无效、被撤销或者终止的，受托人应当将个人信息返还个人信息处理者或者予以删除，不得保留。未经个人信息处理者同意，受托人不得转委托他人处理个人信息
《中华人民共和国公司法》	第十六条　公司向其他企业投资或者为他人提供担保，依照公司章程的规定，由董事会或者股东会、股东大会决议；公司章程对投资或者担保的总额及单项投资或者担保的数额有限额规定的，不得超过规定的限额。公司为公司股东或者实际控制人提供担保的，必须经股东会或者股东大会决议。前款规定的股东或者受前款规定的实际控制人支配的股东，不得参加前款规定事项的表决。该项表决由出席会议的其他股东所持表决权的过半数通过
《中华人民共和国劳动合同法》	第六十三条　被派遣劳动者享有与用工单位的劳动者同工同酬的权利。用工单位应当按照同工同酬原则，对被派遣劳动者与本单位同类岗位的劳动者实行相同的劳动报酬分配办法。用工单位无同类岗位劳动者的，参照用工单位所在地相同或者相近岗位劳动者的劳动报酬确定。劳务派遣单位与被派遣劳动者订立的劳动合同和与用工单位订立的劳务派遣协议，载明或者约定的向被派遣劳动者支付的劳动报酬应当符合前款规定
《中华人民共和国商标法》	第十五条　未经授权，代理人或者代表人以自己的名义将被代理人或者被代表人的商标进行注册，被代理人或者被代表人提出异议的，不予注册并禁止使用。就同一种商品或者类似商品申请注册的商标与他人在先使用的未注册商标相同或者近似，申请人与该他人具有前款规定以外的合同、业务往来关系或者其他关系而明知他人商标存在，该他人提出异议的，不予注册

续表

法律名称	规定内容
《中华人民共和国数据安全法》（以下简称《数据安全法》）	第三十三条　从事数据交易中介服务的机构提供服务，应当要求数据提供方说明数据来源，审核交易双方的身份，并留存审核、交易记录
《中华人民共和国网络安全法》（以下简称《网络安全法》）	第二十三条　网络关键设备和网络安全专用产品应当按照相关国家标准的强制性要求，由具备资格的机构安全认证合格或者安全检测符合要求后，方可销售或者提供。国家网信部门会同国务院有关部门制定、公布网络关键设备和网络安全专用产品目录，并推动安全认证和安全检测结果互认，避免重复认证、检测
	第二十四条　网络运营者为用户办理网络接入、域名注册服务，办理固定电话、移动电话等入网手续，或者为用户提供信息发布、即时通讯等服务，在与用户签订协议或者确认提供服务时，应当要求用户提供真实身份信息。用户不提供真实身份信息的，网络运营者不得为其提供相关服务。国家实施网络可信身份战略，支持研究开发安全、方便的电子身份认证技术，推动不同电子身份认证之间的互认
《中华人民共和国招标投标法》	第十二条　招标人有权自行选择招标代理机构，委托其办理招标事宜。任何单位和个人不得以任何方式为招标人指定招标代理机构。招标人具有编制招标文件和组织评标能力的，可以自行办理招标事宜。任何单位和个人不得强制其委托招标代理机构办理招标事宜。依法必须进行招标的项目，招标人自行办理招标事宜的，应当向有关行政监督部门备案

随着企业的进一步发展，"走出去"也将成为企业未来发展的愿景之一，此时可以参考有关国际条约规则、多边协议等指导性规范，提前规划、提前布局，以满足国际通行的准则要求。《关于内控道德与合规的良好道德指引》（以下简称《道德指引》）第六条[1]提到，在合同条款中应当约定尽职调查、持续履行监督、反贿赂、互惠承诺、适当付款条件、审计权、合同终止权的条款，来确保第三方能够满足企业的合规承诺和合规要求。

上述建议来自经合组织2021年11月26日发布的修订稿[2]，对照此前的版本，更新后的《道德指引》包含一份"基本要素"列表，用于评估与业务合作伙伴（包括代理商、顾问、代表、分销商、承包商、供应商、财团和合资伙伴）相关的风险。更新后的指引鼓励"在整个业务关系中定期持续监督业务合作伙伴"，而不是仅止于尽职调查。最新指引还增加了三个新的基本要素：一是确保付款条件适当的机制；二是行使审计权；三是处理第三方发生外国贿赂事件的机制（例如，合同终止权）。在描述企业合规制度培训的重要性时，更新后的指引指出，除了企业各级员工外，"业务合作伙伴"在适当的情况下也应接受培训。[3] 由此可见，随着国际标准的不断变动，企业的第三方管理合规实践也应当与时俱进。虽然此类国际标准对我国的企业不具有法律约束力，但企业也应该仔细评估、比较自身道德和合规制度的情况，并采取措施确保自身制度满足这些内部控制和合规制度标准。

---

[1]　参见 OECD：*Good Practice Guidance on Internal Controls, Ethics and Compliance*，载 OECD Legal Instruments 网站 https：//legalinstruments.oecd.org/en/instruments/OECD-LEGAL-0378，访问时间：2022年8月23日。

[2]　《关于内控道德与合规的良好道德指引》第六条规定"道德与合规计划是在适当情况下，通过合同条款的约束，旨在防止和检测外国贿赂的措施，以针对适用于第三方，如代理商和其他中介机构、顾问、代表、分销商、承包商和供应商、财团和合资伙伴（以下简称"业务合作伙伴"），包括以下基本要素：1.与招聘相关的适当记录风险的尽职调查，以及在整个业务关系中对业务合作伙伴进行适当和定期的持续监督；2.告知业务合作伙伴遵守本公司有关禁止外国贿赂的法律的承诺，以及公司的道德和合规计划，或防止和检测此类贿赂的措施；3.寻求业务合作伙伴的互惠承诺；4.实施措施以确保合同条款（如适用）具体描述要履行的服务，付款条件适当，所述合同工作已完成，并且补偿与提供的服务相称；5.在适当情况下，确保公司有审计权，来分析业务合作伙伴的账簿和记录，并酌情行使这些权利；6.提供适当的机制来解决业务合作伙伴的外国贿赂事件，例如约定合同终止权。"

[3]　参见 Paul Hastings LLP：*The OECD Issues Updated Good Practice Guidance on Internal Controls, Ethics and Compliance*，载 LEXOLOGY 网站 https：//www.lexology.com/library/detail.aspx?g=8b28bca2-72de-4f13-a3ca-726e0a4b36d0，访问时间：2022年8月23日。

2. 第三方管理中关于合规管理、内控管理、风险管理中的主要要求及关系

合规管理、内控管理、风险管理在实务中是容易混淆的概念，由于其概念范围本身存在重叠之处，如何进行制度衔接是令企业感到头疼的痛点。《关于加强中央企业内部控制体系建设与监督工作的实施意见》对企业风控、内控和合规的建设作出了安排①，旨在引导企业建立大内控体系。根据该意见，风险管理、内部控制与合规管理的关系是：①以风险管理为导向；②以合规管理监督为重点；③内控体系是根本和基础，风险管理和合规管理要求须通过嵌入内控制度流程来实现。

从范围分析，风险管理中必然涉及合规风险管理。内部控制中的风险应对必然涉及合规性审查，三者在组织架构、制度设计、运行机制、保障职能等方面存在相似性，但为实现各自目标也存在差异性和专业性。故企业在实践中要注意系统整合，例如：借助文档管理系统，对不同部门归档的决策文件、过程文件进行审查，及时发现业务风险，确定体系性风险的管控领域和需要重点审查的专项问题；将负责合规、内控和风控的部门形成合力，对推进中的项目进行评估监督，并建立台账留痕；对提出了整改意见的项目，持续监督整改落实情况，并据此完善管理制度，增强体系的灵活性；定期梳理内部评估、审计、合规报告中提示的意见和问题，建立问答库，以便为以后遇到类似问题能够提前预警、及时解决。

《企业内部控制基本规范》第三条对内部控制下了定义："本规范所称内部控制，是由企业董事会、监事会、经理层和全体员工实施的、旨在实现控制目标的过程。内部控制的目标是合理保证企业经营管理合法合规、资产安全、财务报告及相关信息真实完整，提高经营效率和效果，促进企业实现发展战略。"参照该定义，内部控制的目标之一是保证经营合规，而基于此展开的内控实践也可以检验合规措施的效果。

风险管理是识别、评估和控制企业资本及收益时面临的财务、法律、战略和安全风险过程。这些风险可能有各种来源，包括但不限于财务的不确定性、可能的法律责任、战略决策和管理失误、事故和自然灾害。为了降低风险，企业需要运用最经济的资源来监控和控制负面事件的影响，同时使正面事件的积极效应最大化。系统化的风险管理方法可以帮助确定如何最好地识别、管理和缓解重大风险。而合规在范围上与风险管理存在交叉，一般被称为合规风险管理，但合规不仅针对存在风险的部分，还涵盖法律法规、监管要求、行业准则、规章制度等。在企业合规成为热门话题之前，企业较多开展了保证企业依法依规经营的工作，合规管理可以在其基础上进一步发展和完善。②

3. 电力行业第三方管理的核心内容及重要性

通过梳理近几年电力行业企业重点关注的第三方管理领域，其核心内容如下：

一是对企业产品和服务的生产商、供应商或承包商的管理。对他们的管理涉及招标采购、质量监督、合同履行等全流程管理。这类管理最近趋向于制度化、数字化。这样一方面可以节省人力物力，另一方面使管理方式有章可循，加强了企业制度从上到下、从内到外的执行。

以国网江苏电力供应商积分管理为例，该企业颁布了有关管理办法，该管理办法设置了负面激励措施，根据供应商不良行为的严重程度，设立相应的扣分规则，对供应商在招标采购、质量监督、合同履约等环节的行为进行全面量化综合评价。由于扣分制度与供应商综合评价相挂钩，所以在管理办法出台后，针对发生严重质量问题和多次发生质量问题的供应商进行严肃扣分处理，对供应商有了更

---

① 国务院国有资产监督管理委员会发布的《关于加强中央企业内部控制体系建设与监督工作的实施意见》（国资发监督规〔2019〕101号，2019年10月23日发布），第（一）条规定："建立健全以风险管理为导向、合规管理监督为重点，严格、规范、全面、有效的内控体系。进一步树立和强化管理制度化、制度流程化、流程信息化的内控理念，通过"强监管、严问责"和加强信息化管理，严格落实各项规章制度，将风险管理和合规管理要求嵌入业务流程，促使企业依法合规开展各项经营活动，实现"强内控、防风险、促合规"的管控目标，形成全面、全员、全过程、全体系的风险防控机制，切实全面提升内控体系有效性，加快实现高质量发展。"

② 参见国网上海市电力公司合规课题组：《关于电网企业合规管理建设的实践研究——以国网上海市电力公司为例》，2019中国企业改革发展峰会暨成果发布会

有效的约束。而这样的制度安排也能够最大限度地减少主观因素的影响。在采用供应商积分管理的基础上，国网江苏电力还试点实施供应商质量维度分级分类管理。对于配变、低压电力电缆、综合配电箱等大宗物资，在常规抽检基础上，不定期开展覆盖式试验和特殊试验项目的全面试验，按照试验结果对供应商产品质量进行量化打分评价，并根据得分情况分级分类后反馈至招标环节应用。这样通过优胜劣汰的良性循环，将质量管控压力向供应商传递，强化供应商主体责任意识，督促供应商主动加强产品质量管理，全面提升物资质量水平。[①]

二是对运维企业的管理。电力运维一般包括用户侧电力运维及供电侧电力运维。供电侧电力运维涉及高压电处理，综合要求较高，电力企业一般根据自身情况决定运维业务是否外包。而用户侧电力运维属于低压范畴，一般由用户自主处理，但诸如商场、工厂以及学校等较大的电力用户，由于电力设备复杂程度较高，往往会将运维的任务外包给第三方企业。无论是用户侧还是供电侧，由于运维企业在运营过程中需要取得相关资质方能开展相应的业务，所以运维企业资质是否齐全是第三方管理中需要关注的要点。

三是履行电力数据保护的义务。数据保护、信息出口管制是近几年大热的话题。根据现行法律，电力企业属于关键信息基础设施运营者[②]，同时电力企业掌握了较多的用户和发电数据，但由于目前并无明文规定电力行业数据是否属于重要数据，我们提示未来可能存在电力行业数据被纳入管制的风险，所以电力行业需要提前布局合规工作。

根据《关键信息基础设施安全保护条例》第三章规定的运营者责任义务，在电力企业第三方合规进程中需要注意：①可以委托服务机构每年至少进行一次网络安全检测和风险评估（第十七条）；②采购网络产品和服务可能影响国家安全的，应当按照国家网络安全规定通过安全审查（第十九条）；③与网络产品和服务提供者签订安全保密协议，并针对约定的义务和责任进行监督（第二十条）。

《数据安全法》提到了"重要数据"的概念，并且要求制定重要数据目录，对重要数据进行分级管理。[③] 目前，重要数据并无现行标准的定义，此时可以参照《信息安全技术 重要数据识别指南（征求意见稿）》中的说明[④]，重要数据包括支撑关键基础设施运行数据或重点领域工业生产数据，那么此时对重要数据的理解就和对关键信息基础设施运营者的理解类似，电力行业数据有可能被纳入重要数据的监管范围。

如被认定为重要数据，那么重要数据处理者在未来有可能负有以下法律义务：

（1）向第三方处理数据的原则。总结《网络数据安全管理条例（征求意见稿）》第十二条[⑤]内容，

---

① 参见英大网：《国网江苏电力首创供应商积分管理》，载国际电力网 https：//power.in-en.com/html/power-2289699.shtml，访问时间：2022 年 8 月 23 日

② 《关键信息基础设施安全保护条例》(国务院令第 754 号，2021 年 7 月 30 日发布）第二条：将能源行业纳入了关键信息基础设施范围，照此理解，电力行业也属于规制范围

③ "第二十一条 国家建立数据分类分级保护制度，根据数据在经济社会发展中的重要程度，以及一旦遭到篡改、破坏、泄露或者非法获取、非法利用，对国家安全、公共利益或者个人、组织合法权益造成的危害程度，对数据实行分类分级保护。国家数据安全工作协调机制统筹协调有关部门制定重要数据目录，加强对重要数据的保护"

④ 第五项："支撑关键基础设施运行或重点领域工业生产，如直接支撑关键基础设施所在行业、领域核心业务运行或重点领域工业生产的数据属于重要数据；……反映关键信息基础设施网络安全保护情况，可被利用实施对关键信息基础设施的网络攻击，如反映关键信息基础设施网络安全方案、系统配置信息、核心软硬件设计信息、系统拓扑、应急预案等情况的数据属于重要数据"

⑤ "数据处理者向第三方提供个人信息，或者共享、交易、委托处理重要数据的，应当遵守以下规定：（一）向个人告知提供个人信息的目的、类型、方式、范围、存储期限、存储地点，并取得个人单独同意，符合法律、行政法规规定的不需要取得个人同意的情形或者经过匿名化处理的除外；（二）与数据接收方约定处理数据的目的、范围、处理方式，数据安全保护措施等，通过合同等形式明确双方的数据安全责任义务，并对数据接收方的数据处理活动进行监督；（三）留存个人同意记录及提供个人信息的日志记录，共享、交易、委托处理重要数据的审批记录、日志记录至少五年。数据接收方应当履行约定的义务，不得超出约定的目的、范围、处理方式处理个人信息和重要数据"

重要数据处理者应当首先向个人（数据来源）申请同意，并且与第三方明确约定数据使用的范围、目的等，对该数据的运用进行持续监督，将上述数据处理过程保留台账备查。

（2）数据出口安全合规义务。《数据安全法》第三十一条[①]是对关键基础设施运营者的数据管理的引用性法条，按照该条规定，关键基础设施运营者重要数据出境应当参照《网络安全法》的规定。而《网络安全法》第三十七条[②]提到了关键基础设施运营者收集的数据出境，需要进行主管部门的安全评估，安全评估依照《数据出境安全评估办法》（以下简称《安全评估办法》）进行。纵览《安全评估办法》，数据评估者需要开展以下工作：①开展数据出境风险自评估（第五条）；②与境外接收方订立的法律文件中明确约定数据安全保护责任义务（第九条）；③出现特殊情况或超出有效期，应当重新申报评估（第十四条）。

因此，电力行业的第三方管理主要依靠合同的明确约定和履行过程中的持续监督，在出现重大违约的情况下，及时终止合同履行。

二、第三方尽职调查的手段

（一）第三方尽职调查的流程与方法

第三方尽职调查在本节中是指针对第三方的合规尽职调查，一般按照以下流程开展工作。

（1）注意保密工作应当贯彻始终，因此在所有工作开展之前就应当安排有关保密工作，比如与第三方签订保密协议，并根据不同的情况安排保密范围等特定细节。

（2）在进场工作前，根据已经收到的材料，制定尽职调查方案和时间表。上述方案应当随着进场后工作的深入不断调整。

（3）除了第三方提供的资料外，可以主动对公开信息进行检索，如对网络上的法律法规、企业新闻等方面进行初步调查。并且可以根据在其中检索到的内容进一步要求第三方完善材料，调整方案。

（4）尽调报告并非一蹴而就，因此需要向第三方发送多轮问题清单，才能将所需的信息与资料补齐。在此过程中，应当做好文档管理工作并留存底稿。

（5）进场工作主要是进行人员访谈和外部调查。在访谈前，应当制作访谈问题清单；在访谈时，制作访谈笔录；访谈结束后，由被访谈人员签署。外部调查则是对第三方以及有关的政府部门进行实地探访。

（6）涉及专业意见的领域，如鉴定、法律、评估、审计等方面，一方面，可以在走访政府部门时，实地询问以解决相关问题；另一方面，可以聘请有专门资质的机构提供专业意见。

（7）尽调报告中应当进行风险提示，报告中的风险提示部分可以清单形式列出，并按照风险由高到低进行排列，同时提出具体的解决方案。

（8）最终出具的尽调报告中应当涵盖第三方的情况、有关法律法规、存在的问题和建议解决方案，以便帮助阅读者明晰风险，评估方案。

---

① "关键信息基础设施的运营者在中华人民共和国境内运营中收集和产生的重要数据的出境安全管理，适用《中华人民共和国网络安全法》的规定；其他数据处理者在中华人民共和国境内运营中收集和产生的重要数据的出境安全管理办法，由国家网信部门会同国务院有关部门制定。"

② "关键信息基础设施的运营者在中华人民共和国境内运营中收集和产生的个人信息和重要数据应当在境内存储。因业务需要，确需向境外提供的，应当按照国家网信部门会同国务院有关部门制定的办法进行安全评估；法律、行政法规另有规定的，依照其规定。"

（二）第三方尽职调查的主要手段

第三方尽职调查手段有以下五种：开展企业内部系统排查；进行公开信息查询；要求第三方主动申报披露；进行现场考察；采取其他方式，如聘请评估、财务、法律中介机构协助开展第三方尽职调查等。

1. 企业内部系统排查

对于之前与第三方有合作情况的企业，可以在企业内部对当时合作情况进行检查，如对文档进行检查。但尤其需要注意第三方的信用状况，比如企业与第三方之间曾存在相关纠纷，或遗留有相关款项未支付，这就可能影响第三方未来的履约能力。

2. 公开信息查询

通过公开的网络信息查询，能够查询企业工商信息、信用状况、税务信息、资产（不动产、知识产权等）、企业资质、资本市场信息、涉诉信息、行政处罚信息、行业信息、舆情信息等。上述信息中，可以重点关注第三方诉讼史，关注是否存在未决判决影响其履约能力。

3. 第三方主动申报披露

由于大多数情况下，企业对第三方的要求并不具有类似于法律强制披露的强制力，所以第三方的信息披露与否与披露程度取决于第三方主动申报披露的文件。不过企业可以建议制定标准化的工作流程，并且根据有关约定向第三方发送文件清单，并对重要的文件进行核对。

4. 现场考察

现场考察一般分为两部分：一是访谈，二是外部调查。访谈的对象不限于第三方员工，也包括企业员工。访谈的目的，一是对第三方披露的信息进行验证，二是直接对相关缺失信息进行有效补充。而外部调查包括向政府部门申请调取文件、对于项目进行实地考察走访等，这些调查结果能够直观体现文件中记载的信息，为文件中记载的内容提供验证。

5. 其他

结合电力行业涉及资金量大、技术程度高以及行政监管强的特点，还可根据第三方的合作具体情况，视实际需要聘请行业、财务、法律中介开展第三方尽职调查，就第三方管理涉及的行业、技术、财务、法律等专业事项开展深入的尽职调查。

三、第三方尽职调查的内容

（一）第三方尽职调查的核心目的

世界银行的《诚信合规指南》[①] 要求，在与业务伙伴建立关系前，进行有适当记录的、基于风险的尽职调查（包括找出任何没有记录在案的受益人或其他受益人），并且尽职调查应当处于持续更新的状态。避免与已知或被合理怀疑参与了不当行为的承包商、供应商或其他业务伙伴打交道（特殊情况以及已采取了适当措施减轻影响的情况除外）。

第三方尽职调查的核心目的是评估和识别第三方是否存在不合规行为，以及该不合规行为可能引

---

① 参见世界银行集团：《廉政合规指南概要》，载 THE WORLD BANK 网站 https：//thedocs.worldbank.org/en/doc/302151536766276403-0240022018/original/WBGIntegrityComplianceGuidelinesCH.pdf，访问时间：2022 年 9 月 20 日

发的法律责任，并评估可能产生的经济、商誉等方面的风险。具体到第三方合规尽职调查，是对第三方行为是否符合法律法规、部门规章、规范性文件、行业准则、国际条约规则、多边协定等的专项调查。

（二）第三方尽职调查的主要内容

第三方尽职调查包括以下六方面：检查第三方主体资格；了解第三方主营业务及核验第三方资质许可；核实第三方主要资产及抵押质押情况；收集第三方重大合同履行情况相关信息；分析第三方诉讼仲裁和行政处罚情况；调查第三方其他履行能力及相关风险。

1. 主体资格

主体资格与第三方相关。如第三方是企业的，通常关注该企业的工商状态是否处于营业中，是否是需要批准设立的企业。对于第三方为电力企业的情况，由于电力行业企业多为国有企业，因此在企业发展历程中往往涉及国有股东出资、国有股权转让、国有企业改制、国有资产处置等事项，需要核查确认是否符合当时国有资产管理的规定。

2. 主营业务及资质许可

关注主营业务一是要关注相关的业务是否超出该第三方经营范围，是否需要额外的批准。例如，经营发电项目涉及项目核准备案，如存在未批先建等违规操作，可能会导致项目停止等法律后果。在存在资质许可或备案的领域，相关批复是需要关注的要点，虽然不合资质的第三方往往在招投标时就已经排除，但也需要关注是否存在瑕疵，如批复的时间范围无法完整覆盖整个项目流程。

3. 主要资产及抵押质押

主要资产的关注重点是第三方的持续经营能力，若第三方的主要资产近期陷入不确定性，那么第三方是否能够持续经营是存疑的。例如，与第三方本次履约相关的设备等资产存在抵押质押情况，则需要考察其具体合同中的约定，该等资产是否处于权属不确定的状态。

4. 重大合同履行情况

关注第三方重大合同履行情况分为两个方面：一是关注是否存在影响第三方持续经营能力与履约能力的重大合同，并了解与评估是否存在违约情况；二是关注该第三方在历史上是否与企业存在其他合同，了解当时的合同履行情况，是否存在违约情况以及当时违约的原因。

5. 诉讼仲裁和行政处罚情况

如果第三方受到行政处罚，往往意味着企业的经营、管理或运作存在违规情况。企业应当重点关注第三方的核实整改情况，以及该等行政处罚对第三方持续经营造成的影响。

6. 其他履行能力及相关风险

在分析相关风险时无须局限于特定的第三方，可以同时关注第三方所在行业的其他企业，进行行业关联分析，这样的分析可以有助于评估合规风险的严重程度。

四、第三方出口管制合规风险

（一）出口管制中第三方管理面临的主要问题

出口管制是一国政府依据法律法规，对两用物项、军品、核以及其他与维护国家安全和利益、履行防扩散等国际义务相关的货物、技术、服务等物项出口，采取禁止或者限制性措施。在广义上，出口制裁还扩大到禁止该国家或地区的主体向其他国家或地区的主体提供管制物项。

经济制裁是一国政府或国际组织有意识地通过经济手段，迫使被制裁对象进行政策或行为改变的对外政策手段。此外，世界银行集团等多边银行组织对与其发生关系的企业的腐败、欺诈、共谋、胁迫和妨碍等行为予以制裁。这一系列的经济手段包括针对特定国家或地区、实体或个人等在贸易、投资或其他经济活动领域施加的金融制裁、贸易制裁、入境限制等。

（二）第三方出口管制合规风险

第三方出口管制合规风险，是指第三方在与企业合作过程中，违反相关出口管制法律法规与政策，在未取得相关许可的情况下将管制物项提供给受限国家或地区的企业、受限主体或受限最终用户，或用于受限最终用途，导致企业可能遭受行政处罚、承担刑事责任的风险。

中国企业出口管制的外部合规风险涉及三个层次的规定：一是国内出口管制法规和条例；二是国际出口管制公约、国际义务或多边承诺等；三是其他适用的出口管制规定。

就国内法律法规而言，企业应当注意供应链、销售链全流程透明管理。根据《中华人民共和国出口管制法》（以下简称《出口管制法》）的规定，出口经营者应当提交管制物品的最终用户和最终用途证明文件①，承诺有关事项不会擅自改变，并在发现改变可能时及时报告②。违反上述规定的，一是根据《出口管制法》，在行政上可能被列入管控名单，被禁止或限制从事管制物品的有关业务③；二是存在被追究刑事责任的风险，如可能构成走私罪、非法经营罪、泄露国家秘密罪、伪造、变造、买卖国家机关公文、证件、印章罪等罪名；三是存在受到行政处罚的风险，详见《出口管制法》第四章"法律责任"。

应对该项风险也要关注域外法律。以美国《出口管理条例》（Export Administration Regulations）④为例，管制物项的再出口行为，即在外国将其向第三国出口的行为，同样受到美国法律管制。违反此类管制，可能导致企业被列入实体清单（Entity List）。一旦企业被列入实体清单，则企业自美国进口或在国内采购受《出口管理条例》管辖物项的交易必须获得许可，且此类申请将被推定为拒绝（Presumption of denial）。

第三方经济制裁合规风险，是指第三方在与企业合作过程中违反适用的经济制裁法律法规与政策，参与受制裁国家或地区的受制裁行业，与被制裁主体开展禁止性交易，导致企业可能遭受行政处罚、承担刑事责任的风险。

---

① 《中华人民共和国出口管制法》第十五条规定："出口经营者应当向国家出口管制管理部门提交管制物项的最终用户和最终用途证明文件，有关证明文件由最终用户或者最终用户所在国家和地区政府机构出具"

② 《中华人民共和国出口管制法》第十六条规定："管制物项的最终用户应当承诺，未经国家出口管制管理部门允许，不得擅自改变相关管制物项的最终用途或者向任何第三方转让。出口经营者、进口商发现最终用户或者最终用途有可能改变的，应当按照规定立即报告国家出口管制管理部门"

③ 《中华人民共和国出口管制法》第十八条规定："国家出口管制管理部门对有下列情形之一的进口商和最终用户，建立管控名单：（一）违反最终用户或者最终用途管理要求的；（二）可能危害国家安全和利益的；（三）将管制物项用于恐怖主义目的。对列入管控名单的进口商和最终用户，国家出口管制管理部门可以采取禁止、限制有关管制物项交易，责令中止有关管制物项出口等必要的措施。出口经营者不得违反规定与列入管控名单的进口商、最终用户进行交易。出口经营者在特殊情况下确需与列入管控名单的进口商、最终用户进行交易的，可以向国家出口管制管理部门提出申请。列入管控名单的进口商、最终用户经采取措施，不再有第一款规定情形的，可以向国家出口管制管理部门申请移出管控名单；国家出口管制管理部门可以根据实际情况，决定将列入管控名单的进口商、最终用户移出管控名单"

④ 参见 Bureau of Industry and Security：《Export Administration Regulations》，载 Bureau of Industry and Security 网站 https：//www.bis.doc.gov/index.php/regulations/export-administration-regulations-ear，访问时间：2022 年 9 月 29 日

就海外制裁而言，以美国"特别指定国民名单"（Specially Designated Nationals And Blocked Persons List，简称 SDN Human Readable Lists）[1]为例，美国境内的所有个人和企业均被禁止与列入黑名单的个人有商业往来，否则将因违反法律而受到制裁，同时，禁止投资黑名单所列个人和黑名单所列个人拥有控股权的企业的股票，并且禁止产生期限超过 90 天的新债务（包括债券、信贷、汇票等所有证券形式）。

就经济制裁而言，招致制裁的一大普遍原因是腐败。在我国，《反不正当竞争法》规定，商业贿赂行为有可能被监管部门没收违法所得并受到行政处罚[2]；同时，腐败行为可能构成《中华人民共和国刑法》中的非国家工作人员受贿罪[3]。在美国，《海外反腐败法》（Foreign Corrupt Practices Act）[4] 的反贿赂条款现在也适用于直接或通过代理人在美国境内造成腐败行为的外国企业和个人。因此，企业应当注意对本企业员工以及第三方的合规宣贯，杜绝腐败事件的发生。

（三）第三方出口管制合规管理

根据商务部发布的《两用物项出口管制内部合规指南》，良好的出口管制内部合规制度包括九个基本要素：一是拟定政策声明；二是建立组织机构；三是全面风险评估；四是确立审查程序；五是制定应急措施；六是开展教育培训；七是完善合规审计；八是保留档案资料；九是编制管理手册。

1. 拟定政策声明

政策声明可以在企业合规手册中发布，并通过企业网站向第三方公布。政策声明是企业合规目标的体现，发布在合规手册中可以让员工及第三方了解企业的努力。

政策声明应当做到简明扼要、用词准确、覆盖范围广，为未来的具体合规措施制定留下空间。例如，中国长江三峡集团有限公司发布的《合规手册》[5]中就提到三峡集团在国内业务出境、异国业务方面的合规举措，"三峡集团严格遵守国际规则和业务所涉国家（地区）签证、海关、国土安全、进出境、就业等方面的法律法规、监管规则。在开展国际业务之前，应充分了解、严格遵守所适用的中国政府、业务所涉国家（地区）有关产业政策、贸易管制和制裁、国家安全审查的法律法规和监管规定，依法合规开展境外投资与贸易，依法取得受管制的商品、服务、技术的出口、转售所适用的许可或授权，并严格执行许可或授权范围内有关目的地、用户、用途的规定。三峡集团严禁开展列入中国政府负面清单禁止类的境外投资项目，严禁违规开展列入负面清单限制类的境外投资项目。"

---

[1] 参见 Office of Foreign Assets Control：《Specially Designated Nationals And Blocked Persons List（SDN）Human Readable Lists》，载 U. S. DEPARTMENT OF THE TREASURY 网站 https://home.treasury.gov/policy-issues/financial-sanctions/specially-designated-nationals-and-blocked-persons-list-sdn-human-readable-lists，访问时间：2022 年 9 月 29 日

[2] 《反不正当竞争法》第十九条规定："经营者违反本法第七条规定贿赂他人的，由监督检查部门没收违法所得，处十万元以上三百万元以下的罚款。情节严重的，吊销营业执照"

[3] 《中华人民共和国刑法》第一百六十三条规定："公司、企业或者其他单位的工作人员，利用职务上的便利，索取他人财物或者非法收受他人财物，为他人谋取利益，数额较大的，处三年以下有期徒刑或者拘役，并处罚金；数额巨大或者有其他严重情节的，处三年以上十年以下有期徒刑，并处罚金；数额特别巨大或者有其他特别严重情节的，处十年以上有期徒刑或者无期徒刑，并处罚金。公司、企业或者其他单位的工作人员在经济往来中，利用职务上的便利，违反国家规定，收受各种名义的回扣、手续费，归个人所有的，依照前款的规定处罚。国有公司、企业或者其他国有单位中从事公务的人员和国有公司、企业或者其他国有单位委派到非国有公司、企业以及其他单位从事公务的人员有前两款行为的，依照本法第三百八十五条、第三百八十六条的规定定罪处罚"

[4] 参见 The United States Department of Justice：《FOREIGN CORRUPT PRACTICES ACT》，载 The United States Department of Justice 网站 https://www.justice.gov/criminal-fraud/foreign-corrupt-practices-act，访问时间：2022 年 9 月 29 日

[5] 参见中国长江三峡集团有限公司：《合规手册》，载中国长江三峡集团有限公司网站 https://www.ctg.com.cn/sxjt/xxxgk/qtxx76/hggl90/index.html，访问时间：2022 年 9 月 20 日

2. 建立组织机构

在流程上，首先评估企业的业务是否存在出口管制风险，其次确定是否有出口管制合规建设的必要性。通过梳理当前企业的业务领域和运营模式，评估企业当前存在的出口管制合规风险点，以此确定需要参与风险管理的企业部门。最后梳理上述业务所涉及的企业信息化管理系统，如客户管理系统、订单系统、发货系统等，打通系统之间信息流通的"壁垒"。

3. 全面风险评估

全面风险评估分为两个方面：一是对企业自身与第三方对接的流程进行风险评估；二是对第三方可能存在的合规风险进行评估。就本节的第三方全面风险评估而言，可能涉及对出口清关程序是否完善、反腐败措施是否完备等程序的调查。在第三方的主体资格方面，可以通过本国或外国的公开渠道，实时关注该第三方的商业证照、相关业务许可、董事会成员、股东、实际控制人等事项，对第三方情况进行实时更新，以降低因第三方的问题而被动违规的风险。

4. 确立审查程序

在与第三方接触之初，无论第三方是客户还是供应商，企业都应当先对所需物项、最终用途、最终用户、流通路径进行评估。评估一方面应当关注是否可就相关物项与第三方开展交易，具体的合规要求应当关注物项流通路径中所涉国家有关规定；另一方面则应当关注第三方是否存在虚报、瞒报的情况，例如第三方通过报送虚假信息而伪造最终用途和最终用户，进而引发不可控风险。企业可以参照监管机关关注的内容列出自己的关注清单，如《出口管制法》第十三条涉及的在审批时需要考虑的国家安全和利益、国际义务和对外承诺、出口类型、管制物项敏感程度、出口目的国家或者地区、最终用户和最终用途、出口经营者的相关信用记录、法律、行政法规规定的其他因素。除了自上而下的监督，也要为企业员工和第三方提供有关匿名举报途径，完善监督审查体系。

5. 制定应急措施

除了企业预留的应急时间方案外，发展替代产品、替代供应商永远是企业持续发展的"底气"。一方面，这样可以避免因遭受制裁导致的供应链切断风险；另一方面，企业也可以完善布局，优化供应链，促进企业发展。

6. 开展教育培训

如前文所述，对第三方开展合规培训是近年来新的发展趋势。有关合规宣贯有利于让第三方了解企业的合规要求，增强第三方合规意识。

7. 完善合规审计

合规审计能够检查企业是否存在重大财务漏洞，经常开展审计有利于对合规制度进行查漏补缺。

8. 保留档案资料

有关档案资料是未来证明企业行为合法合规的重要资料，需要在有关工作流程中，根据实际情况规定该资料的保存年限。

9. 编制管理手册

管理手册是企业合规治理的重要依据，建立有关制度流程标志着企业合规管理的成熟。同时管理手册有关第三方的内容，可以发送给第三方供其知悉，并约定其遵守。

五、第三方数据保护合规

(一) 数据保护中第三方管理面临的主要问题

一是企业对第三方数据开放流程不够规范和成体系。一方面,共享什么数据、共享多少数据没有明确的内部规定;另一方面,对数据交付第三方后的使用控制机制尚属空白。部分原因是近年来数据保护法律法规文件层出不穷,更新较快。企业需要重点关注该领域的合规动向,并且对电力行业数据结构及组成有完整把握。二是缺少有关个人隐私、商业秘密的保护方案。尤其是电力数据具有数量大、增长快的特点,需要新兴技术进行处理与保障。三是企业针对第三方数据管理安全性方面的IT资源投入不足。

(二) 第三方数据保护合规风险

第三方数据保护合规风险,是指企业因第三方(如互联网服务供应商、电子信息设备供应商)未按照当地适用的数据保护要求开展工作,导致企业受到有关行政处罚。除了直接风险外,还包括企业因此可能出现的数据泄露间接引发的有关索赔等民事法律风险。虽然直接的数据处理人是第三方,但数据来源是企业本身,企业不可避免地会承担连带责任。

合规风险点有三个:一是如前所述,我国数据安全法律法规正在高速完善,并且加大了对数据和个人信息泄露、未经允许出境的监管力度和处罚力度。因此,企业的数据安全合规工作需根据国家要求持续完善,避免滞后于国家政策要求,引发数据业务发展的法律风险。二是企业内部的数据保护机制不够健全,企业员工保护数据的意识薄弱。在面对大量的电力数据时,前述二者相加往往会加大数据泄露的风险。企业应对本企业向第三方处理数据的保护机制,以及第三方内部如何建立数据保护机制进行评估。三是互联网新技术的应用使得数据泄露的风险提升,如目前已经耳熟能详的爬虫技术。针对此类数据泄露风险,企业应当加大在这方面系统的IT投入,在技术上提升防护能力。

(三) 第三方数据保护合规管理

数据保护合规是一个实时变化的进程,不仅体现在法律法规的快速完善上,也体现在企业的合规管理上。企业一是可以通过收集实时数据,了解第三方的项目管理中的评估、准入和监控方面的能力。二是可以根据供应商表现进行评分,通过评分来评价第三方在数据保护风险控制相关的能力,在评分发生变化时,开展相应的数据驱动型决策。总的来说,这套流程类似于企业内部管理,但其对第三方管理的依据还是应当回归到合同约定,在签订合同时就为未来的风险解决留下空间。

在中国长江电力股份有限公司发布的《合规手册》[①]中,该企业引入了极限生存压力测试、应急处置演练等机制。同时,要求定期开展网络安全风险评估,提升网络安全事件的应急处理能力。在员工管理方面,员工应依法依规使用网络,不得利用网络传播违法信息和虚假信息。强化网络安全意识,加强网络安全保护和应急处理。依据有关法律法规,设置了员工发现泄密事件以及隐患时的报告机制,并要求企业在适用所在国法律时遵守相关规定并保护有关信息。

---

① 参见中国长江电力股份有限公司:《中国长江电力股份有限公司合规手册》,载长江电力网站 https://www.cypc.com.cn/cypc-web/cypc/wenjian/202105150002.pdf,访问时间:2022年9月26日

六、第三方知识产权合规

(一) 第三方管理涉及的知识产权保护主要内容

一是对第三方持有的知识产权进行核查。根据国家知识产权局知识产权保护司组织编写的《企业知识产权保护指南》[①] 第六章第四节"供应商管理"的内容，涉及知识产权的内容主要是审核知识产权清单及其法律状态等。除对供应商自身的知识产权进行审核外，还要对供应商母公司、子公司、分公司等关联主体的知识产权开展审核，并对供应商商业秘密管理情况进行核查。审核内容包括：对商业和技术信息所采取的保密措施情况；对发明人或设计开发人员、高管人员等进行企业商业秘密管理的情况；是否签署了保密协议和员工竞业禁止协议；是否约定了知识产权归属等。此外，还可以根据审查后的知识产权，对应核查供应商所供应的产品、配件或服务使用的知识产权是否真实匹配。

二是对企业本身持有的知识产权进行保护。参考上海市浦东新区人民检察院、中国信息通信研究院知识产权与创新发展中心联合发布的《企业知识产权合规标准指引（试行）》[②] 第二十条规定，企业应注重生产经营环节知识产权管理，明确在原材料及设备采购（包括软件等）、技术和产品开发、技术转让（许可）与合作、委托加工、产品销售、广告宣传或展销、招投标、进出口贸易、企业合资及并购和上市等环节中所可能涉及的各类知识产权事务的管理措施和工作程序：

（1）企业采购活动中的知识产权管理。企业应收集相关知识产权信息，必要时应要求供方提供权属证明；做好供方信息、进货渠道、进价策略等信息资料的管理和保密工作；在采购合同中应明确知识产权权属、许可使用范围、侵权责任承担等内容。

（2）企业生产活动中的知识产权管理。注意发现具有知识产权价值的创新成果，及时采取相应的知识产权保护措施；对于生产过程中不宜对外公开的操作规程、各种报表和试验记录、检验检测记录等，应建立相应的保密制度，采取相应的保密措施；承揽委托加工、来料加工、贴牌生产等加工业务时，注意规避对外加工业务中的知识产权风险，明确双方知识产权权利义务、保密责任。

（3）企业研发活动中的知识产权管理。建立研发活动的知识产权跟踪检索分析与监控制度；明确对研发成果的知识产权归属管理；加强对研发活动的档案和保密管理，建立技术研发档案、记录管理制度，确保研发活动具有可追溯性；加强对研发成果申请专利的挖掘与质量的管控。

（4）企业营销活动的知识产权管理。对产品即将投放的市场进行同类产品知识产权状况的调查分析，防止遭遇知识产权侵权指控；正确使用注册商标或专利号等知识产权标志，对消费者和有关市场主体进行必要提醒；建立产品销售市场监控机制，多渠道地监控同类产品的市场情况；对发现侵权的，应当进行重点信息收集，必要时进行公证。

三是企业有涉外业务的应当特别注意并在合同中特别约定。《企业知识产权合规标准指引（试行）》第二十二条建议，企业应积极开展涉外业务中的知识产权布局；对拟引进的技术或者产品的相关知识产权状况进行调查分析，并对侵权风险进行综合评估；签订技术或产品引进合同、输出合同（包括代理合同）时，应明确技术或产品引进的许可方式和范围、后续改进成果的归属和分享、权利维护、双方的保密责任和义务、引进技术或产品发生知识产权侵权时供方应承担的法律责任等内容。

[①] 参见国家知识产权局知识产权保护司：《企业知识产权保护指南》，载国家知识产权局网站 https://www.cnipa.gov.cn/art/2022/4/22/art_2431_174919.html，访问时间：2022年9月26日

[②] 参见上海市浦东新区人民检察院、中国信息通信研究院知识产权与创新发展中心：《企业知识产权合规标准指引（试行）》，载中国信通院网站 http://www.caict.ac.cn/xwdt/ynxw/202202/P020220222530901420011.pdf，访问时间：2022年9月26日

（二）第三方知识产权合规风险

第三方知识产权合规风险，是指企业在分发、拷贝、复制、编辑、采购或以其他方式使用商业伙伴所销售、提供、出让、授权的知识产权，或含有该知识产权的产品或服务时，因该知识产权存在缺陷、未能满足企业业务需要，可能导致企业内部成本增加、盈利受损的风险；因该知识产权侵犯第三方权利，可能导致企业遭受第三方索赔的风险；因该知识产权违反法律法规，可能导致企业遭受行政罚款等行政处罚，甚至企业及其董事、高级管理人员等承担刑事责任的风险。

按照风险的法律性质可以分为四点：

（1）专利权法律风险：①专利合同风险，包括专利申请权转让合同风险，专利权转让合同风险，发明专利实施许可合同风险，实用新型专利实施许可合同风险，外观设计专利实施许可合同风险，专利代理合同风险；②专利权权属、侵权风险，包括专利申请权权属风险，专利权权属风险，侵害发明专利权风险，侵害实用新型专利权风险，侵害外观设计专利权风险，假冒他人专利风险，发明专利临时保护期使用费风险，职务发明创造发明人设计人奖励报酬风险，发明创造发明人设计人署名权风险，标准必要专利使用费风险等。

（2）商标权法律风险：①商标合同风险，包括商标权转让合同风险，商标使用许可合同风险，商标代理合同风险；②商标权权属、侵权风险，包括商标权权属风险和侵害商标权风险等。

（3）著作权法律风险：①著作权合同风险，包括委托创作合同风险，合作创作合同风险，著作权转让合同风险，著作权许可使用合同风险，出版合同风险，表演合同风险，音像制品制作合同风险，广播电视播放合同风险，邻接权转让合同风险，邻接权许可使用合同风险，计算机软件开发合同风险，计算机软件著作权转让合同风险，计算机软件著作权许可使用合同风险；②著作权权属、侵权风险，包括著作权权属风险，侵害作品发表权风险，侵害作品署名权风险，侵害作品修改权风险，侵害保护作品完整权风险，侵害作品复制权风险，侵害作品出租权风险，侵害作品展览权风险，侵害作品表演权风险，侵害作品放映权风险，侵害作品广播权风险，侵害作品摄制权风险，侵害作品改编权风险，侵害作品翻译权风险，侵害作品汇编权风险，侵害其他著作财产权风险，出版者权权属风险，表演者权权属风险，录音录像制作者权权属风险，广播组织权权属风险，侵害出版者权风险，侵害表演者权风险，侵害录音录像制作者权风险，侵害广播组织权风险，计算机软件著作权权属风险，侵害计算机软件著作权风险等。

（4）商业秘密风险：①商业秘密合同风险，包括技术秘密让与合同风险，技术秘密许可使用合同风险，经营秘密让与合同风险，经营秘密许可使用风险；②侵害商业秘密风险，包括侵害技术秘密风险和侵害经营秘密风险等。企业参照不同的风险类型，可以归纳总结不同的合规要求，开发有针对性的合规手段，做到"有的放矢"。

（三）第三方知识产权合规管理

知识产权合规管理分为成果产生前后两个阶段。对于成果产生前的项目，原则上应做好员工保密工作，预留专利规避方案，开展防御性的商标注册和版权登记；对于成果产生后的项目，原则上应当对其是否属于商业秘密进行区分处理。同时，也要做好员工发明相关权益的处理，维护知识产权的稳定性。

《企业知识产权保护指南》第六章第四节"供应商管理"提出：①为规范售前活动，企业应提前拟定保密协议范本，在与客户进行实质性接触前，要求售前工程师或销售人员务必与客户签署保密协议。

②知识产权部门人员务必作为讲师参与售前工程师或销售人员的售前培训,并参与制作售前培训手册。在售前培训手册中,应当向售前工程师或销售人员宣导企业的知识产权布局状况、与竞争对手之间的优劣势;应当要求售前工程师或销售人员在与客户沟通过程中不可私自作出任何与知识产权有关的承诺,并提前制定面向客户的回复方案。③知识产权部门应当定期准备并向售前工程师或销售人员提供可对外界披露的企业知识产权工作介绍和知识产权清单。此类售前培训不仅有利于保护企业知识产权,也有利于销售人员掌握产品优势,打开销量。

七、合同管理中的第三方管理

(一)合同管理中第三方管理的原则性规定

合同是当事人双方或数方确定各自权利和义务关系的协议。合同管理是对合同洽谈、草拟、签订、生效直至失效的全过程进行管理。企业应当将第三方需遵守的相关合规行为准则和承诺的合规状态,在与第三方签订的合同中约定为合规条款和陈述与保证条款;或由第三方出具专项合规承诺书,并应在合同或合规承诺书中明确约定商业伙伴违反该等约定或承诺应承担的违约责任。这类业务比较成熟,也有较多指引,如《国家电力公司合同管理办法》(1998年3月10日,国电政法〔1998〕54号)、《企业内部控制应用指引第16号——合同管理》。

以电力工程中的合同管理为例,电力工程往往涉及众多合同以及文件,这能体现一个企业合同管理能力的高低。其一是规范工程招投标的工作流程,在招投标工作中应按照工程量清单的方式执行计价规范。其二是在合同文本的选择上,建议利用有关部门发布的合同范本,如住房和城乡建设部、工商总局发布的《建设工程施工合同(示范文本)》(GF-2017-0201)①。企业应根据项目需要适时增加补充条款,从而对甲乙双方的权利与义务进行合理约束。其三是在内部严格执行合同的审批流程和签署流程,合同文本内容需要相关部门,如企业法务部提出专业意见,确保合同条款详细、责任清晰、内容完整。其四是针对第三方可能分包的合同也可以进行规范化管理,比如起草统一的示范合同文本库,保证审批和签署流程严格执行。但要注意,违法分包问题是建筑施工领域的"顽疾",企业需要加大对第三方的监督力度。

(二)合同管理中第三方管理的工作流程

1. 合同审查与签订中的第三方管理

企业在建立管理模式时,应当参考有关文件的建议。根据《企业内部控制应用指引第16号——合同管理》第二章"合同的订立"第五~十条见表4-2。

表4-2 合同的订立相关条款内容

条款	条款内容
第五条	企业对外发生经济行为,除即时结清方式外,应当订立书面合同。合同订立前,应当充分了解合同对方的主体资格、信用状况等有关内容,确保对方当事人具备履约能力。对于影响重大、涉及较高专业技术或法律关系复杂的合同,应当组织法律、技术、财会等专业人员参与谈判,必要时可聘请外部专家参与相关工作。谈判过程中的重要事项和参与谈判人员的主要意见,应当予以记录并妥善保存

---

① 参见住房城乡建设部、国家工商行政管理总局:《建设工程施工合同(示范文本)》,载国家市场监督管理局合同示范文本库网站 https://cont.12315.cn/View?id=082423f0-e9cb-41a2-b88c-bdc70b5619d8,访问时间:2022年9月29日

续表

条款	条款内容
第六条	企业应当根据协商、谈判等的结果，拟订合同文本，按照自愿、公平原则，明确双方的权利义务和违约责任，做到条款内容完整，表述严谨准确，相关手续齐备，避免出现重大疏漏。合同文本一般由业务承办部门起草、法律部门审核。重大合同或法律关系复杂的特殊合同应当由法律部门参与起草。国家或行业有合同示范文本的，可以优先选用，但对涉及权利义务关系的条款应当进行认真审查，并根据实际情况进行适当修改。合同文本须报经国家有关主管部门审查或备案的，应当履行相应程序
第七条	企业应当对合同文本进行严格审核，重点关注合同的主体、内容和形式是否合法，合同内容是否符合企业的经济利益，对方当事人是否具有履约能力，合同权利和义务、违约责任和争议解决条款是否明确等。企业对影响重大或法律关系复杂的合同文本，应当组织内部相关部门进行审核。相关部门提出不同意见的，应当认真分析研究，慎重对待，并准确无误地加以记录；必要时应对合同条款作出修改。内部相关部门应当认真履行职责
第八条	企业应当按照规定的权限和程序与对方当事人签署合同。正式对外订立的合同，应当由企业法定代表人或由其授权的代理人签名或加盖有关印章。授权签署合同的，应当签署授权委托书。属于上级管理权限的合同，下级单位不得签署。下级单位认为确有需要签署涉及上级管理权限的合同，应当提出申请，并经上级合同管理机构批准后办理。上级单位应当加强对下级单位合同订立、履行情况的监督检查
第九条	企业应当建立合同专用章保管制度。合同经编号、审批及企业法定代表人或由其授权的代理人签署后，方可加盖合同专用章
第十条	企业应当加强合同信息安全保密工作，未经批准，不得以任何形式泄露合同订立与履行过程中涉及的商业秘密或国家机密

2. 合同履行中的第三方管理

就企业自身而言，企业应当遵循诚实信用原则履行合同，并且对合同履行实施有效监控，强化对合同履行情况及效果的检查、分析和验收，确保合同全面有效履行。对合同约定不明确的部分，应当及时签订补充协议。

3. 合同变更和解除中的第三方管理

在合同履行过程中发现有显失公平、条款有误或对方有欺诈行为等情形，或因政策调整、市场变化等客观因素，已经或可能导致企业利益受损，应当按企业规定程序及时报告，并经按照合同约定程序经双方协商一致，按照规定权限和程序办理合同变更或解除事宜。根据财政部发布的《电力行业内部控制操作指南》（财会〔2014〕31号）建议，合同生效后，合同变更、调整及解除需按照法定程序，相关人员以书面形式提出合同变更、调整及解除申请，经相关领导审批通过后，签订合同变更协议或解除协议。

在合同变更和解除过程中的中间资料，如与合同签订和履行相关的发票、送货凭证、汇款凭证、验收记录、在磋商和履行过程中形成的电子邮件、传真、信函等均应当保留。

4. 合同纠纷中的第三方管理

《企业内部控制应用指引第16号——合同管理》第十三条建议，企业应当加强合同纠纷管理，在履行合同过程中发生纠纷的，应当依据国家相关法律法规，在规定时效内与对方当事人协商并按规定权限和程序及时报告。合同纠纷经协商一致的，双方应当签订书面协议。合同纠纷经协商无法解决的，应当根据合同约定选择仲裁或诉讼方式解决。企业内部授权处理合同纠纷的，应当签署授权委托书。纠纷处理过程中，未经授权批准，相关经办人员不得向对方当事人作出实质性答复或承诺。

《电力行业内部控制操作指南》提出，针对履行合同过程中发生的纠纷，依据国家相关法律法规，在规定时效内与对方当事人协商并按规定权限和程序及时报告。协商调解达成一致时，依合同签订程序签订书面协议。协商调解不能达成一致时，可依合同约定选择仲裁或诉讼的方式解决纠纷。相关部门和合同承办部门组织相应人员参与诉讼，并根据终审裁定结果执行，编写法律纠纷处理报告。

因此，在出现合同纠纷时，首选的解决方案是协商解决，在协商过程中也要收集证据，固定双方协商过程中的聊天记录。争议事项经双方当事人协商一致的，双方应当签订书面协议；如双方协商无法达成一致意见的，根据合同约定选择争议的解决方式。另一点则是要注意企业授权员工处理纠纷事项时的权限问题。原则上企业内部授权处理合同纠纷，应当签署授权委托书。在纠纷处理时，对重大事项应当通过内部讨论，经历审批手续。

八、文档管理中的第三方管理

（一）文档管理中第三方管理的主要内容

企业应当及时收集、整理、归档第三方合规管理过程中涉及的相关资料，包括但不限于尽职调查、合规风险监测、合规培训、合规审计及检查、合规评价以及相关的业务合同、谈判记录、会议纪要、招投标文件、各类技术资料及协议等。

《企业内部控制应用指引第17号——内部信息传递》第三条提示，企业内部信息传递至少应当关注下列风险：（一）内部报告系统缺失、功能不健全、内容不完整，可能影响生产经营有序运行。（二）内部信息传递不通畅、不及时，可能导致决策失误、相关政策措施难以落实。（三）内部信息传递中泄露商业秘密，可能削弱企业核心竞争力。

（二）文档管理中第三方管理的工作流程

1. 文档归档中的第三方管理

在实践中，由企业选择建立合规风险库的方法进行企业规章制度的文档管理。前文中提到的国网上海市电力公司通过对国家电网公司561项通用制度，分别梳理出对应的国家法律法规、监管规定的合规要求，并匹配到相关的责任部门，还进一步梳理出800余条同各部门相关的法律风险点，初步形成一套具有"部门-制度-法规-法律风险"四个要素的合规风险库。合规风险库是上海公司建立的一套面向各个业务一线具体职能、具体业务实际需求的合规管控措施。企业将国家法律法规、企业面临的合规风险、企业的规章制度、企业的管控措施、企业的业务领域等各个要素建立对应关系，最终建立一套风险点清晰、管控措施具体、法律制度依据准确的合规风险库，使各业务岗位员工能够在有效识别的基础上，在自身工作中有效评估和防范各类合规风险。

而具体业务中的文档管理则主要注重于归档与检查。参考江苏中天科技股份有限公司编纂的《合同合规实施细则》[①]，股份公司及子公司合规主管部门应定期核查合同文件及合同管理台账，每年至少核查一次，确保合同档案管理完整、有效。合规专员核查合同文件时，如发现合同条款的制定存在问题的，应在内部交流或培训时告知相关负责部门，或在重新起草合同时加以修改。员工不得在股份公司及子公司的账簿和记录上进行错误、虚假、不完整或容易导致误解的记录。员工应对提交和制作的书面表格和文件进行留档，以备审计。

---

① 参见江苏中天科技股份有限公司：《合同合规管理实施细则》，载中天科技网站https：//www.chinaztt.cn/upload/compliance/CN/5.%E4%B8%AD%E5%A4%A9%E7%A7%91%E6%8A%80_%E3%80%8A%E5%90%88%E5%90%8C%E5%90%88%E8%A7%84%E7%AE%A1%E7%90%86%E5%AE%9E%E6%96%BD%E7%BB%86%E5%88%99%E3%80%8B.pdf，访问时间：2022年9月26日

2. 文档查询利用中的第三方管理

文档查询利用系统需要分级管理，除敏感信息需要在企业内部经审批方可获取和使用外，提供给第三方的文档查询应当考虑使用者的便利。相关控制机制主要如下：①建立、使用跟踪评估和反馈机制，对文档管理和利用系统不断根据使用者的反馈更新；②指导员工将文档根据相关性、重要性和使用频率对其进行过滤和分类，并在文档系统中提供相关分类功能；③新的文档归档后，可以根据第三方接收文档的权限范围及时通知；④创新信息化文档系统使用形式，如提供文档系统在线搜索、取词等功能；⑤对于涉及客户隐私、企业商业秘密和知识产权、国家秘密，以及其他未公开敏感信息，应严格按照最低限度原则限制第三方获取，并进行授权审批、信息隔离，有条件的可以通过建立加密存储、传输和电子信息访问控制等渠道保护文档安全。

3. 文档移交及处置中的第三方管理

文档在移交和处置的过程中存在着损毁灭失、差错篡改、违规使用和泄露窃取等风险，因此企业一是要做好留档、留痕，即使出现文档灭失或被篡改的情况，企业也留存有原始档案，不至于在未来出现纠纷时落入不利境地；二是要建立防火墙机制，避免第三方对本企业的文档管理造成不利影响。

第二节 第三方管理领域合规管理实务

人社厅发〔2021〕17号①文件对企业合规师的定义是"从事企业合规建设、管理和监督工作，使企业及企业内部成员行为符合法律法规、监管要求、行业规定和道德规范的人员"。企业合规师的工作任务涵盖如下方面：制定企业合规管理战略规划和管理计划；识别、评估合规风险，管理企业的合规义务；制定并实施企业内部合规管理制度和流程；开展企业合规咨询、合规调查，处理合规举报；监控企业合规管理体系运行有效性，开展评价、审计、优化等工作；处理与外部监管方、合作方相关的合规事务，向服务对象提供相关政策解读服务；开展企业合规培训、合规考核、合规宣传及合规文化建设。下文将围绕前述工作任务逐项展开阐述，电力企业合规师应按照本节内容完成第三方管理领域的合规管理实务工作。

一、第三方管理合规管理规划和管理计划

联合国、世界银行集团、经合组织等国际组织非常关注对第三方的合规管理。例如，经合组织《内控、道德和合规良好行为指南》认为，第三方合规管理是与企业的整体合规框架相关联的合规要素或措施之一，有助于确保企业内部控制、道德规范和合规措施的有效性；经合组织、联合国毒品和犯罪问题办公室和世界银行联合发布的《反腐败道德和遵守手册》，也将对商业合作伙伴的合规管理作为企业反腐败的要素之一。

在境内立法领域，第三方合规管理也是中央企业、国有企业合规管理的重点领域之一。《中央企业合规管理办法》《中央企业合规管理指引（试行）》《广东省省属企业合规管理指引（试行）》等中央、地方国资监管法律法规（为方便行文表述，以下统称为"国资监管法律法规"）明确规定，企业应加

---

① 人力资源和社会保障部办公厅、国家市场监督管理总局办公厅、国家统计局办公室《关于发布集成电路工程技术人员等职业信息的通知》"一、新职业信息（二）2-06-06-06 企业合规师"

强对商业伙伴重点领域的合规管理，促进商业伙伴行为合规。① 在执法领域，近年来，执法机构也不断加大对企业商业伙伴的审查力度和并加大对其的关注，加强对电力企业境内外商业伙伴的合规管理，对于完善电力企业的合规管控，形成闭环的风险防范措施具有重要意义。②

第三方管理合规应成为电力企业全面系统合规的重要一环，在电力企业将合规管理领域的触角延伸至第三方时，合规师应充分发挥"建设"职能，在合规管理部门的领导下，根据电力企业的行业特点、企业规模大小、商业模式的复杂程度及管理层的需求，制定公司层面涉及第三方管理的合规管理规划和管理计划。合规管理规划和管理计划应符合国内法律法规规定和电力企业自身的合规管理制度、政策等国内合规标准和准则。对于跨国企业和涉及境外业务的电力企业而言，尤其要注意同时符合东道国法律法规、国际条约、国际组织规定等国际合规标准和准则。

（一）第三方管理合规管理规划

1. 第三方管理合规管理规划的重点内容和要求

（1）做好内部上层建筑-完善自身的第三方管理合规管理体系

第三方管理既是国资监管法律法规等"外规"提出的要求，也是国际标准和准则评估企业合规管理有效性的要素之一，电力企业将其"内化"为自身的合规管理体系是进行第三方管理的应有之义。该体系应包含制度体系、运行体系、组织体系和保障体系四部分。

第三方管理合规管理制度体系既是电力企业在第三方管理领域的基础保障，也是第三方管理的合规管理重要来源。第三方管理合规管理运行体系包括识别合规义务、评估合规风险、开展合法合规审核、监督合规实施、评价合规效果、处理违规事件、反馈和改进合规体系等方面。第三方管理合规管理组织体系包括建立合规组织、明确合规职责、配备合规人员、形成奖惩机制等方面。第三方管理合规管理保障体系包括举办合规培训、形成合规文化等方面。

电力企业合规师应配合业务部门、法律合规部门等负责部门按照电力企业内部规范流程共同完善第三方管理合规管理体系，做好电力企业在第三方管理领域的上层建筑。在"外规内化"的过程中，合规师应注意总结"外规"中第三方管理相关的核心要求和具体要求，必须满足核心要求，并重点关注和对待具体要求。③

（2）向第三方传达合规要求

除将第三方管理领域的"外规"进行"内化"外，在与第三方沟通业务的过程中向合作方宣贯合规政策也是国际上普遍认可的第三方合规管理规则和标准。④ 电力企业在制定该领域的合规管理规划时也应统筹协调第三方主体，向第三方传达合规要求，通过与其签订合规协议、要求其作出合规承诺等方式确保其合规。具体而言，合规管理规划中应包括要求第三方合规运营，遵守适用的法律法规和准则、供应商社会责任行为准则和诚信廉洁承诺等内容。电力企业还应在合规管理规划中将前述合规要

---

① 具体的法律法规规定包括：《中央企业合规管理指引（试行）》第十三条；《广东省省属企业合规管理指引（试行）》第十四条、《上海市国资委监管企业合规管理指引（试行）》第十五条、《江苏省省属企业合规管理指引（试行）》第十九条、《河南省省管企业合规管理指引》第十六条、《云南省省属企业合规管理指引（试行）》第十五条、湖北省国资委《省出资企业合规管理指引（试行）》第十七条、《四川省省属企业合规管理指引（试行）》第十五条、《天津市国资委监管企业合规管理指引（试行）》第十七条、《贵州省国资委监管企业合规经营管理指引》第十三条、山东省国资委《省属企业合规管理指引》第二十条、《重庆市市属国有企业合规管理指引（试行）》第十二条、内蒙古自治区国资委《关于建立企业合规管理体系的指导意见》等

② 中国公司法务研究院、中国国际贸易促进委员会商事法律服务中心、方达律师事务所：《2018—2019中国年度企业合规蓝皮书》

③ 李素鹏，叶一珺，李昕原.企业合规管理实务手册［M］.北京：人民邮电出版社，2022

④ 鞠娜.合规实践｜国际工程第三方合规管理最佳实践［J］.国际工程与劳务

求纳入第三方评审及资格认证体系，停止与不合规不诚信的第三方合作。

(3) 协助第三方完善合规管理体系

电力企业对第三方提出合规要求时，不排除第三方暂时无法满足要求的情况，电力企业在第三方管理领域的合规管理规划中还可以包括引导第三方完善自身合规管理体系，帮助其提升合规专业能力。待第三方的合规管理体系建设符合企业对其提出的合规要求后，再与其开展合作。

2. 第三方管理合规管理规划的审批

合规管理规划的制定并不必然意味着其生效与可执行，第三方管理合规管理规划文本定稿后，合规管理部门还应将其提交电力企业有权决策机构审批（通常为董事会），经审批后，由电力企业正式颁布有效文本。由于合规管理规划通常为纲领性战略文件，在生效后一定期限内，原则上不应重新制定或修改。

（二）第三方管理合规管理计划

制定合规管理计划是《中央企业合规管理指引（试行）》《企业境外经营合规管理指引》《广东省省属企业合规管理指引（试行）》等法律法规赋予企业合规管理部门的工作职责之一。合规管理计划也是对合规管理规划的贯彻落实。在第三方管理的合规管理实务工作中，电力企业合规师应在合规管理部门的领导下，以贯彻落实合规管理规划为目标，制定相应的合规管理计划。

《中央企业合规管理指引（试行）》第七条提出，批准合规管理计划，采取措施确保合规制度得到有效执行是经理层的合规管理职责之一。电力企业合规师应按照法律法规以及内部规范流程，协助完成第三方管理合规管理计划提交至经理层的相关工作，由经理层完成审批工作，赋予合规管理计划可执行的效力。

二、第三方管理合规义务、合规目标、合规风险的识别、分析与评估

我国《合规管理体系 指南》（GB/T 35770—2017）阐述了合规义务、合规目标与合规风险之间的关系。组织运行要遵守有关的合规义务，这是组织的合规目标，因此，组织会产生遵守或违反合规义务的可能性，即对合规目标的达成产生影响，形成合规风险。

（一）第三方管理的合规义务、合规目标

合规义务是电力企业衡量自身生产经营管理行为正确性的尺子，能够度量出行为过程中可能出现的合规风险，实现合规目标。[①] 电力企业应明确在第三方管理领域的合规义务，并将其作为确立、制定、实施、评价、维护和改进第三方管理合规管理体系的基础，也应在此基础上制定合规目标。电力企业合规师有必要协助厘清电力企业在第三方管理领域的合规义务，达到合规目标。

1. 第三方管理的合规义务

(1) 第三方管理的合规义务来源

在国际标准化组织《合规管理体系指南》（*Compliance Management Systems—Guidelines*，ISO 19600）和我国 GB/T 35770—2017 中，合规义务的来源包括合规要求和合规承诺，合规要求来自外部，合规承诺则来自企业自身。在此基础上，国际标准化组织《合规管理体系要求及使用指南》（*Compli-*

---

① 唐明毅（国网上海市电力公司合规课题组）：《关于电网企业合规管理建设的实践研究——以国网上海市电力公司为例》，载赛尼尔法律风险管理网 http://www.senior-rm.com/detail.aspx?nid=366&pid=0&tid=0&id=31698

ance Management Systems—Requirements with Guidance for Use，ISO 37301）进一步明确，组织的合规义务包括必须遵守的强制性要求和自愿选择遵守的要求，其中，自愿选择遵守的要求包括组织与客户、合作伙伴等第三方签订的合同或协议。

（2）第三方管理的合规义务梳理

电力企业应按照自身行业特点来识别合规义务，制定合规义务清单文件，并在企业内部以正式文件发布。在第三方管理领域，电力企业适合从专项合规入手梳理合规义务，将在第三方管理领域的合规要求和合规承诺融入电力企业的业务和管理，形成电力企业在该领域的专项合规义务。在形式上，合规义务清单可分为正面清单和负面清单，正面清单是指应当履行的"作为性"义务；负面清单是指应当遵守的"禁止性"义务。[①]

同时，合规师需意识到电力企业合规义务的内容并非一成不变，对合规要求和合规承诺进行动态关注，适时调整和维护合规义务清单。合规师可通过及时更新电力行业法律法规知识、关注监管部门动态、积极参加电力行业论坛和研讨会等方式确保合规义务内容的时效性。

2. 第三方管理合规目标

合规目标要求组织行为符合适用的合规义务，电力企业遵守第三方管理领域的合规义务，便达到了在该领域的合规目标，尽早识别并防范来自第三方的合规风险。在实践中，第三方管理的合规目标可以通过第三方合规培训参与程度、第三方合规承诺签署率、第三方违规案件发生频率等指标来量化。

在合规目标的制定和实现过程中，合规师应结合第三方管理的合规义务准确描述合规目标，对合规目标提出建议并完善；合规师也应在业务层面和职能管理层面的各个环节进行沟通协调，向电力企业内部以及第三方宣传、解释、传递既定的合规目标，统筹并推动合规目标的实现。

（二）第三方管理的合规风险识别、分析与评估

合规风险识别、分析与评估是 ISO 37301 等国际标准和国内标准的要求，也是国资监管法律法规对国有企业的合规要求。电力企业在识别第三方管理合规义务与确定合规目标后，尚需通过合规风险的识别、分析与评估来判断合规义务的履行情况，合规师可依据或参照前述法律法规完成第三方管理领域合规风险的识别、分析与评估相关工作。

1. 合规风险识别

识别合规风险是开展合规风险分析、定级及评估的基础，合规师应协助电力企业建立并完善第三方管理领域的合规风险识别预警机制，主动开展隐患排查等工作，发布合规预警。合规师自身也需具备识别合规风险的能力，熟悉电力企业在第三方管理中的合规义务，熟悉电力企业的经营管理行为，熟悉电力企业的第三方管理合规管理状况。

第三方合规风险总体上可分为实体风险和服务风险；实体风险包括因第三方本身在规模、资质、能力、声誉以及经验方面的不足和欠缺所带来的风险；服务风险则主要指第三方在提供的产品及服务中因功能、性能、维护/升级、服务过程、交付物、政策许可等方面存在不满足和不合规而带来的风险。[②] 常见的第三方合规风险包括因第三方实施商业贿赂、垄断、洗钱、被经济制裁、数据泄露、知识产权侵权等行为对电力企业造成负面影响的风险。

在实际操作中，合规师应组织并协助业务部门与职能部门梳理在进行第三方管理活动中的合规风

[①] 郑智敏. 电网企业合规管理初步探究[J]. 新产经，2018（9）
[②] 小米合规风向标：《干货分享，第三方合规管理》

险源，并形成合规风险目录和清单。在具体的识别方法上，可以采用过往案例分析、专家经验判断、问卷调查等方法。由于合规风险源是动态的，合规师需在更新合规义务的同时对合规风险目录和清单进行更新。

2. 合规风险分析定级

对第三方合规风险进行分析定级，旨在增进电力企业对合规风险的了解，为合规风险评估和应对提供支持。合规师也应协助电力企业对合规风险发生的可能性、影响程度、潜在后果等进行分析，对典型性、普遍性或者可能产生严重后果的风险及时预警。合规风险的分析定级需首先需确定标准和依据，可从定性分析和定量分析两个维度来进行判断。在定性分析上，依据影响程度对后果划分风险等级，依据可能性大小的不同情况划分相应的等级。在定量分析上，依据损失金额、市场影响覆盖面、人员伤亡数量等量化指标对后果划分等级，依据量化标准对可能性大小划分等级。电力企业可单独运用定性分析或定量分析方法，也可二者的结合来，综合划定合规风险的等级。

3. 合规风险评估

完成合规风险的分析定级后，合规师需协助电力企业对合规风险进行评估，视合规风险的等级情况制定应对策略。对于较高等级的合规风险，应立即采取措施，及时应对处置；对于中间等级的合规风险，可视情况结合合规资源进行应对；对于较低等级的合规风险，进行持续监测，采取防控措施。需要注意的是，合规师需意识到，基于合规风险评估开展合规风险管理的目的是帮助电力企业集中注意力和资源优先处理更高级别的风险，并非意味着在合规风险较低的情况下接受不合规。

在评估工作的实施上，合规风险评估工作可以定期实施，也可根据需要和实际情况随时实施，评估工作完成后应以报告的形式进行书面记录。合规风险评估也并非一成不变，在内外部环境发生变化时，合规师也应协助电力企业对合规风险进行再评估。

三、第三方管理合规管理制度的建立和执行

世界银行集团发布的《廉洁合规指南》认为针对业务伙伴的合规制度是有效合规管理的11个要素之一，建立健全合规管理制度，针对重点领域制定专项合规管理制度，及时将外部有关合规要求转化为内部规章制度，这是国资监管法律法规对国有企业的要求。

（一）第三方管理合规管理制度

作为合规管理的重点领域，电力企业发布一套针对第三方的行为规范，即建立合规管理制度这是进行第三方管理的良好做法。电力企业可明确说明对第三方的合规期望，并将其作为双方建立业务关系的基础；电力企业也应尽可能广泛地发布已制定并生效的合规管理制度，包括在其自有网站上发布，通过实时通信或其他渠道发布，以方便现有的第三方和潜在的第三方获知其对第三方的合规期望。[①]

1. 第三方管理相关的制度

第三方管理合规管理制度体系在内容上应包括第三方管理领域的基本制度，也应包括重点环节的具体制度，重点环节应涵盖第三方尽职调查、礼品和业务招待、利益冲突处理等。在形式上，一方面，电力企业可以在制定内部合规标准、准则和政策（如合规管理办法、合规行为准则、合规操作流程等）时，应考虑第三方管理领域的内容；另一方面，电力企业也应针对第三方管理领域的特点，单独

---

① 凤凰网：《外包与第三方合规管理（二）——合规期望》，载 https：//health. ifeng. com/c/7gcUWlGdPZ5

制定相关的实施细则、指南、操作手册等。

2. 第三方管理主要制度内容

（1）第三方管理基本制度

第三方管理领域的基本制度应涵盖下列内容：总则，包括制度目的、第三方定义、开展第三方管理的重要性、基本原则、适用的范围等；第三方合规风险类型，包括主体资格风险、资质能力风险、第三方挂靠风险、腐败和商业贿赂合规风险、反垄断合规风险、反洗钱合规风险、出口管制合规风险、数据保护合规风险、知识产权合规风险、生态环境保护合规风险、安全生产合规风险、劳动用工合规风险等；第三方分类管理制度，按照供应商、客户、投资伙伴、其他第三方进行分类；第三方分级管理制度，将第三方划分风险等级，并按照风险等级判断是否开展合作以及开展风险管理；第三方全周期合规管理制度，贯穿准入、签约、履行、合作终止的全流程管理；第三方合规管理保障机制，包括负面清单管理机制、定期和专项报告机制、培训教育机制、信息化建设机制、第三方合规管理情况检查机制等。①

（2）第三方尽职调查

第三方尽职调查制度应涵盖下列内容：总则，包括制度目的、对第三方开展尽职调查的重要性、基本原则、适用范围等；对第三方的定义和范围；第三方尽职调查的内容和要求；第三方尽职调查的程序；第三方尽职调查的豁免情形及程序。合规师也可协助电力企业制作相应的尽职调查信息和评估表、尽职调查报告等模板，以方便业务部门和合规部门开展第三方尽职调查时使用。②

（3）礼品和业务招待

礼品和业务招待制度应涵盖下列内容：总则，包括制度目的、礼品和招待的定义、原则、适用范围等；礼品管理相关规则；业务招待相关规则；预算管理规则；审批管理规则；报销管理规则；监督检查规则。此外，合规师也可协助电力企业制作相应的预算和报销审批表，以供相关部门实施礼品和业务招待活动时使用。③

（4）利益冲突处理

利益冲突管理制度应涵盖下列内容：总则，包括制度目的、利益冲突定义、处理利益冲突的基本原则、适用范围、关联方范围；存在利益冲突的事项；利益冲突的申报及豁免；利益冲突的审批；违规行为的处理。合规师也可协助电力企业梳理利益冲突常见问题和情形，方便相关人员判断是否存在利益冲突以及是否需进行申报。④

（二）第三方管理合规制度执行

第三方管理合规管理制度的落地至关重要，电力企业应有效执行制度，将书面的制度要求转化为管理层和员工的有效实际行动，如此方能实现制度的设计初衷。合规师应协助电力企业建立并完善第三方管理领域的合规管理制度，并努力实现制度的切实落地。

1. 合规制度嵌入业务流程

《中央企业合规管理办法》要求中央企业遵循全面覆盖原则，将合规要求嵌入经营管理各领域各环节，贯穿于决策、执行、监督全过程，落实到各部门、各单位和全体员工，实现上下贯通。电力企业将第

---

① 主要参考《中国石化加强商业伙伴合规管理工作指引》进行整理
② 主要参考《中铁五局集团有限公司商业伙伴尽职调查管理办法》进行整理
③ 主要参考《中铁五局集团有限公司礼品和招待管理办法》进行整理
④ 主要参考《信义玻璃集团利益冲突管理制度》《恒安集团利益冲突管理制度》《碧桂园集团员工利益冲突管理规定》进行整理

三方管理合规管理制度中的具体程序和要求嵌入日常业务流程，有助于促使第三方管理渗透到业务操作各环节，贯穿于生产经营的全过程，提升第三方风险管理水平，确保第三方管理工作便捷高效的开展。

《中央企业合规管理办法》也对嵌入流程作出指引："定期梳理业务流程，查找合规风险点，运用信息化手段将合规要求和防控措施嵌入流程，针对关键节点加强合规审查，强化过程管控"。合规师可参考该管理办法，配合业务部门和合规管理部门做好第三方管理合规管理制度的嵌入工作。

2. 合规制度落实到合同管理

电力企业对第三方的合规要求不仅要体现在自身的合规管理制度中，也应落实到与第三方的合作协议中。在具体的落实方式上，合规师可协助电力企业事先制定具有普适性的第三方合规条款，将合规条款作为与第三方合作协议的合同正文条款或附件。合规条款的内容至少应包括如下方面：标准合规条件与条款；合规审计条款；第三方配合调查条款；违约条款、如违约金、损害赔偿、解除合同；定期合规审阅条款。① 此外，在合规审查、合同签订、合同履行、合同变更与解除、合同纠纷处理等环节中，也应严格按照《国家电力公司合同管理办法》《企业内部控制应用指引第 16 号——合同管理》等法律法规的规定以及电力企业内部第三方管理合规制度的要求进行合同管理。合同管理中的第三方管理详细内容请参见本章第一节"七、合同管理中的第三方管理"部分。

3. 相关方合规承诺

合规承诺是第三方的股东、实际控制人、董监高等相关方，向电力企业做出的单方意思表示。在合同相对性的拘束下，相关方并非第三方与电力企业之间合同法律关系的当事人，其无法受到合规条款的约束。不过，其可以通过单方合规承诺的方式贯彻落实电力企业对第三方的合规要求。合规承诺的内容应包括：承诺主体、第三方及自身承诺不实施的禁止行为、承诺采取的合规措施、承诺期限、第三方及其自身违反合规要求时自愿承担的责任等。合规师可协助电力企业制定相关方的合规承诺模板，敦促相关方作出相关合规承诺，以贯彻落实电力企业的第三合规管理制度。

四、第三方管理合规组织框架搭建

合规组织是企业实施合规管理以及建设合规管理体系的组织载体，是企业合规管理的组织者和实施者，构建第三方管理合规组织体系是电力企业在第三方管理领域的合规组织保障。国资监管法律法规也对国有企业的合规管理组织体系建设提出了要求，并规定了相应组织和人员的职责。考虑电力企业通常已建立合规管理组织体系，电力企业可在现有的合规管理组织体系的基础上细化合规管理组织的第三方管理职责，并指定专人或专门小组负责第三方管理职能。

（一）合规组织及人员的第三方管理职责设置

1. 董事会

董事会在第三方管理中应承担下列职责：批准第三方管理合规管理规划、基本制度和年度报告；推动完善第三方管理合规管理体系；研究决定第三方管理领域的重大事项；按照权限决定第三方管理领域违规人员的处理等。

2. 监事会

监事会主要负责监督董事会和高级管理人员在第三方管理领域的合规管理职责的履行，包括监督

---

① CHPC 风控合规风向标：《外包与第三方合规管理（三）——第三方聘用文件和合规承诺函》

董事会和高级管理人员就第三方管理事项的决策与流程是否合规，对引发第三方管理领域重大合规风险的主要负责董事和高级管理人员提出罢免建议等。

3. 经理层

经理层在第三方管理中应承担下列职责：批准第三方管理合规管理计划；根据董事会决定，完善第三方管理相关人员及组织；批准第三方管理领域的具体制度；监督管理第三方管理合规制度的执行情况；及时制止第三方管理领域的不合规行为，并按照权限对违规人员进行责任追究或提出处理建议；董事会授权的第三方管理领域的其他事项。

4. 合规管理部门

合规管理委员会应承担的职责有组织领导和统筹协调第三方管理合规管理工作；定期召开会议，研究决定第三方管理领域的重大事项或提出意见和建议；指导、监督和评价第三方管理合规管理工作等。

合规管理牵头部门应承担的职责有：第三方管理合规管理规划和合规管理计划；第三方管理领域的基本制度和具体制度、行为准则、实施细则、指南等合规管理制度；组织、协调和监督第三方管理领域的合规管理具体工作，包括参与第三方尽职调查、进行合同审查、开展合规培训、跟踪和落实第三方合规实践计划、处理违规举报事宜、处理合规风险事件、指导所属企业的第三方管理合规管理工作等。

5. 业务部门

业务部门作为第三方管理领域合规管理的第一道防线，应切实履行合规管理职责，遵守第三方管理合规制度，开展第三方尽职调查；做好合规嵌入业务流程工作，落实到合同管理和合规承诺中；跟踪并推进第三方合规实践计划；妥善应对合规风险事件；配合违规问题调查；落实违规问题整改等。

6. 其他职能部门

监察、财务、审计、内控、风险管理、安全生产、质量环保等职能部门在各自职责范围内履行第三方管理相关的合规管理职责。

7. 第三方管理合规人员职能

合规管理负责人应负责领导和统筹第三方管理合规管理工作，具体的工作职责有：草拟第三方管理合规制度；贯彻落实第三方管理合规制度；撰写第三方管理合规管理工作报告和总结；向董事会和经理层汇报第三方管理合规管理重大事项等。

电力企业可考虑在合规管理牵头部门中指定专门人员或建立专门小组负责第三方合规管理工作，对接业务部门及第三方，与双方联系人沟通，切实履行合规管理牵头部门的第三方管理职责，落实第三方管理合规制度。

（二）第三方管理合规组织及人员考核

合规考核评价是国资监管法律法规对国有企业的要求，电力企业应根据前述法律法规的规定加强第三方管理领域的合规考核评价，将第三方管理合规管理情况纳入对各部门和所属企业负责人的年度综合考核体系，细化评价指标。对所属单位在第三方管理方面的合规职责履行情况及员工在第三方管理合规职责的履行情况进行评价，并将结果作为员工考核、干部任用、评先选优等工作的重要依据。

五、第三方管理合规管理实施机制建立与运行

第三方管理合规管理实施机制是合规管理体系得以贯彻执行的关键，有助于电力企业将第三方管理合规风险管理工作真正落实到实践操作层面，确保各项实践操作符合电力企业的合规要求。电力企业应对第三方进行全流程管理，定期开展合规制度的有效性评价，对第三方管理工作开展合规监督并及时改进违规行为。

（一）第三方管理的全流程管理体系

电力企业对第三方的合规管理是一个全生命周期的动态过程。应实现对第三方在关键风险领域的全流程管理。合规管理流程应贯穿于第三方选择、合同签署、持续管理、合作终止等阶段，以全面评估和有效控制第三方合规风险。[①] 合规师应在本指引下结合电力行业性质和企业特性协助电力企业完成对第三方的全生命周期、全流程管理工作，并留存第三方管理过程中的相关书面记录备查。

1. 关于第三方选择

合规师应首先协助电力企业做好尽职调查工作，尽职调查的手段和内容详见本教材第五章第一节"二、第三方尽职调查的手段"和"三、第三方尽职调查的内容"部分。在尽职调查的基础上，对拟定第三方开展评估和风险分析，引导电力企业从以下方面判断是否选择该第三方开展合作：从主体身份判断其是否合法合规经营；第三方及其关联企业、工作人员是否被列入境外政府、国际组织的制裁清单；第三方及其关联企业、工作人员是否曾被行政处罚或承担刑事责任；第三方是否存在其他法律、经济风险等。[②]

2. 关于合同签署

在签署业务合同的同时，电力企业与第三方还可通过第三方单方合规承诺或双方签署第三方管理协议的方式就第三方合规进行管理。合规承诺或第三方管理协议应涵盖的内容，见本教材第五章第一节"七、合同管理中的第三方管理"部分。

3. 关于持续管理

在与第三方合作的过程中，合规师应协助电力企业对第三方进行动态监测和定期复查，持续跟踪和落实第三方的合规情况，及时发现第三方存在的风险点。针对在持续管理过程中发现的第三方风险问题，合规师可向业务部门提出合规建议，判断与该第三方的关系（升级、维持、降级或终止合作）。持续跟踪和落实的内容包括：第三方的市场经营、财务状况、产品研发情况等生产经营情况；合作过程中，第三方对成果完成质量的把控情况；第三方是否存在贿赂、数据不合规、知识产权侵权等情况。对第三方进行持续管理的具体要求请参见本教材"八、跟踪和落实与客户及合作伙伴的合规实践计划"部分。

4. 关于合作终止

电力企业应事先确立与第三方终止合作的标准，若第三方触发终止合作标准，启动合作终止程序。终止合作后，电力企业应关注第三方的保密义务及个人信息保护义务、数据保护义务，确保第三方采取符合法律法规及双方约定的方式处理其掌握的电力企业前述资料。[③]

[①] 普华永道：《层层深入的医疗器械企业合规管理：第三方风险管理的困境与破局》，载腾讯网 https://new.qq.com/rain/a/20220711A03HOZ00

[②] 华夏邓白氏：《合规官支招：6步搭建全生命周期的合规管理体系》

[③] 傅戈：《风险管理视角之第三方风险管理》

（二）第三方管理的制度有效性评价

仅靠构建合规管理制度体系无法保证企业始终合规运行，企业还需基于合规监管的不断发展，对其进行动态评估和完善。ISO 37301 要求组织评估合规绩效和合规管理系统的有效性，开展合规管理评估，定期对合规管理体系的建设情况和有效性进行分析，也是国资监管法律法规对国有企业的要求。合规师应协助电力企业有针对性地对第三方管理的制度有效性开展评价，及时发现和纠正重大或反复出现的合规风险和违规问题，进而完善相关制度，堵塞管理漏洞，强化过程管控，持续改进提升管理水平。第三方管理的制度有效性评价可按照评价流程分为准备、实施和报告三个阶段。

1. 评价的准备

电力企业作出制度有效性评价决定后，应成立评价工作小组并制定评价工作方案。现行国资监管法律法规未明确评价工作的具体实施部门，不过考虑评价工作涉及电力企业第三方管理情况，评价工作小组成员的选择应具有多元性，不适宜由单一部门负责，且评价工作小组成员不适宜仅由专门承担第三方管理合规职责的人员担任。评价工作方案应明确评价目的、内容、范围、重点和要求，全面收集在评价期间内与第三方管理相关的文件、书面记录等资料。评价指标的设计应成为评价工作方案的核心内容，评价工作小组可按照企业实际情况量身定制评价指标。

2. 评价的实施

评价工作小组可以通过查阅资料、现场访谈、问卷调查、符合性测试、合规检查等方法，对照评价内容对收集到的信息进行整理分析，评估第三方管理合规制度和程序的有效性，判断制度在合规管理活动中的贯彻落实情况。在评价实施过程中，评价工作小组应详细记录发现的合规问题，并通过分析有关数据和运行指标进一步识别潜在的第三方合规风险和违规事项，最终作出客观准确的评价。必要时，电力企业可考虑聘请专业的外部机构承担部分评价工作，但应对其工作进行监督。

3. 评价的报告

评价工作完成后，评价工作小组应以书面形式进行总结，撰写评价报告。报告的内容应包括：评价工作的组织开展情况；第三方管理合规制度的现状；第三方管理合规制度的执行情况；常见的第三方管理合规风险状况；已发现的第三方管理违规事件及存在的合规缺陷；已采取或建议采取的纠正措施；对第三方管理合规制度的完善建议。

（三）第三方管理的监督与改进

合规监督问责是国资监管法律法规规定的合规管理的重要环节，其应体现在合规管理基本制度中。国有企业应强化监督问责，将合规要求贯穿决策、执行、监督的全过程，明确监督部门职责。其中，承担合规管理监督工作的部门有经理层、合规委员会、合规管理牵头部门、中央企业纪检监察机构和审计、巡视巡察、监督追责等部门。

在第三方管理的实践中，电力企业各监督部门应在各自职权范围内对第三方管理合规要求的落实情况进行监督。对违规行为进行调查，按照规定开展责任追究。合规监督部门不仅要强化监督力度，还应落实以查促改工作，即监督相关部门及时改进违规行为，从而提升在第三方管理领域的合规管理水平，充分发挥合规监督的作用。

六、第三方管理合规培训

合规培训是第三方管理合规管理保障体系的重要内容，第三方合规培训是增强第三方合规意识、指导第三方合规行为、提升第三方合规能力的重要途径。[①] ISO 37301 也强调，考虑已识别的合规风险，组织应确保程序得以实施以增强合规意识，并对代表其行事可能为其带来合规风险的第三方进行培训。电力企业应意识到与第三方的合作关系是企业业务的根本所在，需对第三方进行合规培训和宣传，以保持供应链上下游甚至是整个商业环境的合规，从而实现可持续发展。

（一）第三方管理的合规培训制度

在国资监管法律法规中，国有企业应重视合规培训，结合法治宣传教育，建立制度化、常态化的培训机制。合规师应协助电力企业根据或参照国资监管法律法规规定，制定配套的合规培训制度，确保相关第三方理解并遵循电力企业合规目标和要求。合规培训制度的内容应包括：制定制度的目的、制定制度的依据、合规培训的计划管理、合规培训的实施管理、合规培训的评价管理、合规培训的持续改进、合规培训考核评价结果的应用等。

若不宜单独制定第三方管理合规培训制度的情况下，电力企业可考虑在通用的合规培训制度中增加第三方管理的内容，或在第三方管理基本制度中增加合规培训章节，以充分利用企业合规相关资源，提高合规管理效率。

（二）第三方管理的合规培训计划

电力企业应建立常态化的第三方管理合规培训机制，合规师应协助电力企业制定合规培训计划，将其对第三方的合规要求作为培训的必修内容，电力企业也可通过培训积极引导符合条件的第三方逐步加入其所在的同一合规体系，降低对第三方合规的监督成本。

1. 合规培训的目标

培训目标是指导电力企业第三方管理合规培训工作的基础，也是衡量培训工作效果的标准。电力企业实施第三方管理合规培训的直接目标是增强第三方的合规意识，增加其合规知识，改变其合规态度及行为；促使其在经营管理活动的各个环节尤其是与电力企业合作过程中遵循诚信合规、维护公平竞争、防止腐败贿赂等合规要求，预防和制止不合规行为，有效防范第三方合规风险对电力企业造成的不利影响。第三方管理合规培训的间接目标是与第三方共同强化诚信合规的价值观，推进诚信文化建设，提高第三方的合规管理水平以维护电力企业与第三方的可持续合作关系。

2. 合规培训的负责部门

在国资监管法律法规中，合规培训是业务部门日常合规管理工作的一部分，合规管理牵头部门也应组织、协助业务部门开展合规培训。

3. 合规培训的适用对象

为提高第三方管理合规培训的针对性和有效性，电力企业也应在合规培训计划中确定培训对象的范围，包括第三方负责对接电力企业合作项目的业务人员、合规管理人员、作出合规承诺的人员等。电力企业可在合作协议的合规条款或合规承诺中增加要求这些人员参加其组织的合规培训的内容，明确这些人员接受培训的义务。

4. 合规培训的内容

电力企业应在第三方管理的合规培训中全面分析和讲解其在第三方管理合规管理工作中对第三方

---

① 尹云霞，喻松．第三方选择阶段的合规管控：如何避免打开潘多拉魔盒

的合规要求以及可能产生的法律责任，促使第三方重合规、知敬畏，守住合规底线。第三方管理合规培训的内容应包括电力企业对第三方的合规基本要求；对第三方在主体资格、资质、廉洁合规、反垄断合规、反洗钱合规、出口管制合规、知识产权合规、数据保护合规、生态环境保护合规、安全生产合规、劳动用工合规等环节的具体要求；建议第三方采取的合规管理措施有哪些；第三方出现违规事件时可能承担的责任等。

5. 合规培训计划的改进

电力企业也应对现有的第三方管理合规培训计划进行持续改进，电力企业结合外部合规环境和电力企业的业务发展，不断调整合规培训的重点，保持合规培训的有效性，更好实现合规培训的目标。

（三）第三方管理的合规培训实施

1. 合规培训的实施阶段

第三方管理的合规培训应贯穿电力企业与第三方合作的全过程，在与第三方合作开始的阶段加强合规培训有助于宣扬电力企业的合规理念和态度。在初次开展合规培训时，电力企业可向第三方说明对其提出合规要求的原因，介绍企业内部的第三方管理合规管理体系，提出对第三方的具体合规要求。在合作过程中，电力企业也应定期对第三方开展培训，以便第三方及时获知电力企业的最新合规要求和强化现有的合规要求。

2. 合规培训的实施方式

第三方管理的合规培训可采用高效灵活、便捷有效的方式，比如实施网络培训，在与第三方的商务会谈中增加合规培训环节等，电力企业定期对第三方进行的合规访谈在一定程度上也能起到传递合规理念、提升第三方合规意识的效果。单纯依靠讲师的幻灯片展示和讲解存在一定的缺点，培训容易变得枯燥，也可能造成培训效率低下。在组织合规培训时，电力企业可尝试更多元的培训方法，将培训内容融入游戏、故事、剧本中，加深培训对象的印象，提高其学习积极性。

电力企业应保证培训质量，对第三方人员参与合规培训的情况进行监督，保证其达到规定的学习时长，做好其参与培训情况的跟踪记录。敦促因特殊情况未完成合规培训的第三方人员及时补课，确保合规培训覆盖应适用的全部对象。

3. 合规培训的考核评价

为提高第三方参与合规培训的积极度，电力企业可对合规培训设置相应的考核标准，把第三方参与合规培训的情况以及考核通过情况作为是否选择该第三方或继续与该第三方合作的考量因素。[①]

七、第三方合规文化

合规文化是组织成员在长期发展过程中形成、传承、积淀的依法合规、遵章守纪的思想观念、价值标准、道德观念和行为方式的集合，是贯穿整个组织的价值观、道德规范、信仰和行为，并与组织结构和控制系统相互作用，产生有利于合规的行为规范。合规文化的本质是规章制度与人的意识的结合，是合规的"灵魂"。

第三方管理合规管理体系体现了电力企业对第三方合规的具体要求，第三方合规文化的推广将增

---

① 潘永建，黄凯.《第三方商业合规管理实务谈》

强第三方对合规要求的理解和自觉遵守。良好的第三方合规文化也是第三方合规风险防范的基础和保证，电力企业应树立大合规理念，协助指导第三方建立良好的合规文化，降低第三方合规风险，与第三方形成休戚与共的命运共同体，共同营造和谐、合规、合作共赢的营商环境。①

（一）第三方合规文化与电力企业合规文化的关系

第三方合规文化与电力企业合规文化既有联系又存在一定的区别。企业合规文化包含企业的合规价值观、合规道德观以及合规信仰，在电力企业与第三方正常开展合作的情况下，双方的内部合规文化应在本质上体现出相同的价值观和理念。双方可互相学习、交流、借鉴，汲取对方合规文化中的精华部分，进而提升自身合规文化软实力。

区别则体现在二者在合规文化的建设、维护和培育程度上存在不同。不过，电力企业也可采取措施拓展自身合规文化的适用范围，其可要求第三方以认同本企业合规文化作为开展合作的前提，将本企业合规文化内涵转化为合作协议条款。

（二）第三方合规文化的核心

ISO 37301 在引言开头中便提出，为获得长远发展，组织必须基于利益相关方的需求和期望，建立并维护合规文化；合规的可持续性体现在将合规融入组织文化，以及员工的行为意识；而合规管理体系的目标之一是协助组织培育和传播积极的合规文化。电力企业作为第三方的利益相关方，第三方合规文化的建设将对双方顺利开展合作产生影响，电力企业可协助指导第三方开展合规文化建设、维护和培育，在第三方内部营造崇尚合规、践行合规的文化氛围，使合规成为其信仰和习惯。

1. 管理层的领导力

第三方管理层的领导力是其合规文化建设、维护和培育的核心之一，管理层的表率作用也是第三方合规文化的旗帜。第三方的管理层应坚守企业合规理念，在内部各个层级建立、传播、推广合规文化，鼓励、支持和倡导合规行为，对违规行为保持零容忍。

第三方管理层除自身身体力行外，还应采取措施保障合规管理职能的专业性和权威性，以明确的方式向电力企业及自身员工传达合规承诺，在电力企业组织的第三方合规培训中向培训对象传达合规理念和合规价值观，为建设、维护和培育合规文化提供充足的资源。②

2. 员工对合规文化的认同

第三方的员工对合规文化的认同也是培育、建设和维护第三方合规文化的核心。第三方企业应有明确的价值观，坚持诚信合规作为企业价值观的核心内容，引导员工从根本上认同并相信诚信合规的价值。第三方可以通过营造良好合规氛围、开展教育培训、完善合规奖惩机制等方式，不断强化员工对企业合规文化的认同。

（1）营造良好合规氛围

合规管理应贯穿于第三方的全业务流程和工作环节中，将坚持合规作为每个部门、每位员工日常工作的神圣职责，促使合规理念渗透到每位员工身上，形成普遍性的合规文化，营造良好的合规氛围。第三方可在倡导全员合规的良好氛围中推动员工将合规内化为自身行动，从而实现从"要我合规"到"我要合规"的转变。

---

① 梁枫，何勇．《企业合规文化建设的 12 条建议》，载法总荟 https：//www.fazonghui.com/fawushiwu/304.html
② 唐功远，王奕璠．合规文化是什么，如何培养？终于有人说透了！[J]．公司法务，2014.

（2）开展教育培训

第三方也可通过开展持续有效的合规风险培训和教育项目推动员工对合规文化的认同，从制度执行、流程操作、岗位义务等方面，培训员工熟悉了解与自身工作职责相关的合规制度、合规政策与合规精神，增强员工的合规意识。第三方也可创新教育培训方式，以案例分析等通俗易懂的方式将合规管理要求融入教育培训，将合规教育培训普及常态化，实现融合促发展。

（3）完善合规奖惩机制

第三方应完善合规奖惩机制，将部门和员工的个人合规表现与绩效挂钩，激励合规行为，惩戒违规行为。实现合规文化建设，首先要求第三方完善绩效考核制度，制定更细化的合规考核指标，采用更全面的合规考核方法，增加合规绩效考核在综合绩效考核中的权重。

在合规文化奖励机制中，第三方可采取目标激励、业绩激励以及物质激励等措施激励员工合规操作，从而激发受激励员工的成就感，起到带动辐射作用，引导、鼓励其他员工对合规文化的追求。第三方也应主动通过责任追究机制维护合规纪律，预防和制止破坏合规文化建设的违规行为。[1]

（三）第三方合规文件的宣传推广

合规宣传是电力企业第三方管理合规管理工作的重要环节，也是协助第三方建设合规文化的有效方式之一。电力企业应贯彻落实第三方合规文件的宣传计划，创新合规宣传方式，通过各种传播媒介向第三方传播推介合规文件，助力第三方树立其遵纪守法、诚信道德的良好形象，也促使第三方在合作过程中践行诚信合规理念。

在宣传推广方式上，电力企业应尽可能拓宽宣传推广的渠道，通过公司官网、官方微博、微信公众号、视频号等渠道及时发布宣传其第三方合规文件。电力企业也可创新宣传方式，通过纪录片、宣传片、小游戏等喜闻乐见的方式使得第三方合规文件的内容更容易被接受。

八、跟踪和落实与客户及合作伙伴的合规实践计划

很多组织在第三方管理领域中存在只关注在合作开始前的尽职调查，在合作过程中未进行持续的合规管理。而对第三方的持续管理是合规管理得以贯彻落实的重要步骤，合规师应协助电力企业制定和执行第三方管理领域的跟踪和落实计划，关注重点领域的落实情况。

（一）第三方管理的跟踪和落实计划

1. 实时监控第三方合规风险

电力企业可通过下列方法收集第三方的相关信息：第三方参与调研，包括与第三方管理层和直接责任人员的访谈、问卷调查；其他渠道，包括行政司法机关官网查询、媒体检索等。电力企业也应加强信息化建设，开发数字化产品，通过大数据和人工智能技术实时抓取第三方在舆论中存在风险的新闻报道、涉诉或被行政处罚的案件，识别第三方的合规风险信息和违规行为，进行第三方风险的动态监控。[2]

在对第三方进行实时监控的过程中，电力企业应建立并执行相应的流程，保存书面记录文件。合规师可协助电力企业事先制作对第三方开展实时监控的档案模板，将追踪第三方合规过程中第三方的良好表现和违规活动进行书面记录，以此作为与第三方进行合规沟通和开展第三方评价的依据。

---

[1] 俞国洪．合规文化：企业合规管理体系的密码［J］．法人，2021（1）．
[2] 娄秋琴：《企业数字化转型助力企业合规管理》，载金融界 http://opinion.jrj.com.cn/2021/10/09124833661774.shtml

2. 定期进行合规沟通

电力企业应定期与第三方开展合规沟通活动，参与沟通的主体应包括双方的管理层、业务对接人员、合规对接人员。双方可以就电力企业最新的第三方管理合规管理政策，第三方的合规表现、合规风险、违规事件、风险应对及事件处置措施，拟向第三方追究的法律责任等事项进行合规沟通。①

3. 定期开展第三方评价

在合作过程中，电力企业应定期对第三方进行合规评价和分级管理，合规评价的频率可按照合作开展的实际情况确定。合规评价的考量因素有：第三方的合规管理体系建设完善情况；第三方在重点领域的合规风险情况；第三方在评价期内发生的腐败贿赂案件、遭受经济制裁、发生安全生产事故等情况。电力企业可按照定期评价结果，及时向第三方预警合规风险并采取措施控制风险。企业也可按照定期评价结果动态调整对第三方的评价等级，视等级调整情况判断是否继续开展合作；若继续与其开展合作，企业也可判断是否为第三方附加合规条件作为继续开展合作的前提。②

（二）第三方管理主要领域的跟踪落实

电力企业应制定第三方管理的跟踪和落实计划，持续跟踪和落实第三方在反商业贿赂、贸易合规、金融合规、网络安全与隐私保护、知识产权与商业秘密保护等重点领域的合规情况。

1. 反商业贿赂领域第三方管理的跟踪和落实

商业贿赂行为是世界各国禁止的行为，不仅涉及不正当竞争，严重的还将触发刑事责任。涉及第三方的商业贿赂风险是企业面临的反商业贿赂合规风险比较集中的领域，电力企业在与第三方合作过程中应持续跟踪和落实其廉洁合规情况。电力企业可以从礼品的赠送和接受、商务招待、第三方利益相关人员的聘用、折扣和佣金的接受和支付等方面排查第三方的廉洁合规问题，应尤其关注高行贿风险的业务领域。

2. 贸易合规领域第三方管理的跟踪和落实

随着主权国家和国际组织对出口管制和经济制裁政策日益严格，若第三方在与电力企业合作过程中存在违反出口管制法律法规与政策的行为，电力企业也可能承担行政处罚、刑事责任或经济制裁的风险。电力企业应注重实现整个供应链的全流程透明管理，持续跟进供应商产品的来源和向客户销售产品的去向和最终用途，依据这些信息判断是否可能触发违规行为。电力企业也应定期审查第三方是否被列入 SDN 清单、实体清单、不扩散清单等"黑名单"，并评估第三方被列入"黑名单"可能对电力企业自身产生的影响，判断是否继续合作。

3. 金融合规领域第三方管理的跟踪和落实

电力企业应随时关注第三方在与其开展合作过程中是否利用业务活动实施洗钱行为，定期关注并评估第三方管理层对反洗钱承诺的履行情况、第三方反洗钱合规组织的建设情况、通过财务往来数据等信息评估第三方反洗钱合规风险的变化情况、第三方反洗钱管理制度的落实情况、第三方反洗钱合规培训的执行情况、第三方反洗钱合规考核奖惩制度的落实情况以及第三方反洗钱合规文化的宣传推广情况。③

---

① 凤凰网：《外包与第三方合规管理（一）——风险管理》，载 https：//health.ifeng.com/c/7gcEANsui3p
② CHPC 风控合规风向标：《外包与第三方合规管理（四）——持续的合规管理》
③ 陈磊．"加强企业合规体系建设势在必行"专题报道之一 | 履行企业反洗钱义务，建立反洗钱合规制度．民主与法制，2022（34）．

4. 网络安全与隐私保护领域第三方管理的跟踪和落实

第三方在网络安全与隐私保护领域的违规行为，可能使电力企业遭受行政处罚、承担刑事责任，电力企业也有可能因泄露个人信息等行为承担民事赔偿责任。因此，电力企业应实时关注第三方的数据保护合规情况。电力企业可实时监测第三方在数据保护领域的动态，定期对第三方开展数据保护合规风险评估，在发现或可能发现第三方存在数据泄露风险时，及时进行预警并采取处置措施。

5. 知识产权与商业秘密保护领域第三方管理的跟踪和落实

第三方存在的知识产权缺陷、知识产权侵权、侵害商业秘密等违规行为，可能面临电力企业增加成本、承担民事赔偿责任、被行政处罚，甚至承担刑事责任的风险。在与第三方开展合作的过程中，电力企业应关注第三方的知识产权维护情况，实时监测第三方是否存在知识产权侵权或侵害商业秘密的行为。

九、第三方管理合规举报处理和合规调查应对

ISO 37301 提出，组织应设置的举报和调查程序，组织应建立、实施和维护举报程序，以鼓励和促使报告任何企图、怀疑或实际违反合规政策或合规义务的情况；组织还应建立、发展、实施并维护调查程序，以评估、评价、调查和总结关于可疑或实际违规事件的报告。国际标准化组织于 2021 年 7 月发布的《举报管理体系 指南》（*Whistleblowing Management Systems—Guidelines*，ISO 37002）作为 ISO 37301 的子体系，明确了关于举报管理的国际标准。国资监管法律法规也规定，国有企业应畅通举报渠道，针对反映的问题和线索，及时开展调查，严肃追究违规人员责任。

合规师应协助电力企业根据自身特点和实际情况建立和完善第三方管理的合规举报和合规调查体系，鼓励支持内部员工或第三方就第三方管理领域的违规事项进行举报，并独立开展调查处理程序。

（一）第三方管理的举报

1. 举报途径和举报信息的收集

电力企业应使举报途径畅通，在官方网站设置举报专栏、设立专门举报热线、邮箱、信箱接收举报。此外，电力企业畅通举报途径还体现在对举报信息的积极反馈上，在非匿名举报的情况下，电力企业应及时响应，确认收悉举报信息。

2. 举报受理和调查部门

在国资监管法律法规中，合规管理牵头部门负责受理职责范围内的违规举报，组织或参与对违规事件的调查，并提出处理建议。电力企业可根据或参照前述法律法规，明确由合规管理牵头部门，或指定内部纪检监督部门受理举报并开展调查。

3. 举报人奖励和保护

电力企业可对举报属实的举报人给予适当奖励，鼓励内部员工和第三方参与对违规行为的检举揭发。同时，电力企业也应加强对举报人的保护，对举报人的身份和举报事项严格保密，防止其因举报和投诉行为而在合作过程中受到不公平对待。

（二）第三方管理合规调查应对

合规调查是第三方管理合规管理体系的重要组成部分，电力企业应建立合规调查制度，及时彻底

地调查潜在违规行为。

1. 合规调查的启动

合规调查通常因受理合规举报而启动，不过当电力企业发现潜在违规行为时，也可能主动开启合规调查程序。在受理合规举报案件后，调查部门应对举报信息进行初步核实确认，判断举报信息的真实性以及是否有必要开启合规调查程序。在核实举报信息并认为有必要性的情况下，调查部门应启动合规调查程序，成立调查小组，制定合规调查方案和实施计划。

2. 合规调查的实施

合规调查应由调查小组独立进行，小组成员不得与被调查的部门、人员或第三方有利益冲突，以确保调查结果的公正。调查启动后，调查小组应迅速采取措施封存与涉案违规行为相关的文档材料，并在调查期间对其进行妥善保管，防止证据材料被破坏。调查小组可通过调查下列内容来判断是否存在违规行为：与第三方合作相关的合同和会计账簿；询问涉案重点人员，包括主管人员、嫌疑人员和举报人员。实施合规调查时，电力企业也可判断是否有必要暂停开展相关业务或合作。

3. 合规调查的报告和处理

合规调查结束后，调查小组应制作合规调查报告并提交给相关调查部门；在调查报告中记录调查过程、得出调查结论、提出处理建议；调查小组也应总结违规原因并提出改进建议。当电力企业内部人员或第三方存在违规行为时，电力企业应分别按照内部管理规定以及第三方管理合规管理制度和与第三方的合作协议开展责任追究工作，涉嫌犯罪行为时移送司法机关处理。

第三节 第三方管理领域合规管理经典案例

一、第三方贿赂案例

（一）刚果电力市场项目腐败案

刚果民主共和国（借款人）境内非洲南部电力市场项目第一阶段（项目）计划发展一个高效的区域电力市场，在非盟创造条件以加快电力部门投资，增加竞争，促进区域经济一体化。2004年1月21日，国际开发协会和借款人签署了一份开发信贷协议（《信贷协议》）以支持该项目，金额约为1.786亿美元。同日，开发协会与项目执行单位（PIU）签订《项目协定》，约定项目执行条件。项目于2004年5月17日开始，2016年9月30日结束。2004年12月13日，PIU与一个公司（顾问公司）签署了两个世界银行贷款顾问服务协议（《顾问协议》），PIU需要后者提供相关的各种服务项目，包括进行可行性研究，技术规格的制定，向PIU提供招标协助。被告人是一名工程师，当时受雇于该顾问公司，根据签署的顾问协议，他被称为项目经理。2010年5月，借款人成立的项目执行单位（PIU）公布了《关于修复现有项目走廊架空线路的招标文件》（《合同》）。该《合同》最终被授予一家公司（中标人），中标人在投标中指定一家绝缘子制造商（制造商）为该《合同》提供玻璃绝缘子。2012年2月，PIU和中标人签订了《合同》。世行廉政局（INT）指称被告人存在向绝缘子制造商（投标人）索要佣金的腐败行为，以影响招标过程，使《合同》有利于该制造商作为绝缘体供应商。

世界银行集团制裁委员会认定被告人连同其直接或者间接控制的关联方存在相关问题,并据此声明,被告人无资格①从世界银行资助的《合同》、财务或以其他任何方式中受益;②作为获得世界银行资助《合同》的其他符合条件的公司指定的分包商、顾问、制造商、供应商或服务提供商;③自本决定作出之日起五年零六个月期间内,接受世界银行的贷款收益或以其他方式进一步参与世界银行资助项目的编制或执行。本声明适用于世界银行集团的所有业务部门。这项制裁是针对被告人在2002年5月《顾问指南》1.25(a)(i)款所界定的腐败行为而施加的。世界银行还将提供本案"无资格"声明给其他共同签署决定联合执行制裁决议("《交叉制裁协议》")的多边开发银行,以便它们可以决定是否根据各自的政策和程序以及联合制裁协议执行"无资格"的决定。

因本案被告人被认定在刚果民主共和国电力市场项目中存在腐败行为,在第477号制裁案中,世界银行集团制裁委员会对被告人个人以及关联方实施制裁。自制裁决定作出之日起五年零六个月内,被制裁人将无资格参与世界银行资助的项目。

近年来,为响应"走出去"及"一带一路"倡议,中资企业境外投资蓬勃发展。中资企业在开展跨境业务时,也需要与供应商、代理机构等第三方开展合作。电力企业在项目开发环节,往往需要借助所在国拥有资源的特定公司或个人提供中介服务,以获取足够的信息资源和代理服务;在项目建设、运营环节,同样离不开供应链中的各方合作主体的支持和配合。因此,电力企业不仅面临与第三方之间可能产生的腐败贿赂风险,也可能面临因第三方实施腐败贿赂行为而被经济制裁、追究行政刑事责任,进而导致自身受牵连的风险。为应对上述商业贿赂廉洁合规风险,电力国企应不断加强境内外廉洁合规建设,完善自身廉洁合规管理体系,重视第三方廉洁合规管理工作;在廉洁合规建设的基础上,采取针对跨境腐败重点环节的风险防范措施。

(二)原河南省电力公司副总经理李俊杰受贿罪、贪污罪、巨额财产来源不明罪一案

2005年7月,由郑州市中原区人民检察院提起公诉的这起受贿案件在法院审结,先后任河南省建筑工程总公司基础工程公司、中国建筑技术集团有限公司十一分公司经理的夏某某,被法院依法以单位行贿罪判处有期徒刑2年,缓刑3年。而累计收受夏某某贿赂款160万元的河南送变电建设公司总经理、河南省电力公司副总经理(副厅级)的李某某,也被法院以受贿罪、贪污罪、巨额财产来源不明罪,数罪并罚判处有期徒刑18年。

法院认定,李某某从1998年至2004年5月被抓获期间,累计收受不法商人给予的"感谢费"共计267万,其中160万元就是夏某某所送。2004年12月29日,李某某被法院以受贿罪、贪污罪、巨额财产来源不明罪,数罪并罚判处有期徒刑18年,并处没收财产人民币5万元。被告人夏某某在工程招投标活动中为使其所在公司获取不正当利益,向国家工作人员行贿达160万元,其行为已构成单位行贿罪。不过,鉴于被告人夏某某在参加工程招投标活动时,本身已具有参加工程招投标的条件,在招投标活动中也未发现有违规行为,其实施的犯罪行为并未给国家、集体造成严重损失,在被抓获后能如实供述自己的罪行,积极退赃,确有悔罪表现,且在李某某一案的侦破中为司法机关提供了帮助,故予以从轻处罚,据此,法院作出上述判决。

电力作为能源领域的重要部分,资金密集、资源富集、权力集中,与投资和市场相关的领域廉洁风险高,物资采购和市场营销案件数量排名靠前。电力企业应在落实企业合规建设的基础上,加强对第三方管理的重点环节的统一管控,明确廉洁风险的管控体系,加强重点投资、采购、招投标等重点环节决策中的廉洁风险研判,建立职责明确、协调联动的风险防范机制,实行事前评估、过程监管、事后评价的全程风险防控,做到源头预防、及时发现、及时查处、及时纠正。

具体而言，在内部防控措施方面，应树立依法合规经营理念，严格遵守法律法规，杜绝与第三方的私下交涉，防止触发腐败链条；加强对合作第三方的合规监督，避免因外部腐败引发的内部廉洁合规风险。在人员管理方面，应健全项目人员管理监督制度，严抓项目人员的合规教育，使廉洁风险防控理念深入人心。在监督措施方面，合规监督应实现全覆盖，加强监督、巡察、审计部门的协同，形成廉洁风险防控的监督合力。在问责机制方面，应及时提醒和纠正有腐败贿赂倾向的问题，对腐败问题进行严肃查处、精准问责。

二、建设工程合同第三方管理案例

江西丰城发电厂重大责任事故案

2016年11月24日，江西丰城发电厂三期扩建工程发生冷却塔施工平台坍塌特别重大事故，造成73人死亡、2人受伤，直接经济损失10197.2万元。

事发7号冷却塔属于江西丰城发电厂三期扩建工程D标段，是三期扩建工程中两座逆流式双曲线自然通风冷却塔的其中一座，采用钢筋混凝土结构。经调查认定，事故的直接原因是施工单位在7号冷却塔第50节筒壁混凝土强度不足的情况下，违规拆除第50节模板，致使第50节筒壁混凝土失去模板支护，不足以承受上部荷载，从底部最薄弱处开始坍塌，造成第50节及以上筒壁混凝土和模架体系连续倾塌坠落。坠落物冲击与筒壁内侧连接的平桥附着拉索，导致平桥也整体倒塌。

事故调查组认为，此次重大责任事故的有关责任单位均存在问题：

施工单位河北亿能公司安全生产管理机制不健全，未按规定设置独立安全生产管理机构，安全管理人员数量不符合规定要求。对项目部管理不力，公司派驻的项目经理长期不在岗，安排无相应资质的人员实际负责项目施工组织。公司未要求项目部将筒壁工程作为危险性较大分部分项工程进行管理，对项目部的施工进度管理缺失。对施工现场检查不深入，缺少技术、质量等方面内容，未发现施工现场拆模等关键工序管理失控和技术管理存有漏洞等问题。现场施工管理混乱。项目部指定社会自然人组织劳务作业队伍挂靠劳务公司，施工过程中更换劳务作业队伍后，未按规定履行相关手续。对劳务作业队伍以包代管，夜间作业时没有安排人员带班管理。安全教育培训不扎实，安全技术交底不认真，未组织全员交底，交底内容缺乏针对性。在施工现场违规安排垂直交叉作业，未督促整改劳务作业队伍习惯性违章、施工质量低等问题。安全技术措施存在严重漏洞。项目部未将筒壁工程作为危险性较大分部分项工程进行管理；筒壁工程施工方案存有重大缺陷，未按要求在施工方案中制定拆模管理控制措施，未辨识出拆模作业中存在的重大风险。拆模等关键工序管理失控。项目部长期任由劳务作业队伍凭经验盲目施工，对拆模工序的管理失控，在施工过程中不按施工技术标准施工，实际形成了劳务作业队伍自行决定拆模和浇筑混凝土的状况。未按施工质量验收的规定对拆模工作进行验收，违反拆模前必须报告总承包单位及监理单位的管理要求。对筒壁工程混凝土同条件养护试块强度检测管理缺失，大部分筒节混凝土未经试压即拆模。

魏县奉信劳务公司作为劳务方，违规出借资质，以内部承包及授权委托的形式，允许社会自然人以公司名义与河北亿能公司签订承包合同；仅收取管理费，未对社会自然人组织的劳务作业队伍进行实际管理；未按规定与劳务作业人员签订劳动合同。劳务作业队伍仅配备无资质的兼职安全员，安全员凭经验、按习惯施工，长期违章作业。

2016年4月，混凝土供应单位丰城鼎力建材公司在无工商许可证、无预拌混凝土专业承包资质、未通过环境保护等部门验收批复、尚未获得设立批复的情况下，违规向丰城发电厂三期扩建工程项目供应商品混凝土。其生产经理不具备混凝土生产的相关知识和经验，内部试验室人员配备不符合规定要求。生产关键环节把控不严，未严格按照混凝土配合比添加外加剂，无浇筑申请单即供应混凝土。

工程总承包单位中南电力设计院，存在管理层安全生产意识薄弱、安全生产管理机制不健全的问题。其对分包施工单位缺乏有效管控。履行总承包施工管理职责缺位，未按规定要求施工单位项目部将筒壁工程作为危险性较大分部分项工程进行管理。项目现场管理制度流于形式。部分管理人员无证上岗，不履行岗位职责。

中电工程集团作为中南电力设计院的上级公司，未正确处理安全与发展的关系，对总承包项目的安全风险重视不够，未建立健全与总承包项目发展规模相匹配的制度，未按上级公司要求设置独立的安全生产管理机构和安全总监岗位，未按规定组织召开公司安全生产委员会会议，对安全生产工作研究部署不足。未严格按规定要求组织开展安全生产大检查，检查工作未实现全覆盖，未对列为安全生产重点监控项目的丰城发电厂三期扩建工程进行检查。对中南电力设计院安全生产管理机构及制度不健全等问题督促整改力度不足。

中国能源建设集团（股份）有限公司作为中电工程集团的上级公司，对总承包项目的安全风险重视不足，未建立健全与总承包项目发展规模相匹配的制度，未按规定设置独立的安全生产管理机构，未按规定组织召开公司安全生产委员会会议，对安全生产工作研究部署不足。未认真组织开展安全生产大检查，对中电工程集团安全大检查工作流于形式的问题不知情，对中电工程集团安全生产管理机构及制度不健全等问题督促整改力度不足。

监理单位上海斯耐迪公司对项目监理部监督管理不力。公司在对项目监理部的检查工作中，未发现和纠正现场监理工作严重失职等问题。对拆模工序等风险控制点失管失控。现场监理工作严重失职，项目监理部未针对施工进度调整加强现场监理工作，未督促施工单位采取有效措施强化现场安全管理。

国家核电技术有限公司作为上海斯耐迪公司的上级公司，对火电、新能源等电力建设的总承包、制造、监理等业务安全生产工作重视不足，未及时督促上海斯耐迪公司解决管理能力与业务快速发展不匹配的问题。对上海斯耐迪公司监理业务缺乏过程监督指导，对其安全质量工作中存在的问题督促检查力度不足。

建设单位丰城三期发电厂未经论证压缩冷却塔工期。大幅度压缩工期后，未按规定对工期调整带来的安全影响进行论证与评估。项目安全质量监督管理工作不到位，项目建设组织管理混乱。法定建设单位和丰城发电厂三期扩建工程建设指挥部关系不清，相关领导权责不明。未按监理合同规定配备业主工程师，也未组织对总承包、监理和施工单位开展监督检查。

江西赣能股份公司作为丰城三期发电厂的上级单位，未履行对丰城发电厂三期扩建工程项目设计、质量控制、进度控制等工作的监督与协调职责。公司相关职能部门未到现场督促协调有关工作，对未经论证压缩工期等问题未察觉。在工程合同签订、开工许可检查、施工单位资质审核、重大作业项目施工等环节中对建设项目的安全管理监督力度不足。

江西投资集团作为江西赣能股份公司的上级单位，所成立的丰城发电厂三期扩建工程建设领导小组和工程建设指挥部，对工程的管理权限划分不清晰。未督促江西赣能股份公司对丰城发电厂三期扩建工程质量、进度控制进行监督协调。未制定基本建设项目的安全监督相关制度，对江西赣能股份公司及丰城发电厂三期扩建工程安全管理工作督促检查力度不足。

电力工程质量监督总站存在违规接受质量监督注册申请，违规组建丰城发电厂三期扩建工程项目站，未依法履行质量监督职责，对项目站质量监督工作失察等情形。未督促项目站定期报送工程进度、质量管控、质量验收情况，未能及时发现和纠正压缩合理工期以及总承包、施工、监理等单位未落实工程质量管理要求的问题。

最终，国务院调查组公布调查报告，调查认定该事故是一起生产安全责任事故，建议依法依规对7个责任单位和85名责任人进行责任追究。江西省宜春市中级人民法院和丰城市人民法院、奉新县人民法院、靖安县人民法院对江西丰城发电厂"11·24"冷却塔施工平台坍塌特大事故所涉9件刑事案件进行了公开宣判，对28名被告人和1个被告单位依法判处刑罚。

电力企业的安全，不仅关系到企业自身，更关乎民生及国家。建设工程合同履行过程中第三方管理的严重缺位，是本次事故的重要原因之一。项目第三方管理的失控，最终酿成了本次重大责任事故。本案暴露出的项目第三方管理问题，也给电力企业在建设工程施工管理及第三方管理方面提出了要求。电力企业一方面需要完善电力建设安全监管机制，落实安全监管责任；另一方面更需要进一步健全合规管理制度，明确工程总承包模式中各方主体的安全职责，提高合同企业在生产经营、项目建设、合同管理等重要环节的第三方管理水平，全面推行安全风险分级管控制度，切实发挥合规管控作用。

三、第三方知识产权案例

2021年12月15日，最高人民检察院发布第二批企业合规典型案例。该批典型案例以适用第三方监督评估机制为重点，着力反映企业合规流程、第三方机制的启动与运行、合规整改效果、检察机关的主导作用以及典型意义等。其中有两个企业知识产权合规的典型案例，对于企业知识产权合规体系建设中第三方管理的重要性具有警示意义，企业应在第三方管理中有效控制知识产权风险。同时，企业有效的合规管理制度的建立和执行，不仅能保护企业合法权益，还能促进企业合规守法经营，预防和减少企业违法犯罪。

（一）上海J公司、朱某某假冒注册商标案

在上海J公司、朱某某假冒注册商标案中，T公司与J公司洽谈委托代加工事宜，约定由J公司为T公司代为加工智能垃圾桶。后因试产样品未达到质量标准，且无法按时交货等原因，双方于2018年12月终止合作。为了挽回前期投资损失，2018年12月至2019年11月，朱某某在未获得商标权利人T公司许可的情况下，组织公司员工生产假冒T公司注册商标的智能垃圾桶、垃圾盒，并对外销售获利，涉案金额达560万余元。

2020年9月11日，朱某某主动投案后被取保候审。案发后，J公司认罪认罚，赔偿权利人700万元并取得谅解。2020年12月14日，上海市公安局浦东分局以犯罪嫌疑单位J公司、犯罪嫌疑人朱某某涉嫌假冒注册商标罪移送浦东新区检察院审查起诉。浦东新区检察院经审查认为，J公司是一家高新技术企业，但公司管理层及员工法律意识淡薄，尤其对涉及商业秘密、专利权、商标权等民事侵权及刑事犯罪认识不足，在合同审核、财务审批、采购销售等环节均存在管理不善问题。

鉴于J公司具有良好发展前景，犯罪嫌疑人朱某某有自首情节，并认罪认罚，赔偿了T公司的损失，且该公司有合规建设意愿，具备启动第三方机制的基本条件，考虑其注册地、生产经营地和犯罪地分离的情况，有必要启动跨区域合规考察。2021年4月，浦东新区检察院根据沪、浙、苏、皖四地检察院联合制定的《长三角区域检察协作工作办法》，向上海市检察院申请启动长三角跨区域协作机制，委托企业所在地的浙江省嘉兴市检察院、秀洲区检察院协助开展企业合规社会调查及第三方监督考察。两地检察机关签订《第三方监督评估委托函》，明确委托事项及各方职责，确立了"委托方发起""受托方协助""第三方执行"的合规考察异地协作模式，由秀洲区检察院根据最高检等九部门联合下发的《关于建立涉案企业合规第三方监督评估机制的指导意见（试行）》成立第三方监督评估组织。

随后，秀洲区检察院成立了由律师、区市场监督管理局、区科技局熟悉知识产权工作的专业人员组成的第三方监督评估组织，并邀请人大代表、政协委员对涉案企业同步开展监督考察。J公司制定了包括制定合规章程、健全基层党组织、建立合规组织体系、打造合规程序体系、提升企业合规意识等方面的递进式合规计划，并严格按照时间表扎实推进。特别是J公司制定了知识产权专项合规政策体系。

（二）张家港S公司、睢某某销售假冒注册商标商品案

在张家港S公司、睢某某销售假冒注册商标的商品案中，张家港市市场监督管理局在对S公司进行检查时，发现该公司疑似销售假冒"SKF"商标的轴承，随后在其门店及仓库内查获标注"SKF"商标的各种型号轴承27829个，涉案金额共计68万余元。张家港市市场监督管理局将该案移送至张家港市公安局，斯凯孚（中国）有限公司出具书面的鉴别报告，认定所查获的标有"SKF"商标的轴承产品均为侵犯该公司注册商标专用权的产品，张家港市公安局遂对本案立案侦查。

检察机关向S公司、睢某某告知企业合规相关政策后，该公司分别向检察机关、公安机关递交了《提请开展刑事合规监督考察的申请书》。随后承办检察官走访企业和市场监督管理局、税务局等行政部门，实地查看公司经营现状、指导填写合规承诺、撰写调查报告。走访调查了解到，该公司规章制度不健全，内部管理不完善，尤其是企业采购程序不规范，对供货商资质和货品来源审查不严，单据留存不全，还曾因接受虚开的增值税发票被税务机关行政处罚。检察机关经综合考虑，鉴于S公司有整改行为且有较强的合规愿望，认为可以开展企业合规监督考察。检察机关认为，该案证明S公司及睢某某犯罪故意的证据不确实、不充分，公安机关也难以再查明轴承及包装的来源是否合法，案件久拖不决已处于"挂案"状态，亟待清理。检察机关与公安机关共同分析了相关情况，并就该案下一步处理进行会商，双方就企业合规、"挂案"清理工作达成共识。公安机关明确表示，如该公司通过企业合规监督考察时还没有新的证据进展，将作出撤案处理。经向上级检察机关请示并向张家港市企业合规监管委员会报告后，张家港市检察院联合公安机关对S公司启动合规监督考察程序，确定6个月的整改考察期。张家港市企业合规监管委员会根据第三方监督评估机制，从第三方监管人员库中随机抽取组建监督评估小组，跟踪S公司整改、评估合规计划落实情况。按照合规计划，S公司明确要求渠道商应提供品牌授权证明并备案，每笔发货都注明产品明细，做到采购来路明晰、底数清晰。合规整改期间，检察机关会同第三方监督评估小组，每月通过座谈会议、电话联系、查阅资料、实地检查等方式，特别是通过"不打招呼"的随机方式，检查企业合规建设情况。同时，检察机关还向公安机关通报企业合规建设进展情况，邀请参与合规检查，并认真吸收公安机关对合规制度完善提出的意见。2021年8月5日，鉴于该公司员工数少、业务单一、合规建设相对简易的情况，第三方监督评估小组提出缩短合规监督考察期限的建议。检察机关听取市场监督管理部门、税务部门意见后，决定将合规监督考察期限缩短至3个月。2021年8月16日至18日，第三方监督评估小组对该公司合规有效性进行评估，出具了合规建设合格有效的评估报告。2021年8月20日，张家港市检察院组织公开听证，综合考虑企业合规整改效果，就是否建议公安机关撤销案件听取意见，听证与会人员一致同意检察机关制发相关检察建议。当日，检察机关向公安机关发出检察建议，公安机关根据检察建议及时作出撤案处理，并移送市场监督管理部门作行政处罚。检察机关两个月后回访发现，S公司各项经营已步入正轨，因合规建设，两家大型企业看中S公司合规资质与其建立了长期合作关系，业务预期翻几番，发展势头强劲。

第五章　反腐败与反商业贿赂合规管理

第一节　反腐败与反商业贿赂基础理论

一、腐败与商业贿赂的定义和表现形式

（一）腐败与商业贿赂的定义

1. 腐败的定义

腐败一词无论在官方还是民间，都为人所知，为人所恨。那么什么是腐败呢？梳理国内外法律、准则、官方文件可以发现，对腐败有狭义和广义两种认识。

狭义的腐败仅涉及公权力腐败，即政府官员的腐败。例如，我国《刑法》中对受贿罪的定义是："国家工作人员利用职务上的便利，索取他人财物的，或者非法收受他人财物，为他人谋取利益的，是受贿罪。"此处的国家工作人员（包含政府官员）的受贿行为，就是一种狭义的腐败行为，即涉及公权力腐败的行为。

广义的腐败不仅指公权力腐败，还涵盖了私权腐败。《联合国反腐败公约》中，腐败既包括"公职人员"的腐败，也包括"私营部门"的腐败，既涵盖贿赂行为，也涵盖侵占财产、滥用职权等行为。《世界银行反腐败使用者指南》也采用了广义的腐败概念。

在我国的反腐败话语体系下，"腐败"既包括"国家工作人员"的腐败行为，也包括私主体利用职务便利实施的腐败行为，例如商业贿赂里可能涉及的私主体受贿行为。国务院新闻办发布的《中国的反腐败和廉政建设白皮书》在回顾我国"依法依纪查处腐败案件"的历程时，指出要"严肃查处党员干部和国家工作人员中的腐败行为""着重查处贪污贿赂、挪用公款、失职渎职、贪赃枉法、腐化堕落等方面的案件"，并"集中开展治理商业贿赂专项工作"。中共中央印发的《建立健全惩治和预防腐败体系 2013—2017 年工作规划》列举了予以重点打击的腐败行为，主要包括"领导干部贪污贿赂、权钱交易、腐化堕落、失职渎职""执法、司法人员徇私舞弊、枉法裁判、以案谋私""严重违反政治纪律""群体性事件、重大责任事故背后的腐败"以及"商业贿赂"。

从上述关于"腐败"的表述中，我们可以看出，在各种定义下的"腐败"都可被看作一种不正当地利用本人或他人的权力/职权以获取利益的行为，不同定义的主要区别在于：一是该被利用的权力/职权的属性是公权还是私权；二是该利用行为涉及的类型，是仅包含贿赂，还是也涵盖其他形式。

在本书中，为与行文中的商业贿赂相区分，除特别说明之外，"腐败"采狭义定义，即公权力腐败。

2. 商业贿赂的定义及特征

依据《中华人民共和国反不正当竞争法》（2019 修正）第七条规定，商业贿赂指经营者不得采用财

物或者其他手段贿赂交易相对方的工作人员、受交易相对方委托办理相关事务的单位或者个人、利用职权或者影响力影响交易的单位或者个人，以谋取交易机会或者竞争优势。

从定义来看，商业贿赂具有以下特征：

（1）行贿主体是经营者，受贿主体是交易相对方的工作人员或相关单位、个人，行贿主体和受贿主体共同构成商业贿赂的当事人，这些当事人是从事商业活动的民商事主体，区别于公权力腐败。

（2）主观目的是谋取交易机会或者竞争优势。只要具备这一目的，不论目的是否达成，均不影响商业贿赂的成立。需要补充说明的是，从联合国、世界银行以及英国等主体的海外反腐败监管趋势来看，对目的和意图的分析关注正在弱化。例如，世界银行有关腐败的定义不再关注具体目的和意图："腐败行为系指直接或间接地提供、给予、接受或要求任何有价值物品，不正当地影响另一方的行为。"

（3）行为方式是给予相对方财物或者以其他手段贿赂。其中，依据《国家工商行政管理局关于禁止商业贿赂行为的暂行规定》，"财物"是指现金和实物，包括经营者为销售或者购买商品，假借促销费、宣传费、赞助费、科研费、劳务费、咨询费、佣金等名义，或者以报销各种费用等方式，给付对方单位或者个人的财物；"其他手段"是指提供国内外各种名义的旅游、考察等给付财物以外的其他利益的手段。

依据《最高人民法院、最高人民检察院关于印发〈关于办理商业贿赂刑事案件适用法律若干问题的意见〉的通知》，商业贿赂中的财物，既包括金钱和实物，也包括可以用金钱计算数额的财产性利益，如提供房屋装修、含有金额的会员卡、代币卡（券）、旅游费用等。

依据《最高人民法院、最高人民检察院关于办理贪污贿赂刑事案件适用法律若干问题的解释》第十二条规定，贿赂犯罪中的"财物"，包括货币、物品和财产性利益。财产性利益包括可以折算为货币的物质利益如房屋装修、债务免除等，以及需要支付货币的其他利益如会员服务、旅游等。后者的犯罪数额，以实际支付或者应当支付的数额计算。此外，以借款、股票、特殊交易形式、合作投资、委托理财、赌博、挂名领取薪酬等为幌子，实则为谋取不正当未遂的行为，也构成贿赂。

国际上普遍接受"有价值之物"的概念，即只要行贿方给予受贿方各种形式的好处或利益，即可构成贿赂，这些好处和利益不仅限于金钱，也没有最低价值门槛，工作机会、实习机会、商业机会、演出会门票等均可构成贿赂。

（4）行贿对象是交易相对方的工作人员、受交易相对方委托办理相关事务的单位或者个人、利用职权或者影响力影响交易的单位或者个人。2017年修订的《反不正当竞争法》修改了商业贿赂的对象：

修订前的《反不正当竞争法》第八条第一款规定："经营者不得采用财物或者其他手段进行贿赂以销售或者购买商品。在账外暗中给予对方单位或者个人回扣的，以行贿论处；对方单位或者个人在账外暗中收受回扣的，以受贿论处"。《国家工商行政管理局关于禁止商业贿赂行为的暂行规定》进一步明确，商业贿赂是指"经营者为销售或者购买商品而采用财物或者其他手段贿赂对方单位或者个人的行为"。因此，《反不正当竞争法》修订前，收受商业贿赂的主体是"对方单位或个人"。

而修订后的《反不正当竞争法》不再将"交易相对方"作为商业贿赂的对象，收受商业贿赂的主体调整为三类：交易相对方的工作人员，受交易相对方委托办理相关事务的单位或者个人，利用职权或者影响力影响交易的单位或者个人。这就意味着向"交易相对方"（不是交易相对方的工作人员）给予好处的行为，无论给予的好处以何种形式，例如折扣、返利、促销、赞助、赠品等金额大小，根据新修订的《反不正当竞争法》的规定，原则上都不落入商业贿赂的范围。因此，诸如医药企业向有直接业务往来的医院提供的各种赞助或实施买耗材送大型医疗设备的销售方案、轮胎企业向其经销商提供的销售奖励、啤酒供应商向商店赠送冰箱或者按啤酒瓶盖数量给予商店返利等过去被工商部门认定为商业贿赂的行为，在 2017 年修订的《反不正当竞争法》实施后，原则上都不应当再按商业贿赂查处。

（二）贿赂的表现形式

1. 贿赂的主要表现形式

不论是公权力腐败，还是商业贿赂，都离不开"贿赂"这一行为。联合国相关文件指出，贿赂可能以回扣、勒索或疏通费等形式出现。行贿人员也可能以礼品、招待费、差旅费、娱乐费、赞助费、慈善捐赠和/或政治捐赠的名义掩盖贿赂。

《中央治理商业贿赂领导小组关于在治理商业贿赂专项工作中正确把握政策界限的意见》规定："商业活动中，提供、接受违反公平竞争原则的商业赞助或者旅游、考察以及其他活动，提供、收受各种会员卡、消费卡（券）、购物卡（券）和其他有价证券，提供、使用房屋、汽车等物品，提供、收受干股或者红利，通过赌博，以及假借促销费、宣传费、广告费、培训费、顾问费、咨询费、技术服务费、科研费、临床费等名义给予、收受财物或者其他利益，以提供、获取交易、服务机会、优惠条件或者其他经济利益的，属于商业贿赂。"

在各种贿赂形式中，比较容易被忽略或不为人熟悉的是"商业疏通费"。商业疏通费是指向政府官员、司法机关工作人员、商业机构或其他特定关系人支付的无论金额大小的款项，旨在加快或争取完成不可被支配的例行政府活动，例如海关或出入境检查、邮件提取和发出、建筑检查、处理在某国家/地区完成业务所需的许可、许可证或其他官方文档以及类似性质的活动。根据联合国发布的《商业反腐败道德及合规实用指南》，商业疏通费一般具有如下特点：

（1）私下小额支付；
（2）一般支付给行政级别较低的公职人员，也包括公共服务提供方（如电力或燃气供应商）；
（3）目的是确保或加速公职人员的工作进度；
（4）即便不支付商业疏通费，完成该工作本身是该公职人员的职责所在，支付方也有权获取该公共服务。

联合国、经合组织、世界银行均明确禁止商业疏通费，英国、美国也严控商业疏通费。根据联合国发布的《商业反腐败道德及合规实用指南》及美国等发达国家的执法案例，在员工受到威胁被要求支付商业疏通费时，特别是涉及人身安全的情况，公司可以针对该特殊情形设置商业疏通费的豁免条款，允许为了避免严重伤害且在必要的情况下支付商业疏通费。

2. 贿赂与回扣、折扣、佣金等相似行为的区别

贿赂的形式多样，但仍应与正常的商业往来相区分。2017 年修订的《反不正当竞争法》规定，经营者在交易活动中，可以明示方式向交易相对方支付折扣，或者向中间人支付佣金。经营者以明示方式向交易相对方支付折扣、向中间人支付佣金，应当如实入账。接受折扣、佣金的经营者也应当如实入账。

（1）贿赂与回扣的区分

2017 年修订前的《反不正当竞争法》规定："在账外暗中给予对方单位或者个人回扣的，以行贿论处；对方单位或者个人在账外暗中收受回扣的，以受贿论处"。2017 年修订的《反不正当竞争法》，修订不以账外暗中为标准，弱化了因入账不当而可能产生的商业贿赂问题。

（2）贿赂与折扣的区分

依据《国家工商行政管理局关于禁止商业贿赂行为的暂行规定》，"折扣"即商品购销中的让利，是指经营者在销售商品时，以明示并如实入账的方式给予对方的价格优惠，包括支付价款时对价款总额按一定比例即时予以扣除和支付价款总额后再按一定比例予以退还两种形式。"明示"和"入账",是指根据合同约定的金额和支付方式,在依法设立的反映其生产经营活动或者行政事业经费收支的财务账上按照财务会计制度规定明确如实记载折扣金额。

依据旧的《反不正当竞争法》,许多企业会担心正常的交易双方之间的折扣会构成商业贿赂。《反不正当竞争法》修订后,进场费、摊位优惠金、柜台费、陈列费、服务费等直接向交易相对方支付的费用,原则上不再被认定为商业贿赂,但应遵守如实入账的要求。

(3) 贿赂与佣金的区分

"佣金"是指经营者在市场交易中给予为其提供服务的具有合法经营资格中间人的劳务报酬。

反腐败与反商业贿赂执法中并非禁止基于正常商业活动的佣金,而是只禁止一切伪装成佣金的贿赂。在许多处罚案例中,出现行贿方通过第三方向受贿方贿赂的情形。具体而言,行贿方以佣金、劳务费、咨询费、技术服务费、顾问费等形式向第三方输送资金,由第三方将全部或部分资金提供给受贿方。

前述操作属于以合法的"佣金"形式掩盖"贿赂"。为区分贿赂与正常的佣金安排,企业需要确保佣金的费用支出对应着真实的交易、定价不严重偏离市场价值,且如实入账。

(4) 贿赂与赠礼的区分

礼物、礼品是指任何免费提供或无需付款的物品,包括但不限于礼品篮、酒类、(提供者不在现场的)体育赛事或音乐会的门票、带徽标的物品或其他有价之物。

反腐败与反商业贿赂执法中并不禁止赠送礼物,只禁止一切伪装成礼物的贿赂。在正常的商业往来中,可以依据商业惯例和公司规定赠送小额礼品。但如果以违反公司限额规定、违反商业惯例的赠送形式向相对方提供有价值之物的,将可能构成贿赂。《世界银行诚信合规指南》要求相关主体针对赠礼费用支出,建立管控标准和流程,确保开支合理,而且不会对商业交易的结果造成不正当的影响或由之产生不正当的利益优势。

(5) 贿赂与捐赠的区分

在反腐败与反商业贿赂执法过程中并不禁止捐赠行为,只禁止一切伪装成捐赠的贿赂。捐赠应当符合公益事业捐赠法以及其他有关规定,捐赠行为应当明示并如实入账,不直接或者间接与商品交易挂钩,不损害其他经营者合法权益,并且用于公益事业。

以捐赠为名,通过给予财物获取交易、服务机会、优惠条件或者其他经济利益的,属于变相的商业贿赂。

二、腐败产生的根源与危害性

国际上的一个普遍共识是,腐败、贿赂是普遍存在的。它存在于所有国家,无论是发达国家还是发展中国家,在公共和私营部门,以及在非营利和慈善组织中,都可能存在腐败、贿赂。而产生腐败、贿赂的原因是复杂多样的,包括政治、经济、文化和社会发展不协调、不全面,以及制度不完善等复杂因素。

在相关国际组织的调查中,受访者将公共部门的腐败列为其发展过程中面临的最严重的障碍。亚太地区国家对此问题也十分担忧,普遍认为腐败是阻碍其经济、政治和社会发展的主要制约因素,因此腐败问题被视为亟待最高层关注的问题。世界银行在2017年的报告中指出,企业和个人每年需要为贿赂支出大约1.5万亿美元,大约占全球GDP的2%,这是世界银行海外开发援助的10倍,阻碍了经济的增长和贫困问题的解决。[①]

---

① 世界银行:Combating Corruption, 2017年9月26日, http://www.worldbank.org/en/topic/governance/brief/anti-corruption

腐败给社会带来的危害是全方位、多层次、多领域的，其中一个重要危害体现在对经济发展的巨大危害上：腐败破坏市场经济运行规则、破坏公平竞争的市场秩序，降低资源配置效率，增加企业和市场的交易费用。另一个重要危害在于对法律制度和社会公平机制的侵蚀，使国家法律、制度变得虚弱甚至形同虚设，影响国家的公信力，破坏社会公平分配机制，损害国家的营商环境、投资环境、国际形象和声誉。

习近平总书记明确指出：反腐败斗争关系民心这个最大的政治，是一场输不起也决不能输的重大政治斗争。要加深对新形势下党风廉政建设和反腐败斗争的认识，提高一体推进不敢腐、不能腐、不想腐能力和水平，全面打赢反腐败斗争攻坚战、持久战。

三、腐败与商业贿赂的法律责任

（一）反腐败与反商业贿赂监管机构

1. 中国

（1）中华人民共和国国家监察委员会（简称"国家监察委员会"）是中华人民共和国最高监察机关，于2018年第十三届全国人民代表大会第一次会议修改《中华人民共和国宪法》并通过《中华人民共和国监察法》后设立。国家监察委员会依据宪法及相关的法律负责监督、调查、处置公职人员依法履职、秉公用权、廉洁从政从业以及道德操守问题。国家监察委员会依照法律规定独立行使监察权，不受行政机关、社会团体和个人的干涉。中华人民共和国国家监察委员会与中国共产党中央纪律检查委员会的机关合署办公。

（2）中国共产党中央纪律检查委员会（简称"中共中央纪委"）是中国共产党的最高纪律检查机关，与中华人民共和国国家监察委员会合署办公。中共中央纪委负责维护《中国共产党章程》和其他党内法规，检查党的路线方针政策和决议执行情况，对党员领导干部行使权力进行监督，维护宪法法律，对公职人员依法履职、秉公用权、廉洁从政以及道德操守情况进行监督检查，对涉嫌职务违法和职务犯罪的行为进行调查并作出政务处分决定，对履行职责不力、失职失责的领导人员进行问责，负责组织协调党风廉政建设和反腐败宣传等。

（3）中国共产党中央军事委员会纪律检查委员会，与中华人民共和国中央军事委员会监察委员会一个机构两块牌子，合简称中央军委纪委监委，是中央军事委员会机关第一级职能部门，负责监督中国人民解放军的中国共产党纪律检查机关、国家监察机关。

（4）香港廉政公署（Independent Commission Against Corruption，ICAC）于1974年2月15日根据《总督特派廉政专员公署条例》（现改名为《廉政公署条例》）成立，是独立及直接向香港特别行政区行政长官负责的纪律部队及执法机构，以肃贪倡廉为目标，一直以来通过执法、预防及教育"三管齐下"的策略打击贪污。

（5）澳门廉政公署（Commission Against Corruption，CCAC）是澳门特别行政区设立的独立运作公共机关，依据澳门特别行政区《基本法》第59条的规定设立。廉政公署独立工作，廉政专员只需对澳门特别行政区行政长官负责。澳门廉政公署除承担反贪污工作外，还处对政府部门行政失当的申诉。

2. 欧盟

欧洲反欺诈办公室（Office Europeen De Lutte Antilaude，OLAF）是欧盟授权保护欧盟金融利益的机构。它于1999年4月28日根据欧洲委员会第1999/352号决定成立。主要负责打击影响欧盟预算的欺诈行为；调查欧盟机构工作人员的腐败行为；并制定反欺诈立法和政策。

OLAF 通过完全独立地进行内部和外部调查来实现其使命。它协调其成员国反欺诈伙伴在打击欺诈方面的活动。OLAF 为欧盟成员国提供必要的支持以帮助它们开展反欺诈活动。它有助于欧洲联盟反欺诈战略的制定，并采取必要措施加强相关立法。OLAF 会进行行政调查，但它不具备司法权力，无法迫使国家执法当局就其建议采取行动。

3. 美国

（1）司法部（Department of Justice，DOJ）和证券交易委员会（Securities and Exchange Commission，SEC）是《反海外腐败法》的联合执行机构，分别执行刑事和民事处罚。

证券交易委员会执法适用于受其监管的公司，而司法部则针对不受 SEC 监管的个人和实体执行该法案。但是，一个机构的执法并不排除另一个机构执行该法案，司法部和 SEC 多次因违反《反海外腐败法》而对同一家公司提起执法行动。

（2）公共廉政科（The Public Integrity Section，PIS）是美国司法部刑事司的一个部门，负责通过起诉腐败的联邦、州和地方民选和任命的公职人员，打击各级政府的政治腐败。

公共廉正科对联邦法官指控的犯罪不当行为的起诉拥有专属管辖权，监督对选举和利益冲突犯罪的调查和起诉。除起诉案件外，公共廉正科还为检察官和现场代理人处理公共腐败案件提供咨询和协助。

（3）刑事调查部（The Criminal Investigative Division，CID）是联邦调查局刑事、网络、响应和服务部门的一个部门。负责监督联邦调查局对毒品贩运和暴力犯罪等传统犯罪的调查，下设公共腐败和公民权利科。

（4）国税局刑事调查局（Internal Revenue Service and Criminal Investigation，IRS-CI）是美国联邦执法机构，负责调查潜在的违反《美国国税法》的犯罪行为和相关金融犯罪，如洗钱、货币违规、税务相关身份盗窃欺诈影响以及税务管理的恐怖融资。刑事调查局隶属于国税局，国税局隶属于财政部。

（5）监察长办公室（Office of Inspector General，OIG）隶属于联邦行政部门、独立的联邦机构以及州和地方政府。每个办公室都有一名监察长和员工，负责识别、审计和调查行政部门内员工任何形式的欺诈、浪费、滥用、贪污和管理不善行为。

4. 英国

严重欺诈办公室（The Serious Fraud Office，SFO）是英国政府的一个非部级政府部门，负责调查和起诉英格兰、威尔士和北爱尔兰的严重或复杂欺诈和腐败行为。SFO 对英格兰和威尔士司法部长负责，由 1987 年《刑事司法法》设立。1987 年《刑事司法法》第 2 节授予 SFO 权力，要求任何人（或企业/银行）提供任何相关文件（包括机密文件），并回答任何相关问题，包括有关机密事项的问题。SFO 是《2010 年反贿赂法案》的主要执行者，该法案旨在鼓励良好的公司治理，并提高伦敦市和英国作为安全经商场所的声誉。它的管辖权不延伸到苏格兰，苏格兰警察局通过其犯罪专家部门调查欺诈和腐败。

5. 国际组织

（1）联合国（The United Nations，UN）是一个政府间组织，其明确的宗旨是维护国际和平与安全，发展各国之间的友好关系，实现国际合作，并成为协调各国行动的中心。《联合国反腐败公约》（The United Nations Convention Against Corruption，UNCAC）是唯一具有法律约束力的国际反腐败多边条约。它由联合国成员国谈判，于 2003 年 10 月由联合国大会通过，并于 2005 年 12 月生效。该条约承认预防性和惩罚性措施的重要性，并通过关于国际合作和返还腐败所得的规定来处理腐败的跨境性质。维也纳的联合国毒品和犯罪问题办公室（UNODC）是《联合国反腐败公约》的秘书处。《联合国反腐败公约》的目标是减少可能发生的各种跨国腐败，如影响力交易和滥用权力，以及私营部门的腐败，如贪污和洗钱。《联合国反腐败公约》的另一个目标是通过为国际资产追回提供有效的法律机制，加强各国之间的执法和司法合作。

（2）经济合作与发展组织（Organisation for Economic Co-operation and Development，OECD）是一个由38个成员国组成的政府间组织，成立于1961年，旨在刺激经济进步和世界贸易。《反贿赂公约》（*Convention on Combating Bribery of Foreign Public Officials in International Business Transactions*）是经合组织的一项反腐败公约，要求签署国将贿赂外国公职官员定为犯罪。该公约是一项具有法律约束力的国际协议，通过将公司或个人向外国公职人员行贿的行为定为犯罪，重点关注贿赂的供给方。其目标是在国际商业环境中创造一个公平的竞争环境。

（3）世界银行集团（The World Bank Group，WBG）是向发展中国家提供杠杆贷款的银行集团，世界银行集团建立了健全的管控机制，以确保向客户国支付的资金专款专用。

世界银行以秉持受托管理的高标准（包括财务管理和采购以及世行廉政部门的调查与制裁）著称。世行会在项目准备中配备世行专家/专业人员并在项目实施期间进行尽职调查，尽职调查活动与各种干预措施相配合，帮助各国建立有能力、透明和负责任的制度，设计和实施反腐败的成功计划。世界银行内设独立部门负责调查世行集团资助业务中的欺诈指控，在1999年至2019年期间共有956个企业和个人被取消资格，在同一时期世行还执行了421项多边开发银行的交叉制裁。

（4）金融行动特别工作组（The Financial Action Task Force，FATF）是一个政府间组织，于1989年根据七国集团的倡议成立，旨在制定打击洗钱、恐怖主义融资及其他相关威胁的国际标准和政策，并维护国际金融体系的稳定。2001年，其任务范围扩大到包括打击资助恐怖主义。金融行动特别工作组的目标是制定标准并促进法律、监管和业务措施的有效执行，以打击洗钱、资助恐怖主义和其他对国际金融体系完整性的相关威胁。

（二）反腐败与反商业贿赂规范

1. 国际规范

美国于1977年通过了《反海外腐败法》（*the Foreign Corrupt Practices Act*，FCPA），是反腐败领域的较早的代表性规范。

1989年，在美国的大力推动下，经济合作与发展组织（*Organization for Economic Co-operation and Development*，OECD）制定了《国际商务交易活动反对行贿外国公职人员公约》（*Convention on Combating Bribery of Foreign Public Officials in International Business Transactions*，以下简称《OECD反贿赂公约》），该公约于1999年生效。《OECD反贿赂公约》鼓励成员国通过惩治本国企业在国际交易中的贿赂行为减少发展中国家的腐败。《OECD反贿赂公约》是目前影响力较大的国际公约，在统一各国反腐败标准和行动上发挥了重要作用。

2003年，联合国通过具有法律约束力的《联合国反腐败公约》并于2005年生效。该公约要求公约成员国采取反腐败具体措施，如将特定腐败、贿赂行为在国内立法中规定为犯罪，加强成员国之间在引渡、双边法律协助、执行等方面的有效法律合作机制等。

2010年，英国通过了《反贿赂法》（*the Bribery Act*）并于2011年生效实施。英国《反贿赂法》被认为是世界上最严厉的反腐败法律[①]：在证明贿赂犯罪成立时，英国《反贿赂法》只关注行贿行为，并

---

① Breslin, Brigid; Doron Ezickson; John Kocoras (2010). "The Bribery Act 2010: raising the bar above the US Foreign Corrupt Practices Act". Company Lawyer. Sweet & Maxwell. 31 (11). ISSN 0144-1027, 第362页

不要求公诉机关证明受贿对象行使了职权。此外，英国《反贿赂法》规定了雇主对雇员、代理人、下属机构的行贿行为的严格责任和替代责任，也即，除非商业组织证明其已经制定充分的制度和程序防止贿赂，否则商业组织需要对其雇员、代理人、下属机构的行贿行为承担责任。

在国际组织的推动下，欧盟成员国、拉丁美洲国家、亚洲大部分国家都在不断地制定或完善各自的反腐败、反贿赂法律和制度。在 2016 年，法国通过了《萨宾法案Ⅱ》(*The Loi Sapin Ⅱ*)，以促进交易透明、反腐败和经济现代化。具体措施包括设立国家反腐败机构，引入和解机制，重新设置或修改犯罪和刑罚，要求规模超过 500 雇员的企业制定和执行反腐败合规措施；2016 年 7 月 1 日，《荷兰举报法》(*the Dutch Whistleblower Authority Act*) 生效；同日，斯洛伐克针对企业的刑事责任立法生效。

除此之外，国际上还先后制订了一系列区域性的反腐败公约，比如 1996 年通过的《美洲反腐败公约》(*the Inter-American Convention against Corruption of the Organization of American States*)[1]，1999 年通过的欧洲的《反腐败民事法律公约》和《反腐败刑事法律公约》(*the Civil Law Convention on Corruption of the Council of Europe*；*the Criminal Law Convention on Corruption of the Council of Europe*)，2003 年通过的《非洲联盟反腐败公约》(*the African Union Convention on Preventing and Combating Corruption*)。值得一提的是，在中国的推动下，2014 年 11 月 8—9 日的 APEC 第 26 届部长级会议通过了《北京反腐败宣言》，并成立了 APEC 反腐执法合作网络，大大促进了亚太地区在打击跨境腐败上的执法合作。

表 5-1 全球和区域主要反腐败公约[2]

	公约名称	时间	网址
全球公约	《联合国反腐败公约》 UN CONVENTION AGAINST CORRUPTION	2003 年 10 月 31 日通过 2005 年 12 月 14 日实施	http：//www.unodc.org/unodc/en/treaties/CAC/index.html
	《OECD 反贿赂公约》 OECD ANTI-BRIBERY CONVENTION	1997 年 12 月 17 日通过 1999 年 2 月 15 日实施	http：//www.oecd.org/daf/anti-bribery/
	《联合国打击跨国有组织犯罪公约》 UN CONVENTION AGAINST TRANSNATIONAL ORGANIZED CRIME	2000 年 11 月 15 日通过 2003 年 9 月 29 日实施	http：//www.unodc.org/unodc/en/organized-crime/intro/UNTOC.html
非洲	《非洲联盟反腐败公约》 AFRICAN UNION CONVENTION ON PREVENTING AND COMBATING CORRUPTION	2003 年 7 月 11 日通过 2006 年 8 月 5 日实施	https：//au.int/en/treaties/african-union-convention-preventing-and-combating-corruption
	《南非发展共同体反腐败协定书》 SADC PROTOCOL AGAINST CORRUPTION	2001 年 8 月 14 日通过 2005 年实施	http：//www.sadc.int/about-sadc/
	《西非国家经济共同体打击腐败协议》 ECOWAS PROTOCOL ON THE FIGHT AGAINST CORRUPTION	2001 年 12 月 21 日通过	http：//www.oecd.org/cleangovbiz/internationalconventions.htm#americas

---

[1] 全球、非洲、美洲、欧洲信息摘自经济合作与发展组织网站：http：//www.oecd.org/cleangovbiz/internationalconventions.htm#americas

[2] http：//www.oecd.org/cleangovbiz/internationalconventions.htm#americas

续表

	公约名称	时间	网址
美洲	美洲国家组织《美洲反腐败公约》 OAS INTER-AMERICAN CONVENTION AGAINST CORRUPTION	1996年3月29日通过 1997年3月6日实施	http：//www.oecd.org/cleangovbiz/internationalconventions.htm#americas
欧洲	欧洲委员会《反腐败民事法律公约》 COE CRIMINAL LAW CONVENTION ON CORRUPTION	1999年11月4日通过 2003年实施	https：//www.coe.int/en/web/conventions/full-list/-/conventions/treaty/174
	欧洲委员会《反腐败刑事法律公约》 COE CIVIL LAW CONVENTION ON CORRUPTION	1999年1月27日通过 2002年实施	https：//www.coe.int/en/web/conventions/full-list/-/conventions/treaty/173
	欧盟《打击公职人员腐败公约》 EU CONVENTION AGAINST CORRUPTION INVOLVING OFFICIALS	1997年5月26日通过 2005年9月28日实施	http：//eur-lex.europa.eu/legal-content/EN/TXT/？uri=LEGISSUM：l33027
	《保护欧共体财务利益公约》 CONVENTION ON THE PROTECTION OF THE EC FINANCIAL INTERESTS	1995年7月26日通过 2002年10月17日实施	http：//eur-lex.europa.eu/legal-content/EN/TXT/？uri=LEGISSUM：l33019
亚洲①	APEC《圣地亚哥反腐败和确保透明度承诺》 THE SANTIAGO COMMITMENT TO FIGHT CORRUPTION AND ENSURE TRANSPARENCY 《亚太经合组织反腐败与提高透明度行动计划》 THE APEC COURSE OF ACTION ON FIGHTING CORRUPTION AND ENSURING TRANSPARENCY	2004年	https：//www.apec.org/Meeting-Papers/Annual-Ministerial-Meetings/2004/2004_amm
	《符拉迪沃斯托克反腐败与提高透明度宣言》 VLADIVOSTOK DECLARATION ON FIGHTING CORRUPTION AND ENSURING TRANSPARENCY	2012年	https：//www.apec.org/Meeting-Papers/Leaders-Declarations/2012/2012_aelm/2012_aelm_annexE
	《促进亚太经合组织打击腐败与提高透明度合作》 Enhancing APEC Network in Combating Corruption and Ensuring Transparency	2013年	https：//www.apec.org/Meeting-Papers/Annual-Ministerial-Meetings/2013/2013_amm/annexd
	《北京反腐败宣言》 BEIJING DECLARATION ON FIGHTING CORRUPTION	2014年	https：//www.apec.org/Meeting-Papers/Annual-Ministerial-Meetings/2014/2014_amm/annexh

---

① APEC网站：https：//www.apec.org/

2. 国内规范

国内反腐败、反商业贿赂的规范集中于《刑法》《反不正当竞争法》《监察法》各部委规范中。

(1) 刑事规范

中国 1979 年颁布的《刑法》在第八章规定了受贿罪、行贿罪等犯罪。此后，自 2006 年至 2020 年 12 月 26 日，中国先后通过六个《刑法修正案》，其中：

2006 年修订的《刑法修正案（六）》将商业贿赂犯罪的主体扩大到公司、企业以外的其他单位的工作人员。

2009 年修订的《刑法修正案（七）》明确规定了"特定关系人"的受贿罪（利用影响力受贿罪），即向国家机关工作人员的近亲属或者其他与该国家工作人员关系密切的人，或者向离职的国家工作人员或者其近亲属以及其他与其关系密切的人行贿的，也将被依法追究刑事责任。

2011 年修订的《刑法修正案（八）》增加了对外国公职人员、国际公共组织官员行贿罪。

2015 年修订的《刑法修正案（九）》进一步完善了受贿犯罪的定罪量刑标准，将以前规定的单纯的"数额"标准，修改完善为"数额＋情节"标准，即无论受贿数额多少，只要情节严重，就要追究相应的刑事责任。此外，《刑法修正案（九）》规定，对重特大受贿犯罪被判处死刑缓期二年执行的，人民法院根据犯罪情节等情况可以同时决定在其死刑缓期执行二年期满依法减为无期徒刑后，终身监禁，不得减刑、假释。《刑法修正案（九）》还对行贿犯罪增加了财产刑，在每一档量刑中新增"并处罚金"。最后，《刑法修正案（九）》提高了行贿犯罪从宽处罚的条件：被追诉前主动交代的，可以从轻或者减轻处罚。其中，犯罪较轻的，对侦破重大案件起关键作用的，或者有重大立功表现的，可以减轻或者免除处罚。

2017 年修订的《刑法修正案（十）》加大了侮辱国歌犯罪行为的惩治范围，切实维护国歌奏唱、使用的严肃性和国家尊严。

2020 年修订的《刑法修正案（十一）》调整和提高了非国家工作人员受贿罪的刑罚配置。

(2) 反不正当竞争规范

1993 年《反不正当竞争法》首次规定了经营者贿赂的民事责任，其中包含对商业贿赂行为的禁止性规定；1996 年 11 月，国家工商行政管理局发布的《关于禁止商业贿赂行为的暂行规定》进一步细化对商业贿赂行为作出禁止性规定；2017 年 11 月 4 日修订的《反不正当竞争法》中，对商业贿赂的规定进行了修改。

(3) 国际条约

2005 年，中国加入《联合国反腐败公约》，此后，中国还先后加入了《引渡条约》《刑事司法协助条约》和《移管被判人条约》等国际条约。为更好地实施《联合国反腐败公约》，中纪委内设国际合作局（国家预防腐败局办公室），组织《联合国反腐败公约》实施工作。

(4) 监察法

2010 年，中国修订《中华人民共和国行政监察法》（现已废止），国务院发表反腐败首部白皮书《中国反腐败和廉政建设》，全国数省相继成立了预防腐败局。2016 年，中国开始启动国家监察体制改革试点。2018 年，为了推进全面依法治国，实现国家监察全面覆盖，深入开展反腐败工作，通过了《中华人民共和国监察法》。

(5) 部委规范

党政机关、行业主管（监管）部门以及行业自律组织均针对反腐败和反商业贿赂制定了相应规范，

第五章　反腐败与反商业贿赂合规管理

如证监会、银保监会、药品管理部门①的相关规定，以及《商业银行法》《政府采购法》《建筑法》等具体领域的法律规范。

（三）腐败与商业贿赂的主要法律责任

1. 刑事责任

目前《刑法》针对贿赂设定的罪名包括：非国家工作人员受贿罪，对非国家工作人员行贿罪，对外国公职人员、国际公共组织官员行贿罪，受贿罪，单位受贿罪，利用影响力受贿罪，行贿罪，对有影响力的人行贿罪，对单位行贿罪，介绍贿赂罪，单位行贿罪。具体罪名及法律责任如表5-2所示。

表5-2　罪名与法律责任

罪名	犯罪主体	客观行为和/或主观意图	量刑标准
非国家工作人员受贿罪	公司、企业或者其他单位的工作人员	（1）利用职务上的便利，索取他人财物或者非法收受他人财物，为他人谋取利益； （2）在经济往来中，利用职务上的便利，违反国家规定，收受各种名义的回扣、手续费，归个人所有	（1）数额较大的，处五年以下有期徒刑或者拘役； （2）数额巨大的，处五年以上有期徒刑，可以并处没收财产②
对非国家工作人员行贿罪	个人或单位	为谋取不正当利益，给予公司、企业或者其他单位的工作人员以财物	（1）数额较大的，处三年以下有期徒刑或者拘役，并处罚金； （2）数额巨大的，处三年以上十年以下有期徒刑，并处罚金；③ （3）单位犯罪的，对单位判处罚金，并对其直接负责的主管人员和其他直接责任人员处以前述处罚
对外国公职人员、国际公共组织官员行贿罪	个人或单位	为谋取不正当商业利益，给予外国公职人员或者国际公共组织官员以财物	（1）数额较大的，处三年以下有期徒刑或者拘役，并处罚金； （2）数额巨大的，处三年以上十年以下有期徒刑，并处罚金； （3）单位犯罪的，对单位判处罚金，并对其直接负责的主管人员和其他直接责任人员处以前述处罚

---

① 例如，《上海市医药购销领域商业贿赂不良记录管理规定》明确规定，医疗卫生机构工作人员不得利用职务之便，收受不正当利益，不得在医药产品购销中账外或暗中收受医药生产经营企业及其代理人以各种名义、形式给予的现金、礼卡、购物券、物品等；不得到医药生产经营企业及其代理人处报销应当由医疗卫生机构工作人员及其配偶、子女等亲属支付的个人费用；医疗卫生机构工作人员及其配偶、子女等亲属不得接受医药生产经营企业及其代理人邀请出资的吃请、境内（外）旅游、变相旅游、营业性娱乐场所娱乐活动等；不得在医疗活动中收取医药生产经营企业及其代理人临床促销费、开单费、处方费、统方费或其他提成性质的费用等。

收受商业贿赂价值在5000元及以上，或者2次以上收受商业贿赂的，或者主动索取商业贿赂的，由所在医疗卫生机构给予解聘处理；涉及医师的由卫生计生行政部门给予吊销执业证书的行政处罚。涉嫌犯罪的，移送司法机关追究刑事责任。

同时，上海市建立医药购销领域商业贿赂不良记录逐级报送制度。当事人对被列入商业贿赂不良记录有异议的，可以自收到书面告知之日起5个工作日内提出陈述、申辩意见，必要时可以要求听证。

对1次列入上海市商业贿赂不良记录和5年内2次及以上列入国家卫生计生委公布的其他省区市商业贿赂不良记录的医药生产经营企业及其代理人，上海市医药产品集中采购管理部门2年内暂停涉事药品采购资格（短缺品种除外），不接受其产品参加集中采购的申请；医疗卫生机构在不良记录名单公布后2年内不得购入其医药产品

② 《最高人民法院、最高人民检察院关于办理贪污贿赂刑事案件适用法律若干问题的解释》（2016.04.18）第十一条第一款规定，刑法第一百六十三条规定的非国家工作人员受贿罪、第二百七十一条规定的职务侵占罪中的"数额较大""数额巨大"的数额起点，按照本解释关于受贿罪、贪污罪相对应的数额标准规定的二倍、五倍执行

③ 《最高人民法院、最高人民检察院关于办理贪污贿赂刑事案件适用法律若干问题的解释》（2016.04.18）第十一条第三款规定，刑法第一百六十四条第一款规定的对非国家工作人员行贿罪中的"数额较大""数额巨大"的数额起点，按照本解释第七条、第八条第一款关于行贿罪的数额标准规定的二倍执行

续表

罪名	犯罪主体	客观行为和/或主观意图	量刑标准
受贿罪	（1）国家工作人员 （2）国有公司、企业或者其他国有单位中从事公务的人员	（1）利用职务上的便利，索取他人财物或者非法收受他人财物，为他人谋取利益； （2）在经济往来中，利用职务上的便利（针对公司、企业人员），违反国家规定，收受各种名义的回扣、手续费，归个人所有；	根据受贿所得数额及情节，分别依照下列规定处罚： （一）受贿数额较大①或者有其他较重情节②的，处三年以下有期徒刑或者拘役，并处罚金； （二）受贿数额巨大③或者有其他严重情节④的，处三年以上十年以下有期徒刑，并处罚金或者没收财产； （三）受贿数额特别巨大⑤或者有其他特别严重情节⑥的，处十年以上有期徒刑或者无期徒刑，并处罚金或者没收财产；数额特别巨大，并使国家和人民利益遭受特别重大损失的，处无期徒刑

① 《最高人民法院、最高人民检察院关于办理贪污贿赂刑事案件适用法律若干问题的解释》（2016.04.18）第一条第一款规定：贪污或者受贿数额在三万元以上不满二十万元的，应当认定为刑法第三百八十三条第一款规定的"数额较大"，依法判处三年以下有期徒刑或者拘役，并处罚金。

② 《最高人民法院、最高人民检察院关于办理贪污贿赂刑事案件适用法律若干问题的解释》（2016.04.18）第一条第二、三款规定：贪污数额在一万元以上不满三万元，具有下列情形之一的，应当认定为刑法第三百八十三条第一款规定的"其他较重情节"，依法判处三年以下有期徒刑或者拘役，并处罚金：
（一）贪污救灾、抢险、防汛、优抚、扶贫、移民、救济、防疫、社会捐助等特定款物的；
（二）曾因贪污、受贿、挪用公款受过党纪、行政处分的；
（三）曾因故意犯罪受过刑事追究的；
（四）赃款赃物用于非法活动的；
（五）拒不交待赃款赃物去向或者拒不配合追缴工作，致使无法追缴的；
（六）造成恶劣影响或者其他严重后果的。
受贿数额在一万元以上不满三万元，具有前款第二项至第六项规定的情形之一，或者具有下列情形之一的，应当认定为刑法第三百八十三条第一款规定的"其他较重情节"，依法判处三年以下有期徒刑或者拘役，并处罚金：
（一）多次索贿的；
（二）为他人谋取不正当利益，致使公共财产、国家和人民利益遭受损失的；
（三）为他人谋取职务提拔、调整的。

③ 《最高人民法院、最高人民检察院关于办理贪污贿赂刑事案件适用法律若干问题的解释》（2016.04.18）第二条第一款规定：贪污或者受贿数额在二十万元以上不满三百万元的，应当认定为刑法第三百八十三条第一款规定的"数额巨大"，依法判处三年以上十年以下有期徒刑，并处罚金或者没收财产。

④ 《最高人民法院、最高人民检察院关于办理贪污贿赂刑事案件适用法律若干问题的解释》（2016.04.18）第二条第二、三款规定：贪污数额在十万元以上不满二十万元，具有本解释第一条第二款规定的情形之一的，应当认定为刑法第三百八十三条第一款规定的"其他严重情节"，依法判处三年以上十年以下有期徒刑，并处罚金或者没收财产。
受贿数额在十万元以上不满二十万元，具有本解释第一条第三款规定的情形之一的，应当认定为刑法第三百八十三条第一款规定的"其他严重情节"，依法判处三年以上十年以下有期徒刑，并处罚金或者没收财产。

⑤ 《最高人民法院、最高人民检察院关于办理贪污贿赂刑事案件适用法律若干问题的解释》（2016.04.18）第三条第一款规定：贪污或者受贿数额在三百万元以上的，应当认定为刑法第三百八十三条第一款规定的"数额特别巨大"，依法判处十年以上有期徒刑、无期徒刑或者死刑，并处罚金或者没收财产。

⑥ 《最高人民法院、最高人民检察院关于办理贪污贿赂刑事案件适用法律若干问题的解释》（2016.04.18）第三条第二、三款规定：贪污数额在一百五十万元以上不满三百万元，具有本解释第一条第二款规定的情形之一的，应当认定为刑法第三百八十三条第一款规定的"其他特别严重情节"，依法判处十年以上有期徒刑、无期徒刑或者死刑，并处罚金或者没收财产。
受贿数额在一百五十万元以上不满三百万元，具有本解释第一条第三款规定的情形之一的，应当认定为刑法第三百八十三条第一款规定的"其他特别严重情节"，依法判处十年以上有期徒刑、无期徒刑或者死刑，并处罚金或者没收财产。

续表

罪名	犯罪主体	客观行为和/或主观意图	量刑标准
受贿罪	（3）国有公司、企业或者其他国有单位委派到非国有公司、企业以及其他单位从事公务的人员	（3）利用本人职权或者地位形成的便利条件，通过其他国家工作人员职务上的行为，为请托人谋取不正当利益，索取请托人财物或者收受请托人财物	或者死刑①，并处没收财产。 对多次受贿未经处理的，按照累计受贿数额处罚。 在提起公诉前如实供述自己罪行、真诚悔罪、积极退赃，避免、减少损害结果的发生，有第一项规定情形的，可以从轻、减轻或者免除处罚；有第二项、第三项规定情形的，可以从轻处罚。 有第三项规定情形被判处死刑缓期执行的，人民法院根据犯罪情节等情况可以同时决定在其死刑缓期执行二年期满依法减为无期徒刑后，终身监禁，不得减刑、假释。 索贿的从重处罚
单位受贿罪	国家机关、国有公司、企业、事业单位、人民团体	（1）索取、非法收受他人财物，为他人谋取利益； （2）在经济往来中，在账外暗中收受各种名义的回扣、手续费	情节严重的，对单位判处罚金，并对其直接负责的主管人员和其他直接责任人员，处五年以下有期徒刑或者拘役
利用影响力受贿罪	（1）国家工作人员的近亲属或者其他与该国家工作人员关系密切的人 （2）离职的国家工作人员或者其近亲属以及其他与其关系密切的人	（1）通过该国家工作人员职务上的行为，或者利用该国家工作人员职权或者地位形成的便利条件，通过其他国家工作人员职务上的行为，为请托人谋取不正当利益，索取请托人财物或者收受请托人财物 （2）利用该离职的国家工作人员原职权或者地位形成的便利条件实施前款行为	（1）数额较大或者有其他较重情节的，处三年以下有期徒刑或者拘役，并处罚金； （2）数额巨大或者有其他严重情节的，处三年以上七年以下有期徒刑，并处罚金； （3）数额特别巨大或者有其他特别严重情节的，处七年以上有期徒刑，并处罚金或者没收财产②
行贿罪	个人	（1）为谋取不正当利益，给予国家工作人员以财物；	（1）对犯行贿罪的，处五年以下有期徒刑或者拘役，并处罚金； （2）因行贿谋取不正当利益，情节严重的③，或

---

① 《最高人民法院、最高人民检察院关于办理贪污贿赂刑事案件适用法律若干问题的解释》（2016.04.18）第四条规定：贪污、受贿数额特别巨大，犯罪情节特别严重、社会影响特别恶劣、给国家和人民利益造成特别重大损失的，可以判处死刑。

符合前款规定的情形，但具有自首、立功，如实供述自己罪行、真诚悔罪、积极退赃，或者避免、减少损害结果的发生等情节，不是必须立即执行的，可以判处死刑缓期二年执行。

符合第一款规定情形的，根据犯罪情节等情况可以判处死刑缓期二年执行，同时裁判决定在其死刑缓期执行二年期满依法减为无期徒刑后，终身监禁，不得减刑、假释。

② 适用标准同受贿罪。

③ 《最高人民法院、最高人民检察院关于办理贪污贿赂刑事案件适用法律若干问题的解释》（2016.04.18）第八条第一款规定：犯行贿罪，具有下列情形之一的，应当认定为刑法第三百九十条第一款规定的"情节严重"：

（一）行贿数额在一百万元以上不满五百万元的；

（二）行贿数额在五十万元以上不满一百万元，并具有以下情形之一的：

1. 向三人以上行贿的；
2. 将违法所得用于行贿的；
3. 通过行贿谋取职务提拔、调整的；
4. 向负有食品、药品、安全生产、环境保护等监督管理职责的国家工作人员行贿，实施非法活动的；
5. 向司法工作人员行贿，影响司法公正的；

（三）其他严重的情节。

续表

罪名	犯罪主体	客观行为和/或主观意图	量刑标准
行贿罪	个人	（2）在经常往来中，违反国家规定，给予国家工作人员以财物； （3）违反国家规定，给予国家工作人员以各种名义的回扣、手续费	者使国家利益遭受重大损失的①，处五年以上十年以下有期徒刑，并处罚金； （3）情节特别严重的②，或者使国家利益遭受特别重大损失③的，处十年以上有期徒刑或者无期徒刑，并处罚金或者没收财产。 （4）行贿人在被追诉前④主动交代行贿行为的，可以从轻或者减轻处罚。其中，犯罪较轻的，对侦破重大案件起关键作用的，或者有重大立功表现的，可以减轻或者免除处罚⑤
对有影响力的人行贿罪	个人或单位⑥	为谋取不正当利益，向国家工作人员的近亲属或者其他与该国家工作人员关系密切的人，或者向离职的国家工作人员或者其近亲属以及其他与其关系密切的人行贿	（1）处三年以下有期徒刑或者拘役，并处罚金； （2）情节严重的，或者使国家利益遭受重大损失的，处三年以上七年以下有期徒刑，并处罚金； （3）情节特别严重的，或者使国家利益遭受特别重大损失的，处七年以上十年以下有期徒刑； （4）单位犯前款罪的，对单位判处罚金，并对其直接负责的主管人员和其他直接责任人员，处三年以下有期徒刑或者拘役，并处罚金⑦

---

① 《最高人民法院、最高人民检察院关于办理贪污贿赂刑事案件适用法律若干问题的解释》（2016.04.18）第八条第二款规定：为谋取不正当利益，向国家工作人员行贿，造成经济损失数额在一百万元以上不满五百万元的，应当认定为刑法第三百九十条第一款规定的"使国家利益遭受重大损失"。

② 《最高人民法院、最高人民检察院关于办理贪污贿赂刑事案件适用法律若干问题的解释》（2016.04.18）第九条第一款规定：犯行贿罪，具有下列情形之一的，应当认定为刑法第三百九十条第一款规定的"情节特别严重"：

（一）行贿数额在五百万元以上的；

（二）行贿数额在二百五十万元以上不满五百万元，并具有本解释第七条第二款第一项至第五项规定的情形之一的；

（三）其他特别严重的情节。

③ 《最高人民法院、最高人民检察院关于办理行贿刑事案件具体应用法律若干问题的解释》（2012.12.26）第九条第二款规定：为谋取不正当利益，向国家工作人员行贿，造成经济损失数额在五百万元以上的，应当认定为刑法第三百九十条第一款规定的"使国家利益遭受特别重大损失"。

④ 《最高人民法院、最高人民检察院关于办理行贿刑事案件具体应用法律若干问题的解释》（2012.12.26）第十三条规定：刑法第三百九十条第二款规定的"被追诉前"，是指检察机关对行贿人的行贿行为刑事立案前。

⑤ 《最高人民法院、最高人民检察院关于办理贪污贿赂刑事案件适用法律若干问题的解释》（2016.04.18）第十四条规定：根据行贿犯罪的事实、情节，可能被判处三年有期徒刑以下刑罚的，可以认定为刑法第三百九十条第二款规定的"犯罪较轻"。

根据犯罪的事实、情节，已经或者可能被判处十年有期徒刑以上刑罚的，或者案件在本省、自治区、直辖市或者全国范围内有较大影响的，可以认定为刑法第三百九十条第二款规定的"重大案件"。

具有下列情形之一的，可以认定为刑法第三百九十条第二款规定的"对侦破重大案件起关键作用"：

（一）主动交代办案机关未掌握的重大案件线索的；

（二）主动交代的犯罪线索不属于重大案件的线索，但该线索对于重大案件侦破有重要作用的；

（三）主动交代行贿事实，对于重大案件的证据收集有重要作用的；

（四）主动交代行贿事实，对于重大案件的追逃、追赃有重要作用的。

⑥ 《最高人民法院、最高人民检察院关于办理行贿刑事案件具体应用法律若干问题的解释》（2012.12.26）第十条第三款规定：单位对有影响力的人行贿数额在二十万元以上的，应当依照刑法第三百九十条之一的规定以对有影响力的人行贿罪追究刑事责任。

⑦ 适用标准同行贿罪。

罪名	犯罪主体	客观行为和/或主观意图	量刑标准
对单位行贿罪	个人或单位	为谋取不正当利益,给予国家机关、国有公司、企业、事业单位、人民团体以财物的,或者在经济往来中,违反国家规定,给予各种名义的回扣、手续费	(1)处三年以下有期徒刑或者拘役,并处罚金; (2)单位犯前款罪的,对单位判处罚金,并对其直接负责的主管人员和其他直接责任人员,依照前款的规定处罚
介绍贿赂罪		向国家工作人员介绍贿赂	(1)情节严重的,处三年以下有期徒刑或者拘役,并处罚金; (2)介绍贿赂人在被追诉前主动交代介绍贿赂行为的,可以减轻处罚或者免除处罚
单位行贿罪	单位	为谋取不正当利益而行贿,或者违反国家规定,给予国家工作人员以回扣、手续费	(1)情节严重的,对单位判处罚金,并对其直接负责的主管人员和其他直接责任人员,处五年以下有期徒刑或者拘役,并处罚金。 (2)因行贿取得的违法所得归个人所有的,依照行贿罪的规定定罪处罚

此外,《最高人民法院、最高人民检察院关于办理行贿刑事案件具体应用法律若干问题的解释》第十一条规定:"行贿犯罪取得的不正当财产性利益应当依照刑法第六十四条的规定予以追缴、责令退赔或者返还被害人。因行贿犯罪取得财产性利益以外的经营资格、资质或者职务晋升等其他不正当利益,建议有关部门依照相关规定予以处理。"

《最高人民法院、最高人民检察院关于办理贪污贿赂刑事案件适用法律若干问题的解释》第十八条规定:"贪污贿赂犯罪分子违法所得的一切财物,应当依照刑法第六十四条的规定予以追缴或者责令退赔,对被害人的合法财产应当及时返还。对尚未追缴到案或者尚未足额退赔的违法所得,应当继续追缴或者责令退赔。"第十九条规定:"对贪污罪、受贿罪判处三年以下有期徒刑或者拘役的,应当并处十万元以上五十万元以下的罚金;判处三年以上十年以下有期徒刑的,应当并处二十万元以上犯罪数额二倍以下的罚金或者没收财产;判处十年以上有期徒刑或者无期徒刑的,应当并处五十万元以上犯罪数额二倍以下的罚金或者没收财产。对刑法规定并处罚金的其他贪污贿赂犯罪,应当在十万元以上犯罪数额二倍以下判处罚金。"

2. 行政责任

违反《反不正当竞争法》关于商业贿赂的禁止性规定的经营者,由监督检查部门没收违法所得,处十万元以上三百万元以下的罚款。情节严重的,吊销营业执照。

依据《中央治理商业贿赂领导小组关于在治理商业贿赂专项工作中正确把握政策界限的意见》,行为人在行业主管(监管)部门规定的自查自纠期限内,向所在单位、行业主管(监管)部门主动讲清问题,并且上交所收财物的,可以减轻或者免除处罚。行为人在规定的期限后主动向所在单位、行业主管(监管)部门交代问题,并且上交所收财物的,可以从轻或者减轻处罚;情节较轻的,可以免除处罚。

在执纪执法机关立案调查后,行为人主动交代问题、积极退赃的,可以从轻或者减轻处罚。行为人检举、揭发他人违纪违规或者违法犯罪行为并查证属实,或者有提供重要线索使其他案件得以破获等立功表现的,可以从轻或者减轻处罚;有重大立功表现的,可以减轻或者免除处罚;自首又有重大立功表现的,应当减轻或者免除处罚。

违反规定设立收费项目的文件应当废止。依据国务院行业主管（监管）部门或者省政府制定的文件，在商业活动中给予、收受财物，对文件废止前给予方能够交代问题，收受方能够交代问题且上交所收财物，未造成严重后果的，应当免除处罚；对文件废止后继续给予、收受财物的，应当依纪依法从严查处。

行为人在规定期限内拒不交代问题、拒不上交所收财物的；交代问题有所保留、避重就轻的；因商业贿赂致使国家和人民利益、公共财产遭受重大损失的；强行索取财物或者其他利益的；毁灭证据、抗拒查处的；其他造成严重后果的，应当依纪依法从重惩处。

3. 其他责任

针对情节轻微、数额较小，尚未达到前述行政处罚、刑事处罚标准的违反商业道德和市场规则的行为，可依照党政机关、行业主管（监管）部门以及行业自律组织的有关规定追究责任。

四、反腐败与反商业贿赂主要合规要求

概括而言，反腐败和反商业贿赂的核心要求包括以下两项：

第一，反贿赂规则。禁止个人或企业为了获取交易机会或竞争优势向公职人员或交易方的工作人员及相关的单位或个人提供有价值之物。

第二，会计规则。企业应保存准确的账簿和记录，并设立完善的财务内控制度。具体包括两个方面：企业应制定和保留详细的账簿、记录及科目，以准确、完整地反映公司的交易往来和资产处置情况；企业应制定和实施一套内部会计控制机制，以合理地确保相关交易依据企业管理授权制度签署和履行。同时，相关交易的记录可以满足财务报表制作和资产记账的要求；对资产的处置受到管理授权制度的控制；定期将入账资产与现有资产比对，对出现差异的地方采取合理的措施。

第二节　反腐败与反商业贿赂合规管理实务

一、反腐败与反商业贿赂合规管理体系建设

国际标准化组织于 2016 年出台了 ISO 37001《反贿赂管理体系要求》，该标准在借鉴各国机构及企业在反贿赂、反腐败方面的先进经验基础上，为企业提供了一系列标准化管理措施，可以有效帮助企业预防、管控和打击商业贿赂行为。

参考该标准以及各国的执法实践，企业在建立反腐败与反商业贿赂合规管理体系时应当注意满足以下要求：

（一）制度和流程

1. 适宜性

企业反腐败与反商业贿赂的制度和流程应当与企业自身的性质、规模、活动相匹配，需要清晰、可操作、易获取且得到有效的执行。最重要的是，企业的反腐败与反商业贿赂的制度和流程应当与其面临的风险相匹配。因此，企业风险识别是制定制度和流程的第一步。

第一企业风险识别需要考虑企业的规模，比如，小型企业可能通过定期的口头沟通就可以有效地

传达反贿赂管理制度或类似管理文件，而大型企业多依赖于书面文件；

第二，风险识别需要考虑参与人员的类型。比如，在经过适当评估，判定参与人员所处环境及工作内容使其基本不具备贿赂渠道时，就没有必要针对该人员制定专门流程；如果参与人员是代表企业与海外公职人员进行谈判，则风险较高，需要制定相应的制度和程序；

第三，反腐败与反商业贿赂流程可以单独制定，也可以作为其他流程的一部分，比如，可以在公共采购领域的招聘或招标流程中嵌入反腐败与反商业贿赂流程。不论采取何种方式，都应确保相关安排能够帮助实现企业的反腐败与反商业贿赂目标；

第四，根据风险防控的需要，反腐败与反商业贿赂流程制定后应能有效替换或监督此前已有的安排。

2. 完整性

一般而言，企业可以在其反腐败与反商业贿赂管理制度或类似管理文件中包含以下要素：

（1）作出对反腐败、反商业贿赂的承诺；

（2）控制贿赂风险的一般准则，比如针对中介和代理，与招待费、促销费、商业疏通费相关，或与政治捐赠或慈善捐赠相关事宜的一般性规定；

（3）关于企业执行反腐败、反商业贿赂管理制度或类似管理文件的整体方案介绍。企业可以根据风险评估结果，在执行方案中涵盖以下内容：

① 企业高级管理层的介入；

② 风险评估流程；

③ 相关人员的尽职调查；

④ 礼品、招待和促销费用条款，慈善捐赠和政治捐赠条款，商业疏通费用条款；

⑤ 直接或间接的雇佣，包括招聘条件等；

⑥ 与相关人员的关系管理，包括合同签订前后的关系管理；

⑦ 财务内控，如完整的账簿记录，审计和费用审批；

⑧ 交易的透明性和信息披露；

⑨ 决策，比如授权程序、职能分工、利益冲突；

⑩ 详细的违规处罚和处罚程序；

⑪ 举报制度及程序；

⑫ 详细的执行程序，包括管理制度或类似管理文件如何针对不同的项目或企业的不同部门适用；

⑬ 企业管理制度或类似管理文件和程序的交流及培训；

⑭ 对反腐败、反商业贿赂程序的监督、审核和评估。

（二）高层参与

高层是指公司的董事、股东或者实际决策人。企业的高层需要对反腐败、反商业贿赂作出承诺。他们对反腐败、反商业贿赂的明确表态有助于培养企业的合规文化。高层的承诺可以包括以下内容：

1. 强调企业反腐败、反商业贿赂的立场

企业高层可以正式地发布反腐败与反商业贿赂声明。该声明应当定期性地重复且公开可获得（比如在公司内网或网站上发布）。声明的内容可以包括以下几点：

① 承诺公平、诚实、公开地从事商业活动；

② 声明对腐败和商业贿赂零容忍；

③ 员工和经理违反反腐败与反商业贿赂管理制度或类似管理文件的后果；

④ 相关人员违反合同中有关反腐败与反商业贿赂条款的后果（可以指出，企业将避免与不将反腐败与反商业贿赂作为目标的企业合作）；

⑤ 明确声明拒绝贿赂的好处（良好声誉、增强客户和商业伙伴信心）；

⑥ 介绍企业已经有的或正在制定的反腐败与反商业贿赂制度和流程，包括匿名举报的流程和对举报人的保护；

⑦ 制定和执行反腐败与反商业贿赂流程的负责人或主要部门；

⑧ 介绍企业参与的同行业内的反腐败与反商业贿赂的相关活动。

2. 合理地参与反腐败与反商业贿赂项目

不同企业的高层参与反腐败与反商业贿赂项目的方式可以不同。比如，小企业的负责人可能需要全程参与反腐败与反商业贿赂制度和流程的制定和执行。而大企业则由董事会负责制定反腐败与反商业贿赂政策，指定管理层设计、执行和监督执行反腐败与反商业贿赂流程，并对反腐败与反商业贿赂管理制度或类似管理文件和流程进行定期性审阅。具体内容可以包括以下要素：

① 挑选和培训负责反腐败与反商业贿赂工作的高级经理；

② 负责关键管理制度或类似管理文件（如行为准则）的制定和实施；

③ 推荐反腐败与反商业贿赂相关刊物；

④ 提醒和鼓励对话，以确保有效地向员工、附属企业和相关人员传达反腐败与反商业贿赂管理制度或类似管理文件和流程；

⑤ 与相关人员和外部机构，如行业组织、媒体沟通，帮助宣传企业的管理制度或类似管理文件；

⑥ 参与重大事项的决策；

⑦ 确保风险评估的开展；

⑧ 对违反流程行为的监督。

（三）风险评估

1. 风险评估内容

企业需要根据其规模、结构、性质、经营地点等因素，对其潜在的外部风险和内部风险的性质和程度进行定期评估，并记录在案。对风险的评估越充分，反腐败、反贿赂的效率越高。此外，应当注意，随着企业的成长和新市场的出现，企业面临的风险在随时变化，风险评估应进行相应调整。一般而言，风险评估可以包括以下内容：

① 高级管理层对风险评估的监督；

② 与企业规模、业务相称的合理资源投入，资源投入程度应满足识别风险的种类及对风险进行评级的需要；

③ 识别可以帮助进行风险评估的内部资源和外部资源；

④ 尽职调查；

⑤ 对风险评估及评估结果的准确记录和存档。

2. 风险种类

（1）外部风险

外部风险一般包括五类：国家风险、行业风险、交易风险、商业机会风险和合作伙伴风险。

① 国家风险：可以通过国际组织统计的国家腐败指数识别。对于腐败高发、缺少有效执行的反贿赂法律、政府/媒体/当地商业社区/社会信息透明度低的国家，国家风险会相对较高；

② 行业风险：部分行业的腐败风险较高，如自然资源生产行业和大规模基础设施建设行业；

③ 交易风险：部分交易的腐败风险较高，如慈善捐赠、政治捐赠、许可授予和与政府采购相关的交易；

④ 商业机会风险：对于交易金额较大的项目，或有较多参与人、中间商的交易，或没有按照市场价格定价、没有清晰合法目标的项目，腐败风险较高；

⑤ 合作伙伴风险：部分合作关系的腐败风险较高，如在与外国公职人员打交道中使用中间商、合营或联营、与公职人员合作。

（2）内部风险

内部风险一般包括以下类型：

① 员工培训、技能和知识的不充分；

② 重业绩奖励、轻风险承担的激励文化；

③ 企业有关招待、推销费用、政治捐赠和慈善捐赠的管理制度及流程不清晰；

④ 缺少清晰的财务内控；

⑤ 管理层没有释放清晰的反贿赂信息。

（四）尽职调查

对于风险评估结果为低贿赂风险以上的，企业应对风险的性质和程度进行尽职调查，尽职调查范围应尽量涵盖以下内容：

① 特定的交易、项目或活动；

② 计划或持续与特定类别的商业伙伴建立或维持业务关系。

企业应评估在特定交易、项目和活动中，商业伙伴相关的贿赂风险性质和程度。评估应包括任何必要的尽职调查并定期更新，以便关注最新变更信息。

企业以必要性、合理性和适当性为原则，决定是否对上述商业伙伴进行尽职调查。尽职调查的内容包括风险评估和风险防控措施两个方面，具体可由企业内部机构或外部顾问实施。在使用第三方或进行收购兼并活动时，企业对第三方和目标企业的反腐败、反贿赂情况的尽职调查十分重要。

（五）内部举报调查

企业应建立举报程序，以明确员工和其他利益相关方向反贿赂合规负责人员或其他合适人员举报意图、可疑或实际的贿赂行为，以及任何违反反贿赂管理体系或体系本身不足之处的方式。企业的举报通道应允许员工直接向上级举报、越级举报或通过一个合适的第三方上报。同时，企业应允许匿名举报，确保举报人的身份信息不被泄露并禁止报复行为。

企业内部承担反贿赂合规职能的人员或部门应及时对举报的贿赂事件进行调查核实，企业也可委托第三方开展调查并获取调查结果。企业应建立贿赂调查程序，包括：

① 对举报或怀疑的任何贿赂、违反反贿赂控制措施的行为进行调查；

② 明确调查者的权利，并要求相关员工配合调查；

③ 调查发现情况属实的，应采取处置措施；

④ 向反贿赂合规负责人员举报调查的状态和结果。

企业应对调查和处置过程形成文件并留档，并将处置结果向外部利益相关方举报。

（六）交流和培训

企业需要通过内部和外部交流、培训，以确保其反腐败、反商业贿赂管理制度或类似管理文件和流程被理解、被执行。内部交流需要有效地传达管理层对反腐败、反商业贿赂的重视，并关注这些管理制度或类似管理文件和程序在决策环节、财务内控、招待和促销费用、商业疏通费用、培训、慈善捐赠、政治捐赠、违规处罚、经理职责设定等方面的执行。内部交流的另一个重要内容是提供举报、提问、沟通和建议的渠道。

外部交流主要通过公布企业的行为准则和管理制度或类似管理文件来实现，包括企业反腐败、反商业贿赂的立场、举报程序、处罚措施、内部调查结果、招聘规则、采购和投标规则。

公司对于新入职员工，应提供培训；对于代理人或其他外部相关人员，则应根据风险权重评估提供必要的培训或采取类似手段。培训时应充分告知相关人员工举报和沟通渠道。对于采购、合同、分销和市场宣传等高风险部分，或在高风险国家开展业务的附属机构，应有侧重地进行培训。培训应是持续的、并经定期考核。培训的形式可以是现场培训、会议，也可以是线上培训，不论采用何种形式，需要确保这些培训能够帮助被培训人员充分理解公司现行管理制度或类似管理文件和程序。

（七）监督和审核

企业面临的腐败、商业贿赂风险可能发生变动，因此需要定期考核和监督企业反腐败、反商业贿赂管理制度或类似管理文件的有效性。具体形式上可以采取员工调查、培训反馈、定期报告、对其他企业经验或教训的借鉴、行业或组织认证等。

二、反腐败与反商业贿赂操作指引

（一）反腐败与反商业贿赂重点领域和常见风险行为

1. 重点领域

一般而言，从企业内部职能部门来看，采购部门、销售部门是企业中的重点风险部门。从企业外部来看，执法案例显示，代理、顾问、经销商等第三方经常被作为贿赂通道。因此，第三方风险也是反腐败与反商业贿赂领域的重点风险。

从行业来看，重点监管领域有金融服务行业、医药行业、汽车销售行业、能源行业等，尤其是医药行业，它是监管部门近几年持续关注的领域，产生了大量的处罚案例。医药行业的违规行为主要有三类：付费药方（Pay-to-Prescribe），行贿获取药品审批，伪装成慈善捐赠的贿赂。

付费药方情形下，企业或个人向公立医院医生和公立医院行贿以使其开具含有特定药品的药方或销售医疗设备等产品。贿赂的形式有现金，也有其他有价值之物。比如，2012 年美国证券交易委员会指控辉瑞（Pfizer）的附属企业在全球不同国家向医生行贿。其中，辉瑞中国的雇员邀请高级别公立医院医生参加俱乐部性质的会议，其间有大量的娱乐项目作为对医生在过去开具药方和进行药品销售的奖励。辉瑞在中国的企业还设立了各种积分项目，公立医院的医生可以根据他们开具的辉瑞药方的数量累积积分，这些积分可兑换诸如书籍、手机、茶具、眼镜等礼品。辉瑞克罗地亚的雇员还设立了"奖励项目",为克罗地亚政府健康机构的高级医师提供奖励,一旦医生同意使用辉瑞产品,辉瑞将按照医生所在机构采购辉瑞产品金额的一定比例,以现金、国际旅游或免费产品的方式奖励给医师。

在日常业务活动中,礼品、招待、报销、捐赠是反腐败、反商业贿赂的执法高发领域。

2. 常见风险行为

以下在礼品、招待、报销、捐赠方面的行为,可能构成风险行为,引起外部监管和调查。

① 公司在一段时期内频繁向交易相对方赠送礼品、现金或现金等价物,赠与对象特定且赠予频率超过一般商业惯例;

② 在赠礼行为持续期间,公司与交易相对方之间达成了具体业务;

③ 虽然公司与交易相对方之间尚未达成具体业务,但赠送的礼品内在价值明显超出了法律允许的范畴,足以被理解为以影响交易相对方商业决策为目的;

④ 用以提供礼品、现金或现金等价物的经费未如实入账,或以虚假的报销单据冲账套取现金作为贿赂的经费;

⑤ 以培训为由向交易相对方、合作伙伴提供旅游景点的旅行,奢侈的餐饮、酒水、交通与住宿招待;

⑥ 在培训或市场推广项目中,在培训场地、推广现场之外的其他地方提供与主题无关的观光旅游;

⑦ 企业假借考察、学习培训的名义,向利益相关方或其家人及私人宾客提供"免费旅游";

⑧ 企业向其利益相关方报销其个人或其家人及私人宾客旅游过程中支付的相关费用;

⑨ 企业出于正当目的为相关方安排旅游与考察时,支付或报销其家人或私人宾客的开销;

⑩ 企业内人员以任何形式接受来自利益相关方提供的"免费旅游";

⑪ 企业出于正当目的为相关方提供过于奢侈昂贵的旅游与考察;

⑫ 企业出于正当目的为相关方提供旅游与考察的同时,向其支付现金、酬金、出差津贴等任何形式补贴;

⑬ 由利益相关方报销其企业内人员个人旅游过程中支付的开销;

⑭ 企业以任何形式直接向政党进行政治性捐赠,发生与政党之间的不当利益输送;

⑮ 企业假借捐赠或赞助的名义,通过财务手段向被捐赠或被赞助方行贿,以达到商业目的;

⑯ 企业向具有影响力的官员所指定的慈善机构支付捐款,以达到商业目的;

⑰ 企业将捐赠赞助与商业活动挂钩,通过捐赠赞助方式争取交易机会;

⑱ 企业假借捐赠或赞助的名义,承担被捐赠或被赞助方的各种费用;

⑲ 企业假借捐赠或赞助的名义,向被捐赠或被赞助方提供各种娱乐活动;

⑳ 企业以赞助的方式向被赞助方提供资金,但被赞助方未签订《赞助协议》提供任何市场推广活动,或未按照赞助协议中的约定进行任何市场推广活动;

㉑ 企业通过捐赠或赞助的方式向第三方进行捐赠赞助,再由第三方向政党或其他利益相关方进行利益输送。

(二)腐败与商业贿赂风险识别和评估

有关腐败和商业贿赂的风险识别和评估需要从多方面进行评估,以下为评估表样本(见表5-3),此样本可根据企业自身情况随时补充和完善:

表 5-3 评估样本

风险事项	风险内容	评估标准	评估结论
国家风险	企业或客户是否位于腐败高发区域	可以参照世行、国际机构（如透明国际腐败指数）数据	是___否___
	企业或客户所在当地是否有有效执行的反贿赂法律	可参考当地裁判案例和OECD的国家评估结果	是___否___
	企业或客户所在当地政府/媒体/当地商业社区/社会信息透明度		高___中___低___
行业风险	企业规模		
	企业或客户所处行业是否涉及自然资源生产行业、大规模基础设施建设行业、医药、汽车、房产销售等高风险行业（详见第三方调查部分）		是___否___
	企业或客户所处行业是否有反商业贿赂管理规定	向当地律师了解	是___否___
	企业或客户所处行业是否有同行业企业因商业贿赂被处罚	向当地律师、行业人员了解	是___否___
	是否有其他需要注意事项		
交易风险	交易是否涉及慈善捐赠、政治捐赠		是___否___
	交易是否涉及外国公职人员、医疗人员		是___否___
	交易是否涉及政府采购		是___否___
	交易是否涉及政府审批		是___否___
	交易金额是多少		
	项目参与人员有多少		
	交易是否有中间商		是___否___
	交易是否按照市场定价	与财务部门核实	是___否___
	交易是否有清晰合理的商业动因		是___否___
合作伙伴风险（详见第三方调查部分）	交易是否使用中间商		是___否___
	中间商有几层		
	交易是否采取合营或联营模式		是___否___
	交易是否与当地公职人员合作		是___否___
企业内部风险	管理层是否充分阐明清晰的反腐败、贿赂立场		是___否___
	企业是否有严格的财务内控		是___否___
	企业是否制定有清晰的招待、报销、政治捐赠和慈善捐赠的管理制度或类似管理文件和流程		是___否___
	企业是否向员工提供定期的合规培训		是___否___
	企业文化是否重业绩奖励、轻风险承担		是___否___

三、反腐败与反商业贿赂合规调查

（一）反腐败与反商业贿赂对外调查（企业对第三方）

如前所述，企业需要对代表企业进行活动的相关人员进行恰当的调查，以进行风险评估。在

2015年国际商会针对中小企业发布了第三方反贿赂调查指南。[①] 根据该指南，决定是否对第三方进行调查时，应首先进行第三方风险评估。

1. 第一步：风险评估

调查事项与说明见表5-4。

表5-4　调查事项与说明

调查事项	说明
第三方是否是公职人员（包括国有企业或国有控股企业，或有政府官员所有或控制的企业）	公职人员包括政府官员或雇员，政府部门、政府机构、政府代理机构；代表政府行使职权的个人；国有企业（100%控股）或国有控股企业（50%或以上直接或间接控股）的经理或雇员；政党或政党官员；政府候选人；国际公共组织的官员或雇员，如联合国或世界银行官员；以上人员的家庭成员
在履行合同过程中，该第三方是否可能与政府官员打交道	此种情形下的第三方包括： 流程代理：如提供物流、海关、运输、签证等类似代理服务的人员； 商务代理：帮助取得政府合同、许可、审批或其他政府相关文件的顾问、商业代理人、合资方等； 职业代理：代表公司与政府从事交易（包括递交文件）或游说修改法律的律师、会计、游说团体等
交易相对方的国家和交易所在国	建议使用透明国际每年发布的国家透明指数
行业	高风险行业：公共建设工程；武器、军队和防卫；公用事业；不动产、动产、法律和商业服务；石油和天然气；矿产；能源生产和运输；医药和健康看护；重工业；渔业；交通运输和存储；电信；消费者服务；林业；银行/金融；信息技术；民航；轻工业；农业
合同金额	合同金额越大，风险越高
服务和工作性质	如向政府销售产品的销售代理合同风险就比较高

国际商会将不同风险评级后的结果汇总如表5-5所示。

表5-5　风险评级

	高风险国家	低风险国家
高风险行业	高	高
低风险行业	中	低
大额合同	高	中
小额合同	中	低
与公职人员相关的合同	高	高
结果		
高＝需要进行尽职调查		
低＝不需要进行尽职调查		
中＝需要进行尽职调查，范围由公司决定		

2. 第二步：尽职调查

在决定进行尽职调查后，企业可以自己或聘请外部机构进行第三方调查。调查的内容应至少涵盖

---

① http://www.linkedin.com/pulse/icc-releases-new-anti-corruption-guide-smes-icc-belgium

六个方面的内容：股权结构、财务信息、第三方的能力、公共记录资源（腐败记录或不利新闻报道）、商誉（商务引荐）、道德和合规制度。

（1）股权结构：权属不明的企业面临腐败、洗钱和恐怖主义融资风险。企业必须弄清楚第三方持股5%以上的股东具体是谁。为了解第三方的股权结构，企业可要求第三方提供企业登记注册材料，也可通过公开的正规渠道获取这些资料，且材料需由独立第三方认证（例如登记主管部门的确认）。如果第三方拒绝提供，企业应将此情况标识为警示信息；此外，对于行政透明度较低的辖区的业务，企业也应加倍注意风险。如果第三方确实无法提供材料，企业可以考虑聘请外部机构进行调查。

（2）财务信息：企业可以要求第三方提供最新的经审计的财务报表，以核验第三方目前从事的活动是否与它的规模、行业、服务相匹配，企业还应重点关注第三方财务报表中是否有非常规或不一致的账款往来，例如，收款人不明的款项（模糊的"咨询费"），付款频率、金额不符合常规的款项，过高的"费用"支出项，费用与服务不匹配等。同时，网络公开信息也可以帮助企业了解第三方的资信、能力和水平。企业还应当重点关注"成交费"，其背后有可能有贿赂安排。此外，收款银行地点也很重要，向企业所在地点之外的辖区支付款项，有可能是第三方为了规避审查、藏匿资金而进行的特殊安排，企业需要小心。此种情形下，需进行进一步的调查。

（3）第三方的能力：如果第三方提供的是其不足以胜任的服务，尤其是涉及与政府官员的交易，则有较高的腐败风险。具体而言，可考虑：第三方是否有相应的行业经验？第三方是否有提供合同约定服务的资质和经验？第三方是否提供过有竞争力的工作方案？第三方在服务所在地是否有营业场所？第三方是否由政府官员推荐？第三方是否要求紧急支付费用，或索要不合理的高佣金？第三方是否要求以现金支付，或要求支付到其他国家？第三方是否暗示其与关键人员熟悉，能够赢取合同机会？第三方是否通过公开透明的程序选取？是否有充分的商业理由与第三方签署合同，所涉服务是否必要？

（4）公共记录资源：企业可以通过因特网、FCPA网站、商务杂志、法院信息以及面对面访谈调查第三方是否有违规历史记录。公共网络的具体检索关键词可以有："第三方名字"＋腐败/贿赂/判决/调查/宣判/起诉/犯罪/回扣/用户评论。以下国外政府官网也可以作为重要检索资源：

① Department of Justice website（USA）

② US Securities and Exchange Commission website（USA）

③ System for Award Management（SAM）

④ Office of Foreign Assets Control（OFAC）Specially Designated National and Blocked Persons Lists（SDN）

⑤ U.S. Department of Commerce, Bureau of Industry and Security, List of Parties of Concern

⑥ The Serious Fraud Office（UK）

⑦ The World Bank Listing of Ineligible Firms

⑧ European Bank List of Ineligible Entities

⑨ European Union External Action, Consolidated list of persons, groups and entities subject to EU financial sanctions

⑩ Interpol-red notices

⑪ Debarment and sanctions lists

（5）商务引荐：需要向引荐人了解以下问题：认识第三方多长时间了；如何认识的；是否与第三方发生过争议；是否对第三方存在任何反腐败相关的顾虑；是否知道与第三方或其雇员相关的任何刑事诉讼；是否认为第三方在从事经营活动时诚实守信；是否了解第三方与政府官员或政府代理机构有

关系；是否了解第三方雇员或家庭成员与政府官员或政府代理机构有关系。

（6）道德和合规制度：企业应同时关注第三方的合规制度，具体应当关注：第三方是否有自己的道德和合规项目。若第三方没有自己的道德和合规项目，企业需要向其发送调查问卷，了解其进行合规管理的方式，如第三方是否有自己的尽职调查程序；管理制度是否得到公司管理层的支持；第三方是否可以提供反腐败管理制度或类似管理文件和反腐败培训制度介绍；第三方是否在其合同中加入了反腐败条款。

表 5-5、表 5-6 为第三方调查问卷样本。

表 5-5 内部调查问卷

内部调查问卷（由调查方填写）
第三方情况
1. 名称
2. 联系方式
3. 业务
4. 第三方规模（雇员数量）
风险
1. 第三方住所地
2. 合同履行地
3. 合同金额
政府官员
1. 第三方是否是国有企业或国有控股企业？
2. 第三方的股东、高管、经理或雇员在现在或之前是否是公职人员？
3. 第三方的股东、高管、经理或雇员是否与公职人员有关系
股权关系
根据第三方的注册登记文件回答：
1. 文件中的股权结构是否清晰？如果否，需要第三方提供进一步信息。
2. 文件是否经过独立认证？
3. 是否持股 5% 以上的股东都清晰列明
财务信息
根据最新的财务报表回答：
1. 该财务报表是否由合格的会计师事务所出具？
2. 会计师是否提示如下问题：向不明的其他方反复支出费用或支出大额费用，或虽然其他方身份明确，但支出原因不明？
3. 收入和利润是否与第三方的规模相符？
4. 银行地点
合同的商业基础
1. 第三方提供什么服务？
2. 这些服务是否是必须的
第三方能力
1. 第三方履行合同所必需的经验、资质和技能？
2. 第三方是通过什么程序选取的
贿赂历史记录和不利新闻
1. 第三方是否有关于贿赂的历史记录？
2. 是否有任何关于第三方腐败的起诉或调查？
3. 是否有对第三方不利的新闻报道

续表

内部调查问卷（由调查方填写）
商誉 1. 是否从第三方的交易方中获得至少三分无保留推荐？ 2. 询问引荐人： 认识第三方多长时间了？ 如何认识的？ 是否与第三方发生过争议？ 是否对第三方有任何反腐败相关的顾虑？ 是否知道与第三方或其雇员相关的任何刑事诉讼？ 是否认为第三方在从事经营活动时诚实守信？ 是否了解第三方与政府官员或政府代理机构有关系？ 是否了解第三方雇员或家庭成员与政府官员或政府代理机构有关系
合规文化 1. 第三方是如何应对调查问题（积极或消极）？ 2. 第三方是否逃避回答问题？ 3. 从第三方处获取信息是否困难

表 5-6　外部调查问卷

外部调查问卷（发送第三方填写）
第三方情况 名称 注册地址 注册时间 城市、国家、邮编、电话号码、邮箱、网站 银行账户（包括地址） 曾用名称或其他商业名称 附属企业（包括合资企业） 公司业务 合同履行地点 总部设立地点 与我方公司的关系 如何获得此份合同？与我公司是否曾有合作关系？ 如何在本项目中被选中
合同 合同的性质（服务、框架等）
服务 贵司从事此项业务多长时间？ 请介绍您提供此项服务的相关经验和资质
此前的合同 如果贵司此前与我司有合作，请介绍此前的项目、合同签署日期、此前合同的联系人。 请提供现在和此前客户的名单

第五章 反腐败与反商业贿赂合规管理

续表

外部调查问卷（发送第三方填写）
股权 请列明持股5%以上股东或控制人的名字： 股东　　在公司的角色　　所在国家　　持股比例
管理层和关键员工，包括执行董事、销售董事、合同经理 请列明公司管理人员 管理层/关键员工　　职位　　角色
同时作为政府官员的股东、管理人员、雇员（包括法定代表人） 名字　　职位　　角色　　政府职务　　政府工作内容 注：政府官员包括政府官员或雇员，政府部门、政府机构、政府代理机构；代表政府行使职权的个人；国有企业（100%控股）或国有控股企业（50%或以上直接或间接控股）的经理或雇员；政党或政党官员；政府候选人；国际公共组织的官员或雇员，如联合国或世界银行官员；以上人员的家庭成员
贵司与政府和政府官员的关系 贵司是否为政府提供服务？ 如果是，该服务是否会与本次合作冲突？ 为履行本合同，贵司是否需要与公职人员沟通？ 如果以上两个答案都是"是"，请详细介绍贵司与政府官员的关系。 贵司是否向任何政党提供政治献金
亲属是政府官员 贵司的股东、管理人或雇员是否有亲属是政府官员？如果是，请提供以下信息： 雇员名字和职务　　角色和职责　　亲属名字和关系　　亲属官方职务　　亲属的官方职责 该亲属是否与贵司的业务有联系或会产生影响？为什么？ 贵司的业务或本次合作是否会被认为是亲属的影响促成？为什么
反腐败意识 贵司是否了解腐败的定义？ 在178个国家中，透明国际将【国家】的腐败指数列为【】，贵司是否认为合理？为什么？ 贵司是否了解国际反腐败法律？ 贵司是否可以列举国际反腐败法律？ 贵司所在国家是否有类似法律？ 贵司是否对我司的反腐败管理制度或类似管理文件有任何问题
合规 贵司是否有反腐败管理制度或类似管理文件与道德和合规项目？请介绍。 贵司员工是否接受反腐败培训？请介绍内容和频率。 贵司是否有其他有关腐败的讨论
反腐败调查/诉讼 贵司或贵司员工是否因腐败被调查或起诉过？如有，请详细列明，并介绍贵司采取的纠正措施。 贵司的分包商是否因腐败被调查或起诉过？如有，请详细列明，并介绍贵司采取的纠正措施

3. 第三步：采取措施

在完成调查后，企业需要对调查中发现的问题进行标识，以后续采取措施。例如，针对曾经发生过腐败行为的第三方，需要关注其后续改进措施及现有的反腐败管理制度或类似管理文件是否得到有效执行；针对正在接受反腐败调查的第三方，需要严格考察在调查案件与本次交易的关系。

4. 第四步：监督保障

如经过调查仍决定继续交易，则需要对第三方进行监督、在合同中放入反腐败条款、要求第三方就分包商取得企业的提前同意、保留好尽职调查的记录和存档。

（二）反腐败与反商业贿赂对内调查（企业对内部）

公司内部对腐败、贿赂线索的搜集一般通过举报、审计等渠道进行。

1. 贿赂线索的搜集[①]

（1）审计询问法

定期、不定期地在审前调查、就地审计、审计调查等时机深入被审计单位找到在职或离退休干部，在岗或下岗职工等个别询问，直接听取他们的意见、建议，从中获取贿赂线索。

（2）证据补充法

与财政、工商行政等部门勤沟通、勤联系，加强互补，将贿赂证据相互佐证、工作上加强联系与配合。

（3）全面多层法

注意从多方面、多层次去结交作风正派的朋友，在交往中掌握一些位高权重、管人、管财、管事、管物人员的第一手资料，从中发现苗头性、倾向性的问题，捕捉贿赂的蛛丝马迹。

（4）线索收集法

有重点地在一些单位开展审前调查，公示举报电话，鼓励广大职工通过实名或匿名举报等多种形式，积极举报本单位商业贿赂问题。

（5）焦点热点法

关注领导关心、群众议论的焦点热点问题，注意领导干部八小时以外的行为表现，从中发现贿赂线索。

（6）疑点追踪法

召集有关人员开座谈会，进行个别谈话，查账核对，通过外部调查跟踪审计，重点追查，捕获贿赂问题的相关线索。

（7）纵向审查法

高度重视案件线索，深挖细查，以案带案，再挖串案，及时获取贿赂问题的深层次信息。

2. 内部调查程序

针对腐败和贿赂的调查应遵循公司内部调查程序，合理、合法，给予相关方申诉和救济的机会。一般而言，启动内部调查应注意以下事项：

（1）明确的调查依据：公司应制定调查制度及相关流程，包括对可以触发调查程序的投诉或危险信号加以明确。调查制度及流程在发布前，应听取利益相关方的意见，如人力、法律、财务、审计等相关岗位的意见。

（2）组建调查小组：对腐败和贿赂的调查应视情况组织公司内部的纪检、合规、审计、人力等相关部门参加，被调查人员及其利害关系人应当回避。调查人员应当具备与调查相关的知识、技能或

[①] https://mp.weixin.qq.com/s/pXam-PlTbP_Ce3-1kqWZsA

经验。

（3）确定调查范围和设置调查期限：调查小组应依据公司制度确定调查范围。根据涉嫌违规事项的具体情况，调查范围应当是合理、恰当的，禁止不正当地侵害相关方或第三方的合法权益。此外，调查小组应根据公司制度和案件情况设置合理的调查期限。

（4）调查正式启动前，应依照公司制度申请并获取批准；调查启动后，应严格按照经审批的调查范围和调查流程操作；调查过程中，公司和调查小组应采取措施确保调查是独立的、客观的、适当的，并进行恰当的记录和归档。调查结束后，应复核结果，并建立相关机制（如沟通反馈、申诉机制等），以此确保调查结论及建议的可靠性。

（5）调查结果的使用：公司应通过调查来确定违规行为发生的根本原因、识别系统漏洞以及责任缺失（包括主管和高级管理层的监管不力）。公司还应定期对举报或调查结果进行分析，以确定不当行为的模式或发现其他合规管理漏洞。对于调查结果的运用，公司也应制定相应的程序，以确保调查结果被合理、合法地使用。

（6）调查报告：针对违规行为的调查结果应传达给企业管理层，以便管理层能及时跟进违规行为的整改及合规管理体系的改进。公司可对此类报告制定相应的汇报与处理流程。

（7）公司应为调查提供充分的资源支持，包括信息系统、人员、资金支持。

3. 内部调查注意事项

（1）停职注意事项

企业发现员工涉嫌舞弊，是否有权安排其停职并接受调查，现行法律法规并未作出明确规定。一般来说，内部安排停职调查属于企业自主管理权范畴。但实践中，不乏强势员工拒不接受企业的停职安排、不配合企业调查，若企业在这种情况下，基于员工不服从停职调查安排的行为贸然解雇员工，则可能引发被认定为违法解除的风险。

司法实践中，法院认定该类解雇的合法性时，一般重点关注以下几点：①企业解雇员工的理由和程序是否符合合法有效的规章制度规定或合同约定；②员工不服从停职调查安排的严重性如何；③员工不服从停职调查安排是否造成严重后果。例如，（2020）辽 0102 民初 6482 号潘多拉珠宝劳动争议案例中，员工在停职期内，在店铺正常营业时间，以关闭店铺大门等行为妨碍店铺正常经营，造成不良影响，严重违反企业规章制度，法院认定企业据此解雇员工合法。但在（2020）津 01 民终 2707 号恩宜（天津）工程劳动争议案例中，员工拒绝接受企业停职处理、拒绝交还工作电脑等，企业根据规章制度对员工作出书面警告后解除其劳动关系。但企业规定两次书面警告才可予以解除，解除通知先于第二份书面警告送达员工，最终企业被认定为违法解除。因此，企业作出此类解雇决定时需从多方面审慎评估。另外，停职调查期间，企业对员工的工资、社会保险和公积金的处理容易出现不合规之处。

司法实践中，鲜少案例支持企业完全扣除员工停职期间的工资，一般认为，企业至少要保障员工在停职期间的基本生活需要，工资不低于当地最低工资标准。但裁审实践中有观点认为，企业在满足以下条件的情况下可以酌情减发员工工资：①企业有相应的规章制度规定或合同约定，如员工有舞弊行为，侵害了企业的权益，企业有权对员工进行停职减薪调查；②如为规章制度规定，该等规章制度需经过民主公示程序，且由员工签收；③有证据证明员工确实有相应的舞弊行为。

为增加企业安排员工停职调查的合规性，建议企业做到以下几点：①事先在劳动合同约定和规章制度中明确规定，在员工舞弊或违纪调查期间，企业有权对员工进行停职调查安排，并在停职期间暂时按照基本工资标准或当地最低工资标准向员工发放工资，如查明属实，不再支付工资差额，同时明确员工不服从停职调查安排的具体情形和合理处分方式；②调查阶段可安排员工休假，以带薪年休假优先；③如年休假使用完，需继续安排员工休假调查的，一般仍应向员工正常发放工资，如员工舞弊证据充分的，可以考虑按照合同约定或制度规定的工资标准支付，但不低于当地最低工资标准；④停职调查期间企业应继续为员工缴纳社会保险费和公积金；⑤如员工不服从停职安排的，可以视员工具体行为的情节严重程度给予处分。

（2）取证注意事项[①]

在内部调查过程中，公司往往会希望搜集违规员工的微信、电子邮件、通话记录等电子数据，以及手机、电脑等存储工具及其内部记录。需要注意的是，在以下情形中，未经员工同意，公司的此类搜集行为很可能构成不当取证：

① 收集公司配发的电脑、手机或移动存储设备并制作镜像，逐一查阅、排查该设备内存储的所有内容，包括员工的微信记录及个人邮箱信件；

② 以维修设备为借口，查阅、复制员工在其工作电脑或手机端留存的所有内容，包括员工的微信、短信、电话通讯记录及个人邮箱信件；

③ 通过程序对员工的工作电脑进行远程控制，查阅、排查工作电脑内存储的所有内容，包括员工的微信记录及个人邮箱信件；

④ 通过程序对员工使用工作手机的通话予以录音，并在回收工作手机后对通话信息予以数据恢复；

⑤ 使用胁迫等手段迫使员工提交或由公司查阅员工个人手机、电脑等设备中的信息；

⑥ 调取员工的银行转账记录、电话通讯记录、行动轨迹等信息；

⑦ 明知他人通过上述手段获取员工的相关信息，公司仍使用或对外披露该信息。

为降低不当取证风险，建议公司在员工手册和劳动管理制度中明确员工具有配合内部调查的义务，并有义务提交相关工作文件，在公司制度中声明公司配发的工作电脑、手机或者移动存储设备及存储的信息均归公司所有，公司基于管理、安全等需求，会持续远程监测上述电子设备并抓取数据，以及禁止员工在上述电子设备中存储与工作无关的信息，包括但不限于个人信息。

在内部调查中如涉及员工的个人信息，需取得员工的事先同意并采取个人信息保护措施。

（三）反腐败与反商业贿赂外部调查应对（外部对企业）

1. 外部调查应急预案

公司应针对外部调查制定应急预案，并进行演练，以确保发生外部调查时，及时找到对接负责人，合理调配资源配合和应对外部调查，在合法的前提下采取措施尽可能地保护公司利益。

在制作应急预案时，应注意以下事项：

（1）确定关键岗位。一般外部调查涉及的关键岗位包括三类：第一类为前台、接待人员，在突击检查时，他们往往是最先接触调查官员的人员，主要负责核实调查人员身份证件、通知公司牵头部门；第二类为法律部、合规部或应急响应小组，他们是公司内部负责响应调查的牵头部门，负责与外部调查人员的沟通、协调公司各部门配合外部调查、聘请顾问、制作方案等；第三类是被调查的公司人员及其所属部门，他们需要配合调查，在公司牵头部门的指导下搜集、提供资料和信息。

（2）针对外部调查的响应程序：一般由前台或接待人员核实身份证件、做访客登记；前台或接待人员立即通知调查牵头部门，公司应当将牵头部门的对接人的最新信息告知前台或接待人员；在需要

[①] 此部分引自 https://mp.weixin.qq.com/s/gxuqdvLNU9uqi81VSfNy7Q

时，牵头部门可组建工作小组，统一协调内部资源和对外接洽；牵头部门或工作小组组织协调与外部调查人员的谈话、搜集资料配合调查；受调查人员对谈话内容做好记录并内部留存；牵头部门或工作小组在谈话结束后与外部调查人员做进一步沟通和跟进。

（3）针对关键岗位提供培训，告知关键岗位员工在遇到不同情形时应如何处理，包括基本处理原则、举报渠道、禁止的行为等。

（4）在条件允许的情况下，针对前台接待人员进行模拟演练，以便在突发情况下不出现重大错误。

2. 外部调查注意事项

在外部调查中，公司人员应在与调查人员的互动中保持礼貌和专业，不卑不亢。在涉及事实方面的调查时，谈话人员应如实表述。如果需要，接受询问的员工可告知调查人员希望律师在场。参与调查的公司人员应对调查情况严格保密，不与公司以外的任何人（外部律师除外）讨论；在公司内部，只与负责部门指示需要了解的人员分享信息。

建议公司告知员工，在面对外部调查时：

① 不应主动或应要求向调查人员提供任何礼品或金钱；

② 不主动披露未被要求提供的信息；

③ 不回复任何推测性答案，如果员工不记得或不知道，可说明将核实后再答复；

④ 不回复任何与调查事项无关的机密信息；

⑤ 不说谎、不编造事实；

⑥ 不毁坏或以其他方式篡改任何可能与调查相关的文件；

⑦ 不应擅自同意任何对公司的指控；

⑧ 不能超出公司的授权做出任何承诺或保证；

⑨ 不应未经授权对媒体或外部第三方的询问做出任何回应。

（四）美国长臂管辖及 FCPA 执法应对

1. 基本情况[①]

美国法律中"长臂管辖"专指司法机关对于住所或居所在其域外人员或实体实施的管辖，最初系由美国最高法院在 1945 年"国际鞋业公司诉华盛顿州案"中确立的一种司法管辖权。该管辖权允许州法院在审理民商事案件时，若被告住所不在该州而无法行使管辖权的情况，可基于被告与该州有某种"最低限度的联系"行使"对人管辖"。

按照国际法，一国对域外人员或实体行使管辖一般要求该人员或实体或其行为与该国存在真实、足够的联系。而美国行使"长臂管辖"采用"最低联系原则"，不断降低行使"长臂管辖"门槛。与美国有某种极微弱的联系，如在美国设有分支机构、使用美元清算或其他金融服务、利用美国邮件系统等均构成"最低联系"。

美国为达到"长臂管辖"的目的，还进一步发展出"效果原则"，即只要发生在国外的行为在美境内产生所谓"效果"，不管行为人是否具有美国国籍或住所，也不论该行为是否符合行为发生地法律，均可行使管辖权。美国还不断扩大"长臂管辖"范围，对域外人员或实体滥施不合理的管辖，将美国本土法律强制实施于域外非美国人员或实体，动辄利用别国企业对美元业务、美国市场和美国技术的

---

① 外交部《美国滥施"长臂管辖"及其危害》，2023 年 2 月，https://www.fmprc.gov.cn/web/wjbxw_new/202302/t20230203_11019274.shtml

依赖，对其进行处罚或威胁。

2. 执法特点[①]

美国建立了各部门分工协作、联手行动的全政府"长臂管辖"实施运作模式。美国总统及美国国会是相关制裁的决策主体，大多数经济制裁决策由美国总统作出，美国国会在特定情况下通过立法活动参与制裁决策。美国财政部外国资产控制办公室（OFAC）是最核心的制裁执行部门，其主要职权包括冻结美国管辖范围内的资产、制定和调整被制裁个人与实体的名单、审查和发放许可证。国务院经济制裁政策与实施办公室（SPI）专门负责制定和实施与外交政策相关的制裁措施。商务部工业和安全局（BIS）管理独立于OFAC的清单。此外，美国政府还通过控制SWIFT、CHIPS这两大跨境资金支付清算系统为经济制裁执法提供支撑，通过在必要时迫使其切断与受制裁国金融机构的联系，而达到经济制裁的目的。

美国涉及"长臂管辖"法律名目繁多，主要有《对敌贸易法》《国际紧急状态经济权力法》《以制裁反击美国敌人法》《反海外腐败法》《赫尔姆斯-伯顿法》等，《爱国者法案》、年度《国防授权法》等法律中也包含"长臂制裁"条款，此外还有一系列涉及"长臂管辖"的总统行政令。

3. 应对方式[②]

从国家立法应对来看，2021年1月9日，我国商务部发布了《阻断外国法律与措施不当域外适用办法》（以下简称《阻断办法》），主要目的是阻断外国法律与措施不当域外适用对中国的影响，维护国家主权、安全、发展利益，保护中国公民、法人或者其他组织的合法权益。也就是要阻断某些国家，特别是美国将本国法律在国外的不当适用，即长臂管辖。2021年6月10日，我国全国人大常委会制定了《中华人民共和国反外国制裁法》（以下简称《反制裁法》）进一步遏制美国政府长臂管辖对我国的影响。

企业应对美国长臂管辖需根据具体的案件情况采取应对措施。首先需要分析美国检察机关和法院对我国有关部门和个人的具体案件是否有管辖权。美国联邦法院的管辖权是有限的，受理案件必须在其管辖权范围之内。在具体案件中，如果对联邦法院是否对案件涉及事项具有管辖权存在疑问，提出法院有管辖权的一方（通常是起诉方）要就法院对争议事项具有管辖权承担证明责任。

对于中美贸易纠纷引起的美国法院对我国有关部门和个人进行管辖问题，需要根据个案进行分析，受到美国指控的有关单位和个人可以根据国际法、中美两国的法律，在法庭上据理力争。对于美国政府利用自身的霸权在美国本土以及美国的盟国所开展的对中国相关企业人员强行限制人身自由的措施，需要根据具体案件选取不同的对应措施，对美国检察机关已经立案或者已经向美国联邦法院起诉的，我国有关企业和个人还可以利用美国法律中的条款对美国的管辖权提出异议，特别是美国宪法第十四修正案中规定的正当程序原则；如果美国政府仍然一意孤行强行管辖，还可以利用美国宪法第四修正案中关于扣押必须有合理根据的条款对美国政府的行为进行抗辩，也可利用美国宪法第五修正案的规定对美国政府的起诉提出异议。如果案件已经到达法庭审理阶段，中国的被告方还可以提出非法证据排除的动议，维护自己的法律权利。也可以利用不强迫自证其罪原则行使沉默权和反对美方强迫取证的行为。另外，对于美国行政和司法部门在案件中以不合法方式限制人身自由并造成财产损失的，中方有关人员还有权要求美国有关部门对非法拘禁等行为引发的损失进行错案赔偿。

需要特别注意的是，近年来，美国司法部在对美国之外的企业和个人进行"长臂管辖"时经常使

[①] 同上。
[②] 杨宇冠. 美国长臂管辖的起源、扩张和应对[J]. 法学杂志，2022（4）. https：//mp.weixin.qq.com/s/orT8oVQoujsmUEPK4e7OKA

用 DPA（Deferred Prosecution Agreement）的方式。"DPA"是英美法刑事诉讼中公诉方和被告方达成的协议，经过法官审查批准后可以暂缓审判，如果被告方满足协议条件，在协议期满时控诉方可以撤回起诉。美国司法部使用 DPA 方式处理案件的条件通常特别苛刻，包括要求被告方承认美国政府的指控是事实，而这些所谓"事实"（facts）列于美国政府的起诉书中，需美国检察官证明后才能作为定案的根据。协议通常还要求被告同意支付一定的罚金，放弃诉讼时效权利，与美国政府合作，作出一定的合规和补救承诺。美国司法部在"长臂管辖"中对境外的企业和个人采用 DPA 方式处理，实际上是美国政府检察部门绕开美国法院，在未经法庭审判的情况下达到其实现长臂管辖权的结果。被告人失去了法庭审判中享有的合法诉讼权利，特别是与证人对质的权利。根据美国法律规定"控辩双方对证人都有提问的权利，直接询问和交叉询问的范围和方式必须是和将来在庭审中可能允许采取的询问方式一样，控辩一方如果想要运用全部或者是部分证词，需要遵守证据规则的规定。庭外取证必须是在法庭作出指令后才能进行"，而美国司法部与被告人达成的 DPA 协议中通常要求被告人放弃法庭审理的权利，包括质证权、辩护权、上诉权等。虽然条件如此苛刻，但世界范围内仍有许多企业和个人为了早日脱身，被迫接受美国检察机关的 DPA 协议，且要在协议中声明自愿放弃许多合法权利。

对于此类案件，中国的被告方要分不同情况进行应对，如果相关企业确实有违反美国法律的行为，为了早日脱离美国繁琐的诉讼程序，可以接受协议中相对合理的条件，甚至可以交纳罚款，以便企业能够继续正常经营。但是罚款不能过多，要有根据。对于美国政府完全无理的强行管辖和绕开司法进行巨额罚款等行为，被指控的企业和个人也可以据理力争，利用美国法律进行反制，特别是利用美国宪法第六和第七修正案的规定，要求美国法院公正审理，要求与证人对质等。即使相关企业和个人为了避免长时间诉讼影响企业的经营和人身自由，不得已接受美国检察部门的 DPA 协议。在协议谈判过程中，也可引用美国宪法第八修正案的规定，对巨额罚款等处罚进行抗辩。美国司法部与国外企业签订的 DPA 协议通常还包括对企业进行监管。这种监管的费用非常昂贵，而且监管人还可能干涉企业的正常生产经营活动。"企业合规的第三方监管之目的是促进和帮助企业合规，应当是有利于企业正常的生产经营，而不能变成对企业的正常经营进行打压控制。"对于美国政府利用企业合规监管的方式对中国相关企业进行监管可以根据具体情况采取相应的抵制。

由于被告企业本身与美国政府有关部门相比处于弱势，在面临美国政府相关制裁时应积极寻求法律帮助。我国企业利用美国法律对美国的长臂管辖进行反制，需要聘请精通中国和美国相关法律的专家和律师团队。

第三节 反腐败与反商业贿赂合规管理经典案例

一、境内典型案例

（一）葛兰素史克高管行贿案

1. 案情介绍

2009 年 2 月，马克锐相继担任葛兰素史克（中国）投资有限公司（简称 GSKCI）处方药事业部总经理、董事会主席、法定代表人。为扩大药品销量，马克锐提出了"以销售产品为导向"的口号，并通过全体员工年会、领导力峰会、销售精英俱乐部等公司内部各种会议和活动进行宣传鼓动。为提高销量，GSKCI大客户团队、各事业部的市场部等部门，邀请全国各地医疗机构的从事医务工作的非国家工作人员参加由其赞助和组织的境内外各类会议，通过支付差旅费、讲课费、安排旅游等方式贿赂与会医务人员，然后将相关费用分别以"研讨会费用"等科目在财务系统中报账。在参会医务人员的支持下，GSKCI的各类药品得以进入各地医疗机构。同时，各业务部门通过医药代表等，以支付业务招待费、讲课费以及现金回扣等方式贿赂全国多地医疗机构的医务人员，并将相关费用以"招待费""其他推广费用"的科目报账，换得GSKCI的药品得以使用或扩大范围使用。

2. 指控依据及处罚结果

2014年9月19日，湖南省长沙市中级人民法院公开宣读一审判决结果："以对非国家工作人员行贿罪判处被告单位葛兰素史克（中国）投资有限公司罚金人民币30亿元；判处被告人马克锐有期徒刑三年，缓刑四年，并处驱逐出境……"。

3. 合规建议

葛兰素史克案件是中国对世界500强企业在华子公司发起刑事程序的第一个案件，也是中国迄今为止开出的反腐败、反商业贿赂领域的最大罚单。通过该案例，我们需要注意：

（1）构成贿赂的不仅仅是金钱，任何"好处"都可构成贿赂，企业和员工在进行业务招待、赠礼和报销时，应当严格遵循公司的管理制度和流程。

（2）在相关费用支出时，贿赂费用可能被记录为"特别处理费用"或"咨询费"，以掩饰其行贿性质。企业的管理层和财务在做资金支出审批时，需要特别关注此类特别处理费用或咨询费用，确保费用所对应的交易是真实、准确的，且符合正常商业活动需求。

（3）公司应保证财务报表的真实准确，不可出具虚假或误导性的财务文件，以免误导投资者或掩盖公司的腐败行为。

（4）企业高管应当对日常经营中的可疑支出（如资金、合同、票据不匹配，合同不具有正常商业理由，交易利润过分高于或低于行业水平等）予以谨慎对待；对于被举报的违法事件，企业高管也应当及时组织调查，并对违规行为予以惩处。疏忽大意、过失不是免责理由，高管仍可能因为监管疏漏而出现的腐败行为承担个人责任。

（二）山东薛某某行贿、串通投标案

1. 案情介绍

2014年8月，山东省沂水县财政局对沂水县中小学信息化设备采购项目进行招标，被告人薛某某与四川虹某软件股份有限公司投标负责人刘某某（已判决），伙同沂水县财政局原副局长丁某某（已判决），通过协调评审专家修改分数、与其他投标公司围标等方式串通投标，后四川虹某软件股份有限公司中标该项目，中标金额9000余万元，严重损害国家及其他投标人利益。同年年底，被告人薛某某为感谢丁某某在该项目招标投标中提供的帮助，给予丁某某人民币15万元。

2. 指控依据及处罚结果

2020年5月13日、18日，山东省沂水县公安局、县监察委员会分别将薛某某等人串通投标案、薛某某行贿案移送沂水县人民检察院审查起诉。沂水县人民检察院受理后并案审查，于6月12日向沂水县人民法院提起公诉。9月24日，沂水县人民法院以薛某某犯串通投标罪，判处有期徒刑二年，并处罚金人民币二十万元；以犯行贿罪，判处有期徒刑六个月，并处罚金人民币十万元，决定执行有期徒刑二年三个月，并处罚金人民币三十万元。后薛某某上诉，12月24日，临沂市中级人民法院裁定驳回上诉，维持原判。

3. 合规建议

2022年3月31日，国家监察委员会、最高人民检察院联合发布了5起行贿犯罪典型案例，本案为典型案例之一。通过该案例，我们需要注意：

（1）企业需重点关注项目招标投标环节是否存在弄虚作假甚至权钱交易行为，串通投标行为往往与行贿行为相伴而生。行贿人谋取不正当利益的行为构成犯罪的，与行贿犯罪实行数罪并罚。

（2）若企业作为招标人，则不能提前泄露招标文件的内容、标底、评标委员会成员等重要信息，更不能用明示或者暗示的方法提示投标人修改价格、文件内容或者提供其他便利条件。同时，招标人也不得向他人透露已获取招标文件的投标人的名称、数量以及可能影响公平竞争的有关招标投标的其他情况。

（3）若企业作为投标人，禁止共同参加投标的投标人为谋取中标或者排斥特定人中标而采取联合行动。这些联合行动包括协商投标文件的实质性内容，约定中标人、部分人放弃投标或者中标等。

二、境外典型案例

（一）何某国际行贿和洗钱案——美国《反海外腐败法》（FCPA）

1. 案情介绍

2018年12月5日，美国联邦法院法官判决前中华能源基金委员会主席何某（中国香港籍）构成国际行贿和洗钱罪。主要被指控事实是：为了帮助一家中国企业（以下简称"C公司"）获取商业机会，何某以现金方式向乍得总统行贿200万美金；通过电汇（在纽约州进行业务处理）向乌干达外交部长行贿50万美金、以现金方式向乌干达总统行贿50万美金，并将在乌干达设立的合资公司部分股份给予乌干达总统和外交部长。

在乍得项目中，根据检方出示的证据，该行贿安排是何某在2014年9月前后飞往纽约参加联合国年度大会期间谋划的。根据检方的指控，C公司当时急需扩展在乍得的业务并因此希望与乍得总统接洽，而何某认识塞内加尔的前外交部长Cheikh Gadio，Cheikh Gadio又正好认识乍得总统。何某因此在纽约曼哈顿与Cheikh Gadio碰面，Cheikh Gadio同意为何某引荐乍得总统。2014年12月，何某和C公司的高官与乍得总统在乍得进行会面，乍得总统告知何某和C公司，他可以为C公司提供丰厚利润的石油项目。会后，Cheikh Gadio建议何某和C公司组织技术团队前往乍得勘探石油并向乍得总统提出合作条件。但何某坚持立即与乍得总统进行第二次会谈。2014年12月，何某和C公司代表飞往乍得，在飞机上将200万美元现金藏到几个礼品盒中，随后向乍得总统送出，但乍得总统拒绝了这200万美元的行贿款。何某随即向乍得总统递交一份声明，声称200万美金是对乍得的捐赠。最终，何某和C公司没有获得商业机会，不得不转向乌干达寻求商业机会。

在乌干达项目中，检方提交的证据显示，行贿的谋划时间与乍得项目大致相同，均是在联合国年度大会期间。在此期间，何某见到了当时的联合国大会主席Sam Kutesa，在Sam Kutesa此后一年任期内，何某与其讨论了在Sam Kutesa任期届满回乌干达后，乌干达与C公司可以开展的各类战略合作。在2016年2月前后，Sam Kutesa返回乌干达并恢复外交部长职务，同时，Sam Kutesa的亲戚Yoweri

Museveni 再次被选为乌干达总统。Sam Kutesa 向何某索要金钱，并希望支付到 Sam Kutesa 计划发起的慈善基金中。何某同意支付金钱但同时代表 C 公司要求获得 Yoweri Museveni 就职典礼的邀请、与 Yoweri Museveni 和其他乌干达高层的商务会面，以及乌干达和 C 公司可以参与的具体商业项目清单。2016 年 5 月，何某和 C 公司高管前往乌干达，在此之前，何某让中华能源基金以"基金"名义向 Sam Kutesa 提供的账户转账了 50 万美金。该转账是通过在纽约的银行完成的。何某同时建议其领导向乌干达总统提供 50 万美元的现金，名义上称作竞选捐助，尽管 Yoweri Museveni 已经被再次选为总统。最后，何某和 C 公司高管参加了总统任职仪式，也获得了与乌干达总统和高级官员的商务会面。返回后，何某要求 Kutesa 和 Museveni 协助 C 公司收购一家乌干达银行，何某还向 Kutesa 和 Museveni 提出，可以与他们一起分享 C 公司的未来收益。作为回报，Kutesa 促成了 C 公司的银行收购业务。

2. 指控依据及处罚结果

何某被认定违反美国《反海外腐败法》，最终被判处有期徒刑三年、罚款 40 万美元。

3. 合规建议

此案有以下几个细节值得注意：

（1）美国对海外反腐败的管辖权是十分宽泛的，在以上案例中，行贿个人、受贿方、行贿地、行贿目的等都与美国没有直接的联系，但是，行贿方任职机构注册在美国，行贿的谋划地是在美国，资金通过位于美国的银行进行处理，这些构成了与美国的连接点，按照"最低联系"原则，美国可以管辖此类腐败行为，并据此逮捕外国籍的个人，按照美国法律追究刑事责任。

（2）《反海外腐败法》针对的是行贿行为，不考虑结果，只要是为了获取商业竞争优势而给予特定方有价值之物，即违反《反海外腐败法》。

（3）涉及政府官员、公职人员、慈善捐助、慈善基金捐赠等因素时，企业应当谨慎处理。以慈善捐助为例，不应将慈善捐款用作为影响政府官员而进行隐藏付款的手段。如企业需要进行慈善捐助，建议与接受方签署书面协议，以明确慈善捐款的使用和支付，同时在公司财务账簿中及时、完整且准确地记录慈善捐款。

（二）Sweett 集团关联子公司行贿案——英国《反贿赂法案》（UKBA）

1. 案情介绍

Sweett 集团被英国反欺诈办公室（SFO）指控在 2012 年 12 月 1 日到 2015 年 12 月 1 日之间，未能防止其关联子公司 Cyril Sweett International Limited 在阿拉伯联合酋长国地区对 Al Ain Ahlia 保险公司（AAAI）的董事会主席 Khaled Al Badie 实施贿赂行为，贿赂的目的是为 Sweett 集团获取或保留商业上的好处，即确保并保留与 AAAI 签订的有关迪拜一家酒店的项目管理和成本咨询服务合同，相关行为违反了英国《反贿赂法案》（UKBA）第 7 条有关商业组织预防贿赂失职罪的规定。

2. 指控依据及处罚结果

2014 年 7 月，SFO 宣布对 Sweett 集团进入调查程序。2015 年 12 月 18 日，Sweett 集团公开承认其违反了 UKBA 第 7 条的规定。2016 年 2 月，SFO 对 Sweett 集团处以 140 万英镑的罚款，并没收 85 万英镑的所得，共计处以 225 万英镑的罚款。

3. 合规建议

UKBA 不仅适用于对公共官员进行的贿赂，也适用于私人或者私营部门间的贿赂行为。本案有以下几个细节值得注意：

(1) UKBA 第 7 条关于商业组织预防贿赂失职罪实行严格责任制，旨在督促商业组织建立完备的反贿赂机制和内控体系。若商业组织不能证明其对贿赂行为进行了有效的内部控制，那么就无法排除因关联人的贿赂行为而产生的预防贿赂失职责任。

(2) UKBA 对关联人的定义范围是十分广泛的，可以是个人、法人或者非法人的团体。在本案例中，Sweett 集团的子公司毫无疑问属于关联人的范畴。除了法律意义上的关联主体外，SFO 判断关联人时还会综合其他案件细节予。这就要求商业组织在进行反贿赂体系建设时应当体系化，实现反贿赂控制的全面覆盖，提高反贿赂风险的识别能力和应对能力。

（三）Sonepar 公司因执行合规义务而免受处罚——法国《萨宾第二法案》(Sapin Ⅱ)

1. 案情介绍

2017 年 10 月 17 日法国反腐败局（AFA）对法国公司 Sonepar 展开调查之后，将案件转交给制裁委员会，理由是 Sonepar 违反了 Sapin Ⅱ 第 17 条规定的八项义务中的五项：风险评估执行不当；公司行为准则不合格；未执行适当的第三方尽职调查程序；未执行适当的会计控制措施；缺乏执行其反腐败计划的内部控制和审核程序。

Sonepar 对所有这些指控提出质疑，并提出了程序性抗辩。它解释说已经在法律专家协助下开展风险评估，通过使用 42 种情景并采访了 139 人来设定风险评估政策及程序。该文件确定了 44 个国家的 17 种主要风险。它表明，公司部署了 182 项行动计划来减轻腐败风险，这些计划的执行率为 75%；制定了治理章程、行为准则及合规性指南，这些材料被翻译成十九种语言并在 44 个国家发布；第三方已对其针对 600000 个客户和 20000 个供应商推出的评估程序进行了评估；会计控制手册，已于 2018 年和 2019 年更新，其中纳入了 19 个额外的特定检查点以识别潜在腐败风险；内部控制和审核过程是由集团合规部和集团内部控制部管理的两级控制系统。

2. 指控依据及处罚结果

2019 年 7 月 4 日，AFA 制裁委员会决定驳回 AFA 提出的所有控诉，并裁定被告公司（Sonepar）已实施了一套侦查和预防腐败的制度，履行 Sapin Ⅱ 第 17 条规定的义务。

3. 合规建议

本案是因企业积极证明已履行合规义务而免受处罚的典型案例，通过该案例，我们需要注意：

(1) 建立有效的合规制度是企业在美国《反海外腐败法》（FCPA）、英国《反贿赂法案》（UKBA）等法律下，抗辩腐败与贿赂的一项理由。相比之下，《萨宾第二法案》（Sapin Ⅱ）更为严格，明确规定建立合规制度是企业及其高管人员必须履行的积极义务，否则即使没有实施贿赂行为，企业或其高管也可能因此受到处罚。

(2) 与美国、英国反腐败反贿赂法律法规类似，Sapin Ⅱ 第 22 条确立了法国的暂缓起诉协议制度。在案件进入正式审理前，检察机关可以与被指控涉嫌贿赂犯罪的企业达成和解协议，从而免于被起诉。检察机关在与涉案企业进行协商的基础上，与其达成附条件的暂缓起诉协议。

(3) 法国执法机构针对涉嫌犯罪的企业建立的上述控辩协商机制，使这些企业采取的一般补救措施（合规制度建立、调查配合等）成为考虑免除处罚的依据。这些补救措施在贿赂案和解中发挥了重要作用，如减少罚款数额。

第六章　知识产权合规管理

第一节　电力行业知识产权合规基础理论

一、电力企业相关技术基础知识

电力企业合规师应了解、熟悉、掌握自身所处技术领域的或可能涉及知识产权管理保护和风险防范的相关技术的基础知识理论，例如火力发电、水力发电、核能发电、风力发电、光伏发电以及储能技术等涉及知识产权业务板块的专业技术知识，以便于在工作过程中识别创新技术、保持知识产权风险防范的警惕性。

（一）火力发电相关技术的基础知识

1. 火力发电的工作原理

火力发电一般是指利用可燃物燃烧时产生的热能来加热水，使水变成高温、高压水蒸气，然后再由水蒸气驱动汽轮机从而驱动发电机来发电的方式的总称。火力发电的基本原理是利用易燃物在燃烧过程中产生的热量，利用发电动力系统转化成电能，产生的电能利用升压变压器升压后并网往外运输电能。

2. 火力发电的类型

汽轮机发电：燃料和空气被送入锅炉以燃烧和放热。化学处理后的给水注入锅炉，燃料燃烧释放的热量将水变成高温高压的蒸汽，带动汽轮机旋转做功，带动发电机发电。

燃气轮机发电：压缩空气被压气机压入燃烧室，与喷入的燃料混合并雾化，燃烧形成高温气体，进入燃气轮机膨胀做功，带动燃气轮机叶片旋转并带动发电机发电。

柴油机发电：燃油由喷油泵和喷油器以高压方式喷入气缸，形成雾状，与空气混合燃烧，带动柴油机旋转，并带动发电机发电。

（二）水力发电相关技术的基础知识

1. 水力发电的工作原理

水力发电的基本原理是利用水位落差，配合水轮发电机产生电力，即利用水的势能转为水轮机的机械能，再以机械能推动发电机得到电力。水力发电是水的势能变成机械能、机械能又变成电能的转换过程。

2. 水力发电的分类

按照水源的性质，可分为三类：①常规水电站：利用天然河流、湖泊等水源发电；②抽水蓄能电站：利用电网中负荷低谷时多余的电力，将低处下水库的水抽到高处上水库存蓄，待电网负荷高峰时放水发电，从而满足电网调峰等电力负荷的需要；③潮汐电站：利用海潮涨落所形成的潮汐能发电。

（三）核能发电相关技术的基础知识

1. 核电技术的发展

一般来说，世界核电技术的发展可以划分为四代：

（1）第一代核电技术。20 世纪 50～60 年代，基于军用核反应堆技术，验证了核能发电的技术可行性。

（2）第二代核电技术。在第一代核能系统的技术可行性得到验证以后，对这些经验证的机型实施了标准化、系列化、批量化建设。

（3）第三代核电技术。派生于目前运行中的第二代核能系统。反应堆的设计基于同样的原理，旨在提高现有反应堆的安全性。第三代核电重在增加事故预防和缓解措施，降低事故概率并提高安全标准。第三代核电机型主要有 AP1000、EPR、ABWR、APR1400、AES2006、ESBWR、CAP1400、华龙一号。

（4）第四代核电技术。第四代核能系统的发展目标是增强能源的可持续性，核电厂的经济竞争性、安全性和可靠性，以及防扩散和抵御外部侵犯能力。第四代核能系统国际论坛（GIF）推荐的 6 种典型四代堆型分别为气冷快堆（GFR）、铅冷快堆（LFR）、钠冷快堆（SFR）、熔盐堆（MSR）、超临界水冷堆（SCWR）和超高温气冷堆（VHTR）。

2. 核电反应堆主要类型

核电站可以分为如下类型：

（1）压水堆核电站

压水堆核电站是以水堆为热源的核电站。它主要包括核岛和常规岛。压水堆核电站核岛中的四大部件是蒸汽发生器、稳压器、主泵和堆芯。在核岛中的系统设备主要有压水堆本体、一回路系统，以及为支持一回路系统正常运行和保证反应堆安全而设置的辅助系统。常规岛主要包括汽轮机组及二回路系统等，其形式与常规火电厂类似。

（2）沸水堆核电站

沸水堆核电站是以沸水堆为热源的核电站。沸水堆是以沸腾轻水为慢化剂和冷却剂并在反应堆压力容器内直接产生饱和蒸汽的动力堆。沸水堆与压水堆同属轻水堆。沸水堆核电站系统有：主系统（包括反应堆）、蒸汽-给水系统、反应堆辅助系统等。它们都需使用低富集铀作燃料，发电厂房要做防核处理。

（3）重水堆核电站

重水堆核电站是以重水堆为热源的核电站。重水堆是以重水作慢化剂的反应堆，可以直接利用天然铀作为核燃料。重水堆可用轻水或重水作冷却剂，重水堆分压力容器式和压力管式两类。重水堆核电站是发展较早的核电站。

（4）快中子增殖反应堆

快中子增殖反应堆，是将由快中子引起链式裂变反应所释放出来的热能转换为电能的核电站。快堆在运行中既消耗裂变材料，又生产新裂变材料，而且所产可多于所耗，能实现核裂变材料的增殖。世界上已商业运行的核电站堆型，如压水堆、沸水堆、重水堆等都是非增殖堆型，这些堆型主要利用核裂变燃料，即使再利用转换出来的钚-239 等易裂变材料，它对铀资源的利用率也只有 1%～2%，但在快堆中，铀-238 原则上都能转换成钚-239 而得以使用，但考虑到各种损耗，快堆可将铀资源的利用率提高到 60%～70%。

（四）风力发电相关技术的基础知识

1. 风力发电的原理

风力发电即将风的动能转变成机械动能、再将机械能转化为电能。风力发电的原理，是利用风力带动风轮的叶片旋转，再通过增速机将旋转的速度提升，以带动发电机发电，从而将风能转化为机械能，以及将机械能转化为电能。风力发电机组可以包括风轮、发电机和塔筒。风轮是将风的动能转变为机械能的重要部件，它包括若干只叶片或桨叶。当风吹向桨叶时，桨叶上产生气动力驱动风轮转动。

2. 风力发电的发展前景

风能是一种清洁的可再生能源。对于沿海岛屿、草原牧区、山区和高原地带，可以因地制宜地利用风力发电。我国的风力资源极为丰富，风力发电的发展前景十分广阔。风电的优势在于：产能每增加一倍，成本就下降 15%，近几年世界风电增长一直保持在 30% 以上。中国是全球最大的风力发电市场之一。截至 2023 年，中国的风电装机容量已经超过了 5 亿千瓦，约占全球风电装机总量的一半。如今，我国风电产业技术水平显著提高，全产业链基本实现国产化，风电技术也比较成熟，成本不断下降，是在可预期范围内应用规模最大的新能源发电方式。

（五）光伏发电相关技术的基础知识

1. 光伏发电的原理和应用

光伏发电的主要原理是半导体的光电效应，即利用光生伏特效应而将光能直接转变为电能的一种技术。光伏发电系统主要由太阳电池、控制器和逆变器三大部分组成。在有光照（太阳光或其他发光体产生的光照）情况下，光伏电池吸收光能，电池两端出现异号电荷的积累，即产生"光生伏特效应"。在"光生伏特效应"的作用下，太阳能电池的两端产生电动势，将光能转换成电能。

截至 2023 年 4 月底，我国光伏发电装机 4.4 亿千瓦，占全国发电装机的 16.58%，约为 19 个三峡电站的总装机容量。

光伏发电的应用领域广泛，除了并网发电之外，在电网覆盖不到的地方有广泛的应用。

2. 光伏发电的系统分类

光伏发电系统分为独立光伏发电系统、并网光伏发电系统及分布式光伏发电系统。

（1）独立光伏发电。独立光伏电站包括边远地区的村庄供电系统、太阳能户用电源系统等各种带有蓄电池的可以独立运行的光伏发电系统。

（2）并网光伏发电。即太阳能电池组件产生的直流电经过并网逆变器转换成符合市电电网要求的交流电之后直接接入公共电网。

（3）分布式光伏发电系统。指在用户现场或靠近用电现场配置较小的光伏发电供电系统，以满足特定用户的需求，支持现存配电网的经济运行，或者同时满足这两个方面的要求。

（六）储能相关技术的基础知识

1. 储能技术的发展现状

储能是能源转型的关键技术。电化学储能技术将成为未来能源企业综合能源服务和智能能源技术的主流技术。

储能技术可分为物理储能和化学储能。物理储能是通过物理变化储能，可分为重力储能、弹性储能、动能储能、冷热储存、超导储能和超级电容储能。其中，超导储能是唯一直接储存电流的技术。化学储能是通过化学变化将能量储存在物质中，包括二次电池储能、液流电池储能、氢储能、化合物储能、金属储能等，电化学储能是电池储能的总称。

储能技术在新能源发电系统的应用正在快速发展，而且日益成为未来主要储能应用方向。目前，我国新能源发电储能大致可以分为五大发电集团和各种分布式电站投资的发电侧储能、两大电网公司投资的电网侧储能和电力用户投资的用户侧储能。

此外，氢储能技术在我国"双碳"目标、绿色发展的战略下具有很大的发展潜力，氢储能技术利用富余的、非高峰的或低质量的电力来大规模制氢，将电能转化为氢能储存起来，然后再在电力输出不足时利用氢气通过燃料电池或其他方式转换为电能输送上网，发挥电力调节的作用。

2. 储能技术与新能源电力系统的配置

储能技术可有效缓解可再生能源发电的间歇性和随机波动性问题，在新能源电力系统中具有良好的应用前景。

（1）在风力发电中的应用

在风力发电中合理应用储能装置，可以显著提高风力发电的电压运行的稳定性。在进行电力系统调峰电能的配置处理时，储能可以有效优化当地电网的整体接纳能力。

（2）在光伏发电中的应用

储能装置在光伏发电中发挥的作用与风力发电中相似，在光伏发电的实际输出功率出现波动的情况下，储能装置为光伏发电系统提供瞬时功率，保证系统能够平稳运行。

二、知识产权领域基础理论知识

（一）知识产权的概念与范围

知识产权（Intellectual Property），是指法律赋予智力成果完成人对其特定的创造性智力成果在一定期限内享有的专有权利。

传统意义上的知识产权分为工业产权和版权两大类。其中，工业产权包括创造性成果权（包括发明专利权、实用新型权、外观设计权），识别性标记权（包括商标权、服务标记权、商号权、货源标记权和原产地名称权）和制止不正当竞争权。版权包括作品创作者权和作品传播者权两类。作品创作者权就是一般所讲的著作权或版权（狭义），可分为经济权利（财产权）和精神权利（人身权）两种；作品传播者权就是一般所讲的版权的邻接权，又称为与版权有关的权利，包括表演权、录制权、广播权、出版权等。[1]

---

[1] 参见李顺德：《知识产权法律基础》，中国知识产权培训中心远程教育课程，载中国知识产权培训中心网，访问日期：2018年1月。

（二）知识产权的特征

知识产权具有客体的无形性、专有性、地域性、时间性等特征。

（1）客体的无形性，是指知识产权的权利客体具有非物质性。知识产权的客体是智力成果，是没有形体的、非物质性的，对知识产权客体的使用不以物质性的实际占有为必要，也不会发生有形的物质损耗。

（2）专有性，是指知识产权的权利人对其知识产权具有独占性。权利人对知识产权享有专有权利并受到法律严格保护，没有法律的规定或者未经权利人的许可，任何人不得使用权利人的智力成果。

（3）地域性，是指按照一个国家或地区法律获得承认和保护的知识产权，只能在其产生的领域内有效，除了签订有国际公约或双边条约外，知识产权没有域外效力。

（4）时间性，是指知识产权有法定的保护期限，在法定的保护期限内权利存续；超过了保护期限则权利终止。权利终止后，作为知识产权客体的智力成果自"专有领域"进入"公有领域"，公众可以自由使用。

（三）知识产权的客体

1. 专利权

专利权，是指国家依法授予发明创造者在一定期限内对其发明创造的独占权。

"发明创造"包括发明、实用新型和外观设计。其中，发明是指对产品、方法或者其改进所提出的新的技术方案。实用新型是指对产品的形状、构造或者其结合所提出的适于实用的新的技术方案。外观设计是指对产品的整体或者局部的形状、图案或者其结合以及色彩与形状、图案的结合所作出的富有美感并适于工业应用的新设计。相应地，我国的专利权包括发明专利权、实用新型专利权和外观设计专利权三种。

发明专利权的期限为 20 年，实用新型专利权的期限为 10 年，外观设计专利权的期限为 15 年，均自申请日起计算。

2. 商标权

商标权是注册商标专用权的简称，是国家依法授予商标注册人对其注册商标所享有的专有权利。

"商标"是指任何能够将自然人、法人或者其他组织的商品与他人的商品区别开的标志，包括文字、图形、字母、数字、三维标志、颜色组合和声音等，以及上述要素的组合。

注册商标的有效期为 10 年，自核准注册之日起计算。注册商标的有效期满，需要继续使用的，商标注册人应当在期满前 12 个月内办理续展手续。如果在该期间内没有办理续展的，可以给予 6 个月的宽展期。每次续展注册的有效期为 10 年，自该商标上一届有效期满次日起计算。需注意的是，如果期满未办理续展手续的，注册商标就会被注销。

3. 著作权

著作权也称版权，是国家依法授予作者或其他著作权人在一定期限内对其作品的独占权。从广义上讲，著作权还包括"邻接权"，在我国著作权法中称为"与著作权有关的权利"，是指作品传播者享有的权利，包括出版权、表演权、录音录像制作权、广播电视组织权。

著作权的客体是作品。作品是指文学、艺术和科学领域内具有独创性并能以一定形式表现的智力成果。作品的类型包括：文字作品，口述作品，音乐、戏剧、曲艺、舞蹈、杂技艺术作品，美术、建筑作品，摄影作品，视听作品，工程设计图、产品设计图、地图、示意图等图形作品和模型作品，计算机软件，以及符合作品特征的其他智力成果。

著作权的内容包括著作人身权和著作财产权。著作人身权是指作者享有的与其作品有关的以人格利益为内容的权利，也称为精神权利。著作人身权与作者的身份紧密联系，专属于作者。包括：发表权、署名权、修改权、保护作品完整权。

著作财产权是指著作权人对作品进行利用、支配并因此获得报酬的权利，也称为经济权利。财产权可以许可他人行使，也可以转让给他人。包括复制权、发行权、出租权、展览权、表演权、放映权、广播权、信息网络传播权、摄制权、改编权、翻译权、汇编权，以及应当由著作权人享有的其他权利。

著作人身权中的署名权、修改权、保护作品完整权的保护期不受限制。

著作人身权中的发表权以及著作财产权的保护期：自然人的作品，为作者终生及其死亡后50年，截止于作者死亡后第50年的12月31日；如果是合作作品，截止于最后死亡的作者死亡后第50年的12月31日。法人或者非法人组织的作品，著作权（署名权除外）由法人或者非法人组织享有的职务作品，发表权的保护期为50年，截止于作品创作完成后第50年的12月31日；著作财产权的保护期为50年，截止于作品首次发表后第50年的12月31日，但作品自创作完成后50年内未发表的，法律不再保护。

4. 商业秘密

商业秘密是指不为公众所知悉、具有商业价值并经权利人采取相应保密措施的技术信息、经营信息等商业信息。

商业秘密的客体包括技术信息和经营信息等商业信息。技术信息主要包括：技术设计、程序、质量控制、应用试验、工艺流程、设计图纸（含草图）、工业配方、制作工艺、制作方法、试验方式和试验记录等信息。作为技术信息的商业秘密，称为"技术秘密"，实践中也称为"专有技术""非专利技术"等。经营信息主要包括：管理方案、管理诀窍、客户名单、货源情报、产销策略、投融资计划、标书、标底等信息。作为经营信息的商业秘密，称为"经营秘密"。

商业秘密的构成要件包括非公知性、价值性和保密性。

"非公知性"也称"秘密性"，是指商业秘密不为其所属领域的相关人员普遍知悉和容易获得。也就是说，作为商业秘密的技术信息和经营信息等商业信息，不是能从公开渠道直接获取的，也不是本领域人员众所周知的，而是需要利用一定的知识、经验或技巧，经过研究或者探索，以及投入相应的人力、财力、物力才能获得。

"价值性"是指商业秘密具有商业价值或者经济价值，能给商业秘密权利人带来经济利益或者竞争优势。

"保密性"是指商业秘密应由权利人采取相应的保密措施。实践中，应当根据所涉信息载体的特性、权利人保密的意愿、保密措施的可识别程度、他人通过正当方式获得的难易程度等因素确定保密措施的方式。

5. 集成电路布图设计专有权

集成电路布图设计专有权，是国家依法授予集成电路布图设计的创作者以对其布图设计进行复制和商业利用的专有权利。

集成电路布图设计专有权包括：①对受保护的集成电路布图设计的全部或者其中任何具有独创性的部分进行复制；②将受保护的集成电路布图设计、含有该布图设计的集成电路或者含有该集成电路的物品投入商业利用。

集成电路布图设计专有权的保护期为 10 年,自布图设计登记申请之日或者在世界任何地方首次投入商业利用之日起计算,以较前日期为准。但是,无论是否登记或者投入商业利用,集成电路布图设计自创作完成之日起 15 年后,不再受我国法律保护。

集成电路布图设计专有权向国家知识产权局申请登记。集成电路布图设计登记申请经初步审查,未发现驳回理由的,国家知识产权局予以登记,发给登记证明文件,并进行公告。

6. 企业数据

2020 年 3 月 30 日,中共中央、国务院发布了《关于构建更加完善的要素市场化配置体制机制的意见》,提出要加快培育数据要素市场,推进政府数据共享,提升社会数据资源价值,加强数据资源整合和安全保护,并首次将数据与土地、劳动力、资本、技术并列为五大要素。数据已经成为数字经济的基础性资产,构成企业竞争优势的重要组成部分。

目前,我国现有法律法规均未对数据或数据权利的定义和法律属性作出明确规定,部分法律法规中涉及了数据的相关概念,相对零散。例如,《民法典》第一百二十七条规定:"法律对数据、网络虚拟财产的保护有规定的,依照其规定。"《网络安全法》第七十六条对网络数据作出了规定,《电子签名法》第二条对数据电文作出了规定。

2022 年 12 月 19 日,中共中央、国务院发布《关于构建数据基础制度更好发挥数据要素作用的意见》,从数据产权、流通交易、收益分配、安全治理四方面提出 20 条政策举措,初步形成了我国数据基础制度体系。

在现有法律环境下,企业数据可以适用《专利法》《著作权法》《反不正当竞争法》等法律来获得保护。

从《专利法》角度来看,如果权利人想以专利权保护数据产权,需要向国家知识产权局申请专利并且获得授权。

从《著作权法》角度来看,当数据形式能够形成被感知的表达,且符合作品独创性要求时,可以将其作为某类作品适用著作权法予以保护。如果数据本身不具有独创性,也可依据著作权法关于故意避开或者破坏技术措施的规定予以保护。

从《反不正当竞争法》角度来看,目前司法实践涉及数据的诉讼案件,主要适用《反不正当竞争法》第二条、第八条、第十二条。如在针对"刷粉刷量"行为引发的不正当竞争案件中,法院一般认为,由于被诉侵权行为通过技术手段以虚假的方式增加点击率、粉丝量、点赞量,造成相关公众对网络产品或服务的质量、数量以及关注度等数据产生虚假认知,以此误导用户和经营者对产品和服务的选择,该行为可以被认定为通过干扰平台自有数据方式进行虚假宣传。但是,由于涉及数据的新类型不正当竞争行为不断涌现,法院更多适用一般条款(第二条)作出裁决,否则难以实现对新类型数据的保护。

(四)知识产权侵权的概念与构成

知识产权侵权是指没有法律依据或未经知识产权人许可,行使知识产权人所享有的专有性权利,或给权利人的利益造成其他损害的行为。

一般民事侵权有四大构成要件:违法行为、损害事实、因果关系和主观过错。而知识产权侵权的构成要件,通常认为"违法行为"是必不可少的,而"损害事实"不再是必需的,即有些侵犯知识产权的行为并不要求有损害事实(后果)的实际发生,因此"因果关系"也是针对知识产权侵权行为已经造成损害事实（后果）而言。"主观过错"也不是必需的构成要件，我国《专利法》《商标法》等均确立了无过错侵权责任，即使行为人主观上无过错，也应承担停止侵权的法律责任，如果行为人主观上有过错，则还需承担损害赔偿的法律责任。

1. 专利侵权行为

专利侵权行为包括非法实施他人专利行为和假冒他人专利行为。

非法实施他人专利行为，《专利法》第十一条规定："发明和实用新型专利权被授予后，除本法另有规定的以外，任何单位或者个人未经专利权人许可，都不得实施其专利，即不得为生产经营目的制造、使用、许诺销售、销售、进口其专利产品，或者使用其专利方法以及使用、许诺销售、销售、进口依照该专利方法直接获得的产品。外观设计专利权被授予后，任何单位或者个人未经专利权人许可，都不得实施其专利，即不得为生产经营目的制造、许诺销售、销售、进口其外观设计专利产品。"

非法实施他人专利行为应当满足两个条件：一是法律没有另外规定或未经专利权人许可；二是以生产经营为目的。具体包括：①制造、使用、许诺销售、销售、进口他人发明专利产品或实用新型专利产品；②使用他人发明专利方法以及使用、许诺销售、销售、进口依照该专利方法直接获得的产品；③制造、许诺销售、销售、进口他人外观设计专利产品。

假冒他人专利行为，主要侵害专利权人的标记权，具体包括：①未经许可，在其制造或者销售的产品、产品的包装上标注他人的专利号；②未经许可，在广告或者其他宣传材料中使用他人的专利号，使人将所涉及的技术误认为是他人的专利技术；③未经许可，在合同中使用他人的专利号，使人将合同涉及的技术误认为是他人的专利技术；④伪造或者变造他人的专利证书、专利文件或者专利申请文件。

2. 商标侵权行为

《商标法》第五十七条规定："有下列行为之一的，均属侵犯注册商标专用权：①未经商标注册人的许可，在同一种商品上使用与其注册商标相同的商标的；②未经商标注册人的许可，在同一种商品上使用与其注册商标近似的商标，或者在类似商品上使用与其注册商标相同或者近似的商标，容易导致混淆的；③销售侵犯注册商标专用权的商品的；④伪造、擅自制造他人注册商标标识或者销售伪造、擅自制造的注册商标标识的；⑤未经商标注册人同意，更换其注册商标并将该更换商标的商品又投入市场的；⑥故意为侵犯他人商标专用权行为提供便利条件，帮助他人实施侵犯商标专用权行为的；⑦给他人的注册商标专用权造成其他损害的。"

3. 著作权侵权行为

《著作权法》五十二条规定："有下列侵权行为的，应当根据情况，承担停止侵害、消除影响、赔礼道歉、赔偿损失等民事责任：①未经著作权人许可，发表其作品的；②未经合作作者许可，将与他人合作创作的作品当作自己单独创作的作品发表的；③没有参加创作，为谋取个人名利，在他人作品上署名的；④歪曲、篡改他人作品的；⑤剽窃他人作品的；⑥未经著作权人许可，以展览、摄制视听作品的方法使用作品，或者以改编、翻译、注释等方式使用作品的，本法另有规定的除外；⑦使用他人作品，应当支付报酬而未支付的；⑧未经视听作品、计算机软件、录音录像制品的著作权人、表演者或者录音录像制作者许可，出租其作品或者录音录像制品的原件或者复制件的，本法另有规定的除外；⑨未经出版者许可，使用其出版的图书、期刊的版式设计的；⑩未经表演者许可，从现场直播或者公开传送其现场表演，或者录制其表演的；⑪其他侵犯著作权以及与著作权有关的权利的行为。"

《著作权法》第五十三条规定："有下列侵权行为的，应当根据情况，承担本法第五十二条规定的民事责任；侵权行为同时损害公共利益的，由主管著作权的部门责令停止侵权行为，予以警告，没收违法所得，没收、无害化销毁处理侵权复制品以及主要用于制作侵权复制品的材料、工具、设备等，违法经营额五万元以上的，可以并处违法经营额一倍以上五倍以下的罚款；没有违法经营额、违法经营额难以计算或者不足五万元的，可以并处二十五万元以下的罚款；构成犯罪的，依法追究刑事责任：①未经著作权人许可，复制、发行、表演、放映、广播、汇编、通过信息网络向公众传播其作品的，本法另有规定的除外；②出版他人享有专有出版权的图书的；③未经表演者许可，复制、发行录有其表演的录音录像制品，或者通过信息网络向公众传播其表演的，本法另有规定的除外；④未经录音录像制作者许可，复制、发行、通过信息网络向公众传播其制作的录音录像制品的，本法另有规定的除外；⑤未经许可，播放、复制或者通过信息网络向公众传播广播、电视的，本法另有规定的除外；⑥未经著作权人或者与著作权有关的权利人许可，故意避开或者破坏技术措施的，故意制造、进口或者向他人提供主要用于避开、破坏技术措施的装置或者部件的，或者故意为他人避开或者破坏技术措施提供技术服务的，法律、行政法规另有规定的除外；⑦未经著作权人或者与著作权有关的权利人许可，故意删除或者改变作品、版式设计、表演、录音录像制品或者广播、电视上的权利管理信息的，知道或者应当知道作品、版式设计、表演、录音录像制品或者广播、电视上的权利管理信息未经许可被删除或者改变，仍然向公众提供的，法律、行政法规另有规定的除外；⑧制作、出售假冒他人署名的作品的。"

4. 商业秘密侵权行为

《反不正当竞争法》第九条规定："经营者不得实施下列侵犯商业秘密的行为：①以盗窃、贿赂、欺诈、胁迫、电子侵入或者其他不正当手段获取权利人的商业秘密；②披露、使用或者允许他人使用以前项手段获取的权利人的商业秘密；③违反保密义务或者违反权利人有关保守商业秘密的要求，披露、使用或者允许他人使用其所掌握的商业秘密；④教唆、引诱、帮助他人违反保密义务或者违反权利人有关保守商业秘密的要求，获取、披露、使用或者允许他人使用权利人的商业秘密。经营者以外的其他自然人、法人和非法人组织实施前款所列违法行为的，视为侵犯商业秘密。第三人明知或者应知商业秘密权利人的员工、前员工或者其他单位、个人实施本条第一款所列违法行为，仍获取、披露、使用或者允许他人使用该商业秘密的，视为侵犯商业秘密。"

（五）知识产权侵权的法律责任

知识产权侵权的法律责任包括民事责任、行政责任和刑事责任。

1. 民事责任

知识产权侵权的民事责任主要包括停止侵害、消除影响、赔礼道歉、赔偿损失等方式。

其中，赔偿损失的确定方法包括：第一，按照权利人因被侵权所受到的实际损失确定，即根据权利人的商品因侵权所造成销售量减少的总数乘以每件商品的合理利润所得之积计算。权利人销售量减少的总数难以确定的，侵权商品在市场上销售的总数乘以权利人每件商品的合理利润所得之积可以视为权利人因被侵权所受到的实际损失。第二，按照侵权人因侵权所获得的利益确定，即根据该侵权商品在市场上销售的总数乘以每件侵权商品的合理利润所得之积计算。第三，如果权利人的损失或者侵权人获得的利益难以确定的，可以参照该知识产权许可使用费的倍数合理确定。第四，法定赔偿。如果权利人的损失、侵权人获得的利益和许可使用费均难以确定的，人民法院可以根据知识产权的类型、侵权行为的性质和情节等因素，确定给予500万元以下的赔偿。

《民法典》第一千一百八十五条规定:"故意侵害他人知识产权,情节严重的,被侵权人有权请求相应的惩罚性赔偿。"因此,对故意侵犯知识产权,情节严重的,可以在按照上述方法确定数额的1倍以上5倍以下确定赔偿数额。

此外,权利人主张其为制止侵权行为所支付的合理开支,可以在上述赔偿数额之外另行计算。

2. 行政责任

知识产权侵权的行政责任是侵权人因违反知识产权相关法律规定而受到知识产权行政主管部门的行政处罚,主要包括警告、责令停止侵权行为、罚款、没收销毁侵权商品和主要用于制造侵权商品的工具等。

3. 刑事责任

知识产权侵权的刑事责任是侵权人触犯《刑法》第三章"破坏社会主义市场经济秩序罪"第七节"侵犯知识产权罪"的相关规定,构成刑事犯罪而应承担的法律责任,主要包括拘役、有期徒刑、罚金。

(六) 知识产权侵权的救济程序

1. 知识产权侵权的救济途径

知识产权被侵权后,权利人通常有以下几种救济途径:

(1) 民事诉讼。权利人可以向具有管辖权的人民法院起诉侵权人,请求人民法院判决侵权人承担民事侵权责任。

(2) 行政查处。权利人可以向相关知识产权行政主管部门进行投诉或举报,要求对侵权行为进行行政查处。

(3) 刑事控告。如果侵权人涉嫌犯罪,权利人可以向公安机关报案,也可以向人民法院提起刑事自诉,请求追究侵权人的刑事责任。

2. 知识产权民事诉讼的临时措施

(1) 临时措施概述

知识产权民事诉讼的临时措施,是指知识产权权利人或利害关系人在提起民事诉讼之前或者在民事诉讼程序之中,依法请求法院采取的行为保全、证据保全、财产保全等救济措施。临时措施不同于终局性救济措施,为知识产权权利人提供了更为有效的救济途径,对于保护知识产权权利人的合法权益、及时制止知识产权侵权行为,具有重要意义。

(2) 行为保全

行为保全包括诉讼行为保全和诉前行为保全。

诉讼行为保全是指,对于可能因侵权人的行为或者其他原因,使判决难以执行或者造成权利人其他损害的知识产权侵权案件,根据权利人的申请,人民法院可以裁定责令侵权人作出一定行为或者禁止侵权人作出一定行为。

人民法院采取诉讼行为保全措施,可以责令申请人提供担保,申请人不提供担保的,裁定驳回申请。人民法院接受申请后,对情况紧急的,必须在48小时内作出裁定;裁定采取保全措施的,应当立即开始执行。

诉前行为保全是指,权利人因情况紧急,不立即申请行为保全将会使其合法权益受到难以弥补的损害的,可以在提起诉讼之前向被申请人住所地或者对案件有管辖权的人民法院申请采取行为保全措施。

人民法院采取诉前行为保全措施，申请人应当提供担保，不提供担保的，裁定驳回申请。人民法院接受申请后，对情况紧急的必须在 48 小时内作出裁定；裁定采取保全措施的，应当立即开始执行。但需注意，权利人在人民法院采取保全措施后 30 日内不依法提起诉讼的，人民法院应当解除诉前行为保全。

根据《最高人民法院关于审查知识产权纠纷行为保全案件适用法律若干问题的规定》第六条的规定，上述的"情况紧急"包括：①申请人的商业秘密即将被非法披露；②申请人的发表权、隐私权等人身权利即将受到侵害；③诉争的知识产权即将被非法处分；④申请人的知识产权在展销会等时效性较强的场合正在或者即将受到侵害；⑤时效性较强的热播节目正在或者即将受到侵害；⑥其他需要立即采取行为保全措施的情况。

人民法院审查行为保全申请通常会综合考量下列因素，以决定是否采取行为保全措施：①申请人的请求是否具有事实基础和法律依据，包括请求保护的知识产权效力是否稳定；②不采取行为保全措施是否会使申请人的合法权益受到难以弥补的损害或者造成案件裁决难以执行等损害；③不采取行为保全措施对申请人造成的损害是否超过采取行为保全措施对被申请人造成的损害；④采取行为保全措施是否损害社会公共利益；⑤其他应当考量的因素。

（3）财产保全

财产保全包括诉讼财产保全和诉前财产保全。

诉讼财产保全是指，对于可能因侵权人的行为或者其他原因，使判决难以执行或者造成权利人其他损害的知识产权侵权案件，根据权利人的申请，人民法院可以裁定对侵权人的财产进行保全。

诉前财产保全是指，权利人因情况紧急，不立即申请保全将会使其合法权益受到难以弥补的损害的，可以在提起诉讼之前向被保全财产所在地、被申请人住所地或者对案件有管辖权的人民法院申请采取财产保全措施。

上述财产保全措施，可以采取查封、扣押、冻结或者法律规定的其他方法。

（4）证据保全

证据保全包括诉讼证据保全和诉前证据保全。

诉讼证据保全是指，在证据可能灭失或者以后难以取得的情况下，权利人可以在诉讼过程中向人民法院申请保全证据，人民法院也可以主动采取保全措施。

诉前证据保全是指，因情况紧急，在证据可能灭失或者以后难以取得的情况下，权利人可以在提起诉讼之前向证据所在地、被申请人住所地或者对案件有管辖权的人民法院申请保全证据。

3. 知识产权民事诉讼的管辖

知识产权侵权民事诉讼的地域管辖以侵权行为地或者被告住所地为原则，级别管辖以中级法院作为第一审法院为原则。但是，不同类型的知识产权侵权案件的管辖又略有差别。

（1）专利侵权诉讼的管辖

对于专利案件，从级别管辖的角度来看，由知识产权法院、最高人民法院确定的中级人民法院（一般是省级政府所在地的中级人民法院以及其他由最高人民法院指定的中级人民法院）和最高人民法院确定的基层人民法院管辖。从地域管辖的角度来看，由侵权行为地或者被告住所地法院管辖。

实践中，一般认为，侵权行为地包括：被控侵犯发明、实用新型专利权的产品的制造、使用、许诺销售、销售、进口等行为的实施地；专利方法使用行为的实施地，依照该专利方法直接获得的产品的使用、许诺销售、销售、进口等行为的实施地，外观设计专利产品的制造、销售、进口等行为的实施地；假冒他人专利的行为实施地，以及上述侵权行为的侵权结果发生地。

（2）商标侵权诉讼的管辖

对于商标案件，从级别管辖的角度来看，由中级以上人民法院管辖。各高级人民法院根据本辖区的实际情况，经最高人民法院批准，可以在较大城市确定1~2个基层人民法院受理第一审商标民事案件。从地域管辖的角度来看，由侵权行为的实施地、侵权商品的储藏地或者查封扣押地、被告住所地法院管辖。

这里需要注意的是，所谓侵权商品的"储藏地"，是指大量或者经常性储存、隐匿侵权商品所在地，而不是零散的、临时性的。"查封扣押地"是指海关、市场监督管理等行政机关依法查封、扣押侵权商品所在地，而不是法院证据保全或财产保全的地方。

（3）著作权侵权诉讼的管辖

对于著作权案件，从级别管辖的角度来看，由中级以上人民法院管辖。各高级人民法院根据实际情况，可以确定若干基层人民法院管辖第一审著作权民事纠纷案件。从地域管辖的角度来看，由侵权行为的实施地、侵权复制品储藏地或者查封扣押地，以及被告住所地法院管辖。

《最高人民法院关于适用〈中华人民共和国民事诉讼法〉的解释》第25条规定："信息网络侵权行为实施地包括实施被诉侵权行为的计算机等信息设备所在地，侵权结果发生地包括被侵权人住所地。"该条所称的"信息网络侵权行为"，一般是指侵权人利用互联网发布直接侵害他人合法权益的信息的行为，比如侵权人在互联网上发布的信息直接侵害权利人对作品享有的信息网络传播权等，而不是指只要案件事实与网络有关的侵权行为或不正当竞争行为均属于信息网络侵权行为。

（4）知识产权法院集中管辖

2014年11月6日，北京知识产权法院正式成立。2014年12月16日，广州知识产权法院正式成立。2014年12月28日，上海知识产权法院正式成立。

知识产权法院实行知识产权案件的集中管辖，具体管辖所在市辖区内的下列第一审案件：①专利、植物新品种、集成电路布图设计、技术秘密、计算机软件民事和行政案件；②对国务院部门或者县级以上地方人民政府所作的涉及著作权、商标、不正当竞争等行政行为提起诉讼的行政案件；③涉及驰名商标认定的民事案件。

三个知识产权法院在地域管辖范围方面有所差别。北京知识产权法院目前审理北京地区的知识产权案件，以及知识产权授权确权类行政案件；广州知识产权法院则可跨区域管辖，对广东省内的部分案件享有一审管辖权，对广东省内基层法院的部分上诉案件，享有二审管辖权；上海知识产权法院审理上海地区的知识产权案件。

4. 知识产权民事诉讼的时效

《民法典》第一百八十八条规定："向人民法院请求保护民事权利的诉讼时效期间为三年。法律另有规定的，依照其规定。诉讼时效期间自权利人知道或者应当知道权利受到损害以及义务人之日起计算。法律另有规定的，依照其规定。但是，自权利受到损害之日起超过二十年的，人民法院不予保护，有特殊情况的，人民法院可以根据权利人的申请决定延长。"诉讼时效期间届满后，侵权人可以提出不履行义务的抗辩，此时，权利人丧失胜诉权，无法再依法要求侵权人承担侵权责任。

《民法典》第一百九十五条规定："有下列情形之一的，诉讼时效中断，从中断、有关程序终结时起，诉讼时效期间重新计算：（一）权利人向义务人提出履行请求；（二）义务人同意履行义务；（三）权利人提起诉讼或者申请仲裁；（四）与提起诉讼或者申请仲裁具有同等效力的其他情形。"

知识产权民事诉讼适用前述《民法典》关于诉讼时效的相关规定。但需注意，权利人超过3年诉讼时效起诉的，如果侵权行为在起诉时仍在持续，在知识产权有效期限内，人民法院应当判决被告停止侵权行为，侵权损害赔偿数额应当自权利人向人民法院起诉之日起向前推算 3 年计算。

第二节　知识产权领域合规管理实务

一、知识产权管理合规的制度体系建设

（一）专利管理合规制度的建立、梳理与完善

1. 专利管理合规制度的建立要求

企业应根据自身性质、规模以及经营目标，建立适合的专利管理合规制度，实现合理有效的专利管理。专利管理合规制度的建立要求如下：

① 识别企业所涉及的专利，并以此为根据确定专利管理的适用范围；
② 确定所需的准则和方法，以确保专利管理的运行和控制有效；
③ 确保可以获得必要的资源和信息，以支持专利管理的运行和监督检查；
④ 实施必要的措施，以实现所策划的结果和对专利管理的持续改进；
⑤ 实施相应的措施宣传专利以及专利管理，培育专利文化。

2. 企业的专利管理职责

企业应制定具有如下特点的专利管理方针：①符合法律法规的要求；②符合企业总体方针；③根据企业所处的行业及其技术、经济实力和市场地位等因素制定；④贯穿在专利管理目标中；⑤由企业最高管理者发布；⑥使企业全体员工尤其是研发人员和专利管理人员知晓。

企业应明确具有如下特点的专利管理目标：①符合相关法律法规，满足企业总体发展对专利的需求；②与企业专利管理方针一致；③分解落实到各相关部门目标中，并体现在相应的文件中；④可量化；⑤被相关责任人员明确知晓；⑥被定期评价和改进。

3. 专利取得中的管理合规制度

（1）专利原始取得中的管理合规制度

在技术项目立项前和研发过程中，企业应进行专利检索，保存专利检索报告和记录。企业应定期更新专利检索报告，并保存检索记录。

通过单独研发获得专利时，企业应明确专利成果完成人，记录研发过程并保存研发记录，在研发记录中记录可识别的研发人员、时间、地点和研发内容。企业宜跟踪所在领域的专利动态，及时调整研发策略和方向。

企业通过合作开发获取专利时，应与委托方或者受托方签订书面合同，合同应明确成果的专利归属，明确双方应遵守的保密义务。企业与高校、科研院所进行合作开发时，应建立研究信息发布程序或者公布前的审查程序。

企业应审查通过研发取得的成果，并决定对成果的保护形式。对决定公开不需进行保护的成果应进行审查。对于需要保护的成果，企业应按照如下要求处理：①将成果作为专利保护的，在提交申请文件前，企业专利管理机构应对相关文件进行审核，并按照相关法律程序办理；②将成果作为商业秘

密进行保护的，应按相关程序进行保护。

（2）专利继受取得中的管理合规制度

企业通过继受方式取得专利的，在取得专利前，应确定拟取得专利清单，了解拟取得专利的状况，并保留记录。企业宜对拟取得的专利进行评估。

通过专利转让方式获取专利的，应订立书面合同，并在合同中注明受让的专利的法律状态、转让范围以及转让条件。通过并购重组获取专利的，应订立书面合同，并在合同中明确专利归属。企业应在合同中明确在继受取得专利基础上形成的新专利归属。对于以专利转让方式获得专利这一情况，在必要的情况下，可提前进行知识产权的尽职调查，以明确拟转让专利的权利归属、原始取得方式、专利质量、知识产权侵权风险等。

企业应按照法律法规的规定办理相关手续。

4. 专利维护中的管理合规制度

企业应做好专利的维持工作，包括：①应建立专利清单，并定期盘点，监控各类专利时限；②应依据不同专利的性质，定期评估专利维持成本并决定是否继续维持。

企业应做好专利的保护工作，包括：①应将涉及专利取得和确权的文件作为受控文件进行管理；②可根据自身情况和经营目标，在销售、宣传过程中宣示自有专利；③应建立产品销售市场监控办法，采取保护措施，及时跟踪和调查相关专利被侵权情况，建立和保持相关记录。当存在他人侵犯企业自有专利的情况时，企业应采取对应措施，减少专利被侵害的损失。

企业应做好法律风险防范，包括：①在采购过程中，应订立书面采购合同，并在合同中明确所采购标的物的专利侵权的法律责任；②在对外合作过程中，应订立书面合作合同，并在合同中明确相关专利权属或者相关专利的许可使用范围；③在进行产品许诺销售或者销售前，企业应对产品进行专利侵权检索，识别风险；④在遭遇侵犯他人专利的风险前，企业应制定并演练应对预案，并根据实际情况加以完善。

发现或监控到专利被侵犯的情况，企业可运用行政和司法途径保护专利。在处理专利纠纷时，企业应评估诉讼、仲裁、调解、谈判等不同处理方式对企业的影响，选取适宜的争议解决方式。

5. 专利运用中的管理合规制度

企业制定的专利运用策略，应建立在评估自有专利价值，收集分析专利和商业情报的基础上。其中，专利运用策略可包括专利实施、许可、转让、资本化，商业阻击、商业储备、商业联盟等。在开展专利运营活动时，应按照法律法规的规定办理相关手续。在进行专利的运用时，涉及第三方的情况应订立相关书面合同。

在下列情形出现时，企业宜进行专利评估：①继受取得经营发展所需专利时；②运用自有专利前；③涉及开发新技术、新产品、新业务的规划阶段；④产业出现新产品、新技术趋势；⑤新技术标准开始研发或者公布；⑥专利相关法律变动时。企业可自行对专利进行评估，也可委托专业机构进行评估。专利评估时应考虑法律因素、技术因素和市场因素。

6. 专利管理合规的文件制度

企业应编制专利管理文件，例如：①用于记录管理方针和目标的文件；②专利管理手册；③用于记录专利管理程序的文件，作为企业专利管理活动的运行依据；④为确保专利管理程序有效制定、运行和监督所需的文件，包括记录表格样式。

企业应建立专利文件管理控制程序，以实现例如以下方面的控制目标：①文件在发布前经过审核和批准；②必要时对文件进行评估和更新，并发布更新的文件；③确保在使用时能够获得适用版本的文件；④确保文件清晰、易于识别；⑤对于保密文件，应加以标注并采取保密措施；⑥对于废止文件，应加以标注并防止被误用；⑦对外来文件加以标注，对于可能成为证据的外来文件，明确取得时间、取得来源、保存方式与期限，并且妥善保管；⑧对于法律法规类文件，建立获取渠道并监测版本变动。

企业应对专利管理文件进行记录控制，例如，企业应建立和保存用于确保专利管理程序有效审核、批准、运行和监督所需的记录表格样式；企业应制订记录控制程序，以规定记录的标识、贮存、保护、检索、保留和处置所需的控制；企业应保持记录清晰，使其易于识别和检索。

企业还应编制和维护专利管理手册。专利管理手册应规定以下内容：①专利管理机构的设置、职责和权限；②专利管理程序各部分之间的关系。

7. 专利管理合规制度的保障制度

企业应设置专利管理机构，专利管理机构可以由企业最高管理者或专人领导。专利管理机构的职能如下：①组织编写企业专利管理方针、管理目标；②确保整个企业对专利管理目标的认知；③建立、实施并且持续改进专利取得、维护和运用所需的程序；④向企业最高管理者报告专利管理体系运行效果，并持续改进；⑤协调其他部门完成涉及专利的活动；⑥组织专利教育培训；⑦监督专利取得、维护和运用的相关环节；⑧在企业制定专利战略时，起草专利战略。

企业最高管理者或专人可以是企业专利管理的第一责任人。企业最高管理者或专人可以采取以下行动：①向企业全体员工传达专利的重要性；②制定专利管理方针；③确保专利管理目标的制定；④制定专利战略；⑤确保专利管理程序的制定；⑥进行专利管理评审；⑦确保资源的获得；⑧其他事项。

企业应配备专利管理人员。企业应有意识地在内部培养并选拔具有丰富专利工作经验且具有管理能力的人员，作为专利管理人员。企业可从外部招聘引进专利管理人员。企业应培训专利管理人员，使其了解专利相关法律法规、专利取得维护和运用实务以及其他专利相关知识。

企业应定期为全体员工提供必要的专利普及教育，并对新入职员工提供专利入职教育，教育内容包括专利基本概念、企业专利管理制度等。企业管理层应定期接受专门的专利教育或培训。企业应培训与专利工作相关的员工，使其了解与实现专利管理目标的关系。

（二）商业秘密管理合规制度的建立、梳理与完善

为维护企业核心竞争力，避免商业秘密泄露导致企业利益受损，企业应当重视建立商业秘密管理制度，具体可以包括以下方面。

1. 增强商业秘密保护意识

企业员工应当增强商业秘密保护意识。企业员工应了解及认识哪些行为会被认定为构成了《反不正当竞争法》所规定的侵犯他人的商业秘密。对于在进行商务合作和其他经济活动时掌握的他人的商业秘密，应当意识到自己负有的保密义务，并采取谨慎态度，避免违法披露和使用。同时，企业应当定期对不同部门的员工进行相应的保密培训，以巩固和提高员工的商业秘密保护水平。

2. 通过人力资源制度明确保密义务

企业应当以与员工签署保密协议、竞业禁止协议等方式，确立和规范员工的商业秘密保护义务，并在培训时对保密协议中涉及的保密义务、保密责任以及竞业禁止协议中涉及的竞业禁止的范围、期限等进行详细讲解。

对于离职人员或者退休人员，需要制定并执行"脱密"流程，办理交接手续，尤其是商业秘密的交接。

3. 及时梳理商业秘密及合法来源

企业应在日常的经营活动中注意及时、科学地汇总、梳理自己取得商业秘密及其来源的证据，如产品的实验记录、研发数据等。企业在生产经营过程中，如果参考、引用其他企业的数据或资料，应尽可能确认相关材料的来源，在使用时标注清楚，并妥善保存相关来源资料。

对于商业秘密，需要明确商业秘密内容，商业秘密有哪些载体以及载体，以及是否处于保密措施之下，采取的保密措施是否合适或合理。

4. 从合同履行的角度加强保密义务

针对合同履行前的洽商阶段，应考虑尽可能先行签署保密协议，就洽商中可能涉及的包括但不限于开发目标、商业诉求、定制要求、开发计划等涉及企业重要商业信息的内容以口头及书面方式明确其为保密信息。在保密义务方面，应当限制保密信息仅限于本次洽商使用，洽商各方应当采取合理的保密措施（包括对保密信息的标识义务等），洽商结束如未达成交易的，各方要及时删除副本、交还原件，并且参与洽商的人员也应当分别签署保密协议作为附件留存。

5. 履约中及时记录和存证

在合同履行过程中，任何一方的研发人员或现场人员均应做好工作的书面记录，对于可能产生新的研发成果的技术信息或技术方案，要及时申报企业评估和审查，以便未来发生争议时，作为证明该等技术方案为企业技术秘密的证据，这也涉及前面提到的技术秘密的载体管理。

6. 建立商业秘密专人专管机制

企业应当建立严格的商业秘密档案管理制度，落实专人管理，减少商业秘密泄露渠道。企业商业秘密仅限于对履行相关职务和职责的人员知悉，此外人员不应接触企业的商业秘密。对于涉密人员能够接触的商业秘密的范围、涉密等级，需要有明确的规定。

7. 建立监督追责以及应急补救机制

企业应建立商业秘密的监督追责机制，监督、警示、制止相关人员泄密，并予以及时处理和补救。另外，企业也应当建立泄密的应急补救机制和预案，减少因商业秘密泄露给企业带来的损失。

（三）商标管理合规制度的建立、梳理与完善

拟使用的商标标识最好在使用前就申请商标注册，以避免被第三方抢注。商标在申请前，需要对拟申请的商标标识进行初步的商标检索，以明确是否存在商标申请的阻碍或者商标侵权的风险。

在申请注册后也并非万事大吉，而是需要依据商标管理合规制度合规使用，否则会在各环节遇到商标使用风险。在电力产品销售推广过程中，企业的商标策略需要和企业产品和服务的销售策略进行有机衔接，否则将会堵塞电力企业的销售渠道，缩小其销售市场。尤其当第三方在类似商品或者服务类别上抢先注册了相同或者近似商标，电力企业产品销售和服务推广的市场空间势必会受到较大影响，很可能需要花费巨额成本才能挽回不利局面。另外，在商标使用过程中，也可能会存在不规范使用、连续三年不使用或超出商品或服务范围使用注册商标等违规情形。商标管理合规制度建设需要注重以下方面：

1. 商标布局

电力企业合规师需要明确，商标权利的获得与保护是多层次、多维度的过程，需要对电力企业的

核心商标进行确权并且在完成确权后进行扩大保护，这个时候就需要进行全方位的商标布局。商标布局是电力企业合规师进行商标管理体系搭建的重点任务，也是电力企业品牌和商誉长期性稳固发展的重要保障，其目的在于将电力企业市场运营中可预见、可商业化、相关联的标识进行商标申请注册，防止商标被抢注等情况发生。电力企业进行全面规范的商标布局可以有效避免产生潜在的商标纠纷，同时为进一步开拓销售和服务市场提供强有力的保护。

2. 商标的设计与选择

现如今，商标申请注册量日益增大，商标申请很有可能因为与他人在先商标近似而被驳回。电力企业合规师在商标设计与选择上应当综合考虑独创性、显著性、关联性等因素后进行商标申请，在商标的设计与选择过程中需要不断进行同类别及类似类别上的商标近似检索，以增加商标申请的成功率。电力企业合规师需要与不同部门加强沟通，明确商标在实际市场经营的使用要求，通过申请臆造词和独创设计的图形标识，尽可能地避免和减少与在先商标的权利冲突。

对于拟申请的商标标识，在该商标标识委托第三方设计的情况下，还需要关注该标识的著作权归属以及是否存在侵犯第三方的知识产权（尤其是著作权）风险。

3. 商标的申请注册

在商标已通过设计选择进入申请阶段，电力企业合规师可以自行申请也可以通过委托知识产权代理机构进行申请，但需要明确以下两点：

（1）商标近似检索

在商标申请前，需要在类似商品服务类别上进行商标检索，查看是否存在在先相同近似商标，确认所申请商标是否具有显著性，可以更好地把握商标申请的成功率，并在该过程中不断进行方案调整。

（2）商品及服务的选择

电力企业合规师可以参考行业惯例、最新的尼斯分类表确定所申请的商品与服务类别。电力企业合规师挑选的商品、服务既要覆盖现有业务范围，也要充分考虑到企业未来可能涉及的业务范围，同时，根据新商标法的修订，不能过多选择未实际涉及的类别，否则可能会面临被主张具有恶意或者连续三年不使用撤销申请等风险。

（四）著作权管理合规制度的建立、梳理与完善

对于电力企业而言，著作权管理主要面临的是计算机软件著作权管理不当的风险，对于计算机软件著作权的管理，企业可以结合实际情况采取以下具体措施：

（1）选用合适的版本管理器，对企业软件开发的不同版本进行版本管理和存档，并进行适当标注，标注内容应当至少包括开发人、修改人、升级的内容、升级人员、存储位置以及是否进行了登记。

（2）对已经登记软件的申报材料和软件代码单独建档管理，防止弄不清楚登记版本实际是哪个版本的情况。

（3）对所有软件的载体的电子文档增加必要的技术措施，使得只有必须查阅或使用的人员才可以接触该等技术资料。对纸质材料在档案室归档管理。

（4）与所有可能接触软件源代码或算法、数据结构等保密内容的人员签署保密协议。

（5）与软件开发人员签署知识产权归属协议，明确其完成的软件成果属于特殊职务作品，归于公司所有。

此外，对于电力企业自身使用的第三方计算机软件，还需要关注是否为正版，以避免被诉侵犯第三方的著作权。

（五）不正当竞争管理合规制度的建立、梳理与完善

企业反不正当竞争管理制度，主要是为了帮助企业了解、识别和防范内部和外部的不正当竞争行为及相应风险，企业主要可以从以下几个方面进行建立和完善：

（1）企业可以根据自身需求，明确反不正当竞争管理制度的目的、目标，并逐步落实方案。

（2）企业可以结合反不正当竞争相关法律法规（如《反不正当竞争法》），并结合司法实践，明确不正当竞争行为的基本内涵，例如不正当竞争行为的定义、常见的不正当竞争行为类型等。

（3）企业应建立相应机制，有效地预防、及时发现、评估和处理企业自身（内部）的不正当竞争行为，降低或避免损失。针对内部不正当竞争行为，应同时建立适宜的处罚制度。

（4）对于已经发生的内、外部不正当竞争行为，并可能给企业带来损失的，企业应建立从调查取证至诉讼等阶段的流程机制，以最大化保护企业的合法权益。

（六）企业数据管理合规制度的建立、梳理与完善

电力企业合规师可以作为数据合规官，数据合规官不仅要做好企业日常数据保护工作，也要时刻掌握数据合规的监管走向。可以主要从以下几个方面入手：

（1）自查数据安全

在实施数据安全治理前，电力企业合规师应积极与相关部门工作人员和项目实施人员保持沟通，对电力企业内部数据安全状态进行核查，从而更好地确定工作范围和内容。数据安全的核查范围可以具体分为数据生产安全、数据存储安全、数据交换安全、数据访问安全。

（2）搭建企业数据安全标准体系

根据电力企业实际业务情况，电力企业合规师应制定管理企业数据安全标准的制度规范，做到制度约束、规范管理，进行数据安全标准体系的规划设计，在制定数据安全策略，制定数据安全标准，制定数据安全控制及措施，制定数据权限管理规则，制定数据审批和确认规则，制定员工身份认证规则和对访问行为进行监控，制定信息密级划分的标准等方面，全面细致地参照官方相关技术要求、指导文件而进行搭建。

（3）管理和技术并行保障数据安全

电力企业合规师应积极建设数据治理体系，建立数据安全合规制度，将数据安全责任落实到具体负责人，实施行为管控，建立数据内部监测平台，确保数据合规。

（4）培养数据安全意识和技能

电力企业合规师应对接触数据的相关人员进行意识培养和技能培训。在数据安全方面，可将相关事件案例和法规政策定期进行宣讲，通过分享会、答题等形式提高相关人员的数据合规意识。同时，电力企业合规师需要对不同层次的工作人员制定有针对性的培训策略，并建立应急机制，提高企业员工对数据安全的管理技能。

（5）与外部保持持续友好联系

电力企业合规师有必要持续关注同行业内的、规模相当的、数据合规出色的企业操作，不断学习改进，弥补本电力企业的数据合规体系漏洞，争取做到低投入、高收效，降低企业数据违法违规的风险隐患。电力企业合规师同时也需要与监管部门保持良好沟通，这样不仅有助于减少误解，还可能获得及时且恰当的指导和支持。

（七）集成电路布图设计管理合规制度的建立、梳理与完善

集成电路布图设计具体是指集成电路中至少有一个是有源元件的两个以上元件和部分或者全部互连线路的三维配置，或者为制造集成电路而准备的上述三维配置。

电力企业合规师在对于集成电路布图设计管理合规建设时可以参考专利合规和商业秘密合规建设，梳理现有集成电路布图设计，对其向国家知识产权局申请集成电路布图设计登记，对于已登记集成电路布图设计由电力企业合规师统一负责管理。

如果布图设计登记申请涉及保密信息，含有该保密信息的图层的复制件或者图样纸件应当置于另一个保密文档袋中提交。除侵权诉讼或者行政处理程序需要外，电力企业合规师应保证未经许可的任何人不得查阅或者复制该保密信息。同时，电力企业合规师可以考虑设立专门的保密办公室或档案室由负责人员进行统一管理。

（八）与知识产权相关的人力资源管理合规制度的建立、梳理与完善

为切实落实企业知识产权管理，企业人力资源管理制度的衔接配合也十分重要。企业通过对员工入职、离职环节的有效管理，能够控制和降低因企业人员流动引发的知识产权泄露、侵权等风险。

1. 企业员工入职管理

员工入职前，企业可以从入职背景调查、文件签署等环节防控潜在的知识产权风险。

（1）入职背景调查

为防范员工入职所可能带来的知识产权风险，企业可以有针对性的对入职人员进行背景调查，重点可以核查学历背景、职业资质、商业利益冲突（如保密协议、竞业限制协议）、离职原因等信息，以了解待入职人员原单位与企业之间可能存在的与知识产权相关的冲突和风险。

（2）入职文件签署

针对企业高级管理人员、引入的核心技术人员（如从主要竞争对手处引入的敏感身份技术人员）以及其他将会接触企业核心知识产权的人员，企业有必要签署入职承诺函、保密协议等文件，以控制知识产权风险。针对其他员工，可以签署一般性的保密条款或保密协议等文件。

2. 企业员工离职管理

员工离职时，企业可以在工作及手续交接、后续跟进等环节防控潜在的知识产权风险。

（1）离职工作及手续交接

当与员工确认离职日期时，企业应安排准确、高效的离职交接工作。

企业人事部门应对离职的敏感身份人员出具解除或终止劳动合同通知书以及离职证明书（可以注明该人员仍在持续的保密义务），并及时办理档案和社保关系转移手续。并且，公司人事部门应要求员工填写员工离职交接单等文件，确认保密协议及竞业限制协议的签署情况。

企业技术部门应及时取消员工的工作邮箱、服务器访问权限、门禁账户等能够接触企业商业秘密的途径，从物理上隔绝企业保密信息的泄露。敏感身份人员所在的部门应对其技术资料采取有效措施妥善保管并进行加密。

员工所在部门的负责人还需要与该员工沟通联络的第三方或客户，避免因员工离职引发信息流通障碍，或发生员工离职带走客户的情况，影响企业的正常经营。

第六章　知识产权合规管理

（2）离职后跟进

企业人事部门应当对离职的敏感身份人员走向进行跟踪处理，确保竞业限制义务以及保密义务已得到实际执行。

（九）知识产权运营合规制度的建立、梳理与完善

对于企业而言，加强知识产权运营合规管理，一是需要完善企业内部的知识产权管理制度，防范知识产权风险；二是需要加强企业创新能力，推动企业竞争力提升，同时对形成的知识产权进行有效保护；三是对企业拥有的知识产权通过许可、转让或者资本化等方式予以运用，以及基于商业目的对商业竞争对手利用知识产权进行阻击，如提起专利侵权诉讼等。

总体而言，电力企业的知识产权运营合规管理包括但不限于制定合规管理战略、组建合规组织体系、确定合规实施方案、建立各类合规制度体系、跟踪实施过程、提供专题培训、培养专业人才、建立风险识别及处置体系。

二、知识产权的挖掘与保护

（一）知识产权挖掘与梳理的整体过程

知识产权的挖掘主要是专利挖掘，专利挖掘的过程也可以适用于集成电路布图设计的挖掘。在知识产权挖掘过程中，也可以涉及技术秘密的梳理，对于具有创新且不适合以专利保护的技术创新点可以用技术秘密的方式进行保护。

专利挖掘是指对创新成果进行创造性的分析和筛选，进而从专利保护角度确定用于申请专利的技术创新点和技术方案的过程。专利挖掘是构建企业专利资产，提升知识产权竞争力的基础。

1. 挖掘布局培训

由电力企业合规师对企业的技术团队进行现场的专利挖掘与布局培训，企业技术骨干和专利对接人到场参加培训。培训内容包括但不限于专利挖掘的对象、挖掘思路、挖掘方法、挖掘误区等。

2. 梳理创新点

电力企业合规师会同知识产权管理部门与相关技术部门（也可以包括外部的第三方服务机构）一起进行专利文献的检索与分析，以避免重复研究与侵权，同时运用专利制度的规则，提出能获得最大市场利益的有关技术路线和技术解决方案的建议，并填写创新点梳理清单。在研究开发过程中及完成后，都要进行必要的跟踪检索。

在研发过程中以及研发完成后，也需要形成补充的创新点梳理清单。

3. 技术沟通会

创新点清单完成后，由技术团队组织技术沟通会，并在技术沟通会上对创新点清单中所述的技术方案逐一介绍。需要技术人员结合图纸、模型、文字、图片、视频等方式介绍技术方案，最好由填写创新点清单的技术人员对技术创新点进行讲解。

4. 制作专利挖掘报告

电力企业合规师根据创新点梳理清单制作专利挖掘布局报告，至少需要包含方案名称、技术要点、技术问题、技术效果、替代方案、相关负责人、建议申请类型等内容。

5. 撰写技术交底书

由电力企业合规师提供技术交底书模版，并由技术人员依据专利挖掘布局报告制作技术交底书。技术交底书中需包含以下内容：

（1）技术名称

（2）背景技术

背景技术包括技术领域、本技术领域中现有技术的发展情况和存在的技术问题，以及与创新技术最接近的现有技术。写明现有技术的缺陷，通过客观评价，基于本创新技术能解决的问题明确发明目的，并指出现有技术的缺点。旨在介绍本创新技术的发展及应用现状以及其基于何种技术进行的改进。如果技术人员有检索到的相关现有技术文献或专利文献，可一并在背景技术部分中提供作为参考。

（3）创新点概述

简要阐述本创新技术相较于现有技术的创新点，以及这些创新点带来的、现有技术无法达到的有益效果或好处。

（4）技术方案

写明本创新技术解决其技术问题所采用的具体技术方案，并对照现有技术，说明本创新技术的有益效果。

（5）发明方案的技术效果

克服现有技术缺陷所指出的技术问题后而达到的积极效果，若存在多个可选的技术方案，也包含各个可选技术方案所获得的有益技术效果。

6. 专利申请与监控

技术交底书经审核之后，交由专利代理机构撰写并提交申请。企业需指定负责管理专利申请的对接人，与专利代理机构对接以监控专利申请的状态并及时处理相关流程事务。专利申请审查过程及授权后，年费缴纳均涉及官方期限，在企业内部需以表格记录形式或者专利管理系统工具来监控和跟进专利申请状态，以避免延误官方期限。

企业对专利的申请/专利的管理，包括以下内容：

（1）技术交底书经审核后，对接人发送到专利代理机构；若涉及技术交底书中所描述的技术方案存在不清楚或不完整之处，由对接人安排企业相关技术人员与专利代理机构的专利代理师沟通，待沟通且技术交底书已补充完整后，开始专利申请的撰写，企业可设置专利申请撰写初稿的返稿期限并监控该返稿期限。

（2）专利申请初稿返稿后，对接人将初稿交由相关技术人员审核，并在审核定稿后指示专利代理机构提交。

（3）对接人负责办理专利申请审查过程中的流程事务，包括协助准备专利申请需要提交专利局的文件、将审查意见通知书及专利代理师的答复意见转达给技术人员并在定稿后指示专利代理机构提交答复意见、监控审查意见通知书及其他官文的官方期限、官费的缴纳及期限监控，以及其他流程事项。

（4）专利授权后，监控年费缴费期限并按期缴纳。

（5）对已申请的中国专利申请，基于未来专利所涉及的产品是否进入海外提前布局国外专利，确认申请国外专利的中国专利申请，需注意监控12个月的优先权期限、PCT进入国家阶段的期限，并在期限内提交国外专利申请。

（二）知识产权的挖掘方式与流程

1. 明确挖掘方式，将专利挖掘的对象具体化

在企业中做专利挖掘工作，首先从专利挖掘工作开展的基础角度进行梳理，专利挖掘的方式有以下两种：

（1）以技术研发为基础的专利挖掘

技术研发是日常工作的核心，创新点大多产生于技术研发过程中，因此技术研发是最有效的专利挖掘出发点。根据技术研发的不同类型，可以将以技术研发为基础的专利挖掘进一步细分为以下四种方式：基于研发项目、围绕创新点、围绕技术标准、围绕技术改进。

（2）以现有专利为基础的专利挖掘

专利文件实际也是一种技术文件，因此对专利文件深入分析，基本可以掌握某个领域的技术发展历程和未来技术的发展方向，这些信息为企业制定未来的研发方向和目标具有重要的参考价值。

根据现有专利公开的技术情况，可以将以现有专利为基础的专利挖掘进一步细分为以下三种方式：

① 围绕完善专利组合：对于挖掘确定的技术创新点，区分企业的核心专利和外围专利，核心专利与外围专利相互补充且相互支持，从而为企业提供全方位的保护；

② 包绕竞争对手核心专利：包绕竞争对手挖掘企业技术的创新点，首先需要识别竞争对手核心专利，然后从不同技术方向围绕该核心专利来挖掘创新点并最终形成专利申请，包绕竞争对手核心专利进行专利挖掘通常企业之间进行专利交叉许可的基础；

③ 针对规避设计：以专利侵权的判定原则为基础，通过分析已有专利使企业产品的技术方案不落入已有专利的保护范围内。

企业基于实际的知识产权保护战略来确定专利挖掘的方式，确定专利挖掘的对象，也就是专利挖掘的客体。专利工程师越是把专利挖掘的对象具象化，后续专利挖掘工作的难度越小，专利挖掘工作的成效也会越大。

2. 企业专利挖掘的主体相互协作

企业的研发阶段是可能产生专利最多的环节，因此对专利挖掘的梳理应围绕企业研发部门的研发流程进行。通常，企业的研发流程可以划分为研发规划、研发立项、项目研发、产品测试和生产上市五个阶段，而这五个阶段涉及企业的以下三大主体：

① 研发部门的研发人员：研发人员是专利挖掘工作中的技术核心，决定了挖掘出的专利的创新高度；

② 专利部门的专利工程师：专利工程师是专利挖掘工作的核心，他们需要对内全面掌握企业研发和销售的具体情况，对外全面分析相关专利技术发展的态势和趋势，确定专利挖掘的方向，制定专利挖掘的计划并具体实施；

③ 销售部门的营销人员：销售部门能够从市场和用户的角度为专利挖掘工作提供方向上的支持。

在企业研发的上述五个阶段中，随时都可能存在专利挖掘的时机，在挖掘工作中会涉及创新点的方案化、创新点的纵向延伸和横向延伸、替代技术方案的扩展以及可申请主题的扩展。三大主体在专利挖掘过程中为相辅相成、相互协作的关系，如果发现了具有价值的创新点，都可以使用基于创新点的挖掘方法，扩展延伸更多的创新点，提出更多的专利申请。

3. 专利人员在专利挖掘过程中的必要准备

在专利挖掘前，对技术成果的现有技术有基本的了解。技术创新点通常会出现在部件的添加、减少、替换，部件与部件之间关系的变换，材料变换，物质组分，特定数值，方法步骤的增加或减少等方面。因此在专利挖掘中，专利人员应当时刻留意这些方面的技术方案，捕捉其中的创新点。

建立专利挖掘对照表，将产品的结构、电路、控制方法进行全面的细化，并及时更新专利挖掘对照表。专利挖掘对照表可以帮助专利人员降低挖掘遗漏的风险。

4. 企业专利挖掘的常规步骤

企业专利挖掘团队按照以下五个步骤挖掘出技术创新点：

（1）技术人员讲解

技术人员通常最熟悉技术研究成果。在进行专利挖掘时，应当首先由技术人员讲解技术成果，专利人员应当引导技术人员阐述他们所认为的创新点。技术人员阐述的创新点通常是整个技术成果中最为核心的创新点，极有可能成为专利人员要捕捉的核心专利。

（2）从核心部件到次要部件进行专利挖掘

一项技术成果，以产品为例，通常可以分为核心部件和次要部件，其中次要部件通常是参照核心部件的要求进行设计的。因此，技术创新点通常会集中在核心部件上，并从核心部件辐射至次要部件。专利人员应当以核心部件为切入点，结合技术人员的讲解收集技术创新点，进一步开展全面有序的专利挖掘。专利人员在这一过程中需要区分所有创新点的层次，布局哪些作为核心专利，哪些是外围专利，从而进行申请。

（3）沿单一方向进行专利挖掘

如果无法将技术成果区分出核心部分和次要部分，可以沿单一方向进行专利挖掘。所谓单一方向，可以是空间上的，如从上到下、从左到右、从内到外等；也可以是时间上的，如从第一步到最后一步，都是可以遵循的方式。选择最合适的方向，认真核查每一个部件或步骤，可以保证不会遗漏当前技术成果的创新点。沿单一方向进行专利挖掘可以极大地提高专利挖掘的全面性，有效防止遗漏技术创新点。

（4）回忆未被采用的方案

前三个步骤能够直接呈现一项技术成果的技术创新点，但一些在研发过程中提出过但未被采纳的方案，通常不会被重视而可能被忽视。专利人员应当注意，这些创新点虽然没有最终在技术成果中被采用，仍然应当考虑是否要申请专利，因为竞争对手在研发相同技术成果时，极有可能遭遇相同的技术问题，这些本次未被技术人员采用的方案，完全有可能出现在竞争对手的技术成果中。因此务必将这些创新方案也申请专利，可以极大地丰富专利组合。

（5）拓展

专利人员将前四步找到的技术创新点进行整理，再次与技术人员一起，针对每项技术创新点进行讨论，寻找拓展方案，例如替代方案、改劣方案等。拓展方案通常会因为与已整理的创新点属于相同的发明构思，所以不会作为一件独立的专利申请，但对丰富当前专利申请中的实施例，增加权利要求的层次，支撑独立权利要求获得更大的保护范围，仍然具有重要作用。

5. 专利挖掘的误区

专利挖掘存在四个误区。这四个误区往往是在挖掘自有技术成果的时候出现的。

第一个误区，申请专利，得技术含量高。专利授权与否，在于申请保护的技术方案相对于现有技术是否存在实质性区别，是否容易想到，与技术含量高低没有必然关联。

第二个误区，申请专利，结构不能简单。这与第一个误区有相似之处。有时，因为简单的结构解决了技术问题，简单也意味着不简单。而且，因为企业的研发人员是本领域的技术专家，在他们看来很多方案都简单。但是，在审查一个技术方案是否具有新颖性和创造性的时候，是站在本领域普通技术人员的角度。本领域的普通技术人员与本领域的技术专家，二者对于同一个技术方案创新性判断显然会存在较大的差异。

第三个误区，是必须做出了产品或者得到了验证，才能申请专利。申请专利要求将创新性的技术方案充分公开，并不要求这些技术方案已经付诸实施。

第四个误区，认为改进技术没有必要申请专利。企业对于核心技术申请了专利之后，往往就认为自己的技术已经得到了专利保护，从而放松对专利的进一步申请，甚至会认为改进技术没有必要申请专利。可是，研发不是一劳永逸的，技术一直在进步，竞争对手也一直在进步。而且，改进技术对于保持技术高地以及技术创新的延续性，有着极其重要的作用。

三、知识产权风险的识别、分析与防范

（一）专利风险识别、分析及防范

企业常见的专利法律风险主要有以下五类，其风险识别及防范措施如下：

1. 专利申请策略风险

（1）保护方式选择

对于一项创新技术，可以采用专利保护，也可以采用技术秘密保护。专利是以公开换保护；而技术秘密则是以保密的方式来保护，两者是截然不同的保护方式。因此，对于创新技术，到底采用哪种方式，需要权衡。

（2）提交日期选择

申请专利保护需要向相关受理机构提交专利申请。但是过晚申请专利可能使得专利技术在专利申请日之前已经被他方或本企业公开，从而导致专利的新颖性丧失。此外，即使不存在申请日以前专利技术被公开的情况，过晚申请也可能因为新的对比文件或新技术的出现而导致创新性丧失或者专利保护范围限缩。

（3）是否提前公开选择

根据专利法相关规定，发明专利的文本是从申请日之日起18个月公开，但是，基于加快审查制度或者提前公开请求，专利的申请人也可以要求提前公开该文本。

在没公开的情况下，申请的专利文本不为公众所知，但是一旦公开，就意味着竞争对手可以研究和借鉴专利文本中公开的技术和构思，这不仅能让竞争对手明了企业所拥有的技术以及当前研发方向，也给竞争对手带来技术上的后发优势。

此外，在技术不完备、研发跟进不够的情况下，过早公开专利可能使得竞争对手发现并利用在先专利申请中的漏洞，例如针对在先专利申请中的技术方案优选改进方案提出专利申请，或者针对实现在先专利申请中的方案时必要的辅助设备或工艺提出专利申请，这些都会大大减少企业所拥有的核心技术的实际价值和竞争力。

（4）专利布局风险

企业有可能较少考虑后续市场发展以及竞争对手的专利申请情况，以及考虑国外申请专利的高昂费用，会忽视国外的专利申请。

此外，企业在申请专利的时候，可能存在仅对于核心技术申请了专利，对于改进技术、辅助技术并未申请专利的情况。这导致专利保护在技术布局上存在疏漏。

防范措施

首先，对于一项创新技术，需要明确可能存在的技术秘密，区分是专利保护还是技术秘密保护，以及在需要专利保护的情况下明确哪些技术内容或技术方案需要放入到专利申请文件中。

其次，对于一项专利的提交日期，一般需要尽早申请。另外，需要设置知识产权前置审核制度，避免出现因为企业自身原因（例如，宣传、新产品销售等）导致出现关于专利新颖性的问题。

再次，对于是否提前公开，需要基于研发进度以及企业的需要，统筹规划，避免一刀切的提前公开或者不提前公开。

最后，对于专利布局，需在研发之初以及研发过程中就考虑技术布局以及地域布局事宜，在做好技术布局的基础上，利用巴黎公约或者是专利合作条约，基于成本考量、市场前景以及与竞争对手竞争的需要，做好地域布局。

2. 专利质量风险

授权专利质量的高低，直接关系到能否有效的保护创新技术，有好技术未必有好专利。高质量的专利，有助于基于创新点确定大的保护范围，也有助于保持专利的稳定性，从而在专利维权或者专利许可谈判中占得先机。

防范措施

要防止或减少专利质量风险，需要关注三个阶段，每个阶段均有侧重。

专利的撰写阶段。对于一项技术，其是否得到了有效保护，撰写阶段基本决定了70%以上，后续的审查意见答复、专利无效和专利侵权诉讼，并没有太多的回旋余地。专利撰写，是专利保护的起点和基础。

审查意见的答复阶段。发明专利申请，获得授权之前需要经过实质审查，审查员会发出审查意见通知书，而专利申请人则会针对审查员的审查意见予以答复，可以修改申请文件，也可以不修改，并且陈述答复理由。但是，在审查意见中的一些意见陈述会对权利要求的保护范围有限制作用。简单而言，对于审查意见答复阶段，要尽量小地缩小独立权利要求的保护范围。

专利无效阶段。一般而言，如果被诉专利侵权，被告往往会到专利局提专利无效，专利无效也往往与专利侵权是紧密联系在一起的。这时，作为专利权人，就需要注意专利无效与专利侵权诉讼的配合，尽量不出现专利权保住了，但是对方不构成侵权的情况。

3. 专利侵权风险

基于《专利法》第十一条的规定，发明、实用新型和外观设计专利权被授予后，一般而言，任何单位或者个人未经专利权人许可，都不得实施其专利。这是法律赋予专利权人的排他性权利。

专利侵权风险，简而言之，就是侵犯他人的专利权的风险。

被诉专利侵权，除了消耗企业很多的资源和精力之外，如果被认定侵权，则需要承担很多不利后果。最常见的后果是停止侵权行为，例如，不能制造、销售被诉侵权产品，如果被诉侵权产品是企业的主打产品，这种一纸禁令，对企业而言可能是灭顶之灾。

被认定专利侵权之后，还可能需要承担侵权赔偿责任。根据《专利法》第六十五条第一款的规定，专利权人因侵权所受的实际损失按照以下顺序依次适用：权利人因被侵权所受到的实际损失；侵权人因侵权所获得的利益；参照该专利许可使用费的倍数；法定赔偿等。在国家日益重视知识产权保护，促进创新的大背景之下，专利侵权的赔偿额，后续应该会有较大的增长。

防范措施

首先，要明确获得了专利不意味着不侵权。这涉及专利侵权判定规则——全面覆盖原则。

基于全面覆盖原则，容易理解"有专利不意味着不侵权"。假定企业自己研发了一项技术，获得了授权，其授权方案是ABC组成的方案。但是，如果在企业的ABC方案之前存在一些更基础的方案，例如A方案或者B方案或者AB方案都获得了授权，那么基于全面覆盖原则，企业未经许可实施自己的专利方案ABC，也会侵犯他人的A方案或B方案或AB方案的专利权，这就是有专利不意味着不侵权。

因此，对于专利侵权风险，首先需要明确一个观点或者意识，有专利不意味着不侵权。

其次，注意合同防范。例如在采购合同、委托开发合同、许可合同和转让合同中，作为技术获取方，明确约定权利瑕疵担保条款，即如果存在专利侵权，则由对方承担责任。

最后，做好专利预警分析。专利预警分析或者自由实施分析，简而言之，是指对企业实施的技术是否侵权他人的专利权进行调查分析，并作出是否侵犯他人专利权的分析报告，如果存在侵权的可能性，给出规避建议。

4. 权属纠纷风险

权属纠纷风险，比较常见的是职务发明的权属纠纷。职务发明是员工执行本单位的任务或者主要利用本单位的物质技术条件获得的发明创造，其权利归属于员工所在单位。但是，有时会存在纠纷风险，尤其是员工执行的工作是非本职工作的情况下。

权属纠纷有时也存在从竞争对手那里招聘研发人员的情况，比如，招聘的员工将原单位的技术成果拿来用，那么其所做出的研发成果就可能存在权属纠纷方面的问题，甚至还可能侵权原单位的技术秘密。

防范措施

防范措施包括留存任务证据、成果证据和权属证据。

所谓任务证据，即向员工分派任务的书面证据，尽量避免口头分派的方式；所谓成果证据，即确认该员工完成了该研发成果的证据，例如研发报告、PPT、邮件等；所谓权属证据，可以是员工书面承认技术成果归属于单位的证据。

5. 奖酬纠纷风险

对于专利的奖酬纠纷，存在的情况往往是单位没有约定和执行对于专利的发明人的奖励和报酬，在这种情况下，基于专利法的相关规定，例如对于发明，单位需要拿出营业利润的2%给发明人，如果是许可产生收益，则需要拿出许可费的10%给发明人，这数额还是很大的。因此，需要防范这方面的风险。

防范措施

> 可以在规章制度中明确奖励和报酬的数额，根据上述规定对研发人员进行培训，并留存培训记录，也可以在劳动合同中约定好奖励和报酬的方式。
>
> 此外，企业需要保存发明人领取奖励和报酬的证据。

（二）商业秘密风险识别、分析及防范

1. 商业秘密管理风险

企业的商业秘密管理风险主要包括：

（1）企业未建立有效的商业秘密管理制度，没有及时识别商业秘密并提供合理保护措施，存在被他方窃取的风险。

（2）企业对核心人员缺少适当的商业秘密培训和积极管理，导致该等核心人员对商业秘密保护意识不足，对参与的项目或接触的核心资料保密力度不够，造成企业商业秘密泄密的风险。

（3）企业对不同员工未设置不同的保密义务，特别是员工流动时，员工以不同方式对外披露企业商业秘密，增加了企业商业秘密泄密的风险。

（4）企业与各类第三方的合作中，缺少对保密义务的设置或设置保密义务的时间较晚，导致第三方在无任何保密义务和责任的情形下，接触企业的核心商业秘密，造成企业商业秘密泄密的风险。

（5）企业员工或外部合作方在接触企业商业秘密时，企业均无权限限制或者权限限制过宽，增加了企业商业秘密泄露风险。

2. 商业秘密管理风险防范措施

针对上述法律风险，企业可以从以下方面建立相应的防范措施：

（1）根据实际情况建立专门的商业秘密管理部门，并安排负责人员，制定商业秘密管理制度以及监督、落实该等商业秘密的执行。企业可以考虑由知识产权部门或法务部门承担相应的管理职责，生产业务部门、技术部门、财务部门、人事部门等予以配合。

（2）制定合理、有效的商业秘密管理制度，切实保护企业商业秘密，防控商业秘密泄露及侵权等风险。企业可以根据所在行业、企业规模、业务情况、企业组织结构等确定自身的商业秘密范围、核心商业秘密、商业秘密分级管理策略、商业秘密审查、管控的机制和流程等。

（3）通过合同约定落实内外部的商业秘密保密义务和责任，比如普通人员、核心人员的保密协议、竞业限制协议，外部合作方（包括投资方、委托方、采购方、中介机构等）的保密协议等。

（4）强化商业秘密的物理保护措施，比如划定保密区域，限制商业秘密权限，增设监控装置，增

加文件保密标识等。

（5）加强对商业秘密载体的管理。商业秘密的载体，是指以文字、数据、符号、图形、图像、声音等方式记载商业秘密的纸介质、磁介质（包括计算机硬盘、软盘、U盘、移动硬盘、磁带、录像带等）以及光盘等各类物品。企业可以通过对商业秘密的接触管理控制商业秘密的流动，以减少商业秘密的不必要披露。载体的管理，一是要全面，即将所有可能涉密的载体都置于保密措施之下；二是注意对于研发成果的记录和留存，可以利用研发成果上传制度，那么这些记录和留存，不但可以形成技术秘密载体，而且可以证明研发人员本身是涉密人员。

（6）对员工定期进行商业秘密培训，提醒员工对企业商业秘密的自主和有效的保护。

（7）谨慎对待对外披露资料（包括信息披露、公众发言、论文、社交媒体、新闻稿等形式）中可能涉及的企业商业秘密。企业可以建立事前审核机制，以防控企业商业秘密泄露的风险。

（8）加强对涉密人员的管理。以技术秘密管理为例。首先，明确哪些可能是涉密人员。其次，加强对涉密人员的知识培训，一是让其知晓哪些是技术秘密，需要采取哪些措施防止泄密；二是也告知自己泄密可能导致的责任，包括刑事责任。再次，采用合同管理，与涉密人员签署保密协议以及竞业限制协议。然后，对涉密人员实行权限管理，限制不同涉密人员可以接触技术秘密的权限和范围。最后，对于离职的涉密人员，可以在提交离职申请后，将其提前调离岗位，执行脱密处理，在离职的时候，需要签署移交清单，移交清单可以起到对技术秘密进行梳理的作用，同时移交清单的签署还表明了技术秘密的归属以及涉密人员确实接触了该技术秘密。

（三）商标风险识别、分析及防范

电力企业合规师应着眼商标布局，对于本企业已注册商标进行规范使用和侵权监控，电力企业合规师对商标的合规管理尤为重要，合规管理首先需要进行风险识别，只有正确识别出潜在的商标风险，电力企业合规师才能选择适当有效的方法进行处理。商标合规管理的主要风险点在实务中体现在民事、行政、刑事三个方面。

1. 商标合规管理民事风险

电力企业合规师应时刻关注最新司法动态，跟进各地侵害商标权民事纠纷案件审理指南以及司法案例的研究。目前来看侵害商标权民事纠纷案件通常包括商标侵权，即未经许可，在同一种或者类似商品或服务上使用与注册商标相同或者近似的商标等，由权利人提起民事诉讼主张侵权人的商标侵权责任，适用的法律规范主要包括有《商标法》第十三条、第五十七条，《商标法实施条例》第七十五条、第七十六条以及《商标纠纷解释》第一条的规定。

2. 商标合规管理行政风险

在行政责任方面，电力企业合规师可以参考国家知识产权局发布的《商标一般违法判断标准》，该标准合计三十五条，大体分为九大类，如有违反，将会受到商标执法部门查处。

3. 商标合规管理刑事风险

在商标刑事责任中，侵犯知识产权犯罪案件罪名比较集中，主要是假冒注册商标罪和销售假冒注册商标的商品罪。具体可参见法律汇编中关于假冒注册商标罪、销售假冒注册商标的商品罪等法律条款。

针对上述风险，电力企业合规师可从以下几方面开展注册商标的风险防范工作：

商标合规核查。商标合规核查是指对企业注册商标的状况进行核查，核查内容包括注册信息和使用情况，注册信息主要有商标文字的含义及来源、商标字体来源、商标图案含义及来源、商标颜色含义及来源、核定使用的商品及类别的选择依据、商标权利取得的渠道等；使用情况主要考察商标的实际使用是否规范，如是否与注册信息一致，是否规范地使用注册符号，是否有损害商标识别力的行为等。

规划商标体系：电力企业合规师可以通过规划商标体系来准确掌握电力企业每个注册商标的使用类别、用途、对应产品、在品牌架构中的位置、市场功能、核心价值等，进而对注册商标进行有目的地分层管理，对于核心商标要加大保护力度，对于未涉及使用的商标类别要注意使用防止第三人提交撤销申请，实现注册商标风险的控制。

明确商标使用规则。明确电力企业在市场经营活动中实际使用的注册商标，明确商标注册证上所要求的字样、字体、图形、色彩等，避免实际业务中出现变形使用，实时跟进业务部门或者其他营销宣传部门进行的使用方式，明确商标的授权使用及许可等方式的使用要求。

网络及线下监控：通过网络媒体宣传、不同公司尤其是同行业公司新闻、网页、线下市场检测等不同方式进行商标风险监控，对于潜在的商标侵权行为进行防控，对于已发生的商标侵权行为及时固定证据，进行行政投诉或者提起诉讼等予以维权。

此外，还需要考虑如下商标风险：

（1）商标侵权风险

防止或者减少商标侵权风险，就需要在品牌使用前做检索，明确是否存在相同或近似的商标。

（2）商标设计风险

商标设计风险主要涉及著作权的归属以及知识产权侵权风险。防止商标设计风险，在委托他人设计商标时，需要关注以下两点：一是在委托设计合同中要明确设计作品的权利归属于自己，还需要约定权利瑕疵担保条款，也就是约定一旦出现设计的作品侵犯了其他的知识产权，那么侵权责任由设计方承担；二是最好选择有实力、靠谱的设计单位。

（3）商标被抢注风险

商标被抢注也是一种非常常见的风险。申请商标的成本很低，但是一旦被抢注，如果将抢注的商标拿回来就要付出很大的代价，在拿不回来的情况下，很可能导致前期的商业宣传打水漂。对于企业而言，一般是商标先行，避免出现在产品上市或者在商业推广之后才去申请商标这样的情况。

（四）著作权风险识别、分析及防范

企业常见的著作权风险和防范措施包括：

1. 企业著作权维护

企业经营中，对有价值的创作作品应当及时识别、评估并提供适当的著作权保护，避免怠于维护企业创作作品导致的著作权失权风险，将花费更大的维权成本。

企业应根据自身需求，建立著作权维护机制。在日常业务中，企业应当及时确定有价值的著作权类型和内容，加强对该等作品的创作留痕和保管制度，并适时选择著作权保护方式。

2. 委托或合作创作作品权属

企业在经营中，可能会有大量的委托或合作创作作品的情况，如软件开发等，但对于委托或合作创作作品成果权属，经常没有约定或者约定不明而引发权属纠纷风险，常见表现为：对作品成果的权属范围不明确，如仅约定成品权属而忽略半成品的权属约定；对作品的权属未予重视，而在此后使用时受到较大限制，无法发挥订约目的；未争取到著作权归属的，对使用范围约定不明的，这在此后使用时不仅受到较大限制，而且还导致违约或侵权风险。

虽然《著作权法》对委托作品及合作作品的权属有一些兜底规定，但在企业生产经营中仍远远不够。企业需要根据实际情况，对所涉及的著作权权属、使用、收益等事项进行定制化约定，特别是对企业较为重要的作品内容，以免企业对其失去控制。

3. 著作权许可范围

企业对他方的著作权许可为对自身财产性权益的使用，应当订立清晰的著作权许可合同，以明确被许可方使用企业著作权的范围。如果约定的范围过于宽泛，则被许可方支付的对价可能与许可范围不匹配，造成企业的重大经济损失，甚至造成被许可方扩大使用企业著作权的情况，导致违约或侵权纠纷。

根据现行《著作权法》相关规定，许可使用合同包括下列主要内容：①许可使用的权利种类；②许可使用的权利是专有使用权或者非专有使用权；③许可使用的地域范围、期间；④付酬标准和办法；⑤违约责任；⑥双方认为需要约定的其他内容。

针对上述内容，企业应尽可能详细约定，以量化企业著作权许可的内容，明确企业著作权的权益内容，减少著作权许可纠纷。

4. 职务作品的界定

对于企业而言，与员工之间的著作权关系也应高度重视，即对职务作品的界定，否则双方很容易因此产生纠纷。

根据现行《著作权法》的规定，职务作品为自然人为完成法人或者非法人组织工作任务所创作的作品。职务作品的著作权一般由作者享有，法人或者非法人组织有权在其业务范围内优先使用，且在作品完成两年内，未经单位同意，作者不得许可第三人以与单位使用的相同方式使用该作品。

对于职务作品，也有以下特殊情形，即作者享有署名权，著作权的其他权利由法人或者非法人组织享有：主要是利用法人或者非法人组织的物质技术条件创作，并由法人或者非法人组织承担责任的工程设计图、产品设计图、地图、示意图、计算机软件等职务作品；报社、期刊社、通讯社、广播电台、电视台的工作人员创作的职务作品；法律、行政法规规定或者合同约定著作权由法人或者非法人组织享有的职务作品。

由此可见，企业可从两方面明晰职务作品的内容：一是把握职务作品两个重要认定条件，"完成工作任务"和"利用法人物质技术条件"。实践中，员工的工作任务通常是指与履行岗位职责有关的任务；而利用法人物质技术条件则是指员工在作品创作过程中，全部或者大部分利用了法人或者非法人组织的资金、设备、器材或者原材料等物质条件，并且这些物质条件对形成该创作作品具有实质性的影响；二是在与员工（特别是核心人员）的劳动合同中，界定职务作品内涵并约定归属和使用、收益情形等。

5. 著作权侵权风险

对于企业使用他方著作权的情况，比如使用他方文字作品、软件、图片等，企业应及时审核、评估侵权风险，避免因著作权侵权造成的经济损失和商誉损害等。

企业可以根据自身需求，建立必要的著作权使用的审核和惩处机制。在日常经营中，对可能或已经使用他方著作权的情形予以认定和评估，确保符合著作权法等相关法律的规定，并对相关资料的合法来源进行妥善保管，以应对著作权侵权纠纷。

（五）不正当竞争风险识别、分析与防范

企业的不正当竞争风险主要来自两方面：一是企业因自身的不正当竞争行为所造成的损失和损害；二是企业因他方的不正当竞争行为所造成的损失和损害。

针对企业自身不正当竞争行为，如前文所述的混淆行为、虚假宣传行为等，企业将可能承担以下法律责任，由此，不仅会造成企业重大的经济损失，也会对企业的商业信誉造成不良影响，从而对企业发展产生不同程度的冲击。

1. 民事责任

经营者违反《反不正当竞争法》相关规定，给他人造成损害的，应当依法承担民事责任。因不正当竞争行为受到损害的经营者的赔偿数额，按照其被侵权所受到的实际损失、侵权人因侵权所获得的利益予以确定，若难以确定的，人民法院可以根据侵权行为的情节判决给予权利人500万元以下的赔偿。

2. 行政责任

基于经营者的违法行为，监督检查部门有权责令经营者停止违法行为、没收违法商品或违法所得、罚款、吊销营业执照等处罚。经营者从事不正当竞争而受到行政处罚的，监督检查部门将记入信用记录，并依照有关法律、行政法规的规定予以公示。

3. 刑事责任

经营者的违法行为构成犯罪的，将被依法追究刑事责任。

他方不正当竞争行为，很可能破坏市场竞争秩序，妨碍企业在正当竞争环境下应获得的市场利益。虽然，企业可以在事后通过司法诉讼手段或者监督检查部门执法，维护自己的合法权益。但是，他方不正当竞争行为仍将对企业原本的竞争状态造成以下影响：

（1）他方不正当竞争行为持续时，将在一定时间内限制企业的市场发展。

（2）企业在维权或进行商业补救时，将付出更多的资源成本。

（3）即使获得补偿或补救，企业可能无法完全恢复到原本的竞争状态，从而需要付出更多的精力，甚至是无法再继续发展和开拓。

为缓解或避免前述不正当竞争风险，企业也应从自身和他方两个角度进行风险防范：一方面，企业应当充分了解我国《反不正当竞争法》的相关法律限制以及禁止的不正当行为，结合企业自身业务开展情况，制定相应的不正当竞争管理制度，以便在企业生产经营过程中，能够较为及时、准确地预防企业不正当行为，以及降低企业已经发生不正当竞争行为所造成的影响和损失；另一方面，企业应根据业务及市场竞争情况，建立相应的不正当竞争防控机制，及时发现他方不正当竞争行为并且作出适当的减损处理。

（六）集成电路布图设计风险识别、分析及防范

集成电路是微电子技术的核心，是现代电子信息技术的基础。集成电路的应用极为广泛，计算机、通信设备、家用电器等几乎所有的电子产品都离不开集成电路，也是电力企业的重要知识产权组成内容。对于集成电路布图设计风险合规的事宜，电力企业合规师需要注意集成电路布图设计的侵权风险防范。

1. 集成电路布图设计侵权判定原则

集成电路布图设计侵权行为判定原则采用与著作权相类似的"接触 + 相同/实质相同-合法来源"的原则。首先判断被诉侵权人是否具有接触布图设计的可能性，电力企业合规师在收集和固定证据时

需要证明被诉侵权人在被诉侵权行为发生前,具有接触权利布图设计的可能性,但是不要求举证证明已经实际接触。其次,需要判断被诉布图设计是否与权利布图设计相同或部分相同。最后,需要判断被诉布图设计是否具有合法来源。

不过,在获得含有受保护的布图设计的集成电路或含有该集成电路的物品时,不知道也没有合理理由应当知道其中含有非法复制的布图设计而将其投入商业利用的,不视为侵权。需要注意的是,如果通过购买等途径从他人处获得该保护的布图设计的集成电路或含有该集成电路的物品,上述集成电路或含有该集成电路的物品的制造者不适用该规定。

2. 集成电路布图设计侵权抗辩事由

电力企业合规师也需要不断学习布图设计侵权抗辩事项,一方面当起诉对方被控布图设计时可以考虑这些抗辩内容会是对方的分析重点,做到知己知彼;另一方面当己方电力企业因相关事宜被起诉时也可以作为防护进行破解。主要抗辩事项如下:

(1) 合法来源抗辩

如果本企业不是被控布图设计的集成电路或含有该集成电路的物品的制造者,则需要证明具有合法来源予以抗辩,证据主要体现为采购合同、发票等材料,以证明被控布图设计产品是从他人处合法获得。

(2) 不具有接触涉案布图设计的可能性

该举证责任主要在于主张方,因此可以同步证明并未接触被控布图设计图纸或产品或者不存在接触的可能性,以切断相关责任联系。

(3) 涉案布图设计不具有独创性

可以比照专利侵权、著作权侵权举证中的相关方法,例如检索现有设计,提供一份已经公开的常规布图设计来证明权利基础不稳固。

(4) 整理布图设计创作过程中的材料,从"独立创作"入手

电力企业合规师需要将本企业的布图设计创作材料进行整体梳理,保留创作过程的全部证据,证明所用布图设计是自己独立创作的。根据规定,对自己独立创作的与他人相同的布图设计进行复制或将其投入商业利用的,不视为侵权。

(5) 通过向知识产权局提出撤销意见来消除权利基础

可以比照专利侵权诉讼中的诉讼策略,根据权利布图设计的不同缺陷向知识产权局提出撤销意见,以此消除对方主张的权利基础,实现抗辩目的。

(七) 企业数据的风险识别、分析及防范

关于企业数据合规的风险识别,电力企业合规师应主要关注企业及企业员工涉及的以下风险点:个人信息与重要数据应在境内存储、处理,确需出境的,应经过网信部门的审批。电力企业应注意存储本企业各类信息的服务器所在地、使用的软件或互联网服务是否由境外主体提供,是否有数据违规出境的风险。

电力企业合规师应根据本企业资源、能力、经营领域和合规重点,制定和调整数据安全合规体系,具体可以参照方式如下:

1. 严格规范数据合规义务

与相关高层沟通,为保证数据合规分配足够授权、人力、财力和企业内部支持;建立违规举报、问责机制和相应奖励机制,确保企业对数据合规足够重视;也可以根据实际情况,将数据合规评价作

为业务评定、资质评级、职位晋升等的考核标准。

2. 合规组织

电力企业合规师建立相关数据合规部门，保证数据合规部门具有独立性，正常履行相应职能。

根据《数据安全法》第二十七条：重要数据的处理者应当明确数据安全负责人和管理机构，落实数据安全保护责任。《信息安全技术和个人信息安全规范》（GB/T 35273—2020）11.1 d）项规定，电力企业合规师及合规部门应履行下列职责：全面统筹实施电力企业内部的个人信息安全工作，对个人信息的收集、使用等进行全程的监管，制定数据合规安全的保护计划和制度等；对电力企业运营中产生的数据和收集的个人信息进行安全评估；不断跟进最新法律法规、政策要求，组织进行电力企业相关培训并进行相应问答考核等；与其他部门保持沟通并积极解答相关疑问。

3. 制度建设

电力企业合规师应结合电力企业自身特点、业务需求、公司量级制定并不断调整数据合规计划，加强与业务部门的分工协作，加强沟通并根据业务需要不断调整合规计划，与其他具有合规管理职能的监督部门也要建立明确的合作和信息交流机制。电力企业合规师可以根据实际情况建立数据合规考核机制，并作为业务评定、资质评级、职位晋升等的考核内容。

4. 风险评估

电力企业合规师应当持续监控、识别企业内的数据合规风险，常见的数据风险包括数据全生命周期各阶段中可能存在的未授权访问、数据滥用、数据泄露等风险，以及侵犯个人信息、非法获取计算机信息系统数据、传播违法信息、侵犯知识产权、非法跨境提供数据等刑事犯罪风险。

电力企业合规师应在数据安全、自动化工具（网络爬虫等）、软件开发工具包、个人信息处理规则、个人生物特征信息、向第三方提供数据的规则、接收方处理数据的规则、跨境提供数据安全审查等方面进行风险评估。

5. 流程管控

电力企业合规师需要在进行日常监控的同时建立内部举报机制，采取匿名举报、培训鼓励等方式促进内部互相监督，通过建立投诉平台、投诉电话等设立便捷的外部投诉机制。

电力企业合规师在识别数据风险内容的基础上，需要根据企业的经营特点和业务重心，对数据风险进行分级。根据风险评估结果对不同职级、不同业务领域、不同涉密程度的员工进行风险提示，避免数据违规行为的出现。

6. 培训沟通

电力企业合规师应组织数据合规管理部门建立日常定期的常态化培训机制，并且可以通过采用问答题、在线观看时长等评价员工对数据合规安全的基本掌握情况。

电力企业合规师需要建立多方位、立体化的数据合规咨询机制，避免在企业员工不了解相关情况或者怠于咨询的情况下作出违反数据合规要求的行为，对电力企业造成相应风险及损失。

电力企业合规师需要将数据合规文化作为电力企业文化建设的重要内容，培养电力企业内部的合规意识。

（八）知识产权出资入股/质押融资的风险识别、分析与防范

1. 知识产权出资入股

知识产权出资除了对出资方存在隐患风险，对被投方也可能影响其股权稳定性、股东利益，甚至

影响被投方的后续融资，因此无论是知识产权出资方、被投方还是其他股东，对知识产权出资整个过程要进行风险把控，避免潜在纠纷。

（1）知识产权出资方的主体风险

知识产权出资方需有权处理该知识产权，以进行知识产权出资入股。

因此，不论是知识产权出资方还是被投方或其他股东，都需要关注知识产权出资方的主体是否适格的问题，需要核实出资方是否有对该知识产权作出知识产权出资的权利。对于被投方或其他股东，最好对于拟投资入股的知识产权做法律意义上的尽职调查。

（2）出资的知识产权权利瑕疵风险

知识产权出资入股还要注意出资知识产权的权利瑕疵。例如，核实出资的知识产权是否处于有效阶段，是否存在知识产权侵权风险，是否存在担保、许可等。

同样，不论是知识产权出资方还是被投方或其他股东，都需要关注出资的知识产权权利瑕疵。双方都需要关注出资的知识产权的法律状态，主要是其是否处于有效期内，是否被认定无效、被撤销或到期终止。对于被投方或其他股东，最好对于拟投资入股的知识产权的权利瑕疵或限制做法律意义上的尽职调查，例如对于拟出资的知识产权是否存在在先有效的知识产权许可协议、是否存在担保、是否存在侵犯他人在先权利的风险、是否存在知识产权权属纠纷等。

（3）估值风险或者出资不实风险

估值是知识产权出资的第一步。《公司法》第三十条规定：有限责任公司成立后，发现作为设立公司出资的非货币财产的实际价额显著低于公司章程所定价额的，应当由交付该出资的股东补足其差额；公司设立时的其他股东承担连带责任。

因此，知识产权的估值虚高，就是知识产权出资人出资不实，要承担补足出资的义务。而且公司的债权人可以要求知识产权出资人补足出资以清偿公司债务。

出资的知识产权估值虚高，有时会给知识产权出资人留下隐患，因为谁也不能预料出资的公司以后会出现怎样的经营风险，而且出资不实的知识产权出资人也需要对其他股东承担违约责任。例如，在科研机构出资的专利技术估值虚高的情况下，该科研机构是需要补足出资的，换言之，科研机构可能要为虚高的估值买单。

所以，为规避估值风险，知识产权出资方需要依据客观、真实、全面的评估资料，选择科学合理的评估方法和专业评估机构来切实评估出资的知识产权价值。

（4）出资知识产权的减值风险

减值风险是指知识产权出资之后，知识产权的价值降低的风险。估值风险涉及的是知识产权出资时的风险，而减值风险涉及的是知识产权出资后的风险。

知识产权价值减少直接牵涉到知识产权出资方是否有义务另行补足出资，这也往往容易引起法律纠纷。

《最高人民法院关于适用〈中华人民共和国公司法〉若干问题的规定（三）》（2020年修订）第十五条规定：出资人以符合法定条件的非货币财产出资后，因市场变化或者其他客观因素导致出资财产贬值，公司、其他股东或者公司债权人请求该出资人承担补足出资责任的，人民法院不予支持。但是，当事人另有约定的除外。

可见，因为市场变化，出资知识产权价值减损的，在当事人没有约定的情况下，知识产权出资方是不承担补足出资义务的。

上面提到的公司法司法解释三第十五条仅适用于因为市场变化等客观因素导致的出资技术贬值的

情况。换言之,如果是知识产权出资方自己的原因导致出资技术的减值贬损,知识产权出资方是需要承担补足出资义务的。

因此,知识产权出资方为了规避减值风险,不仅需要在其他股东要求补足出资的情况下,与其他股东谈判,看看能不能免除因市场变化导致的知识产权价值减损带来的补足出资义务,还需要注意出资后义务,比如缴纳专利年费、积极应对专利无效等,以避免因为自己的原因导致出资的知识产权价值贬损。

而对于知识产权出资方的相对方,为了规避减值风险,例如可以与知识产权出资方约定,如果作为出资的专利权被宣告无效或者市场上出现了出资的专利技术对应的替代技术从而导致出资的专利权的价值减损,或者作为出资的技术秘密被公开或者被第三方申请了专利从而导致出资的技术秘密的价值减损,则知识产权出资方需以现金方式补足出资。

对于技术秘密出资入股,还需要明确技术秘密披露方、接收方和使用方的保密义务,严格保密措施,以防止泄密导致出资的技术秘密的价值减损。

(5) 出资知识产权的交付风险

知识产权出资方交付出资的知识产权过程中,涉及法律交付和事实交付两个方面。如果双方交付没有约定,后续可能因为知识产权出资不实瑕疵引起法律纠纷。

法律交付,是指完成公司法规定的"依法转让"的财产权转移手续,由知识产权出资方与其他股东及公司之间签订出资协议、知识产权使用许可协议,及时办理相关专利、商标、版权许可登记备案手续,完成法律交付。

事实交付,是指除了知识产权出资方的法律交付之外,知识产权出资方对知识产权技术资料方案应用等进行实际交付的行为。对于某些专业性、技术性强的专有技术或专利,被投方在仅获得相关技术资料的情况下,并不能直接将其投入使用,知识产权出资方应给被投方提供相关指导培训,使被投方完全掌握实施相关技术知识产权研发制造产品或者提供科技服务,此时知识产权出资方的出资义务才算全面履行完毕。

此外,对于技术出资入股,还需要关注技术进出口管制方面的法律风险。

2. 知识产权质押融资

知识产权质押融资,是指企业以合法拥有的专利权、商标权、著作权中的财产权经评估作为质押物从银行获得贷款的一种融资方式,旨在帮助科技型中小企业解决因缺少不动产担保而带来的资金紧张难题。

作为知识产权质押融资方,需要考虑银行放款的因素。以专利权质押为例,一般而言,银行在审核用于质押的专利权是否符合要求的时候,会关注以下几点:

(1) 专利权是否有效。如果仅仅是处于专利申请阶段还没有获得授权,或者专利权已经终止,是不能进行专利权质押融资的。

(2) 专利权是否稳定。具体的,如果专利权处于年费缴纳滞纳期,或者处于被他人提起了专利无效宣告请求的阶段,那么这样的专利权同样是很难用来质押融资的。

(3) 专利权的有效期。专利权的质押期需要小于专利权的剩余有效期。在实践中,有的银行要求发明专利的剩余有效期不得少于3年,实用新型专利的剩余有效期不得少于5年。

(4) 质押的专利权是否为企业的核心技术。如果是核心技术,作为贷款人,其还款的动力会相对较大。

(5) 专利技术的实施情况。银行会着重考虑专利产品或者服务是否处于实质性实施阶段,是否已经形成产业化经营规模,市场占有率如何以及市场潜力如何,是否具有良好的经济效益。如果专利技术还没有实施,银行会着重审核贷款人的专利技术的实施能力。不过,有的地方政府将专利技术形成产业化经营规模作为专利权质押融资的条件之一。

(6) 专利的类型。中国的专利分为发明、实用新型、外观设计三类。基于各地不同的政策,有时外观设计专利并不能用于质押融资。此外,因为实用新型专利授权的时候并没有经过实质审查,其专利权的稳定性存疑,因此,用实用新型专利质押贷款的时候,贷款人需要提供知识产权局出具的专利权评价报告以证明实用新型专利的稳定性。基于发明和实用新型专利的类型不同,银行贷款额与专利估值的比例不同,例如,发明通常不高于发明估值的25%,而实用新型则不高于其估值的15%。

此外,对于质押融资方,在质押期间,需要维持质押的知识产权处于有效状态。

(九) 知识产权许可与转让的风险识别、分析与防范

1. 技术许可与转让的风险与防范

技术许可一般包括专利许可和(或)技术秘密的许可。就技术许可合同中的许可内容而言,一般存在如下风险:

(1) 技术许可范围不明确

技术许可范围:涵盖许可期限、许可对象、许可方式、许可地域、许可行为等内容,是技术许可的核心问题,在约定不明的情况下,容易存在争议。

在许可合同中,需明确许可期限的起始期限与终止期限。但是对于特殊情况,例如对于被许可人而言,实施许可的专利技术仍然需在许可人披露某些细节、诀窍的情况下,需要对许可期限的起算时间设定必要的条件。对于许可人而言,在一些情况下许可终止期限也不是一个静态的固定日期。例如,在许可期限临近届满时,被许可人存在停止生产、包装、销售等多个时间节点。再如,被许可人何时需要停止生产,是否需要销毁半成品,工厂库存商品是否可以继续销售,门店库存商品是否可以继续销售,在售后服务过程中是否可以实施许可专利,许可人是否回购剩余库存产品,是否销毁何时销毁生产模具,这些都是许可终止日期的确定所涉及的问题。

许可对象,应当明确限定被许可人的主体范围,明确是否包括被许可人的关联公司。如果被许可对象不够明确,可能出现多个被许可人同时生产、销售的情形,许可人难以监督许可合同的履行,也有可能出现许可人的竞争对手通过控制某一被许可人的股权或者与某一被许可人进行合作间接获得许可授权的情形,从而损害许可人的利益,违背许可人的许可初衷。对于被许可人而言,希望己方以及关联公司都属于被许可的主体范围,而对于许可人而言,希望将被许可人的主体范围限制到一个或者是非常明确的数个。

对于许可方式,从许可权性质角度划分,许可方式包括独占许可、排他许可和普通许可。独占许可是指除被许可人之外,包括许可人在内的第三方均不得在许可期限内实施专利。排他许可是指除被许可人、许可人之外,任何第三方不得在许可期限内实施专利。普通许可是指被许可人有权在许可期限内实施专利,许可人在许可期限可以自行实施专利,也有权许可第三方在许可期限内实施专利。如果约定不明,则视为普通许可,明确约定许可方式,对于明确许可人的权利义务意义重大。此外,许可人是否允许被许可人进行转许可,也是许可人需要事先考虑清楚的问题。

对于许可地域,即被许可人可以在哪个地域范围内实施该专利。专利权具有地域性,仅在核准登记所在国具有受法律保护的排他性权利,专利权人不得超出该国地域范围进行授权许可。许可人可以约定被许可人在全国范围内或者仅在国内的某些区域实施制造和销售行为。

(2) 许可费用计算约定不明

许可人在技术许可中的收益，主要以获取许可费形式体现。常见的收费方式有固定收费（一次性支付或者分期支付）与浮动收费两种模式。许可人和被许可人最好在许可协议中明确约定可操作性强、可检验的收费模式。

(3) 对于技术许可与技术转让，还存在条款过于苛刻的问题。

《最高人民法院关于审理技术合同纠纷案件适用法律若干问题的解释》（2020年修订）第10条对"非法垄断技术"的情形做了详细说明。主要包括以下情形：①限制再研发，即技术出让方限制技术受让方在许可技术或转让技术基础上进行新的研究开发或者限制技术受让方使用改进后的技术；②强制回授，即双方交换改进技术的条件不对等，例如要求技术受让方将自行改进的技术无偿提供给技术出让方、非互惠性转让给技术出让方、无偿独占或者共享该改进技术的知识产权；③限制获得替代技术，即限制技术受让方从其他来源获得与许可或转让的技术类似或者具有竞争力的其他技术；④阻碍实施，即阻碍技术受让方根据市场需求，按照合理方式充分实施被许可或受让的技术，包括明显不合理地限制技术受让方生产产品或者提供服务的数量、品种、价格、销售渠道和出口市场；⑤非法搭售，即要求技术受让方接受并非实施受让技术必不可少的附带条件，包括购买非必需的技术、原材料、产品、设备、服务以及接收非必需的人员等；⑥限制交易，即不合理地限制技术受让方购买原材料、零部件、产品或者设备等的渠道或者来源；⑦禁止有效性质疑，即禁止技术受让方对受让专利技术的有效性提出异议或者对提出异议附加条件。

在上述涉嫌无效条款中，限制再研发、强制回授、限制获得替代技术、非法搭售、禁止有效性质疑等条款属于法律禁止的苛刻条款。技术出让方在技术许可或转让合同中需要避免上述法律禁止的条款。另外，许可人如果滥用专利权，导致排除、限制竞争，则可能构成《反垄断法》所需要规制的违法行为。

(4) 其他注意事项

站在被许可人的角度，除了上述的许可内容之外，还要考虑或特别关注以下方面，许可人是否有权许可，许可专利的权利归属情况，以及其法律状态，许可专利是否能够实现技术目的以及许可技术包中是否存在没有关联的专利或技术秘密，改进技术的归属和利益分配，交叉许可的可能性，许可专利是否存在侵权风险或者瑕疵，出现侵权行为时被许可人是否有权起诉，许可技术的培训，违约责任，出现纠纷时的管辖法院或仲裁机构。

站在许可人的角度，除了可以关注上述的被许可人的关注点之外。还需要考虑许可的专利技术是否属于可以对外许可的技术，被许可人是否与竞争对手有关联以及是否会被竞争对手收购或控制。

此外，对于被许可人而言，需要特别关注专利许可合同的备案登记。若独占性或排他性专利实施许可合同没有到知识产权局进行备案登记，许可人违反约定向第三方授权，第三方能够以善意第三人抗辩，从而对被许可人不利；如果在先许可没有备案登记，许可人向第三方发放独占性许可或排他性许可并经备案的，在后被许可人可以禁止在先被许可人实施专利技术方案。因此，被许可人应在合同中约定以及督促许可人及时办理许可合同备案登记。

对于技术秘密的许可，许可人和被许可人都需要关注保密条款以及采取有效的保密措施，从而避免技术秘密的不当泄露。

对于技术转让，站在技术受让方的角度，要考虑或特别关注以下方面：转让人是否有权转让，转让的技术权利归属以及法律状态，转让的技术是否能够实现技术目的以及转让的技术包中是否存在没有关联的技术，改进技术的归属和利益分配，交叉许可的可能性，转让的技术是否存在侵权风险或者

第六章 知识产权合规管理

瑕疵，转让技术的培训，违约责任，出现纠纷时的管辖法院或仲裁机构，技术转让的交接程序等。

对于技术转让，站在技术出让方的角度，除了可以关注上述的技术受让方的关注点之外。还需要考虑转让的技术是否属于可以对外转让的技术，技术受让方是否与竞争对手有关联以及是否会被竞争对手收购或控制。

2. 商标许可与转让的风险与防范

商标转让涉及商标的所有权的转移。商标转让，不论是商标权人还是受让人，都需要考虑以下方面：

（1）商标转让的限制：商标权属于私权，法律无明文不得限制商标权人处分其权利。但考虑商标权往往牵涉公共利益，各国无一例外又对商标转让设定了一些限制措施，如使用同一商标的类似商品不能分割转让，已经许可他人使用的注册商标不能随意转让，集体商标不能转让，联合商标不能分开转让，共同所有的商标任一共有人不能私自转让。此外，甚至有的国家还规定了商标连同转让原则，要求商标权人转让其商标时必须连同其营业一并转让。如果忽略了这些法律规定的限制，商标转让不符合法律的相关规定，便将引发合规风险。

（2）商标转让的估值：需要强调的是，为避免国有资产流失，也预防母公司通过商标许可或转让从上市公司抽血，涉及商标转让的关联交易必须对拟转让商标进行估值，并且转让价格不得低于评估价值。为了促成交易，有的对商标价值明显低估，基于这样的估值而完成的商标转让，合规风险尤其值得注意。

（3）对于商标受让人，还需要特别关注商标转让中的权利瑕疵：因商标为无体物，其存在的瑕疵只可能是权利瑕疵。当拟转让商标设置了质押或者已经被许可给其他人使用（并在商标局备案登记），或者已被查封冻结，或者被其他人提"撤三"，或无效申请，商标转让合同均存在较大的履约风险。若拟转让商标虽已被许可给其他人使用，但并未在商标局备案登记，则不具备对抗第三人的效力，在不知情的情况下，受让方可不受在先的商标许可合同约束，继取得注册商标后收回被许可商标使用权，被许可人的利益可以通过追究转让方的违约责任获得救济。

对于商标受让人的风险防范措施，一个是在签署转让协议前，明确商标中是否有著作权，以及该商标是否存在有效的许可协议，另一个就是在转让协议中约定权利瑕疵担保条款。如果存在上述情况而商标权人没有告知，则受让方有权解除合同以及要求转让方承担赔偿责任。

此外，商标转让过程也可能存在变数。例如商标转让申请可能被撤回，也可能不被商标局核准。因此，对于商标受让方而言，在什么条件下付款是需要约定好的。

（4）商标权人或许可人，在商标许可中需要注意如下方面：

① 谨慎选择合作伙伴：被许可人主体资格存在问题，会导致合同无效或者无法履行；被许可人产品质量出现问题，就会导致品牌信誉降低、商标价值减损。所以，企业在选择合作伙伴前，要对合作伙伴在行业内的口碑、相关资质文件进行考核，同时可对合作伙伴的生产能力、管理水平、产品质量等进行测试。

② 明确法律关系：在签署商标授权许可合同时，要在合同中明确整个流程机制，包括谁拥有商标、谁管理商标、谁维护商标、谁监督商标、如何划分责任归属等。这些都切实关系到企业的合法权益，需要引起高度注意。同时，又因合同的签署涉及专业的法律知识和商业行为，建议委托专业代理机构处理。

③ 做好许可期间的质量监控：商标在授权之后，由被许可人自行使用，但根据《商标法》第四十三条规定，许可人应当监督被许可人使用其注册商标的商品质量。质量监督控制的方式可以包括定期

不定期派技术人员进行指导、培训、巡视等或定期不定期的抽查等，以避免被许可方降低产品、服务质量，从而导致商标价值受损。

④ 防止商标被淡化：被许可人有可能出于自身利益，会在授权商标的基础上培育自有品牌，比如注册或使用与被许可商标近似的商标，或者将被许可商标一部分作为自己商标注册或使用。这就有可能会对消费者造成混淆现象，导致被许可商标淡化。

（5）对于被许可人，在商标许可中需要注意及时办理许可备案：根据《商标法》第四十三条规定，许可他人使用其注册商标的，许可人应当将其商标使用许可报商标局备案，由商标局公告。商标使用许可未经备案不得对抗善意第三人。目前商标局办理商标许可的流程进一步简化，既不再需要提供许可合同备案，也不需要在许可合同签署之日起 3 个月内向商标局备案。虽然备案不是许可合同生效的必要要件，但如果不及时备案，许可使用合同的效力范围会受到限制，只在许可人和被许可人之间有效，不能对抗善意第三人。在许可人将商标许可给多家的情况下，不备案的被许可人将不能对抗办理许可备案的被许可人和其他善意第三人。因此，为保障使用权益，被许可人应在许可合同中明确约定，许可人在许可合同签署后的规定期限内向商标局提交许可备案申请。

3. 著作权许可/转让的风险与防范

著作权许可/转让的风险，对于著作权人或者许可人/转让人而言，主要是许可方式的确定、许可费的收取以及是否有权处置著作权的许可/转让，对于被许可人或者受让人而言，存在更多的风险需要防范。

对于著作权许可使用合同，在合同中需要明确约定：①许可使用的权利种类；②许可使用的权利是专有使用权或者非专有使用权；③许可使用的地域范围、期间等。这里的专有使用权的内容由合同约定，合同没有约定或者约定不明的，视为被许可人有权排除包括著作权人在内的任何人以同样的方式使用作品。

对于受让人和被许可人，在合同中都需要约定权利瑕疵担保责任条款，在被可使用或转让的权利存在瑕疵承担责任后可向许可人、著作权人追偿，权利瑕疵担保责任条款可包括许可方是否拥有完整的权利、是否存在第三人享有权利、是否侵犯第三方的权利（例如字体侵权、图片侵权）等。

此外，受让人和被许可人，应将作品交付归入付款条件。对于作品受让的一方而言，在设定合同付款条款时应当注意将许可人或转让人的作品交付义务归入付款条件。作品交付条件不成就，受让人不支付相应价款。

四、知识产权合规管理的应急响应、事件处置

企业应建立知识产权应急事件紧急响应机制，制定紧急处理方案，采取正确的措施对知识产权应急事件进行处置，降低事件损害程度和社会影响。

具体而言，出现知识产权应急事件，企业应有应急响应和处置的程序或预案。对于比较常见的专利侵权和商标侵权，具体介绍如下。

（一）企业专利被侵权

1. 人员准备

（1）知识产权管理部组织聘请对本行业比较熟悉、经验丰富的专利律师。
（2）由专利律师、知识产权主管领导、知识产权管理部和技术人员组成应急小组。

2. 确认公司专利权是否有效、专利权是否成立

（1）应急小组认真比对分析对方技术与自己的专利技术，看对方的技术特征是否确实落入自己专

利的保护范围内,确定专利侵权是否成立。

(2) 专利律师核实公司专利的法律状态以及对专利稳定性进行分析。

(3) 在应急小组确认公司的专利权有效且具有稳定性,专利侵权成立后,着手下一步工作。

3. 收集和固化证据

(1) 知识产权管理部提交公司享有专利权的证据,包括专利证书、专利申请文件、缴费证明等。

(2) 知识产权管理部收集侵权者相关信息,包括侵权者确切的名称、地址、企业性质、注册资金、人员数目、经营范围等情况。

(3) 知识产权管理部组织市场部等相关部门收集侵权事实的证据,包括有侵权物品的实物、照片、产品目录、销售发票、购销合同等,与专利律师一起完成侵权行为证据的固定。

(4) 专利律师、知识产权管理部组织财务部、投资部等收集损害赔偿的证据并予以固定。

4. 确定执行方案

可以向对方发出警告函,要求对方停止侵权行为。可以申请诉前财产保全、证据保全,但难度较大。可以准备协商和解方案,包括和解以及签署许可协议等。也可以到管辖法院起诉对方专利侵权,此时要确定诉讼方案。

5. 注意宣传与舆情控制

(二) 企业遇到专利侵权指控

由知识产权管理部核实警告信或起诉状的内容,确认所谓的侵权行为是否发生、是否为公司所为。如果是本公司所为,则做好以下工作:

1. 准备工作

(1) 知识产权管理部组织聘请本行业经验丰富的专利律师;

(2) 由专利律师、公司知识产权主管领导、知识产权管理部和专利发明人组成应急小组。

2. 分析专利侵权是否成立

(1) 调查对方证据能否证明本公司确已实施了专利侵权行为。

(2) 调阅侵权涉及的专利文件,确定该专利的保护范围。

(3) 核实公司的产品或方法,是否具备专利独立权利要求的全部技术特征,或在某些特征不同的情况下,它们之间是否构成等同,以判断是否构成侵权。

如果公司的行为是为生产经营目的使用或销售不知道是未经专利权人许可而制造并售出的专利产品或依照专利方法直接获得的产品,能证明其产品合法来源的,不承担赔偿责任,停止侵权行为即可。

如本公司的产品或方法确已构成侵权,则还可进一步对该专利权的有效性进行分析。

3. 分析该专利是否有效

(1) 调查涉案的专利权是否仍在保护期内,专利权人是否交纳了年费。

(2) 由专利律师调查专利的稳定性。

(3) 如果根据以上检索结果分析,认为有可能宣告该专利无效,则公司应抓紧时间,在答辩期内,向国家知识产权局提出宣告该专利无效请求。同时,将宣告专利无效请求书复印件提交给法院,请求法院裁定中止诉讼程序。

4. 积极采取和解措施

如果该专利权无法宣告无效,公司应及时停止侵权,同时由应急小组积极争取与专利权人达成和解协议，减少损失。

5. 据理力争，应对诉讼

如果公司与对方在赔偿数额上无法达成一致，就应做好应诉的准备。公司需尽量收集对自己有利的证据和法律依据来支持自己的主张。

（三）公司发现商标侵权

1. 公司负责组织聘请有专业经验的商标律师。
2. 组织知识产权管理部、商标律师商议应对策略，取证和固定证据。
3. 为实现保护利益的最大化，策略可以是要求行政机关查处，或者向人民法院提起侵权诉讼，或者两条路并用。
4. 商标律师提出咨询意见后，由知识产权管理部提出，公司知识产权主管领导审批应对策略。
5. 如果选择向工商机关投诉侵权行为，可以向工商机关请求调解。如果调解不成，可向人民法院起诉。
6. 由财务部组织对商标和对方侵权损失进行评估，作为确定侵犯商标专用权的赔偿数额的依据。

（四）公司遭到商标侵权指控

1. 知识产权管理部调查对方的商标注册情况，如是否为注册商标、是否为驰名商标、是否是正在申请注册中的商标。
2. 市场部认真核对本公司使用商标及销售商品的商标使用情况，包括商标标识、商品或服务、许可他人使用的情况。
3. 知识产权管理部及时委托有专业经验的律师或商标代理人处理或向市、区工商部门咨询有关问题，获得专业的意见和建议，并根据专业人士的意见采取具体的处理措施。
4. 如果不构成侵权，应当充分地主张自己的权利，做到正确应对对方可能采取的行动。
5. 如果构成侵权的可能性较大，先停止使用该涉嫌商标侵权的商标或撤下涉嫌侵权的商品，并做好相关的记录，努力通过合理的方式与对方友好协商解决问题。
6. 如协商不成，立即聘请商标律师或商标代理人准备应对对方的下一步措施。

五、知识产权合规管理的咨询、培训与文化建设

（一）企业知识产权合规的咨询、答疑制度

知识产权合规咨询是较为常见的知识产权合规措施之一，其主要是指知识产权合规团队及知识产权合规人员对涉及企业知识产权合规议题和合规问题的一系列阐释和说明，并给出相应的意见或建议。

依据知识产权合规咨询由合规人员主动发起还是被动进行这一标准，可以将知识产权合规咨询可以分为主动型咨询和被动型咨询。二者相辅相成，相互配合，不可或缺。

主动型咨询是由知识产权合规人员主动发起的，其形式例如知识产权合规人员参与到业务团队的业务会议中，或者知识产权合规人员主动发起咨询会议或者咨询活动。在主动型咨询中，知识产权合规人员应针对业务涉及的知识产权合规问题给出分析意见和结论，并提示相关风险。主动型咨询通常具有全面性和体系性的特点。知识产权合规人员应充分发挥自身的主观能动性，积极开展主动型咨询。

被动型咨询是知识产权合规人员之外的人员，例如，管理层或者业务人员向知识产权合规人员提出咨询问题或者咨询需求，再由知识产权合规人员针对其问题或者需求提出解答。被动型咨询通常更有针对性，并且更加灵活。

科学合理的知识产权合规咨询能够为企业的知识产权合规和业务发展提供有力保障。知识产权合规咨询应坚持适度原则、客观原则和保密原则。

适度原则要求知识产权合规咨询应当根据实际需要合理开展，防止出现过度开展和滥用的行为。在主动型咨询中，知识产权合规人员应合理确定主动型咨询开展的范围和频率，防止占用企业过多的时间和资源。在被动型咨询中，知识产权合规人员应避免陷入细节和重复，应做到举一反三，对于共性问题概括提炼，统一进行解答和提示。

客观原则是指知识产权合规咨询应当实事求是。对于切实存在的风险，应当明确、完整地提示。对于具有合规风险的行为，应采取恰当方式进行劝阻。对于知识产权合规制度中存在的不足，应承认并正视，提出有效的改进措施。知识产权合规咨询应从事实出发，不应掺杂个人情感或者喜好。

保密原则是指知识产权合规人员对于知识产权合规咨询中接触的信息应进行保密。未经允许，不应向咨询人以外的其他人透露咨询内容。知识产权合规人员应树立保密意识，并采取有效的保密措施，防止咨询信息的泄露。

知识产权合规咨询应朝着制度化、规范化和专业化的方向发展。

知识产权合规咨询制度不应是企业管理层的一时兴起或者个人喜好，而是应当在公司的规章制度中加以确立，使其形成独立完备、能够有效运行的制度体系。为此，企业应当将知识产权合规咨询制度纳入知识产权合规制度的建设中，明确其开展条件、具体方式以及责任后果，以制度的强制力保证知识产权合规咨询制度的长效运行。

知识产权合规咨询应按照规范的标准和流程进行操作。具体包括：知识产权合规咨询人员的资质和条件应符合特定规范；知识产权合规咨询的形式和流程应当规范；知识产权合规咨询的效果评价应当规范。

知识产权合规咨询的结果对于企业而言，具有重要的参考和决策价值，而知识产权合规咨询的专业性是形成高价值咨询结果的重要保障。一方面，企业应当培养或者吸收优秀的知识产权合规咨询人员，并且通过培训不断提高其专业水平和职业素养；另一方面，企业可以考虑引入外部的知识产权合规专家，就具体的知识产权合规议题或者项目进行知识产权合规咨询，以此保证合规咨询的专业化水平。

（二）企业知识产权合规的培训制度

知识产权合规培训是对企业内部各类型人员围绕知识产权合规知识、知识产权合规制度、知识产权合规文化等开展的一系列教育培训活动。

知识产权合规培训的对象可以分为企业管理层、企业业务人员、企业新员工和企业知识产权合规人员。

企业管理层是企业的领导者，对企业知识产权合规起到决定性影响。企业管理层应通过知识产权合规培训，提升对企业知识产权合规重要性的认识，掌握知识产权合规相关知识，并且制定知识产权战略。

企业业务人员是企业实际工作开展的承担主体，是将企业知识产权合规落到实际工作中的关键角色。不同企业业务部门的工作内容具有相应特点，对企业业务人员进行知识产权合规培训，能够使知识产权合规实践与实际业务实现融合和贯通，使得知识产权合规真正落到实处。

企业新员工是企业发展的新鲜血液。对新员工的知识产权合规培训应成为新员工入职培训的重要内容。应通过知识产权合规培训，使新员工树立知识产权合规意识，掌握知识产权合规知识，具备应对知识产权合规问题的能力。

在企业知识产权合规培训中，应注意以下问题：①知识产权合规培训的内容应与培训对象的工作内容和职责相匹配；②知识产权合规培训的内容应具有针对性，查漏补缺；③知识产权合规培训的形式应当适于员工接受；④知识产权合规培训应与企业的业务相关联；⑤知识产权合规培训应长期坚持。

（三）企业知识产权合规的文化建设制度

企业知识产权合规文化是企业文化的重要组成部分。知识产权合规文化的建立和发展，能够在企业内部形成重视知识产权合规、践行知识产权合规的良好氛围。

企业管理层应重视知识产权合规文化的建设，发挥引领和示范作用。在决策中，企业管理层应注重知识产权合规的落实，征求和参考知识产权合规部门的意见。企业管理层还应通过集中学习、自我学习等多种方式，汲取知识产权合规知识，率先在企业中形成良好的学习氛围。

企业应当建立常态化知识产权合规培训机制，制定年度培训计划，将知识产权合规管理作为管理人员、重点岗位人员和新入职人员培训的必修内容。

企业应当加强知识产权合规宣传教育，及时发布知识产权合规手册，组织签订知识产权合规承诺书，强化全员守法诚信、知识产权合规经营的意识。

企业应当引导全体员工自觉践行知识产权合规理念，遵守知识产权合规要求，接受知识产权合规培训，对自身行为知识产权合规性负责，培育具有企业特色的知识产权合规文化。

第三节　知识产权合规管理领域典型案例

一、专利典型案例

（一）专利侵权纠纷典型案例

案例： 武汉晶源环境工程有限公司（以下简称晶源）与日本富士化水工业株式会社（以下简称日本FKK）、华阳电业有限公司（以下简称华阳）侵害发明专利权纠纷上诉案。

案号： 最高人民法院（2008）民三终字第8号。

案情概述： 1995年12月22日，晶源向国家知识产权局递交了名称为"曝气法海水烟气脱硫方法即一种曝气装置"的发明专利申请，并于1999年9月25日获得专利权（专利号：ZL95119389.9），该专利技术解决了沿海电厂使用海水脱硫的关键技术，可使脱硫成本降低2/3。

1997年华阳电力建设福建漳州后石电厂，因错购日本FKK的"镁法"脱硫设备，面临常年耗用大量镁矿石原料，陷入原料无法供应的窘境，故晶源为其提供技术咨询服务。而后，原供应商日本FKK在未征得晶源同意的情况下，自行采用晶源当时已经公开的"海水法"发明专利技术方案，改造其工艺设备并于1999年投入运营，华阳因此节省原料且新增发电利润每年高达数千万元。晶源公司在获悉该情况后，于2001年9月向福建省高级人民法院提出侵权诉讼，请求被告日本FKK与华阳停止侵权行为并赔偿损失，法院受理了该案。

2005年1月，受福建高院委托的中国科技法学会华科知识产权鉴定中心认定日本FKK整体技术方案与晶源专利技术方案等同。2008年5月21日，武汉市中院开庭代福建高院宣判，被告日本FKK立即停止侵权，并赔偿原告晶源5061.24万元人民币；被告华阳以每台机组每年向原告支付24万元使用费替代停止侵权。而后晶源向最高人民法院提起了上诉，要求华阳共同承担包括侵权损害赔偿在内的全面民事法律责任。2009年12月21日，最高人民法院就此案作出终审判决，判决日本FKK和华阳共同赔偿晶源经济损失人民币5061.24万元。

合规启示：在招投标或者技术合作中，外购的技术方案需要严格关注专利侵权风险。这可以通过以下方式规避：①设置合同条款，即在相关合同中约定权利瑕疵担保条款，一旦出现被第三方起诉专利侵权，技术提供方或者方案提供方需要承担责任。②进行专利侵权预警分析，对于核心重点方案，即使已经在合同中约定了权利瑕疵担保条款，也可以要求技术提供方或者方案提供方提供或者自己进行专利预警分析，以提前规避专利侵权风险。③树立专利侵权风险防范意识，以及知晓有专利不意味着不侵权。

（二）专利权属纠纷典型案例

案例：大连东鼎工业设备有限公司、维翰（大连）工业设备有限公司专利权权属纠纷二审案。

案号：（2020）最高法知民终1335号。

案情概述：涉案专利是"风电齿轮箱润滑系统及风力发电设备"实用新型专利，专利号ZL201720610082.0，发明人为赵淑海、何文、李长旭、高伟，专利权人为维翰公司，申请日为2017年5月27日，授权公告日为2017年12月19日。

上述赵淑海、何文、李长旭、高伟均曾在涉案专利的申请日之前任职于东鼎公司。

2017年4月2日，维翰公司委托案外人（匿名为"寂寞沙洲冷"）研究开发华锐风机油温高解决方案，研究开发报酬总额3万元。2017年4月25日，案外人通过QQ邮箱将涉案专利"风电齿轮箱润滑系统及风力发电设备"技术研发成果撰写的技术材料发给维翰公司，维翰公司将技术资料交至专利代理机构。

东鼎公司向原审法院提起诉讼，原审法院于2019年3月15日立案受理。东鼎公司请求确认涉案专利的专利权归东鼎公司所有。

合规启示：职务发明是员工执行本单位的任务或者主要利用本单位的物质技术条件获得的发明创造，其权利归属于员工所在单位。但是，实际中，在专利价值较大的情况下，有时会存在纠纷风险，尤其是员工执行的工作是非本职工作的情况下。这时，防范措施主要是留存任务证据、成果证据和权属证据。所谓任务证据，就是向员工分派任务的书面证据，尽量避免口头分派的方式；所谓成果证据，就是确认该员工完成了该研发成果的证据，例如研发报告、PPT、邮件等；所谓权属证据，可以是员工书面承认技术成果归属于单位的证据。

二、商业秘密典型案例

（一）商业秘密侵权纠纷典型案例

案例：嘉兴市中华化工有限责任公司、上海欣晨新技术有限公司与王龙集团有限公司等侵害技术秘密纠纷案。

案号：（2020）最高法知民终1667号。

案情概述：嘉兴市中华化工有限责任公司（以下简称嘉兴中华化工公司）、上海欣晨新技术有限公司拥有制备香兰素工艺的技术秘密。王龙集团有限公司（以下简称王龙集团公司）及其法定代表人等通过嘉兴中华化工公司香兰素车间副主任，非法获取了该技术秘密，并使用该技术秘密大规模生产香兰素产品，导致嘉兴中华化工公司的市场份额大幅缩减。嘉兴中华化工公司等遂诉至法院。

合规启示：商业秘密维权中，原告承担着较重的举证责任，因此，需在日常的工作中针对日后可能出现的商业秘密侵权行为提前做好准备。具体而言：①需明确企业有哪些商业秘密，即对企业的商业秘密进行全面的梳理。②熟悉商业秘密的泄密途径，从而予以防范。③注重对商业秘密的保密措施，重视商业秘密载体的管理。④对涉密人员的管理，要明确哪些是涉密人员，严格限制涉密人员的权限和范围以及做好离职涉密人员的交割。另外，在国家知识产权保护愈加严格的情况下，也要防范未经许可使用第三方的商业秘密。

（二）商业秘密权属纠纷典型案例

案例：北京理正软件股份有限公司诉北京大成华智软件技术有限公司、青岛市公用建筑设计研究院有限公司侵害商业秘密纠纷案。

案号：（2018）京73民终1249号。

案情概述：北京理正软件股份有限公司（以下简称理正公司）从事软件研发等相关业务。

何晨亮、刘春刚、臧廷杰三人曾任职于理正公司，均负责理正公司软件项目的开发和技术管理，并均与理正公司签订过商业秘密的保密协议。

2011年5—6月，三人相继从理正公司辞职，并于2011年5月31日共同出资成立了大成华智软件技术有限公司（以下简称大成公司）。

2012年至2013年，大成公司向青岛市公用建筑设计研究院有限公司（以下简称青岛公用设计院）销售其研发的管理信息系统（即涉案软件），根据相关证据及鉴定意见，上述涉案软件中存在大量与理正公司核心技术高度相似的数据。

合规启示：商业秘密权属与职务发明的权属类似。防范商业秘密权属纠纷的措施主要是留存任务证据、成果证据和权属证据。所谓任务证据，就是向员工分派任务的书面证据，尽量避免口头分派的方式；所谓成果证据，就是确认该员工完成或参与了该研发成果的证据，例如研发报告、PPT、邮件等；所谓权属证据，可以是员工书面承认技术成果归属于单位的证据。此外，在商业秘密管理方面，企业也需要明确哪些是商业秘密、泄密途径、加强保密措施以及对涉密人员的管理等。

（三）侵犯商业秘密罪典型案例

案例：金某盈侵犯商业秘密案。

案号：（2019）浙03刑终424号。

案情概述：温州明发光学科技有限公司（以下简称明发公司）研发了菲涅尔超薄放大镜批量生产的制作方法，并将胶板、模板、液压机分别交给温州市某橡塑制品有限公司、宁波市某模具加工厂、瑞安市某液压机工厂生产及加工。

被告人金某盈从2005年起任职于明发公司，并与明发公司于2009年签订相关商业秘密的保密协议。

2011年初，被告人金某盈从明发公司离职。2011年3月24日，以被告人金某盈为实际控制人的温州菲涅尔光学仪器有限公司（以下简称菲涅尔公司）成立。菲涅尔公司成立后即到上述三家供应商处购买相同类型的胶板、模板和液压机,并使用相同方法生产出与明发公司同样的菲涅尔超薄放大镜进入市场销售,造成明发公司经济损失。经司法鉴定,菲涅尔公司制作菲涅尔超薄放大镜的工艺与明发公司制作菲涅尔超薄放大镜的工艺实质相同,且涉及的制作方法为"不为公众所知悉"的技术信息。

瑞安市人民检察院指控金某盈侵犯商业秘密罪,向瑞安市人民法院提起公诉。

合规启示:侵犯商业秘密不仅涉及民事责任,也可能涉及刑事责任。一方面,企业及其负责人需要防止自身侵犯第三方的商业秘密;另一方面,也可以基于侵犯商业秘密行为在司法机关介入的情况下对于侵权方予以震慑。此外,企业需为自身拥有哪些商业秘密提供证据,这要求企业完善商业秘密的梳理以及载体管理制度,同时企业也要为侵权个人接触过该商业秘密提供证据,这要求企业对于涉密人员的任务的安排和参与、研发成果的保存、权属的确定均留下证据。

三、商标典型案例

(一)商标侵权纠纷典型案例

案例:双飞人制药股份有限公司与广州赖特斯商务咨询有限公司等侵害商标权及不正当竞争纠纷案。

案号:(2020)最高法民再23号。

案情概述:双飞人制药股份有限公司(以下简称双飞人公司)是"双飞人"注册商标权利人。法国利佳制药厂拥有指定使用在第3类商品上的"利佳"注册商标,广州赖斯特商务咨询有限公司(以下简称赖斯特公司)独家代理在中国境内宣传、推广、分销和销售"利佳"品牌化妆品。

双飞人公司以赖斯特公司生产、销售利佳薄荷水侵害其注册商标专用权,并同时实施了不正当竞争行为为由,向法院提起诉讼。一审法院与二审法院均认定赖斯特公司构成侵权,支持双飞人公司的诉讼请求。后赖斯特公司向最高人民法院申请再审,最高人民法院再审认为,双飞人公司关于赖斯特公司构成侵害注册商标专用权及不正当竞争的主张均不能成立,裁定驳回双飞人公司的诉讼请求。

合规启示:本案涉及商标先用权抗辩的审查问题。先用权抗辩制度的目的,是保护善意的在先使用者在原有范围内继续使用其有一定影响的商业标识的利益,是诚实信用原则在商标法领域的重要体现。再审判决有效保护了诚信经营带来的使用权益。对于企业而言,则需要注意防范侵犯第三方的商标权,在使用前以及商标注册前,做好检索分析;对于已经在使用的自有标识,尽早申请商标注册,以防被第三方抢注。

(二)商标许可与转让纠纷典型案例

案例:郓城县康泉饮用水有限公司、郓城县清泽泉水业有限公司等侵害商标权纠纷案。

案号:(2021)鲁民终435号。

案情概述:郓城县宋江矿泉水饮料厂成立于2003年9月28日,类型为个人独资企业,出资人为周长峰。

郓城县水浒泉水业有限公司成立于2013年11月6日,类型为有限责任公司(自然人独资),股东为苑仁举。2020年8月7日,经核准变更名称为郓城县清泽泉水业有限公司(以下简称清泽泉公司)。

1999年12月28日,郓城县宋江矿泉水饮料厂经核准注册"水浒泉"商标,核定使用商品为矿泉水、汽水等。

2015年7月9日,周长峰(甲方)与苑仁举(乙方)签订《水厂买卖合同》,合同中约定在乙方经营期间,"水浒泉"商标归乙方全权使用。

2019年11月6日,经国家知识产权局核准,"水浒泉"商标转让,受让人为郓城县忠信食品有限公司。

2019年12月17日,郓城县忠信食品有限公司向郓城县康泉饮用水有限公司(以下简称康泉公司)出具《商标使用授权书》,自2019年12月17日至2029年12月17日授权康泉公司使用"水浒泉"商标。

康泉公司以清泽泉公司、苑仁举构成商标侵权与不正当竞争为由,提起诉讼。

合规启示:本案是一起有效保护商标被许可人合法权益的典型案件。本案厘清了商标转让与商标许可使用的法律关系,肯定了注册商标转让前合法订立的使用许可合同的效力,不能因为注册商标权人的变更而否定其效力,应当依照合同的约定继续履行,有效维护了已有的商标使用许可合同关系的稳定及相关权利人的合法权益。对于企业而言,受让商标或者合作方以商标出资入股时,需要关注商标上是否存在权利瑕疵,如有效的商标许可协议,还需要关注其他的权利瑕疵,例如是否可能侵犯第三方的著作权。为了避免上述风险,一是需要做好相关的尽职调查以规避风险,另外也需要在相关协议中明确商标转让方的权利瑕疵担保责任。

四、著作权典型案例

(一)著作权权属、侵权纠纷典型案例

案例:福州大德文化传播有限公司、宁乡县皇家贵族音乐会所著作权权属、侵权纠纷案。

案号:(2018)最高法民再417号。

案情概述:华特国际音乐股份有限公司(以下简称华特公司)与福州大德文化传播有限公司(以下简称大德公司)签订授权合同,约定将华特公司依法享有的音像作品的放映权、复制权授权大德公司管理。然而,宁乡县皇家贵族音乐会所(以下简称皇家贵族会所)未经授权,在其经营的KTV娱乐场所内以卡拉OK方式向公众播放上述涉案音乐电视作品。经查明,皇家贵族会所认可取证光盘中播放的十首被诉侵权音乐电视作品与《华特流行经典合辑》原版光碟中相应的十首作品一致,且取证光盘播放画面的KTV屏幕上方滚动出现"欢迎光临皇家贵族娱乐会所"等字样。

法院认为:涉案音乐电视作品属于以类似摄制电影的方法创作的作品,其著作权由制片者享有。涉案音乐电视作品所署著作权人为华特公司,根据《著作权法》第十一条规定,如无相反证据证明,在作品上署名的公民、法人或者其他组织为作者。皇家贵族会所未向一审法院和二审法院提交相反证据证明华特公司不是涉案作品的著作权人,故确认华特公司对涉案作品享有著作权。此外,经比对确认,取证光盘所播放的为每首被诉侵权作品的开头部分,虽未对全部作品予以完整录制,但其录制的部分与涉案作品从动态画面、词曲作者及演唱者信息、歌词字幕的内容与出现形式等特征构成整体一致,应当认定为相同的作品。

在著作权专有使用权许可的情形下,被许可人可以作为原告提起诉讼。在非专有使用权许可情形下,经著作权人明确授权,被许可人亦可以提起诉讼。本案中,依据一审、二审查明事实,涉案作品的权利所有人华特公司授权许可大德公司独家行使涉案作品的复制、放映、信息网络传播、获得报酬等权利,并明确约定大德公司可以自己的名义向任何第三人提起民事诉讼。

合规启示:根据《著作权法》第十一条规定,如无相反证据证明,在作品上署名的公民、法人或者其他组织为作者。对于企业而言,需要明确职务作品与非职务作品的区分,以维护企业自身的权利。

此外，在著作权许可协议中，可以明确约定被许可方是否有权单独对侵权行为起诉以及相关费用或收益在许可方与被许可方之间的分担。

（二）著作权许可与转让合同纠纷典型案例

案例："三生三世十里桃花"游戏开发协议纠纷案。

案号：（2017）京0108民初39569号。

案件概述：2015年8月，北京中联百文投资管理有限公司（以下简称百文投资公司）与吉琴琴签订《〈三生三世十里桃花〉周边开发版协议》，约定吉琴琴作为《三生三世十里桃花》的著作权人，授权百文投资公司独家享有将涉案作品改编、制作、开发为任意种类平台及主机的类别游戏的权利。游戏正式上线后，百文投资公司可持续使用被合同所授权的相应文字作品的游戏改编权。

2016年8月，百文投资公司与吉琴琴签订补充协议，约定将前述百文投资公司享有的游戏改编权及游戏衍生品开发权转授给北京春天互娱科技有限公司（以下简称春天公司）。吉琴琴于同日出具《许可及授权书》，对转授权进行确认。

此后，春天公司投入巨额费用开发游戏。2017年4月，吉琴琴在新浪微博中声称其签名被盗用，否认其签署过的全部授权文件的真实性。春天公司因此而受到损失，诉至人民法院。

合规启示：本案是由大IP的游戏改编权引发的典型合同纠纷。由于大IP具有较高的商业价值，一般权利人在进行改编权授权时会对授权期限、授权范围进行明确约定，以确保改编后的影视剧、游戏能够持续播放、运营而不会侵害原作品著作权。著作权许可使用的交易双方应充分协商，尤其要明确约定授权范围和授权期限。如此，既可确保授权方通过对外授权获得相应对价，进一步反哺创作，也能避免其著作权因约定不清而受侵害。对于被授权方，明确的约定，既可确保其通过授权真正获得预期的权利内容和价值，也将促使其严格依约行使改编权利，避免因超出授权范围或授权期限的使用而面临违约风险。

五、集成电路布图设计典型案例

集成电路布图设计权属纠纷典型案例

案例：深圳裕昇科技有限公司（以下简称裕昇公司）、户财欢、黄建东、黄赛亮与被上诉人苏州赛芯电子科技有限公司（以下简称赛芯公司）侵害集成电路布图设计专有权纠纷案。

案号：（2019）最高法知民终490号。

案情概述：赛芯公司申请登记了名称为"集成控制器与开关管的单芯片负极保护的锂电池保护芯片"的集成电路布图设计。

赛芯公司认为，裕昇公司、户财欢、黄建东、黄赛亮未经许可，复制、销售的芯片与涉案集成电路布图设计中6个独创点实质相同，侵害了涉案集成电路布图设计专有权，故诉至广东省深圳市中级人民法院。在一审判决赛芯公司胜诉后，裕昇公司、户财欢、黄建东、黄赛亮不服，以涉案布图设计不具有独创性及其他理由提起上诉。

合规启示：集成电路布图设计登记旨在确定布图设计保护对象，而非公开布图设计内容，故公开布图设计内容并非取得集成电路布图设计专有权的条件。集成电路布图设计的保护对象是为执行某种电子功能而对于元件、线路所作的具有独创性的三维配置。权利人主张其布图设计的三维配置整体或者部分具有独创性的，应当对其独创性作出合理的解释或者说明，被诉侵权人不能推翻权利人的解释或者说明的,应当认定该布图设计具备独创性。对于集成电路布图设计的专有权人,需要尽早进行集成电路布图设计登记。在实际中,也需要监控涉及该技术的离职人员的动向,以较好地维护自身权益。

六、技术出资/质押融资典型案例

(一)专利技术出资入股纠纷典型案例

案例:无锡先迪德宝电子有限公司(以下简称先迪德宝公司)上诉被告金德成专利实施许可合同纠纷案。

案号:(2010)苏知民终字第0097号。

案情概述:金德成与先迪德宝公司签订一份合作协议书,约定金德成与先德迪宝公司合作,转让"九鼎"商标及系列产品的专利及专有生产技术,先迪德宝公司同意金德成将其专利或专有报警器生产技术,经综合评估后以无形资产入股,具体占股比例另行签订补充协议等。

此后,双方改变合作方式,签订了专利使用独占许可协议,后又签订了一份协议,约定金德成许可先迪德宝公司使用无线遥控燃气切断器专利技术,先迪德宝公司必须按照利用上述专利生产的切断器产品及金德成供给的切断器产品的数量支付专利使用费。在履约过程中,先迪德宝公司提供给金德成的安装及进货清单上的数量与实际发生的安装量和销售量有明显的出入,经多次催告,先迪德宝公司仍拒绝支付应支付的专利使用费,故金德成诉至法院。

在一审判决金德成胜诉后,先迪德宝公司以金德成已将其专利权作价入股投入别的公司,即已转让专利权,金德成不再享有专利使用权和处分权为由提起上诉。

合规启示:在以知识产权出资入股时,应当明确表示是以权利的整体转让出资还是使用权出资,仅表示"专利出资"的,结合其出资期限可能被认定为专利权转让。如以权利的整体转让出资,则出资人只对其知识产权享有股权,不再享有处分权,不能再将该知识产权转让或许可给其他人。而仅以知识产权的使用权出资,则出资人对该知识产权仍享有最终处分权,在不违反出资协议的情况下,出资人可以自己使用或许可给其他人使用该知识产权。

(二)技术秘密出资入股纠纷典型案例

案例:上海伟仁投资(集团)有限公司(以下简称伟仁公司)与上海汉光陶瓷股份有限公司(以下简称汉光公司)股东出资纠纷案。

案号:(2018)沪02民终9872号。

案情概述:伟仁公司和汉光公司系景德镇汉光公司的股东。伟仁公司和汉光公司签订合作协议书,约定将景德镇汉光公司增资至6000万元,汉光公司以自有知识产权、专有技术、商业秘密出资1800万元,并提供相应材料,完成符合无形资产出资的手续。此后双方就汉光公司无形资产出资事项签订补充协议,约定汉光公司应在1800万元出资范围内全面履行出资义务,并完成出资登记手续。合同签订后,伟仁公司认为汉光公司未履行出资义务,未将专有技术授权给予专人掌握,未到相关行政机关办理备案登记手续,故伟仁公司诉至法院。

合规启示:技术秘密出资入股核心要关注技术秘密的出资交付问题。非公开技术是否交付,除了从程序上是否完成评估作价工商登记的出资手续,更应详细审查资料是否移交以及实际使用的事实,由此可见,司法实践中对非公开技术交付的重点所在。对于商业秘密的交付使用显然具有其特殊性,不像专利、商标权等可以通过出具排他性使用的书面授权方式加以完成。因此,在技术秘密出资协议中，对于何种情况下视为完成技术出资需要非常明确的约定，不仅包括相关技术资料的交付，还包括技术的实施以及技术效果的评估和认可等。

七、技术开发合同典型案例

委托开发合同纠纷典型案例

案例：重庆祎山电子科技有限公司（以下简称祎山公司）与陈某某技术委托开发合同纠纷案。

案号：（2019）渝01民终9969号。

案情概述：祎山公司与陈某某签订了《委托研发协议》及《5.17协议》，《委托研发协议》主要约定祎山公司委托陈某某设计一种全新电子设备，系统研发由陈某某完成，祎山公司拥有其完全知识产权，并同时约定了产品价格、付款方式、交货方式、验货方式、质量保证等内容。

后因陈某某未研发出相应产品，当事人双方另签订《9.18协议》，就委托研发费用的退还、研发费用退还后《委托研发协议》《5.17协议》效力以及相应的违约金赔偿等内容进行了约定。后陈某某延迟履行合同义务，且在祎山公司催告后，坚称不再按原协议约定的内容履行义务，故祎山公司诉至法院。

在一审判决中陈某某败诉，除返还祎山公司委托研发费用以外，还应赔偿祎山公司经济损失7万元，陈某某提起上诉。

合规启示：本案认定，附技术转化协议的技术委托开发合同，对技术成果的预期包含有技术转化的市场价值预期。在相应证据不足以证明守约方具体损失数额的情况下，一方当事人根本违约导致的损失数额，并不直接受限于委托开发费用金额。双方在技术委托开发合同条款中约定远高于委托开发费用的违约金，可视为对技术成果的市场转化价值的体现，酌情确定违约损失赔偿数额时应予以考虑。对于企业而言，涉及委托开发合同的，需要尤其关注付款方式、技术成果的验收方式和验收标准、技术成果的权利瑕疵、技术成果的知识产权权利归属、违约责任等条款的清晰和明确。

第七章　网络安全与数据保护合规管理

第一节　网络安全基础知识

一、网络概述

网络是指由计算机或者其他信息终端及相关设备组成的，按照一定的规则和程序对信息进行收集、存储、传输、交换、处理的系统。它将地理位置不同的多台计算设备，经过通信线路和通信设备连接，在网络操作系统、网络管理软件及网络通信协议的管理和协调下，实现资源共享和信息传递。网络中的每个计算设备，称为一个"节点"，如计算机、网络设备、智能传感器、个人手机、智能手表等。

（一）网络协议模型

在计算机网络中，信息的传输和交换必须遵守一定的协议。网络协议是网络上所有节点之间通信规则的集合，它规定了通信时信息的格式、含义以及传输时序的规则。网络协议设计之初主要关注异构网络的连通与交互，是一个开放免费体系，没有考虑有效认证和保密机制，这些特点造成容易被利用而产生安全性风险。

1. OSI 协议模型

为正确分析网络内外部结构，网络设计时采用了分层结构化的思想。层次划分的原则是：将功能相似或紧密相关的模块放置在同一层。上层向下一层请求服务，下层向上一层提供服务。层次结构参考模型主要有两种：开放系统互联 OSI（Open System Interconnection）模型和 TCP/IP 模型。

OSI 模型说明了网络上节点之间信息传送与接收的过程。将网络分为 7 层，由低到高依次为物理层、数据链路层、网络层、传输层、会话层、表示层、应用层。第 1 层物理层定义关于网络电缆等硬件的规格，要解决二进制信息数据流的传输问题；第 2 层数据链路层是定义网卡驱动程序行为和接入介质（如电缆、光缆等）的数据连接问题等；第 3 层网络层主要解决寻址和路由问题；第 4 层传输层主要解决网络上端到端的连接问题；第 5 层会话层解决互联主机的通信问题；第 6 层表示层解决的是数据表示问题；第 7 层应用层提供网络应用的服务。

2. TCP/IP 协议模型

TCP/IP 模型将网络分为应用层、传输层、互联层和网络接口层，与 OSI 模型有一定的对应关系。TCP/IP 协议包含统一的网络地址分配方案和多种标准化高层协议。模型对应关系及相应层的常见协议如表 7-1 所示。

表 7-1　模型对应关系与相应层常见协议

OSI 参考模型	TCP/IP 参考模型	常用协议
应用层	应用层	FTP、TFTP、HTTP
表示层	应用层	TELNET、SNMP
会话层	应用层	SMTP、DNS
传输层	传输层	TCP、UDP
网络层	互联层	IP、ARP、ICMP
数据链路层	网络接口层	FDDP、Ethernet、SLIP
物理层	网络接口层	IEEE 802.2-802.11

OSI 模型标准由于过于庞杂而应用不广泛，TCP/IP 成为当前实际应用的网络标准。

二、计算机网络组成

（一）网络分类

按照地域范围，网络可分为局域网、城域网和广域网。局域网规模较小，一个办公大楼或办公室里的计算机可组成一个小的局域网。在一个城市里，可以按系统组成各自的城域网，如教育系统、政府系统的城域网等。广域网的覆盖范围更大，有企业级、省级、国家级的。国家级的广域网连在一起，形成世界上最大的网络，即 Internet。电力企业一般组成了从集团到省网和地方的企业级广域网。

（二）电力企业网络资产

电力企业中网络资产可按表 7-2 分类。

表 7-2　网络资产分类

分类	名称	举例说明
系统单元（硬件）	计算机设备	大型机、小型机、服务器、工作站、台式计算机、便携计算机等
系统单元（硬件）	存储设备	磁带机、磁盘阵列、磁带、光盘、软盘、移动硬盘等
系统单元（硬件）	智能终端设备	感知节点设备（物联网感知终端）、移动终端等
系统单元（硬件）	网络设备	路由器、网关、交换机等
系统单元（硬件）	传输线路	光纤、双绞线等
系统单元（硬件）	安全设备	防火墙、入侵检测/防护系统、防病毒网关、VPN 等
系统组件（软件）	应用系统	用于提供某种业务服务的应用软件集合
系统组件（软件）	应用软件	办公软件、各类工具软件、移动应用软件等
系统组件（软件）	系统软件	操作系统、数据库管理系统、中间件、开发系统、语句包等
系统组件（软件）	支撑平台	支撑系统运行的基础设施平台，如云计算平台、大数据平台等
系统组件（软件）	服务接口	系统对外提供服务以及系统之间的信息共享边界，如云计算 PaaS 层向其他信息系统提供的服务接口等
数据	数据资产	业务数据、源代码、数据库数据、系统文档、用户手册、计划、报告、管理规程、企业制度、各种纸质文档等相关资产

续表

分类	名称	举例说明
网络安全人员	运维人员	对基础设施、平台、支撑系统、信息系统或数据进行运维的网络管理员、系统管理员等
	业务操作人员	对业务系统进行操作的业务人员或管理员等
	安全管理人员	安全管理员、安全管理领导小组等
	外包服务人员	外包运维人员、外包安全服务人员等
其他资产	办公设备	打印机、复印机、扫描仪、传真机等
	保障类设备	UPS、变电设备、空调、保险柜、文件柜、门禁、消防设施等
	服务	为了支撑业务、信息系统运行、信息系统安全而采购的服务等
	知识产权	版权、专利等

电力企业中与生产、运营、管理、控制相关的应用系统简称为电力信息系统。根据信息系统的责任单位、业务类型、业务重要性以及物理位置差异等各种因素，可分为管理信息类系统和生产控制类系统。支持电力企业的经营、管理和运营的信息系统称为管理信息类系统，如门户网站系统、办公自动化 OA 系统、电力营销管理系统、人力资源管理系统、财务管理系统、物资管理系统和合同管理系统等。用于监视和控制电网及电厂生产运行过程，基于计算机及网络技术的业务处理系统及智能设备称为生产控制类系统，如电力调度数据网络、电力数据采集与监控系统、能量管理系统、变电站自动化系统、发电厂计算机监控系统、微机继电保护和安全自动装置、水调自动化系统和水电梯级调度自动化系统、电能量计量系统、实时电力市场的辅助控制系统等。

三、网络安全概述

网络安全是指通过采取必要措施，防范对网络的攻击、侵入、干扰、破坏和非法使用以及意外事故，使网络处于稳定可靠运行的状态，以及保障网络数据的完整性、保密性、可用性的能力。网络安全是一门涉及计算机科学、网络通信技术、密码技术、信息安全技术、应用数学、数论、信息论等多学科的综合性学科。

（一）网络安全特性

正确树立网络安全观，当今的网络安全有以下几个主要特点：

第一，网络安全是整体的，而不是割裂的。在信息时代，网络安全对国家安全牵一发而动全身，同许多其他方面的安全都有着密切关系。

第二，网络安全是动态的，而不是静态的。网络变得高度关联、相互依赖，网络安全的威胁来源和攻击手段不断变化，需要树立动态、综合的防护理念。

第三，网络安全是开放的，而不是封闭的。只有立足开放环境，加强对外交流、合作、互动、博弈，吸收先进技术，网络安全水平才会不断提高。

第四，网络安全是相对的，而不是绝对的。没有绝对安全，要立足基本国情保安全，避免不计成本追求绝对安全。

第五，网络安全是共同的，而不是孤立的。网络安全为人民，网络安全靠人民，维护网络安全是全社会共同责任，需要政府、企业、社会组织、广大网民共同参与，共筑网络安全防线。

（二）网络安全技术

网络安全技术是指为解决网络安全问题而进行有效监控和管理，保障数据及网络系统安全的各种技术手段。常用的主要技术可以归纳为三大类。

（1）预防保护类。主要包括身份认证、访问管理、加密、防恶意代码和加固。

（2）检测跟踪类。主体对网络客体的访问行为进行监控和审计跟踪，防止在访问过程中可能产生安全事故的各种举措。监控和审计通过对网络传输中可疑、有害信息或异常行为进行记录，为事后处理提供依据，威慑黑客且可提高网络整体安全性。

（3）响应恢复类。网络或数据一旦发生安全事件，需要采取应急预案有效措施，确保在最短的时间内对其事件进行应急响应和备份恢复，尽快将其损失和影响降至最低。

相关的网络安全技术描述如下：

（1）身份认证（identity and authentication）。通过网络身份的一致性确认，保护网络授权用户的正确存储、同步、使用、管理和控制，防止他人冒用或盗用的技术手段。

（2）访问管理（access management）。保障授权用户在其权限内对授权的资源进行正当的访问，防止未经授权访问的措施。

（3）加密（encryption）。加密技术是最基本的网络安全手段，包括加密算法、密钥长度确定，以及密钥整个生命周期（生成、分发、存储、输入输出、更新、恢复、销毁等）安全措施和管理等。

（4）防恶意代码（anti-malicode）。通过建立计算机病毒的预防、检测、隔离和清除机制，预防恶意代码入侵，迅速隔离查杀已感染病毒，识别并清除网内恶意代码。

（5）加固（hardening）。对系统漏洞及隐患采取的一种安全防范措施，主要包括安全性配置、关闭不必要的服务端口、系统漏洞扫描、渗透性测试、安装或更新安全补丁及增设防御功能和对特定攻击的预防手段等，提高系统自身的安全。

（6）监控（monitoring）。通过监控用户的各种访问行为，确保网络访问过程安全的技术手段。

（7）审计跟踪（audit trail）。对网络系统异常访问、探测及操作等相关事件进行及时核查、记录和追踪。利用多项审计跟踪不同活动。

（8）备份恢复（backup and recovery）。为了确保在网络系统出现异常、故障、入侵等意外事故时，能够及时恢复系统和数据而进行的预先备份等技术手段。备份恢复技术主要包括4方面：备份技术、容错技术、冗余技术和不间断电源保护。

（三）常见网络攻击方法

"攻击"是指一切针对计算机的非授权行为。凡是试图绕过系统的安全策略，或者对系统进行渗透，以获取信息、修改信息甚至破坏网络或系统功能为目的的行为都可以称为攻击。攻击可分为以下类型：

1. 阻塞类攻击

阻塞类攻击企图通过强制占有信道资源、网络连接资源、存储空间资源，使服务器资源耗尽，无法对外继续提供服务。常见的攻击方法有拒绝服务、DoS攻击、TCP SYN洪泛攻击、Land攻击、Smurf攻击、电子邮件炸弹等。

2. 探测类攻击

探测类攻击主要是收集目标系统各种与网络安全有关的信息，为下一步入侵提供帮助，主要包括扫描技术、体系结构刺探、系统信息服务收集等。

3. 控制类攻击

控制类攻击是试图获得对目标机器控制权的一类攻击。最常见的有口令攻击、木马、缓冲区溢出攻击三种。口令的截获与破解仍然是最有效的口令攻击手段，进一步的发展是研制功能更强的口令破解程序。木马一词起源于荷马史诗中的特洛伊木马，与一般的病毒不同，它不会自我繁殖，也并不"刻意"地去感染其他文件，这一特性使它看起来并不具有攻击性，甚至用户会把它当成有用的程序。但是木马会使你的电脑失去防护，使得黑客可以轻易控制电脑，盗走资料。缓冲区溢出是通过向程序缓冲区写入超过边界的内容造成溢出，使程序转而执行攻击者指定的代码。

4. 欺骗类攻击

欺骗类攻击包括 IP 地址欺骗和假消息攻击，前一种攻击通过冒充合法网络主机骗取敏感信息，后一种攻击主要是通过配置或设置一些假信息来实施欺骗攻击。主要包括 ARP 缓存虚构、DNS 高速缓存污染、伪造电子邮件等。

5. 漏洞类攻击

漏洞是系统硬件或者软件存在某种形式的安全方面的脆弱性，这种脆弱性存在的后果使得非法用户未经授权获得访问权或提高其访问权限。黑客利用扫描器发现网统的各种漏洞实施相应攻击。

6. 破坏类攻击

破坏类攻击指对目标机器的各种数据与软件实施破坏，包括计算机病毒、逻辑炸弹等攻击手段。逻辑炸弹与计算机病毒的主要区别：逻辑炸弹没有感染能力，它不会自动传播到其他软件内。由于电力企业有很多系统来自国外进口，内部可能存在逻辑炸弹，对此应保持警惕。对于机要部门中的计算机系统，应以使用自主开发的软件为主。

（四）防范网络攻击的策略与措施

（1）防范攻击的策略

防范攻击要在主观上重视，客观上积极采取措施，制定规章制度，普及网络安全教育，使用户掌握网络安全知识和有关的安全策略。管理上应当明确安全对象，建立强有力的安全保障体系，按照安全等级保护条例的要求对网络实施保护。认真制订有针对性的防攻击策略，使用科技手段，有的放矢，在网络中层层设防，使每一层都成为一道关卡，从而让攻击者无隙可乘、无计可施。

（2）防范攻击的措施

① 加强网络安全防范法律法规等方面的宣传和教育，提高安全防范意识。

② 加固网络系统，及时下载、安装系统补丁程序。

③ 尽量避免从 Internet 下载不知名的软件、游戏程序。

④ 不要随意打开来历不明的电子邮件及文件或运行陌生人给的程序。

⑤ 不随便运行黑客程序，不少这类程序在运行时易暴露用户的个人信息。

⑥ 在支持 HTML 的 BBS 上，如发现提交警告，先看源代码，预防骗取密码。

⑦ 设置安全密码。使用字母数字混排，常用的密码设置不同，重要密码经常更换。

⑧ 使用防病毒、防黑客等防火墙软件，以阻挡外部网络的侵入。

⑨ 隐藏 IP 地址。在公共网络环境中，可使用代理服务器中转或工具软件（如使用 Norton Internet Security 等）隐藏主机地址，避免暴露个人信息。

⑩ 切实做好端口防范。安装端口监视程序，并将一些不用的端口关闭。

⑪ 加强 IE 浏览器对网页的安全防护。个人用户应通过对 IE 属性的设置来提高访问网页的安全性。

⑫ 定期备份操作系统注册表。许多黑客攻击会修改系统注册表。

⑬ 加强管理。将防病毒、防黑客工作形成惯例，当成日常例行工作，定时更新防毒软件，防毒软件保持在常驻状态，以彻底防毒。对于重要的个人资料做好严密的保护，并养成资料备份的习惯。

（五）网络安全保障体系框架

网络安全总体保障功能主要体现在对整个网络系统的风险隐患及时识别、评估、控制和应急处理等，便于有效地预防、保护、响应与恢复，确保系统安全运行。

网络安全保障的关键要素主要包括网络安全策略、网络安全管理、网络安全运作和网络安全技术。其中，网络安全策略为网络安全保障的核心，其主要涵盖网络安全的战略方针、政策标准和措施细则；网络安全管理是企业管理行为，主要包括组织结构、安全意识和审计监督；网络安全运作是日常管理行为，包括运作流程和对象管理；网络安全技术是网络系统的行为表现，包括安全服务、安全措施以及基础设施等内容。总体框架如图 7-1 所示。

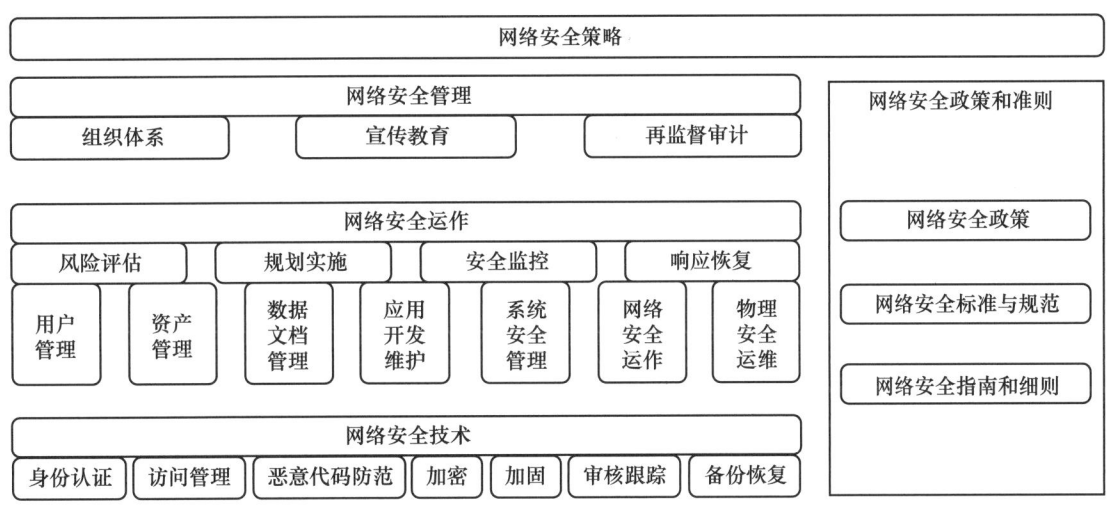

图 7-1 网络安全框架图

网络安全是在机构管理机制下，通过运作机制的协调，借助技术手段得以实现的。"七分管理、三分技术、运作贯穿始终"，管理是关键，技术是保障。

（六）网络安全面临的新形势与挑战

我们正处在一个万物互联的时代，网络世界与现实生活日渐融合。网络空间的攻击将会穿透虚拟空间，直接映射到物理世界。网络安全的危害面已扩展到国家、社会、企业、家庭和个人。当前网络安全面临的新形势与挑战有以下几点：

一是全球发生新型冠状病毒疫情，网上社会经济活动显著增加。我国境内医疗卫生、科研、检疫等多个行业部门的网络系统遭受境外黑客组织的网络攻击，维护重要网络、业务系统安全的任务日益繁重。

二是新技术新应用给网络安全带来新挑战。云计算、大数据的广泛应用，物联网、车联网、自动驾驶、智能家居等新业态的发展，给网络安全带来了新的未知风险。人工智能等新技术的双刃剑作用日益凸显。物联网、工业互联网正把虚拟世界和物理世界打通，不法分子通过网络就可以破坏水、电、气、交通、能源等关键基础设施。

三是国家全面启动新基建，网络安全重要性彰显。2020年3月，中央决定启动以5G基站、特高压、城际高铁和轨道交通、新能源汽车充电桩、大数据中心、人工智能、工业互联网为重点的新型基础设施建设。新型基础设施是敌对国家、敌对分子攻击的重点目标，维护新基建网络安全的任务更加艰巨。

四是网络违法犯罪活动日益升级，呈现高发态势。利用和针对互联网实施网络诈骗、网络赌博、网上盗窃等违法犯罪活动日益猖獗。不法分子利用各种手段窃取贩卖公民个人信息，个人隐私侵犯及大数据泄露事件频发。

五是有国家背景的网络攻击窃密活动日益猖獗。敌对势力、黑客组织对我国关键信息基础设施、重要网络和大数据平台大肆进行网络攻击、渗透、入侵、窃密活动，网络安全事件频发。网络战威胁国家政权和国防安全。敌对势力往往通过在目标国家内部的网络空间搞破坏，最终达到影响民意、干预政权的目的，甚至妄图实现"颜色革命"。网络战已成为国际冲突的常见形式，会成为未来战争的首选。

六是重要行业应对网络威胁的能力有所提升，但应对网络战的能力仍显不足。虽然可以发现一般性攻击，但面对高级持续性威胁（APT）发现能力弱，对利用零日漏洞等高效网络武器发起的攻击缺乏应对能力；虽然采取了一些管理和技术手段，但没有形成联动合力，网络攻防对抗能力和反制能力不强。

第二节　数据安全基础知识

一、数据安全概述

数据是指任何以电子或其他方式对信息的记录。数据处理包括数据的收集、存储、使用、加工、传输、提供、公开等。

数据安全是指保护数据免受未经授权的访问、使用、披露、损坏或丢失的过程，它包括保护数据的保密性、完整性和可用性，以及保护数据所有者的隐私权。常见的数据安全问题有：

（1）数据泄露问题，是指未经授权的第三方获取敏感信息的行为。

（2）数据篡改问题，是指未经授权的第三方修改数据的行为。

（3）数据滥用问题，是指未经授权的第三方利用数据进行不正当行为。

（4）数据丢失问题，是指未经授权的第三方删除数据的行为。

（5）数据恢复问题，是指未经授权的第三方恢复已删除数据的行为。

二、数据加密技术

（一）加密技术概述

数据加密技术，是指将一个信息（或称明文，Plain text）经过加密钥匙（Encryption key）及加密函数转换，变成无意义的密文（Cipher text），而接收方则通过解密函数、解密钥匙（Decryption key）将此密文还原成明文。

为了保障重要数据安全，在数据进行处理、存储、传输、共享时，通常会对数据进行加密处理，将数据中的重要敏感信息进行匿名脱敏变换。

数据加密技术是为了提高信息系统及数据的安全性和保密性，防止秘密数据被外部破析所采用的主要技术手段之一，是数据安全技术的基石。通常包括：数据加密、数据解密、数字签名、签名识别以及数字证明等。

（二）加密技术应用

数据加密技术可以帮助用户实现数据加密存储、访问控制增强等功能，可应用于数据规模大、密文数据存在复杂查询和统计分析等场景。数据加密技术主要应用于以下几个方面：

(1) 数据保密

数据保密是指发送方将明文数据加密成密文后传给接收方，从而保护数据在传输过程中的安全性。数据保密主要使用对称密钥和公开密钥来实现。

(2) 身份认证

身份认证也称为"身份验证"或"身份鉴别"，是指在计算机和计算机网络系统中确认操作者身份的过程，从而确定该用户是否具有某种资源的访问和使用权限，进而使计算机和网络系统的访问策略能够可靠、有效地执行，防止攻击者假冒合法用户获得资源的访问权限。对称加密算法和非对称加密算法都可以实现身份认证。

(3) 保持数据完整性

可使用 Hash 算法检测数据完整性。当发送方给接收方发送数据时，一方面将明文数据加密成密文，同时将明文数据进行哈希运算，生成摘要。接收方接收到数据后，将密文数据解密成明文，同时对解密后的明文也进行 Hash 运算，对比这两个摘要，结果相同则认为数据完整或未被篡改，不相同则认为数据不完整或被篡改。

(4) 数字签名

数字签名由公钥密码发展而来，它在网络安全，包括身份认证、数据完整性、不可否认性以及匿名性等方面有着重要应用。数字签名需要使用 Hash 算法和非对称密钥算法来实现。

三、数据完整性技术

（一）数据完整性概述

数据完整性是指在数据的全生命周期过程中，保持数据不被破坏或修改、不丢失和未经授权不能改变的特性，也是最基本的安全特征。数据应以一种安全的方式收集和维护以确保它们是准确的、可追溯的、清晰的。

（二）实现完整性技术

实现和提高数据完整性的解决办法有两方面的内容：首先，采用预防性的技术防范危及数据完整性事件的发生。如采用电源调节系统、系统安全程序、故障发生前的预先分析，其次，一旦数据的完整性受到损坏时采取技术手段恢复数据。如采用备份、镜像、转储、分级存储管理，制定灾难恢复计划。

数字证书是一种以加密或解密方式保证信息和数据完整性与安全性的技术，且具有唯一性、便利性的特征。

数字证书是指在互联网通讯中标识各方身份信息的一种数字认证,人们可以在网上用它来识别对方的身份,因此数字证书又称为数字标识。从本质上来说,数字证书是一种电子文档,是由电子商务认证中心(简称为 CA 中心,有国家认可资质,可信度高、具有权威性的第三方机构。)所颁发的一种较为权威与公正的证书。

四、数据备份及灾难恢复

(一)数据备份概述

数据备份,就是将数据以副本的方式加以保留,以便在系统遭受破坏或其他特定情况下,重新加以利用的一个过程。数据备份的核心目的就是恢复,保证在出现意外导致数据损坏或业务中断时在最短时间内还原数据并让业务连续运行。

(二)数据备份分类及策略

按备份介质存放的地理位置,数据备份可分为本地备份、异地备份。

按备份数据量的不同,可分为完整备份、增量备份、差异备份三种。

完整备份包括整个系统数据。它需要的存储空间大、备份的时间长。差异备份方法仅复制自上次完整备份以来发生变动的数据。与完整备份相比,它需要的存储空间要小。增量备份仅复制自上次增量备份或完整备份以来已更改或添加的数据。

备份策略包括制定备份制度、选择适当的备份设备、挑选备份软件和制定备份计划。在制定备份策略时需要考虑确定备份方式、备份频率,对备份设备、备份介质的保管方式。

好的备份软件应该具备以下功能:

(1)自动化备份与恢复:自动化不需要人力操作或更换备份介质,可以很好地避免人为错误因素的发生,增加了备份的可靠性。

(2)安全性和可靠性:备份前自动对文件进行病毒扫描,能够确保所备份的数据未遭受病毒感染,同时确保存储介质的可靠性。

(3)多备份设备的管理功能:可以在最短的时间内同时对大量的数据进行备份,数据可以同时写入多个备份介质,实现高速的备份能力。

完全备份可以在初期或按固定时间间隔比如每年执行一次,之后随着数据量的增大,可以采用增量备份或差异备份。

(三)数据存储与备份工具

数据存储与备份是指将数据以某种格式记录在计算机内部或外部存储介质上。

基本的数据存储及备份的工具包括:操作系统本身内建的备份程序、专业厂商提供的备份工具、云服务商提供的在线数据备份、Zip/RAR 等压缩工具。

存储介质有磁带机、磁盘阵列、Zip 磁盘、光盘软盘、活动硬盘、移动存储设备、网络备份、云数据中心等类型。

常见的数据存储方式可分为 DAS、NAS 和 SAN 三种:

(1)直接附加存储(Direct Attached Storage,DAS)方式比较简单,存储系统与服务器直接相连。

(2) 网络附加存储（Network Attached Storage，NAS）采用独立的服务器，通过网络交换机连接存储系统和服务器主机，建立专用于数据存储的存储私网，基于标准网络协议（TCP/IP、ATM、FDDI）实现数据传输。

(3) 存储区域网络（Storage Area Network，SAN）其实是指一个"网络"，其中包含着主机，适配器，网络交换机，磁盘阵列前端，盘阵后端等。此方式顺应了计算机服务器体系结构网络化的趋势，是独立于数据网络的单独存储网络，其支撑技术是光纤通道技术，有 IP SAN 和 FC SAN 两种部署模式。SAN 可以将存储和服务器隔离，简化了存储管理，能够统一、集中的管理各种资源。

这三种存储方式共存，互相补充，应根据信息化应用的需要适当选择。

（四）数据灾难与恢复计划

数据灾难可分为：自然灾难、社会灾难和人为灾难。
(1) 自然灾难包括水灾、风灾、地震等突发自然灾害造成的系统灾难。
(2) 社会灾难包括区域性电力系统故障、恐怖分子破坏、战争等引起的灾难。
(3) 人为灾难包括来自网络的恶意攻击，业务系统管理人员的误操作，计算机病毒发作等造成的灾难。

灾难恢复时，需要考虑两个主要因素：数据恢复（使用备份和复制来还原已丢失的数据、过程恢复（恢复服务并部署代码，以便在服务中断后持续可用）。

典型的灾难恢复计划如下：
① 进行故障诊断；
② 收集备份介质；
③ 收集安装介质；
④ 通知联系所有的支持人员；
⑤ 通知用户启动应急方案；
⑥ 宣布系统灾难恢复开始；
⑦ 执行灾难恢复；
⑧ 测试并由用户验收；
⑨ 补充录入灾难期间数据。

五、数据安全管理

（一）数据的分类分级

《数据安全法》第二十一条规定，国家建立数据分类分级保护制度，根据数据在经济社会发展中的重要程度，以及一旦遭到篡改、破坏、泄露或者非法获取、非法利用，对国家安全、公共利益或者个人、组织合法权益造成的危害程度，对数据实行分类分级保护。

《数据安全法》在数据分类分级的基础上强化对重要数据的保护，以及对国家核心数据的特别保护要求，并明确关系国家安全、国民经济命脉、重要民生、重大公共利益等数据属于国家核心数据。

数据分类是指依照数据的来源、内容和用途对数据进行分类，是数据安全管理的第一步。数据分类在不同场景下有不同的内涵，谈论分类必须结合场景。

数据分级是指按照数据的价值、内容的敏感程度、影响和分发范围不同，以及数据遭到篡改、破坏、泄露或非法利用后对受害者的影响程度，对数据进行敏感级别划分。

分类和分级是先后关系。任何时候，数据的分级都离不开数据的分类。先分类再分级。分类更多从业务角度出发，分级更多从安全角度出发。分类是横向，分级是纵深。因此，在数据安全治理或数据资产管理领域，都是将数据的分类和分级放在一起进行，统称为数据分类分级。

数据分类分级是数据安全治理的前提，也是数据合规最核心的问题。只有对数据进行有效分类分级，才能避免一刀切的控制方式，在数据安全管理上采用更加精细的措施，使数据在共享使用和安全使用之间获得平衡。

数据分类分级有两个目的：一是基于数据的分类分级制定安全策略；二是通过数据分类分级进一步明确数据资产的分布和使用状况。

分类分级应当是动态调整的，不存在完全通用的分类分级模式。因为数据是动态和流动的，业务也是不断新增和变化的，分类分级清单也会不断变化。

（二）数据全生命周期管理

数据全生命周期包括采集、存储、传输、处理、交换、销毁等阶段。

按照《信息安全技术 数据安全能力成熟度模型》（GB/T 37988—2019）的规定，数据全生命周期管理的过程安全，包括数据采集安全、数据存储安全、数据传输安全、数据处理安全、数据交换安全、数据销毁安全等。具体如下：

（1）数据采集安全

数据采集是组织从内部系统以及外部系统收集数据的阶段。要确保此阶段安全，需要注意以下方面：

① 数据源的安全可信、身份鉴定、用户授权；

② 个人信息与重要数据进行采集前评估；

③ 采集过程安全合规、日志记录；

④ 隐私数据、敏感数据识别且防泄露；

⑤ 采集工具或设备安全管理、访问控制等。

（2）数据存储安全

数据存储是指非动态数据以任何数字格式进行物理存储的阶段。要确保此阶段安全，需要注意以下方面：

① 数据分类分级；

② 存储区域与隔离；

③ 加密存储；

④ 存储平台或系统账号、密码、权限、安全管理；

⑤ 密码保护、密钥管理；

⑥ 日志管理；

⑦ 存储备份；

⑧ 数据恢复；

⑨ 数据归档。

（3）数据传输安全

数据传输是指数据在组织机构内部从一个实体通过网络流动到另一个实体的过程。要确保此阶段

安全,需要注意以下方面:

① 传输加密;

② 网络可用性管理;

③ 传输接口管控;

④ 接口调用日志管理。

(4) 数据处理安全

数据处理是指组织在内部对数据进行计算、分析、可视化等操作的阶段。要确保此阶段安全,需要注意以下方面:

① 数据密级划分;

② 数据访问权限;

③ 数据查询权限划分;

④ 打印/下载权限;

⑤ 数据脱敏。

(5) 数据交换安全

数据交换是指数据经由组织机构内部与外部组织机构及个人交互过程中提供数据的阶段。要确保此阶段安全,需要注意以下方面:

① 数据接口配置;

② 日志管理与监控审计;

③ 文档标签;

④ 数据加密、数据压缩;

⑤ 敏感数据脱敏;

⑥ 交换过程验证;

⑦ 数字水印。

(6) 数据销毁安全

数据销毁作为数据生命周期中的最后一环,是指将数据存储介质上的数据以软销毁或硬销毁方式,不可逆地删除或将介质永久销毁,从而使重要数据不留痕迹、不可恢复和还原的过程。要确保此阶段安全,需要注意以下方面:

① 数据内容安全销毁;

② 用户注销;

③ 密钥安全销毁。

(三) 重要数据风险评估

数据安全风险评估流程参考《信息安全技术 信息安全风险评估实施指南》(GB/T 31509—2015),通常是以业务流程为中心,以业务系统的基础安全为依托,以数据生命周期及数据应用场景两个维度为入口,从信息安全CIA(机密性、完整性、可用性)三要素角度出发,对重要数据风险进行综合风险评估。

数据面临的威胁,可以分为五种类型,分别是数据合规、数据泄露、数据不可用、数据篡改、数据未授权访问。

六、个人信息保护

（一）个人信息定义

个人信息是以电子或者其他方式记录的与已识别或者可识别的自然人有关的各种信息，不包括匿名化处理后的信息。

个人信息的处理包括个人信息的收集、存储、使用、加工、传输、提供、公开、删除等。

（二）个人信息保护技术

可以完成个人信息保护的技术如下：

1. 通过数据库安全的技术手段实现核心数据加密存储；
2. 通过数据库防火墙实现批量数据防泄露；
3. 通过数据脱敏实现批量个人数据的匿名化；

【注：数据脱敏，即按照预定的脱敏规则，对特定敏感信息进行数据转换，以确保敏感隐私数据的安全保护。需进行脱敏处理的数据包括身份证号、电话号码、银行卡号等个人隐私信息，以及商业和财务数据等。】

4. 通过系统对用户身份及其所属的预先定义的策略实现对数据的访问控制；
5. 通过DLP技术防止重要数据或信息以违反安全策略规定的形式泄露；
6. 通过隐私计算技术，在保护数据本身不对外泄露的前提下实现数据分析计算。

【注：典型的隐私计算技术包括同态加密、安全多方计算。

同态加密（Homomorphic Encryption）是指将原始数据经过同态加密处理后，对所得到的密文执行特定运算，随后再将运算结果进行同态解密，最终获得的明文与直接对原始明文数据进行相同运算的结果完全一致。同态加密技术提供了一种处理加密数据的功能，该过程不会泄露任何原始数据内容。在数据处理完成后进行解密，得到的正是对原始数据进行相同处理后的结果。目前，同态加密主要应用于云计算、联邦学习等涉及数据隐私计算需求的场景。

安全多方计算作为隐私计算的核心技术，其主要功能可概括为：在缺乏可信第三方的情况下，多个计算节点在分布式计算环境中各自输入数据，协同完成特定功能函数的计算，且不会泄露各参与方的输入信息。同时，所有参与方能够共享该功能函数的输出结果。参与各方先将数据进行分布式加密处理，随后将其输入至功能函数的计算模块中，这一过程有效地确保了参与各方数据的安全。在安全多方计算的场景下，计算结果的生成依赖于各方协同输入的隐私数据，且这些数据无须向其他参与方公开。】

（三）个人信息处理流程

《中华人民共和国个人信息保护法》第十三条规定，符合下列情形之一的，个人信息处理者方可处理个人信息：

① 取得个人的同意；

② 为订立、履行个人作为一方当事人的合同所必需，或者按照依法制定的劳动规章制度和依法签订的集体合同实施人力资源管理所必需；

③ 为履行法定职责或者法定义务所必需；

④ 为应对突发公共卫生事件，或者紧急情况下为保护自然人的生命健康和财产安全所必需；

⑤ 为公共利益实施新闻报道、舆论监督等行为，在合理的范围内处理个人信息；

⑥ 依照本法规定在合理的范围内处理个人自行公开或者其他已经合法公开的个人信息；

⑦ 法律、行政法规规定的其他情形。

依照本法其他有关规定，处理个人信息应当取得个人同意，但是有上述条款中第二项至第七项规定情形的，不需取得个人同意。

《中华人民共和国个人信息保护法》第十七条规定，个人信息处理者在处理个人信息前，应当以显著方式、清晰易懂的语言真实、准确、完整地向个人告知下列事项：

① 个人信息处理者的名称或者姓名和联系方式；

② 个人信息的处理目的、处理方式，处理的个人信息种类、保存期限；

③ 个人行使本法规定权利的方式和程序；

④ 法律、行政法规规定应当告知的其他事项。

前款规定事项发生变更的，应当将变更部分告知个人。

个人信息处理者通过制定个人信息处理规则的方式告知第一款规定事项的，处理规则应当公开，并且便于查阅和保存。

实际在处理个人信息的时候，行为人应当遵循合法、正当、必要、不过度处理四项原则。

第三节　密码基础知识

一、密码应用概述

（一）密码的概念与作用

密码是指采用特定变换的方法对信息等进行加密保护、安全认证的技术、产品和服务。在我国，密码分为核心密码、普通密码和商用密码，其中商用密码用于保护不属于国家秘密的信息。

密码的重要作用是保护网络与信息安全，在网络空间安全防护中发挥着重要的基础支撑作用，是维护网络安全最有效、最可靠、最经济的技术手段。通俗来讲，密码的作用可概括为三个方面。

第一，密码是"基因"，是网络安全的核心技术和基础支撑。密码可以完整实现网络空间信息防泄密、内容防篡改、身份防假冒、行为抗抵赖等功能，满足网络与信息系统对保密性、完整性、真实性和不可否认性等安全需求。密码是网络免疫体系的内置基因，是实现网络从被动防御向主动免疫转变的关键元素。没有密码，就不能真正解决网络安全问题。

第二，密码是"信使"，是构建网络信任体系的重要基石。信任是世界上任何价值物转移、交易、存储和支付的基础，是社会发展的润滑剂和助推器。最初人类社会依靠血缘和宗族关系建立信任，后来主要依靠法律和合同建立信任。信息时代，万物互联、人机互认、天地一体，网络空间的信任至关重要，密码算法和密码协议可解决人、机、物的身份标识、身份鉴别、统一管理、信任传递和行为审计问题，是实现安全、可信、可控的互联互通的核心技术手段。密码是网络空间传递价值和信任的重要媒介和手段。

第三，密码是"卫士"，密码技术与核技术、航天技术并称为国家的三大"杀手锏"技术，是国之重器，是重要的战略性资源。

随着信息化快速发展，万物互联成为趋势、信息孤岛逐渐消弭，密码在保护国家安全、促进经济社会发展、保护公民合法权益和个人隐私等方面的重要性和战略地位将更为凸显。合规、正确、有效的使用密码，使用自主、安全、可控的密码，既是对国家安全和经济社会发展的有力护航，也是对公民合法权益和个人隐私的有力保障。

（二）密码功能与密码应用

密码的主要功能有两个，即加密保护和安全认证。

加密保护是指采用特定变换的方法，将原来可读的信息变成不能直接识别的符号序列。简单地说，加密保护就是将明文变成密文。

安全认证是指采用特定变换的方法，确认信息是否完整、是否被篡改、是否可靠以及行为是否真实。简单地说，安全认证就是确认主体和信息的真实可靠性。例如，增值税防伪税控系统采用商用密码技术保护涉税信息，增值税发票信息经密码算法进行加解密处理，确定该发票的明文信息是否真实，从而遏制增值税犯罪，减少税款流失。

信息化、网络化、数字化高度发达的今天，密码技术已经渗透到社会生产生活各个方面，重要网络和信息系统、关键信息基础设施、数字化平台都离不开密码的保护。5G、物联网、云计算、大数据、人工智能、区块链、量子通信、数字经济等新技术新业态都与密码紧密融合。密码与老百姓日常生活也息息相关，身份认证、消费支付、网络交易、个人信息保护、财产保护等，背后都有密码在发挥着作用，密码的应用可谓无处不在，有力维护了社会正常运转和交易秩序。

（三）密码应用中的安全性问题

在实际应用中，由于各种原因，各类用户有可能误用、乱用、弃用密码技术，导致应用系统的安全性得不到有效保障，甚至造成比不用密码技术更广泛、更严重的安全问题。

1. 密码技术被弃用

密码技术只有被应用程序调用，才有机会发挥作用。如果相关单位对密码在安全防护中的重要地位缺乏认识，为节省资源或贪图便利，在开发工作中故意忽视密码技术，那么此类应用会毫无安全可言。

2. 密码技术被乱用

如果相关单位对密码在信息互联互通中的重要作用缺乏认识，不严格执行密码标准，不规范调用密码技术，就会出现安全漏洞，甚至导致系统无法对接。

常见情形有：

① 未明确约定协议底层使用的算法名称及参数；

② 擅自修改数据接口及数据格式；

③ 简化使用标准所规定的密码协议等。

3. 密码技术被误用

如果相关单位对密码应用缺乏技能和经验，不清楚合规性要求，不了解密码算法的类型、协议参与方的角色要求、关键参数的类型和规模等基本知识，错误调用密码技术，就不可避免地出现安全漏洞。

常见情形:
① 颠倒分组密码中密钥和明文的位置;
② 使用固定值而不是随机数作为加密算法初始向量;
③ 使用计数器代替数字签名中的随机数;
④ 颠倒身份鉴别中的挑战者与响应者角色;
⑤ 一些系统中支持了已被实际破解的密码算法（如 MD5、SHA-1 等），导致密码支撑资源被错误调用;
⑥ 在 SSL 协议部署时存在密码算法配置错误、密码协议配置错误、证书配置错误等情况;
⑦ 在利用随机数生成密钥时，使用不安全的随机数发生器，或者不正确地使用随机数发生器，会导致产生大量重复密钥或重复使用的素因子。

弃用、乱用、误用密码技术都将导致安全问题。只有责任单位、应用开发商等相关主体了解、提炼实际安全需求，才能在其使用密码技术建设安全应用的过程中有机会做到"正确规范"。

合规、正确、有效使用密码，使用自主、安全、可控的密码是信息系统责任单位、应用开发商等相关主体必须学习并熟练掌握的基本能力。只有这样才能有力维护国家安全和经济社会发展，有力保障公民合法权益和个人隐私。

二、密码技术

（一）密码技术概述

密码技术包括密码编码技术、密码分析技术、认证技术和密钥管理技术。

密码编码技术包括序列密码编码技术、分组密码编码技术和公钥密码编码技术。主要任务是解决信息的加密保护问题，手段是利用加密算法在密钥的指示下对明文加密产生密文。密码算法既要做到安全，又要满足实际需要。

密码分析技术包括序列密码分析技术、分组密码分析技术和公钥密码分析技术，目的是获取非授权的机密信息。根据密码分析中使用的技术手段又可分为唯密文攻击技术、已知明文攻击技术、选择明文攻击技术、选择密文攻击技术、相关密钥攻击技术、穷尽攻击技术、分割攻击技术、相关攻击技术、差分攻击技术等。

认证技术主要包括身份认证技术和消息认证技术。目的是防止欺骗和伪造。身份认证技术是密码通信中进行身份识别和身份验证的技术，主要用来确认访问者是谁和声称的访问者是否真实。消息认证技术是密码通信中用来验证接收到的消息是否真实的技术，主要用来确认消息是否来自可信发送方以及消息在传输或存储过程中是否遭到有意或无意的修改、重放、延迟等。杂凑函数、数字签名等是实现认证的重要工具。

密钥管理技术是密钥生成、分配、使用和销毁等技术的总称。包括随机数生成技术、密钥分配技术、密钥分散管理技术、密钥分层管理技术、密钥共享技术、密钥销毁技术、密钥协议设计与分析技术等，是随着密码应用范围的拓展而独立出来的一类技术。

（二）常见密码算法

密码算法是用于加密和解密的数学函数，密码算法是密码协议的基础。

密码算法主要分为三类：对称密码算法、非对称密码算法和摘要算法。

1. 对称密码算法

对称算法（Symmetric-key Algorithm）是指加密秘钥与解密秘钥相同的密码算法，亦称作单密钥算法。该算法主要分为流密码算法（Stream Cipher）和分组密码算法（Block Cipher）两大类。

流密码算法，又称为序列密码算法。在加密过程中，每次仅对一位或一字节的明文进行加密；而在解密过程中，每次仅对一位或一字节的密文进行解密。典型的流密码算法包括 RC4 等。

分组密码算法，又称为块加密算法。加密步骤包括将明文分割成固定长度的块，并使用相同密钥和算法对每个块进行加密生成密文块，最后按顺序拼接这些密文块形成最终密文。典型的分组密码算法包括 AES、SM1（国密）、SM4（国密）、DES/3DES 等。

AES 是目前广泛应用的对称加密算法，以其较高的安全强度而备受推崇。我国自主研发的创新加密算法体系被称为国密算法，其中 SM1 加密强度与 AES 相当，但该算法不公开，主要通过硬件来实现。SM4 专为无线局域网设计，可以通过软件来实现。DES/3DES 作为一种传统的对称加密算法，正逐渐被新的技术所替代。

2. 非对称密码算法

非对称算法（Asymmetric-key Algorithm）是指加密秘钥和解密秘钥不同的密码算法，又称为公开密码算法或公钥算法，该算法使用一个秘钥进行加密，用另外一个秘钥进行解密。

加密秘钥可以公开，又称为公钥。解密秘钥必须保密，又称为私钥。

常见非对称算法包括 RSA、SM2（国密）、DH、DSA、ECDSA、ECC 等。

3. 摘要算法

摘要算法（Digest Algorithm）是指把任意长度的输入消息数据转化为固定长度的输出数据的一种密码算法，又称为散列函数、哈希函数、杂凑函数、单向函数等。

摘要算法所产生的固定长度的输出数据称为摘要值、散列值或哈希值，摘要算法无秘钥。摘要算法通常用来做数据完整性的判定，即对数据进行哈希计算，然后比较摘要值是否一致。摘要算法主要分为三大类：消息摘要算法（Message Digest，MD）、安全散列算法（Secure Hash Algorithm，SHA-1）和消息认证码算法（Message Authentication Code，MAC）。常用的摘要算法有 MD5，SHA-1、SHA-2 系列，HmacMD5、HmacSHA1、国密标准 SM3 等。

上述密码技术所解决的安全性对照关系如图 7-2 所示。

（三）密钥生命周期管理

密钥管理主要围绕密钥的生命周期进行，包括以下阶段：

密钥生成：密钥应由密码相关产品或工具依据一定标准生成，通常包括密码算法选择、密钥长度等。密钥生成时要同步记录其关联信息，如拥有者、密钥使用起始时间、密钥使用终止时间等。

密钥存储：一般来说，密钥不应以明文方式存储，应采取严格的安全防护措施，防止密钥被非授权的访问或篡改。

密钥分发：密钥分发工作是指通过安全通道，把密钥安全地传递给相关接收者，防止密钥遭受截取、篡改、假冒等攻击，保证密钥机密性、完整性以及分发者、接收者身份的真实性。目前，密钥分发的方式主要有人工、自动化和半自动化。其中，自动化方式主要通过密钥交换协议进行密钥分发。

密钥使用：密钥使用要根据不同的用途而选择正确的使用方式。密钥使用和密码产品保持一致性，

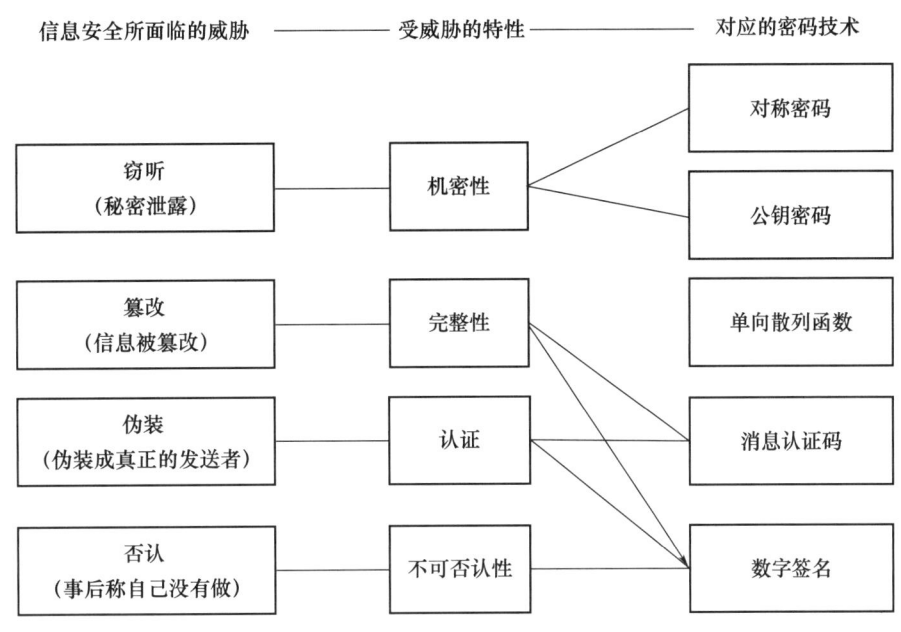

图 7-2　安全性对照关系

密码算法、密钥长度、密码产品都要符合相关管理政策，即安全合规。使用前，要验证密钥的有效性，如公钥证书是否有效。密钥使用过程中要防止密钥被泄露和替换，按照密钥安全策略及时更换密钥。建立密钥应急响应处理机制，以应对突发事件（如密钥丢失事件、密钥泄密事件、密钥算法缺陷公布等）。

密钥更新：当密钥超过使用期限、密钥信息泄露、密码算法存在安全缺陷等情况发生时，相关密钥应依据相应的安全策略进行更新，以保障密码系统的有效性。

密钥撤销：当密钥到期、密钥长度增强或密码安全应急事件出现时，则需要进行密钥撤销，更换密码系统参数。撤销后的密钥一般不重复使用，以免密码系统的安全性受到损害。

密钥备份：应依照密钥安全策略，采用安全可靠的机制备份密钥。备份的密钥与密钥存储要求一致，所采取的安全措施需保障备份密钥的机密性、完整性、可用性。

密钥恢复：密钥恢复是在密钥丢失或损毁的情形下，通过密钥备份机制，恢复密码系统的正常运行。

密钥销毁：根据密钥管理策略，可以对密钥进行销毁。一般来说，销毁过程应不可逆，确保无法从销毁结果中恢复原密钥。然而，在特殊的情况下，密钥管理支持用户密钥恢复和司法密钥恢复。

密钥审计：密钥审计是对密钥生命周期的相关活动进行记录，确保密钥安全合规，违规情况可查可追溯。

（四）密码技术发展趋势

传统的密码理论与技术主要是基于数学的方法，包括公钥密码、分组密码、序列密码、认证码、数字签名、Hash 函数、身份识别、密钥管理、PKI 技术等。

随着计算能力的不断提高及集群技术的应用，密码体制的安全性不断受到挑战。在公钥密码理论方面，需要不断进行公钥密码的新数学模型和单向陷门函数的研究，并针对实际应用环境进行特殊需求的公钥密码系统的设计；在分组密码理论方面，也需要不断分析现有分组密码方案的弱点，研究新型分组密码以及分组密码安全性综合评估原理与准则。

目前技术趋势是逐渐发展起来一些非数学的密码理论与技术，包括信息隐藏、量子密码、基于生物特征的识别理论与技术等。截至目前，主要有三大类量子密码实现方案：一是基于单光子量子信道中测不准原理的方案；二是基于量子相关信道中 Bell 原理的方案；三是基于两个非正交量子态性质的方案。

第四节　工业控制系统基础知识

一、常用控制器

（一）PLC

PLC，即可编程逻辑控制器。PLC 是在传统的顺序控制器的基础上引入了微电子技术、计算机技术、自动控制技术和通讯技术而形成的一代新型工业控制装置，目的是用来取代继电器、执行逻辑、记时、计数等顺序控制功能，建立柔性的程控系统。国际电工委员会（IEC）颁布了对 PLC 的规定：可编程控制器是一种数字运算操作的电子系统，专为在工业环境下应用而设计。它采用可编程序的存贮器，用来在其内部存贮执行逻辑运算、顺序控制、定时、计数和算术运算等操作的指令，并通过数字的、模拟的输入和输出，控制各种类型的机械或生产过程。

PLC 含有多种人机界面单元以及通信单元等，其通过数字量或是模拟量的输入输出以控制设备的生产工作。PLC 既可以单独控制一个工业设备，也可以同时控制众多设备，还可以是众多的 PLC 一起控制众多的设备。通过让这些设备根据事先植入 PLC 里的程序协调动作，从而完成一个大系统的自动化过程和任务。PLC 是工业领域里众多控制器的一种选择。通过编程，使 PLC 根据预设完成对应的逻辑输出，从而指挥现场的设备做出相应的动作。PLC 具有通用性强、使用方便、可靠性高、适应面广、编程简单、抗干扰能力强等特点。PLC 在工业自动化控制特别是顺序控制中的地位，在可预见的将来，是无法取代的。

图 7-3 为西门子 S7-1500 系列图样。

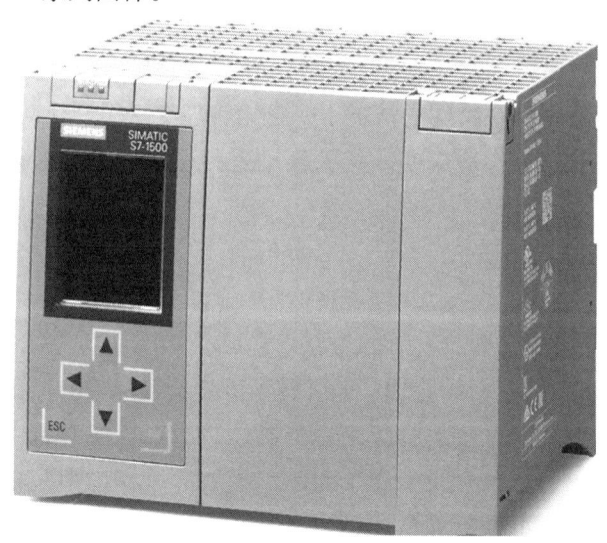

图 7-3　西门子 S7-1500 系列图样

(二) RTU

RTU (Remote Terminal Unit, 远程终端单元) 是一种专为远程监控和数据采集设计的自动化设备, 广泛用于工业控制与物联网 (IoT) 领域。其核心任务是在分散或环境恶劣的现场, 实时采集传感器数据、执行远程控制指令, 并通过无线或有线通信网络将数据传输至中央监控系统 (如 SCADA 系统), 实现智能化管理。

RTU 作为一种远程测控单元装置, 可通过多样化的硬软件来实现。其具体配置取决于被控现场的特性、系统的复杂度、数据通信需求、实时报警报告的准确性、模拟信号测量精度、状态监控的细致度, 以及设备的调节控制和开关控制要求。

远程终端单元具有通信距离长、适应各类恶劣的工业现场环境、采用模块化结构设计、便于扩展等特点。在具有遥信、遥测、遥控、遥调领域的水利、电力、油气等行业中得到了广泛应用。随着边缘计算和 5G 技术的普及, 现代 RTU 正逐步集成智能化功能 (如 AI 分析、预测性维护), 推动远程监控向更高效、自主的方向发展。图 7-4 为 RTU 的图例。

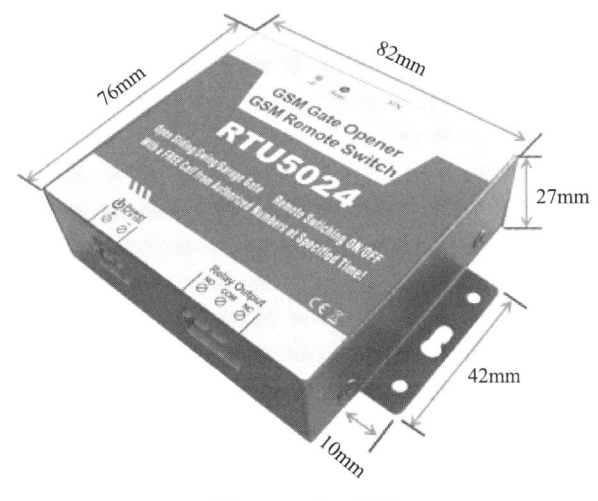

图 7-4 RTU 图例

(三) PLC 和 RTU 比较

PLC 主要应用于工业现场控制, 如火电厂锅炉汽机控制系统、风电机组主控系统、汽车制造、楼宇自动化等需要高精度实时控制的场景。而 RTU 则通常部署于输变电线路、电力输配站、油田、输油管道及气象站等偏远或无人值守的环境。

核心区别对比如表 7-3 所示。

表 7-3 PLC 与 RTU 比较

对比维度	PLC	RTU
核心功能	本地实时控制, 执行逻辑运算、顺序控制、运动控制 (如机械臂、生产线同步)	采集传感器数据 (温度、压力等), 远程传输至监控中心 (如 SCADA 系统), 并执行简单控制指令
控制逻辑	通过复杂梯形图、结构化文本 (IEC 61131-3)、功能块编程实现复杂逻辑 (如 PID 调节、多轴运动控制)。毫秒级响应, 适合高速控制	通过 Web 界面或专用软件, 采用脚本配置简单逻辑 (如阈值报警、启停控制)。秒级或分钟级延迟, 侧重数据转发完整性

续表

对比维度	PLC	RTU
通信能力	本地网络（Ethernet/IP、Profinet）为主	支持多种通信协议（如 Modbus、DNP3、MQTT）和传输方式（GPRS/4G/5G、卫星光纤等），适应复杂网络环境；与上位机（SCADA、云平台）可实现双向数据传输
环境适应性	依赖控制柜防护，对温湿度要求较高（温度 0～55℃，湿度≤90% 无冷凝）	宽温设计（-40℃～+70℃）、具备防潮、防尘高防护等级，适用于户外及恶劣环境
存储能力	大容量（MB级），支持历史数据记录	小容量（KB～MB级），侧重临时数据缓存
扩展性	通过 I/O 模块扩展，灵活性高	固定 I/O 配置为主，扩展需外接模块
电源管理	依赖稳定供电（交流电源），无备用电源设计	支持太阳能/电池供电，低功耗模式（如休眠机制）
成本	中高端产品成本较高（功能全面）	低成本（功能专一，适合分布式部署）

PLC 是"工业控制大脑"，专注本地高速自动化。RTU 是"远程数据枢纽"，专为广域分散监控设计。实际选型需综合考虑控制需求、通信条件及环境严苛度，必要时可采取混合方案。在大型系统中，RTU 负责边缘数据采集，PLC 负责本地控制，二者通过工业网络实现协同作业。

二、常见工业控制系统

（一）数据采集与监视控制系统

数据采集与监控系统（Supervisory Control and Data Acquisition，SCADA）是建立在计算机技术、通信技术以及自动化技术基础上的生产监控系统。它可以对现场的运行设备进行监视和控制，实现数据采集、设备控制、测量、参数调节以及各类信号报警等多项功能。

典型的 SCADA 示意图如图 7-5 所示。

电力 SCADA 系统主要由主站系统、通信系统、电力自动化终端、人机界面（HMI）以及数据库系统等部分组成，各部分协同工作，实现对电力系统的实时监控、数据采集、远程控制及故障处理等功能。

1. 主站系统

主站系统是 SCADA 的核心，负责数据的集中处理、存储、分析和展示。它通常由服务器、工作站、网络设备等硬件和操作系统、数据库、SCADA 软件等部分组成。主站系统通过通信网络与现场设备连接，实现对电力系统的全面监控和管理。

2. 通信系统

通信系统是主站与现场设备之间的桥梁，负责数据的传输。常见的通信方式包括光纤通信、无线通信（如 GPRS、4G/5G）、电力线载波通信等。通信系统的选择取决于电力系统的规模、地理分布和实时性要求。

3. 电力自动化终端

电力自动化终端包括远程终端单元 RTU、智能电子设备 IED（集成了传感器和控制器的高端设备，如继电保护装置等）及可编程逻辑控制器 PLC 等。RTU 或 IED 是安装在变电站、发电厂等现场的设备，负责采集电力设备的运行数据（如电压、电流、功率等），并将数据传输至主站系统。同时，它们还能接收主站的控制指令，执行相应的操作（如开关分合、调节参数等）。PLC 用于替代或辅助 RTU，

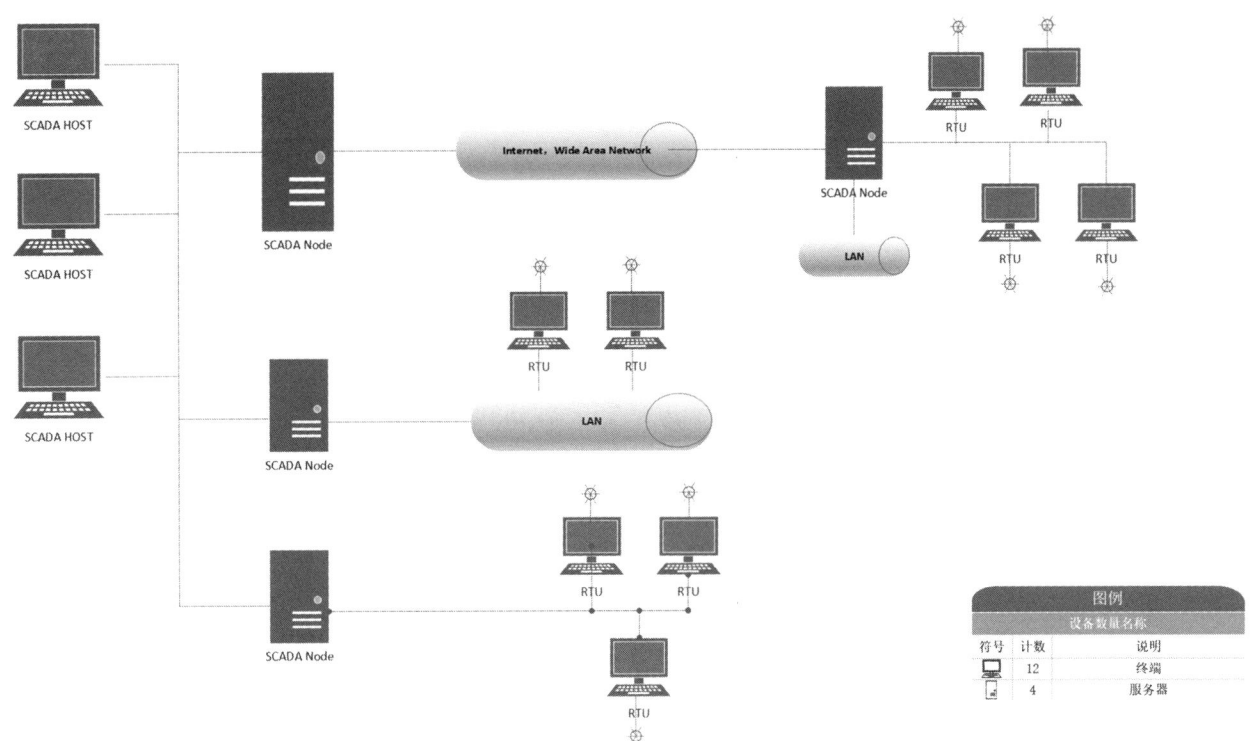

图 7-5　SCADA 示意图

直接控制现场设备（如断路器、变压器），执行预设的逻辑控制指令。

4. 人机界面（HMI）

HMI 是操作人员与 SCADA 系统交互的界面，通常以图形化方式展示电力系统的运行状态、设备参数、报警信息等。操作人员可以通过 HMI 实时监控系统运行情况，进行远程控制操作，并查看历史数据和报表。

5. 数据库系统

数据库系统用于存储 SCADA 系统采集的历史数据、事件记录、配置信息等。这些数据对于电力系统的运行分析、故障诊断、优化调度等具有重要作用。

电力 SCADA 系统广泛应用于发电、输电、变电、配电等各个环节，实现了对电力系统的全面监控和管理。通过 SCADA 系统，电力企业能够提高电力系统的自动化水平，降低运行成本，提高供电可靠性和电能质量。

（二）分布式控制系统

分布式控制系统（Distributed Control System，DCS）也称集散控制系统，是对生产过程进行集中管理和分散控制的计算机控制系统。分布式控制系统是一种通过网络将多个分散的控制单元（如控制器、传感器、执行器）连接起来的自动化系统，可实现对工业过程的实时监控、数据采集、逻辑控制与优化管理。

它采用多层分级、合作自治的结构形式，通常采用分级递阶结构，每一级由若干子系统组成，每个子系统实现若干特定的有限目标，从而形成金字塔式的层级结构。DCS 在电力、冶金、石化等多个行业均获得了极其广泛的应用。

可靠性是 DCS 发展的生命，要保证 DCS 的高可靠性主要有三种措施：一是广泛应用高可靠性的硬件设备和生产工艺；二是广泛采用冗余技术；三是在软件设计上广泛实现系统的容错技术、故障自诊断和自动处理技术等。目前大多数集散控制系统的 MTBF（平均故障间隔时间）可达几万甚至几十万小时。

典型的 DCS 系统如图 7-6 所示：

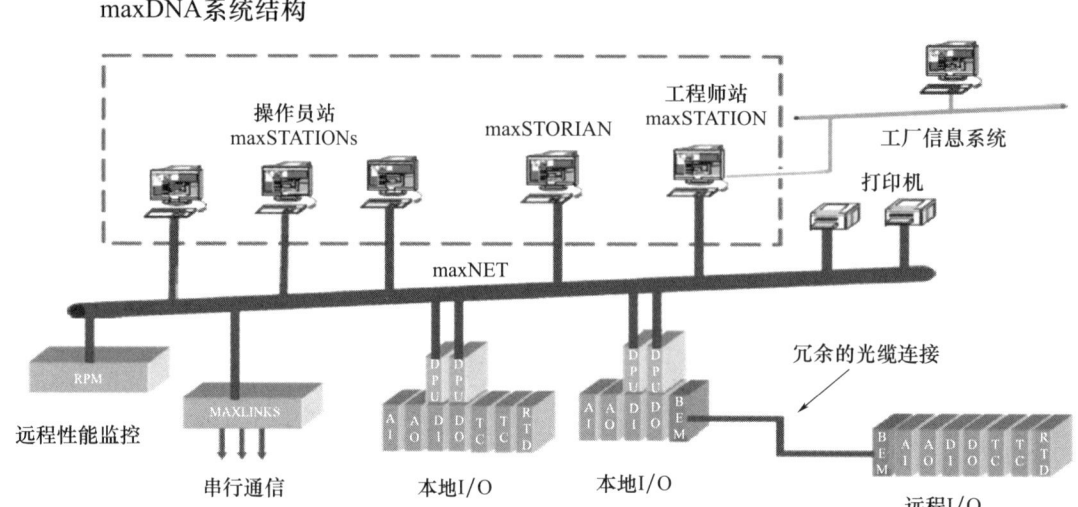

图 7-6　DCS 系统图

在火电领域，DCS 系统主要应用于对锅炉、汽轮机、发电机等关键设备的监控，实时调节温度、压力、流量等关键参数，精准控制锅炉燃烧、汽轮机发电及烟气处理等多个环节；在水电领域，DCS 系统主要负责对水电站设备的全面监控与管理，涵盖机组运行状态的采集与分析、水库水位及流量的监测，以及水轮机转速和水位的调控，为水电站的安全、稳定和高效运行提供保障；在核电领域，DCS 系统主要负责监测核反应堆的中子通量、冷却剂温度等关键参数，执行紧急停堆等安全操作；在风力发电场中，DCS 系统可用于对风力发电机组的运行状态进行监测和控制。它可以实现对风机的远程监控、故障诊断、功率调节等功能，提高风机的发电效率和可靠性，同时也便于对整个风电场进行集中管理和调度；在光伏发电站中，DCS 系统可对光伏阵列、逆变器、汇流箱等设备进行监测和控制。它能够实现对光伏发电系统的实时监控、数据采集与分析、故障报警与处理等功能，确保光伏发电系统的稳定运行和高效发电。

常见的 DCS 系统包括国外产品如西门子 T3000、ABB Symphony Plus、横河 CENTUM 系列，以及国内产品如和利时 MACS、国电智深 EDPF 和"华电睿"水火风系列等。

三、电力监控系统安全防护知识

（一）电力监控系统简述

电力监控系统，是指用于监视和控制电力生产及供应过程的、基于计算机及网络技术的业务系统及设备，以及作为基础支撑的通信设施及数据网络。电力监控系统实现了电网状态的实时监测、终端设备的远程控制、终端设备参数的调节、故障信息的实时采集和记录等功能。常见的电力监控系统如实现发电厂监控、新能源发电监控、发电机励磁和调速、继电保护和安全自动控制、调度监控、电力现货市场交易、变电站（换流站）监控、直流控制保护、配电自动化、负荷监控、计费控制等功能的系统。前文所述的 SCADA/DCS 也属于电力监控系统的范畴。

电力监控系统安全防护的总体原则为"安全分区、网络专用、横向隔离、纵向认证",强化安全免疫、态势感知、动态评估和备用应急措施,构建持续发展完善的防护体系。电力监控系统的安全防护,重点在于强化边界防护,同时全面加强内部的物理、网络、主机、应用及数据安全。此外,还需加强安全管理制度、机构设置、人员配备、系统建设和系统运维的综合管理,以提升系统整体的安全防护能力,确保电力监控系统及其重要数据的安全。

根据《电力监控系统安全防护规定》的要求,电力监控系统安全防护总体方案的框架结构如图7-7所示。

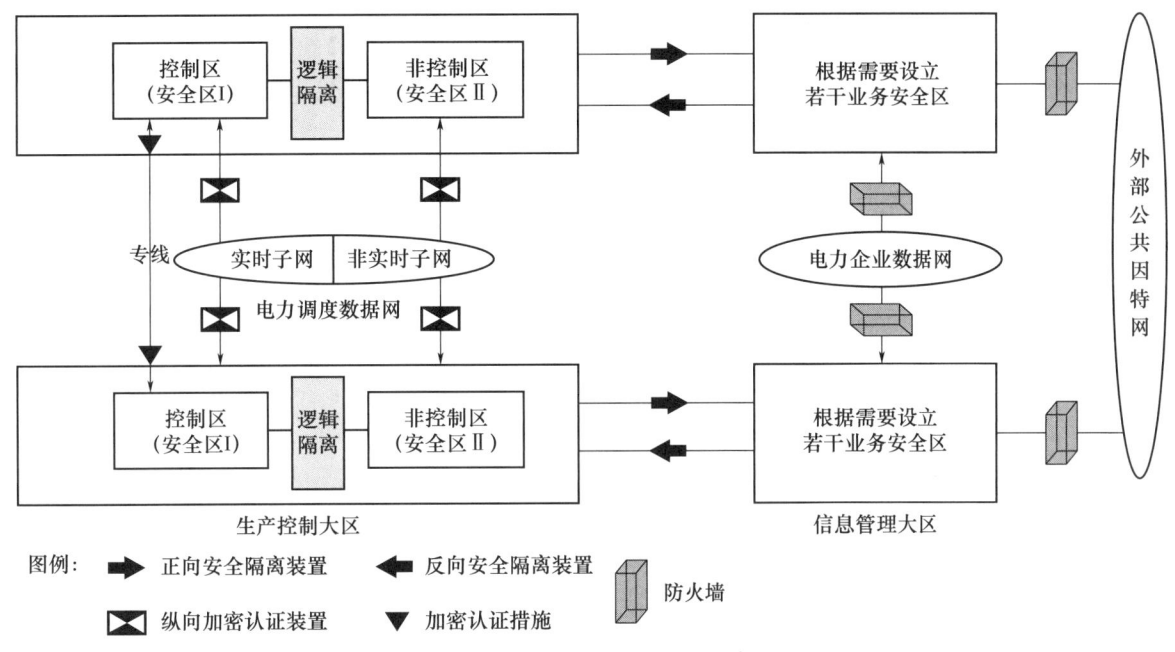

图7-7 生产控制大区管理信息大区

在实际应用中,生产控制大区一般分为控制区(安全区Ⅰ)和非控制区(安全区Ⅱ),管理信息大区按需要可分为生产管理区(安全区Ⅲ)和管理信息区(安全区Ⅳ)。生产控制大区与管理信息大区之间通过隔离装置实现物理隔离,生产控制大区内控制区与非控制区之间实现逻辑隔离。不同安全区设定了相应的安全防护标准,其中安全区Ⅰ的安全等级最高,安全区Ⅱ紧随其后,其余安全区则依次递减。

随着互联网移动办公的兴起,加之部分外网系统也要发送数据给电力网,电力系统又设了互联网大区,作为内网与外网交互的中间区域。这样,就可以分为电力内网Ⅰ-Ⅳ区+互联网大区+外网区共6个区,其中Ⅰ-Ⅳ区如上图所述,互联网大区是电力企业自定义区域,外网区是"真互联网区"。

(二)电力监控系统安全防护要点

1. 物理安全

电力监控系统机房所处建筑应当采取有效防水、防潮、防火、防静电、防雷击、防盗窃、防破坏措施,应当配置电子门禁系统以加强物理访问控制,必要时应当安排专人值守,应当对关键区域实施电磁屏蔽。

2. 备用与容灾

电力企业应当定期对关键业务的数据与系统进行备份,建立历史归档数据的异地存放制度。关键主机设备、网络设备及关键部件应当进行相应的冗余配置。控制区的业务应当采用热备用方式。重要调度中心应当逐步实现在实时数据、电力监控系统、实时调度业务三个层面的备用，形成分布式备用调度体系。

3. 恶意代码防范

应当及时更新经测试验证过的特征码，查看查杀记录。禁止生产控制大区与管理信息大区共用一套防恶意代码管理服务器。

4. 逻辑隔离

控制区与非控制区之间应采用逻辑隔离措施，实现两个区域的逻辑隔离、报文过滤、访问控制等功能，其访问控制规则应当正确有效。生产控制大区应当选用安全可靠的硬件防火墙，其功能、性能、电磁兼容性必须经过国家相关部门的检测认证。

5. 入侵检测

生产控制大区可以统一部署一套网络入侵检测系统，应当合理设置检测规则，及时捕获网络异常行为、分析潜在威胁、进行安全审计。

6. 主机加固

生产控制大区主机操作系统应当进行安全加固。加固方式包括：安全配置、安全补丁、采用专用软件强化操作系统访问控制能力，以及配置安全的应用程序。关键控制系统软件升级、补丁安装前要请专业技术机构进行安全评估和验证。

7. 安全 Web 服务

非控制区的接入交换机应当支持 HTTPS 的纵向安全 WEB 服务、采用电力调度数字证书对浏览器客户端访问进行身份认证及加密传输。

8. 计算机系统访问控制

能量管理系统、厂站端生产控制系统、电能量计量系统及电力市场运营系统等业务系统，应当逐步采用电力调度数字证书，对用户登录本地操作系统、访问系统资源等操作进行身份认证，根据身份与权限进行访问控制，并且对操作行为进行安全审计。

9. 远程拨号访问

需通过远程拨号访问生产控制大区的，要求远方用户使用安全加固的操作系统平台，结合数字证书技术，进行登录认证和访问认证。对于通过拨号服务器（RAS）访问本地网络与系统的远程拨号访问的方式，应当采用网络层保护，应用 VPN 技术建立加密通道。对于以远方终端直接拨号访问的方式，应当采用链路层保护，使用专用的链路加密设备。对于远程用户登录本地系统的操作行为，应该进行严格的安全审计。

10. 线路加密措施

对远方终端装置（RTU）、继电保护装置、安全自动装置、负荷控制管理系统等基于专线通道与调度主站进行的数据通信，应采用必要的身份认证或加解密措施进行防护。

11. 安全审计

生产控制大区应当具备安全审计功能，可以对网络运行日志、操作系统运行日志、数据库重要操作日志、业务应用系统运行日志、安全设施运行日志等，进行集中收集、自动分析，及时发现病毒和黑客的攻击等各种违规行为。

12. 安全免疫

生产控制大区具备控制功能的系统应当逐步推广应用以密码硬件为核心的可信计算技术，用于实现计算环境和网络环境安全可信，免疫未知恶意代码，应对高级别的恶意攻击。

13. 内网安全监视

生产控制大区应当逐步推广内网安全监视功能，实时监测电力监控系统的计算机、网络及安全设备运行状态，及时发现非法外联、外部入侵等安全事件并告警。

14. 商用密码管理

电力监控系统中商用密码产品的配备、使用和管理等，应当严格执行国家商用密码管理的有关规定。

（三）电力监控系统专用安全产品

1. 纵向加密认证装置

纵向加密认证装置是电力二次系统安全防护体系中的关键设备，主要用于电力系统上下级网络之间（纵向）的通信安全防护。其核心功能包括对纵向传输的数据进行加密、身份认证和访问控制，确保数据在跨层级传输过程中不被窃听、篡改或伪造，同时验证通信双方的身份合法性。该装置通常部署于电力调度数据网的纵向边界，工作原理如图7-8所示。

第一阶段是密钥协商，需要双侧的纵向加密认证装置之间完成认证。

第二阶段就是数据的通信，如风电场上报信息，风场侧会对数据进行加密后上传到省调，省调侧进行解密获取数据，完成一次通信传输。

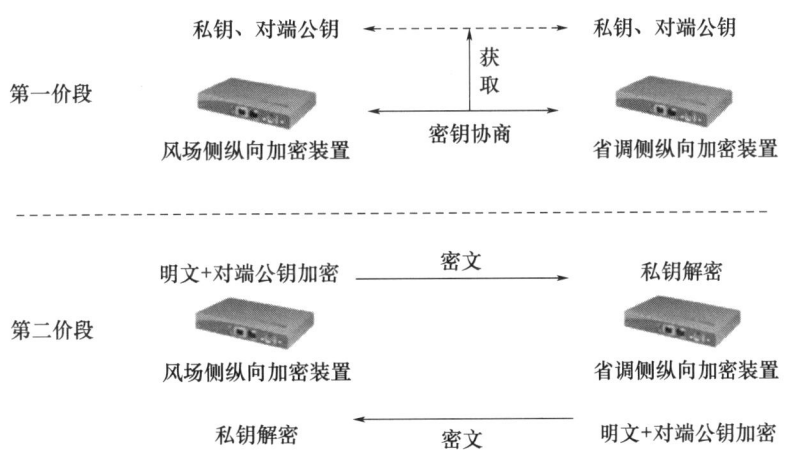

图7-8 纵向加密认证装置工作原理示意图

2. 横向安全隔离装置

横向安全隔离装置是部署在生产控制大区与管理信息大区之间的关键安全防护设备。该装置作为电力二次系统安全防护的"物理屏障"和"协议过滤器"，通过物理隔离、协议转换、数据清洗及加密认证等多重综合手段，有效阻断网络攻击路径，确保电力调度、新能源接入等核心业务的连续性与安全性。按数据流方向的不同，可分为正向安全隔离装置和反向安全隔离装置。

正向安全隔离装置适用于高安全级别区域数据向低安全级别区域的传输过程。例如，新能源场站在将风电、光伏等场站数据传输至集控中心时，必须采用正向安全隔离装置。工作原理如图7-9所示。正向安全隔离装置通过物理隔离与协议剥离重组技术，实现单向数据传输，其基本流程如下：

(1) 无数据传输需求时，内网、安全隔离设备、外网两两不连通。

(2) 当由内向外传数据时，内网发起连接需求，隔离设备将所有的协议剥离，将原始的纯数据写入高速数据传输通道。

(3) 一旦数据完全进入通道，内网侧连接断开，将数据推至外网侧。外网侧接收到数据后，随即启动对外网的数据连接。一旦连接成功建立，便对数据进行再次封装重组，并推送至外网。

(4) 在数据交换完成后，系统将发出信号提示，随即外网连接将被自动切断。

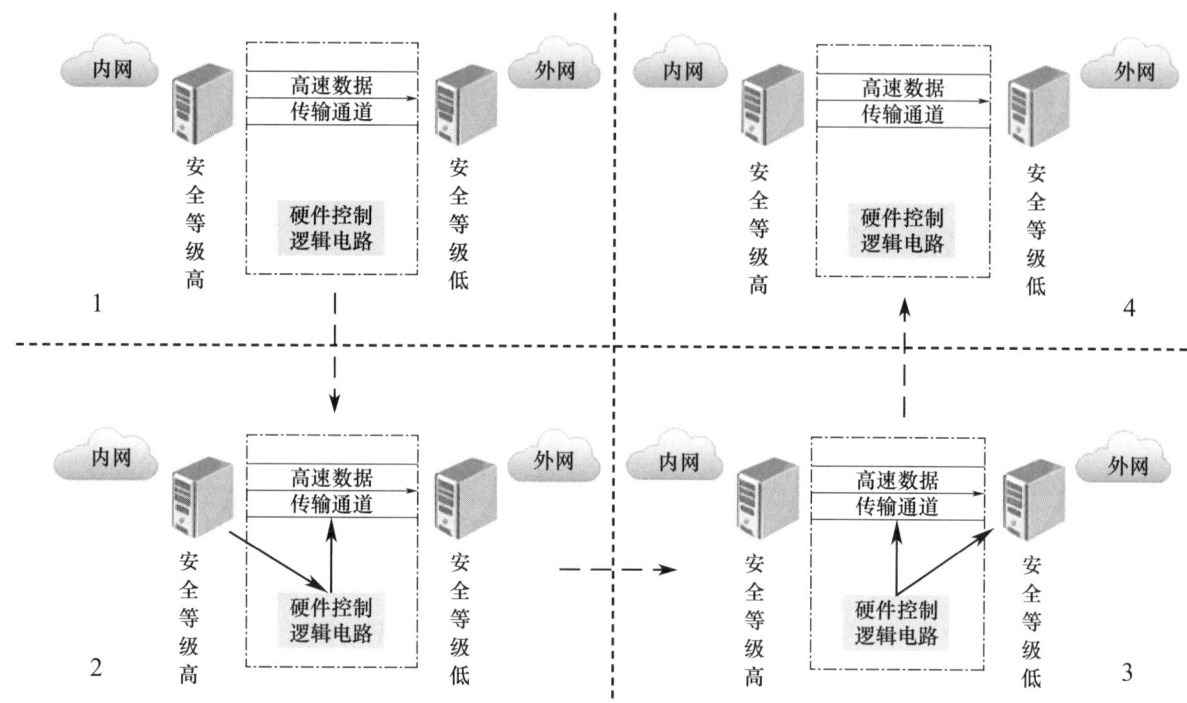

图 7-9　正向安全隔离装置工作原理示意图

反向安全隔离装置主要用于实现低安全级别区域数据向高安全级别区域的传输。例如，在电力调度系统中，当需要将调度计划、负荷预测等数据从管理信息大区传递至生产控制大区时，必须采用反向安全隔离装置。工作原理如图 7-10 所示。反向隔离装置的设计理念建立在严格的数据流向控制与多层安全机制之上，旨在确保所有从低安全级别区域传输至高安全级别区域的数据均经过严格的审查与处理，其基本流程如下：

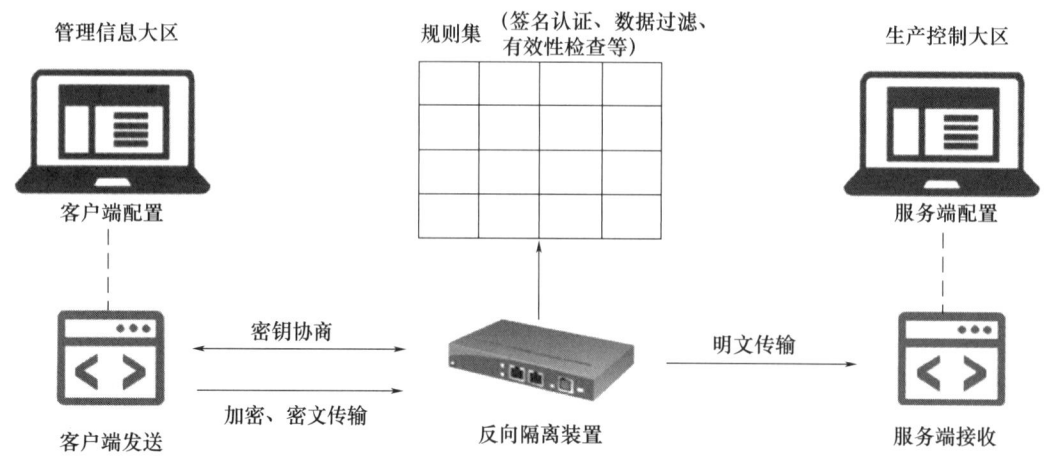

图 7-10　反向安全隔离装置工作原理示意图

（1）信息管理大区内的数据发送端首先对需要发送的数据进行签名，然后发给安全隔离装置。

（2）隔离装置接收数据后，进行签名验证，并对数据进行内容过滤、有效性检查等处理。

（3）将处理过的数据转发给生产控制大区内的接收程序。

第五节　网络安全工作方法

一、网络安全等级保护

（一）网络安全等级保护概述

网络安全等级保护是指对网络设施、信息系统、网络上的数据和信息分等级实行安全保护和监管，对网络中使用的网络安全产品实行按等级管理，对网络中发生的安全事件分等级响应、处置。

根据网络在国家安全、经济建设、社会生活中的重要程度，以及遭到破坏后对国家安全、社会秩序、公共利益以及公民、法人和其他组织的合法权益的危害程度等因素，将网络安全等级由低到高分为五个安全保护等级，从第一级到第五级，逐级增高。

第一级为自主保护级，一旦受到破坏会对相关公民、法人和其他组织的合法权益造成损害，但不危害国家安全、社会秩序和公共利益的一般网络。

第二级为指导保护级，一旦受到破坏会对相关公民、法人和其他组织的合法权益造成严重损害，或者对社会秩序和公共利益造成危害，但不危害国家安全的一般网络。

第三级为监督保护级，一旦受到破坏会对社会秩序和社会公共利益造成严重危害，或者对国家安全造成危害的重要网络。

第四级为强制保护级，一旦受到破坏会对社会秩序和公共利益造成特别严重危害，或者对国家安全造成严重危害的特别重要网络。

第五级为专控保护级，一旦受到破坏后会对国家安全造成特别严重危害的极其重要网络。

第二级以上网络应在公安机关备案，公安机关对备案材料和定级准确性进行审核，审核合格后颁发备案证明。备案单位应选择符合国家要求的等级测评机构开展等级测评和风险评估。公安机关对第二级网络运营者进行指导，对第三级、第四级网络运营者定期开展监督检查。

目前颁发的网络安全等级保护2.0制度（简称等保2.0）自2019年12月1日起正式实施，是我国网络安全领域的基本国策、基本制度。等保2.0是建立以安全管理中心为核心，以计算环境安全为基础，以区域边界安全、通信网络安全为保障的信息安全保障体系。将行业安全的关注点从原来的传统系统安全，拓展到云计算、大数据平台、物联网、移动互联网、工业控制系统等新的技术领域，更加注重全方位主动防御、动态防御、整体防控和精准防护。

（二）等级保护工作原则

《网络安全法》第二十一条明确规定"国家实行网络安全等级保护制度"，第三十一条规定"国家关键信息基础设施，在网络安全等级保护制度的基础上，实行重点保护"。因此网络安全等级保护制度自2017年6月1日起上升为国家法定基本制度，在国家网络安全保障工作发挥基础支撑和核心作用，这也是等级保护工作的重要依据。

网络安全等级保护工作应遵循"分等级保护、突出重点、积极防御、综合防护"的原则,建立健全网络安全防护体系,重点保护涉及国家安全、国计民生、社会公共利益的网络设备设施的安全、运行安全和数据安全。

重要信息系统的建设者、运维者和使用者,应当按照"三同步"要求(同步规划、同步建设、同步运行),开展有关网络安全保护措施和密码保护措施。一是在规划设计阶段,应合理确定网络安全保护等级,并制定安全防护方案。二是在建设实施阶段,应同步建设安全防护手段,确保信息技术产品和服务安全可控。三是在验收阶段,应选择符合条件的测评机构开展等级保护测评和风险评估,测评和评估通过的,方可申请验收。四是在运维阶段,应加强安全管理,定期开展自查、安全检测、等级保护测评和风险评估,排查风险隐患并及时整改,确保网络基础设施、重要信息系统的安全稳定运行和关键数据资源安全。

涉密网络应依据国家保密规定和标准结合信息系统实际进行保密防护和保密监管。

(三)相关主管部门职责分工

网络安全等级保护工作(简称等保工作)涉及的主管部门包括网络安全监管部门、行业主管部门及地方人民政府。网络安全监管部门包括公安机关、保密部门、国家密码工作部门。监管部门组织制定等级保护管理规范和技术标准,组织公民、法人和其他组织对网络实行分等级安全保护,对等保工作的实施进行监督管理。相关部门职责分工说明如下:

(1)公安部主管等保工作,负责非涉密等保工作的监督管理。

(2)国家保密行政管理部门主管涉密网络的分级保护工作,负责等保工作中有关保密工作的监督管理。

(3)国家密码管理部门负责等保工作中有关密码工作的监督管理。

(4)国家网信部门负责等保工作的部门间协调。

(5)国务院电信行业主管部门等有关部门在各自职责范围内开展等级保护相关工作。

(6)电力行业主管部门应依照有关法律、行政法规的规定和有关标准规范的要求,指导和监督本行业落实网络安全等级保护制度,制定本行业网络安全等级保护政策、标准规范和工作指南,组织开展网络安全等级保护各项工作。

(7)县级以上地方人民政府有关部门依照《中华人民共和国计算机信息系统安全保护条例》和有关法律法规的规定,开展网络安全等级保护和监督管理工作。

(四)等级保护工作环节

网络安全等级保护工作主要分为五个环节,分别是网络定级、网络备案、等级测评安全建设整改、监督检查。等保工作除涉及上述职能主管部门外,还包括网络运营者(使用方)、第三方测评机构、网络安全企业、专家队伍等。各环节工作简述如下:

一是网络定级。网络运营者根据《网络安全等级保护定级指南》拟定网络的安全保护等级,组织召开专家评审会,对初步定级结果的合理性进行评审,出具专家评审意见,将初步定级结果上报行业主管部门进行审核。

二是网络备案。网络运营者将网络定级材料报公安机关备案;公安机关对定级准确、符合要求的网络发放备案证明。

三是等级测评。网络运营者选择符合国家规定条件的测评机构,按照《网络安全等级保护测评要求》和《网络安全等级保护测评过程指南》，每年对第三级以上网络（含关键信息基础设施）开展等级测评，查找发现问题隐患，提出整改意见。

四是安全建设整改。网络运营者根据网络的安全保护等级，按照《网络安全等级保护安全设计技术要求》《网络安全等级保护基本要求》等国家标准开展安全建设整改，同时落实风险评估、安全监测、通报预警、案事件调查、数据防护、灾难备份、应急处置、自主可控、供应链安全、效果评价、绩效考核等重点工作。

五是监督检查。公安机关每年对网络运营者开展网络安全保护工作的情况和网络的安全状况实施监督检查。

需要说明的是，等级测评与安全建设整改的顺序没有严格规定，网络运营者可以根据实际情况安排。在监督检查过程中，公安机关通常会要求网络运营者先开展自查。

（五）等保工作合规审查

网络安全等级保护制度作为保障和促进信息化建设健康发展的一项基本制度，不做等级保护工作就是不合规行为。

合规要点之一：审查企业是否开展"定级和备案"；

合规要点之二：审查是否落实"建设整改工作"；

合规要点之三：审查是否开展"等级测评"工作。

并对以上要点进行合规审查确认。

二、网络安全风险评估

（一）风险评估概述

风险评估是指对风险给人们生活、生命和财产等方面造成影响和损失的可能性的量化评估。从网络安全的角度来讲，风险评估是对信息资产存在的脆弱性、面临的威胁、造成的影响，以及三者综合作用所带来风险的可能性的评估。电力企业的信息安全事件（Event）是指发生的可能违反信息安全策略或者使现有防护措施失效的系统、服务以及网络事件。信息安全事故（Incident）是指对业务运营造成严重影响或威胁信息安全的非期望的信息安全事件。信息安全事件和事故均能给企业带来风险。

（二）风险评估内容

1. 风险评估依据

一般来说，依据的标准如下：

（1）信息安全风险与管理类

《信息安全风险评估方法》《信息安全管理体系要求》《信息系统安全管理要求》《信息安全管理实用规则》《信息系统安全工程管理要求》。

（2）等级保护类

《网络安全等级保护基本要求》《网络安全等级保护安全设计技术要求》《电力信息系统安全等级保护实施指南》《网络安全等级保护测评要求》《网络安全等级保护建设整改工作指南》。

（3）安全技术要求类

《信息系统通用安全技术要求》《网络基础安全技术要求》《操作系统安全技术要求》《数据库管理系

统安全技术要求》《信息技术 包过滤防火墙安全技术要求》《信息技术 入侵检测系统技术要求和测试评价方法》等。

2. 风险评估要素及关系

风险评估要素包括资产、威胁、风险、脆弱性等。风险评估的关系模型是以风险为中心，分析资产价值、威胁和脆弱性、安全措施等影响，得到残余风险。其内容是资产拥有资产价值，资产价值越大，风险也越大；威胁利用脆弱性导致风险。威胁越多，风险也越大；脆弱性暴露资产，脆弱性越多，风险也越大；风险导出安全需求，安全需求被安全措施满足，安全措施通过对抗威胁降低风险。

3. 风险分析原理

风险分析中计算风险值的流程如下：

① 对资产进行识别，并对资产的价值进行赋值，即资产赋值；

② 对威胁进行识别，描述威胁的属性，并对威胁出现的频率赋值，即威胁赋值；

③ 对脆弱性进行识别，并对具体资产的脆弱性的严重程度赋值，即脆弱性赋值；

④ 根据威胁赋值及威胁利用脆弱性的难易程度判断安全事件发生的可能性；

⑤ 根据脆弱性的严重程度及安全事件所作用资产的赋值计算安全事件造成的损失；

⑥ 根据安全事件发生的可能性以及安全事件出现后的损失，计算安全事件一旦发生对组织的影响，即风险值。

风险分析的原理如图 7-11 所示。

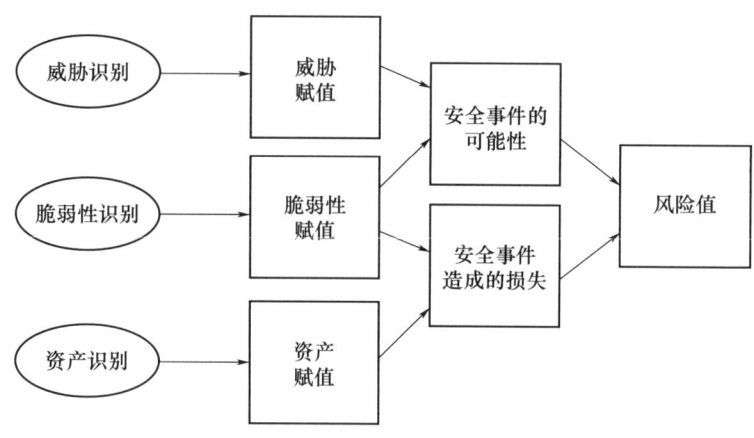

图 7-11 风险分析原理图

（三）风险评估实施流程

风险评估流程如下：

（1）评估准备。此阶段工作内容有：

① 确定风险评估的目标；

② 确定风险评估的对象、范围和边界；

③ 组建评估团队；

④ 开展前期调研；

⑤ 确定评估依据；

⑥ 建立风险评价准则；

⑦ 制定评估方案。

最终形成完整的风险评估实施方案，并获得组织最高管理者的支持和批准。

（2）风险识别。此阶段应包括：资产识别、威胁识别、已有安全措施识别、脆弱性识别。

（3）风险分析。此阶段依据识别的结果计算得到风险值。

（4）风险评价。此阶段依据风险评价准则确定风险等级。

沟通与协商、评估过程文档管理贯穿于整个风险评估过程。当评估对象的政策环境、外部威胁环境、业务目标、安全目标等发生变化时，应重新开展风险评估。风险评估的结果为风险处理提供决策支撑，风险处理是指对风险进行处理的一系列活动，如接受风险、规避风险、转移风险、降低风险等。

三、商用密码应用安全性评估

（一）商用密码应用问题及评估必要性

1. 商用密码应用问题

密码安全形势严峻，商用密码应用现状不容乐观，主要存在以下问题：

（1）密码应用不广泛

目前，我国网络的整体安全防护能力十分脆弱，大量数据没有使用密码技术保护。有些数据即便使用了密码技术保护措施也是使用了不合规的密码技术，存在巨大的安全隐患。有关部门对所辖信息系统进行检查，结果表明商用密码应用比重较低，导致系统安全防护能力十分薄弱。

（2）密码应用不规范

《商用密码管理条例》提出任何单位或个人只能使用经国家密码管理机构认可的商用密码产品，不得使用自行研制的或者境外生产的密码产品。近年来虽然中央、地方、行业相继出台一些规定和配套制度、要求，但在一些地区和部门并未得到有效实施。一些单位重信息化建设、轻信息安全保护，信息系统密码使用不规范，在密钥管理、密码系统运行维护等方面存在风险。

（3）密码应用不安全

现有大量系统依旧在使用 MD5、SHA-1、RSA-1024、DES 等已被明确指出有风险的密码算法，以及基于这些密码算法提供的不安全密码服务。此外，应用系统未按规范要求使用密码服务或者调用密码应用接口等问题，均对信息系统构成了严重的安全隐患。

2. 密评的必要性

商用密码应用安全评估（简称密评）是商用密码检测认证体系建设的重要组成部分，是衡量商用密码应用是否合规、正确、有效的重要抓手。开展密评是维护网络空间安全、规范商用密码应用的客观要求，是深化商用密码"放管服"改革、加强事前事后监管的重要手段，也是重要领域网络与信息系统运营者和主管部门必须承担的法定责任。

（1）开展密评是应对网络安全严峻形势的迫切需要

建立密评体系——就是为了解决商用密码应用中存在的突出问题，为重要网络与信息系统的安全提供科学评价方法，以评促建、以评促改、以评促用，逐步规范商用密码的使用和管理，从根本上改变商用密码应用不广泛、不规范、不安全的现状，确保商用密码在网络与信息系统中的有效使用，切实构建起坚实可靠的网络空间安全密码屏障。

(2) 开展密评是系统安全维护的必然要求

商用密码应用安全是整体的、系统的、动态的。密码安全是网络与信息系统安全的前提，构建成体系的、安全高效的密码保障系统，对重要网络与信息系统有效抵抗网络攻击具有关键作用。密码应用是否合规、正确、有效，涉及密码算法、协议、产品、技术体系、密钥管理等多个方面。有必要委托专业机构、专业人员，采用专业工具和专业手段，对整体系统的商用密码应用安全进行专项测试和综合评估，形成科学准确的评估结果，以便及时掌握商用密码安全现状，采取必要的技术和管理措施。

(3) 开展密评是相关责任主体的法定职责

《中华人民共和国密码法》规定，法律、行政法规和国家有关规定要求使用商用密码进行保护的关键信息基础设施，其运营者应当使用商用密码进行保护，自行或者委托商用密码检测机构开展密评。《中华人民共和国网络安全法》也指出，网络运营者应当履行网络安全保护义务，并明确在网络安全等级保护制度的基础上，对关键信息基础设施实行重点保护。采取技术措施和其他必要措施，维护网络数据的完整性、保密性和可用性。《网络安全等级保护条例（征求意见稿）》强化密码应用要求，突出密码应用监管，重点面向网络安全等级保护第三级及以上系统，落实密码应用安全性评估制度。因此，针对网络安全等级保护第三级及以上信息系统、关键信息基础设施开展密评，将是网络运营者和主管部门的法定责任。

（二）商用密码应用要求

1. 相关法规说明

面对国家安全的新形势，我国已在多部法律法规中明确规定了密码应用的要求，包括《密码法》《网络安全法》《商用密码管理条例》《关键信息基础设施安全保护条例（征求意见稿）》《网络安全等级保护条例（征求意见稿）》等。

(1)《中华人民共和国密码法》。《密码法》按照中央确定的密码管理原则和应用政策，规定了密码应用的主要制度和要求。一是强调国家积极规范和促进密码应用，提升使用密码保障网络与信息安全水平，保护公民、法人和其他组织依法使用密码的权利。二是建立商用密码检测认证体系，鼓励从业单位自愿接受商用密码检测认证。涉及国家安全、国计民生、社会公共利益的商用密码产品，应当依法列入网络关键设备和网络安全专用目录，由具备资格的机构检测认证合格后，方可销售或者提供。商用密码服务使用网络关键设备和网络安全专用产品的，应当经商用密码认证机构对该商用密码服务认证合格。三是明确关键信息基础设施使用密码和进行密码应用安全性评估的要求，规定法律、行政法规和国家有关规定要求使用商用密码进行保护的关键信息基础设施，其运营者应当使用商用密码进行保护，自行或者委托商用密码检测机构开展密评。四是建立安全审查机制，规定对可能影响国家安全的、涉及商用密码的网络产品和服务按照国家安全审查的要求进行安全审查。五是规定国家密码管理部门对采用商用密码技术从事电子政务电子认证服务的机构进行认定。

(2)《中华人民共和国网络安全法》。《网络安全法》对网络运营者应该履行的安全保护义务做出了明确要求，而维护网络数据的完整性、保密性、真实性及不可否认性，都需要发挥密码技术的核心支撑作用。

《网络安全法》第十条规定："建设、运营网络或者通过网络提供服务，应当依照法律、行政法规的规定和国家标准的强制性要求，采取技术措施和其他必要措施，保障网络安全、稳定运行，有效应对网络安全事件，防范网络违法犯罪活动，维护网络数据的完整性、保密性和可用性。"

《网络安全法》第十六条规定："国务院和省、自治区、直辖市人民政府应当统筹规划，加大投入，扶持重点网络安全技术产业和项目，支持网络安全技术的研究开发和应用，推广安全可信的网络产品和服务，保护网络技术知识产权，支持企业、研究机构和高等学校等参与国家网络安全技术创新项目。"而安全可信的网络产品和服务，需要以密码为基础构建。

《网络安全法》第二十一条规定："国家实行网络安全等级保护制度，网络运营者应当按照网络安全等级保护制度的要求，履行下列安全保护义务，保障网络免受干扰、破坏或者未经授权的访问，防止网络数据泄露或者被窃取、篡改……采取数据分类、重要数据备份和加密等措施。"

《网络安全法》第三十一条规定："国家对公共通信和信息服务、能源、交通、水利、金融、公共服务、电子政务等重要行业和领域，以及其他一旦遭到破坏、丧失功能或者数据泄露，可能严重危害国家安全、国计民生、公共利益的关键信息基础设施，在网络安全等级保护制度的基础上，实行重点保护。"

（3）《商用密码管理条例》。为落实《密码法》有关立法精神，正在修订的《商用密码管理条例》将强化密码应用要求，突出对关键信息基础设施和网络安全等级保护第三级及以上信息系统的密码应用监管，并实施密评和安全审查制度。

（4）《信息安全等级保护商用密码管理办法》。《信息安全等级保护商用密码管理办法》规定："信息安全等级保护中使用的商用密码产品，应当是国家密码管理局准予销售的产品"。为配合《信息安全等级保护商用密码管理办法》的实施，进一步规范信息安全等级保护商用密码工作，国家密码管理局印发《信息安全等级保护商用密码管理办法实施意见》，规定"第三级及以上信息系统的商用密码应用系统建设方案应当通过密码管理部门组织的评审后方可实施"，"第三级及以上信息系统的商用密码应用系统，应当通过国家密码管理部门指定测评机构的密码测评后方可投入运行。密码测评包括资料审查、系统分析、现场测评、综合评估等"，这些制度均明确了信息安全等级保护第三级及以上信息系统的商用密码应用要求。

（5）《电子认证服务密码管理办法》。《电子认证服务密码管理办法》主要规定面向社会公众提供电子认证服务应当使用商用密码，明确了申请电子认证服务使用密码许可应当具备的基本条件和程序，对电子认证服务系统的运行和技术改造等做出了规定。同时，要求电子认证服务系统要由具有商用密码产品生产和密码服务能力的单位，按照《基于 SM2 密码算法的证书认证系统密码及其相关安全技术规范》GMT0034—2014 的要求承建，并通过国家密码管理局组织的安全性审查。

（6）《政务信息系统政府采购管理暂行办法》。2017 年 12 月 26 日，财政部印发的《政务信息系统政府采购管理暂行办法》第八条规定："采购需求应当落实国家密码管理有关法律法规、政策和标准规范的要求，同步规划、同步建设、同步运行密码保障系统并定期进行评估。"第十二条规定："采购人应当按照国家有关规定组织政务信息系统项目验收，根据项目特点制定完整的项目验收方案。验收方案应当包括项目所有功能的实现情况、密码应用和安全审查情况、信息系统共享情况、维保服务等采购文件和采购合同规定的内容，必要时可以邀请行业专家、第三方机构或相关主管部门参与验收。

（7）《国家政务信息化项目建设管理办法》。2019 年 12 月 30 日，《国家政务信息化项目建设管理办法》发布，对国家政务信息系统的规划、审批、建设、共享和监管做出规定，其中明确规定：政务信息化项目建设单位，应同步规划、同步建设、同步运行密码保障系统并定期进行评估；按要求向发改委备案的备案文件应当包括密码应用方案和密码应用安全性评估报告；项目的密码应用和安全审查情况应当作为项目验收的重要内容之一，密码应用安全性评估报告应当作为提交验收申请的必要材料；对于不符合密码应用和网络安全要求的政务信息系统，不安排运行维护经费，项目建设单位不得新建、改建、扩建政务信息系统；国务院有关部门对密码应用情况实施监督管理，不符合要求的，视情予以通报批评、暂缓安排投资计划、暂停项目建设直至终止项目；国务院各部门应当严格按要求采用密码技术，并定期开展密码应用安全性评估，确保政务信息系统运行安全和政务信息资源共享交换的数据安全。

2. 国家战略要求

中央网络安全和信息化委员会印发《"十四五"国家信息化规划》（以下简称《规划》），对我国"十四五"时期信息化发展作出部署安排。《规划》把"坚持发展和安全并重"为六项基本原则之一，并将安全放在突出位置，在数字中国建设的新阶段进一步明确了安全的重要性。其中，《规划》主要从两方面提出了密码应用要求：

一是在"重大任务和重点工程"部分，提出要在"全国一体化大数据中心体系建设工程"中，研究完善"数据安全合规性评估认证、数据加密保护机制及相关技术检测手段"，推动建设泛在智联的数字基础设施体系；要在"智慧公安建设提升工程"中，推进通信"加密化升级"，支持构筑共建共治共享的数字社会治理体系。

二是在"优先行动"部分，提出"推动前沿数字技术突破行动"。明确要推进区块链技术应用和产业生态健康有序发展，着力推进密码学、共识机制、智能合约等核心技术研究。

3. 行业和主管部门要求

（1）金融行业密码应用政策要求。

中国人民银行对银行机构使用的密码基础设施、金融IC卡、网上银行、移动支付、关键信息系统提出密码应用要求，需采用符合国家密码法律法规和标准要求的密码算法和密码产品，构建安全可控的密码保障体系。2016年，中国人民银行会同原中国银行业监督管理委员会发布《银行卡清算机构管理办法》，规定银行卡清算业务基础设施应满足国家信息安全等级保护要求，使用经国家密码管理部门认可的商用密码产品。

中国证券监督管理委员会明确提出逐步在网上证券、网上期货、网上基金等业务中规范密码应用，根据国家法律法规和标准的要求，推广应用合规有效的密码算法和密码产品。

原中国保险监督管理委员会要求逐步在电子保单、电子认证、办公系统，以及各类保险业务系统中规范密码引用，并使用符合国家密码法律法规和标准要求的密码算法，使用密码产品，加强密码应用的检测评估，确保密码应用合规、正确、有效。

（2）其他重要行业密码应用政策要求。

教育、公安、住建、交通、水利、卫生健康、工商、能源等领域主管部门，均制定了本领域密码应用总体规划或工作方案，明确要求使用符合国家密码法律法规和标准规范的密码算法和密码产品，实现密码在本领域的全面应用。

教育部要求，在教育和科研计算机网、教育管理、教育资源、电子校务、教育基础数据、教育卡等信息系统，以及面向社会服务的教育政务系统中加强密码应用。

公安部要求，在信息安全等级保护第三级及以上的网络信息系统、国家级信息化项目、全国或跨地区联网的网络与信息系统、公安信息网基础设施、面向社会服务的政务信息系统中加强密码应用。

财政部要求，在政务信息系统采购需求、项目验收等方面加强密码应用。

住房和城乡建设部要求，在城市基础设施信息系统、面向社会服务的政务信息系统、行业性业务系统和办公系统中开展密码应用。

交通运输部要求，在高速公路不停车电子收费系统（ETC）、交通一卡通系统、联网售票系统、出行服务系统、运政管理系统、地理信息系统等领域加强密码应用。中国国家铁路集团有限公司要求，在铁路基础网络、重要信息系统、公众服务平台等领域加强密码应用。

水利部要求，在重要水利枢纽、重要水文水利系统中加强密码应用。

原国家测绘地理信息局要求，在卫星导航基准站、面向社会服务的测绘地理信息政务系统中加强密码应用。

国家能源局要求，在电力系统、核电厂、石油天然气、油气管道等重要信息系统和重要工业控制系统中加强密码应用。

（三）密评工作说明

1. 密评的主要内容

密评的内容包括密码应用安全的三个方面，即合规性、正确性和有效性。

（1）商用密码应用合规性评估

商用密码应用合规性评估是指判定信息系统使用的密码算法、密码协议、密钥管理是否符合法律法规的规定和密码相关国家标准、行业标准的有关要求，使用的密码产品和密码服务是否经过国家密码管理部门核准或由具备资格的机构认证合格。

（2）商用密码应用正确性评估

商用密码应用正确性评估是指判定密码算法、密码协议、密钥管理、密码产品和服务使用是否正确，即系统中采用的标准密码算法、协议和密钥管理机制是否按照相应的密码国家和行业标准进行正确的设计和实现，自定义密码协议、密钥管理机制的设计和实现是否正确，安全性是否满足要求，密码保障系统建设或改造过程中密码产品和服务的部署和应用是否正确。

（3）商用密码应用有效性评估

商用密码应用有效性评估是指判定信息系统中实现的密码保障系统是否在信息系统运行过程中发挥了实际效用，是否满足了信息系统的安全需求，是否切实解决了信息系统面临的安全问题。

2. 工作指导文件

《信息安全技术　信息系统密码应用基本要求》（GB/T 39786—2021）于 2021 年 10 月 1 日起实施，是贯彻落实《中华人民共和国密码法》、指导我国商用密码应用与安全性评估工作开展的纲领性、框架性标准。依照此基本要求，中国密码学会密评联委会发布并持续更新开展密评的系列指导文件。还包括以下文件：

《信息系统密码应用测评要求》GM/T 0115—2021；

《信息系统密码应用测评过程指南》GM/T 0116—2021；

《信息系统密码应用高风险判定指引》；

《密评量化评估规则》；

《密评报告模板（2021 版）》；

《密评管理办法（试行）》；

《商用密码应用安全性测评机构管理办法（试行）》；

《商用密码应用安全性测评机构能力评审实施细则（试行）》。

另外，2021 年新增发布了《密评 FAQ》，对于密评工作中的常见问题进行了解答。

3. 密评各方职责

根据《密评管理办法（试行）》《商用密码应用安全性测评机构管理办法（试行）》等有关规定，

测评机构和测评人员、网络与信息系统责任单位、密码管理部门三方在密评工作中的职责各不相同，只有三方通力协作配合，才能将密评工作扎实做好。

（1）测评机构和测评人员的职责

密评工作是一项专业性很强的工作，需要专门的测评机构派出专业测评人员实施测评，测评结果作为密码应用安全性评估结论的重要依据。

测评机构是密评的承担单位，应当按照有关法律法规和标准要求科学、公正地开展评估。承担密评工作的测评机构，需要经过国家密码管理部门组织的试点培育，经评审后，纳入试点测评机构目录。在测评过程中，需要全面、客观地反映被测系统的密码应用安全状态，不得泄露被测评对象的工作秘密和重要数据，不得妨碍被测系统的正常运行。测评机构完成密评工作后，应在30个工作日内将评估结果报国家密码管理部门备案。

从事密评工作的测评人员应当通过国家密码管理部门（或其授权的机构）组织的考核，遵守国家有关法律法规，按照相关标准，为用户提供安全、客观、公正的评估服务，保证评估的质量和效果。

（2）网络与信息系统责任单位的职责

网络与信息系统责任单位即网络与信息系统建设、使用、管理单位，是密评的责任单位，应当健全密码保障系统，并在规划、建设和运行阶段，组织开展密评工作，并负主体责任。重要领域网络与信息系统的运营者，应按如下要求开展工作。

第一，系统规划阶段，网络与信息系统责任单位应当依据商用密码技术标准，制定商用密码应用建设方案（简称密码应用方案），组织专家或委托具有相关资质的测评机构进行评估。其中，使用财政性资金建设的网络与信息系统，密评结果应作为项目立项的必备材料。

第二，系统建设完成后，网络与信息系统责任单位应当委托具有相关资质的测评机构进行密评，评估结果作为项目建设验收的必备材料，评估通过后，方可投入运行。

第三，系统投入运行后，网络与信息系统责任单位应当委托具有相关资质的测评机构定期开展密评。未通过评估的，网络与信息系统责任单位应当按要求进行整改并重新组织评估。其中，关键信息基础设施、网络安全等级保护第三级及以上信息系统每年至少评估一次。

第四，系统发生密码相关重大安全事件、重大调整或特殊紧急情况时，网络与信息系统责任单位应当及时组织具有相关资质的测评机构开展密评，并依据评估结果进行应急处置，采取必要的安全防范措施。

第五，完成规划、建设、运行和应急评估后，网络与信息系统责任单位应当在30个工作日内将评估结果报主管部门及所在地区（部门）的密码管理部门备案（部委建设直管的系统及其延伸系统，密评结果报部委密码管理部门备案）。

网络与信息系统责任单位应当切实履行密码安全主体责任，明确密码安全负责人，制定完善的密码管理制度，按照要求开展密评、备案和整改，配合密码管理部门和有关部门的安全检查。

（3）密码管理部门的职责

国家密码管理部门负责指导、监督和检查全国的密评工作；省（部）密码管理部门负责指导、监督和检查本地区、本部门、本行业（系统）的密评工作。

国家密码管理部门依据有关规定，组织对测评机构工作开展情况进行监督检查。检查内容主要包括两方面：对测评机构出具的评估结果的客观、公允和真实性进行评判；对测评机构开展评估工作的客观、规范和独立性进行检查。

各地区（部门）密码管理部门根据工作需要，定期或不定期地对本地区、本部门重要领域网络与信息系统密评工作落实情况进行检查。国家密码管理部门对全国的密评工作落实情况进行抽查。检查的主要内容包括，是否在规划、建设、运行阶段按照要求开展密评，评估后问题整改情况，评估结果有效性情况等。

（四）密评实施要点

1. 商用密码应用方案设计

密码应用方案设计是信息系统密码应用的起点，它直接决定着信息系统的密码应用能否合规、正确、有效地部署实施。此外，密码应用方案还是开展信息系统密码应用情况分析和评估工作的基础条件，是开展密评工作不可或缺的重要参考文件。密码应用方案设计应遵循以下原则：

① 三同步原则：同步规划，同步建设，同步运行（使用）；

② 总体性原则：遵循顶层设计，明确应用需求，通过总体方案和密码支撑体系总体架构设计，引导密码在系统中应用；

③ 科学性原则：总体方案要进行科学设计，应包括密码支撑体系架构、密码基础设施部署、密钥管理体系设计、密码设备部署及管理，及成体系、分层次的密码应用设计；

④ 完备性原则：按照物理环境安全、通信网络安全、网络边界安全、计算环境安全、应用数据安全及密钥管理和安全管理；

⑤ 可行性原则：首先保证系统业务正常运行，兼顾系统复杂性或兼容性，通过评审的密码应用方案可采取分步实施、稳步推进的策略。

2. 商用密码应用基本要求与实现要点

《信息安全技术 信息系统密码应用基本要求》总体要求规定了密码算法、密码技术、密码产品和密码服务应当符合商用密码管理的相关规定，满足标准规范的相关要求，即合规性，作为应用的实现要点。

（1）密码算法

条款要求：信息系统中使用的密码算法应当符合法律法规的规定和密码相关国家标准、行业标准的有关要求。

该条款的目的是规范密码算法的选用，要求信息系统应使用国家密码管理部门或相关行业认可的标准算法。这样一方面能为算法本身的安全性提供保证，另一方面也能够为信息系统的互联互通提供便利。

（2）密码技术

条款要求：信息系统中使用的密码技术应遵循密码相关国家标准和行业标准。

该条款的目的是规范密码技术的使用，要求使用的密码技术应符合国家或行业标准规定。密码技术是指实现密码的加密保护和安全认证等功能的技术，除密码算法外，还包括密钥管理和密码协议等。

（3）密码产品

条款要求：信息系统中使用的密码产品与密码模块应获得国家密码管理部门许可。

该条款的目的是规范密码产品和密码模块的使用，要求所有信息系统中的密码产品与密码模块都应通过国家密码管理部门的核准/审批。这里所称的密码产品和密码模块都是狭义的概念，事实上都属于广义的密码产品。

（4）密码服务

条款要求：信息系统中使用的密码服务应通过国家密码管理部门许可。

该条款的目的是规范密码服务的使用，要求使用经国家密码管理部门许可的密码服务。现阶段，密码服务许可的范围限定在较为成熟的电子认证服务行业。

3. 商用密码测评要求与测评方法

按照《信息安全技术　信息系统密码应用基本要求》(GB/T 39786—2021)规定，通用评测要求一般分为：密码算法的合规性、密码技术的合规性、密码产品的合规性、密码服务的合规性、密钥管理的合规性。

实际测评采用的方法，是将待测评系统从以下几个方面进行测评，之后进行汇总计算，最终得出整体结果：

（1）物理和环境安全

身份鉴别：对进入区域的人员身份进行鉴别。

电子门禁卡记录数据存储完整性：电子门禁系统数据完整性。

视频监控记录数据的完整性：监控视频和音频数据完整性。

（2）网络和通信安全

身份鉴别：对通信实体（设备）的身份鉴别。

通信数据完整性：采用密码技术保证通信过程中的数据完整性。

通信过程中重要数据的机密性：建立的网络通信信道，以及提供通信保护功能的设备或组件、密码产品。

网络边界访问控制信息的完整性。

安全接入认证：对于接入内部网络设备身份的真实性。

（3）设备和计算安全

身份鉴别：对登录设备用户的身份进行验证。

远程管理通道安全：远程管理时，采用安全的密码技术进行通信。

系统资源访问控制信息完整性：采用密码技术保证系统资源访问控制信息的完整性。

重要信息资源安全标记完整性：采用密码技术保证设备中的重要信息资源安全标记的完整性。

日志记录完整性：采用密码技术保证设备中的重要信息资源安全标记的完整性。

重要可执行程序完整性、重要可执行程序来源真实性。

（4）应用和数据安全

身份鉴别：采用密码技术对登录用户进行身份鉴别，保证应用系统用户身份的真实性。

访问控制信息完整性：采用密码技术保证信息系统应用的访问控制信息的完整性。

重要信息资源安全标记完整性：采用密码技术保证信息系统应用的重要信息资源安全标记的完整性。

重要数据传输机密性：采用密码技术保证信息系统应用的重要数据在传输过程中的机密性。

重要数据存储机密性：采用密码技术保证信息系统应用的重要数据在存储过程中的机密性。

重要数据传输完整性：采用密码技术保证信息系统应用的重要数据在传输过程中的完整性。

重要数据存储完整性：采用密码技术保证信息系统应用的重要数据在存储过程中的完整性。

不可否认性：采用密码技术提供数据原发证据和数据接收证据，实现数据原发行为的不可否认性和数据接收行为的不可否认性。

4. 密评测评过程

密评实施过程中的依据是 GB/T 39786—2021 和通过密评机构测评的密码应用方案，整个密评过程主要有四个阶段的活动：测评准备活动、方案编制活动、现场测评活动、报告编制活动，各阶段都有详细的任务。

(1) 测评准备活动

包括项目启动、信息收集与分析、工具和表单准备等一系列的输入和输出，见表 7-4。

表 7-4 测评活动准备表

任务	输入	输出文档	文档内容
项目启动	委托测评协议书、保密协议等	项目计划书	项目概述、工作依据、技术思路、工作内容和项目组织等
信息收集与分析	调查表格	完成的调查表格	被测信息系统的安全保护等级、业务情况、软硬件情况、密码系统、密码管理情况和相关部门及角色等
工具和表单准备	各种与被测信息系统相关的技术资料	选用的测评工具清单，打印的各类表单，如现场测评授权书、风险告知书、文档交接单、会议记录表单、会议签到表单等	现场测评授权、测评存在的风险、交接的文档名称、会议记录项目、会议签到项目等

(2) 方案编制活动

方案指的是测评方案编制，根据前期测评准备活动收集的信息来确定我们测评的对象、测评指标、测试检查点，最终形成测评方案见表 7-5。

表 7-5 方案编制流程表

任务	输入文档	输出文档	文档内容
测评对象确定	完成的调查表格	测评方案的测评对象部分	被测信息系统的整体结构、边界、网络区域、重要节点、测评对象等
测评指标确定	完成的调查表格、《信息系统密码应用基本要求》和《信息系统密码测评要求》	测评方案的测评指标部分	被测信息系统安全保护等级对应的适用和不适用的测评指标
测试检查点确定	被测信息系统的详细结构，选用的密码算法、密码技术、密码产品、密码服务等详细信息，《信息系统密码应用基本要求》和《信息系统密码测评要求》	测评方案的测试验查点部分	测试检查点、检查内容及测试方法
测评内容确定	完成的调查表格，测评方案中测评对象、测评指标及测评工具接入点部分，测评作业指导书，《信息系统密码应用基本要求》和《信息系统密码测评要求》	测评方案的单元测评实施部分	单元测评实施内容
测评方案编制	委托测评协议书，完成的调研表格，《信息系统密码应用基本要求》和《信息系统密码测评要求》，测评方案中测评对象、测评指标、测评检查点、测评内容部分	测评方案文本	项目概述、测评对象、测评指标、测评工具接入点、单元测评实施内容、详细实施计划等

(3) 现场测评活动

根据测评方案结合测评实施指南，实施现场测评，其包括现场测评结果记录、测评结果确认、资料归还等一系列的任务和活动，每个任务都有指定的输入和输出见表 7-6。

表 7-6　测评活动及内容表

任务	输入文档	输出文档	文档内容
现场测评准备	现场测评授权书、测评方案、风险告知书、风险规避方案等	会议记录、更新后的测评计划和测评程序、确认的测评授权书等	工作计划和内容安排、双方人员的协调、测评委托单位应提供的配合与支持
现场测评和结果记录	测评方案、测评作业指导书、测评结果记录表格、被测信息系统的相关文档	测评结果记录、工具测试完成后的电子输出记录	访谈、文档审查、实地查看和配置检查、工具测试的记录及测评结果
测评结果确认和资料归还	测评结果记录、工具测试完成后的电子输出记录	现场测评中发现的问题汇总、证据和证据源记录、测评委托单位的书面认可文件	测评活动中发现的问题、问题的证据和证据源、每项测评活动中测评委托单位配合人员的书面认可文件

（4）分析与报告编制活动

报告就是指信息系统密码应用安全性评估报告。根据分析现场测评的各项输出结果，判定各项密评指标是否符合标准要求。根据判定结果形成评估报告，见表 7-7。

表 7-7　分析报告表

任务	输入文档	输出文档	文档内容
单项测评结果判定	单项测评结果记录、《信息系统密码测评要求》	测评报告的单项测评的结果记录部分	分析被测信息系统的安全现状（各个层面的基本安全状况）与标准中相应等级的基本要求的符合情况，给出单项测评结果
单元测评结果判定	测评报告的单项测评的结果记录部分，《信息系统密码测评要求》	测评报告的单元测评结果汇总部分	汇总统计单项测评结果，给出单元测评结果
整体测评	测评报告的单元测评结果汇总部分	测评报告的整体测评部分	分析被测信息系统整体安全状况及对单项测评结果的修订情况
风险分析	完成的调查表格，测评报告的单元测评的结果汇总及整体测评部分，相关风险评估标准	测评报告的测评结果汇总及风险分析和评价部分	再次汇总分析各层面中各个测评对象的测评结果，分析被测信息系统存在的风险情况
测评结论形成	测评报告的测评结果汇总部分、风险分析和评价结果	测评报告的测评结论部分	对测评结果进行分析，形成测评结论
测评报告编制	完成的调查表格，测评方案，单元测评的结果记录和结果汇总部分，风险分析和评价部分，测评结论部分	测评报告文本	概述、被测信息系统描述、测评对象说明、测评指标说明、测评内容和方法说明、单项测评、整体测评、测评结果汇总、风险分析和评价测评结论、整改建议等

（5）密评测评工具

① 通信信道密码算法分析工具

这里一般指的是网络通信数据抓包集分析工具，它可以抓取常见的网络协议数据报文，然后用于离线分析。

② 密码算法合规性测试工具

该工具对导入的数据进行解析，对其中使用的密码功能开展验证，确保信息系统中的密码算法被正确、合规地运行。

③ ASN 格式解析工具

常见的是 ASN1View，该工具可以分析并展示 ASN1 格式数据文件的结构。

④ 签名分析器

常见的是 SignatureAnalyzer，该工具可以分析指定数据或文件的签名，给出结果。

⑤ 数字证书格式解析工具

该工具用于验证数字证书格式的标准符合性和密码算法正确性等。可以将数据格式或文件形式的数字证书进行加载解析，也可以对通信协议中捕获的数字证书进行加载解析，并输出结果。

⑥ 存储/传输数据机密性测试工具

该工具用于验证声称受到机密性保护的存储/传输数据密文的质量，从而反映数据的机密性保护强度。

⑦ 随机性测试工具

该工具能够对密码算法的密文、伪随机序列、随机数发生器的输出及熵值、采集到的密码协议中的数据、密码产品的输出等进行多方面的统计测试，输出结果。

⑧ 密码算法综合验证工具

该工具集密码算法检测分析与密码算法开发设计于一体，涵盖大部分商用密码算法检测分析项目。

四、网络安全测试

（一）网络安全测试概述

网络安全测试，一般涵盖现代网络信息系统所涉及的物理环境、网络通信、应用与数据、设备计算等方面，针对网络、硬件固件及驱动、操作系统、软件中间件、应用软件、数据库等进行全方位的安全性测试。通过网络安全测试，可以检验应用系统在网络运行环境的健壮性、可靠性，提前发现网络和系统的安全隐患并进行修复完善，为未来可能面对的网络安全事件做好应对预案，是网络应用安全建设和运行的前提。网络安全测试不是一次性的，应该作为一个定期进行和迭代更新的防护手段。根据网络安全测评要求的角度，网络安全测试通常包括边界网络设备测试，网络及系统漏洞扫描，对网络访问控制措施进行渗透测试，边界完整性检查测试，网络入侵防范测试，恶意代码防范测试等。其中，特别要提出的是漏洞扫描和渗透测试。

（二）漏洞扫描

1. 漏洞定义

漏洞（也称脆弱性，英文为 Vulnerability），国内外各种规范和标准中的定义很多，摘录如下：

互联网工程任务组 RFC4949：系统设计、部署、运营和管理中，可被利用于违反系统安全策略的缺陷或弱点。

国家标准《信息安全技术-网络安全漏洞标识与描述规范》（GB/T 28458—2020）：网络安全漏洞是网络产品和服务在需求分析、设计、实现、配置、测试、运行、维护等过程中，无意或有意产生的、有可能被利用的缺陷或薄弱点。

国家标准《信息安全技术-术语》（GB/T 25069—2010）：脆弱性（Vulnerability）是资产中能被威胁利用的弱点。

美国国家标准与技术研究所 NIST：信息系统、系统安全规程、内部控制或实施中可能被威胁源利用或触发的弱点。

国际标准化组织-信息安全管理体系 ISO27000：资产或控制中可能被一个或多个威胁利用的弱点。

国际标准化组织-漏洞披露 ISO29147：违反默示或明示安全策略的产品或服务的功能性行为。

维基百科：计算机安全中，漏洞是威胁可以利用的弱点，例如攻击者可利用漏洞在计算机系统内跨越权限边界。

百度百科：漏洞是在硬件、软件、协议的具体实现或系统安全策略上存在的缺陷，可以使攻击者能够在未授权的情况下访问或破坏系统。

从各种定义中可以得到漏洞的一系列共性描述：系统的缺陷/弱点、可能被利用于违反安全策略，可能导致系统的安全性被破坏。漏洞涉及管理、物理、技术多方面，一般默认是指技术型的漏洞。

2. 漏洞扫描

大部分业界规范或标准中用到的相关概念是漏洞评估，并直接将漏洞扫描作为一种选择和要求。

以国际标准《信息安全风险管理》ISO/IEC 27005 为例，在其附录 D2 中给出相关描述：评估技术型漏洞的方法就是"使用自动化漏洞扫描工具、安全测试评估、渗透测试、代码审计"。

在中国国标 GB/T 28449 的"附录 E 等保测评方式及工作任务"的"E.4 测试"部分中明确指出：需要对服务器、数据库管理系统、网络设备、安全设备、应用系统等进行漏洞扫描；此外还需要，对应用系统完整性、保密性进行协议分析；渗透测试应包括基于一般脆弱性的内部和外部渗透攻击等。

而在金融行业，支付卡数据安全标准 PCI DSS 中针对漏洞扫描给出了两个较为明确且可操作的定义：一是对应用程序漏洞的安全评估；二是对系统从外部及内部的漏洞扫描。

因此，通常认为，漏洞扫描就是通过工具去扫描远端或本地运行系统的行为，达到快速识别系统中已知或未知漏洞的目的。其关键是对漏洞的识别进行工具化，降低识别漏洞的人工参与和技术门槛。漏洞扫描是漏洞评估的一种方法。漏洞扫描通常是渗透测试过程中的一个前置步骤。

3. 漏洞扫描工具

在知名信息技术咨询公司 Gartner 的定义中，按扫描结果类别的不同可以大致分为 AST（Application Security Testing）应用安全测试类工具、SCA（Software Composition Analysis）软件成分分析类工具、VA（Vulnerability Assessment）漏洞评估工具，AST 工具用于测试发现应用程序未知的安全缺陷，SCA 工具用于发现静态软件中引用的开源组件的已知漏洞，VA 工具则通常用于发现动态运行的系统中是否存在已知的漏洞。

按扫描对象状态的不同又可以划分为静态工具和动态工具：静态工具扫描源代码或二进制包，动态工具扫描运行的系统。静态工具包括静态 Static-AST 工具（SAST），源码 SCA 工具，二进制 SCA 工具。动态工具包括交互式 Interactive-AST 工具（IAST）、动态 Dynamic-AST 工具（DAST）、模糊测试（Fuzzing）工具、漏洞评估（Vulnerability Assessment）工具。其中，受到资源可获得性的限制，在系统上线后，常用的漏洞扫描工具主要是 DAST 工具和 VA 工具。

4. 漏洞扫描意义

漏洞扫描能发现漏洞，扫描的结果能用来支撑漏洞评估、漏洞修补、风险评估相关工作，以降低系统风险。

通过对网络的扫描，网络管理员能了解网络的安全设置和运行的应用服务，及时发现安全漏洞，客观评估网络风险等级。网络管理员能根据扫描的结果修复网络安全漏洞、更正系统中的错误设置，在黑客攻击前进行防范。如果说防火墙和网络监视系统是被动的防御手段，那么安全扫描就是一种主动的防范措施，能有效避免黑客攻击行为，做到防患于未然。

网络安全工作是防守和进攻的博弈，是保证信息安全、工作顺利开展的基石。及时和准确地审视自己信息化工作的弱点，审视自己信息平台的漏洞和问题，才能在这场信息安全战中占得先机，立于不败之地。

（三）渗透测试

渗透测试就是模拟黑客的操作，发现被测目标的一些网络安全风险。通俗的讲，就是安全人员有原则有节制得到授权合法地对目标进行非破坏性操作，意图发现目标的安全风险。渗透测试的本质是一个不断提升自己权限的过程。黑客通过对目标系统权限的提升，可以获取更多关于目标系统的敏感信息，我们也可以通过渗透测试对目标系统进行信息安全风险评估。

1. 渗透测试概念

渗透测试英文名为 penetration test，简称 pentest。渗透测试指模拟攻击者入侵来评估计算机系统安全的行为，是一种授权的行为。这个过程包括对系统的任何弱点、技术缺陷或漏洞的主动分析。渗透测试人员在不同的位置（比如从内网、外网等位置）利用各种手段对某个特定网络进行测试，以发现和挖掘系统中存在的漏洞，然后输出渗透测试报告给网络所有者。网络所有者根据渗透测试报告，可以知晓系统中存在的安全隐患和问题。渗透测试还具有两个明显的特点：渗透测试是一个渐进的、逐步深入的、不断提升权限的过程；渗透测试是选择不影响业务系统正常运行的攻击方法进行的测试。

2. 渗透测试流程

渗透测试一般分为黑盒测试与白盒测试，大多数情况下都是黑盒测试。渗透测试的流程一般分为这几个步骤：信息收集；制订渗透测试方案并实施；各种渠道搜集目标信息、分析信息及实施进一步攻击；获取目标系统权限，进而提升系统权限；进入内网并进行域控渗透，控制整个内网；对目标提出安全建议。这是渗透测试的一些流程，每一步都是决定能否继续渗透的关键。

3. 渗透测试思路

基于"以攻促防"的理念，简要概述渗透测试的基本思路。其目的在于从攻击者的视角理解网络安全防御机制。下表列出了在常规渗透测试过程中，渗透测试工程师习惯使用的一些思路。这些思路可帮助工程师识别并定位潜在的安全漏洞，从而迅速找到突破口。具体的渗透测试思路如表 7-8 所示。

表 7-8　渗透测试思路

思路名称	描述举例
密码破解	通过查询语句得到目标表中最多的关键字。若是 password 表，一般就是弱口令 top10 了。 如查询返回 article_keyword 表中 keyword 重复次数（count）最多的 10 条记录，查询语句如下： select keyword, count（*）as count from article_keyword group by keyword order by count desc limit 10

续表

思路名称	描述举例
网站后台查找	经过多次的渗透测试查找目标文件。步骤：查找网站的 robots.txt 文件或者 sitemap.xml 文件，里面有很多目录可利用；使用扫描工具逐级渗透，一般能找到网站后台（数据库文件也类似）
lcx 内网提权	进入 webshell 并上传 cmd 工具与 lcx 工具，然后在 cmd 工具下使用 lcx 工具将内网端口转发至外网 IP 地址
Linux 入侵痕迹清理	rm -f -r /var/log/*、rm.bash_history 及 rm recently_used
PHP 网站快速渗透	使用搜索引擎寻找注入链接，语句如下： site: xxx.com inurl: php? id= 使用单引号判断注入点，语句如下： 网站主域名/index.php? id=123 使用 order by 语句暴出字段长度，其为 11，语句如下： 网站主域名/index.php? id=123 order by 10 网站主域名/index.php? id=123 order by 12 使用联合查询，暴出关键数据，语句如下： 网站主域名/index.php? id=123 and 1=1 union select 1, 2, 3, 4, 5, 6, 7, 8, 9, 10, 11 from admin 网站主域名/index.php? id=123 and 1=2 union select 1, 2, 3, 4, 5, 6, 7, 8, 9, 10, 11 from admin 使用 admin 表中的 username 字段与 password 字段分别替换掉第 2 及第 3 位，暴出字段中的第 2 及第 3 位中的数据，语句如下： 网站主域名/index.php? id=123 and 1=2 union select 1, username, password, 4, 5, 6, 7, 8, 9, 10, 11 from admin 如此循环替换字段并暴出字段的数据，直到暴出想要的全部数据为止，例如暴出用户名及密码：用户名 admin 及密码 admin。再寻找到该用户的登录后台，如：网站主域名/admin/login.php，登录即可。 登录以后，若该用户名具有管理员权限，那么我们就获得了 Web 服务器后台的管理权限，若该用户无管理员权限，那么就继续渗透提权

注意：未经授权擅自对他人或其他公司的网站或系统进行渗透测试，属于违法行为，务必避免此类行为。

4. 渗透测试原则

（1）规范性原则。渗透测试工作中的过程和文档，须严格按照国家规范操作，严格执行项目的跟踪和质量控制。

（2）可控性原则。渗透测试过程中使用的工具和方法具有可控性。比如，为了测试勒索病毒在网络中的传播，在测试过程中投放勒索病毒必须限制感染的范围。

（3）最小影响原则。渗透测试实施过程中必须制定充分细致的工作计划和必要的控制措施，尽可能不对现有网络和业务正常运行造成显著影响。比如，测试网络的 DDos 攻击尽可能选择业务不繁忙的阶段进行。

（4）保密性原则。渗透测试过程应该是保密的。公司和甲方签署保密协议，不得利用渗透测试中的任何数据进行其他有损甲方利益的用途；参与项目人员签订个人保密协议；在渗透测试过程中对测试相关的数据采取严格的保密性措施，项目结束后清除有关敏感数据。

5. 渗透测试意义

（1）通过安全专家的操作过程，资产所有者可以直观地感受到网络安全漏洞被利用带来的危害。

（2）对于可能被利用的网络安全漏洞风险，安全专家提供定量、具体的分析报告。

（3）直观的渗透测试过程和方法，为设计安全解决方案提供事实依据。

五、网络安全审计

(一) 网络安全审计概述

计算机网络安全审计（Audit）是指按照一定的安全策略，利用记录、系统活动和用户活动等信息，检查、审查和检验操作事件的环境及活动，从而发现系统漏洞、入侵行为，以改善系统性能的过程。

安全审计除了能够监控来自网络内部和外部的用户活动，对与安全有关的活动的相关信息进行识别、记录、存储和分析，对突发事件进行报警和响应，还能通过对系统事件的记录，为事后处理提供重要依据，为网络犯罪行为及泄密行为提供取证基础。同时，通过对安全事件的不断收集与积累并且加以分析，能有选择性和针对性地对其中的对象进行审计跟踪，即事后分析及追查取证，以保证系统的安全。也是审查评估系统安全风险并采取相应措施的一个过程。在不至于混淆情况下，简称为安全审计，实际是记录与审查用户操作计算机及网络系统活动的过程，是提高系统安全性的重要举措。系统活动包括操作系统活动和应用程序进程的活动。用户活动包括用户在操作系统和应用程序中的活动，如用户所使用的资源、使用时间、执行的操作等。安全审计对系统记录和行为进行独立的审查和估计，其主要作用和目的包括五个方面：

(1) 对可能存在的潜在攻击者起到威慑和警示作用，核心是风险评估。
(2) 测试系统的控制情况，及时进行调整，保证与安全策略和操作规程协调一致。
(3) 对已出现的破坏事件，做出评估并提供有效的灾难恢复和追究责任的依据。
(4) 对系统控制、安全策略与规程中的变更进行评价和反馈，以便修订决策和部署。
(5) 协助系统管理员及时发现网络系统入侵或潜在的系统漏洞及隐患。

(二) 网络安全审计类型

网络安全审计从审计级别上可分为三种类型：系统级审计、应用级审计和用户级审计。

1. 系统级审计

系统级审计主要针对系统的登入情况、用户识别号、登入尝试的日期和具体时间、退出的日期和时间、所使用的设备、登入后运行程序等事件信息进行审查。典型的系统级审计日志还包括部分与安全无关的信息，如系统操作、费用记账和网络性能。而这类审计无法跟踪和记录应用事件，也无法提供足够的细节信息。

2. 应用级审计

应用级审计主要针对的是应用程序的活动信息，如打开、关闭数据文件，读取、编辑、删除记录或字段等特定操作，以及打印报告等。

3. 用户级审计

用户级审计主要是审计用户的操作活动信息，如用户直接启动的所有命令、用户所有的鉴别和认证操作、用户所访问的文件和资源等信息。

从审计对象上可分为日志审计、代码审计、网络通信安全审计、运维审计。

(三) 日志审计

日志审计系统是用于全面收集企业IT系统中常见的安全设备、网络设备、数据库、服务器、应用系统、主机等设备所产生的日志（包括运行、告警、操作、消息、状态）并进行存储、监控、审计、分析、报警、响应和报告的系统。基本功能有：

(1) 日志监控

提供日志监控能力，支持对采集器、采集器资产的实时状态进行监控，支持查看 CPU、磁盘、内存总量及当前使用情况，支持查看资产的概览信息及资产关联的事件分布。

(2) 日志采集

提供全面的日志采集能力：支持网络安全设备、网络设备、数据库、windows/linux 主机日志、web 服务器日志、虚拟化平台日志以及自定义日志；

提供多种数据源管理功能：支持数据源、采集器、agent 的信息展示与管理；提供分布式外置采集器、agent 等多种日志采集方式；支持 IPv4、IPv6 日志的采集、分析以及检索查询。

(3) 日志存储

提供原始日志，范式化日志的存储，可自定义存储周期，支持 FTP 日志备份以及 NFS 网络文件共享存储等多种存储扩展方式。

(4) 日志检索

提供丰富灵活的日志查询方式，支持全文、key-value、多 kv 布尔组合、括号、正则、模糊等检索；提供便捷的日志检索操作，支持保存检索、从已保存的检索导入组合条件等。

(5) 日志分析

提供便捷的日志分析操作，支持对日志进行分组及查询以及从叶子节点可直接查询分析日志。

(6) 日志转发

支持原始日志、范式化日志转发。

(7) 日志事件告警

内置丰富的单源、多源事件关联分析规则，支持自定义事件规则，可按照日志、字段布尔逻辑关系等方式自定义规则；支持时间的查询、查询结果统计及展示；支持对告警规则的自定义，可设置针对事件的各种筛选规则、告警等级等。

(8) 日志报表管理

支持丰富的内置报表以及灵活的自定义报表模式，支持编辑报表的目录接口，引用统计项，设置报表标题，展示页眉和页码，配置报表基本内容（名称、描述等）；支持实时报表、定时报表、周期性任务报表等方式；支持 html、pdf、word 格式的报表文件。

（四）代码审计

代码审计（Code audit）是一种以发现程序错误、安全漏洞及违反程序规范为目标的源代码分析方法。顾名思义就是检查程序源代码中的安全缺陷，检查是否存在安全隐患或编码不规范的地方。通过自动化工具或人工审查的方法，对程序源代码进行逐条检查与分析，以识别由源代码缺陷引发的安全漏洞，并针对性地提供代码修订措施及优化建议。

软件代码审计是对编程项目中源代码的全面分析，旨在识别错误和安全漏洞。作为防御性编程范式的重要组成部分，它能够在软件发布前有效减少错误。

代码审计的主要方法包括通读全文法、敏感函数参数回溯法以及定向功能分析法。

通读全文法：通读全文虽然是最繁琐的方法，却也是最全面的审计手段。通常由企业对自身产品进行此类检查，以便深入理解整个应用的业务逻辑。

敏感函数参数回溯法（shell_exec）：根据敏感函数，逆向追踪参数传递的过程。这种方法不仅高效，而且最为常用。大多数漏洞的产生源于函数使用不当。通过识别这些使用不当的函数，可以迅速挖掘出潜在漏洞。

定向功能分析法：该方法主要依据程序的业务逻辑进行审计。通过打开特定页面，测试相关程序功能，以检查可能存在的漏洞。易产生漏洞的环节包括：登录认证、找回密码验证码、文件上传、权限管理、数据备份与恢复、站点信息泄露等。

（五）网络通信安全审计

网络通信安全审计（Network Communication Security Audit）是指通过系统性检查、监控和分析网络通信活动及关联设备配置，评估其安全性、合规性和抗风险能力的过程。这一过程全面记录网络系统中的各种会话和事件，实现对网络信息的智能关联分析、评估及安全事件的准确定位，从而为风险预警、事件溯源及优化安全策略提供依据，最终保障企业数据在传输过程中的机密性、完整性与可用性。

1. 审计内容

网络通信安全审计的内容广泛，涵盖以下几个方面：

（1）网络行为监测：根据设定的行为审计策略，对网站访问、邮件收发、数据库访问、远程终端访问、文件上传下载、即时通讯、论坛、移动应用、在线视频、P2P下载、网络游戏等网络应用行为进行监测，并可以对符合行为策略的事件实时告警并记录。

（2）通信内容审计：对网页内容、数据库操作、论坛、即时通讯等提供完整的文本、图片和音视频内容检测、信息还原功能，并可自定义关键字库进行细粒度的审计追踪。

（3）流量分析：支持基于智能协议识别的流量分析功能，实时统计出当前网络中的各种协议流量，进行综合流量统计分析，提供详细的流量报表，为流量管理策略的制定提供可靠支持。

2. 审计方法

常用的审计方法涵盖以下几个方面：

（1）使用专业工具：利用Nessus、OpenVAS等专业工具对网络系统进行全面扫描，识别已知漏洞，并提供修复建议。

（2）渗透测试：模拟黑客攻击，通过黑盒测试和白盒测试两种方式，发现系统深层次的安全问题。

（3）日志分析：收集和分析系统日志、网络流量日志等，发现异常行为。例如，通过分析防火墙日志发现可疑的外部访问，通过分析系统日志发现异常登录行为。

（4）安全配置检查：检查网络设备、服务器等的安全配置，确保符合安全标准，包括检查密码策略、访问控制列表、服务配置等。

3. 注意事项

网络通信安全审计应注意以下几点：

（1）全面审计。在网络边界和重要网络节点进行安全审计，确保审计覆盖到每个用户，并对重要的用户行为和安全事件进行记录和分析；审计范围应包括所有可能影响网络安全的活动，如登录尝试、数据访问、系统配置更改等。

（2）详细记录。审计记录应包括事件的日期和时间、用户、事件类型、事件是否成功及其他与审计相关的信息。

（3）统一时钟、合规留存。审计记录产生的时间应由系统范围内唯一确定的时钟产生，以确保审计分析的正确性；审计记录的留存时间应符合法律法规要求，以便在需要时进行查阅和调查。

在数字化转型背景下，网络通信安全审计已成为企业合规运营的重要组成部分。根据《网络安全法》《数据安全法》等法规要求，审计需覆盖用户行为、数据传输、设备状态等关键要素，防范数据泄露、非法访问等安全事件。

企业应高度重视网络通信安全审计工作，制定科学的审计计划，选择合适的审计工具和方法，确保网络通信系统的安全稳定运行。

（六）运维审计

运维审计是企业安全保障体系中的重要组成部分。为确保网络和数据免受内部合法用户的不合规操作所导致的系统损坏和数据泄露风险，运维审计通过实时收集和监控网络环境中各组成部分的系统状态、安全事件及网络活动，实现集中记录、深入分析、及时报警和有效处理的技术手段。企业通常借助运维审计系统来实现运维审计的功能。

运维审计系统是集单点登录、账号管理、身份认证、资源授权、访问控制和操作审计等多功能于一体的运维安全审计产品。该系统能够对操作系统、网络设备、安全设备、数据库等操作过程进行高效且全面的运维操作审计，将传统的运维审计从事件层面提升至操作内容层面。通过系统平台的事前预防、事中控制和事后溯源机制，全面解决企业的运维安全问题，进而提升企业的IT运维管理水平。

从功能上讲，它综合了核心系统运维和安全审计管控两大主干功能，从技术实现上讲，通过阻断终端计算机对网络和服务器资源的直接访问，转而采用协议代理的方式，接管了终端计算机对网络和服务器的访问。形象地说，终端计算机对目标的访问，均需要经过运维安全审计的翻译。我们可以把运维安全审计比喻成一个看门者，所有对网络设备和服务器的请求都要从他看守的这扇大门经过。因此运维安全审计能够有效拦截非法访问、恶意攻击等，对不合规字符命令进行输出阻断，过滤掉所有对目标设备的非法访问行为。

运维审计系统的主要功能包括：
（1）通过"集中账号管理"解决由交叉运维产生的无法定责问题。对账号权限等进行设置，防止对网络设备及服务器的一些恶意或错误操作；
（2）按黑白名单分组管理指令，对危险指令的执行可进行告警、拦截、阻断和审核；
（3）管理员可实时监控远程会话，一旦发现有非法或违规操作，可立即终止会话控制权；
（4）对所有运维操作可进行记录和录像审计，便于事后溯源，避免运维操作风险；
（5）了解运维人员的工作内容。

第六节　网络安全与数据保护合规管理实务

一、网络安全与数据保护合规管理概述

（一）概述

1. 指导思想与总体方针

电力企业网络安全与数据保护工作的指导思想是：依照党中央、国务院网络强国的战略部署，以

总体国家安全观为统领,全面加强网络安全工作统筹规划,以贯彻落实网络安全等级保护制度和关键信息基础设施安全保护制度为基础,以保护关键信息基础设施、重要网络和数据安全为重点,全面加强网络安全防范管理、监测预警、应急处置、情报信息等工作,及时监测、处置网络安全风险、威胁和网络安全突发事件,切实提高网络安全保护能力,积极构建网络安全综合防控体系,保障和促进企业信息化健康发展。

国家确立了网络安全和信息化工作的方针,即积极利用、科学发展、依法管理、确保安全。积极利用,就是要主动适应网络发展要求,积极应对网络发展带来的挑战,充分利用网络技术,开发利用信息资源,促进信息交流和知识共享,发挥网络推动经济社会发展各方面的作用。科学发展,就是要把握网络发展特点,尊重网络发展规律,科学决策,合理布局,加强顶层设计和规划,促进网络技术和产业规范、健康和可持续发展。依法管理,就是要加强网络领域法治建设,推进科学立法、严格执法、公正司法、全民守法,保障网络安全和信息化发展始终在法治的轨道上运行。确保安全,就是要针对网络安全领域的突出问题,提高防范网络安全风险、抵御网络安全威胁的能力和水平,切实保障网络安全,维护网络空间主权和国家安全、社会公共利益。

2. 总体目标

网络安全的目标是在网络的信息传输、存储与处理过程中,提高物理、逻辑上的防护、监控、反应恢复和对抗的能力。总体目标是通过各种技术与管理手段实现网络信息系统的机密性、完整性、可用性、可靠性、可控性和可审查性。

(1)机密性也称保密性,是不将有用信息泄露给非授权用户的特性。可通过信息加密、身份认证、访问控制、安全通信协议等技术实现。

(2)完整性是指信息在传输、交换、存储和处理过程中,保持信息不被破坏、修改,且不丢失,也是最基本的安全特征。

(3)可用性也称有效性,指信息资源可被授权实体按要求访问、正常使用或在非正常情况下能恢复使用的特性。

(4)可控性指信息系统对信息内容和传输具有控制能力的特性,指网络系统中的信息在一定传输范围和存放空间内可控的程度。

(5)可审查性又称拒绝否认性、抗抵赖性或不可否认性,指网络通信双方在信息交互过程中,所有参与者不可否认或抵赖本人的真实身份,以及提供信息的原样性和完成的操作与承诺。

3. 范围及原则

电力企业网络安全与数据保护的范围包括信息网络、工业控制系统、企业信息系统、云计算平台、移动互联、物联网、智能制造系统以及这些系统平台上的数据资源等。宜遵循如下原则:

① 系统化原则:根据安全工程的要求,对系统各阶段,包括规划、设计、建设、运维以及后续升级、换代扩展进行全面考虑。

② 规范化原则:各阶段都应遵循安全规范要求,根据组织安全需求,制定安全策略。

③ 风险评估原则:根据实践对系统定期进行风险评估以改进系统的安全状况。

④ 成本效益原则:根据资源价值和风险评估结果,采用适度的保护措施。

⑤ 预防原则:安全管理以预防为主,并要有一定的超前意识。

⑥ 均衡防护原则:根据"木桶原理",整个系统的安全强度取决于最弱的一环,片面追求某个方面的安全强度对整个系统没有实际意义。

⑦ 首长负责原则：只有领导负责，建立"一把手负责制"才能把安全管理落到实处。
⑧ 以人为本原则：技术是关键，管理是核心，最终执行则依赖于员工的技术水平和道德素养。
⑨ 动态原则：根据技术进步及系统环境，相应提高系统的保护能力。
⑩ 综合保障原则：需提供人员、资金、物资装备、技术等多方面综合保障。

（二）组织体系

1. 管理组织

安全管理组织负责管理企业信息安全工作，一般称为"安全管理委员会"或"安全领导小组"。安全管理组织负责制定企业信息安全方针、审核信息安全工作计划、审议信息安全重大事项，确保国家和相关行业监管要求在企业得到落实。

网络安全是一把手工程，安全管理组织的负责人建议由企业负责人或分管信息化的领导层担任。安全管理组织的其他成员一般还包括信息化负责人、各业务部门负责人、职能部门负责人。

2. 执行组织

安全执行组织是执行企业信息安全工作的组织，是企业各类安全工作落地和开展的基石。安全执行组织的职能应根据企业的业务特点和面临的安全风险状况进行设置，在组织架构上可以成立相应的安全小组。

办公安全小组：负责企业办公环境安全，包括办公终端安全、办公网络安全、办公应用系统安全。

数据安全小组：负责企业的数据安全保护工作，包括企业各类敏感数据的安全管理、数据相关的授权工作。

主机系统安全小组：负责主机相关安全管理工作，保障主机安全。

应用系统安全小组：保障应用系统安全，包括产品设计、开发、测试、上线的全流程安全。

人员安全小组：负责公司员工、外包人员、合作伙伴在工作中的安全管理。

执行组织除上述小组成员以外，还需要将其他部门相关人员以兼职或接口人方式纳入，以便安全工作更好执行。

3. 应急组织

安全应急组织主要负责开展安全应急工作，如安全事件处置、安全应急演练等，保证在紧急状态下可以快速协调和联动响应。安全应急组织成员一般包括安全人员、运维人员、开发人员、业务人员等，配合安全应急工作开展。

4. 监督组织

安全监督组织负责监督信息安全工作的落实情况，负责定期开展信息安全内部审计工作及对接外部审计工作。安全监督组织成员建议由公司审计部门及相关人员担任。

（三）安全管理制度

1. 制度分类

企业的安全管理制度体系按内容和形式，可分为安全策略、管理制度、操作规程、记录表单四类。

安全策略类文件阐明企业安全工作的总体方针、总体目标、范围、原则和安全框架等；管理制度类文件涵盖安全组织的设立、人员管理、物理环境、网络、主机系统、数据、应用、建设和运维、应急预案等各类安全管理，用来明确这些活动的运行准则；操作规程类文件是指管理人员或操作人员执行日常工作的操作文档,如系统维护手册和用户操作规程等;记录表单是配合安全制度、安全流程而固化设计的各类申请表单。

以下是常见的管理制度:

(1) 系统运行维护。如网络通信管理、设备维护、软件维护、用户管理、定期检查监督等制度。

(2) 数据处理控制。包括数据全生命周期管理、存储介质管理、密钥管理,文件档案日志标准化等制度。

(3) 机房管理制度。包括机房安全工作、环卫工作、出入管理、操作管理等。

(4) 其他重要制度。如病毒防治、密码口令管理、安全等级保护、关键基础设施保护、培训学习、对外合作交流等制度。

2. 制度要点

(1) 办公安全管理规定

办公安全管理规范了企业办公过程中的终端安全基线,主要包括:

① 桌面终端安全基本要求(防病毒、准入、数据防泄露);

② 员工安全意识(邮箱账号密码安全、计算机锁屏、通信安全、软件安装和使用);

③ 员工数据安全保护要求(数据文件加密、禁止外发公司敏感数据);

④ 禁止将与公司有关的信息、账号密码分享或上传到外部平台;

⑤ 代码和配置文件禁止上传 GitHub 等外部代码平台。

(2) 人员安全管理规定

人员安全管理是业务开展和生产运营过程中人员的安全要求,主要包括:

① 人员入职(账号和权限分配、安全意识培训、保密协议);

② 人员调岗(权限回收、重新分配);

③ 人员离岗(离职审计、权限回收、计算机回收及数据清除);

④ 外包人员管理(保密协议、最小账号和权限分配)。

(3) 运维安全管理规定

运维安全管理是为了保障运维过程中应用系统和主机的安全,要点如下:

① 服务器运维必须通过堡垒机;

② 禁止对外开放高危端口;

③ 涉及域名开放、端口开放或变更必须经过审批;

④ 禁止开放程序管理后台、运营管理后台;

⑤ 服务器必须安装主机入侵检测系统。

(4) 数据安全管理规定

数据安全管理明确对数据安全保护要求,规定数据安全红线,主要包括:

① 数据分级分类标准;

② 数据角色定义和职责;

③ 数据操作安全要求;

④ 数据安全保护标准(如加密、脱敏、销毁);

⑤ 数据系统账号申请流程;

⑥ 数据安全审计要求;

⑦ 违反数据安全管理规定的处罚细则。

(5) 安全开发规范

安全开发规范主要是开发人员在编码过程中需要注意的安全事项,主要包括:

① 开源模块选择注意事项(禁止选择有安全漏洞的模块或组件);

② 变量绑定安全,使用预编译语句防 SQL 注入;

③ 页面表单需要包含随机 Token 和服务端校验 Token 以防范 CSRF 攻击;

④ 函数安全(不能使用不安全的函数);

⑤ 文件上传安全(文件名保存随机、限制文件格式、过滤特殊编码);

⑥ 调试代码处理(上线前需要删除调试代码);

⑦ 异常处理(程序异常禁止输出到客户端);

⑧ 输入输出验证(输入检查数据长度类型范围、特殊编码转义、敏感词过滤);

⑨ 身份验证和权限判断(服务端验证、Session 和 Token 验证、Session 用户权限判断)。

(6) 安全漏洞修复规范

安全漏洞修复规范是为保证安全漏洞可以得到及时修复而制定的规范,主要包括:

① 安全漏洞和级别定义(根据漏洞对公司的危害程度和影响情可以定义为"紧急""高危""中危"和"低危");

② 安全漏洞修复要求(根据不同级别来规定漏洞修复的完成时间,以及特殊情况下漏洞修复的报备流程);

③ 安全漏洞修复责任人等其他信息。

(7) 产品安全管理规范

产品安全管理规范是为了配合产品开发流程开展而制定的规范,主要包括:

① 产品需求阶段安全要求;

② 产品设计阶段安全要求;

③ 产品测试阶段安全要求;

④ 产品上线阶段安全要求;

⑤ 产品运行阶段安全要求;

⑥ 第三方产品安全管理要求。

(8) 安全基线规范

安全基线规范明确了公司主机、数据库、应用系统的安全规范,是为了保证企业网络达到最基本防护能力而制定的一系列安全配置基准。主要包括:

① 网络设备安全基线;

② 服务器安全基线;

③ 中间件安全基线;

④ 数据库安全基线;

⑤ 应用系统安全基线。

3. 工作流程及表单

日常工作中,安全管理制度需要依赖安全工作流程才能落地。在执行时,可以通过设计各类表单来固化流程,举例如下:

① 管理信息系统账号申请单;

② 外网端口开放申请单;

③ 数据相关权限和账号申请单；
④ 漏洞处置工单；
⑤ 堡垒机账号权限申请单；
⑥ VPN 账号申请单；
⑦ 防火墙策略申请单；
⑧ 域名开放申请单；
⑨ 离职人员权限变更单、外包人员权限申请单等。

通过安全流程和表单，实现安全管理制度的落地、合规和可审计。

4. 注意事项

在设计网络安全管理制度时，需注意如下几点：

（1）职责分离

计算机网络系统重要相关人员应各司其职，业务权限互异，除特殊情况外，业务系统的开发运维人员不宜参加安全相关的管理事务。以下工作宜适当分配，由不同人员完成：

① 程序员、系统管理员、操作员岗位分离且不混岗；
② 计算机网络系统运维和业务数据的管理人员；
③ 安全管理和系统管理人员；
④ 机密资料的接收和传送；
⑤ 系统访问证件的分发与管理；
⑥ 业务系统数据存储介质的使用与保管。

（2）多人负责原则

为了确保网络系统安全，对各种与系统安全的事项，应由多人分管负责并在现场当面认定签发。安全管理人员应及时签署记录安全工作情况。主要事项包括：

① 系统软件的设计、实现、修改和维护；
② 业务应用软件和硬件的修改和维护；
③ 重要程序和数据的增删改与销毁；
④ 信息系统使用媒介的发放与收回；
⑤ 任何与保密有关信息的处理；
⑥ 访问控制介质的发放与收回等。

（3）有限任期

网络安全人员不宜长期担任某一特定的安全岗位，可以通过培训、轮岗 AB 角、休假等方式进行职务的适当调整。

（四）网络安全法律规范体系

我国从依法治理网络安全的实际需要出发，国家及相关部门、行业和地方政府都相继制定并颁布了很多有关法律法规。

我国网络安全法律规范体系分为以下 4 个层次。

（1）基本法律体系。全国人民代表大会及其常委会通过的法律规范。我国与网络安全相关的法律主要有《中华人民共和国宪法》《中华人民共和国刑法》《中华人民共和国国家安全法》《中华人民共和国保守国家秘密法》《中华人民共和国网络安全法》《中华人民共和国数据安全法》《民法典》《中华人民共和国密码法》《个人信息保护法》《电子签名法》《中华人民共和国行政诉讼法》《全国人大常委会关于维护互联网安全的决定》《中华人民共和国治安管理处罚条例》《中华人民共和国人民警察法》等。

（2）行政法规体系。主要指国务院为执行宪法和法律而制定的行政法规与法律规范。相关的行政法规包括《中华人民共和国计算机信息系统安全保护条例》《中华人民共和国计算机信息网络国际联网管理暂行规定》《计算机信息网络国际联网安全保护管理办法》《关键信息基础设施安全保护条例》《商用密码管理条例》《中华人民共和国电信条例》《互联网信息服务管理办法》《计算机软件保护条例》等。

（3）规章规范体系。主要指国务院各部委，以及省、自治区、直辖市和较大的市人民政府根据法律和国务院行政法规与法律规范而制定的规范性法律文件。

公安部制定了《计算机信息系统安全专用产品检测和销售许可证管理办法》《计算机病毒防治管理办法》《金融机构计算机信息系统安全保护工作暂行规定》《贯彻落实网络安全等级保护制度和关键信息基础设施安全保护制度的指导意见》等。

工业和信息化部制定了《互联网电子公告服务管理规定》《软件产品管理办法》《计算机信息系统集成资质管理办法》《国际通信出入口局管理办法》《国际通信设施建设管理规定》《中国互联网络域名管理办法》《电信网间互联管理暂行规定》等。

国家发展和改革委制定了《电力监控系统安全防护规定》，原电监会制定了《电力行业信息系统安全等级保护基本要求》，国家能源局制定了《国家能源局关于印发电力监控系统安全防护总体方案等安全防护方案和评估规范的通知》《国家能源局关于加强电力行业网络安全工作的指导意见》《电力行业网络安全等级保护管理办法》《电力行业网络与信息安全管理办法》等。

（4）强制性技术标准体系。主要指国家颁布一系列强制性执行的技术标准，如《计算机信息系统安全保护等级划分准则》《计算机信息系统安全专用产品分类原则》《计算站场地安全要求》等。在实务中，电力企业也采用很多推荐性国标。

（五）主要法规

1. 国家安全法

《中华人民共和国国家安全法》（2015 年施行）中相关条款如下：

第二十五条 国家建设网络与信息安全保障体系，提升网络与信息安全保护能力，加强网络和信息技术的创新研究和开发应用，实现网络和信息核心技术、关键基础设施和重要领域信息系统及数据的安全可控；加强网络管理，防范、制止和依法惩治网络攻击、网络入侵、网络窃密、散布违法有害信息等网络违法犯罪行为，维护国家网络空间主权、安全和发展利益。

第五十九条 国家建立国家安全审查和监管的制度和机制，对影响或者可能影响国家安全的外商投资、特定物项和关键技术、网络信息技术产品和服务、涉及国家安全事项的建设项目，以及其他重大事项和活动，进行国家安全审查，有效预防和化解国家安全风险。

注：网络空间指通过全球互联网和计算系统进行通信、控制和信息共享的动态虚拟空间。它已成为继陆海空、太空后的第五维空间，已成为各国角逐权利的新战场。

2. 保守国家秘密法

《中华人民共和国保守国家秘密法》（2010 年施行）中相关条款如下：

第二十三条 存储、处理国家秘密的计算机信息系统（以下简称涉密信息系统）按照涉密程度实行分级保护。

涉密信息系统应当按照国家保密标准配备保密设施、设备。保密设施、设备应当与涉密信息系统同步规划，同步建设，同步运行。

涉密信息系统应当按照规定，经检查合格后，方可投入使用。

第二十四条 机关、单位应当加强对涉密信息系统的管理，任何组织和个人不得有下列行为：

（一）将涉密计算机、涉密存储设备接入互联网及其他公共信息网络；

（二）在未采取防护措施的情况下，在涉密信息系统与互联网及其他公共信息网络之间进行信息交换；

（三）使用非涉密计算机、非涉密存储设备存储、处理国家秘密信息；

（四）擅自卸载、修改涉密信息系统的安全技术程序、管理程序；

（五）将未经安全技术处理的退出使用的涉密计算机、涉密存储设备赠送、出售、丢弃或者改作其他用途。

第二十六条 禁止非法复制、记录、存储国家秘密。

禁止在互联网及其他公共信息网络或者未采取保密措施的有线和无线通信中传递国家秘密。

禁止在私人交往和通信中涉及国家秘密。

3. 刑法

《中华人民共和国刑法》（2020年修正）中相关条款如下：

第二百八十五条 违反国家规定，侵入国家事务、国防建设、尖端科学技术领域的计算机信息系统的，处三年以下有期徒刑或者拘役。

违反国家规定，侵入前款规定以外的计算机信息系统或者采用其他技术手段，获取该计算机信息系统中存储、处理或者传输的数据，或者对该计算机信息系统实施非法控制，情节严重的，处三年以下有期徒刑或者拘役，并处或者单处罚金；情节特别严重的，处三年以上七年以下有期徒刑，并处罚金。

提供专门用于侵入、非法控制计算机信息系统的程序、工具，或者明知他人实施侵入、非法控制计算机信息系统的违法犯罪行为而为其提供程序、工具，情节严重的，依照前款的规定处罚。

单位犯前三款罪的，对单位判处罚金，并对其直接负责的主管人员和其他直接责任人员，依照各该款的规定处罚。

第二百八十六条 违反国家规定，对计算机信息系统功能进行删除、修改、增加、干扰，造成计算机信息系统不能正常运行，后果严重的，处五年以下有期徒刑或者拘役；后果特别严重的，处五年以上有期徒刑。

违反国家规定，对计算机信息系统中存储、处理或者传输的数据和应用程序进行删除、修改、增加的操作，后果严重的，依照前款的规定处罚。

故意制作、传播计算机病毒等破坏性程序，影响计算机系统正常运行，后果严重的，依照第一款的规定处罚。

单位犯前三款罪的，对单位判处罚金，并对其直接负责的主管人员和其他直接责任人员，依照第一款的规定处罚。

第二百八十七条 利用计算机实施金融诈骗、盗窃、贪污、挪用公款、窃取国家秘密或者其他犯罪的，依照本法有关规定定罪处罚。

第二百八十八条 违反国家规定，擅自设置、使用无线电台（站），或者擅自使用无线电频率，干扰无线电通讯秩序，情节严重的，处三年以下有期徒刑、拘役或者管制，并处或者单处罚金；情节特别严重的，处三年以上七年以下有期徒刑，并处罚金。

单位犯前款罪的，对单位判处罚金，并对其直接负责的主管人员和其他直接责任人员，依照前款的规定处罚。

第二百九十一条之一 【编造、故意传播虚假信息罪】编造虚假的险情、疫情、灾情、警情，在信息网络或者其他媒体上传播，或者明知是上述虚假信息，故意在信息网络或者其他媒体上传播，严重扰乱社会秩序的，处三年以下有期徒刑、拘役或者管制；造成严重后果的，处三年以上七年以下有期徒刑。

4. 著作权法及计算机软件保护条例

《中华人民共和国著作权法》（2020年修正）中相关条款如下：

第五十二条 有下列侵权行为的，应当根据情况，承担停止侵害、消除影响、赔礼道歉、赔偿损失等民事责任：

（一）未经著作权人许可，发表其作品的；

（二）未经合作作者许可，将与他人合作创作的作品当作自己单独创作的作品发表的；

（三）没有参加创作，为谋取个人名利，在他人作品上署名的；

（四）歪曲、篡改他人作品的；

（五）剽窃他人作品的；

（六）未经著作权人许可，以展览、摄制视听作品的方法使用作品，或者以改编、翻译、注释等方式使用作品的，本法另有规定的除外；

（七）使用他人作品，应当支付报酬而未支付的；

（八）未经视听作品、计算机软件、录音录像制品的著作权人、表演者或者录音录像制作者许可，出租其作品或者录音录像制品的原件或者复制件的，本法另有规定的除外。

第五十九条 复制品的出版者、制作者不能证明其出版、制作有合法授权的，复制品的发行者或者视听作品、计算机软件、录音录像制品的复制品的出租者不能证明其发行、出租的复制品有合法来源的，应当承担法律责任。

《计算机软件保护条例》（2013年修正）中相关条款如下：

第二十四条 除《中华人民共和国著作权法》、本条例或者其他法律、行政法规另有规定外，未经软件著作权人许可，有下列侵权行为的，应当根据情况，承担停止侵害、消除影响、赔礼道歉、赔偿损失等民事责任；同时损害社会公共利益的，由著作权行政管理部门责令停止侵权行为，没收违法所得，没收、销毁侵权复制品，可以并处罚款；情节严重的，著作权行政管理部门并可以没收主要用于制作侵权复制品的材料、工具、设备等；触犯刑律的，依照刑法关于侵犯著作权罪、销售侵权复制品罪的规定，依法追究刑事责任：

（一）复制或者部分复制著作权人的软件的；

（二）向公众发行、出租、通过信息网络传播著作权人的软件的；

（三）故意避开或者破坏著作权人为保护其软件著作权而采取的技术措施的；

（四）故意删除或者改变软件权利管理电子信息的；

（五）转让或者许可他人行使著作权人的软件著作权的。

有前款第一项或者第二项行为的，可以并处每件100元或者货值金额1倍以上5倍以下的罚款；有前款第三项、第四项或者第五项行为的，可以并处 20 万元以下的罚款。

注：构成计算机犯罪常见的行为有：

(1) 非法侵入国家事务、国防、尖端科技等重要领域信息系统。

(2) 利用技术手段（包括设置木马、使用病毒、利用系统漏洞、程序缺陷和网络缺陷、破解账号和密码等）非法侵入重要的计算机信息系统，破坏或窃取重要数据或程序文件，甚至删除数据文件或破坏系统功能，直至使整个系统处于瘫痪。

(3) 未经计算机软件著作权人授权，复制、发行他人的软件作品，或制作、传播计算机病毒，或制作传播有害信息等。

5. 网络安全法

《中华人民共和国网络安全法》的宗旨是为了保障网络安全，维护网络空间主权和国家安全、社会公共利益，保护公民、法人和其他组织的合法权益，促进经济社会信息化健康发展。该法由全国人民代表大会常务委员会于 2016 年 11 月 7 日表决通过，自 2017 年 6 月 1 日起施行。主要内容包括：

(1) 确立了网络安全的三大基本原则：网络空间主权原则、网络安全与信息化发展并重原则、政府统筹与共同治理原则。

(2) 明确了监管部门的职能：国家网信部门负责统筹协调网络安全工作和相关监督管理工作。国务院电信主管部门、公安部门和其他有关机关依照本法和有关法律、行政法规的规定，在各自职责范围内负责网络安全保护和监督管理工作。

(3) 明确了网络运营者、网络产品和服务提供者的安全义务。

(4) 建立了关键信息基础设施安全保护制度。

(5) 进一步完善个人信息保护及网络信息发布规则。

(6) 建立了较为完备统一的网络安全监测预警、信息通报和应急处置工作机制。

(7) 明确了法律责任，加大了违法惩处力度。

二、网络安全风险识别、分析与评估

（一）网络安全风险识别

1. 资产识别

资产识别是风险评估的核心环节。在实际工作中，具体的资产分类方法可以根据具体的评估对象和要求，由评估者灵活把握。资产按照层次可划分为业务资产、系统资产、系统组件和单元资产。业务是实现组织经营发展的具体活动，识别内容包括属性、定位、完整性和关联性。属性即业务的功能、涉及对象、流程和范围；定位即业务在发展规划中的地位；完整性主要用来区分是否为独立的业务；关联性即和其他业务之间的关系。系统资产包括信息系统、数据资源和通信网络。系统组件和单元资产是最基础的层级，包括具体的软件、硬件、数据、文档、服务、人员、其他资产等。

资产价值根据资产在机密性、完整性和可用性上的等级，经过综合评定得出。

2. 威胁识别

威胁识别的内容包括威胁来源、动机、时机、频率和种类。威胁来源包括环境、意外和人为；动机分为恶意与非恶意；时机可划分为普通时期、特殊时期、自然规律；威胁频率应根据经验和有关统计数据来判断。常见的威胁种类和行为如表7-9所示。

表 7-9 威胁种类与行为

威胁种类	威胁行为
物理损害	火、水灾、污染环境
	重大事故、设备或介质损害、灰尘、腐蚀、冻结、静电、潮湿、温度、鼠蚁虫害
	电磁射、热辐射、电磁脉冲
自然灾害	地震、火山、洪水、气象灾害
信息损害	对阻止干扰信号的拦截、远程侦探、窃听、设备偷窃、回收或废弃介质的检索、硬件篡改、位置探测、信息被窃取、个人隐私被入侵，社会工程事件、邮件勒索、数据篡改、恶意代码
	内部信息泄露、外部信息泄露、来自不可信源数据、软件篡改
技术失效	空调或供水系统故障、电力供应中断
	外部网络故障、设备失效、设备故障、软件故障
	信息系统饱和、信息系统可维护性破坏
未授权行为	未授权的设备使用、数据损坏、数据的非法处理
	软件的伪造复制、假冒或盗版软件使用
功能损害	操作失误、维护错误
	网络攻击、权限伪造、行为否认（抵赖）、媒体负面报道
	权限滥用、人员可用性破坏
供应链失效	供应商失效
	第三方运维问题、第三方平台故障、第三方接口故障

3. 脆弱性识别

脆弱性识别以资产为核心，针对每一项需要保护的资产，识别可能被威胁利用的脆弱性，并对脆弱性的严重程度进行评估。脆弱性识别的依据可以是国际或国家安全标准，也可以是行业规范、应用流程的安全要求。

脆弱性可从技术和管理两个方面进行审视，技术脆弱性涉及IT环境的物理层、网络层、系统层、应用层等各个层面的安全问题或隐患。管理脆弱性又可分为技术管理脆弱性和组织管理脆弱性两方面，前者与具体技术活动相关，后者与管理环境相关。

根据被威胁利用时对资产造成损害的严重程度赋值。

4. 已有安全措施识别

安全措施可以分为预防性安全措施和保护性安全措施两种。预防性安全措施可以降低威胁利用脆弱性导致安全事件发生的可能性，如入侵检测系统；保护性安全措施可以减少因安全事件发生后对组织或系统造成的影响，如业务持续性计划。

在识别脆弱性的同时，应对已有安全措施的有效性进行确认，即是否真正降低了系统的脆弱性，对有效的安全措施继续保持，避免不必要工作的重复开展和费用支出，防止安全措施的重复实施。对确认为不适当的安全措施应核实是否应被取消或对其进行修正，或用更合适的安全措施替代。

5. 电力企业常见网络安全风险（表 7-10）

表 7-10　电力企业常见网络安全风险

风险类别	风险描述	风险级别
办公网安全问题	无统一桌面安全标准，办公计算机没有加域、无企业级防病毒系统，国外软件的升级支持（供应链风险）	中
	无准入标准和控制设施，只需凭密码就可以接入办公内网 Wi-Fi	
生产网安全问题	没有关闭所有不必要的端口和服务，存在高危端口开放、暴露面大的问题	高
	仅有防火墙，缺少 Web 入侵防护系统和 DDOS（Distributed Denial of Service，即分布式拒绝服务）防护系统	
	缺乏入侵检测手段	
	服务器无统一安全基线要求	
	缺乏安全运维审计设施	
数据泄露风险	权限控制不严，生产数据可以导出，存在数据泄露风险	高
	办公计算机、邮箱可以随意外发文件，存在信息泄露风险	
	生产服务器没有通过代理服务器进行权限控制而访问外网资源	
信息系统安全问题	缺乏产品安全风险控制流程，无漏洞管理机制	高
	存在 SQL 注入、XSS 及越权漏洞等情况，邮箱或内部运营系统弱口令多	
安全管理	员工安全意识不足，没有开展安全培训和宣传	中
	安全管理制度缺乏重视，没有得到合理有效执行	
安全应急响应	没有建立安全应急响应机制，安全应急预案缺乏验证	中

（二）网络安全风险评估

1. 风险评估文档

风险评估文档是指在风险评估过程中产生的过程文档和结果文档，包括（但不仅限于此）：

① 风险评估方案：阐述风险评估目标、范围、人员、评估方法、评估结果的形式和实施进度等；

② 资产识别清单：根据组织所确定的资产分类方法进行资产识别，形成资产识别清单，明确资产的责任人和责任部门；

③ 重要资产清单：根据资产识别和赋值的结果，形成重要资产列表，包括重要资产名称、描述、类型、重要程度、责任人、责任部门等；

④ 威胁列表：根据威胁识别和赋值的结果，形成威胁列表，包括威胁来源、种类、威胁行为、能力和频率等；

⑤ 已有安全措施列表：对已采取的安全措施进行识别并形成已有安全措施列表，包括已有安全措施名称、类型、功能描述及实施效果等；

⑥ 脆弱性列表：根据脆弱性识别和赋值的结果，形成脆弱性列表，包括具体脆弱性的名称、描述、类型、被利用难易程度及影响程度等；

⑦ 风险列表：根据威胁利用脆弱性导致安全事件的情况，形成风险列表，包括具体风险的名称、描述等；

⑧ 风险评估报告：对风险评估过程和结果进行总结，详细说明评估对象、风险评估方法、资产、威胁、脆弱性和已有安全措施的识别结果、风险分析、风险统计和结论等内容；

⑨ 风险评估记录：风险评估过程中的各种现场记录应可复现评估过程，以作为产生歧义后解决问题的依据。

2. 评估对象生命周期各阶段风险评估重点

风险评估应贯穿于评估对象生命周期各阶段，评估对象生命周期各阶段中涉及的风险评估原则和方法是一致的，但由于各阶段实施内容、对象、安全需求不同，使得风险评估的对象、目的、要求等方面也有所不同。在规划设计阶段，通过风险评估确定评估对象的安全目标；在建设验收阶段，通过风险评估确定评估对象的安全目标是否达成；在运行维护阶段，要持续的实施风险评估来识别评估对象面临的不断变化的风险和脆弱性，从而确定安全措施的有效性，确保安全目标得以实现。因此，每个阶段风险评估的具体实施应根据该阶段的特点有所侧重地进行。

(1) 规划阶段的风险评估

规划阶段风险评估的目的是识别评估对象业务规划中的风险，为评估对象的安全需求及安全规划提供支撑。规划阶段的评估应能够描述评估对象建成后对现有业务模式的作用，包括技术、管理等方面，并根据其作用确定评估对象建设应达到的安全目标。

本阶段评估中，资产、脆弱性不需要识别；威胁应根据未来应用对象、应用环境、业务状况、操作要求等方面进行分析。评估着重在以下方面：

① 是否依据相关规则，建立了与业务规划相一致的安全规划，并得到最高管理者的认可；
② 是否依据业务建立与之相契合的安全策略，并得到最高安全管理者的认可；
③ 系统规划中是否明确评估对象开发的组织、业务变更的管理、开发优先级；
④ 系统规划中是否考虑评估对象的威胁、环境，并制定总体的安全方针；
⑤ 系统规划中是否描述评估对象预期使用的信息，包括预期的信息系统、资产的重要性、潜在的价值、可能的使用限制、对业务的支持程度等；
⑥ 系统规划中是否描述所有与评估对象安全相关的运行环境，包括物理和人员的安全配置，以及明确相关的法规、组织安全策略、专门技术和知识等。

规划阶段的评估结果应体现在评估对象整体规划或项目建议书中。

(2) 设计阶段的风险评估

设计阶段的风险评估需要根据规划阶段所明确的运行环境、业务重要性、资产重要性，提出安全功能需求设计阶段的风险评估结果。应对设计方案中所提供的安全功能符合性进行判断，作为实施过程风险控制的依据。

本阶段评估中，应详细评估设计方案中面临威胁的描述，将评估对象使用的具体设备、软件等资产及其安全功能形成需求列表。对设计方案的评估着重在以下方面：

① 设计方案是否符合评估对象建设规划，并得到最高管理者的认可；
② 设计方案是否对评估对象建设后面临的威胁进行了分析，重点分析来自物理环境和自然的威胁，以及由于内、外部入侵等造成的威胁；
③ 设计方案中的安全需求是否符合规划阶段的安全目标，并基于威胁的分析，制定评估对象的总体安全策略；
④ 设计方案是否采取了一定的手段来应对可能的故障；
⑤ 设计方案是否对设计原型中的技术实现、人员组织管理等方面的脆弱性进行评估，评估内容包括设计过程中的管理脆弱性和技术平台固有的脆弱性；
⑥ 设计方案是否考虑随着其他系统的接入而可能产生的风险；

⑦ 系统性能是否满足用户需求，并考虑峰值的影响，是否在技术上考虑了满足系统性能要求的方法；

⑧ 应用系统（含数据库）是否根据业务需要进行了安全设计；

⑨ 设计方案是否根据开发的规模，时间及系统的特点选择开发方法，并根据设计开发计划及用户需求，对系统涉及的软件、硬件及网络进行分析和选型；

⑩ 设计活动中所采用的安全控制措施、安全技术保障手段对风险产生影响。当安全需求和设计变更后，也需要重复这项评估。

设计阶段的评估以安全建设方案评审的方式进行，判定方案所提供的安全功能与信息技术安全技术标准的符合性。评估结果应体现在评估对象需求分析报告或建设实施方案中。

（3）实施阶段的风险评估

实施阶段风险评估主要对业务及其相关信息系统的开发、技术与产品获取、系统交付实施过程进行评估，评估要点包括：

① 法律、政策、适用标准和指导方针：直接或间接影响评估对象安全需求的特定法律，并且影响评估对象安全需求、产品选择的政府政策、国际或国家标准；

② 评估对象的功能需要：安全需求是否有效地支持系统的功能；

③ 成本效益风险：是否根据评估对象的资产、威胁和脆弱性的分析结果，确定在符合相关法律、政策、标准和功能需要的前提下选择最合适的安全措施；

④ 评估保证级别：是否明确系统建设后应进行怎样的测试和检查，从而确定是否满足项目建设、实施规范的要求。

（4）交付阶段的风险评估

系统交付实施过程的评估要点包括：

① 根据实际建设的系统，详细分析资产、面临的威胁和脆弱性；

② 根据系统建设目标和安全需求，对系统的安全功能进行验收测试，评价安全措施能否抵御安全威胁；

③ 评估是否建立了与整体安全策略一致的组织管理制度；

④ 对系统实现的风险控制效果与预期设计的符合性进行判断，如存在较大的不符合，应重新进行评估对象安全策略的设计与调整。

本阶段风险评估可以采取对照实施方案和标准要求的方式，对实际建设结果进行测试、分析。

（5）运行阶段的风险评估

运行维护阶段风险评估的目的是了解和控制运行过程中的安全风险，是一种较为全面的风险评估。评估内容包括真实运行的资产、威胁、脆弱性等方面。

① 资产评估：包括对业务、系统资产、系统组件和单元资产的评估。业务评估包括业务定位、业务关联性、完整性、业务流程分析；系统资产评估包括系统分类和业务承载连续性的评估；系统组件和单元资产评估是在真实环境下进行的较为细致的评估，涵盖实施阶段采购的软硬件资产、系统运行过程中生成的信息资产，以及相关的人员与服务等内容。本阶段的资产识别旨在对前期资产识别进行补充和扩展。

② 威胁评估：应全面地分析威胁的可能性和严重程度。对威胁导致安全事件的评估可以参照威胁来源动机、能力和安全事件的发生频率。

③ 脆弱性评估：包括运行环境中物理、网络、系统、应用、安全保障设备、管理等各方面的脆弱

性。技术脆弱性评估可以采取核查、扫描、案例验证、渗透性测试的方式实施；安全保障设备的脆弱性评估，应包括安全功能的实现情况和安全保障设备本身的脆弱性；管理脆弱性评估可以采取文档、记录核查等方式进行验证。

④ 风险计算：根据本文件的相关方法，对风险进行定性或定量的分析，描述不同业务、系统资产的风险高低状况。

运行维护阶段的风险评估应定期执行，当组织的业务流程、系统状况发生重大变更时，也应进行风险评估，重大变更包括以下情况（但不限于）：

① 增加新的应用或应用发生较大变更；

② 网络结构和连接状况发生较大变更；

③ 技术平台大规模的更新；

④ 系统扩容或改造；

⑤ 发生重大安全事件后，或基于某些运行记录怀疑将发生重大安全事件；

⑥ 组织结构发生重大变动对系统产生了影响。

（6）废弃阶段的风险评估

废弃阶段风险评估着重在以下方面：

① 确保硬件和软件等资产及残留信息得到适当的处置，并确保系统组件被合理地丢弃或更换；

② 如果被废弃的系统是某个系统的一部分，或与其他系统存在物理或逻辑上的连接，还需考虑系统废弃后与其他系统的连接是否被关闭；

③ 如果在系统变更中废弃，除对废弃部分外，还应对变更的部分进行评估，以确定是否会增加风险或引入新的风险；

④ 是否建立了流程，确保更新过程在一个安全、系统化的状态下完成。

本阶段应重点对废弃资产对组织的影响进行分析，并根据不同的影响制定不同的处理方式。对于系统废弃可能带来的新的威胁进行分析，并改进新系统或管理模式。对废弃资产的处理过程应在效的监督之下实施，同时对执行废弃的人员进行安全教育，评估对象的维护技术人员和管理人员均应参与此阶段的评估。

3. 风险处置及控制

根据风险评估结果，针对风险分析报告进行风险处置。风险处置的基本原则是在合规的基础上适度接受风险，根据组织可接受的处置成本将残余风险控制在可接受的范围。对于法规标准、主管部门要求处理的风险必须严格执行。通常根据风险评价准则，按高低、优先顺序排列风险列表，然后制定风险处置计划，选择适当的措施来降低、保留、规避或转移风险。比较风险实施的预期收益与成本，通常会选择以相对较低成本，就能大幅降低风险的方案。

（1）风险降低

风险降低是指通过选择保护控制措施来降低风险级别，使残余风险能够达到可接受的级别，如从高风险降低到低风险或可以接受的风险。

保护控制措施可以从构成风险的五方面（威胁源、威胁行为、脆弱性、资产及影响）来实施。如采用法律的手段制裁计算机犯罪行为（包括窃取涉密信息，攻击关键的信息系统基础设施，传播有害信息和垃圾邮件等），发挥法律的威慑作用，从而有效遏制威胁源的动机；采取身份认证措施，从而具备抵制身份假冒威胁行为的能力；及时给系统打补丁，关闭无用的网络服务端口，从而减少系统的脆弱性；采用各种防护措施，建立资产全域，从而保证资产不受侵犯，其价值得到保持；采取容灾备份、应急响应和业务连续性计划等措施,从而降低安全事件造成的影响。

在选择控制措施时,重要的是权衡实施、管理、运行、监视和保持控制措施的成本与被保护资产的价值。同时需考虑各种约束。典型地,考虑时间约束、财务约束、运行约束、文化约束、道德约束、环境约束、法律约束、易用性、人员约束、整合新旧控制措施的约束等。

(2) 风险保留

风险保留在GB/T 22080中定义为"在明显满足组织方针策略和接受风险的准则的条件下,有意识地、客观地接受风险"。也就是说,风险对单位的策略实施不会造成影响、低于可接受的风险度量值,风险是可以保留下来的。

(3) 风险规避

通过不使用面临风险的资产来避免风险。比如,在没有足够安全保障的信息系统中,不处理敏感的信息,从而防止敏感信息的泄漏;对于只处理内部业务的信息系统,不连接互联网,从而避免外部的入侵和攻击;为规避地震水灾等自然风险,把信息资产转移到另一个地理位置。

(4) 风险转移

风险转移是指依据风险评价将风险转移给能有效管理特定风险的另一方。在实施时,风险转移需做出与外部相关方共担某些风险的决策。风险转移可能产生新的风险或更改现有的已识别的风险。因此,必要时需要引入新的额外的风险处置对策。

风险转移通过将面临风险的资产或其价值进行安全转移来避免或降低风险。比如,在本机构不具备足够的安全保障技术能力时,将信息系统的运维外包给满足安全保障要求的第三方机构,从而避免技术风险。再如,通过给昂贵的关键网络设备上保险,将设备故障损失的风险转移给保险公司等。

(三) 相关标准指南

1. 网络安全等级保护的标准体系

现有等级保护的标准体系可分为基础类、安全要求类、定级类和方法指导类。基础类标准包括《网络安全等级保护条例》、《计算机信息系统安全保护等级划分准则(GB 17859—1999)》以及信息安全相关的通用技术、管理、产品标准。安全要求类标准涵盖《网络安全等级保护 基本要求(GB/T 22239—2019)》(以下简称"基本要求")、《网络安全等级保护 安全设计技术要求(GB/T 25070—2019)》(以下简称"设计技术要求")和《网络安全等级保护 测评要求(GB/T 28448—2019)》(以下简称"测评要求")等。定级类标准则包括《网络安全等级保护 定级指南(GB/T 22240—2020)》以及各重点行业依据该指南制定的行业定级细则。方法指导类标准包括《网络安全等级保护 实施指南(GB/T 25058—2019)》(以下简称"实施指南")和《网络安全等级保护 测评过程指南(GB/T 28449—2018)》等。

"基本要求"中,针对技术和管理两大方面,明确提出了网络安全建设的十大类目标和要求。技术要求部分涵盖"安全物理环境"、"安全通信网络"、"安全区域边界"、"安全计算环境"及"安全管理中心";管理要求部分则包括"安全管理制度"、"安全管理机构"、"安全管理人员"、"安全建设管理"与"安全运维管理"。在整改任务的具体执行过程中,以"基本要求"为最低标准,同时结合"设计技术要求"、"实施指南"以及基础类标准中的《信息系统安全工程管理要求》进行系统设计和实施。

2. 风险评估标准体系

风险评估标准体系可分为基础类和方法指导类。基础类标准包括:《信息安全技术 信息安全风险评估规范》、《信息安全风险评估与风险管理系列标准框架研究》等；方法指导类标准则涵盖：《信息技术 安全技术 信息安全风险评估实施指南》、《信息系统风险评估实施指南》、《工业控制系统风险评估实施指南》等。

三、数据安全与隐私保护

（一）电力企业数据安全合规相关知识

1. 数据安全合规定义及范围

数据合规管理定义为根据相关法律法规，组织需要保证业务的发展不会面临个人信息保护、重要数据保护、跨境数据传输等方面的合规风险。

数据治理是指企业通过建立组织架构，明确董事会、监事会、高级管理层及内设部门等各级组织职责要求，制定和实施系统化的制度、流程和方法，确保数据统一管理、高效运行，并在经营管理中充分发挥数据价值的动态过程。

数据安全合规的范围包含个人信息保护、重要数据保护、数据跨境传输管理、互联网信息内容管理、区块链信息服务管理、商业数据保护、行业数据监管等。

2. 数据安全能力成熟度模型

2019年8月30日，《信息安全技术 数据安全能力成熟度模型》（GB/T 37988—2019）正式成为国标对外发布，并已于2020年3月正式实施。数据安全能力成熟度模型（DSMM）将数据按照其生命周期分为数据采集安全、数据传输安全、数据存储安全、数据处理安全、数据交换安全、数据销毁安全六个阶段，并且从组织建设、制度流程、技术工具、人员能力这四个安全能力的维度进行综合考量，将数据安全依次分为非正式执行1级、计划跟踪2级、充分定义3级、量化控制4级和持续优化5级。

DSMM意义和价值包括：

（1）促进组织机构了解并提升自身的数据安全水平，从数据生命周期的角度出发，结合各类数据业务发展所体现的安全需求开展数据安全保障工作。

（2）保障数据在组织机构之间安全地交换与共享，充分发挥数据的价值，打造更安全的大数据应用环境。

（3）衡量组织的数据安全能力成熟度水平，帮助行业、企业和组织发现数据安全能力短板。

（4）相关主管部门可以用于数据安全管理，根据数据安全能力水平高低决定企业拥有数据的类型和范围。

（5）提升全社会的数据安全水平和行业竞争力，确保大数据产业及数字经济的发展。

3. 数据安全审计内容

企业内数据安全的审计一般通过人员访谈、配置核查、文档查阅、安全测试等方式进行。审计内容主要关注管理体系、数据分类分级、跨境传输、个人信息管理和应急管理事项，分别描述如下：

（1）管理体系

访谈组织负责数据安全管理的负责人，询问了解如下内容：

① 组织是否在其内部成立重要数据保护的工作机构、日常办事机构，并指定专门的安全管理人员；

② 组织目前是否建立关于重要数据保护的管理体系和相应的规章制度，并基于合规和监管要求，对组织日常经营活动所涉及的重要数据进行识别，并明确定义对重要数据进行匿名化处理的条件；

③ 组织是否建立针对重要数据安全事件的处置、应急响应和事后调查的流程与机制，记录事件的处置与调查全过程，及时发现并消除重要数据的违规使用和滥用等行为，同时查看有关处置方案和历史记录；

④ 组织是否建立申诉管理机制和渠道。

（2）数据分类分级

访谈组织数据安全管理的负责人，询问了解如下内容：

① 组织是否基于行业监管要求制定重要数据识别的管理制度及规范；

② 组织是否制定针对重要数据的分类分级策略和管理制度及规范，查看是否对各类重要数据的保护期限和标记做出明确规定；

③ 组织是否制定重要数据保护范围和分类分级的变更与审批流程，并查看历史变更和审批记录；

④ 组织对重要数据是否采取加密、去标识等保护措施。

（3）跨境传输

访谈组织负责数据安全管理的负责人，询问了解以下内容：

① 组织重要数据的存储位置及是否涉及跨境流动和存储。（注：根据《网络安全法》第三十七条规定，关键信息基础设施运营者在我国境内运营中收集和产生的个人信息和重要数据应当在境内存储。因业务需要，确需向境外提供的，应当按照国家网信部门会同国务院有关部门制定的办法进行安全评估。）

② 组织对涉及跨境传输与存储的重要数据是否进行安全检查与风险评估，并建立完善的审批流程，同时查看历史相关记录，判断记录的完整性与合规性。

（4）个人信息管理

访谈组织负责数据安全管理的负责人，询问了解以下内容：

① 是否建立规范化的个人信息保护制度和流程，涵盖个人信息的收集、存储、使用、变更、销毁等全生命周期；

② 组织在收集个人信息时，是否注意必要性和最小化要求；

③ 在使用个人信息时，是否开展安全影响评估，以避免造成侵权、产生违规风险；

④ 在处理个人敏感信息时，是否注意采用脱敏、权限访问控制等安全措施，避免造成个人敏感信息泄露的风险。

（5）应急管理

① 访谈数据安全管理的负责人，询问了解组织是否制定了针对重要数据安全事件制定了应急预案、定期开展应急响应培训和应急演练。

② 调阅并查看应急预案，检查其内容是否明确安全事件的具体处置措施、上报和信息披露流程，并查看培训和演练的历史记录。

4. 数据安全审计工具

数据安全审计工具（Data Security Audit Tools）是通过技术手段对数据的访问、传输、存储和使用过程进行实时监控、记录分析与合规性验证的系统。数据安全审计工具主要用于识别异常行为（如未授权访问和数据泄露）、追踪安全事件（通过日志关联找到攻击链和责任人）以及优化数据安全策略（基于审计结果持续改进数据安全架构）。常见的工具类型包括：

（1）数据库审计工具

数据库审计工具（Database Audit Tools）是一种通过实时监控、记录和分析数据库操作行为的技术系统，旨在保障数据库的安全性、合规性和可追溯性。一是通过基于网络流量或代理插件等技术手段实现数据库审计，借助代理所提供的 SQL 命令过滤与审计功能，能够有效发现针对数据库的入侵或违规操作；二是数据库管理员根据实际业务需求及安全性考量，利用数据库自带的安全审核功能，对数据库的登录退出、存储过程、会话等进行全面审计。管理员登录查询分析器后，可搜索记录的事件，包括用户、时间、操作类型，并查看分析结果。

（2）日志审计工具

日志审计工具（Log Audit Tools）是一种通过集中收集、存储、分析和关联各类系统、网络设备及应用产生的日志数据，实时监控安全事件、检测异常行为并满足合规性要求的系统性解决方案。可以聚合多源异构（如服务器、防火墙、数据库、工业控制系统）日志，通过定义的一些规则去监控审计事件，并根据规则发现潜在的入侵和不安全的数据操作。

（二）电力企业数据合规管理实务

1. 数据合规关注要点

电力企业数据合规管理内容除上述数据安全审计内容所列项外，还需关注以下几点：

（1）电力企业是否采用加密或其他有效措施实现对系统管理数据、鉴别信息和重要业务数据完整性和机密性的保护。

（2）电力企业是否提供重要信息系统网络设备、通信线路和数据处理系统的硬件冗余。通过查阅网络拓扑结构图以及进行现场核查了解硬件冗余情况。

（3）电力企业重要信息系统是否实施了数据级和系统级备份，备份介质是否场外存放。

（4）电力企业是否提供异地数据备份功能，三级信息系统是否实现关键数据定时批量传送至备用场地，如有四级信息系统是否实现业务应用实时无缝切换。

（5）电力企业是否按照恢复测试要求，定期实施恢复测试演练，并检查和测试备份介质的有效性。

（6）电力企业对于个人信息收集、保存、使用、委托处理、共享和公开披露、跨境传输等是否合规。

2. 电力企业数据出境风险评估要点

电力企业在开展数据出境风险评估时，对出境活动整体情况的梳理是评估工作的基础，对拟出境活动的风险评估是核心。

梳理"数据出境活动情况"时的关键点包括：

（1）数据处理者的基本情况。值得注意的是，在此部分应当对整体业务和数据情况进行梳理和介绍，从而方便监管部门理解公司的业务范围、出境涉及的业务和公司整体业务的关系、出境数据和公司整体数据的关系。

（2）数据出境涉及业务和信息系统的情况。按照"业务—数据—系统—数据中心—链路"的顺序，全面阐述数据出境所涉及的业务与数据状况、所属系统和数据中心的情况以及境内与境外数据中心之间的链路状况。

（3）拟出境数据情况。结合数据出境的场景（包括出境的目的、范围及方式），分析拟出境数据的规模、覆盖范围、种类、敏感程度、境内外存储状况以及数据出境后的再提供情况。需注意的是，数据出境行为的合法性、正当性和必要性，均建立在数据收集过程本身的合法、正当和必要基础之上。

（4）数据处理者的安全保障能力情况。从管理能力、技术能力、证明材料、遵守法律法规情况四个维度综合评估数据处理者的安全保障能力。

（5）境外接收方情况。该部分梳理工作离不开境外接收方的配合，数据处理者应要求接收方对相关情况提供说明和承诺。

（6）法律文件的约定情况。在起草、谈判、审阅数据出境相关法律文件的过程中，应对照《数据出境安全评估办法》第9条的要求进行，确保符合相关要求。

（7）数据处理者认为需要说明的其他情况。这包括行业的特殊要求以及数据处理者的符合情况。例如，在电力交易环节，需明确跨境电力交易数据（如电价、电量）的传输是否符合国家能源局及国际能源组织（如 IEA）的规定；在电力设备（如智能电表）出口时，需明确数据采集和传输是否符合输入国的标准（如欧盟的 GDPR、美国的 NIST 标准）。

在评估"拟出境活动的风险"时，应综合考虑出境活动的整体情况，并对以下事项进行逐项分析：

（1）数据出境和境外接收方处理数据的目的、范围、方式等的合法性、正当性、必要性；

（2）出境数据的规模、范围、种类、敏感程度，数据出境可能对国家安全、公共利益、个人或者组织合法权益带来的风险；

（3）境外接收方承诺承担的责任义务，以及履行责任义务的管理和技术措施、能力等能否保障出境数据的安全；

（4）数据出境中和出境后遭到篡改、破坏、泄露、丢失、转移或者被非法获取、非法利用等的风险，个人信息权益维护的渠道是否通畅等；

（5）与境外接收方拟订立的数据出境相关合同或者其他具有法律效力的文件等是否充分约定了数据安全保护责任义务；

（6）其他可能影响数据出境安全的事项。

（三）相关国际法规说明

当前，数据已成为全球最具价值的生产要素之一。维护数据安全已成为国际竞争与合作的热点议题。多数国家将禁止核心及敏感数据出境，要求在本国进行储存与处理，具体措施如下：

（1）欧盟推行「内宽外紧」政策，对内建设统一数字市场，对数据出境严格限制，强调数据接收国应具备充分的数据保护水平。欧盟《一般数据保护条例》（General Data Protection Regulation，GDPR）于2018年5月25日正式生效，外界称其为"史上最严数据保护条例"、"大数据时代最强法规"。《一般数据保护条例》第五章明确了跨境数据传输的相关规范。其中，向第三国传输数据的条件之一是欧盟委员会对该国进行「充分保护认定」，评估因素包括法治水平、人权保护程度、独立监管机构的有效运作以及参与的国际条约等。关于「充分保护」的认定权由欧盟委员会掌握，这与我国《网络安全法》第三十七条中"因业务需要，确需向境外提供的，应当按照国家网信部门会同国务院有关部门制定的办法进行安全评估"的规定相类似。欧盟委员会一旦作出充分认定，将对该国至少每四年进行一次复审。在未获得充分认定的情况下，只有当数据控制方或处理方能够证明其采取了合理保护措施时，才允许向第三国传输数据。合理保护的认定可参照 GDPR 第46条的规定，此外，还可以依据有约束力的公司规则（BCRs，Binding Corporate Rules）进行传输（GDPR 第47条），BCRs 解决了许多大型跨国公司/集团在数据跨境传输方面的难题。

（2）美国在其外资安全审查机制中，针对国外网络运营商，通常要求其通信基础设施必须位于美国境内，并将通信数据、交易数据及用户信息等仅限存储在美国境内。对于进入基础设施市场的外资所掌握的数据，美国会实施相应的流动限制。此外，美国对军用和民用领域的技术数据跨境传输实施严格的许可管理。依据其《出口管理条例》(EAR)和《国际军火交易条例》(ITAR)，分别对非军用和军用相关技术数据进行出口许可管控。提供数据处理服务或掌握数据所有权的主体在数据出口时，必须依法获得相应的出口许可证。

(3) 俄罗斯对顶级域名实施内循环管控，强制要求信息数据本地化存储。

(4) 澳大利亚专门针对个人医疗信息做出了禁止出境的立法规定。

(5) 韩国将能够直接识别特定自然人的信息，如居民身份证号码、驾驶证号码等，明确规定为个人固有信息，并要求此类信息不得出境。

(6) 新加坡在银行法中明确，禁止向母国监管机构披露存款情况。

(7) 土耳其对未达到该国数据保护法充分性认证标准的国家，禁止银行信息跨境传输，并规定相关信息必须在本地储存。

不同国家数据保护相关的法律清单：

(1) 英国：《数据保护法》、《隐私与电子通信条例》、《网络和信息系统安全法规》、《通用数据保护条例》；

(2) 欧盟：《通用数据保护条例（GDPR）》、《数据法案》、《数据治理法案》；

(3) 乌克兰：关于个人数据保护的第 2997-VI 号法律；

(4) 德国：《联邦个人信息保护法》、《电子通信法》、《IT 安全法》、《联邦数据战略》；

(5) 俄罗斯：《信息、信息技术和信息保护法》、《联邦个人数据法》、《国家秘密法》、《商业秘密法》；

(6) 意大利：《数据保护法》、《个人数据保护法典》、《国家网络空间安全战略框架》；

(7) 美国：《加州隐私保护法（CCPA&CPRA）》、《跨境隐私保护体系（APEC CBPR）》、《美国数据隐私和保护法案（ADPPA）》、《澄清海外合法使用数据法案（CLOUD Act）》、《国家安全和个人数据保护法案 2019（NSPDPA）》；

(8) 加拿大：《信息访问法案》、《个人信息保护和电子文档法案》等。

（四）相关国内法规条例

1. 数据安全法

《中华人民共和国数据安全法》（本文中简称为《数据安全法》）由中华人民共和国第十三届全国人民代表大会常务委员会第二十九次会议于 2021 年 6 月 10 日通过，自 2021 年 9 月 1 日起施行。此法以数据安全为核心，涵盖个人信息、政务数据等各类型数据，涉及数据利用与安全发展，规定了数据安全工作机制、职责与保护制度，兼顾政务数据安全与开放，是我国首部比较全面的、效力层级较高的、专门针对数据的法律。

相关条款和内容如表 7-11 所示。

表 7-11　法律条款与责任义务表

法律条款	责任义务
第三章　第二十一条	建立数据分类分级保护制度
	统筹协调有关部门制定重要数据目录
第三章　第二十二条	建立数据安全风险评估、报告、信息共享、监测预警机制
	统筹协调加强数据安全风险信息的获取、分析、研判、预警工作
第三章　第二十三条	建立数据安全应急处置机制
	采取应急处置措施，发布警示信息

续表

法律条款	责任义务
第三章　第二十四条	建立数据安全审查制度
	进行国家安全审查
第三章　第二十五条	对与维护国家安全和利益、履行国际义务相关的属于管制物项的数据依法实施出口管制
第五章　第三十八条	依法收集、使用数据
	对在履行职责中知悉的个人隐私、个人信息、商业秘密、保密商务信息等保密
第五章　第三十九条	建立健全数据安全管理制度，落实数据安全保护责任

2. 个人信息保护法

近年来，随着新型经济业态与信息网络技术的不断发展，在大数据和人工智能的双重助力下，个人信息的收集、加工和分析变得愈发简便，个人信息滥用的可能性随之增大，社会公众对于个人信息保护的意识和需求与日俱增。

《中华人民共和国个人信息保护法》（简称"个人信息保护法"）已于2021年8月20日经中华人民共和国第十三届全国人民代表大会常务委员会第三十次会议审议通过，并自2021年11月1日起正式施行。该法涵盖8章74条内容，在既有法律框架的基础上，进一步优化了个人信息保护的工作机制和体制，细化并完善了个人信息保护应遵循的基本原则及处理规则，明确了个人信息处理活动中的权利与义务界限、个人信息跨境流动的相关规定，以及数据处理者的具体义务。

其重要内容如下：

（1）设立了包括知情决定、查阅复制、可携带、更正、删除等多项权利在内的个人信息主体权利。

（2）强化对敏感数据的保护，设定严格的敏感数据保护规则与高风险数据处理活动记录义务。

（3）重构个人信息处理的法律基础，一方面对"告知—同意"的规则设置更严格的要求，另一方面又设立多种无须获取同意的其他合法性条款。

（4）针对自动化决策等高风险处理活动设定多重规则，避免个人遭受大数据杀熟、歧视性对待等数据不当利用危害。

（5）对收集、处理数据量级大的平台增设大型平台主体责任，要求大型平台承担数据保护主体责任，并在内部建立主要由外部人员组成的独立监督机构。

（6）对个人信息出境等数据跨境活动进行重点规制，除取得个人单独同意外，关键信息基础设施或收集个人信息数据量大的实体，需要通过网信部门的出境安全评估。其他个人信息出境活动，需要满足签订标准合同或其他合法性要件。

企业个人数据合规首先应当依照《个人信息保护法》的相关要求展开，同时，结合其作为生产要素的特性，还应当遵守《数据安全法》《网络安全法》等法律法规。

相关术语含义：

（1）个人信息是指以电子或其他方式记录的，与已识别或可识别的自然人相关的各类信息，但不包括经过匿名化处理后的信息。敏感个人信息则是指一旦泄露或被非法使用，极易导致自然人的人格尊严受损或人身、财产安全受到威胁的个人信息，具体包括生物识别信息、宗教信仰、特定身份信息、医疗健康信息、金融账户信息、行踪轨迹信息等，以及不满十四周岁的未成年人的个人信息。（欧盟《通用数据保护条例》对"个人数据（personal data）"的定义为"任何指向一个已识别或可识别的自然人的信息"）

（2）个人信息的处理包括个人信息的收集、存储、使用、加工、传输、提供、公开、删除等；个人信息处理者，是指在个人信息处理活动中自主决定处理目的、处理方式的组织、个人。

（3）自动化决策，是指通过计算机程序自动分析、评估个人的行为习惯、兴趣爱好或者经济、健康、信用状况等，并进行决策的活动。

（4）去标识化，是指个人信息经过处理，使其在不借助额外信息的情况下无法识别特定自然人的过程。

（5）匿名化，是指个人信息经过处理无法识别特定自然人且不能复原的过程。

3. 商用密码管理条例

《商用密码管理条例》已于 2023 年 4 月 14 日国务院第 4 次常务会议修订通过，自 2023 年 7 月 1 日起施行。相关条款摘要如下：

第一章　总　　则

第一条　为了规范商用密码应用和管理，鼓励和促进商用密码产业发展，保障网络与信息安全，维护国家安全和社会公共利益，保护公民、法人和其他组织的合法权益，根据《中华人民共和国密码法》等法律，制定本条例。

第二条　在中华人民共和国境内的商用密码科研、生产、销售、服务、检测、认证、进出口、应用等活动及监督管理，适用本条例。

本条例所称商用密码，是指采用特定变换的方法对不属于国家秘密的信息等进行加密保护、安全认证的技术、产品和服务。

第三条　坚持中国共产党对商用密码工作的领导，贯彻落实总体国家安全观。国家密码管理部门负责管理全国的商用密码工作。县级以上地方各级密码管理部门负责管理本行政区域的商用密码工作。

第四条　国家加强商用密码人才培养，建立健全商用密码人才发展体制机制和人才评价制度，鼓励和支持密码相关学科和专业建设，规范商用密码社会化培训，促进商用密码人才交流。

第二章　科技创新与标准化

第七条　国家建立健全商用密码科学技术创新促进机制，支持商用密码科学技术自主创新，对作出突出贡献的组织和个人按照国家有关规定予以表彰和奖励。

国家依法保护商用密码领域的知识产权。从事商用密码活动，应当增强知识产权意识，提高运用、保护和管理知识产权的能力。

第八条　国家鼓励和支持商用密码科学技术成果转化和产业化应用，建立和完善商用密码科学技术成果信息汇交、发布和应用情况反馈机制。

第九条　国家密码管理部门组织对法律、行政法规和国家有关规定要求使用商用密码进行保护的网络与信息系统所使用的密码算法、密码协议、密钥管理机制等商用密码技术进行审查鉴定。

第十一条　从事商用密码活动，应当符合有关法律、行政法规、商用密码强制性国家标准，以及自我声明公开标准的技术要求。国家鼓励在商用密码活动中采用商用密码推荐性国家标准、行业标准，提升商用密码的防护能力，维护用户的合法权益。

第三章　检测认证

第十二条　国家推进商用密码检测认证体系建设，鼓励在商用密码活动中自愿接受商用密码检测认证。

第十三条　从事商用密码产品检测、网络与信息系统商用密码应用安全性评估等商用密码检测活动，向社会出具具有证明作用的数据、结果的机构，应当经国家密码管理部门认定，依法取得商用密码检测机构资质。

第十九条 商用密码认证机构应当按照法律、行政法规和商用密码认证技术规范、规则，在批准范围内独立、公正、科学、诚信地开展商用密码认证，对出具的认证结论负责。

商用密码认证机构应当对其认证的商用密码产品、服务、管理体系实施有效的跟踪调查，以保证通过认证的商用密码产品、服务、管理体系持续符合认证要求。

第二十条 涉及国家安全、国计民生、社会公共利益的商用密码产品，应当依法列入网络关键设备和网络安全专用产品目录，由具备资格的商用密码检测、认证机构检测认证合格后，方可销售或者提供。

第二十一条 商用密码服务使用网络关键设备和网络安全专用产品的，应当经商用密码认证机构对该商用密码服务认证合格。

第四章 电子认证

第二十二条 采用商用密码技术提供电子认证服务，应当具有与使用密码相适应的场所、设备设施、专业人员、专业能力和管理体系，依法取得国家密码管理部门同意使用密码的证明文件。

第二十三条 电子认证服务机构应当按照法律、行政法规和电子认证服务密码使用技术规范、规则，使用密码提供电子认证服务，保证其电子认证服务密码使用持续符合要求。

电子认证服务密码使用技术规范、规则由国家密码管理部门制定并公布。

第二十九条 国家建立统一的电子认证信任机制。国家密码管理部门负责电子认证信任源的规划和管理，会同有关部门推动电子认证服务互信互认。

第五章 进出口

第三十一条 涉及国家安全、社会公共利益且具有加密保护功能的商用密码，列入商用密码进口许可清单，实施进口许可。涉及国家安全、社会公共利益或者中国承担国际义务的商用密码，列入商用密码出口管制清单，实施出口管制。

商用密码进口许可清单和商用密码出口管制清单由国务院商务主管部门会同国家密码管理部门和海关总署制定并公布。大众消费类产品所采用的商用密码不实行进口许可和出口管制制度。

第三十二条 进口商用密码进口许可清单中的商用密码或者出口商用密码出口管制清单中的商用密码，应当向国务院商务主管部门申请领取进出口许可证。

第三十三条 进口商用密码进口许可清单中的商用密码或者出口商用密码出口管制清单中的商用密码时，应当向海关交验进出口许可证，并按照国家有关规定办理报关手续。

第六章 应用促进

第三十五条 国家鼓励公民、法人和其他组织依法使用商用密码保护网络与信息安全，鼓励使用经检测认证合格的商用密码。

任何组织或者个人不得窃取他人加密保护的信息或者非法侵入他人的商用密码保障系统，不得利用商用密码从事危害国家安全、社会公共利益、他人合法权益等违法犯罪活动。

第三十六条 国家支持网络产品和服务使用商用密码提升安全性，支持并规范商用密码在信息领域新技术、新业态、新模式中的应用。

第三十七条 国家建立商用密码应用促进协调机制，加强对商用密码应用的统筹指导。国家机关和涉及商用密码工作的单位在其职责范围内负责本机关、本单位或者本系统的商用密码应用和安全保障工作。密码管理部门会同有关部门加强商用密码应用信息收集、风险评估、信息通报和重大事项会商，并加强与网络安全监测预警和信息通报的衔接。

第三十八条 法律、行政法规和国家有关规定要求使用商用密码进行保护的关键信息基础设施，其运营者应当使用商用密码进行保护，制定商用密码应用方案，配备必要的资金和专业人员，同步规划、同步建设、同步运行商用密码保障系统，自行或者委托商用密码检测机构开展商用密码应用安全性评估。

前款所列关键信息基础设施通过商用密码应用安全性评估方可投入运行，运行后每年至少进行一次评估，评估情况按照国家有关规定报送国家密码管理部门或者关键信息基础设施所在地省、自治区、直辖市密码管理部门备案。

第三十九条 法律、行政法规和国家有关规定要求使用商用密码进行保护的关键信息基础设施，使用的商用密码产品、服务应当经检测认证合格，使用的密码算法、密码协议、密钥管理机制等商用密码技术应当通过国家密码管理部门审查鉴定。

第四十条 关键信息基础设施的运营者采购涉及商用密码的网络产品和服务，可能影响国家安全的，应当依法通过国家网信部门会同国家密码管理部门等有关部门组织的国家安全审查。

第四十一条 网络运营者应当按照国家网络安全等级保护制度要求，使用商用密码保护网络安全。国家密码管理部门根据网络的安全保护等级，确定商用密码的使用、管理和应用安全性评估要求，制定网络安全等级保护密码标准规范。

第四十二条 商用密码应用安全性评估、关键信息基础设施安全检测评估、网络安全等级测评应当加强衔接，避免重复评估、测评。

第七章 监督管理

第四十三条 密码管理部门依法组织对商用密码活动进行监督检查，对国家机关和涉及商用密码工作的单位的商用密码相关工作进行指导和监督。

第四十四条 密码管理部门和有关部门建立商用密码监督管理协作机制，加强商用密码监督、检查、指导等工作的协调配合。

第四十五条 密码管理部门和有关部门依法开展商用密码监督检查，可以行使下列职权：

（一）进入商用密码活动场所实施现场检查；

（二）向当事人的法定代表人、主要负责人和其他有关人员调查、了解有关情况；

（三）查阅、复制有关合同、票据、账簿以及其他有关资料。

第四十六条 密码管理部门和有关部门推进商用密码监督管理与社会信用体系相衔接，依法建立推行商用密码经营主体信用记录、信用分级分类监管、失信惩戒以及信用修复等机制。

第四十八条 密码管理部门和有关部门依法开展商用密码监督管理，相关单位和人员应当予以配合，任何单位和个人不得非法干预和阻挠。

第八章 法律责任

第五十条 违反本条例规定，未经认定向社会开展商用密码检测活动，或者未经认定从事电子政务电子认证服务的，由密码管理部门责令改正或者停止违法行为，给予警告，没收违法产品和违法所得；违法所得30万元以上的，可以并处违法所得1倍以上3倍以下罚款；没有违法所得或者违法所得不足30万元的，可以并处10万元以上30万元以下罚款。

违反本条例规定，未经批准从事商用密码认证活动的，由市场监督管理部门会同密码管理部门依照前款规定予以处罚。

第五十九条 窃取他人加密保护的信息，非法侵入他人的商用密码保障系统，或者利用商用密码从事危害国家安全、社会公共利益、他人合法权益等违法活动的，由有关部门依照《中华人民共和国网络安全法》和其他有关法律、行政法规的规定追究法律责任。

第六十条 关键信息基础设施的运营者违反本条例第三十八条、第三十九条规定，未按照要求使用商用密码，或者未按照要求开展商用密码应用安全性评估的，由密码管理部门责令改正，给予警告；拒不改正或者有其他严重情节的，处10万元以上100万元以下罚款，对直接负责的主管人员处1万元以上10万元以下罚款。

第六十一条 关键信息基础设施的运营者违反本条例第四十条规定，使用未经安全审查或者安全审查未通过的涉及商用密码的网络产品或者服务的，由有关主管部门责令停止使用，处采购金额1倍以上10倍以下罚款；对直接负责的主管人员和其他直接责任人员处1万元以上10万元以下罚款。

第六十二条 网络运营者违反本条例第四十一条规定，未按照国家网络安全等级保护制度要求使用商用密码保护网络安全的，由密码管理部门责令改正，给予警告；拒不改正或者导致危害网络安全等后果的，处1万元以上10万元以下罚款，对直接负责的主管人员处5000元以上5万元以下罚款。

第六十三条 无正当理由拒不接受、不配合或者干预、阻挠密码管理部门、有关部门的商用密码监督管理的，由密码管理部门、有关部门责令改正，给予警告；拒不改正或者有其他严重情节的，处5万元以上50万元以下罚款，对直接负责的主管人员和其他直接责任人员处1万元以上10万元以下罚款；情节特别严重的，责令停业整顿，直至吊销商用密码许可证件。

4.《商用密码管理条例》解读

《商用密码管理条例》（以下简称《条例》）修订坚持以习近平新时代中国特色社会主义思想为指导，深入贯彻落实党中央决策部署，深化行政审批制度改革，细致落实密码法精神。《条例》的修订对于推动我国商用密码事业高质量发展，有效赋能数字经济建设具有重大意义。

(1)《条例》的修订是优化完善我国网络安全法律体系的重要举措

党的十八大以来，为贯彻落实总体国家安全观，有效维护国家网络与信息安全，我国相继制定修订了网络安全法、电子签名法、密码法、数据安全法、个人信息保护法等多部网络安全领域法律，构建了具有中国特色的网络安全法律体系。密码法作为网络安全法律体系的重要组成部分，2020年1月1日正式实施，这是我国新时代密码事业发展进程中具有重要里程碑意义的大事。密码法坚持党管密码和依法管理相统一，把现有的核心密码和普通密码在维护国家安全方面的基本制度及时上升为法律规范，对商用密码管理制度进行了结构性重塑，并设专章对商用密码的管理、应用和创新发展作了规定，引导全社会合规、正确、有效使用密码。本次《条例》在密码法框架下进行了全面修订，修订后的《条例》不仅与密码法紧密衔接，而且充分吸纳了1999年《条例》实施以来的成功经验与实践成果，有效地将商用密码应用各领域、各环节、各要素纳入法治化管理轨道，符合新时代商用密码事业发展的根本需求。与此同时，《条例》的修订还将有力地推动我国网络安全领域其他法律法规的顺利实施，促进网络安全产业生态健康蓬勃发展。

(2)《条例》的修订将进一步推动商用密码科技进步创新与标准体系建设

随着我国信息化、网络化、数字化建设的高速发展，商用密码的应用已经渗透到经济、社会生活的各个方面。《条例》在修订的过程中，顺应商用密码科技创新和时代发展的需要，明确了较为完备的商用密码科学技术创新促进机制，包括人才奖励激励、依法保护商用密码知识产权、促进商用密码科技成果转化和产业化应用等。这些激励机制必将充分调动各方面的积极性，为商用密码科技创新、产业发展和应用推广营造良好的发展环境。同时，《条例》坚持创新发展和确保安全相统一，明确国家密码管理部门组织对法律、行政法规和国家有关规定要求使用商用密码进行保护的网络与信息系统所使用的密码算法、密码协议、密钥管理机制等商用密码技术进行审查鉴定，既保证商用密码技术创新的权威性、可信性和先进性，又有利于推动我国自主创新商用密码研究成果的应用转化。

在商用密码标准体系建设方面，《条例》明确推动密码标准制定和国际标准化活动。我国商用密码标准体系建设起步晚，但是发展势头强劲，取得了显著成果。在密码管理部门及专家学者们的共同努力下，已成功制定了43项商用密码国家标准和141项商用密码行业标准，积极推动了SM2、SM3、SM4、SM9、ZUC等国家密码算法标准成功纳入ISO/IEC国际密码算法标准体系。《条例》明确规定了国家推动参与商用密码国际标准化活动，参与制定商用密码国际标准，推进商用密码中国标准与国外标准之间的转化运用，鼓励企业、社会团体和教育、科技机构等参与商用密码国际标准化活动，还特别提到商用密码强制性国家标准等。以上内容既体现了改革开放的大原则、大方向，有助于吸纳国际商用密码领域科技创新成果与标准制定的成功经验，又体现了中国特色，向世界展示中国密码创新成果，贡献中国密码智慧与密码方案，也为保障国家安全的商用密码强制性国家标准预留了发展空间。

(3)《条例》的修订将进一步完善国家商用密码检测认证体系

过去20年，商用密码产业不断发展壮大，逐步建立了商用密码产品检测与密码算法、协议的安全性评估体系，为我国商用密码检测认证体系建设奠定了重要的基础。但是随着商用密码应用的不断深入，区块链、人工智能、数字货币等重要商用密码应用领域面临创新驱动发展的压力，亟需建立更高水平的商用密码检测认证体系，开展商用密码产品检测及网络与信息系统商用密码应用安全性评估，满足密码创新和行业快速发展需求。

检测认证工作学术性强，既需要高水平专业人才队伍，又需要较为完备的检测认证设备、配套基础设施建设以及相应的技术标准体系建立等系统性工作。检测与评估范围既包括密码算法，也包括协议与信息系统；既涵盖了商用密码软件实现安全测评，又涵盖了硬件实现安全测评甚至包括应用大系统与应用大平台的全技术链条测评。其中密码芯片安全检测与评估认证难度大，亟需建设自主可控的密码芯片攻击路径库，以此为基础彻底解决密码芯片高等级检测认证标准制定等问题，建立国际一流的检测技术体系和产业生态。

检测认证体系的建设高度依赖于国家密码科技创新的能力与水平，需要做好顶层设计。《条例》的修订贯彻了密码法立法精神，明确建立国家统一推行的商用密码产品、服务、管理体系实行自愿性与强制性相结合的检测认证制度，并对商用密码检测机构和认证机构的条件、程序等提出了明确要求，强化了检测认证活动监督管理。新《条例》的出台将进一步发挥制度优势，提升商用密码检测认证能力，夯实商用密码检测认证体系建设，为商用密码产业健康有序发展保驾护航。

(4)《条例》的修订将进一步促进商用密码在信息领域新技术、新业态、新模式中的应用

随着信息领域新技术、新业态、新模式的不断发展，商用密码技术研究边界与内涵不断扩展，商用密码覆盖的数据要素市场越来越庞大，特别是人工智能、物联网、区块链、数字货币、大数据及云计算等众多领域的发展，为密码科技创新与产业化发展提供了巨大的发展机遇。《条例》修订过程中，把实践中成熟的经验上升为《条例》规定，促进并规范了商用密码应用。一方面鼓励公民、法人和其他组织依法使用商用密码保护网络与信息安全，支持网络产品、服务使用商用密码提升安全性，强调建立商用密码应用促进协调机制；另一方面对涉及国家安全、国计民生、社会公共利益的商用密码产品、服务以及关键信息基础设施商用密码应用明确了管控措施，如三十八条至四十条，明确了关键信

息基础设施的商用密码使用要求，对可能影响国家安全的，需要通过相关部门组织的国家安全审查。这些规定的实施，必然要求关键信息基础设施建设之初就谋划部署商用密码保障系统，切实做到重要领域、重大工程、重要应用的商用保障系统同步规划、同步建设、同步运行。考虑到商用密码在众多领域应用的共性技术问题，《条例》还明确了商用密码应用安全性评估、关键信息基础设施安全检测评估、网络安全等级测评应当加强衔接，避免重复评估、测评，为国家节约资源、为企业减轻负担。

5. 数据出境安全评估办法

国家互联网信息办公室于 2022 年 7 月 7 日公布《数据出境安全评估办法》（国家互联网信息办公室令 第 11 号）（以下简称《办法》），于 2022 年 5 月 19 日在国家互联网信息办公室 2022 年第 10 次室务会议审议通过，自 2022 年 9 月 1 日起施行。国家互联网信息办公室有关负责人表示，出台《办法》旨在落实《网络安全法》、《数据安全法》、《个人信息保护法》的规定，规范数据出境活动，保护个人信息权益，维护国家安全和社会公共利益，促进数据跨境安全、自由流动，切实以安全保发展、以发展促安全。

近年来，随着数字经济的蓬勃发展，数据跨境活动日益频繁，数据处理者的数据出境需求快速增长。明确数据出境安全评估的具体规定，是促进数字经济健康发展、防范化解数据跨境安全风险的需要，是维护国家安全和社会公共利益的需要，是保护个人信息权益的需要。《办法》规定了数据出境安全评估的范围、条件和程序，为数据出境安全评估工作提供了具体指引。

《办法》明确，数据处理者向境外提供在中华人民共和国境内运营中收集和产生的重要数据和个人信息的安全评估适用本办法。提出数据出境安全评估坚持事前评估和持续监督相结合、风险自评估与安全评估相结合等原则。

《办法》提出了数据出境安全评估的具体要求，规定数据处理者在申报数据出境安全评估前应当开展数据出境风险自评估并明确了重点评估事项。规定数据处理者在与境外接收方订立的法律文件中明确约定数据安全保护责任义务，在数据出境安全评估有效期内发生影响数据出境安全的情形应当重新申报评估。此外，还明确了数据出境安全评估程序、监督管理制度、法律责任以及合规整改要求等。相关条款摘录如下：

第四条 数据处理者向境外提供数据，有下列情形之一的，应当通过所在地省级网信部门向国家网信部门申报数据出境安全评估：

（一）数据处理者向境外提供重要数据；

（二）关键信息基础设施运营者和处理 100 万人以上个人信息的数据处理者向境外提供个人信息；

（三）自上年 1 月 1 日起累计向境外提供 10 万人个人信息或者 1 万人敏感个人信息的数据处理者向境外提供个人信息；

（四）国家网信部门规定的其他需要申报数据出境安全评估的情形。

第五条 数据处理者在申报数据出境安全评估前，应当开展数据出境风险自评估，重点评估以下事项：

（一）数据出境和境外接收方处理数据的目的、范围、方式等的合法性、正当性、必要性；

（二）出境数据的规模、范围、种类、敏感程度，数据出境可能对国家安全、公共利益、个人或者组织合法权益带来的风险；

（三）境外接收方承诺承担的责任义务，以及履行责任义务的管理和技术措施、能力等能否保障出境数据的安全；

（四）数据出境中和出境后遭到篡改、破坏、泄露、丢失、转移或者被非法获取、非法利用等的风险，个人信息权益维护的渠道是否通畅等；

（五）与境外接收方拟订立的数据出境相关合同或者其他具有法律效力的文件等（以下统称法律文

件）是否充分约定了数据安全保护责任义务；

（六）其他可能影响数据出境安全的事项。

第六条 申报数据出境安全评估，应当提交以下材料：

（一）申报书；

（二）数据出境风险自评估报告；

（三）数据处理者与境外接收方拟订立的法律文件；

（四）安全评估工作需要的其他材料。

第八条 数据出境安全评估重点评估数据出境活动可能对国家安全、公共利益、个人或者组织合法权益带来的风险，主要包括以下事项：

（一）数据出境的目的、范围、方式等的合法性、正当性、必要性；

（二）境外接收方所在国家或者地区的数据安全保护政策法规和网络安全环境对出境数据安全的影响；境外接收方的数据保护水平是否达到中华人民共和国法律、行政法规的规定和强制性国家标准的要求；

（三）出境数据的规模、范围、种类、敏感程度，出境中和出境后遭到篡改、破坏、泄露、丢失、转移或者被非法获取、非法利用等的风险；

（四）数据安全和个人信息权益是否能够得到充分有效保障；

（五）数据处理者与境外接收方拟订立的法律文件中是否充分约定了数据安全保护责任义务；

（六）遵守中国法律、行政法规、部门规章情况；

（七）国家网信部门认为需要评估的其他事项。

第九条 数据处理者应当在与境外接收方订立的法律文件中明确约定数据安全保护责任义务，至少包括以下内容：

（一）数据出境的目的、方式和数据范围，境外接收方处理数据的用途、方式等；

（二）数据在境外保存地点、期限，以及达到保存期限、完成约定目的或者法律文件终止后出境数据的处理措施；

（三）对于境外接收方将出境数据再转移给其他组织、个人的约束性要求；

（四）境外接收方在实际控制权或者经营范围发生实质性变化，或者所在国家、地区数据安全保护政策法规和网络安全环境发生变化以及发生其他不可抗力情形导致难以保障数据安全时，应当采取的安全措施；

（五）违反法律文件约定的数据安全保护义务的补救措施、违约责任和争议解决方式；

（六）出境数据遭到篡改、破坏、泄露、丢失、转移或者被非法获取、非法利用等风险时，妥善开展应急处置的要求和保障个人维护其个人信息权益的途径和方式。

第十四条 通过数据出境安全评估的结果有效期为2年，自评估结果出具之日起计算。在有效期内出现以下情形之一的，数据处理者应当重新申报评估：

（一）向境外提供数据的目的、方式、范围、种类和境外接收方处理数据的用途、方式发生变化影响出境数据安全的，或者延长个人信息和重要数据境外保存期限的；

（二）境外接收方所在国家或者地区数据安全保护政策法规和网络安全环境发生变化以及发生其他不可抗力情形、数据处理者或者境外接收方实际控制权发生变化、数据处理者与境外接收方法律文件变更等影响出境数据安全的；

（三）出现影响出境数据安全的其他情形。

有效期届满，需要继续开展数据出境活动的，数据处理者应当在有效期届满60个工作日前重新申报评估。

第十七条 国家网信部门发现已经通过评估的数据出境活动在实际处理过程中不再符合数据出境安全管理要求的，应当书面通知数据处理者终止数据出境活动。数据处理者需要继续开展数据出境活动的，应当按照要求整改，整改完成后重新申报评估。

第十九条 本办法所称重要数据，是指一旦遭到篡改、破坏、泄露或者非法获取、非法利用等，可能危害国家安全、经济运行、社会稳定、公共健康和安全等的数据。

数据出境申报流程如下图 7-12 所示：

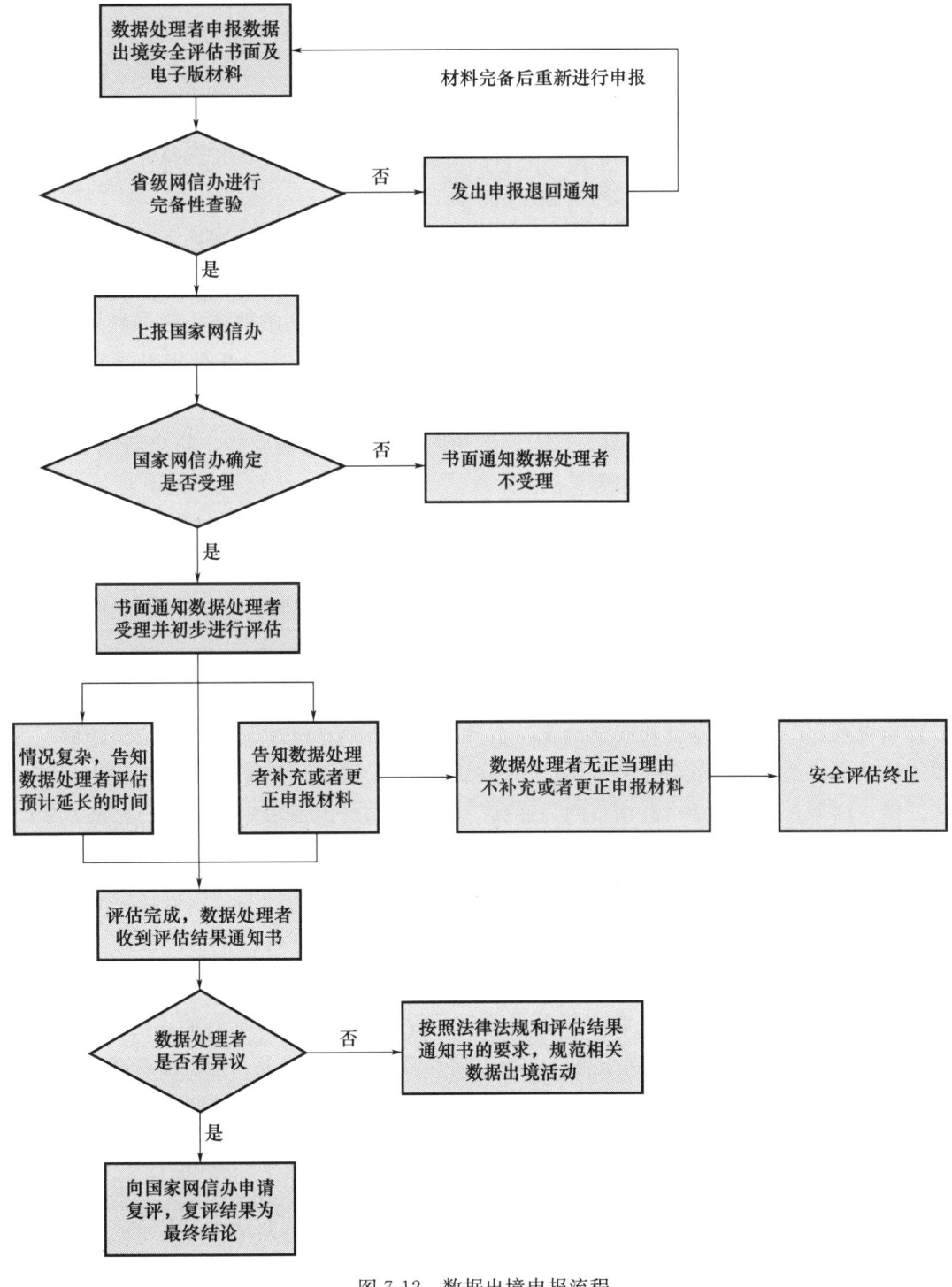

图 7-12 数据出境申报流程

四、网络运行安全管理

(一) 网络安全防御

1. 网络安全防护产品

以下列举常见的网络安全防护产品：

（1）防火墙。作为网络安全策略的重要组成部分，它通过控制和监测网络间的信息交换与访问行为来实现对网络安全的有效管理。总体而言，防火墙应具备以下五大基本功能。

① 过滤进、出网络的数据，强化安全策略。

② 管理和控制网络访问行为，确保进出网络的安全性。仅允许经过精心筛选的应用协议通过防火墙，从而提升网络环境的安全性。例如，防火墙可以禁止 NFS 协议在受保护网络中的进出，有效防止外部攻击者利用该协议的脆弱性对内部网络进行攻击。

③ 对不安全的服务进行限制和拦截，尽可能不暴露内部网络。通过隔离内、外网络，可以防止非法用户进入内部网络，并能有效防止邮件炸弹、蠕虫病毒、宏病毒的攻击。

④ 记录通过防火墙的信息内容及活动情况。由于内、外网络之间的数据包必须经过防火墙，因此防火墙能够对这些数据包进行详细记录，并将其写入日志系统，同时还可对使用情况进行数据统计分析。

⑤ 对网络攻击进行实时检测与报警。当受保护的网络遭遇可疑访问时，防火墙能及时发出警报，并提供网络是否受到监测和攻击的详细信息。

（2）Web 应用防火墙（Web Application Firewall，简称 WAF）。是一种专门的应用防火墙，用于监控、过滤和拦截可能对网站造成危害的流量。因此，Web 应用防火墙的主要功能是拦截和捕获恶意流量，防止其抵达真正的 Web 服务器。与传统防火墙相比，Web 应用防火墙不仅能够拦截特定的 IP 地址或端口，还能更深入地检测 Web 流量，识别攻击信号或潜在的注入行为。此外，WAF 具有可定制性，针对不同的应用场景，可以设置众多具体规则。

（3）防病毒系统。它是最基础的安全设施，主要用于应对病毒和木马威胁、主动防御、主机防火墙和网络入侵防护。由于病毒危害性极大并且传播极为迅速，因此必须配备从服务器到单机的整套防病毒软件，防止病毒入侵主机并扩散到全网。此外，由于新病毒出现得比较快，防病毒系统的病毒代码库需及时更新。

（4）入侵检测系统（Intrusion Detection Systems，IDS）。其主要功能是依据特定的安全策略，对网络及系统的运行状况进行实时监控，旨在及时发现各类攻击企图、攻击行为以及攻击结果，从而确保网络系统资源的机密性、完整性和可用性。若将防火墙比作大厦的门禁系统，那么 IDS 便是这座大厦内的监控系统。一旦发生非法入侵或内部人员的越界行为，该监控系统就能迅速察觉并发出警报。与防火墙不同，IDS 作为一种旁路监听设备，无需直接连接在任何链路上，即使没有网络流量经过也能正常工作。部署 IDS 的唯一要求是：必须将其挂接在所有需监控流量必经的链路上。在交换式网络中，IDS 的理想位置应尽可能靠近攻击源和受保护资源，常见的选择包括服务器区域的交换机、Internet 接入路由器后的第一台交换机以及重点保护网段的局域网交换机。

（5）入侵防御系统（"Intrusion Prevention System"，IPS）。随着网络攻击技术的不断提升和网络安全漏洞的不断涌现，传统的防火墙结合传统入侵检测系统（IDS）的技术手段，已难以有效应对新兴的安全威胁。在此背景下,入侵防御系统(IPS)技术应运而生。IPS 技术能够深度感知并实时检测流经的数据流量,对恶意报文进行丢弃以阻断攻击,对滥用报文实施限流以保护网络带宽资源。

对于部署在数据转发路径上的 IPS,可根据预先设定的安全策略,对流经的每个报文进行深度检测,包括协议分析跟踪、特征匹配、流量统计分析、事件关联分析等。一旦发现隐藏其中的网络攻击,IPS 将根据攻击的威胁级别,立即采取相应的抵御措施。这些措施依据处理力度可分为向管理中心发送告警、丢弃恶意报文、切断此次应用会话以及切断此次 TCP 连接等。

入侵检测系统的核心价值在于通过对全网信息的分析,掌握信息系统的安全状况,从而有效指导信息系统安全建设目标以及策略的制定与调整。相较之下,入侵防御系统的核心价值在于安全策略的实施——即对黑客行为的阻击。入侵检测系统需部署在网络内部,其监控范围可覆盖整个子网,包括来自外部的数据流以及内部终端间的数据传输。而入侵防御系统则必须部署在网络边界,主要抵御来自外部的入侵行为,但对于内部攻击行为则无能为力。

(6) 安全路由器。路由器在大多数网络中几乎无处不在。传统上,它们仅被用作监控流量的"交通警察"。然而,现代路由器已具备全面的安全功能,集成了强大的 QoS(服务质量管理)和流量管理工具,同时还兼具防火墙、VPN、IDS/IPS 的部分功能。

(7) 抗 DDOS(Distributed Denial of Service,即分布式拒绝服务)系统。分布式拒绝服务攻击(DDOS 攻击)是近年来愈发猖獗的一种网络攻击手段,其显著特征是导致目标服务器出口网络带宽严重拥堵,或使其无法正常对外提供服务。此类攻击的背后往往隐藏着非法利益的驱动。为有效防御 DDOS 攻击,需部署专业的抗 DDOS 产品以保障网络安全。

(8) APT(Advanced Persistent Threat,即高级持续威胁)检测系统。IPS 产品能够检测和防护病毒、木马、蠕虫、僵尸网络等恶性攻击行为,主要依赖于对已知攻击样本的分析,通过提炼出各种签名文件来进行检测和防护,但无法有效防御未知的威胁和零日攻击。(零日攻击是指利用尚未发布补丁的安全漏洞对系统或软件应用发起的网络攻击,通常具有极大的破坏性。)APT 检测系统则采用动态沙箱检测技术,利用多种虚拟机环境运行被检测文件,监测文件打开后的系统环境、内存状态以及文件的各种行为,以判断文件是否为恶意文件。通过 APT 的 callback 功能将检测结果反馈给 IPS,IPS 根据反馈信息(如 IP、端口、URL)阻断后续攻击行为。二者结合,构建了应对已知与未知威胁的全方位检测防御体系,可提供更加稳定、安全的网络环境。

(9) 漏洞扫描系统。通过对网络的扫描,网络管理员能了解网络的安全配置及运行中的应用服务,及时发现潜在的安全漏洞,并客观评估网络的风险等级。基于扫描结果,网络管理员可以修正网络安全漏洞和系统中的不当设置,从而在黑客发起攻击前构筑坚实的防线。相较于防火墙和网络监视系统这类被动的防御手段,漏洞扫描无疑是一种积极主动的防范措施,能够有效遏制黑客攻击,做到防患于未然。

(10) 邮件网关。作为两个不同域或系统间的中介,将电子邮件(e-mail)从一个网络传送到另一个网络,从某个网络传送到 Internet 或者相反,必要时重新设置报头(header)信息格式。按照不同的分类标准,邮件网关可分为硬件网关、托管式邮件网关和软件网关,也可划分为协议网关、应用网关和安全网关。邮件网关常用的功能包括反垃圾邮件、反病毒邮件、邮件中转中继、邮件监控及智能过滤等。

(11) 堡垒机。堡垒机是一种用于集中管理和监控企业内部网络设备、服务器、应用系统等访问权限的安全设备,也称为运维审计系统或跳板机。堡垒机通过对用户的访问行为进行审计和控制,确保只有授权用户能够访问特定的资源,并且对用户的操作进行记录和回放,以便在发生安全事件时进行追溯和调查。它可以有效防止内部人员的违规操作和外部攻击，提高企业信息系统的安全性和合规性。在电力企业中，堡垒机可以用于管理和监控如电力调度系统、变电站自动化系统、电力营销系统等的访问权限。运维人员需要通过堡垒机登录到相应的系统进行维护和管理工作，堡垒机记录他们的操作行为，确保操作的合法性和安全性。

（12）安全管理平台。统一监控、统一管理是网络安全的一个重要指标，对于业务系统网络而言，实时掌握网络的资产、流量、风险、漏洞等状况对于提前发现安全隐患、分析攻击事件、预测未来安全走向起到风向标的作用。为实现对 IT 系统的高质量安全运维管理，确保 IT 系统的稳定高效、安全可控、合法合规，可通过部署安全管理平台对整体网络做管控。

2. 数据安全产品

以下列举常见的数据安全产品：

（1）数据防泄露（Data leakage prevention，DLP）系统。在企事业单位业务运营中，如果核心数据一旦通过任意途径到达外部，将面临数据泄露的风险，如：敏感信息保管不当、移动存储设备丢失、离职人员带走公司文件、操作人员违规操作等，均可能导致数据泄露事件的发生。据此，内部向外发送的数据需要进行审计，并监控数据流向；敏感数据外发时需经审计确认后方可发送。同时该系统应尽量减少对终端使用习惯的影响，保证办公效率。数据防泄露系统可实现对内部核心数据进行安全防护。

（2）数据库审计系统。通过记录、分析和汇报用户访问数据库的行为，协助用户生成合规报告、追溯事故根源，同时通过大数据搜索技术提高审计报告查询效率，定位事件原因，实现对内外部数据库网络行为的监控与审计，提高数据资产安全。

（3）数据库防火墙。这是一种基于数据库协议解析与控制技术的数据库安全防护系统，能够实现对数据库访问行为的精准控制、高危操作的有效拦截、可疑行为的严密监控以及风险威胁的及时阻断，为数据库安全提供了坚实的保障。该系统融合了协议分析、SQL 语句解析、参数化匹配、长语句解析、多语句解析、应用关联等多项核心技术，并配备了一系列详尽的数据库安全策略，涵盖但不限于阻断、拦截等控制类策略，以及记录、告警等审计类操作。数据库防火墙能够主动、实时、全方位地维护数据库安全，确保其免受数据库漏洞、高危恶意操作以及敏感数据泄露等威胁的侵害。

3. 密码产品

以下列举常见的密码产品：

（1）服务器密码机（Server Cryptographic Machine）。该设备旨在提供基础密码运算服务，支持国密算法（如 SM1、SM2、SM3、SM4）及国际通用算法（如 RSA、AES），为业务系统提供密钥生成、数据加密、数字签名、时间戳、安全随机数产生、摘要计算等服务。作为基础密码产品，在电力行业中，服务器密码机不仅能为电力企业的核心业务系统（如 SCADA、调度系统）提供高性能的加解密运算服务，还可作为主机数据安全存储系统、身份认证系统、密钥管理系统的主要密码设备和核心组件。

（2）纵向加密认证装置。该装置基于电力专用纵向加密认证技术，采用国密算法，实现数据加密、身份认证及访问控制功能，部署于电力调度数据网边界，确保纵向通信安全。例如，国家电网的纵向加密装置应用于电力一次设备（如变电站、线路）与主站系统之间的安全通信，严格遵循"安全分区、网络专用、横向隔离、纵向认证"的原则，有效保障调度指令的安全传输。

（3）工控安全防护设备。该类设备集成了国密算法芯片和密码技术，实现了工业控制系统的设备认证、数据加密、访问控制等功能。例如，"华电睿"系列工控防护系统，该设备已通过公安部的安全可信认证，支持全生命周期的安全防护。它采用国产密码算法构建了可信根和动态监控体系，覆盖DCS、SCADA等系统，可应用在发电、输变电等环节，有效保障工控设备的安全，防止恶意代码攻击和数据篡改。

（4）CA（Certificate Authority，即证书授权中心）数字证书系统。CA数字证书系统是一种用于管理和颁发数字证书的系统，通过对用户的身份信息进行验证和数字签名，为用户颁发数字证书，用于在网络环境中证明用户的身份和公钥的合法性。数字证书包含了用户的公钥、身份信息、证书有效期等内容，可用于加密通信、数字签名、身份认证等安全应用。在电力企业中，CA数字证书系统可以用于电力调度、电力交易平台、电力企业内部办公系统以及电力物联网等多个场景。例如，通过数字证书对调度指令进行签名和加密，确保调度指令的来源可靠、内容完整且不被篡改，防止非法指令的注入和执行，保障电力调度的准确性和安全性；电力交易双方通过数字证书进行加密通信和数字签名，确保交易的安全性和不可抵赖性；电力企业员工通过数字证书登录到企业内部办公系统，确保只有合法用户能够访问系统资源。

4. 网络总体安全评估

常用的网络防御技术包括身份鉴别、访问控制、安全审计、恶意代码防范、密码、入侵检测、入侵防范等。网络安全评估技术是一种主动防御技术，在安全事件没有发生时主动分析和评估自身存在的安全风险和安全隐患，从而能够未雨绸缪，防患于未然；在安全事件发生时及时分析和评估安全事件的威胁态势状况，并根据评估结果采取适当的风险控制措施，从而能够及时遏制威胁的蔓延，可以综合评估当前网络中各种防御技术的效果。

网络态势是指由于各种网络设备运行状况、网络行为以及用户行为等因素所构成的整个网络的当前状态和变化趋势。网络态势感知是指在网络环境中，能对引起网络态势发生变化的安全要素进行获取、理解、评估、显示以及对未来发展趋势的预测。网络态势感知的原始信息主要来源于各种网络安全设备、网络管理设备和网络监控设备。网络态势感知通过对收集到的数据进行处理来判断网络的安全状况，反映网络和信息系统的安全变化势，主要包括以下几个方面：

（1）原始网络安全事件的搜集和预处理。将现有网络安全设备、网络管理设备和网络监控设备等产生的复杂海量、冗余异构的数据采集上来进行预处理，提取数据的特征信息，并进行简化及存储，为后面的数据分析和将来的数据审计提供数据基础。

（2）网络事件的关联和归并。基于预处理后的数据进行网络安全事件挖掘，从而从宏观角度去挖掘一般网络安全设备所检测不到的网络攻击事件，提高网络安全检测的准确率，进一步降低误报率。

（3）网络安全态势评估。网络安全态势评估主要是利用相应的数学评估方法对网络安全态势的指标进行量化计算，利用这个值来反映网络或信息系统某个时间段的安全状态。网络安全态势评估的要求是快速、客观、准确地反映网络的实际安全情况，能够让网络管理员及时准确地掌握网络安全动态，及时做出有效的防范。

（4）网络安全态势预测。网络安全态势预测是在网络态势评估的基础上，对未来网络安全态势的发展趋势进行预测，从而帮助管理员未雨绸缪，提前做好安全防护工作，降低网络安全事件所带来的潜在损失。

（5）网络安全态势展示。网络安全态势展示是网络安全态势评估结果的显示，需要高效直观地对当前网络安全态势进行全方位、全视角的显示，从而方便管理员从各个视角对网络安全状况进行判断。

网络安全评估系统可以通过对网络和信息系统的态势感知，在现有的网络安全基础设施以及技术的基础上，借鉴态势感知的成熟理论和技术并将其应用于网络安全的管理领域，在复杂多变的网络安全环境中，准确地提取特征信息，并进行关联分析，使其能够表示网络的整体状态，从而加强对网络的管控能力。

（二）网络安全等级保护

1. 电力行业关键信息基础设施认定

关键信息基础设施的定义是指关系国家重大利益、人民群众生命财产安全和社会生产生活秩序，一旦遭到破坏、丧失功能或者数据泄露，可能严重危害国家安全、国计民生、公共利益的基础网络、重要信息系统和数据资源。对于电力行业而言，典型的关键信息基础设施包括电力企业集团总部的网站群平台、电网企业的能量管理系统、电力公司的调度数据网、发电厂的工业控制系统、电力企业集团总部的大数据中心、云平台等。关键信息基础设施的管理应遵循《网络安全法》及《关键信息基础设施安全保护条例》的相关规定执行。

2. 商密应用安全性合规检查

商用密码应用安全性合规性检查，简称"密评"，指在采用商用密码技术、产品和服务集成建设的网络和信息系统中，对其密码应用的合规性、正确性和有效性进行评估。开展密评，是为解决商用密码应用中存在的突出问题，为网络和信息系统的安全提供科学评价方法，逐步规范商用密码的使用和管理，从根本上改变商用密码应用不广泛、不规范、不安全的现状，确保商用密码在网络和信息系统中有效使用，切实构建起坚实可靠的网络安全密码屏障。开展密评，是国家网络安全和密码相关法律法规提出的明确要求，是法定责任和义务。在政务领域，商用密码应用与安全性评估已经成为政务信息化项目立项和验收的必备条件。

《商用密码管理条例（修订草案征求意见稿）》第三十八条明确规定，密码应用安全性评估对象为关键信息基础设施、网络安全等级保护第三级及以上网络、国家政务信息系统。

密评包括方案评估和系统评估，在系统规划阶段、建设阶段、运行阶段均需开展密评工作。系统规划阶段，责任单位应当依据商用密码应用安全性相关标准，制定密码应用方案，委托密评机构进行方案评估。系统建设完成后，责任单位应当委托密评机构开展密评工作。系统投入运行后，责任单位应当委托密评机构定期开展密评工作。

目前密码相关业务包括信息系统密评、密码应用方案评估、密码保障体系建设咨询、密码应用及安全评估培训宣贯、密码相关政策和技术咨询。

3. 等保测评整改方案推进检查

依据国家有关规定和标准规范要求，根据等保测评报告，开展信息系统安全的建设整改工作，通过落实安全责任制，开展管理制度建设、技术措施建设、满足等级保护制度的各项要求，使信息系统安全管理水平明显提高，安全保护能力明显增强，安全隐患和安全事故明显减少，有效保障信息化健康发展，维护国家安全、社会秩序和公共利益。根据需求分析，查看整改实施情况，对照检查要点，确认整改效果。分述如下：

（1）需求分析

以满足政策要求、标准要求和用户自身要求为基准，在物理安全、网络安全、主机安全、应用安全、数据安全与备份恢复等方面进行分析整改。

（2）常见整改措施

一是网络拓扑。如果系统需重新考虑设计网络拓扑结构，包括安全产品或安全组件的部署位置、连线方式、IP 地址分配等，则根据网络调整的图示方案对原有网络进行调整。二是策略方针。针对安全管理方面的整体策略问题，机构需重新定位安全管理策略、方针，明确机构的信息安全管理工作方向。三是安全加固。将未实现的安全技术要求转化为相关安全产品的功能/性能指标，在适当的物理/逻辑位置对安全产品进行部署。正确配置产品的相关功能，使其发挥作用。四是制度完善。完善配套的管理制度，建立、完善、落实信息安全管理体系。

（3）检查要点

物理安全，需要从物理位置的选择、物理访问控制、防盗窃和防破坏、防雷击、防火、防静电、电力供应、电磁防护、防水和防潮、温湿度控制等方面进行整改检查。

网络安全，需要从结构安全、访问控制、安全审计、边界完整性检查、入侵防范、恶意代码防范和网络设备防护等方面进行检查。

主机安全，需要从身份鉴别、访问控制、安全审计、剩余信息保护、入侵防范、恶意代码防范和资源控制等方面进行检查。

应用安全，需要从身份鉴别、访问控制、抗抵赖、安全审计、剩余信息保护、通信完整性、通信保密性、软件容错和资源控制等方面进行检查。

数据安全及备份恢复，需要从数据完整性、数据保密性、重要数据备份和硬件冗余恢复等方面进行检查。

管理要求方面，需要落实信息安全责任制，成立信息安全工作领导机构，明确信息安全工作的主管领导。成立专门的信息安全管理部门或落实信息安全责任部门，确定安全岗位，落实专职人员或兼职人员。明确落实领导机构、责任部门和有关人员的信息安全责任。落实人员安全管理，制定人员录用、人员离岗、考核、教育培训等管理制度，落实管理的具体措施。对安全岗位人员要进行安全审查，定期进行培训、考核和安全保密教育，提高安全岗位人员的专业水平，逐步实现安全岗位人员持证上岗。

制度体系方面，需要落实系统建设管理制度，建立信息系统定级备案、方案设计、产品采购使用、密码使用、软件开发、工程实施、验收交付、等级测评、安全服务等管理制度，明确工作内容、工作方法、工作流程和工作要求。落实系统运维管理制度，建立机房环境安全、存储介质安全、设备设施安全、安全监控、网络安全、系统安全、恶意代码防范、密码保护、备份与恢复、事件处置等管理制度，制定应急预案并定期开展演练，采取相应的管理技术措施和手段，确保系统运维管理制度的有效落实。

（三）网络安全监测预警

当前新的信息技术架构发生巨变，互联网技术在各行各业大范围普及，移动互联网突破了地域边界限制；物联网跨越传统信息网络产品的范畴。云计算使得系统、应用、数据以及业务服务集中化和平台化，打破了传统信息技术架构独立分散、线条化的局面。信息化技术的新发展，推动网络安全技术的新变革，网络安全保护对象由系统、应用、数据三要素，延伸到业务服务、供应链和产业生态保护。由点及面，整个网络安全保障的重点也从边界防护、部件防护的局部静态模式，向行为防护、整体防护的全局动态模式转变。网络安全监测预警工作应运而生，旨在及时发现并解决网络安全问题。以网络监测为基础，能够全面发现网络边界和关键区域的安全威胁；深入业务应用监测，能够精准定位应用安全问题；聚焦数据安全监测，能够保证核心数据使用有迹可循。由边界到核心，监测预警实现了网络、应用、数据全覆盖，成为发现网络问题的关键手段。

1. 监测预警策略检查

网络安全监测预警内容主要包括：网络突然发生中断，如停电、线路故障、网络通信设备损坏等；信息系统（网站）的主机漏洞和网站漏洞；网络异常，系统遭到恶意攻击、内容被删改或出现不良、反动信息迹象；高风险客户端以及各类风险高危漏洞等内容。网络安全监测预警手段主要借助于部署的安全设备，如防火墙、WEB应用防火墙、漏洞扫描设备、态势感知平台、网站安全监测平台以及上级单位及安全厂商通报的各类安全漏洞等。

网络安全规划应当充分考虑网络安全管理建设的需求，确立安全建设目标。必须根据信息密级和安全等级的要求同步进行相应的安全设计。信息化项目的建设施工必须符合工程规划要求，必须对实施过程进行网络安全监督。应定期组织进行网络安全专项培训，并对培训进行考核，加强网络安全意识。对信息化资产进行分类、分级、登记，指定资产责任人，由资产责任人对所负责资产进行保护。各级单位应定期开展安全检查工作，及时对发现的安全风险进行整改。重要数据应进行容灾备份，个人信息等敏感数据应部署加密措施，遵循合法、正当、必要的原则进行数据收集和使用。要加强国家重大节日、重要活动等特殊时期的网络安全保障，从事前检查加固、事中处置修复、事后总结改进等方面保障和提升网络运行安全。

为切实加强网络安全管理工作，维护网络的正常运行，建立网络安全监测预警办法来进行策略检查，可使用以下检查方法：

① 加强密码保护，设置满足复杂度要求的密码并定期修改；

② 定期对操作系统、防病毒系统进行升级、打补丁。定期进行数据备份；

③ 每天进行系统网络巡查，发现网络异常、系统遭到恶意攻击和破坏、内容被删改等迹象，应及时处理和上报问题并做好案件记录；

④ 每次系统变更前，做好备案登记。确保信息先审后发，定期清点系统，及时跟踪新变动部分。

2. 网络监测工具使用

（1）网络流量监测

通过利用网络监测工具，获取受害系统的网络流量数据，挖掘分析受害系统在网络上的通信信息，以发现受害系统的网上异常行为，特别是一些隐蔽的网络攻击，如远控木马、窃密木马、网络蠕虫、勒索病毒等。实际工作中常用的网络监测工具有 TCPDump、TCPView、Snort、WireShark、netstat。

（2）系统自身监测

系统自身监测的目的主要在于掌握受害系统的当前活动状态，以确认入侵者在受害系统的操作。系统自身监测的方法包括：

① 受害系统的网络通信状态监测，用 netstat 命令、TCPView HTTPNetworkSniffer 等显示当前受害机器的网络监听程序及网络连接；

② 受害系统的操作系统进程活动状态监测，在 Linux/UNIX 系统中，用 ps 命令查看受害机器的活动进程；

③ 受害系统的用户活动状况监测，用 who 命令显示受害系统的在线用户信息；

④ 受害系统的地址解析状况监测，用 arp 命令查看受害机器的地址解析缓存表；

⑤ 受害系统的进程资源使用状况监测，UNIX/Linux 系统中可用 lsof 工具检查进程使用的文件、tcp/udp 端口、用户等相关信息。

(3) 其他常用工具

其他常用的网络监测工具举例如下:

PCHunter 是一个强大的内核级监控工具,可以查看进程、驱动模块、内核、网络、注册表、文件等信息;Process Monitor 可以监控程序的各种操作,主要监控程序的文件系统、注册表、进程、网络。

3. 预警信息分析总结与汇报

网络安全监测预警周期为实时监测网站系统运行,每日查看各类安全设备告警信息,每周进行告警信息的汇总,每月至少对所有安全设备进行一次全面巡检,每季度对各类终端进行全面检查,并对发现的各类安全隐患做好记录。

网络安全检测预警结果以邮件或内部通信方式进行下发,结果包括漏洞详情以及修复建议,各单位要限期修复处理信息系统的风险漏洞。对于通用型网络产品和服务的风险漏洞,应当在厂商和安全机构修复方案公开发布后立即核查整改;对于上级主管部门通报的高危漏洞,应当按照时限要求组织整改。

信息化系统应采取技术措施留存重要日志不少于指定周期(《网络安全法》第二十一条第三款规定,网络运营者应采取监测、记录网络运行状态、网络安全事件的技术措施,并按照规定留存相关的网络日志不少于六个月),包含但不限于网络安全运行状态日志、系统运行日志、网络安全事件日志。网络监测预警由信息管理部门统一规划、建设并负责运行。

企业信息管理部门负责网络及信息的安全工作,记录网络事故情况并定期汇报,及时解决突发事件和问题。建立网络安全事件库并定时更新维护。及时完善应急方案中的应急措施。

(四)建设新时期网络安全综合防控体系

2020 年 7 月 22 日,公安部发布【2020】1960 号函《贯彻落实网络安全等级保护制度和关键信息基础设施安全保护制度的指导意见》,要求重点行业、部门全面落实网络安全等级保护制度和关键信息基础设施安全保护制度,健全完善国家网络安全综合防控体系。全面落实等级保护 2.0 "新目标、新理念、新举措、新高度"的"四新"要求。"四新"要求中新目标为构建国家网络安全综合防控体系;新理念为有效落实"实战化、体系化、常态化"的网络安全保护;新措施包括"动态防御、主动防御、纵深防御、精准防护、整体防控、联防联控"六项防护措施。实现从静态防护到动态防御、被动防护到主动防御、边界防护到纵深防御、概略防护到精准防护、单点防护到整体防护、孤立防护到联防联控的转变。其中:

(1)动态防御即以风险管理为指导,针对攻击方法、攻击途径的变化,实现网络安全状态持续监测及时反馈,动态调整防御策略、技术和手段。

(2)主动防御即基于可信计算技术构建可信安全管理中心支持下的安全防护框架,结合威胁情报、态势感知,及时发现和处置未知威胁,落实主动防护措施。

(3)纵深防御即施行分区域管理,区域间进行安全隔离和认证,实行事前监测,事中遏制及阻断,事后跟踪及恢复,实现攻击的层层狙击,全流程防御。

(4)精准防护即基于资产的自动化管理,协同威胁情报,检测未知威胁、异常行为等,实现对核心资产的精准防护,并提供内生安全和主动免疫能力。

(5)整体防护即以保护关键业务链为目标,进行整体安全设计,建立协同联动、高效统一的安全防护体系。

(6) 联防联控即建立与国家监管部门、保护工作部门、其他利益相关方的协调配合,形成联动共防机制,建设"打防管控"一体化网络安全综合防控体系,提升国家整体应对网络攻击威胁能力。

新高度指国家网络安全综合防御能力和水平上升到一个新高度。各类安全服务与"三化六防"的对应关系如表 7-12 所示。

表 7-12 各类安全服务与"三化六防"的对应关系

专项安全服务	安全能力	三化	六防
攻防实战演练服务	识别能力 检测能力	实战化	动态防御
专项基础安全服务	安全防护能力、识别能力、防护能力	体系化	主动防御、纵深防御、精准防御
持续性威胁管理和风险管控服务	监测预警能力		整体防控
应急响应与协同指挥服务	应急响应能力	常态化	动态防御、联防联控
重大活动安全保障服务	—		—

电力企业应配合公安机关,以总体国家安全观为统领,深入贯彻实施网络强国战略,积极构建"打防管控"一体化的新时期国家网络安全综合防控体系:一是以贯彻落实网络安全等级保护制度和关键信息基础设施安全保护制度为基础,以保护关键信息基础设施、重要网络和数据安全为重点,全面加强网络安全防范管理、监测预警、应急处置、侦查打击、情报信息等工作;二是坚持以突出问题为导向,以体制机制创新为动力,以实战化为引领,全面落实网络安全"实战化、体系化、常态化"和"动态防御、主动防御、纵深防御、精准防护、整体防控、联防联控"的"三化六防"措施;三是健全完善网上网下结合、人防技防结合、打防管控结合的立体化网络安全综合防控体系,及时监测、发现处置网络安全重大风险隐患和威胁,切实提高网络攻防对抗能力和综合防控能力,全力保卫国家网络空间安全,切实维护国家安全。

电力企业应做好网络安全信息通报工作,及时报送网络安全案事件、威胁情报、系统漏洞等信息和线索。在国家重大活动期间,做好网络安保指挥调度的配合工作。

(五)相关法律规范

1.《网络安全法》中关键信息基础设施相关条款解读

《网络安全法》中的这部分条款,提出了关键信息基础设施的范围,明确了与网络安全等级保护制度的关系,规定了关键信息基础设施保护的主要内容,以及在数据留存和提供方面的要求。

【第三十一条】 国家对公共通信和信息服务、能源、交通、水利、金融、公共服务、电子政务等重要行业和领域,以及其他一旦遭到破坏、丧失功能或者数据泄露,可能严重危害国家安全、国计民生、公共利益的关键信息基础设施,在网络安全等级保护制度的基础上,实行重点保护。关键信息基础设施的具体范围和安全保护办法由国务院制定。国家鼓励关键信息基础设施以外的网络运营者自愿参与关键信息基础设施保护体系。

解读:本条款定义了关键信息基础设施的范围,强调了必须落实网络安全等级保护制度,并进行重点保护。国务院将制定相应的关键信息基础设施安全保护办法。

【第三十二条】 按照国务院规定的职责分工,负责关键信息基础设施安全保护工作的部门分别编制并组织实施本行业、本领域的关键信息基础设施安全规划,指导和监督关键信息基础设施运行安全保护工作。

解读:本条款说明了要制定关键信息基础设施安全规划和谁来负责制定规划。

第七章 网络安全与数据保护合规管理

【第三十三条】 建设关键信息基础设施应当确保其具有支持业务稳定、持续运行的性能,并保证安全技术措施同步规划、同步建设、同步使用。

解读:本条款说明了如何建设关键信息基础设施,强调了安全技术实施的三同步原则。

【第三十四条】 除本法第二十一条的规定外,关键信息基础设施的运营者还应当履行下列安全保护义务:

① 设置专门安全管理机构和安全管理负责人,并对该负责人和关键岗位的人员进行安全背景审查;

② 定期对从业人员进行网络安全教育、技术培训和技能考核;

③ 对重要系统和数据库进行容灾备份;

④ 制定网络安全事件应急预案,并定期进行演练;

⑤ 法律、行政法规规定的其他义务。

解读:本条款规定了关键信息基础设施的保护要求高于第二十一条的网络安全等级保护制度要求;同时强调了背景审查、教育培训和考核、容灾备份、应急预案和演练。

【第三十五条】 关键信息基础设施的运营者采购网络产品和服务,可能影响国家安全的,应当通过国家网信部门会同国务院有关部门组织的国家安全审查。

解读:本条款规定了关键信息基础设施的运营者采购网络产品和服务时,针对可能影响国家安全情况的非常态的国家安全审查要求。

【第三十六条】 关键信息基础设施的运营者采购网络产品和服务,应当按照规定与提供者签订安全保密协议,明确安全和保密义务与责任。

解读:本条款的核心在于明确关键信息基础设施运营者采购外包服务时的安全责任,强调签订安全保密协议。

【第三十七条】 关键信息基础设施的运营者在中华人民共和国境内运营中收集和产生的个人信息和重要数据应当在境内存储。因业务需要,确需向境外提供的,应当按照国家网信部门会同国务院有关部门制定的办法进行安全评估;法律、行政法规另有规定的,依照其规定。

解读:本条款是关键信息基础设施的一项核心条款,关键在于明确个人信息和重要数据的境内存储以及对数据跨境提供的专门要求,目标是解决个人信息和重要数据的数据安全问题。

【第三十八条】 关键信息基础设施的运营者应当自行或者委托网络安全服务机构对其网络的安全性和可能存在的风险每年至少进行一次检测评估,并将检测评估情况和改进措施报送相关负责关键信息基础设施安全保护工作的部门。

解读:本条款的关键词是检测评估、报送检测评估情况及改进措施。

【第三十九条】 国家网信部门应当统筹协调有关部门对关键信息基础设施的安全保护采取下列措施:

① 对关键信息基础设施的安全风险进行抽查检测,提出改进措施,必要时可以委托网络安全服务机构对网络存在的安全风险进行检测评估;

② 定期组织关键信息基础设施的运营者进行网络安全应急演练,提高应对网络安全事件的水平和协同配合能力;

③ 促进有关部门、关键信息基础设施的运营者以及有关研究机构、网络安全服务机构等之间的网络安全信息共享;

④ 对网络安全事件的应急处置与网络功能的恢复等,提供技术支持和协助。

解读:本条款规定了国家网信部门关于承担统筹协调关键信息基础设施安全保护工作的要求。

此外，相关的规范条例还有《电力信息系统安全检查规范》《关键信息基础设施安全保护条例》《互联网网络安全信息通报实施办法》《关于加强网络安全信息通报预警工作的指导意见》《关于加快推进网络与信息安全通报机制建设的通知》等。

五、网络安全应急响应、事件处置

（一）网络安全事件分类分级

1. 事件分类情况描述

7类网络安全事件描述如下：

有害程序事件包括计算机病毒事件、蠕虫事件、特洛伊木马事件、僵尸网络事件、混合程序攻击事件、网页内嵌恶意代码事件和其他有害程序事件。

网络攻击事件包括拒绝服务攻击事件、后门攻击事件、漏洞攻击事件、网络扫描窃听事件、网络钓鱼事件、干扰事件和其他网络攻击事件。

信息破坏事件包括信息篡改事件、信息假冒事件、信息泄露事件、信息窃取事件、信息丢失事件和其他信息破坏事件。

信息内容安全事件是指通过网络传播法律法规禁止信息，组织、煽动非法串联、煽动集会游行或炒作敏感问题并危害国家安全、社会稳定和公众利益的事件。

设备设施故障包括软硬件自身故障、外围保障设施故障、人为破坏事故和其他设备设施故障。

灾害性事件是指由自然灾害等其他突发事件导致的网络安全事件。其中，由水灾、台风、地震、雷击、坍塌、火灾等自然灾害引发的网络安全事件；以及由恐怖袭击、战争等其他突发事件导致的网络安全事件。

其他事件是指不能归为以上分类的网络安全事件。

2. 事件分级情况说明

根据信息安全事件的分级考虑要素，将信息安全事件划分为四个级别：特别重大事件、重大事件、较大事件和一般事件。分级考虑要素如下：

信息密级：衡量因信息安全事件中所涉及信息重要程度的要素。

声誉影响：衡量因信息安全事件对公司品牌所造成的负面影响范围和程度的要素。

业务影响：衡量因信息安全事件对公司或事发部门正常业务开展所造成负面影响程度的要素。

资产损失：衡量因恢复系统正常运行和消除信息安全事件负面影响所需付出资金代价的要素。

（1）特别重大事件（Ⅰ级）

特别重大事件是指能够导致特别严重影响或破坏的信息安全事件，包括以下情况：

① 会使特别重要信息系统遭受特别严重的系统损失。

② 产生特别重大的社会影响。

举例说明：公司部门中心的基础设施网络、重要信息系统（A类Ⅰ类系统）、核心网站（如官网、管理后台）瘫痪，导致长时间业务中断，直接导致巨大经济损失的事件；绝密和机密数据（数据库或客户资料）被泄露导致大范围社会传播，严重影响公司声誉的事件；对外发布公司内部机密信息、大范围传播损害公司形象利益的言论等事件；直接影响公司投资者关系或者上市进程或者公司股价等事件。

(2) 重大事件（Ⅱ级）

重大事件是指能够导致严重影响或破坏的信息安全事件，包括以下情况：

① 会使特别重要信息系统遭受严重的系统损失或使重要信息系统遭受特别严重的系统损失；

② 产生重大社会影响。

(3) 较大事件（Ⅲ级）

较大事件是指能够导致较严重影响或破坏的信息安全事件，包括以下情况：

① 会使特别重要信息系统遭受较大的系统损失或使重要信息系统遭受严重的系统损失、一般信息系统遭受特别严重的系统损失；

② 产生较大的社会影响。

(4) 一般事件（Ⅳ级）

一般事件是指不满足以上条件的信息安全事件，包括以下情况：

① 会使特别重要信息系统遭受较小的系统损失或使重要信息系统遭受较大的系统损失，一般信息系统遭受严重或严重以下级别的系统损失；

② 产生一般的社会影响。

（二）应急预案管理

1. 应急预案编制

参考《国家网络安全事件应急预案》的内容结构，电力企业的应急预案内容一般宜包括总则、角色及职责、网络安全事件说明（针对本企业的典型事件）、预防预警联动机制、应急预案启动条件、应急响应流程、应急处理措施、保障措施等。

针对本企业典型的网络安全事件，分别列出对应的处理措施，如黑客攻击、病毒入侵、广域网中断、局域网中断、核心网络设备故障、大面积停电、软件系统遭受破坏性攻击、数据库崩溃、重要数据泄漏等情况。

应急处理过程以网络安全事件为核心、以处置过程为牵引，建立各工作环节、要素关联关系，是清晰描述安全事件应急处置过程、步骤、内容、动作要求等相互关系的一种科学方法论。这有助于规范各相关部门在应急处理过程中各司其职，充分发挥各环节责任主体的主导作用和快速协同能力。

该预案和突发公共事件总体应急预案中涉及的事件侧重点有所不同，在组织机构上有交叉，基层企业也可将这两部分应急预案内容合并。

2. 应急预案关注点

应急预案管理需要关注以下几点：

(1) 必须坚持预防为主

要居安思危，防患未然。预防是一种常态化的工作要求，要把事件消灭在萌芽状态。网络安全应急管理要在发现征兆、排除隐患上下功夫。一是开展预防工作要积极做好网络安全检查、风险评估。做好网络安全事件监测、研判、预警和信息共享，做好应急工具、装备器材、专业队伍及应急资金储备，做好应急预案研究和应急演练，加强风险防控、危机应对知识的宣传教育，应急处置的技术培训等工作。二是设计科学有序的处置响应流程。切合实际的应急预案和清晰顺畅的处置流程是规范应急处置工作的基本依据，是争取时间、减少损失的重要前置条件。

（2）必须坚持快速精准反应

网络安全事件是专业性、技术性较强的特殊突发公共事件，具有监控难、发展快、影响广、危害大等特点。应急处置要求做到快速、精准。在工作中要做到发现快、报告快、响应快、处置快、恢复快。一是建立高效权威指挥决策机制。要在组织体制、运行机制、法规标准和保障系统等方面建立健全互联互通、联防联动、资源共享的"网络安全事件应急指挥体系"。应急指挥机构无论是常设或非常设，都要做到统一指挥、协调迅捷、责任明确、运行高效。二是建设技术精湛的专业应急队伍。网络安全应急专家团队和专业应急技术队伍是处置网络安全事件工作中不可或缺的重要技术力量，是准确研判态势、系统修复加固、隐患消除的重要智囊。要建立健全专家咨询机制，为网络安全事件的预防和处置提供专业技术咨询。

（3）建立分层次的应急预案文件体系

在综合以上工作的基础上，建立分层次的综合管理预案、技术处置预案、作业指导书及记录、网络安全事件处理情况等文档体系。其中，作业指导书为各项具体工作的指导性文件，如各种专用设备工具和安全防护产品的操作手册、各项具体应急处置工作的操作指南等。此外，过程记录用于记录各项工作的过程信息，以备事件处置完成后备查。将网络安全事件调查和评估工作也一并记录归档。

3. 应急演练管理

生产经营单位应当制定本单位的应急预案演练计划，根据本单位的事故风险特点，每年至少组织一次综合应急预案演练或者专项应急预案演练，每半年至少组织一次现场处置方案演练。

应急预案演练结束后，应急预案演练组织单位应当对应急预案演练效果进行评估，精心撰写应急预案演练评估报告，深入分析存在的问题，并对应急预案提出修订意见。

（三）网络安全事件合规实务

电力企业应参照标准，结合自身情况，建立相应的网络安全事件分类分级制度。如可根据丢失或泄露信息的重要性以及重要信息系统中断的时长分为重大、较大、一般信息安全事件。电力企业的信息安全事件如自然灾害（机房设施设备等遭受破坏）、关键设备重大故障（系统主机、存储设备或核心网络设备故障）、网络中断、软件系统遭破坏、数据库崩溃等。

特别重大网络安全事件由应急办组织有关部门进行调查处理和总结评估，并按程序上报。重大及以下网络安全事件由事件发生地区或部门自行组织调查处理和总结评估，其中重大网络安全事件相关总结调查报告报应急办。总结调查报告应对事件的起因、性质、影响、责任等进行分析评估，提出处理意见和改进措施。事件的调查处理和总结评估工作原则上在应急响应结束后 30 天内完成。

合规检查内容如下：

① 电力企业是否建立网络与信息安全信息通报机制，是否按要求向电力监管机构通报网络和信息系统安全状况；

② 电力企业是否建立健全网络与信息安全联合防护和应急机制，对于电力监控系统安全应急处理应由电力调度机构负责统一指挥调度；

③ 电力企业是否制定本单位网络与信息安全应急预案；

④ 电力企业是否实施年度应急演练，是否有演练脚本和演练实施记录文档；

⑤ 电力企业是否根据信息安全工作需求，配置应急处置队伍，保持必要的技术支撑队伍、专家队伍的应急联络方式，并提供相关装备、工具、经费保障；

⑥ 在网络与信息安全事件处置完成后，电力企业是否对处置情况进行总结，提出整改措施，安排整改计划并进行跟踪验证与检查评价。

（四）相关标准办法指南

1. 国家突发公共事件总体应急预案

2016年发布了《国家突发公共事件总体应急预案》（以下简称总体预案）。该总体预案是全国应急预案体系的总纲，是指导预防和处置各类突发公共事件的规范性文件。明确提出了应对各类突发公共事件的六条工作原则：以人为本，减少危害；居安思危，预防为主；统一领导，分级负责；依法规范，加强管理；快速反应，协同应对；依靠科技，提高素质。明确了各类突发公共事件分级分类和预案框架体系，规定了国务院应对特别重大突发公共事件的组织体系、工作机制等内容。总体预案主要内容如下：

① 突发公共事件主要分自然灾害、事故灾难、公共卫生事件、社会安全事件4类；

② 按照其性质、严重程度、可控性和影响范围等因素分成4级，特别重大的是Ⅰ级，重大的是Ⅱ级，较大的是Ⅲ级，一般的是Ⅳ级；

③ 在总体预案中，依据突发公共事件可能造成的危害程度、紧急程度和发展态势，把预警级别也依次分为4级；

④ 发生Ⅰ级或Ⅱ级突发公共事件应在4小时内报告国务院；

⑤ 突发公共事件消息应在符合相关规定和程序的前提下，及时向社会发布；

⑥ 国务院是突发公共事件应急管理工作的最高行政领导机构；

⑦ 迟报、谎报、瞒报和漏报要追究责任。

同时，应急预案框架体系共分6个层次，分别明确责任归属。

① 总体预案是全国应急预案体系的总纲，适用于跨省级行政区域，或超出事发地省级人民政府处置能力的，或者需要由国务院负责处置的特别重大突发公共事件的应对工作；

② 专项应急预案主要是国务院及其有关部门为应对某一类型或某几类型突发公共事件而制定的应急预案，由主管部门牵头会同相关部门组织实施；

③ 部门应急预案由制定部门负责实施；

④ 地方应急预案指的是省市（地）、县及其基层政权组织的应急预案，明确各地政府是处置发生在当地突发公共事件的责任主体；

⑤ 企事业单位应急预案则确立了企事业单位是其内部发生的突发事件的责任主体；

⑥ 除此之外，举办大型会展和文化体育等重大活动，主办单位也应当制定应急预案并报同级人民政府有关部门备案。

2. 信息安全技术 信息安全事件分类分级指南

《信息安全技术 网络安全事件分类分级指南》（GB/Z 20986—2023）主要对信息安全事件基本概念、信息安全事件分类、信息安全事件分级进行规范化说明。

信息安全事件是指由于自然或者人为以及软硬件本身缺陷或故障，对信息系统造成危害，或对社会造成负面影响的事件。

信息安全事件分类分级的目的是：

① 促进安全事件信息的交流和共享；

② 提高安全事件通报和应急处理的自动化程度；

③ 提高安全事件通报和应急处理的效率和效果；

④ 利于安全事件的统计分析；

⑤ 利于安全事件严重程度的确定。

指南将安全事件分成 7 类，分别是有害程序事件、网络攻击事件、信息破坏事件、信息泄露事件、设备设施故障、灾害事件和其他信息安全事件。同时将安全事件划分为 4 个等级，对信息安全事件的分级主要考虑 3 个要素：信息系统的重要程度、系统损失和社会影响。4 个等级分别是特别重大事件（Ⅰ级）、重大事件（Ⅱ级）、较大事件（Ⅲ级）和一般事件（Ⅳ级）。

3. 国家网络安全事件应急预案

2017 年，中央网信办公布了《国家网络安全事件应急预案》（以下简称"本预案"）。内容框架包括总则、组织机构及职责、监测与预警、应急处置、保障措施等。

总则给出目的、适用范围、工作原则、编制依据等。

发布本预案目的是建立健全网络安全事件应急工作机制，提高应对突发网络安全事件能力，维护基础信息网络、重要信息系统和重要工业控制系统的安全，保障国家、社会、单位和个人信息安全运行，预防和减少网络安全事件造成的损失和危害，保护公众利益，维护国家安全、公共安全和社会秩序等。

适用范围，通常包括全国范围内发生的网络安全事件，以及发生在其他地区且有可能影响我国网络安全运行的网络安全事件的预防和处置工作。

网络安全事件预防和处置的工作原则：坚持统一领导、分级负责；坚持统一指挥、密切协同、快速反应、科学处置；坚持预防为主，预防与应急相结合；坚持谁主管谁负责、谁运行谁负责。

编制依据主要为相关的法律法规及条例、指南等。

在中央网络安全和信息化领导小组（以下简称"领导小组"）的领导下，中央网络安全和信息化领导小组办公室（以下简称"中央网信办"）统筹协调组织国家网络安全事件应对工作，建立健全跨部门联动处置机制，工业和信息化部、公安部、国家保密局等相关部门按照职责分工负责相关网络安全事件应对工作。

中央和国家机关各部门、各省（区、市）网信部门按照职责和权限，统筹协调组织本部门、本行业、本地区网络和信息系统网络安全事件的预防、监测、报告和应急处置工作。涉及的角色主要有网络安全和信息化领导小组、网信办、指挥部、网络安全应急办、各职能部门、专家咨询和技术支持机构。在应急响应工作中要充分发挥网信、公安、国安、电信、通信管理、保密、密码管理、广播电视、电子政务、信息中心等部门的作用。

预防和预警机制主要包括预防、监测机制、预警分级、预警发布、预警响应和预警解除。对发生或可能发生特别重大、重大、较大和一般网络安全事件，分别发布四级预警，由高到低依次用红色、橙色、黄色和蓝色表示。

应急处置流程主要包括事件分类与定级、事件报告、事件通报、应急响应、应急处置和后期处置等工作。网络安全事件发生后，事发单位应立即启动应急预案，实施处置并及时报送信息。各有关地区、部门立即组织先期处置，控制事态，消除隐患，同时组织研判，注意保存证据，做好信息通报工作，对应启动相应级别的应急响应。

保障措施主要包括人力保障、物资保障、技术保障。人力保障，首先要建立本地的应急响应团队、技术服务人员团队、专家咨询团队，设立专门机构和岗位负责应急响应。物资保障要确保经费充足、并制定应急处置过程的储备物资清单。技术保障上，网信、通信、文广影视等部门要建立有线和无线相结合、基础电信网络与机动通信系统相配套的应急通信系统，确保应急处置时通信畅通。

本预案公开印发，是为了方便全社会周知内容，形成共同应对网络安全重大事件的局面。同时，便于更好地指导各级各类网络安全预案的制定，构建科学合理、有机统一的国家网络安全应急预案体系。

六、网络安全与数据合规培训与实践

（一）安全合规培训

安全合规培训包括全员安全培训、技术基础培训、网络安全运维培训和应急培训。

1. 全员安全培训

主要培训内容是介绍网络安全的重要性，安全技术及管理的意义，重点是提高对系统安全性的重视，加强管理效能。培训内容参考如下：

① 网络安全方面的法律法规教育、职业道德教育；
② 网络安全在企业管理中的重要作用和必要性；
③ 网络安全技术对保障系统安全的重要性及实际意义；
④ 网络安全管理对系统安全的重要性和必要性；
⑤ 典型网络安全案例与警示分析。

2. 技术基础培训

技术基础培训是对网络系统管理员、安全管理相关人员的技术培训，主要目的是增强其安全意识，使其了解基本的安全技术，能够分辨网络、系统及应用中可能存在的安全问题，并掌握采用相应的安全技术、产品或服务进行具体防范的方法。培训内容参考如下：

① 系统安全、网络安全和应用安全的基本知识；
② 业务系统、网络安全的风险、威胁和漏洞及分析；
③ 网络安全有效防范措施的主要技术和方法；
④ 网络安全产品种类、特点、应用场景；
⑤ 黑客进攻技术、原理步骤与防范方法等。

3. 网络安全运维培训

网络安全运维培训是对网络安全运维人员和系统管理员的专门技术培训，涵盖系统配置、安全产品使用、黑客攻防等专业的网络运维技术。如操作系统的安全配置与应用，安全产品的类型功能、原理与使用方法，常用的黑客攻击技术、防范技术、攻防手段演示和安全防范实验等。

4. 应急培训

电力企业各类生产经营单位可采取多种形式开展应急预案的宣传教育，将网络安全的应急教育和生产安全避险应急知识学习相结合，以提高安全综合意识与应急处置技能。

应急培训的时间、地点、内容、师资、参加人员和考核结果等情况应当如实记入本单位的安全生产教育和培训档案。

（二）合规绩效考核与合规文化宣贯

绩效考核是合规管理的重要组成部分，特别是对于合规文化尚不成熟、长效合规机制还未形成的一些企业，可以通过合规绩效考核机制来提升合规执行力。企业应结合企业的发展价值观，将合规考核纳入企业绩效管理体系，有效协调业务拓展与合规管理的关系，帮助员工建立正确的业务发展目标。

如对网络与信息安全事件的处理考核办法可参照以下条文：

（1）在网络与信息安全事件处置工作结束后，网络安全管理部门应立即组织有关人员和专家在有关部门和单位的配合下，对事件发生及其处置过程进行全面的调查，查清事件发生的原因及损失情况，总结经验教训，并组织制定整改措施，撰写调查评估报告。

（2）根据网络与信息安全事件造成的破坏与影响，网络与信息安全管理部门对相关责任人提出考核意见，各单位应根据有关规定对有关责任人员作出处理。

（3）根据网络与信息安全事件的处置结果，网络与信息安全管理部门对处置效果好的人员提出奖励建议，各单位对安全事件中及时报告和响应的人员、处置工作的有功人员给予相应奖励。

企业可结合"国家网络安全宣传周"活动，组织职工参加系列网络安全主题宣传体验展，使职工了解金融、电信、电力、政务、电子商务等重点领域的网络安全技术发展动态，知晓国内外和民生紧密结合的热点问题，以营造网络安全人人有责、网络文明齐创共享的良好氛围。

（三）网络安全与数据合规管理发展趋势

1. 网络安全技术不断提高发展

随着网络安全威胁不断增加变化，网络安全技术也在不断创新和提高，从传统安全技术向诸如可信技术、深度包检测、终端安全管控和 Web 安全技术等新技术演进。同时，也不断出现一些加固隔离、虚拟技术、云端结合的云杀毒、信息隐藏和软件安全扫描等新技术。面对特殊威胁开发了专用安全工具，例如专门针对拒绝服务攻击的防范系统，专门解决网络安全认证、授权与计费的 AAA（Authentication Authorization Accounting）认证系统等。

2. 安全防护向自动化智能化迈进

网络安全技术更多地从单一功能向多种功能合一的方向发展，将网络、计算系统、安全理论以及工程管理作为多学科课题进行整体研究与实践。不同安全产品之间加强协同与联动，网络安全产品更加集成与智能化已成趋势。如防火墙与 VPN/智能检测/防病毒的集成，安全网关、主机防护与网络监控的集成。新型网络安全平台可对各种威胁进行整体安全防护管理，是网络安全技术发展的一大趋势，已成为多种防护技术一体化的解决方案，像集成统一威胁管理和日志审计分析系统的网络安全平台。

3. 网络安全服务专业化团队化分工

网络安全威胁的严重性及新变化对网络安全技术和经验的要求更高，急需高水平的网络安全服务和人才。对网络系统的定期风险评估、安全加固等工作逐渐交给网络安全服务专业团队将成为一种趋势。

4. 业务和信息系统不断云化

从传统的无线网络到现在的传感器网络及 IP 化的卫星网络，无不影响着网络安全技术的发展。各类业务和信息系统上云成为不可阻挡的趋势，公有云、私有云、混合云将突破传统安全防护边界，为网络安全带来新的挑战。

5. 安全态势可视化

随着网络流量、网络安全事件、网络应用的快速增长，将海量网络安全态势信息以直观易懂的图形化形式呈现出来显得非常必要。可视化不是简单地将数据图形化展示，不是日志信息的简单分类和归集，而是深度挖掘这些原始素材背后的内在关联，以全局视角帮助网络管理者看清各种威胁、攻击的全貌，了解攻击者的真正意图和目标，全方位展示网络安全态势。

6. 核心重器技术强化自主原创要求

技术研发攻关主要体现在如下几点：研发自主可控的计算环境、操作系统、中间件、数据库等基础产品，实现对国外软硬件的替代；以防范阻止、检测发现、应急处置、审计追踪、集中管控等为目的，研究适合自身信息系统特点的安全保护策略和可信机制；建设模拟仿真测试环境，通过可靠的测试技术和测试工具实现对信息系统的安全检测，确保降低信息系统使用过程中发生的安全事件的概率；利用密码学成果，研发用于保护重点信息系统的安全计算环境、安全区域边界、安全通信网络和安全管理中心的核心技术产品。

7. 更加注重安全运营

企业网络安全的管理范围从安全设备管理和技术管理向安全有效性、安全运营扩展。安全设备只是工具，要管理好安全设备，真正发挥其防护能力，实现安全有效性，必须通过安全运营来达成。网络安全的监管环境依靠合规检查和技术手段自动审查双轨并行，通过技术审查促进合规更好地落地。

8. 安全重心向业务靠近

在 IT 内部，安全防护越来越向研发深入，向需求立项、架构评审、代码开发阶段渗透。在 IT 外部，安全也向支撑业务发展、业务风险管控靠近。贴近前端和业务，安全合规管理会创造更多价值。网络与数据安全合规管理作为企业经营管理中的保障部分，需要与其他合规体系、业务体系更好的融合，结合企业实际才能发挥更好的作用。根据等级保护思想确定网络安全的基线，在业务最佳应用实践和合规安全之间设计合理恰当的平衡点，保持安全与应用同步发展，保障网络系统和资源更好地为企业服务。

（四）安全合规的良好实践

电力企业可结合工作实际，逐步宣贯网络安全与数据合规的相关要求，使全员在实践方面达成认知一致，逐步推进网络信息安全管理体系的改进与完善。列举内容如下：

（1）企业应组建独立的信息化管理部门，成立信息化领导小组、信息安全工作小组和招标小组等信息化工作组织机构。设置专职网络安全管理员，明确岗位安全责任制；

（2）定期召开网络安全管理会议，商议决策企业信息化工作；

（3）提前做好重大活动重要会议网络安全准备工作，确保完成网络保障任务；

（4）制定企业中长期网络安全规划，做好对网络安全战略、企业战略及 IT 总体战略的支撑。定期回顾规划的实际执行情况，结合实际滚动调整方案；

（5）企业应建立长效机制以确保信息安全建设及运行维护经费及时到位，以实现经费投入的常态化；

（6）将信息网络安全管理纳入企业年度工作计划和绩效考核中；

（7）信息安全工作的整体策略在工作中需不断补充细化，定期调整发布；

（8）信息安全产品按需进行升级，尽量采购国产信创产品，降低对国外产品的依赖度，安全防护产品采取白名单方式采购；

（9）电力属于国家能源行业的重要一环，必须遵循"上网不涉密、涉密不上网"的原则处理涉密信息；

（10）对在信息安全岗位及其他敏感岗位工作的人员一定要做好审查工作，只有符合规定的人员才能上岗。一旦涉密人员离岗必须签署保密承诺书，并及时收回其权限；

（11）每年都要进行定期的信息安全培训和宣传，让员工充分了解和熟知网络安全对于企业的重要性；

（12）划分明确的分区界限，根据生产、管理等要素进行安全分区、网络专用管理；

（13）完善企业网络信息安全管理制度，并落实执行。内网信息也要做好先审后发工作；

（14）加强局域网、广域网和对外网站的管理；

（15）信息系统管理员需要定期检查补丁更新、防病毒软件和防恶意代码软件工作日志；

（16）设定账户锁定时间、账户锁定阈值、重置账户锁定计数器等安全策略；

（17）口令执行策略需要包括：密码必须符合复杂性要求、密码长度最小值、密码短期使用期限、密码长期使用期限、强制密码历史以及用可还原的加密来存储密码等安全策略；

（18）尽可能采用每个账户和每个人一一对应的关系，避免了账户的重复和共享账户的存在，对于多余的、过期的账户进行定期检查和及时删除；

（19）实现操作系统和数据库系统特权用户的权限分离，实现数据库账户独立管理；

（20）要有完整的机房进出记录和系统安全维护检查记录，完善备份系统建设；

（21）执行卸载与工作无关的应用程序，做好安全措施，关闭不必要服务和端口等；

（22）保障企业信息网络安全，使得员工可以通过信息系统提高生产管理和办公效率；

（23）定期进行信息系统数据备份和恢复演练，进一步完善企业的网络与信息安全应急管理体系，保障应急资源的及时到位。进一步制定有针对性的、实用化的专项应急预案，同时预案的演练要实现常态化；

（24）实行业务外包以前，应全面考虑业务外包的程度问题，以及将多项业务外包给同一个服务商时的风险问题。同时在外包的过程中定期做好风险的内部评估；

（25）按照公安部和上级部门的有关要求，进行信息系统安全等级保护备案工作，进行安全风险测评；定期开展网络安全自查工作，并按照检查问题进行相关整改。需要定期开展网络安全自查及整改工作，有条件的企业可以请外面高水平的专家组来企业做安全测评指导；

（26）电力企业要按照"谁主管谁负责，谁运营谁负责"的原则，明确任务，落实责任，加强网络安全工作，保障企业网络与信息系统的安全稳定运行。

附表内容旨在为电力企业在开展网络安全与数据合规检查或自查时提供参考依据。

（五）附表

附表一　企业网络安全情况表

一、企业基本情况				
单位名称				
单位地址				
网络安全分管领导	姓名		职务/职称	
网络安全责任部门				
责任部门负责人	姓名		职务/职称	
	办公电话		移动电话	
责任部门联系人	姓名		职务/职称	
	办公电话		移动电话	

续表

单位信息网络总数		第四级网络数		第三级网络数	
		第二级网络数		未定级网络数	
单位信息网络等级测评总数		第四级网络数		第三级网络数	
		第二级网络数		未测评网络数	
单位信息网络安全建设整改总数		第四级网络数		第三级网络数	
		第二级网络数		未整改网络数	
单位信息网络安全自查总数		第四级网络数		第三级网络数	
		第二级网络数		未自查网络数	
二、网络安全工作情况					

1. 单位网络安全等级保护工作的组织领导情况

重点包括：单位网络安全领导机构或网络安全等级保护工作领导机构成立情况；单位网络安全或网络安全等级保护工作的职能部门和具体履责情况；单位网络安全等级保护工作部署情况等。

2. 单位网络安全保障工作情况

重点包括：出台网络安全政策、规划、管理制度（人员、机房、设备、介质、网络安全建设、运维、服务外包等）等文件情况，注明具体文件名称、文号及出台时间；网络安全工作年度考核情况；开展网络安全自查情况；对网络安全机构负责人和关键岗位人员进行背景审查情况；网络安全工作经费落实情况（单位网络安全工作经费是否纳入年度预算？单位网络安全工作经费约占单位信息化建设经费的百分比）等。

3. 单位网络安全等级保护工作开展情况

重点包括：网络定级、备案、年度等级测评、整改情况；测评机构资质核验情况；与测评机构签署安全保密协议并进行监督管理情况；按照网络安全等级保护国家标准开展网络安全防护工作情况及主要措施；针对单位网络开展恶意代码扫描、渗透性测试和风险评估等安全检测情况等。

4. 单位关键信息基础设施安全保护工作开展情况（如没有，则不需填写）

重点包括：按照关键信息基础设施认定规则，认定关键信息基础设施及备案情况；关键信息基础设施按要求开展年度检测评估情况；根据检测评估发现的问题，制定安全建设整改方案并开展整改工作情况；新建及在建网络是否及时认定关键信息基础设施、是否及时向公安机关备案，是否落实"同步规划、同步建设、同步运行"安全保护措施；关键信息基础设施安全保护的保障机制建立和落实情况等。

5. 单位重要数据和公民个人信息保护情况

重点包括：数据中心建设情况；数据资源存储情况，有无跨境存储，如有是否进行了安全评估并采取了哪些风险防控措施；数据资源安全保护情况；数据资源灾备中心建设情况和数据备份恢复情况；数据资源存储、应用、运维等是否由社会第三方提供？提供服务的单位、人员具体情况及采取管理措施情况；数据分级分类情况等。

6. 单位采购使用网络安全产品、服务及国产化情况

重点包括：采购使用的网络安全产品是否获得计算机信息系统安全专用产品销售许可证；第三级（含）以上网络使用安全可信的网络产品、服务情况；网络安全服务是否采用外包？采取哪些措施确保服务外包等供应链安全；使用互联网远程运维工具情况；国产化情况（操作系统、服务器、数据库、交换机等核心信息技术产品的国产化比率情况；网络安全设备的国产化比率情况；信息技术产品国产化替换工作计划情况；新建信息系统是否采用国产化设备）等。

7. 单位新技术新应用安全保护情况

重点包括：大数据、云计算、物联网、工业控制系统、移动互联应用等新技术新应用使用情况；采取哪些网络安全风险管控措施等。

8. 单位网络安全信息通报预警、应急演练工作开展情况

重点包括：加入地方网络与信息安全通报机制情况；建立本单位网络与信息安全信息通报机制情况；制定网络安全应急预案及应急处置机制情况；组织开展网络安全监测、通报预警、应急演练或实战演练情况等。

续表

9. 单位网络安全事件（事故）处置情况

重点包括：制定网络安全重大威胁和网络安全事件（事故）发现、报告和处置制度情况；本年度发生重大网络安全事件（事故）情况；与属地公安机关网安部门及有关单位建立网络安全应急处置机制情况等。

10. 单位网络安全责任追究和宣传培训工作情况

重点包括：建立网络安全责任追究制度情况；依据责任追究制度对本单位发生的网络安全事件（事故）进行追溯分析情况；单位组织开展网络安全宣传教育情况；单位组织开展网络安全岗位培训和网络安全员培训等情况。

附表二　重要信息系统自查表

一、重要信息系统基本情况

项目	子项	内容
系统名称		
系统安全保护等级		□三级　□四级　□未定级
系统运营使用单位		
系统承载业务情况	业务类型	□生产作业　□指挥调度　□管理控制　□内部办公　□公众服务　□其他＿＿＿＿
	功能描述	
系统服务情况	服务范围	□全国　　　　　　□跨省（区、市）跨＿＿＿＿个 □全省（区、市）　□跨地（市、区）跨＿＿＿＿个 □地（市、区）内　□其他＿＿＿＿
	服务对象	□单位内部人员　　□社会公众人员 □两者均包括　　　□其他＿＿＿＿
系统数据	数据存储方式	□本地存储　□异地存储　□云存储　□其他＿＿＿＿
	年存储数据量级	□1TGB　□10TGB　□100TGB　□1000TGB　□其他＿＿＿＿
系统网络平台	覆盖范围	□局域网　□城域网　□广域网　□其他＿＿＿＿
	网络性质	□业务专网　□互联网　□其他＿＿＿＿
系统互联情况		□与其他行业系统连接　　□与本行业其他单位系统连接 □与本单位其他系统连接　□其他＿＿＿＿
系统经费投入情况		系统建设投入＿＿＿＿万元；系统安全建设投入＿＿＿＿万元
何时投入运行使用		＿＿＿＿年＿＿月＿＿日

二、重要信息系统安全保护情况

序号	项目	内容	选项
1	设备和资产管理情况	是否指定专人负责资产管理，并明确责任人职责？	□是　□否
		是否建立完整资产台账，统一编号、统一标识、统一发放？	□是　□否
		资产台账与实际设备是否相一致？	□是　□否
		是否完整记录设备维修维护和报废信息（时间、地点、内容、责任人等）？	□是　□否
2	安全经费年度预算	是否将信息安全设施运维、日常管理、教育培训、等级测评和安全建设整改等费用纳入年度预算？	□是　□否
		是否能够保障网络安全所需的费用？	□是　□否
		年度网络安全经费情况	＿＿＿＿万元
		年度网络安全经费执行情况	执行比率：
3	网络安全规划、保护策略制定情况	是否制定了网络安全规划？	□是　□否
		网络安全规划是否遵循国家、行业相关安全标准？	□是　□否
		是否制定了网络安全保护策略？	□是　□否

续表

4	定级备案、等级测评、风险评估及建设整改情况	信息系统是否已按照信息安全等级保护要求进行定级？	□是 □否
		信息系统是否到属地公安机关定级备案？	□是 □否
		信息系统是否每年聘请符合国家资质要求的测评单位对信息系统进行测评？	□是 □否
		信息系统是否依据测评结果制定整改方案？	□是 □否
		信息系统是否开展了风险评估？	□是 □否
		信息系统是否完成安全建设整改？	□是 □否
5	网络安全管理制度制定情况	是否制定了完善的网络安全管理制度？	□是 □否
		是否有网络安全管理操作规程？	□是 □否
		是否监督管理制度的贯彻落实？	□是 □否
6	网络边界管理	信息系统是否有明确的安全域划分？	□是 □否
		是否对系统边界有严格的安全策略控制？	□是 □否
7	日志及安全审计管理	是否对信息系统操作行为、设备运行状态有完善的日志记录？	□是 □否
		是否对信息系统操作行为、设备运行状态有安全审计措施？	□是 □否
8	恶意代码防范管理	是否定期进行系统恶意代码扫描、查杀？	□是 □否
		是否定期进行信息系统防病毒软件进行更新？	□是 □否
9	安全漏洞管理	是否对系统安全漏洞定期检查、分析？	□是 □否
		是否对系统发现的安全漏洞进行加固整改？	□是 □否
10	终端管理	是否对系统终端安全进行统一管理？	□是 □否
11	数据的备份与恢复	是否具有本地数据备份与恢复策略？	□是 □否
		系统备份数据是否场外存放？	□是 □否
		核心网络设备、关键主机设备是否具有冗余备份？	□是 □否
		是否具有冗余链路备份？	□是 □否
		重要应用是否有备份恢复措施？	□是 □否
12	数据安全保护	是否对系统重要数据采取加密措施？	□是 □否
		是否对系统重要数据采取校验措施保障数据的完整性？	□是 □否
		是否对系统重要数据的应用、流转等情况进行管理？	□是 □否
13	安全事件处置、报告、追责情况	是否制定信息系统网络安全事件（事故）处置操作手册？	□是 □否
		是否要求信息系统发生网络安全事件（事故）第一时间向公安机关报告？	□是 □否
		是否制定安全事件责任制度？	□是 □否
14	应急队伍建设检查	是否建立了应急联络方式？	□是 □否
		是否建立了应急技术支援队伍？	□是 □否
		是否与相关单位建立了应急协调机制？	□是 □否
15	应急预案和演练	是否已制定了网络安全应急预案？	□是 □否
		本年度是否已开展了应急演练？	□是 □否
		系统本年度是否出现过异常中断？	□是 □否
		系统异常中断造成的影响范围？	□社会公众 □本单位
16	操作系统、服务器、数据库国产化情况	使用国外操作系统的比率	_____%
		使用国外服务器的比率	_____%
		使用国外数据库的比率	_____%

17	安全产品使用情况	使用国外网络安全产品的比率	_____%
18	国产化替代工程计划和进展情况	是否制定核心网络设备、操作系统、数据库、服务器等软硬件产品的国产化替代工程计划？	□是 □否
		是否落实相关国产化替代工程经费？	□是 □否
19	运维服务检查	是否委托社会第三方提供日常运维管理服务？	□是 □否
		是否与受托单位签订了保密协议？	□是 □否
		受托单位是否是国外安全服务机构？	□是 □否
20	信息系统和重要数据的运维情况	信息系统和重要数据是否由本单位自行维护？	□是 □否
		信息系统和重要数据的服务托管单位？	单位名称：
		是否要求并落实了托管单位的数据安全保护责任？	□是 □否

附表三　工业控制系统自查表

一、工业控制系统基本情况

	系统名称				
	系统安全保护等级	□二级　□三级　□四级　□未定级　□未备案			
	系统运营使用单位				
	系统所属企业类型	（电网、火电、水电、风电、光电、核电、其他）			
系统基本情况	系统功能描述				
	系统集成厂商	名称：　　　　　　□国内　　□国外			
	核心控制器情况	类型	厂商	型号	数量
		分布式控制系统（DCS）			
		可编程逻辑控制器（PLC）			
		远程终端单元（RTU）			
		其他			
	工作站情况	类型	硬件厂商	型号	操作系统	数量
		操作员站				
		工程师站				
		维护工作站				
		其他				
	服务器情况	类型	硬件厂商	型号	操作系统	数量
		数据库服务器				
		应用服务器				
		通信服务器				
		其他				
	网络设备情况	类型	厂商	型号	数量
		核心汇聚交换机			
		接入交换机			
	安全设备情况	类型	厂商	型号	数量
		防火墙			
		网闸			

续表

系统基本情况	安全设备情况	加密装置				
		入侵检测				
		漏洞扫描				
		防病毒				
		其他				
	组态软件情况	组态软件名称： 组态软件厂商：				
	数据库情况	□实时数据库 品牌： 型号： □历史数据库 品牌： 型号： □其他数据库 品牌： 型号：				
	云桌面情况	是否部署 □否 □是 厂商： 型号：				
	服务范围	□全国 □跨省（区、市）跨_____个 □全省（区、市） □跨地（市、区）跨_____个 □地（市、区）内 □其他_____				
	服务对象	□单位内部人员 □社会公众人员 □两者均包括 □其他_____				
系统数据	数据存储方式	□本地存储 □异地存储 □云存储 □其他_____				
	年存储数据量级	_____GB				
	系统网络互联情况	□与互联网连接 □否 □是 □与办公网连接 □否 □是 □与其他系统连接 □否 □是				
	系统运维或技术支持单位名称					
	何时投入运行使用	_____年___月___日				

二、工业控制系统安全保护情况

1	工控安全组织建设情况	是否建立工控信息安全管理的组织？	□是 □否
		是否设置专门的工控信息安全管理相关的岗位、明确定义工控安全的职责？	□是 □否
		是否定期开展工控信息安全相关的培训？	□是 □否
2	核心设备和资产管理情况	是否指定专人负责资产管理，并明确责任人职责？	□是 □否
		是否建立完整资产台账，统一编号、统一标识、统一发放？	□是 □否
		是否定期对资产台账的一致性进行评审（核查）？	□是 □否
		是否定期对资产台账进行更新？	□是 □否
		是否完整记录设备维修维护和报废信息（时间、地点、内容、责任人等）？	□是 □否
3	安全经费年度预算	是否将设备设施运维、日常管理、教育培训、等级测评和安全建设整改等费用纳入年度预算？	□是 □否
		是否能够保障网络安全所需的费用？	□是 □否
		年度网络安全经费情况？	_____万元
4	网络安全保护策略制定情况	网络安全是否遵循国家、行业相关安全标准？	□是 □否
		是否制定了网络安全保护策略？	□是 □否
		是否编制网络拓扑图并保持更新？	□是 □否

续表

5	系统等级测评、建设整改情况	是否每年聘请符合国家资质要求的测评单位对系统进行测评？	□是 □否
		是否依据测评结果制定整改方案？	□是 □否
		是否对整改结果进行跟踪验证？	□是 □否
6	网络安全管理制度制定情况	是否制定了完善的网络安全管理制度？	□是 □否
		是否有网络安全管理操作规程？	□是 □否
		是否制定了网络设备相关的配置基线？	□是 □否
		是否监督管理制度的贯彻落实？	□是 □否
7	网络边界管理	系统是否有明确的安全域划分？	□是 □否
		是否对系统边界有严格的安全策略控制？	□是 □否
		是否允许在网络系统中部署无线网络设备？	□是 □否
		是否运用供应商通过远程连接方式开展运维支持？	□是 □否
		网络边界是否部署有安全产品？	□是 □否
8	日志及安全审计管理	是否对信息系统操作行为、设备运行状态进行日志记录？	□是 □否
		是否对信息系统操作行为、设备运行状态有安全审计措施？	□是 □否
		是否对网络日志或审计执行情况进行定期检查？	□是 □否
9	组态软件用户权限管理	组态软件的用户权限分发和变更是否执行审批？	□是 □否
		是否定期对用户权限情况进行评审（核查）？	□是 □否
10	恶意代码防范管理	上位机或服务器是否部署了防病毒软件并定期查杀？	□是 □否
		是否定期进行信息系统防病毒软件更新？	□是 □否
11	安全漏洞管理	是否对系统安全漏洞定期检查、分析？	□是 □否
		是否对系统发现的安全漏洞进行加固整改？	□是 □否
12	终端管理	是否对系统终端安全进行统一管理？	□是 □否
13	数据的备份与恢复	是否具有本地数据备份与恢复策略？	□是 □否
		是否定期对备份数据执行恢复性测试？	□是 □否
		核心网络设备、关键主机设备是否具有冗余备份？	□是 □否
		重要应用是否有备份恢复措施？	□是 □否
14	数据安全保护	是否对系统重要数据采取加密措施？	□是 □否
		是否对系统重要数据的完整性进行校验？	□是 □否
		是否对系统重要数据的应用、流转等情况进行管理？	□是 □否
15	安全事件处置、报告、追责情况	是否制定信息系统网络安全事件处置操作手册？	□是 □否
		是否对安全事件进行分级分类管理？	□是 □否
		是否第一时间向公安机关报告网络安全事件？	□是 □否
		是否制定安全事件责任制度？	□是 □否
		本年发生过几次工控安全事件？	_____次
16	应急队伍建设检查	是否建立了应急联络方式？	□是 □否
		是否建立了应急技术支援队伍？	□是 □否
		是否与相关单位建立了应急协调机制？	□是 □否
17	应急预案和演练	是否已制定了网络安全应急预案？	□是 □否
		是否每年制定应急演练计划？	□是 □否
		是否开展应急演练业务影响分析？	□是 □否
		本年度是否已开展了应急演练？	□是 □否
		系统本年度是否出现过异常中断？	□是 □否

续表

18	国产化情况	是否制定核心设备的国产化替代工程计划？	□是 □否
19	运维服务检查	是否委托社会第三方提供日常运维管理服务？	□是 □否
		是否与受托单位签订了保密协议？	□是 □否
		是否与受托单位运维人员签署保密承诺书？	□是 □否
		受托单位是否为国外安全服务机构？	□是 □否
		外包人员现场维护是否有本单位人员全程陪同？	□是 □否
		是否每日对工控进行巡检？	□是 □否
		巡检记录是否保存完整并有专人进行核实？	□是 □否
20	工控安全教育培训	是否每年制定工控信息安全培训计划？	□是 □否
		本年度开展工控安全教育培训的次数？	＿＿＿＿次

附表四 网站安全情况自查表

一、网站的基本情况

网站中文名		IP 地址	
网址			
网站责任单位		网站运行单位	
网站责任单位负责人及职务		联系电话	
网站运行安全责任人及职务		联系电话	
网站责任单位所在地			
工信部 ICP 备案号			
国际联网备案号			
隶属关系	□中央　　　　　　　　　　□省（自治区、直辖市） □地（区、市、州、盟）　　□县（区、市、旗） □其他＿＿＿＿＿		
单位类型	□政府机关　　　　　　　　□事业单位 □国企　　　　　　　　　　□互联网 □其他＿＿＿＿＿		
等级保护定级备案	□二级　　□三级　　□四级　　□未定级		
等级测评	□已开展　　□未开展		
网站安全责任书	□已签订　　□未签订		
网站服务栏目	□新闻发布　□政策宣传　□事项办理　□论坛　□即时通信 □电子邮件　□留言版　□政务公开　□其他＿＿＿＿＿		

二、网站安全保护情况

1	网站安全责任部门和安全责任人落实情况	是否落实了单位网站安全责任部门？	□是 □否
		是否落实了单位网站安全责任人？	□是 □否
2	主要领导对网站网络安全工作的重视情况	是否将网站安全工作的执行情况纳入到年度考核指标？	□是 □否
		开展网站安全工作的经费是否纳入年度预算？	□是 □否
3	单位网站网络安全责任制落实情况	是否明确了网站建设单位、运维单位和内容更新单位等部门的责任？	□是 □否
		是否对发生的网站安全事件（事故）按照安全责任制进行追责？	□是 □否

续表

4	关键岗位人员配备情况	是否有明确的安全管理员，并签订保密协议？	□是 □否
		是否有内容管理员，并签订保密协议？	□是 □否
5	网站定级备案执行情况	单位网站是否确定了安全保护等级？	□是 □否
		单位网站是否按要求到公安机关进行了备案？	□是 □否
6	网站等级测评情况	是否从《全国网络安全等级测评与检测评估机构目录》中选择测评机构开展等级测评？	□是 □否
		是否对网站系统定期进行安全测评？	□是 □否
		是否对网站系统进行了外部渗透测试？	□是 □否
		是否根据测评和渗透测试结果对网站进行安全加固改造？	□是 □否
7	安全事件报告处置	是否制定网站安全事件（事故）报告制度？	□是 □否
		发生网站安全事件（事故）是否向属地公安机关报告？	□是 □否
		是否有完整网站安全事件处置记录？	□是 □否
		是否按照要求保留网站完整日志？	□是 □否
8	开展网站安全监测和预警情况	本单位是否开展日常网站安全监测？	□是 □否
		是否有网站安全监测记录？	□是 □否
		是否有网站安全预警和处理记录？	□是 □否
9	网站内容管理	是否制定网站内容发布管理制度？	□是 □否
		是否制定网站内容发布流程？	□是 □否
10	应急预案的制定、演练和完善情况	是否有应急预案，并有相应的预案文档？	□是 □否
		是否有应急保障队伍并有人员联系方式？	□是 □否
		是否定期应急演练并有应急演练的文档记录？	□是 □否
		是否根据演练结果对应急预案进行完善？	□是 □否
11	机房安全管理制度执行情况	本单位机房进出人员管理是否按照制度执行，并有详细记录？	□是 □否
		本单位机房日常监控是否制度执行并有监控记录？	□是 □否
12	网络安全检查情况	是否有网站安全自查工作总结报告？	□是 □否
13	网站交互式栏目信息巡查情况	单位网站是否有交互式栏目？	□是 □否
		是否有专人负责网站交互式栏目信息巡查？	□是 □否
14	网络边界安全防护设备情况	是否部署防火墙？	□是 □否
		是否对外屏蔽了不必要的服务/端口？	□是 □否
		是否部署入侵检测（防护）设备？	□是 □否
		是否部署防病毒网关？	□是 □否
		是否部署抗拒绝服务攻击设备？	□是 □否
		是否部署 Web 应用防火墙？	□是 □否
15	网页防篡改措施	是否定期对网站文件进行检测？	□是 □否
		是否采取网页防篡改措施？	□是 □否
16	漏洞扫描措施及修复升级情况	是否进行过系统层漏洞扫描，并有详细记录？	□是 □否
		是否进行过应用层漏洞扫描，并有详细记录？	□是 □否
		发现的漏洞是否及时修复？	□是 □否
17	网站恶意代码防护	是否有网页挂马检测系统？	□是 □否

续表

18	网站内容安全防护措施	内容编辑、审核及发布权限是否分离？	□是 □否
		关键信息发布是否有多级审核？	□是 □否
		网站发布内容是否过滤？	□是 □否
19	管理终端安全防护措施	是否有控制措施（如地址绑定，网络接入控制等）？	□是 □否
20	网站后台管理系统防护措施	是否对网站后台管理系统的接口进行隐藏？	□是 □否
		网站后台管理系统登录是否采取验证机制？	□是 □否
		是否对网站后台管理系统的登录失败尝试次数进行限制？	□是 □否
		是否对网站后台管理系统的用户口令复杂度进行强度限制？	□是 □否
21	主要设备可用性	网站服务器和数据库服务器是否双机热备？	□是 □否
		网站服务器和数据库服务器是否采用冷备方式？	□是 □否
22	网站前、后台系统隔离情况	是否采用逻辑隔离？	□是 □否
23	网站应用远程管理情况	是否不允许远程管理网站的应用？	□是 □否
		应用远程管理时是否采用加密通道？	□是 □否
24	网站内容远程维护情况	是否不允许远程维护网站内容？	□是 □否
		网站内容远程维护时是否采用加密通道？	□是 □否
25	网站服务器操作系统安全措施	网站服务器操作系统安全补丁是否及时更新？	□是 □否
		网站服务器操作系统是否存在弱口令？	□是 □否
26	网站服务器数据库安全措施	网站服务器数据库是否存在弱口令？	□是 □否
		网站服务器数据库是否共用同一管理口令？	□是 □否
27	网站服务器中间件安全措施	网站服务器中间件管理界面是否允许外部访问？	□是 □否
		网站服务器中间件是否存在弱口令？	□是 □否
28	网站安全整治专项工作情况	是否完成网站通信管理部门备案？	□是 □否
		是否完成网站等级保护备案？	□是 □否
		是否完成网站统一标识？	□是 □否

三、互联网大型综合网站数据安全保护情况

29. 互联网大型综合网站数据资源采集、存储、传输、应用和安全保护情况

30. 利用互联网大型综合网站数据资源从事大数据分析挖掘、增值服务情况

续表

31. 互联网大型综合网站数据资源的转租情况及实际应用情况

附表五　企业网络（信息系统）等保情况登记表

序号	网络（信息系统名称）	安全保护等级	是否备案	等级保护备案编号	本年度是否测评	IP地址或者域名	系统类型（如下所示）
							基础网络
							办公系统
							业务系统
							门户网站
							邮件系统
							云平台
							大数据
							移动App
							工控系统
							其他

第七节　网络安全与数据保护合规管理经典案例

一、伊朗核设施"震网"病毒事件

2006年，伊朗重启核计划，在纳坦兹核工厂（图7-13）安装大量离心机，生产浓缩铀。伊方在建设之初，即将其核设施内部计算机与互联网实施了严格的物理隔离，因此，使用传统网络攻击方式很难对伊朗核设备进行有效破坏。美国联合以色列，并在荷兰、德国、法国的支持下，启动了代号为"奥运会"的绝密项目，旨在"运用网络武器阻滞伊朗铀浓缩进程"。他们一起合作，通过线上线下情报、物理和网络的完美结合，步步紧逼，完成了长达六年的渗透入侵行动，最终对伊朗核设施实行了直接的物理打击。

2007年2月，伊朗正式启动核计划，当年5月，伊朗在纳坦兹安装了1700台富含天然气的离心机，并计划在夏天到来前，再安装两倍数量的离心机。但就在那时，荷兰间谍已经成功潜入了。虽然他的工作并不能直接接触到离心机，但该间谍利用这几个月多次进入纳坦兹机会，持续收集相关信息。研制网络武器的小组将"震网"设计为只在特定的网络和配置下才发作。"震网"病毒本身是一种精确攻击，只有在发现非常具体的设备配置和网络状况时才会进行破坏。使用特工提供的信息，攻击者能够更新代码，提升一些攻击精确度。

2009年底，新型病毒"震网"成功研发，该病毒极具毒性和破坏力，其代码编制非常精密，是世界上第一款专门定向攻击现实世界基础能源设施的"蠕虫"病毒。该病毒采取了多种先进技术，具有极强的隐身性和控制力。只要电脑操作员将被病毒感染的U盘插入USB接口，这种病毒就会在"神不知鬼不觉"的情况下，侵入工业专用电脑系统，并取得一些设备的控制权。

图 7-13　纳坦兹燃料浓缩厂的鸟瞰图

2009年8月，以色列设法通过马来西亚软件公司，使伊朗购入了夹带"震网"病毒的离心机控制软件。该软件先是感染了工程师的电脑，并在工作内网中隐秘潜伏及传播，接着让工程师带入感染后的代码，该软件运行几周后，"震网"病毒于2010年6月爆发。

"震网"病毒控制并破坏伊朗核设施的离心机设备，使其运行失控、高温自毁，同时不断向主控机房监控系统回传"设备正常运转"的假指令，让操作人员误认为设备一切运行正常。当伊朗核设备管理部门发现问题时，已有1000余台离心机因过热出现了永久性物理损坏，伊方不得不暂停浓缩铀进程。

美国"棱镜门"泄密者爱德华·斯诺登透露，美国国家安全局与以色列一起创造了袭击伊朗核计划的"震网"病毒，这才进一步证实和曝光了有关"震网"行动的作战经过。"震网"病毒有很多个全球公认的"第一"——世界上第一款军用级网络攻击武器，世界上第一款针对工业控制系统的木马病毒，世界上第一款能够对现实世界产生破坏性影响的木马病毒。"震网"行动是历史上首次在没有爆发武装冲突、没有造成人员伤亡的情况下，通过虚拟空间对现实世界实施攻击破坏，达到了以往只有通过实地军事行动才能实现的效果。此次行动，颠覆了传统作战观念，标志着网络空间作战进入实战化时代。

此次事件中，荷兰特工上演的"间谍行动"，通过打入敌方内部方式，获取重要情报信息，成为开启实施震网武器"关键闸门"。此次间谍行动与古希腊"特洛伊木马"典故异曲同工，他们都指向一个道理：最坚固的堡垒往往是从内部攻破的。

人是安全的尺度，是最重要、也是最脆弱的操作资源，是网络安全组织中最强大、也是最薄弱的环节。FBI和犯罪现场调查（CSI）等机构联合做的一项安全调查报告显示，超过85%的网络安全威胁来自内部，危害程度远远超过黑客攻击和病毒造成的损失。

二、乌克兰电力系统遭受攻击事件

2015年12月23日，乌克兰电力部门遭到恶意代码攻击，相关电力公司发布公告："公司因遭到入侵，导致7个10kV的变电站和23个35kV的变电站出现故障，致使80000个用户断电。"

安全公司ESET在2016年1月3日最早披露了本次事件中的相关恶意代码，并表示乌克兰电力部门感染的是Black-energy（黑色能量），如图7-14所示。Black-energy曾经在2014年被黑客团队"沙虫"用于攻击欧美SCADA工控系统。

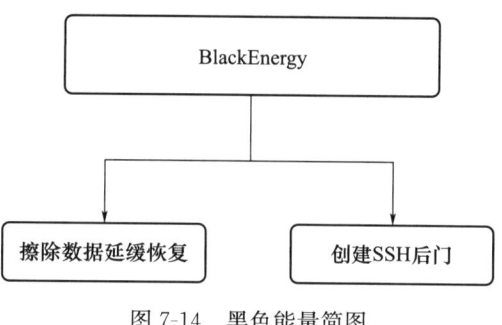

图7-14 黑色能量简图

Black-energy被当作后门使用，并释放KillDisk（擦除磁盘数据）破坏数据来延缓系统的恢复。同时在其他服务器创建SSH后门程序，攻击者可以根据内置密码随时连入受感染主机。

1. "黑色能量"的攻击路径

基于目前公开的样本，攻击者可能采用的技术手法为：通过钓鱼邮件或其他手段，首先向"跳板机"植入Black-energy，随后通过Black-energy建立据点，以"跳板机"作为据点进行横向渗透，最终攻陷监控/装置区的关键服务器。

由于Black-energy已经形成了具备一定规模的僵尸网络以及定向传播等因素，攻击者很可能在乌克兰电力系统中完成了前期环境预置和持久化。

2. 攻击者行为

攻击者在获得了SCADA系统的控制能力后，通过相关方法下达断电指令导致断电。具体行为如下：

（1）采用覆盖主引导记录（MBR）和部分扇区的方式，导致系统重启后不能加电自检和完成磁盘引导。

（2）清除系统日志，提升事件后续分析难度。

（3）覆盖文档文件和其他重要格式文件，导致实质性的数据损失。

这些行为使系统失去SCADA的上层故障回馈和显示能力，大大增加了修复的难度。

三、委内瑞拉大规模停电事件

2019年3月7日傍晚（当地时间）开始，委内瑞拉国内包括首都加拉加斯在内的大部分地区停电超过24小时。在委内瑞拉23个州中，曾有20个州全面停电，停电导致加拉加斯地铁无法运行，造成大规模交通拥堵，学校、医院、工厂、机场等都受到严重影响，手机和网络也无法正常使用。8日凌晨，加拉加斯部分地区开始恢复供电，随后其他地区电力供应也逐步恢复，但是9日中午、10日再次停电，给人们带来巨大恐慌。长时间大范围的电力故障给委内瑞拉造成严重损失，包括连续多日停工停学，部分网站无法访问，甚至部分地区出现严重的哄抢商场超市情况。此次停电是委内瑞拉自2012年以来时间最长、影响地区最广的停电事件。

3月11日晚，委内瑞拉总统马杜罗表示电力系统遭遇了三阶段攻击，包括网络攻击、电磁攻击、燃烧爆炸。第一阶段是发动网络攻击，主要针对西蒙·玻利瓦尔水电站，即国家电力公司（CORPO-ELEC）位于玻利瓦尔州（南部）古里水电站的计算机系统中枢，以及连接到加拉加斯（首都）控制中枢发动网络攻击。第二阶段是发动电磁攻击，通过移动设备中断和逆转恢复过程。第三阶段是"通过燃烧和爆炸"对 Alto Prado 变电站（米兰达州）进行破坏，进一步瘫痪了加拉加斯的所有电力。随后，马杜罗 3 月 12 日在一次电视直播活动中再次透露，攻击来自休斯顿敦和芝加哥，是在五角大楼的命令下由美军南方司令部直接执行的。马杜罗没有公布上述指控的证据，称已下令设立了一个总统特别调查委员会对网络攻击事件展开调查，并请求俄罗斯、中国、伊朗和古巴协助调查。较早前委内瑞拉新闻通讯部长罗德里格斯曾表示，马杜罗政府计划将"美国参与停电"的证据提交给 12 日到访的联合国人权事务高级专员米歇尔·巴切莱特。

本事件很容易被与"震网事件"和"乌克兰电网遭遇攻击停电事件"对比看待，而后两者都是已经被多方详细分析，并充分论证为网空攻击行动。而本事件基于特殊地缘特点限制，难以进行深入场景的提取分析，也无间接的样本、日志、系统环境镜像等数据资源情报，因此该事件尚不具备对是否存在网空攻击层面的基础技术研判条件，目前仍只能从能力、动机等方面，基于相关消息进行研判。

① 基于委内瑞拉不稳定的社会局面，人为攻击破坏的可能性极大，但从可收集的线索来看，除纵火行为有较多相关信息外，关于网络攻击和电磁攻击尚无更多信息支撑。

② 委内瑞拉部分电力设施陈旧，在社会动荡背景下故障频发，也不能排除自身发生故障所致，因设备故障或输电线路过载而停工的发电厂，其原因更可能被归咎于投资不足。引起大规模山火的电力线故障很可能是预防维护工作不力导致，而非蓄意的外国破坏。

③ 美方有主导或参与的动机及可能性，但尚无技术层面的实证。威胁是能力和意图的乘积。从能力上看，美方具有全球最强的体系化网络攻击能力，并且其不止一次公布并强调拥有攻击工控系统的能力。

此次事件，在委内瑞拉社会动荡的背景下，内部破坏、里应外合等各种可能性都急剧增加，物理、电磁、网空多个领域风险相互叠加，而被削弱的社会应急能力和基础设施运维水平，又增加了恢复难度和成本。国家的主权与安全是关键基础设施安全的基本屏障，而社会治理能力是关键基础设施安全的前提基础。

四、Enercon 风力发电机组失去远程控制服务

2022 年 3 月 1 日，德国风电整机制造商巨头 Enercon 在官网发布通知，由于欧洲卫星通信中断致使近 6000 台风力发电机组失去远程控制服务，现已被确认是受到网络攻击，同时 Enercon 已经找到了可以恢复该通信服务的解决方案。

Enercon 相关负责人表示，此次事件中欧洲卫星通信受到大规模中断，直接影响了中欧和东欧约 5800 台装机容量总计 11GW 的风力发电机组的监控和控制。

在问题得到解决之前，受影响的风力发电机将在自动模式下运行，并持续生产清洁的可再生能源，从根本上实现自给自足和独立调节。

当时，Enercon 在努力应对疑似网络攻击的后果，一份官方声明称：目前发电机组已经恢复了 15%，约 900 台风力发电机组可以重新连接到卫星通信系统上，但要保证所有风电机组通过卫星通信连接控制还需要数周的时间。因此，Enercon 不得不更多地依赖现场人员来维护风电机组。

经过深入检查，排除 Enercon 方面存在技术故障，这些问题是由 Viasat 的电信卫星 KA-SAT 服务中断造成的，该卫星提供横跨欧洲和地中海地区的宽带互联网接入。

与传统火电、水电集中部署的发电模式相比，新能源风力发电的点多面广的特性，使得其整体控制体系极度依赖网络通信，对于网络通信、数据安全的要求也极高。长达数十公里的网络线路，多处中继节点的存在，给新能源的网络及数据安全带来极大的隐患，任何一点被攻破，都可能让整个网络失去控制。

随着新能源电力系统的占比越来越高，其所面对的与传统模式不同的网络安全新局面新问题也逐渐引起重视。

第一，随着网络空间的发展，国家边疆由有形拓展到无形，网络边疆已成为主权国家的"新边疆"。国家间的一些对抗行动已经在网络空间展开，面对网络空间的无声厮杀和严峻形势，我们必须积极应对网络空间的安全威胁，树立网络空间"新边疆"的思想观念，守卫网络边疆，巩固网络国防，围绕维护网络空间安全和网络空间控制权，加强网络空间军事斗争准备，将网络边疆提高到与有形边疆同等重要的地位，并将网络国防作为国防建设的新的成分和重要内容统筹考虑。

第二，抢占技术制高点是获取网络空间安全的必由之路。网络空间安全控制权的取得，需要软件、硬件实力的综合支撑。虽然当下我国信息化建设加速推进、成效明显，但应清醒地看到，我国现有信息化设施中，许多软件操作系统、硬件设备及外接配套设备都源于进口，缺少自主知识产权，容易受制于人、受控于人。需要高度警惕少数别有用心的国家，凭借其信息技术的高端优势，在芯片、软件等技术产品上"预留后门"，安装程序"定时炸弹"，妄图控制我方系统、瘫痪我方网络。这种网络技术上的相对劣势，平时可能仅仅对经济带来影响，但在某个时候则可能对国家安全带来严重打击。因此，必须立足国情，以强烈的紧迫意识加快创新驱动，实施军地联合攻关，加大计算机访问控制、可信计算等信息安全建设力度，切实解决受制于人的问题，从源头上和基础上加强网络空间防护建设。随着工业互联网的飞速发展，电力行业的工业控制系统更加广泛互联。由于我国的工业控制系统基础薄弱，大部分控制系统不能做到自主可控，国外厂商有条件对正在运行的工业控制系统进行远程操控或者获取重要数据，对此需要加强安全保障技术研究。

第三，网络空间作战隐蔽性强、潜伏期长，必须时刻保持高度的网络安全防范意识。"间谍就在身边""敌人就在眼前"，这些话用来形容网络空间领域极为准确。网络攻击行动往往采取"施放病毒、战略预置，瞅准时机、一战制敌"的方式组织实施。"震网"行动警示我们，所谓"物理隔离"的网络并非绝对安全，现实中各类监控设备显示"一切正常"的网管系统也并非绝对可靠。需要警惕的是，当前我国各类交通、能源、金融、电力、化工等基础设施网络以及军事信息系统网络中，是否也潜伏着各类病毒？也许不是没有，而是没被发现；也许不是没有被发现，而是病毒没有到达需要爆发的时候。因此，必须时刻保持高度的网络安全意识，在建网、用网、管网、治网等各个环节加强管控监督，细化制定明确的制度规范和操作细则，建立健全全寿命、全过程的网络安全管理机制。

五、数据安全案例

1. 巴西电力公司 Light SA 遭遇 Sodinokibi 勒索攻击

2020年7月，Sodinokibi 勒索软件（亦称 REvil）背后的黑客组织成功入侵巴西电力公司 Light SA，并索要1400万美元赎金，以换取用于恢复加密文件的工具。Light SA 公司已向当地一家报纸证实了此次事件，并表示"黑客入侵了公司系统，并传播了一种能够加密所有 Windows 系统文件的病毒"。随着技术的不断演进，勒索病毒的手段也日益复杂，从最初的赎金换密钥，升级到不支付赎金即公开机密数据的威胁。

2. 石油巨头沙特阿美公司遭遇数据泄露：1TB 数据在暗网出售

2021年，一个名为 ZeroX 的威胁组织从沙特阿美石油公司窃取了 1TB 的专有数据，并在暗网上以 500 万美元的价格出售。泄露的数据包括近 1.5 万名员工的个人信息、多个炼油厂内部系统项目文件、客户名单及合同等。ZeroX 声称，这些数据是在 2020 年通过入侵该公司的网络及其服务器而成功获取的。该组织仅表示利用了零日漏洞，并未透露具体的攻击手段。

第八章 电力市场交易合规管理

第一节 电力市场交易基础理论

一、电力交易基础理论知识

（一）电力市场

1. 电力市场基本概念

电力作为一种商品，同其他商品一样具有价值和使用价值。我国关于电力市场的权威解释始见于《中国电力百科全书电力系统卷（第二版）》，电力市场定义为基于市场经济原则，为实现电力商品交换的电力工业组织结构、经营管理和运行规则的总和[①]。

通常电力市场包括广义和狭义两种含义。比照商品市场的一般定义，广义的电力市场泛指电力流通交换的领域。按照该含义，自电力作为商品实现交换之日起，电力市场就已经存在。广义的电力市场有着明确的地域和容量指向，在涉及电力市场规模和范围的语境下，运用的便是广义的电力市场概念。狭义的电力市场是指现代竞争性的电力市场，是电力商品交换关系的总和。《中国电力百科全书》定义的电力市场即为狭义的电力市场，旨在通过开放、竞争等市场手段实现电力能源资源的优化配置。所谓基于市场经济原则，主要是指电能生产者和使用者本着公平、自愿、互利的原则，通过协商、竞价等方式，就电能及其相关产品进行交易，通过市场竞争确定价格和数量的市场原则。

电力市场构成要素包括主体、客体、载体、价格、运行规则和监管[②]。

（1）电力市场主体：具有独立经济利益和资产，享有民事权利和承担民事责任，可从事市场交易活动的法人或自然人。电力市场主体指按规定获得电力业务许可证的发电企业、电网企业、配售电企业和经核准的电力用户等。随着电力市场化改革的推进，垂直垄断电力系统中各实体的传统角色在电力市场环境下发生了变化；同时也出现了一些新生实体，这些实体形成了电力市场中相互竞争又相互合作、相互服务的市场主体。

（2）电力市场客体：市场客体是指在市场中买、卖双方交易的对象，或者说是市场上各种待售的商品，通常包括电能、输电权、辅助服务等。

（3）电力市场载体：市场载体是市场交易活动的物质基础，是市场主、客体借以进行交易活动的物质条件，通常包括电力网络、销售网点、交易场所等。

[①]《电力现货市场101问》，中国电力出版社
[②]《中国电力百科全书（第三版）》综合卷，第91页

（4）电力市场价格：电力商品（产品和服务）价格的总称，是电力生产、输送、分配和销售等各环节价格的集合，又称电价。从电能生产消费的过程来看，电价可以分为上网电价、输配电价和销售电价。

（5）电力市场运行规则：规范电力市场主体市场行为的一系列法规和规章，通常包括市场准入与退出规则、市场交易规则和市场竞争规则。

（6）电力市场监管：电力监管机构遵循市场规律，依照有关法律法规和规章，对电力市场主体和电力市场运营机构及其行为进行监督和管理，以实现电力市场竞争的合理、有序、公正、公平和公开。

2. 电力市场特点

电力市场的特点包括实时平衡性、电力需求的随机性、市场的协调性及有限性等[1]。

（1）实时平衡性：电力生产的实时平衡性是电力系统最重要的特点。在现有技术条件下，电能不能像其他形式的能源（煤、石油、天然气）那样，可以大量储存，因此，电力的生产和消费必须保持实时平衡。

（2）随机性：影响市场电力需求的因素有很多，而且对电力需求影响的程度也不确定。不同电力用户在不同时段用电负荷都具有一定的随机性，使得整个电力市场的用电负荷也具有随机性。

（3）协调性：电力市场的运营活动包括发电、输配电和用电环节，实现系统供需平衡，保证电力系统的安全、可靠运行是电力市场存在的必要前提。因此，为了保证电力系统的安全可靠性，电力市场的供应者之间，供应者和用户之间需要相互协调。

（4）有限性：发电企业发出的电能只有通过电网才能输送给用户，而电网的传输能力是有限的，为了保证电网的安全，不是所有在电力市场达成的交易都能够实施。电力交易必须在不影响系统安全的情况下才能实施，即电力市场交易要受到系统安全约束，从这个意义上来说电力市场是有限的。

3. 我国电力市场发展概述

电力市场化改革是我国经济体制改革的重要组成部分。自 20 世纪 80 年代以来，我国电力市场化改革持续向纵深推进，经历了"从无到有"的历程，取得了显著成效，主要包括集资办电、政企分开、厂网分家、新一轮电力体制改革等多个发展阶段[2][3]。

（1）集资办电阶段。1985 年之前，我国对电力工业一直实行中央纵向垄断管理机制，政企合一，电力投资和运营费用均由中央政府拨款。由于经济高速发展带来强劲的电力需求，而国家财政对电力建设投入资金有限，造成持续而严重的电力短缺。为了解决电力建设资金不足问题，1985 年，国家有关部门出台了《关于鼓励集资办电和实行多种电价的暂行规定》，鼓励地方政府和企业投资建设电厂，并对部分电力实行多种电价，形成了计划经济和市场经济并存的"双轨制"，有效地解决了资金短缺问题，促进了不同电力投资主体的发展。

（2）政企分开阶段。以集资办电形式的改革取得明显成效，坚定了政府在电力工业中建立市场经济体系的决心和信心。1987 年，全国电力体制改革座谈会提出"政企分开、省为实体、联合电网、统一调度、集资办电"和"因地因网制宜"的电力改革方针。1997 年，国家电力公司正式成立，与电力部并轨运行。1998 年，九届全国人大一次会议批准《国务院机构改革方案》，决定撤销电力工业部，实行政企分开，国家电力公司开始独立运作，至此电力工业正式从中央层面实现了政企分开。在此期间

---

[1] 《中国电力百科全书（第三版）》综合卷。
[2] 薛静：《新中国电力 70 年发展与转型》，载北极星售电网 https://news.bjx.com.cn/html/20191010/1011958。
[3] 戴俊良：《纵深推进电力市场化改革》，载中国经济网，views.ce.cn/view/ent/202208/12/t20220812_37956497.shtml，访问时间：2022 年 8 月 12 日。

电力供需短缺问题得到初步、阶段性化解。

（3）厂网分家阶段。2002 年国务院出台《电力体制改革方案》，启动实施以"厂网分开、主辅分离、输配分开、竞价上网"为主要内容的电力市场化改革，将原国家电力公司拆分为国家电网、南方电网两家电网公司和华能、大唐、国电、华电、中电投五家发电集团，成立四家辅业集团公司，从根本上改变了厂网不分的问题，各类电源电价形成机制逐步完善，初步形成了发电市场多元化竞争格局，促进了发电能力、电网规模快速发展。

（4）新一轮电力体制改革阶段。2014 年 6 月，中央财经领导小组第六次会议提出"四个革命、一个合作"的基本要求。随后，全面深入推进市场化改革、贯彻落实能源革命新战略的新一轮电力体制改革方案逐渐酝酿成熟。2015 年，中共中央、国务院出台《关于进一步深化电力体制改革的若干意见》，确定了"三放开、一独立、三强化"的改革路径以及"管住中间、放开两头"的体制架构，提出区分竞争性和垄断性环节，在发电侧和售电侧开展有效竞争，培育独立的市场主体，这标志着我国电力市场化改革进入新阶段。新一轮电力体制改革以来，我国电力市场建设稳步推进，初步构建了主体多元、竞争有序的电力交易市场体系，有效促进电力资源优化配置和可再生能源规模化发展。

2020 年 9 月以来，随着"双碳"目标的提出，国家陆续发布了一系列具体规划以及相关配套政策，对电力市场化改革也提出新的要求。电力市场需进一步促进能源资源大范围优化配置，支撑能源清洁低碳转型。2021 年 11 月中央全面深化改革委员会第二十二次会议指出，要健全多层次统一电力市场体系，加快建设国家电力市场。2022 年，国家发展改革委、国家能源局联合印发《关于加快建设全国统一电力市场体系的指导意见》，标志着电力市场化改革新篇章开启。

（二）电力市场成员

电力市场成员包括各类发电企业、电力用户、售电公司、电网企业、电力交易机构、电力调度机构、电力用户等。各市场成员的权利和义务如下。

1. 发电企业的权利和义务

发电企业的权利和义务主要包括：按照规则参与电力市场化交易，签订和履行各类交易合同，按时完成电费结算；获得公平的输电服务和电网接入服务；签订并执行并网调度协议，服从统一调度；依法依规披露和提供信息，获得市场化交易和输配电服务等相关信息；具备满足参与市场化交易要求的技术支持手段；法律法规规定的其他权利和义务[1]。

2. 电力用户的权利和义务

电力用户的权利和义务主要包括：按照规则参与电力市场化交易，签订和履行购售电合同、输配电服务合同，提供市场化交易所需生产用电信息；获得公平的输配电服务和电网接入服务，按时支付购电费、输配电费、政府性基金及附加等；依法依规披露和提供信息，获得市场化交易和输配电服务等相关信息；服从统一调度，在系统特殊运行状况下按电力调度机构要求安排用电；遵守政府电力管理部门有关电力需求侧管理规定，执行有序用电管理，配合开展错避峰；依法依规履行清洁能源消纳责任；具备满足参与市场化交易要求的技术支持手段；法律法规规定的其他权利和义务[2]。

3. 售电公司的权利和义务

售电公司的权利和义务主要包括：按照规则参与电力市场化交易，签订和履行市场化交易合同，

---

[1] 《电力中长期交易基本规则》第七条
[2] 《电力中长期交易基本规则》第八条

按时完成电费结算;依法依规披露和提供信息;按照规则向电力交易机构、电力调度机构提供签约零售用户交易相关信息,获得市场化交易、输配电服务和签约市场主体基础信息等相关信息,承担用户信息保密义务;依法依规履行清洁能源消纳责任;拥有配电网运营权的售电公司承担配电区域内电费收取和结算业务;具备满足参与市场化交易要求的技术支持手段;法律法规规定的其他权利和义务[①]。

4. 电网企业的权利和义务

电网企业的权利和义务主要包括:保障电网及输配电设施安全稳定运行;为市场主体提供公平的输配电服务和电网接入服务,提供报装、计量、抄表、收费等各类供电服务;建设、运营、维护和管理电网配套技术支持系统,服从统一调度;依法依规披露和提供信息;收取输配电费,代收政府性基金及附加等,按时完成电费结算;按照政府定价或者相关规定向优先购电用户及其他不参与市场化交易的电力用户提供供电服务,签订供用电合同;预测非市场用户的电力、电量需求等;依法依规履行清洁能源消纳责任;法律法规规定的其他权利和义务[②]。

5. 电力交易机构的权利和义务

电力交易机构的权利和义务主要包括:参与拟订相应电力交易规则;提供市场主体注册服务,组织电力市场交易,并负责交易合同的汇总管理;提供电力交易结算依据及相关服务,按照规定收取交易服务费;建设、运营和维护电力市场化交易技术支持系统;依法依规披露和发布信息,提供信息发布平台,获得市场成员交易相关数据;配合政府相关部门对市场规则进行分析评估,提出修改建议;监测和分析市场运行情况,依法依规干预市场,预防市场风险,并于事后向监管机构和政府相关部门及时报告;对市场主体违规行为进行报告并配合调查;法律法规规定的其他权利和义务[③]。

6. 电力调度机构的权利和义务

电力调度机构的权利和义务主要包括:开展安全校核;按照调度规程实施电力调度,保障电网安全稳定运行;向电力交易机构及所有市场主体提供安全约束边界和必开机组组合、必开机组发电量需求、影响限额的停电检修、关键通道可用输电容量等数据,配合电力交易机构履行市场运营职能;保障电力交易及结果的执行,保障电力市场正常运行;依法依规披露和提供信息;法律法规规定的其他权利和义务[④]。

二、电力市场交易重点内容

(一) 电力市场体系建设

1. 省间市场与省内市场

省间电力市场是指符合准入条件的市场主体,利用跨区跨省输电通道,通过双边协商、集中交易等市场化方式开展电力交易[⑤]。省间电力市场定位于满足国家能源发展战略要求,实现资源大范围优化配置,保障可再生能源消纳。

省内电力市场是指符合准入条件的市场主体,在本省(区、市)电力网络内通过市场化方式开展电力交易。省内电力市场定位于实现省内资源高效配置,保障电力供需平衡。

---

① 《电力中长期交易基本规则》第九条
② 《电力中长期交易基本规则》第十条
③ 《电力中长期交易基本规则》第十一条
④ 《电力中长期交易基本规则》第十二条
⑤ 参考《北京电力交易中心跨区跨省电力中长期交易实施细则》总则部分

2. 批发市场和零售市场

电力批发市场，是指发电企业和电力批发用户或售电公司之间进行电力交易的市场，主要包括通过市场化方式开展的中长期电能量交易和现货电能量交易以及辅助服务交易等。

电力零售市场，是指在批发市场的基础上，由售电公司和电力用户之间开展交易的市场。

3. 电能市场

电能市场是指以电能量为交易标的物的市场。电能市场按其交易周期长短，通常可分为中长期市场和现货市场。

（1）中长期市场

电力中长期市场是指符合准入条件的发电企业、电力用户、售电公司等市场主体，通过双边协商、集中交易等市场化方式，进行多年、年、季、月、周、多日等电力批发交易。

（2）现货市场

电力现货市场是指符合准入条件的市场主体开展日前、日内和实时电能量交易的市场。电力现货市场通过竞争形成分时市场出清价格，并配套开展调频、备用等辅助服务交易[1]。

4. 辅助服务市场

电力辅助服务市场是指为维持电力系统安全稳定运行，保证电能质量，促进清洁能源消纳，由发电企业、电网企业、电力用户等提供除正常电能生产、传输、使用之外的电力辅助服务的市场[2]。

电力辅助服务的种类分为有功平衡服务、无功平衡服务和事故应急恢复服务[3]。有功平衡服务包括调频、调峰、备用、转动惯量、爬坡等电力辅助服务。无功平衡服务即电压控制服务，是指为保障电力系统电压稳定，并网主体根据调度下达的电压、无功出力等控制调节指令，通过自动电压控制、调相运行等方式，向电网注入、吸收无功功率，或调整无功功率分布所提供的服务。事故应急恢复服务包括稳定切机服务、稳定切负荷服务和黑启动服务。

5. 容量市场

发电容量市场是指以可靠性装机容量为交易标的物的市场，通过对提供了可靠性装机容量的机组给予补偿，以保证系统总装机容量的充裕性[4]。

6. 输电权市场

输电权市场是以网络的输电权为标的物的市场[5]。输电权可以是在某输电线路或断面输电的权利，也可以是在某两个节点或两个区域间输电的权利，一般对应称为基于（关键）支路的输电权和点到点输电权。一般财产权包括三个方面的权利：使用权、排他权和收益权。电力市场中，输电权一般不具有排他权。根据其是否有使用权，分为物理输电权和金融输电权。物理输电权具有使用权和收益权，金融输电权具有收益权[6]。

7. 金融衍生品市场

电力金融市场涉及能源电力衍生出的金融产品的交易行为[7]。常用的电力金融衍生品包括电力差价

---

[1] 参考《关于深化电力现货市场建设试点工作的意见》（发改办能源规〔2019〕828号）
[2] 参考《电力辅助服务管理办法》第二条
[3] 《电力辅助服务管理办法》第四条
[4] 《电力现货市场101问》，中国电力出版社
[5] 《电力现货市场101问》，中国电力出版社
[6] 荆朝霞：能量定价和输配电定价之间的协调3：不同定价机制下市场主体的福利分析
[7] 《电力现货市场101问》，中国电力出版社

合约、电力期货和电力期权以及金融输电权,电力金融衍生品交易通常以电力现货市场价格作为结算的参考价格,而且大多只进行现金结算,不进行实物交割。

(二)电力中长期交易

电力供给和需求在中长期市场中体现出较大的弹性,开展电力中长期交易有利于平稳电力价格,提升电力资源优化配置的深度和广度。电力中长期交易的基本属性包括交易周期、交易品种、交易组织方式与交易曲线。

1. 定义

电力中长期交易,指符合准入条件的发电企业、电力用户、售电公司等市场主体,通过双边协商、集中交易等市场化方式,开展的多年、年、季、月、周、多日等电力批发交易[①]。

2. 交易周期

根据交易标的物执行周期不同,中长期电能量交易包括年度(多年)电量交易(以某个或者多个年度的电量作为交易标的物,并分解到月)、月度电量交易(以某个月度的电量作为交易标的物)、月内(多日)电量交易(以月内剩余天数的电量或者特定天数的电量作为交易标的物)等针对不同交割周期的电量交易[②]。

年度(多年)交易的标的物为次年(多年)的电量(或者年度分时电量)。年度(多年)交易可通过双边协商或者集中交易的方式开展。

月度交易的标的物为次月电量(或者月度分时电量)、年度内剩余月份的月度电量(或者月度分时电量)交易。月内(多日)交易的标的物为月内剩余天数或者特定天数的电量(或者分时电量)。

3. 交易品种

我国电力中长期交易现阶段主要开展电能量交易,灵活开展发电权交易、合同转让交易,根据市场发展需要开展输电权、容量等交易[③]。其中,合同转让交易是指将合同的全部或部分电量转让给合同之外的第三方交易。发电权交易是指发电企业向其他发电企业转让部分或全部上网合同电量的交易,是合同转让交易的一类。

4. 交易撮合方式

电能量交易包括双边协商交易和集中交易两种方式。其中集中交易包括集中竞价交易、滚动撮合交易和挂牌交易三种形式。

(1)双边协商交易

双边协商交易是指市场主体之间自主协商交易合约周期、合约电量、交易价格、分解曲线等要素的交易方式[④]。

(2)集中竞价交易

集中竞价交易是指设置交易报价提交截止时间,电力交易平台汇总市场主体提交的交易申报信息,按照市场规则进行统一的市场出清,发布市场出清结果[⑤]。

[①]《电力中长期交易基本规则》第三条
[②]《电力中长期交易基本规则》第三十二条
[③]《电力中长期交易基本规则》第三十一条
[④] 参照广东、山东等省电力中长期交易实施细则
[⑤]《电力中长期交易基本规则》第三十三条

集中竞价一般采用边际统一价格出清方式，将所有售电方报价从低到高排序，将所有购电方报价从高到低排序，当购电方报价高于售电方报价时可以成交，两条曲线交点价格即为统一出清价格，如图8-1所示。统一出清价格为0.9元/千瓦时，出清电量为6亿千瓦时。

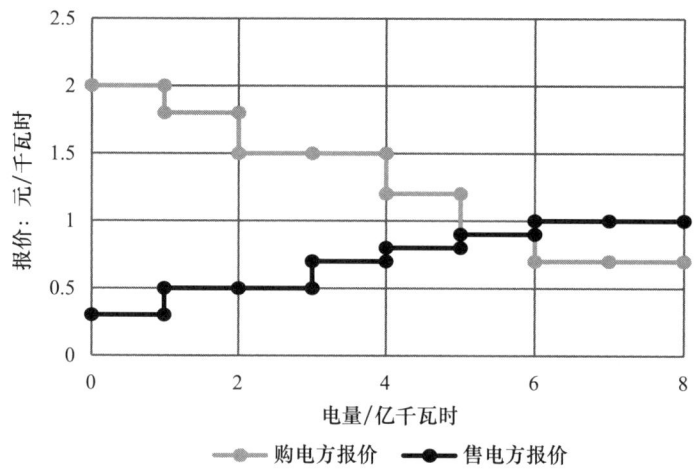

图 8-1 集中竞价边际统一价格出清机制示意图

（3）滚动撮合交易

滚动撮合交易是指在规定的交易起止时间内，市场主体可以随时提交购电或者售电信息，电力交易平台按照时间优先、价格优先的原则进行滚动撮合成交[①]。

撮合时需满足购电方报价大于等于售电方报价的规定。报价价差大的优先成交。

（4）挂牌交易

挂牌交易是指市场主体通过电力交易平台，将需求电量或者可供电量的数量和价格等信息对外发布要约，由符合资格要求的另一方提出接受该要约的申请[②]。

5. 交易曲线

合约分解曲线由市场主体自主提出，将合约电量分解至分时电量，通过双边协商或挂牌交易成交确定。

（三）市场结算

1. 市场结算基本规则及涵盖内容

电力交易结算是指依据现行电力交易规则和电能交易合同，按照结算周期（通常按月），对参与电力市场的发电企业、售电公司、电力用户及电网公司等市场主体发生的交易电量，规范、准确、及时开展电量清分、费用计算，编制并出具结算依据的过程。

交易结算工作遵循依法、诚信、公平、公正的原则，遵守电能交易合同，维护电力市场秩序。交易结算内容包含但不限于电能量交易电量电费、偏差电量电费、辅助服务费用等。交易结算工作因其直接关系到市场主体切身经济利益，受到市场各方高度关注。目前，我国各省电力市场建设进度不尽相同，国家电网经营区内各省（区、市）根据各地电力市场建设和推进实际情况不同，制定了本省（区、市）交易结算规则。

---

① 《电力中长期交易基本规则》第三十三条
② 《电力中长期交易基本规则》第三十三条

现阶段，我国电力市场主要分为中长期市场与现货市场两种，交易结算主要开展以下三方面工作：一是电能量结算，即电量清分，是将市场主体的实际发用电量拆分为不同电量并匹配相应电价得出电量电费的过程，比如中长期合约电量执行合约电价、偏差电量执行偏差电价、现货电量执行现货电价的量价匹配。二是与电能市场相关的费用类项目结算，比如中长期市场中的偏差考核费用、购售两侧执行不同偏差电价产生的盈余资金、计划市场双轨制环境中的不平衡资金等项目。三是与电量市场无关的费用类项目结算，比如双细则考核费用、辅助服务市场费用等。

电能量结算，分为中长期合约结算和偏差结算两部分。一是中长期合约结算，从结算方式来看，目前大部分省份中长期合约均是照付不议，即不论市场主体实际发用电量规模大小，合约均100%照付不议。从结算周期来看，大部分省份均为月结月清，即当月合同当月全额结算；个别省份因清洁能源发电不稳定执行月结季清或月结年清，给予市场主体在季内或年内平衡电量的空间。二是偏差电量结算，偏差电量=市场主体实际发用电量－中长期合约电量。各省偏差电价定价机制不同：中长期市场中，开展上下调预挂牌机制的省份，偏差电价执行上下调电价；未开展的省份，偏差电价执行市场化价格，比如月度集中竞价最高（低）价、市场化交易最高（低）价或市场均价，同时，为引导市场主体主动减少电量偏差，偏差电价会根据偏差电量规模的不同在市场化价格上乘以相应系数。现货市场中，现货电价即为偏差电价。

2. 结算科目含义及应用规范

结算科目是对市场主体不同性质的结算数据明细进行分类统计的科目。结算科目名称不同，记录的结算明细所代表的事项也不同。设置结算科目是对结算明细的具体内容加以科学归类，是高效、准确地进行数据展示与统计的一种有效途径。现有结算科目体系共有五级，其中一至四级由北京交易中心统一部署，五级科目由各省根据省内实际情况设置。其中，一级科目11个，二级科目23个，三级科目26个，四级科目23个，后续会根据市场发展阶段适时修订。

结算科目分为电能量类及费用类两种。其中，电能量科目是用于展示与市场主体实际发用电量相关的电量清分事项，包括电能交易、退补及清算2个一级科目，用于展示电量、电价及电费。剩余9个一级科目均为费用类科目，仅用于展示费用金额，不涉及市场主体实际发用电量清分。

（1）电能交易（一级科目）

在电力市场中，以电能量为交易标的物的交易称为电能交易，分为中长期交易、现货交易、应急调度3个二级科目。

① 中长期交易（二级科目）

优先发购电量交易（三级科目）包含，低价保障电量、必开电量及其他优先发电量3个四级科目。

优先发购电量交易：用于展示执行政府批复价格的上网电量或用电量结算情况。

低价保障电量：为保障居民、农业用电价格稳定，由电网企业从低价保障性电源（根据各省公司确定的名录）购买的电量称为低价保障电量。此科目用于展示低价保障电量结算情况。

必开电量：在保障供热或电网安全的机组必开电量中，扣除已达成市场化交易电量后且执行政府定价的电量为必开电量。此科目用于展示必开电量结算情况。

其他优先发电量：用于展示除低价保障电量、必开电量外的其他优先电量结算情况。

电力直接交易（三级科目）包含，绿色电力交易、电网代理购电交易、其他电力直接交易3个四级科目。

电力直接交易是指为满足工商业用户用电需求，发用两侧市场主体按照自愿参与、自主协商的原则，通过市场化方式达成的交易。包含绿色电力交易、电网代理购电交易及其他电力直接交易。

绿色电力交易：以绿色电力产品为标的物的电力中长期交易，用以满足市场主体出售、购买、消费绿色电力需求，并提供相应的绿色电力消费认证的直接交易。此科目专用于绿电交易结算情况。

电网代理购电交易：用于展示为满足居民、农业及代理用户用电需求，由电网公司通过市场化方式购买，形成市场化合约电量结算情况。

其他电力直接交易：用于展示除绿色电力交易及电网代理购电交易之外的直接交易电量结算情况。

抽水招标交易（三级科目）：针对采用租赁制的抽水蓄能电站，为疏导发电侧承担的抽蓄电站租赁费用，通过招标方式向符合要求的发电企业采购电量的交易。此科目用于展示抽水招标交易结算情况。

省间送受电交易（三级科目）：电能购售双方不在同一省级行政区域（或同一省级调度区域）的电能交易，包括配套电源省间交易、省间绿色电力交易及其他省间交易。其中省间绿色电力交易专指提供绿色电力消费认证的省间交易。

合同转让交易（三级科目）：将指标或市场化合约的全部或部分电量转让给合同之外的第三方的交易。

合同回购交易（三级科目）：经原合同各方协商一致，通过市场化方式在原合同购售双方之间达成的合同电量调减交易。

调试及试运行电量（三级科目）：发电机组在调试、试运行期间产生的非商业运行结算电量。

预挂牌交易（三级科目）：为解决发用电双方功率与中长期合同不一致产生的电量偏差问题，组织发电企业事前申报上下调电量电价，确定机组和电量调用排序，电力调度机构根据调用排序增加或减少发电出力产生的电量。

超合同电量（三级科目）：在中长期市场结算模式下，与中长期合同曲线相比发用双方的正偏差电量，执行中长期规则中规定的超发（超用）电价。

少合同电量（三级科目）：在中长期市场结算模式下，与中长期合同曲线相比发用双方的负偏差电量，执行中长期规则中规定的少发（少用）电价。

② 现货交易（二级科目）

省间现货交易（三级科目）：用于统计省间现货日前、日内及实时电量结算情况。

省内现货交易（三级科目）：现货运行省份，发售双方电量曲线与中长期合约电量曲线偏差部分，根据现货市场规则执行现货电价的电量。

③ 应急调度（二级科目）

依据《跨省跨区应急调度管理办法（暂行）》，国调中心在电网出现保安全、保平衡、保消纳需求，且中长期交易、现货交易手段均已用尽后仍未完全解决时，运行阶段开展跨省跨区应急措施。

（2）权益和凭证交易（一级科目）

包含有可再生能源超额消纳量交易及输电权交易两个结算科目。

（3）容量市场（一级科目）

为保障电力系统容量的充裕性，发电企业及电力用户除在电量和辅助服务市场之外，还在容量市场中获得收益或支付成本。

（4）辅助服务交易（一级科目）

用于展示市场主体参与调频、备用、深度调峰、无功调节、黑启动等辅助服务市场交易所获得的收益或支付成本。

（5）偏差结算费用（一级科目）

用于展示各相关市场主体的偏差费用，其中，责任偏差费用（省间）统计跨区跨省中长期合约执行过程中产生的偏差责任费用，偏差结算费用（省内）统计省内市场主体因实际发用电量与中长期合约差异产生的偏差考核费用。

（6）市场补偿和分摊费用（一级科目）

用于展示市场主体因参加市场运行而产生的额外成本的补偿费用及相关费用在市场主体间的分摊结果。主要包含成本补偿费用及资金余缺费用。

（7）两个细则考核费用（一级科目）

用于展示各地区根据辅助服务管理实施细则和并网运行管理实施细则，对发用侧市场主体的补偿及考核费用。

（8）超低排放费用（一级科目）

用于展示支付给火电机组的超低排放费用。

（9）输电费或输配电费（一级科目）

用于展示输电费或输配电费。

（10）退补及清算（一级科目）

用于展示各市场主体因政策规则调整、抄表及计算差错、临时电价结算等原因产生的退补及清算费用。

（11）服务费（一级科目）

管理服务费——售电公司在电力市场中的收益或亏损。

3. 统一交易结算单式样

随着全国统一电力市场进程加快，为降低各市场主体的理解门槛，更好地参与省内及省间市场化交易，北京电力交易中心在统一结算科目使用标准的基础上，推广应用统一交易结算单样式。

统一交易结算样式包含省间交易结算单、发电企业结算单、批发用户结算单、售电公司结算单、零售用户结算单、电网代理购电业务结算单。若同一市场主体同时具备多种属性，应分别出具交易结算单。交易结算单包含PDF盖章版文档和交易结算附表两部分：PDF盖章版文档展示交易结算科目的汇总数据，当月没有发生业务的交易结算科目可隐藏。若同一科目涉及多笔交易或多个时段，其明细结算数据可在交易结算附表中展示；交易结算附表展示交易结算明细数据，不提供盖章版PDF格式，作为交易结算单附件，具备在线浏览或导出下载功能。

（四）信息披露

随着我国电力市场建设向纵深推进，市场主体对信息披露的需求与日俱增。为更好实现市场配置资源的决定性作用，进一步提升信息披露能力，不断规范现货试点地区信息披露方式、范围、内容等，2020年11月，国家能源局印发《电力现货市场信息披露办法（暂行）》（国能发监管〔2020〕56号），这是我国第一个电力现货市场信息披露的专项管理办法（未开展电力现货交易的地区，根据各地实际情况，不断丰富信息披露内容，可参照本办法执行）。该办法的出台，有助于切实提高电力市场信息公开透明度，维护市场主体合法权益，促进电力市场公开、透明、有序运营。

信息披露是指信息披露主体提供、发布与电力市场相关信息的行为。信息披露主体包括发电企业、售电公司、电力用户、新型主体（独立储能等）、电网企业和市场运营机构。市场运营机构包括电力交易机构和电力调度机构[①]。

---

① 参照《电力现货市场信息披露办法》（暂行）第三条

信息披露主体通过信息披露平台按要求披露信息，电力交易机构设立信息披露平台，原则上以其现有信息平台为基础。

1. 信息披露原则和方式

信息披露应当遵循安全、真实、准确、完整、及时、易于使用的原则。

市场竞争所需信息应当充分披露，信息披露主体对其披露信息的真实性、准确性、完整性负责。

信息披露主体按照标准数据格式通过信息披露平台向电力交易机构提供信息，由电力交易机构通过信息披露平台发布信息。

2. 信息披露分类

按照信息公开范围，电力市场信息分为公众信息、公开信息、特定信息三类。[①]

（一）公众信息：是指向社会公众披露的信息。

（二）公开信息：是指向有关市场成员披露的信息。

（三）特定信息：是指根据电力市场运营需要向特定市场成员披露的信息。

3. 信息披露内容

不同类型的市场主体，需按照规定披露相应的信息内容。

（1）发电企业应当披露的公众信息包括[②]：（一）企业全称、企业性质、所属集团、工商注册时间、统一社会信用代码、股权结构、法定代表人、电源类型、装机容量、联系方式等。（二）企业变更情况，包括企业更名或法定代表人变更，企业增减资、合并、分立、解散及申请破产的决定，依法进入破产程序、被责令关闭等重大经营信息。（三）与其他市场经营主体之间的股权关联关系信息。（四）其他政策法规要求向社会公众披露的信息。

（2）发电企业应当披露的公开信息包括[③]：（一）电厂机组信息，包括电厂调度名称、所在地市、电力业务许可证（发电类）编号、机组调度管辖关系、投运机组台数、单机容量及类型、投运日期、接入电压等级、单机最大出力、机组出力受限的技术类型（如流化床、高背压供热）、抽蓄机组最大及最小抽水充电能力、静止到满载发电及抽水时间等。（二）配建储能信息（如有）。（三）机组出力受限情况。（四）机组检修及设备改造计划。

（3）发电企业应当向特定市场成员披露的特定信息包括[④]：（一）市场交易申报信息、合同信息。（二）核定（设计）最低技术出力，核定（设计）深调极限出力，机组爬坡速率，机组边际能耗曲线，机组最小开停机时间，机组预计并网和解列时间，机组启停出力曲线，机组调试计划曲线，调频、调压、日内允许启停次数，厂用电率，热电联产机组供热信息等机组性能参数。（三）机组实际出力和发电量、上网电量、计量点信息等。（四）发电企业燃料供应情况、燃料采购价格、存储情况、供应风险等。（五）发电企业批发市场月度售电量、售电均价。（六）水电、新能源机组发电出力预测。

（4）售电公司应当披露的公众信息包括[⑤]：（一）企业全称、企业性质、售电公司类型、工商注册时间、注册资本金、统一社会信用代码、股权结构、经营范围、法定代表人、联系方式、营业场所地址、信用承诺书等。（二）企业资产信息，包括资产证明方式、资产证明出具机构、报告文号（编号）、报告日期、资产总额、实收资本总额等。（三）从业人员信息，包括从业人员数量、职称及社保缴纳人

[①]《电力市场信息披露基本规则》第十四条
[②]《电力市场信息披露基本规则》第十五条
[③]《电力市场信息披露基本规则》第十六条
[④]《电力市场信息披露基本规则》第十七条
[⑤]《电力市场信息披露基本规则》第十八条

数等。(四) 企业变更情况,包括企业更名或法定代表人变更,企业增减资、合并、分立、解散及申请破产的决定,或者依法进入破产程序、被责令关闭等重大经营信息,配电网运营资质变化等。(五) 售电公司年报信息,内容包括但不限于企业基本情况、持续满足市场准入条件情况、财务情况、经营状况、业务范围、履约情况、重大事项、信用信息、竞争力等。(六) 售电公司零售套餐产品信息。(七) 与其他市场经营主体之间的股权关联关系信息。(八) 其他政策法规要求向社会公众披露的信息。

(5) 售电公司应当披露的公开信息包括[1]:(一) 履约保函、保险缴纳金额、有效期等信息。(二) 拥有配电网运营权的售电公司应当披露电力业务许可证(供电类)编号、电网电压等级、配电区域、配电价格等信息。(三) 财务审计报告(如有)。

(6) 售电公司应当向特定市场成员披露的特定信息包括[2]:(一) 市场交易申报信息。(二) 与代理用户签订的购售电合同信息或者协议信息。(三) 与发电企业签订的交易合同信息。(四) 售电公司批发侧月度结算电量、结算均价。(五) 可参与系统调节的响应能力和响应方式等。

(7) 电力用户应当披露的公众信息包括[3]:(一) 企业全称、企业性质、行业分类、用户类别、工商注册时间、统一社会信用代码、法定代表人、联系方式、经营范围、所属行业等。(二) 企业变更情况,包括企业更名或法定代表人变更,企业增减资、合并、分立、解散及申请破产的决定,依法进入破产程序、被责令关闭等重大经营信息。(三) 与其他市场经营主体之间的股权关联关系信息。(四) 其他政策法规要求向社会公众披露的信息。

(8) 电力用户应当披露的公开信息包括[4]:(一) 企业用电类别、接入地市、用电电压等级、自备电源(如有)、变压器报装容量以及最大需量等。(二) 配建储能信息(如有)。

(9) 电力用户应当向特定市场成员披露的特定信息包括[5]:(一) 市场交易申报信息。(二) 与发电企业、售电公司签订的购售电合同信息或协议信息。(三) 企业用电信息,包括用电户号、用电户名、结算户号、用电量及分时用电数据、计量点信息等。(四) 可参与系统调节的响应能力和响应方式等。(五) 用电需求信息,包括月度、季度、年度的用电需求安排。(六) 大型电力用户计划检修信息。

(10) 独立储能应当披露的公众信息包括[6]:(一) 企业全称、企业性质、额定容量、工商注册时间、统一社会信用代码、股权结构、经营范围、法定代表人、联系方式等。(二) 企业变更情况,包括企业更名或法定代表人变更,企业增减资、合并、分立、解散及申请破产的决定,依法进入破产程序、被责令关闭等重大经营信息。(三) 与其他市场经营主体之间的股权关联关系信息。(四) 其他政策法规要求向社会公众披露的信息。

(11) 独立储能应当披露的公开信息包括[7]:(一) 调度名称、调度管辖关系、投运日期、接入电压等级、机组技术类型(电化学、压缩空气等)、所在地市。(二) 满足参与市场交易的相关技术参数,包括额定充(放)电功率、额定充(放)电时间、最大可调节容量、最大充放电功率、最大持续充放电时间等。

---

[1]《电力市场信息披露基本规则》第十九条
[2]《电力市场信息披露基本规则》第二十条
[3]《电力市场信息披露基本规则》第二十一条
[4]《电力市场信息披露基本规则》第二十二条
[5]《电力市场信息披露基本规则》第二十三条
[6]《电力市场信息披露基本规则》第二十四条
[7]《电力市场信息披露基本规则》第二十五条

(12)独立储能应当向特定市场成员披露的特定信息包括[①]:(一)市场交易申报信息、合同信息。(二)性能参数类信息,包括提供调峰、调频、旋转备用等辅助服务的持续响应时长,最大最小响应能力、最大上下调节功(速)率、充放电爬坡速率等。(三)计量信息,包括户名、发电户号、用电户号、结算户号、计量点信息、充放电电力电量等信息。

(13)虚拟电厂、负荷聚合商等其他新型主体信息披露要求根据市场发展需要另行明确[②]。

(14)电网企业应当披露的公众信息包括[③]:(一)企业全称、企业性质、工商注册时间、统一社会信用代码、法定代表人、联系方式、供电区域等。(二)与其他市场经营主体之间的股权关联关系信息。(三)政府定价信息,包括输配电价、政府核定的输配电线损率、各类政府性基金及其他市场相关收费标准等。(四)代理购电信息,包括代理购电电量及构成、代理购电电价及构成、代理购电用户分电压等级电价及构成等。(五)其他政策法规要求向社会公众披露的信息。

(15)电网企业应当披露的公开信息包括[④]:(一)电力业务许可证(输电类、供电类)编号。(二)发电机组装机、电量及分类构成(含独立储能)情况。(三)年度发用电负荷实际情况。(四)全社会用电量及分产业用电量信息(转载披露)。(五)年度电力电量供需平衡预测及实际情况。(六)输变电设备建设、投产情况。(七)市场经营主体电费违约总体情况。(八)需求响应执行情况。

(16)电网企业应当向特定市场成员披露的特定信息包括[⑤]:(一)向电力用户披露历史用电数据、用电量等用电信息。(二)经电力用户授权同意后,应允许市场经营主体获取电力用户历史用电数据、用电量等信息。

(17)市场运营机构应当披露的公众信息包括[⑥]:(一)电力交易机构全称、工商注册时间、股权结构、统一社会信用代码、法定代表人、服务电话、办公地址、网站网址等。(二)电力市场公开适用的法律法规、政策文件、规则细则类信息,包括交易规则、交易相关收费标准,制定、修订市场规则过程中涉及的解释性文档等。(三)业务标准规范,包括注册流程、争议解决流程、负荷预测方法和流程、辅助服务需求计算方法、电网安全校核规范、电力市场服务指南、数据通讯格式规范等。(四)信用信息,包括市场经营主体电力交易信用信息(经政府部门同意)、售电公司违约情况等。(五)电力市场运行情况,包括市场注册、交易总体情况。(六)强制或自愿退出且公示生效后的市场经营主体名单。(七)市场结构情况,可采用HHI、Top-m等指标。(八)市场暂停、中止、重新启动等情况。(九)其他政策法规要求向社会公众披露的信息。

(18)市场运营机构应当披露的公开信息包括[⑦]:(一)报告信息,包括信息披露报告等定期报告、经国家能源局派出机构或者地方政府电力管理部门认定的违规行为通报、市场干预情况、电力现货市场第三方校验报告、经审计的收支总体情况(收费的电力交易机构披露)等。(二)交易日历,包括多年、年、月、周、多日、日各类交易安排。(三)电网主要网络通道示意图。(四)约束信息,包括发输变电设备投产、检修、退役计划,关键断面输电通道可用容量,省间联络线输电可用容量,必开必停机组名单及总容量,开停机不满最小约束时间机组名单等。(五)参数信息,包括市场出清模块算法及运行参数、价格限值、约束松弛惩罚因子、节点分配因子及其确定方法、节点及分区划分依据和详细

[①] 《电力市场信息披露基本规则》第二十六条
[②] 《电力市场信息披露基本规则》第二十七条
[③] 《电力市场信息披露基本规则》第二十八条
[④] 《电力市场信息披露基本规则》第二十九条
[⑤] 《电力市场信息披露基本规则》第三十条
[⑥] 《电力市场信息披露基本规则》第三十一条
[⑦] 《电力市场信息披露基本规则》第三十二条

数据等。(六)预测信息,包括系统负荷预测、电力电量供需平衡预测、省间联络线输电曲线预测、发电总出力预测、非市场机组总出力预测、新能源(分电源类型)总出力预测、水电(含抽蓄)出力预测等。(七)辅助服务需求信息,包括各类辅助服务市场需求情况,具备参与辅助服务市场的机组台数及容量、用户及售电公司总体情况。(八)交易公告,包括交易品种、经营主体、交易方式、交易申报时间、交易合同执行开始时间及终止时间、交易参数、出清方式、交易约束信息、交易操作说明、其他准备信息等必要信息。(九)中长期交易申报及成交情况,包括参与的主体数量、申报电量、成交的主体数量、最终成交总量及分电源类型电量、成交均价及分电源类型均价、中长期交易安全校核结果及原因等。(十)绿电交易申报及成交情况,包括参与的主体数量、申报电量、成交的主体数量、最终成交总量、成交均价等。(十一)省间月度交易计划。(十二)现货、辅助服务市场申报出清信息,包括各时段出清总量及分类电源中标台数和电量、出清电价、输电断面约束及阻塞情况等。(十三)运行信息,包括机组状态、实际负荷、系统备用信息、重要通道实际输电情况、实际运行输电断面约束情况、省间联络线潮流、重要线路与变压器平均潮流、发输变电设备检修计划执行情况、重要线路非计划停运情况、发电机组非计划停运情况、非市场机组实际出力曲线、月度发用电负荷总体情况等。(十四)市场结算总体情况,包括结算总量、均价及分类构成情况,绿电交易结算情况,省间交易结算情况,不平衡资金构成、分摊和分享情况,偏差考核情况等。(十五)电力并网运行管理考核和返还明细情况,包括各并网主体分考核种类的考核费用、返还费用、免考核情况等。(十六)电力辅助服务考核、补偿、分摊明细情况,包括各市场经营主体分辅助服务品种的电量/容量、补偿费用、考核费用、分摊比例、分摊费用等。(十七)售电公司总体经营情况,包括售电公司总代理电量、户数、批发侧及零售侧结算均价信息,各售电公司履约保障凭证缴纳、执行情况、结合资产总额确定的售电量规模限额。(十八)交易总体情况,包括年度、月度、月内、现货交易成交均价及电量。(十九)发电机组转商情况,包括发电机组、独立储能完成整套设备启动试运行时间。(二十)到期未取得电力业务许可证的市场经营主体名单。(二十一)市场干预情况原始日志,包括干预时间、干预主体、干预操作、干预原因,涉及《电力安全事故应急处置和调查处理条例》(中华人民共和国国务院令第599号)规定电力安全事故等级的事故处理情形除外。

(19)市场运营机构应当向特定市场成员披露的特定信息包括[①]:(一)成交信息,包括各类交易成交量价信息。(二)日前省内机组预计划。(三)月度交易计划。(四)结算信息,包括各类交易结算量价信息、绿证划转信息、日清算单(现货市场)、月结算依据等。(五)争议解决结果。

(五)电力市场监管

目前,我国电力行业监管职能主要在国家发展改革委、国家能源局、国资委等政府部门和专业监管机构,例如,国家发展改革委对投资管理、成本监审、价格核定等政策落实的监督管理;国家能源局对具体项目业务许可、电力安全、普遍服务、电力市场运行等方面的监管;国资委对国有资本投资运营、国有企业决策、企业负责人履职等方面的监管。此外,财政部、环保部、技术质量监督部门等分别就专项内容进行监管。同时,我国电力监管可分为中央和地方两个层面,地方发展改革委、能源局、经信委、经信厅、工信委、国家能源局派出机构等对辖区内的电力行业进行监管。

2003年,国家电力监管委员会成立,根据国务院授权,行使行政执法职能,依照法律法规统一履行电力监管职责。按照《国家电力监管委员会职能配置、内设机构和人员编制规定》《电力监管条例》

[①] 《电力市场信息披露基本规则》第三十三条

等法规、文件规定，国家电力监管委员会对电力市场运行、电力安全、供电服务、信息披露等实施监管。2013年，根据《国务院机构改革和职能转变方案》和《国务院关于部委管理的国家局设置的通知》（国发〔2013〕15号），国家能源局、国家电力监管委员会职责进行整合，重新组建国家能源局，由国家发展改革委管理，负责能源监督管理。在电力市场方面，其职责主要包括：负责监管电力市场运行，规范电力市场秩序，监督检查有关电价，拟定各项电力辅助服务价格，研究提出电力普遍服务政策的建议并监督实施，负责电力行政执法。

2003年以来，《电力市场运营基本规则》《电力市场监管办法》等规定及监管要求陆续出台，形成了较为完善的电力市场监管政策体系。

根据《电力监管条例》《电力市场监管办法》和《电力市场运行基本规则》等规定，电力监管机构的监管对象为电力市场成员。电力市场成员包括电力交易主体、电力市场运营机构和提供输配电服务的电网企业等。电力交易主体包括参与电力市场交易的发电企业、售电企业、电力用户、储能企业、虚拟电厂、负荷聚合商等。电网企业按照国家有关规定对暂未直接参与电力市场交易的用户实施代理购电时，可视为电力交易主体。电力市场运营机构是指电力交易机构、电力调度机构。[①]

（1）电力监管机构对电力市场成员的下列情况实施监管[②]：（一）履行电力系统安全义务的情况；（二）进入和退出电力市场的情况；（三）参与电力市场交易资质的情况；（四）执行电力市场运行规则的情况；（五）进行交易和电费结算的情况；（六）披露信息的情况；（七）执行国家标准、行业标准的情况；（八）平衡资金管理和资金使用的情况。

（2）除（1）所列情况外，电力监管机构还对发电企业的下列情况实施监管[③]：（一）在各电力市场中所占份额的比例；（二）新增装机、兼并、重组、股权变动或者租赁经营的情况；（三）不正当竞争、串通报价和违规交易行为；（四）执行调度指令的情况；（五）执行与售电企业、电力用户签订有关合同的情况。

（3）除（1）所列情况外，电力监管机构还对电网企业的下列情况实施监管[④]：（一）公平、无歧视开放电网和提供输配电服务的情况；（二）电网互联的情况；（三）所属或者关联发电企业的发电情况；（四）所属或者关联售电企业参与市场交易的情况；（五）执行输配电价格的情况；（六）对有偿辅助服务补偿的情况；（七）代理购电的情况；（八）按照国家规定的电能质量和供电服务质量标准向用户提供供电服务的情况。

（4）除（1）所列情况外，电力监管机构还对售电企业、电力用户、储能企业、虚拟电厂、负荷聚合商等参与批发电力市场交易行为中的不正当竞争、串通报价和其他违规交易行为实施监管。对拥有配电网运营权的售电企业还应当按照（3）实施监管。电力监管机构对售电企业、电力用户履行与发电企业签订有关合同的情况进行监管。[⑤]

（5）除（1）所列情况外，电力监管机构还对电力市场运营机构的下列情况实施监管[⑥]：（一）公开、公平、公正地实施电力调度的情况；（二）执行电力调度规则的情况；（三）按照电力市场运行规则组织电力市场交易的情况；（四）对电力市场实施干预的情况；（五）对电力市场技术支持系统建设、维护、运营和管理的情况；（六）执行市场限价的情况；（七）履行市场风险防控职责的情况。"

[①]《电力市场监管办法》第五条
[②]《电力市场监管办法》第七条
[③]《电力市场监管办法》第八条
[④]《电力市场监管办法》第九条
[⑤]《电力市场监管办法》第十条、第十二条
[⑥]《电力市场监管办法》第十一条

第二节　电力市场交易合规管理实务

一、合规管理体系建设

（一）组织和职责

电力市场成员企业应当在机构、人员、经费、技术等方面为合规管理工作提供必要条件，保障相关工作有序开展。

1. 党委（党组）

企业党委（党组）发挥把方向、管大局、促落实的领导作用，推动合规要求在本企业得到严格遵循和落实，不断提升依法合规经营管理水平。

企业应当严格遵守党内法规制度，企业党建工作机构在党委（党组）领导下，按照有关规定履行相应职责，推动相关党内法规制度有效贯彻落实。

2. 董事会

企业董事会发挥定战略、作决策、防风险作用，主要履行以下职责：

（1）审议批准合规管理基本制度、体系建设方案和年度报告等。

（2）研究决定合规管理重大事项。

（3）推动完善合规管理体系并对其有效性进行评价。

（4）决定合规管理部门设置及职责。

3. 经理层

企业经理层发挥谋经营、抓落实、强管理作用，主要履行以下职责：

（1）拟订合规管理体系建设方案，经董事会批准后组织实施。

（2）拟订合规管理基本制度，批准年度计划等，组织制定合规管理具体制度。

（3）组织应对重大合规风险事件。

（4）指导监督各部门和所属单位合规管理工作。

4. 监事会

企业监事会履行以下合规职责：

（1）监督董事会的决策与流程是否合规。

（2）监督董事和高级管理人员履行合规职责情况。

（3）对引发重大合规风险负有主要责任的董事、高级管理人员提出罢免的建议。

（4）向董事会提出撤换公司合规管理负责人的建议。

5. 主要负责人

企业主要负责人作为推进法治建设第一责任人，应当切实履行依法合规经营管理重要组织者、推动者和实践者的职责，积极推进合规管理各项工作。

6. 合规管理委员会

企业设立合规委员会，可以与法治建设领导机构等合署办公，统筹协调合规管理工作，定期召开会议，研究解决重点难点问题。

7. 首席合规官/合规管理负责人

企业应当结合实际设立首席合规官，不新增领导岗位和职数，由总法律顾问兼任，对企业主要负责人负责，领导合规管理部门组织开展相关工作，指导所属单位加强合规管理。

8. 企业业务及职能部门

企业业务及职能部门承担合规管理主体责任，主要履行以下职责：

（1）建立健全本部门业务合规管理制度和流程，开展合规风险识别评估，编制风险清单和应对预案。

（2）定期梳理重点岗位合规风险，将合规要求纳入岗位职责。

（3）负责本部门经营管理行为的合规审查。

（4）及时报告合规风险，组织或者配合开展应对处置。

（5）组织或者配合开展违规问题调查和整改。

9. 企业合规管理部门

企业合规管理部门牵头负责本企业合规管理工作，主要履行以下职责：

（1）组织起草合规管理基本制度、具体制度、年度计划和工作报告等。

（2）负责规章制度、经济合同、重大决策合规审查。

（3）组织开展合规风险识别、预警和应对处置，根据董事会授权开展合规管理体系有效性评估。

（4）受理职责范围内的违规举报，提出分类处置意见，组织或者参与对违规行为的调查。

（5）组织或者协助业务及职能部门开展合规培训，受理合规咨询，推进合规管理信息化建设。

10. 监督部门

企业纪检监察机构和审计、巡视巡察、监督追责等部门依据有关规定，在职权范围内对合规要求落实情况进行监督，对违规行为进行调查，按照规定开展责任追究。

（二）合规管理制度建设

电力市场成员企业应当建立健全合规管理制度，根据适用范围、效力层级等，构建分级分类的合规管理制度体系。根据法律法规、监管政策等变化情况，及时对规章制度进行修订完善，对执行落实情况进行检查。

1. 合规管理基本制度

企业应当制定本单位《合规管理办法》，明确总体目标、机构职责、运行机制、考核评价、监督问责等内容。

2. 合规管理具体制度或专项指南

企业应当结合实际，针对反垄断、反商业贿赂、生态环保、安全生产、劳动用工、税务管理、数据保护等重点领域，以及合规风险较高的业务，制定合规管理具体制度或者专项指南。

在电力市场交易方面，电力交易机构依据国家法律法规要求和电力交易规则，规范业务流程，制定规范指引（操作指南），主要包括电力市场主体注册、电力交易组织、交易结算、信息披露等。

（三）合规管理运行机制

1. 合规风险识别评估预警

建立合规风险识别评估预警机制，全面梳理电力市场交易合规风险，建立合规风险数据库及案例库，并定期更新。针对识别出的风险，开展风险评估工作，分析风险发生的可能性、影响程度、潜在后果等，确定风险级别。运用数字化手段将合规要求嵌入业务流程，动态监测关键节点的合规风险，实现即时预警、快速处置。针对突发的、典型的、普遍的合规风险，及时通过发布合规风险提示书等形式予以预警。

2. 合规审查审核机制

制定合规审查审核制度，明晰合规审查审核职责界面。将合规审查作为必经程序嵌入业务流程，业务及职能部门对本专业领域工作事项进行合规审查。合规管理部门对规章制度、经济合同、重大决策进行合规审查。其中重大决策事项合规审查意见由首席合规官或合规管理部门领导签字，对决策事项的合规性提出明确意见。业务及职能部门、合规管理部门依据职责权限完善审查标准、流程、重点等，定期对审查情况开展后评估。

3. 合规风险应对

结合实际对企业的合规风险进行分类，明确相应的处置流程。发生一般合规风险，相关业务及职能部门应当及时采取应对措施，并按照规定向合规管理部门报告。因违规行为引发重大法律纠纷案件、重大行政处罚、刑事案件等重大合规风险事件，造成或者可能造成企业重大资产损失或者严重不良影响的，由首席合规官/合规管理部门负责同志牵头，合规管理部门统筹协调，相关部门协同配合，及时采取措施妥善应对。

4. 违规问题整改

企业组织监督检查或迎审、迎检中发现违规问题，相关业务或职能部门应当采取整改措施，进行整改，并将整改情况反馈给合规管理监督部门和合规管理部门。同时，按照合规要求完善业务管理规章制度，优化业务流程，建立长效机制，堵塞管理漏洞，提升依法合规经营管理水平。

5. 违规行为追责问责

建立违规问题整改机制，明确责任范围，细化问责标准，针对问题和线索及时开展调查，对合规风险防控不力、检查发现问题整改落实不到位、发生重大及以上电力交易违规事件的，纳入考核。

6. 投诉举报管理

设立违规举报电话、邮箱或者信箱，接受企业内外部对违规行为的举报。相关部门按照职责权限，对属于本企业职责范围内的合规管理范畴事项进行受理，并就举报问题进行调查和处理。处理结果告知合规管理部门。

7. 合规管理与内部控制、风险管理协同运作机制

逐项识别业务操作中的薄弱环节和风险点，更新电力交易流程和内控规范，细化控制措施，反馈并融入业务全面执行。将内控设计执行情况纳入检查、评价、监测中，并采取督办方式强化控制措施有效执行。

8. 合规管理体系有效性评价

每年总结全年合规管理工作情况，包括合规管理体系建设、合规管理工作开展、合规培训、合规文化建设等情况。根据合规管理实际工作，总结经验，发现薄弱环节研究措施进行改进，进一步完善合规管理体系，提高合规管理水平。

（四）合规文化建设

合规文化建设是合规管理的重要组成部分。在电力市场交易领域，树立"合规立身"电力交易生命线理念，倡导依法合规、诚信经营的价值追求，强化电力交易合规意识，筑牢合规经营的思想基础。

1. 专题学习

将合规管理作为法治建设重要内容纳入党委（党组）法治专题学习内容。同时，加强对电力市场建设运营有关法律法规和行业监管规定等内容的学习，不断提升企业领导人员合规意识，带头依法依规开展经营管理活动。

2. 电力交易合规培训

建立常态化合规培训机制，制定年度培训计划，将合规管理作为管理人员、重点岗位人员和新入职人员培训的必修内容。全面梳理电力市场交易规章制度，汇编成册，组织对行为准则、监管法规及规章制度的学习，引导员工自觉遵规、守规。

同时，开展电力市场注册、电力交易规则、参与电力交易、电力交易平台、电力交易信用评价等方面市场主体的培训，增强市场主体合规意识。

3. 法治宣传教育

将合规管理作为法治宣传教育的重要内容，固化全员签订合规承诺书制度，动态更新合规承诺内容，组织领导人员、各级员工和新进员工全员签订合规承诺书，强化全员守法诚信，增强合规意识。

开展典型案例教育，以反面典型、身边案例为鉴，深刻汲取教训，进一步增强合规意识、规矩意识、法治意识、底线意识。

鼓励开展合规考试、知识竞赛、交流研讨等多种形式的合规宣传教育活动。

二、重点业务领域合规管理

（一）电力市场注册合规管理

1. 电力交易机构

严格执行《电力中长期交易基本规则》、各省交易规则，以及《售电公司管理办法》中关于电力市场成员准入退出的相关管理规定，规范市场注册流程，加强注册服务指导。

2. 电力市场主体

（1）市场准入与退出

市场准入方面，市场主体应当是具有法人资格、财务独立核算、信用良好、能够独立承担民事责任的经济实体。内部核算的市场主体经法人单位授权，可参与相应电力交易。

参与电力市场的发电企业、电力用户、售电公司等市场主体应符合国家及开展业务所在省（区、市）有关准入条件。参加批发交易的市场主体以及参加零售交易的电力用户均实行市场注册。

参加市场化交易的电力用户全部电量可通过批发、零售交易或者电网企业代理购电方式购买。允许在合同期满后，按照准入条件选择参加批发、零售交易或者由电网企业代理购电，但不得同时参加批发交易、零售交易以及由电网企业代理购电。

市场退出方面，已经选择市场化交易的发电企业和电力用户，原则上不得自行退出市场。有下列情形之一的，可办理正常退市手续：市场主体宣告破产，不再发电或者用电；因国家政策、电力市场规则发生重大调整，导致原有市场主体非自身原因无法继续参与市场交易的情况；因电网网架调整，导致发电企业、电力用户的发用电物理属性无法满足所在地区的市场准入条件。上述市场主体，在办理正常退市手续后，执行国家有关政策。售电公司退出条件按照《售电公司管理办法》规定执行。

(2) 市场注册、变更与注销

市场注册业务包括注册、信息变更、市场注销以及零售用户与售电公司业务关系确定等。

市场主体参与电力市场化交易，应当符合准入条件，在电力交易机构办理市场注册，按照有关规定履行承诺、公示、注册、备案等相关手续。市场主体应当保证注册提交材料的真实性、完整性。

市场主体注册信息发生变更时，应当及时向电力交易机构提出变更申请，市场主体类别、法人、业务范围、公司主要股东等重大变化的，市场主体应当再次予以承诺、公示。公示期满无异议的，电力交易机构向社会发布。

退出市场的市场主体，应当及时向电力交易机构提出注销申请，按照要求进行公示，履行或者处理完成交易合同有关事项后予以注销。

发电企业、电力用户、配售电企业根据交易需求和调度管理关系在相应的电力交易机构办理注册手续；售电公司自主选择一家电力交易机构办理注册手续。各电力交易机构共享注册信息，无须重复注册，按照相应省（区、市）的准入条件和市场规则参与交易。电力交易机构根据市场主体注册情况向国家能源局及其派出机构、省级政府有关部门和政府引入的第三方征信机构备案，并通过政府指定网站和电力交易机构网站向社会公布。

（二）电力交易组织合规管理

对于市场主体而言，其主要权责为满足发用电需求，促进供需平衡，同时承担可再生能源消纳责任；对于电力交易机构，其主要权责为信息发布与交易组织。

1. 电力交易机构

严格依据交易规则和相关规章制度，细化购售电需求申报、开市信息发布、价格形成、交易达成、安全校核、结果发布等工作流程，规范开展交易组织工作。

强化交易组织环节管控。公告和出清结果发布应及时、完整、准确，事前明确交易限定条件。安全校核后，及时汇总各类交易的预成交结果，严格依据交易规则进行出清，不人为干预交易结果。

2. 参与批发市场的市场主体

(1) 总体原则。市场主体通过年度（多年）交易、月度交易和月内（多日）交易等满足发用电需求，促进供需平衡。承担消纳责任的市场主体在参与电力交易时，应当向电力交易机构作出履行可再生能源电力消纳责任的承诺。

(2) 参与年度（多年）交易、月度交易、月内（多日）交易时，市场主体经过双边协商形成的意向协议，需要在双边交易申报截止前，通过电力交易平台提交至电力交易机构。采用集中交易方式参与交易时，发电企业、售电公司和电力用户在规定的报价时限内通过电力交易平台申报报价数据。若市场主体对交易结果存有异议，应当在结果发布1个工作日内向电力交易机构提出。

(3) 偏差电量的处理。发用双方在协商一致的前提下，可按照交易规则规定的时间和事项，对月度发用电计划进行调整,以减少合同执行偏差。

3. 参与零售市场的市场主体

售电公司与电力用户,应当按照各省零售市场相关交易规定,签订合同;按照交易规则规定,将双方之间的合同关系在电力交易平台绑定备案;并按照合同约定,全面、适当地履行各自义务。

(三) 市场结算合规管理

1. 电力交易机构

电力交易机构负责向市场主体出具结算依据,市场成员根据相关规则进行电费结算。

(1) 有据可循。市场结算要根据各省(区、市)交易规则或相关文件要求开展,要有明确的政策执行依据。对于市场建设过程中出现的新事项,电力交易机构应秉持公平、公开、公正的原则,结合电力市场发展现状及下一步发展方向提出相关结算原则,并经政府相关部门同意后执行。

(2) 及时性。市场结算要满足及时性要求,电力交易机构每月需在规定时间内按要求向市场主体发布结算依据,以便于市场主体开展电费结算工作。因不可抗力等特殊因素需延后公布结算依据的,电力交易机构需事先向市场主体发布事项说明。

(3) 严谨性。市场结算要满足结算流程严谨性要求,电力交易机构在结算数据准备、事中结算、结算发布等环节均须严格执行结算标准流程,提升结算依据质量。

(4) 准确性。交易结算需满足准确性需求,中长期合约结算量价均取自中长期合约,现货市场结算取自现货市场出清及执行结果,每条结算明细均可追溯、可复原的数据源,并且取数规则满足相关规定要求。

2. 市场主体

为推进结算工作顺利开展,市场主体需在电力交易机构要求时限内及时准确地提供相关结算数据。市场主体需在规定时间内查看、核对、确认结算依据,将结算异议事项及时、准确地反馈电力交易机构。

(四) 信息披露合规管理

(1) 市场竞争所需信息应当充分披露,信息披露主体对其提供信息的真实性、准确性、完整性负责。

(2) 征得电力用户同意后,电网企业和市场运营机构应当允许售电公司和发电企业获取电力用户历史分时用电数据、用电信息等有关信息,并约定信息开放内容、频率、时效性。

(3) 信息披露文档形式以可导出的常规文件格式为主。

(4) 电力交易机构应当定期向市场主体出具信息披露报告。

(5) 任何市场成员不得违规获取或者泄露未经授权披露的信息,且有义务对获取的信息进行保密。

(6) 信息披露主体在披露信息过程中发现披露信息有误的,应当及时辨别并重新发布正确信息。

(7) 任何市场成员对信息披露平台发布的信息如有疑问,在咨询信息披露主体时,被咨询主体应当在规定的时间内及时答复。

(8) 信息披露平台要对关键信息进行记录留存。任何有助于还原运行日情况的关键信息应当记录、封存。封存的信息应当以易于访问的形式存档,并且存储系统应当满足访问、数据处理和安全方面的要求。信息的封存期限为 5 年,特殊情形除外。

第三节　电力市场交易领域合规管理案例

一、电力价格垄断案例

1. 基本案情

2016年1月24日，某省电力行业协会组织部分火电企业召开了火电企业大用户直供座谈会。会上，9家电力集团、15家独立发电厂共同签字通过了《××省火电企业防止恶意竞争保障行业健康可持续发展公约》（以下简称《公约》），并按照《公约》第五条"根据市场情况，各大发电集团和发电企业按照成本加微利原则，测算大用户直供最低交易报价，电力行业协会加权平均后公布执行"的规定，约定了2016年第二批直供电交易报价较上网标杆电价降幅不高于每千瓦时0.02元。涉案单位按约定价格交易量约250亿千瓦时，交易额近80亿元。据此，某省价格监督检查与反垄断局依据《中华人民共和国反垄断法》（以下简称《反垄断法》）第十三条第（一）项之规定，以达成并实施固定或者变更商品价格垄断协议的违法行为向某省电力行业协会、国电山西分公司等火电企业共计25个当事人下发了《行政处罚事先告知书》，拟对涉案企业进行1.8亿元、某省电力行业协会50万元罚款。对此，某省电力行业协会及相关企业存在异议，向执法部门提出听证申请。2017年5月18日上午，依某省电力行业协会及18个燃煤发电企业申请，根据《中华人民共和国行政处罚法》听证程序规定，举行了行政处罚听证会。

2. 适用法律

从听证会执法机关和涉案协会、企业双方争论的焦点来看，本案涉及多个法律问题。主要包括行业协会价格垄断协议认定、《反垄断法》第十五条第五款"因经济不景气，为缓解销售量严重下降或者生产明显过剩的"、电力行业及相关国有企业《反垄断法》适用等关键法律问题。

本案中行政执法机关认定涉案协会组织会员企业达成并实施固定价格垄断协议，并依据《反垄断法》第十三条第（一）项规定，禁止具有竞争关系的经营者达成下列垄断协议：固定或者变更商品价格，对此进行处罚。因此，行业协会固定价格协议及其认定便成为本案涉及的首要法律问题，即构成横向垄断协议，不适用"不景气卡特尔"。

3. 处罚结果

价格主管部门依法开展反垄断调查后，涉案企业按照法律要求及时进行了整改，由买卖双方根据市场情况公平确定直供电交易价格。

某省电力行业协会组织23家火电企业通过垄断协议控制直供电交易价格的行为，违反了《反垄断法》规定，违背了国家电力改革中引入竞争、鼓励大型工业用户向发电企业直接购电、交易双方协商定价的原则，不利于通过市场化、法治化的手段有效推进火电行业供给侧结构性改革，排除、限制了直供电市场的公平竞争，增加了下游实体企业的用电负担，损害了消费者利益。

国家发展改革委指导某省发展改革委依法作出处理决定，对达成垄断协议发挥组织作用的某省电力行业协会，依法从重处罚，顶格罚款人民币50万元，对参与达成并实施垄断协议、积极配合调查、认真整改的涉案企业处上年度相关销售额1%罚款，对23家涉案企业合计罚款人民币7288万元。

4. 合规建议

（1）市场主体应当建立有效的反垄断合规体系。企业应当对其日常生产、经营过程中可能存在的反垄断风险领域及常见的风险点进行识别，在相关的业务流程中设置控制措施，对反垄断风险进行管控。

（2）开展反垄断合规培训。对职员进行持续且定期的相关培训，确保其知悉不可为的事项以及正确的应对处置方式。

（3）建立健全风险处置机制。可以分为以下几个步骤：立即停止违法行为并主动向反垄断执法机构报告；积极配合反垄断执法机构的调查；采取有益措施积极应对争取减轻甚至免除处罚。

二、电力用户与多家签订售电代理服务合同纠纷

1. 基本案情

2019年6月3日，某售电公司（乙方、受托方）与某塑料厂（甲方、委托方）签订《售电公司与电力用户购售电合同》，约定：甲方委托乙方代为处理电力市场化交易业务有关事宜；委托参与交易时间为2019年6月3日—2022年6月2日；本合同签订后，甲方在合同有效期内不得与其他市场主体再次签订本合同项下约定电量的交易合同；甲乙双方在签订本协议后，任何一方毁约，则赔偿对方毁约金叁万元人民币。后某塑料厂于2019年8月17日进入电力市场交易。某电力交易中心有限责任公司出具的《关于市场主体交易情况的复函》显示，某塑料厂代理交易的为另一家售电公司，代理交易合同期限为2019年6月—2024年6月，系统确认代理时间为2019年9—12月、2020年1—12月。原告售电公司将被告某塑料厂诉至法院要求支付违约金。[案件来源：（2020）桂0102民初2333号]

2. 适用法律

《中华人民共和国合同法》第八条规定：依法成立的合同，对当事人具有法律约束力。当事人应当按照约定履行自己的义务，不得擅自变更或者解除合同。依法成立的合同，受法律保护。第四百零六条第一款规定：有偿的委托合同，因受托人的过错给委托人造成损失的，委托人可以要求赔偿损失。无偿的委托合同，因受托人的故意或者重大过失给委托人造成损失的，委托人可以要求赔偿损失。

3. 判决结果

原、被告双方订立的《购售电合同》系双方真实意思表示，不违反法律法规禁止性和强制性规定，应为合法有效的委托合同，双方均应恪守履行。本案证据显示，被告在签订涉案《购售电合同》后，又另行委托另一家售电公司代理参与电力市场电力交易，明显违反了合同关于委托方在委托期间内全权且唯一委托受托方参与电力市场交易的约定，其行为已构成根本违约，故原告依据《购售电合同》第五条第二款"甲乙双方在签订本协议后，任何一方毁约，则赔偿对方毁约金叁万元人民币"的约定，主张被告支付毁约金人民币30000元，理据充足，本院予以支持。

被告某塑料制品厂向某售电公司支付违约金人民币30000元。

4. 合规建议

（1）市场主体应当严格按照电力交易规则参与交易，用户不得同时与多家售电公司签订委托代理合同。

（2）售电公司与电力用户在合同中明确双方权利义务、违约责任及违约损失的具体计算方法或标准等，以保障双方合法权益。

三、售电公司违反市场规则案例

1. 基本案情

某售电公司在市场拓展过程中，为取得用户信任，该公司5名业务人员冒用"南方电网电力市场部""某电力交易中心"工作人员身份，通过电话、微信等渠道虚假宣传电力市场化交易政策，使用非正当手段共收取某省相关地区47户的用户资料，其中与37户电力用户建立了零售代理关系。〔案件来源：昆明电力交易中心有限责任公司《关于云南合网售电有限公司违反市场规则有关情况的通报》（昆明交易〔2021〕193号）〕

2. 处罚依据

某售电公司相关行为违反了《云南电力中长期交易实施细则》（云监能发〔2020〕283号）。

按照《2021年云南电力市场化交易实施方案》（云能源运行〔2020〕219号）关于《云南电力市场准入与退出管理办法》第五十七条对于自愿退出的售电公司，昆明电力交易中心收到售电公司自愿退市申请，核实其应履行的市场义务、交易费用缴纳、合同履行、结算执行等情况后，将退出申请及相关材料通过"信用中国（云南）"网站（http：//yncredit.yn.gov.cn）、某电力交易中心官方网站（https：//www.kmpex.com）等政府指定网站向社会公示10个工作日。公示期满无异议的，方可办理退出市场手续。

《云南电力市场交易行为信用管理办法》第二十条："信用评价结果正式发布后，原则上不再进行调整。若云南省能源局、云南能源监管办发布通知文件明确要求调整，则由某电力交易中心根据文件要求调整相应信用评价结果。"

3. 处罚结果

暂停交易权限，督促整改违规行为；纳入市场负面行为，要求消除市场负面影响；对某售电公司违规行为在市场内公开通报；若拒不整改或逾期整改不到位，某电力交易中心将对其实施进一步惩戒。

4. 合规建议

售电公司在市场拓展业务、参与电力交易过程中，应当切实履行售电公司"信用承诺书"约定，遵守电力交易规则规定，诚信经营，避免发生违规行为。同时，建议加强对本公司员工的合规培训。

四、售电公司未在规定期限内注册绑定备案

1. 基本案情

2017年11月18日，某电力用户与某售电公司签订委托代理合同，约定委托售电公司代理电力用户参与电力交易、代理购售电，并约定了预计全年电量，代理期限，实际电量与成交电量不一致时的电价差利润，以及按比例分配方式等条款。同日，电力用户出具《授权委托书》，委托售电公司作为电力用户在年度内唯一的代理方，在电力用户全部用电量范围内参与市场化电力交易，并按《电力用户与售电公司购售电代理合同》约定内容承担代理结果。售电公司接受委托后，应按《电力用户与售电公司购售电代理合同》约定及交易规则尽职履行代理购电义务。合同签订后，售电公司未按交易规则规定向电力交易中心注册绑定备案，售电公司联系多家电厂购电，但最终未成功购电。（案例来源：〔2020〕辽02民再118号）

2. 适用法律

《中华人民共和国合同法》第四百零六条规定:"有偿的委托合同,因受托人的过错给委托人造成损失的,委托人可以要求赔偿损失。无偿的委托合同,因受托人的故意或者重大过失给委托人造成损失的,委托人可以要求赔偿损失。受托人超越权限给委托人造成损失的,应当赔偿损失。"

3. 判决结果

双方签订的《××××委托代理合同》合法有效,双方约定电价差利润按甲方80%(含税)、乙方20%(含税)的比例进行分配,故该合同明显系有偿的委托代理合同。再审法院认为,根据某省相关交易规则或交易通知,售电公司作为电力用户在2017年度全部用电量范围内参与市场化电力交易的唯一代理方,应严格按照上述规定的要求及时将双方签订的委托代理合同向电力交易中心报备,备案后方能参与正常的电力市场交易,否则售电公司不具备交易资格。本案中,售电公司显然未将委托代理合同备案,明显存在过错。因此,售电公司应当对因其违约造成电力用户的损失承担赔偿责任,且该损失应为电力用户实际购电花费的金额与委托交易电量按照优惠价格购买后的差额扣除电力用户应给予售电公司的报酬。

4. 合规建议

本案中法院的裁判思路为根据各省能源局的电力交易规则,即电力用户在年度期限内只能选择一家售电公司进行绑定,售电公司过期到电力交易中心进行注册绑定备案的,应该认定为根本性违约行为,依据法律规定,电力用户可主张法定解除合同并要求售电公司承担违约责任。

建议售电公司严格按照电力交易规则参与电力市场交易,履行委托代理事项,避免行为构成违约。零售合同中尽量明确双方交易的权利义务及细节,并按约履行。如遇到不能履行或不适当履行的情况,应及时与电力用户进行沟通并告知风险,保护各方权益,避免损失扩大。

五、未适当履行零售市场合同义务

1. 基本案情

2019年3月11日,某电力用户与某售电公司签订了《购售电合同》,并在交易电价条款中约定,在交易周期内,双方对不同交易品种分别约定不同的交易价格。另有约定如下:6月至10月丰水期月度增量全部按富余电交易价格执行。经双方协商一致,双方每月可调整年度交易合约电量后续月份分月电量计划,由任意一方在某电力交易中心组织次月月度交易前3个工作日,在交易平台提交电量计划调整申请,并须双方在平台进行确认。双方合同一经签订,双方不能以市场电价波动、销户、增容、减容、暂停、改类为由拒绝履行。此外,双方合同中也约定了违约责任。

根据某电力市场交易结算单载明的情况,2019年6~10月电力用户实际用电量均在2000兆瓦时以上,6~10月的富余基数为"1070.869兆瓦时",但超过富余基数部分的电量均是按"常规直购"结算,未享受到按富余电量结算所应减少的费用。电力用户与售电公司所签订的《购售电合同》中明确约定"6~10月丰水期月度增量全部按富余电交易价格执行",但售电公司在合同履行过程中未按合同约定在交易平台批发富余电量并分配给电力用户使用。(案例来源:〔2021〕川07民终2001号)

2. 适用法律

《中华人民共和国合同法》第一百一十四条第一款规定:"当事人可以约定一方违约时应当根据违约情况向对方支付一定数额的违约金,也可以约定因违约产生的损失赔偿额的计算方式",第一百零七条规定:"当事人一方不履行合同义务或者履行合同义务不符合约定的,应当承担继续履行、采取补救措施或者赔偿损失等违约责任",《最高人民法院关于审理买卖合同纠纷案件适用法律问题的解释》第二十三条规定:"当事人主张以符合约定的标的物和实际交付的标的物按交付时的市场价值计算价差的,人民法院应予支持。价款已经支付,买受人主张返还减价后多出部分价款的,人民法院应予支持"。

3. 判决结果

(1) 关于法律关系问题。电力用户与售电公司所签订的合同为《购售电合同》,售电公司在某省拥有合法售电经营资格,具备开展电力交易的购售电资格,合同约定电力用户向售电公司购买交易周期内的全部用电电量,故双方所形成的法律关系应为买卖合同关系。

(2) 关于售电公司是否违约及违约责任问题。售电公司在本案中未按约向电力用户分配6月至10月富余电量,构成违约行为,其应对电力用户因此产生的损失承担相应赔偿责任。电力用户要求售电公司赔偿6月至10月常规直购交易的电量、电价与富余电量交易的合同电量、电价之间的价差作为实际的损失予以赔偿的主张成立,不违反法律的禁止性规定,与客观事实相符,法院予以支持。

售电公司对电力交易相关政策以及结算规则等应当清楚,但其在2019年6—10月期间一直未为电力用户购买富余电量,在每月与电力用户共同对某电力交易中心出具的结算书进行最终确认时,亦未说明并纠正该问题,故售电公司对案涉损失应承担主要责任。电力用户对上述电力交易政策以及合同约定的"6—10月丰水期月度增量全部按富余电交易价格执行"亦应知晓,双方所签《购售电合同》中也约定"……在交易平台提交电量计划调整申请,并须双方在平台进行确认",但电力用户在每月对某电力交易中心出具的结算书载明的交易电量、交易成分(品种)、交易电价进行确认时,未及时发现其未获得富余电量情况并向售电公司提出,自身亦存在疏忽,故其应对案涉损失承担相应责任。法院最终确定对于案涉损失由售电公司承担70%。

4. 合规建议

购售电合同是一种无名合同,司法实践中,法院针对售电公司与电力用户之间的合同纠纷案件,一般裁判倾向认定为委托合同性质,同时结合纠纷具体情况,也不乏案由被认定为买卖合同、供用电合同等的案件。因此,售电公司与电力用户在合同中应当详细约定双方的权利义务,特别是解除合同、违约责任、赔偿损失的计算方式或标准等,防范法律风险。同时,双方应当按照合同约定,全面、适当地履行合同义务。

六、偏差考核电费分担认定

1. 基本案情

某电力用户与售电公司于2018年4月签署《售电公司与电力用户购售合同》,交易周期为2018年1月1日至2018年12月31日。《售电公司与电力用户购售合同》约定,电力用户负有如实提供用电信息,准确预测年度用电量及交易月份用电量等义务。同时,合同附件3中双方对全年协议电量表予以确认并签字盖章。

后因电力用户填报2018年1—3月用电量错误,导致产生偏差考核费。电力用户依据合同中关于"偏差考核费由售电公司100%承担"的约定,起诉要求售电公司承担偏差考核费。(案例来源:〔2019〕川01民终15721号)

2. 适用法律

我国《合同法》确定的违约责任的归责原则一般是严格责任，但也并未排除过错责任原则在违约责任中适用，即如果有证据证明完全是因为对方的原因（过错等）造成的违约，则让非过错方承担违约责任，有违公平原则。

3. 判决结果

根据电力用户与售电公司签订的《售电公司与电力用户购售合同》相关约定，以及双方对全年协议电量表予以确认并签字盖章，能够证明电力用户与售电公司对全年协议电量及每月用电量达成一致合意，并不存在电力用户主张的因售电公司未履行合同义务导致产生2018年1—3月偏差考核电费。另根据双方签订合同及电力交易的规则，偏差考核率是针对预测用电量与实际量产生差异进行考核的手段，具有动态不确定性特点，电力用户与售电公司双方签订合同约定的责任分担正是对不确定性存在的风险进行分担，该约定符合电力交易规则，合法有效，然客观事实为签订合同时2018年1—3月的用电量以实际发生，理论上讲已没有不确定因素产生的风险，既然没有不确定性存在，售电公司承诺承担偏差考核费的风险便没了基础。故虽合同有关于偏差考核费用由售电公司100%承担的约定，但考虑合同签订的时间、合同履行情况以及公平原则，售电公司不应承担2018年1—3月偏差考核电费。

4. 合规建议

建议售电合同与电力用户在零售合同中，应当明确偏差考核条款，约定承担主体、偏差考核费用计算公式，以及不予承担偏差考核费用的例外规则等内容。

七、介绍售电业务后业务亏损的居间费认定

1. 基本案情

2016年12月10日，售电公司作为甲方与一自然人作为乙方签订《购售电居间服务合同》，约定以下主要内容：合同期限自2016年12月1日起至2017年11月1日止，甲方委托乙方为甲方提供与用电企业订立购售电合同的居间服务，包括介绍购电方并提供签约、结算等服务。乙方促成合同成立的，报酬金额的计付方式包括固定差价模式、分成或保底分成模式、电量组合模式、介绍客户模式，以双方签订的确认书为准。甲方应在每月收到电网支付相应款项，并收到乙方开具的增值税发票后三十日内向乙方支付合同约定的居间服务报酬。[案例来源：（2019）粤06民终1906号]

2. 适用法律

《中华人民共和国合同法》第四百二十六条规定，居间人促成合同成立的，委托人应当按照约定支付报酬。对居间人的报酬没有约定或者约定不明确，依照本法第六十一条的规定仍不能确定的，根据居间人的劳务合理确定。因居间人提供订立合同的媒介服务而促成合同成立的，由该合同的当事人平均负担居间人的报酬。

居间人促成合同成立的，居间活动的费用，由居间人负担。

3. 判决结果

本案系居间合同纠纷。关于支付居间费用的条件是否成就。法院认为，《购售电居间服务合同》系多方真实意思表示，不违背国家法律法规强制性规定，各方应按照合同约定履行各自权利义务。且纵观《购售电居间服务合同》及两份确认书的内容以及自然人与售电公司协商过程，双方均未就售电公司因合同履行亏损则无需支付居间服务报酬达成一致约定。至此，自然人已完成居间服务，应当获得

居间服务报酬。售电公司主张因购售电合同履行存在亏损无需支付居间服务报酬没有事实和法律依据，法院不予支持。零售电公司主张自然人未依照合同约定开具发票的问题。法院认为，开具发票为居间合同的附随义务，支付居间服务报酬是合同的主要义务，二者不具有对等关系，售电公司以未开具发票为由对抗履行支付居间报酬的主要义务明显有违诚实信用原则。最终，法院判决，售电公司应向对方支付居间服务报酬及违约金。

4. 合规建议

本案中，法院认定双方未就售电公司因合同履行亏损则无需支付居间服务报酬达成一致约定，自然人已完成居间服务，应当获得居间服务报酬。售电公司与"中间人"在签订居间合同时，建议合同双方明确居间服务内容，清楚界定"完成服务"的标准，以及明确居间费用计算标准。如有需要，也可进一步明确不同介入程度、不同服务效果分别对应的报酬计算方式。

第九章 境外合规管理

第一节 境外领域合规管理基础理论

（一）境外业务合规管理概述

1. 境外业务合规管理的渊源和发展

企业合规是指企业及其员工的经营管理行为符合相关法律法规、国际条约、监管规定、行业标准、商业惯例、道德规范和企业章程及规章制度等要求。企业合规管理则是指为了合乎规范而进行的管理，合规的核心就是法律风险防控，"风险规避"与"风险治理"是其具体的表现内容及目的。企业按照内部规范的要求统一制定并持续完善合规规范，通过制定合规政策规避违规风险，监督内部规范的执行，强化内部合规管控；建立持续对违规行为进行识别、监测、预警、防范、控制、化解等一整套合规风险管理长效机制。

（1）合规管理的渊源和发展

① 合规管理的渊源。"合规"一词由英文"Compliance"翻译而来，意指"服从、遵守、依从"。合规管理这一概念最早始于美国银行业。1929年至1933年的经济大萧条是美国经济史上的重大历史事件，为当时的美国社会带来了极大的危机和灾难。在这一场经济大萧条中，美国金融业受创最为严重，美国政府为加强对银行等金融机构的合规管理，确保银行系统的稳健运行，促使银行严格执行监管部门制定的相关法律法规和规章制度，美国政府开始为银行业构建合规监管体系，设立专门的合规管理机构，随后有力的监管政策推动金融机构开始强化自身合规管理，保障了第二次世界大战后三十年间美国金融业的稳定和繁荣发展。

② 合规管理的发展。20世纪60年代，美国电气行业串通抬价、瓜分市场等垄断行为猖獗，政府加大反垄断执法力度，对企业各类垄断行为进行严厉打击，促使企业开始建立反垄断合规体系。20世纪70年代，美国"水门事件"揭露企业干涉1972年美国总统大选，进行非法政治捐赠、贿赂的乱象。1977年，美国证券交易委员会制定《反海外贿赂法》（*Foreign Corrupt Practices Act*，FCPA），打击企业在海外的回扣、贿赂、捐赠等行为，培育公平竞争的商业环境。20世纪80年代，合规管理逐渐向美国工业、制造业和证券业等领域推进，这一时期美国政府出台一系列监管相关规定以指导企业强化合规管理。1991年，美国出台《联邦组织量刑指南》（*Federal Sentencing Guidelines for Organizations*，FSGO），将企业是否具备完善的合规体系作为减轻刑事责任的重要考量，政府监管模式和思路逐渐发生转变，为现代企业合规管理奠定基础。1995年，联合国提出《全球契约》（*Global Compact*），号召企业以遵守国际行为准则的方式，承诺践行人权保障、劳工保护、环境保护和反腐败原则。

21世纪初，国际合规发展进入黄金时期。2002年，安然有限公司和世界通信公司等企业的财务造假行为促使美国对上市公司财务审计加强合规监管，出台《萨班斯-奥克斯利法案》（*Sarbanes-Oxley Act*，SOX）。2005年，巴塞尔银行监管委员会发布《合规与银行内部合规部门》高级文件。2010年，美国为遏制金融领域违规行为，防止金融危机的发生，出台了《多德-弗兰克华尔街改革和消费者保护法案》（*Dodd-Frank Wall Street Reform and Consumer Protection Act*）。该法案覆盖商业贷款、消费贷款、金融衍生品等金融领域，使企业进一步加强合规体系建设。2010年，OECD颁布《内控 道德与合规最佳实践指南》（*Good Practice Guidance on Internal Controls Ethics*），要求企业制定反海外贿赂合规政策，构建合规执行、合规咨询和培训机制等。

(2) 我国境外业务合规管理的渊源和发展

① 我国合规管理的渊源。在我国，"合法"是人们更为熟悉的概念，而"合规"往往只适用于特定领域或行业。我国合规管理建设起步较晚，合规管理理念和实践于20世纪70年代末由"三资"企业引入中国，政府合规监管也经历了由金融机构逐渐向其他行业扩展的过程。最早出现"合规"一词的文件是1992年审计署与中国人民银行联合发布的《对金融机构贷款合规性审计的实施方案》。2002年，中国人民银行参照欧美银行合规管理模式和国际准则要求，将中国人民银行总行法律事务部更名为"法律与合规部"，增加了合规监管职能，并设置了首席合规官。2006年，中国银监会发布《商业银行合规风险管理指引》，该指引成为银行业风险管理的核心制度。此后，合规的范围开始扩展到企业，如2008年财政部出台《企业内部控制基本规范》，2010年随即出台《企业内部控制配套指引》。

② 我国境外业务合规管理的发展。相较于欧美国家，我国境外业务合规管理相关的法律法规并不完善，中国企业在境外业务合规管理方面也起步较晚。2010年至今，中国企业"走出去"步伐加快，但对国际规则与境外合规管理要求的认识不足，大批中国企业因违规经营行为而受到国际组织及东道国的监管和制裁，给中国企业国际形象带来负面影响。随着"一带一路"倡议的不断推进，越来越多的中国企业参与到全球市场竞争当中。中国政府也更加积极地参与全球合规管理国际合作。中国积极践行《联合国反腐败公约》《国际商务交易中打击勒索和贿赂行为准则》等国际公约义务；参与发起并通过了亚太经合组织（APEC）《北京会议反腐败宣言》《预防贿赂和反贿赂法律执行准则》等重要文件。中国企业必然要顺应全球合规治理加强的大趋势，履行公约所规定的义务，积极预防和应对商业贿赂，树立并维护国家形象。

2. 境外业务合规管理的现状和趋势

(1) 境外业务合规管理的现状

① 国际合规管理现状。2014年，国际标准化组织发布《合规管理体系：指南》（*Compliance Management Systems-Guidelines*，ISO 19600：2014），为全球企业建立有效的合规管理体系提出标准化建议。2016年，国际标准化组织发布《反贿赂管理体系：要求和使用指南》（*Anti-bribery Management Systems-Requirements with Guidance for Use*，ISO 37001：2016），针对企业交易活动中可能存在的不正当行为提出了预防、识别和应对措施。2019年，美国修订了《联邦组织量刑指南》，明确提出合规体系有效性的评估指标。2021年，国际标准化组织发布《合规管理体系 要求及使用指南》（*Compliance management systems—Requirements with guidance for use*，ISO 37301—2021），对于各类组织的合规管理能力建设、政府监管活动、国际贸易交流、促进沟通与合作等具有重要的意义。到目前为止，合规经营的理念已经全面深入国际商业领域，企业应当主动识别合规义务，并借助合规管理来规避风险、保护自身。

② 我国境外业务合规管理现状。2016年，国务院国资委印发了《关于在部分中央企业开展合规管理体系建设试点工作的通知》，在中国移动、中国石油等五家中央企业启动合规管理试点工作。2017

年，中央全面深化改革领导小组会议，就中国企业合规经营问题，明确指出加强企业海外经营行为合规建设的重要性，会议通过了《关于规范企业海外经营行为的若干意见》。2018年，国家标准《合规管理体系：指南》（CB/T 35770—2017）正式实施，国家发展改革委员会发布《企业境外经营合规管理指引》，为中国企业开展境外经营业务合规管理工作、建立合规管理体系提供了官方指导意见。

（2）境外业务合规管理的趋势

西方国家、国际多边组织法律合规等监管举措频频加码，境外业务投资经营环境不确定性因素骤增。中国政府和中国企业对合规的重视程度也提到前所未有的高度。在全球化进程中，合规扮演着至关重要的角色，中国企业多年来在"走出去"的过程中，因境外违规经营导致的合规问题已经造成一定的经济和声誉损失，不仅会影响我国企业获得更多商业合作机会，还会影响"一带一路"倡议和对外开放的顺利推进。因此，企业建立健全合规管理体系和制度，对于提升整体"走出去"企业合规管理水平至关重要。

（二）对外贸易合规管理相关基础知识

1. 对外贸易概述

对外贸易，是指国家（地区）之间的商品、劳务和技术的交换活动，包括进口贸易和出口贸易两个部分。中华人民共和国成立70年来，我国对外贸易由货物贸易向服务贸易拓展，贸易规模和质量不断提升，极大促进了经济增长。党的十八大以来，中国加大对外开放力度，取得了一系列重大成就，为推动经济全球化朝着更加开放、包容、普惠、平衡、共赢的方向发展作出重要贡献。今天的中国正以更加开放的姿态、更加自信的步伐融入世界经济大潮之中，以贸易大国的英姿屹立于世界经济舞台。

中华人民共和国成立之初，对外贸易以通过香港地区的转口贸易为主，苏联和东欧社会主义国家成为中国主要贸易对象。同时，中国努力与亚非新兴民族独立国家建立贸易合作关系。1971年，中国恢复联合国合法席位，对外贸易伙伴国逐渐增多，贸易重心逐渐向第三世界国家和西方国家转移。1978年，改革开放使经济特区被允许在对外经济活动中实行特殊政策和灵活措施，《中外合作经营企业法》《外资企业法》等贸易制度陆续颁布，推动实施税收优惠和出口退税政策，鼓励外资进入和中国贸易出口，有力保障对外贸易的稳步发展。进入21世纪，中国正式加入WTO，开始深入参与全球贸易体系，中国切实履行承诺，采取削减关税和开放国内市场等一系列贸易改革措施，使中国经济外向型特征愈发明显。中国倡导成立上海合作组织、中国-东盟自由贸易区，进一步深化区域性贸易合作。2020年中国发布《出口管制法》，其核心在于保障本国的国家安全，体现外交政策，进一步突出维护国家安全和利益的属性和功能，扩大了管制物项和受管制行为的范围、增加了临时管制、增设了管控名单制度、强化了企业出口管制合规义务、加大了对违法行为的惩处力度、明确了域外适用效力等。近年来，在"一带一路"倡议下，与中国达成自由贸易协定的国家逐渐增多，中国在不断开放国内市场、谋求自身发展的同时，也始终秉持合作共赢的对外经济发展理念，以实际行动促进国家间的贸易繁荣发展，承担起大国责任，更为深刻地参与到世界经济大潮中。

2. 对外贸易国内主要合规要求及违规后果

（1）出口管制合规要求及违规后果

① 出口管制物项合规要求。《出口管制法》第2条规定，国家对两用物项、军品、核以及其他履行国际义务与维护国家安全和利益相关的货物、技术、服务等物项实施出口管制。在实践中，对可能属于管制物项范围的产品、技术或者服务等，企业应当准确识别这些潜在的合规风险点，完善日常筛查、

交易审查和建立管控物项名单等合规管控环节。

② 临时管制与禁止出口合规要求。《出口管制法》第9条规定，根据维护国家安全和利益、履行防扩散等国际义务的需要，国家出口管制管理部门可以对出口管制清单以外的货物、技术和服务实施临时管制，并予以公告。企业应及时关注政策动态，审查其出口产品是否被列入禁止出口或临时管制物项，必要时，也可向相关出口管制监管部门进行咨询。

③ 最终用户管控合规要求。《出口管制法》第13条规定，国家出口管制管理部门在对出口经营者出口管制物项的申请进行审查，做出准予或者不予许可的决定时，应当考虑最终用户和最终用途的因素。《出口管制法》第17条规定建立了管制物项最终用户/最终用途的评估核查制度，以及类似"黑名单"形式的进口商和最终用户的管控名单，对于违反最终用户/最终用途管理要求的，可能危害国家安全和利益的，将管制物项用于恐怖主义目的，采取禁止、限制有关管制物项交易，责令中止有关管制物项出口等必要的措施。企业应当及时关注和更新进口商和最终用户的管控名单，完善客户调查、客户建档、交易审查等管控环节，同时应建立最终目的地的跟踪机制，并在与交易对象的销售合同中加入对最终用户/最终用途的限制性条款。

④ 整体供应链管理。《出口管制法》第20条规定，任何组织和个人不得为出口经营者从事出口管制违法行为提供代理、货运、寄递、报关、第三方电子商务交易平台和金融等服务。除了出口商之外，供应链上的其他服务机构也受到《出口管制法》的约束。因此，从事代理、货运、寄递等服务的中介机构也应对其提供服务所涉及的客户、产品、服务、技术等是否涉嫌违反出口管制的相关规定进行主动询问和识别，从而避免违反《出口管制法》的风险。

（2）技术出口合规要求及违规后果

① 技术出口管理合规要求。对于技术出口这一特别领域，国务院制定了《技术进出口管理条例》，将出口技术分为三类，其中属于禁止出口的技术，不得出口；属于限制出口的技术，实行许可证管理；未经许可，不得出口。对属于自由出口的技术，实行合同登记管理，合同自依法成立时生效，不以登记为合同生效的条件。因此，我国企业在对外投资过程中涉及技术出口的，应根据技术的具体性质办理技术出口许可或者技术出口合同登记，办理完毕后才能进行后续的外汇、银行、税务、海关等相关手续。

② 出口技术限制合规要求。《禁止出口限制出口技术目录》第1条规定，禁止出口技术参考原则包括：一是为维护国家安全、社会公共利益或者公共道德，需要禁止出口的；二是为保护人的健康或者安全，保护动物、植物的生命或者健康，保护环境，需要禁止出口的；三是依据法律、行政法规的规定，其他需要禁止出口的；四是根据我国缔结或者参加的国际条约、协定的规定，其他需要禁止出口的。该目录中禁止出口的技术涉及畜牧业、电信和其他信息传输服务业等20余类技术，限制出口的技术涉及农业、软件业等30类技术，并明确了技术名称和控制要点。

③ 技术再出口合规要求。《技术进出口管理条例》中没有规定出口技术再出口的问题，但在敏感物项及相关技术的出口管制法规中则有规定。例如《核两用品及相关技术出口管制条例》第6条规定，核两用品及相关技术出口的许可，接受方应当保证不将中国供应的核两用品及相关技术或者其他任何复制品用于核爆炸目的以及申明的最终用途以外的其他用途，未经中国政府允许，不将中国供应的核两用品及相关技术或者其任何复制品向申明的最终用户以外的第三方转让。

（3）贸易申报合规要求及违规后果

① 商品编码和关税合规要求。关税政策、贸易管制政策往往根据商品不同来确定，世界海关组织制定了商品归类编码目录，以便于各国海关对商品进行监管。就海关监管而言，商品归类编码对应了

不同的税率和许可证件要求,即监管条件。绝大多数货物的关税是由货物价格与税率的乘积所决定的,因此,关税金额一方面取决于商品归类号码所对应的税率,另一方面取决于货物价格。企业应重视商品编码和货物价格审核合规要求,正确适用不同商品的贸易管制政策与关税税率。

② 自由贸易协定原产地申报。中国所签订的自由贸易协定越来越多,《区域全面经济伙伴关系协定》(Regional Comprehensive Economic Partnership,RCEP)也已经生效,企业进出口可能需要利用特定自由贸易项下的优惠关税原产地规则,获得进出口关税优惠待遇。因此,出口企业需要做好相关贸易协定项下原产地合规的工作。原产地规则比较复杂,不同国家非优惠原产地规则不仅与自由贸易协定项下的优惠原产地规则不同;各个国家的非优惠原产地也各不相同。近年来,中国海关主动加强了对于进口原产地申报的监管,也应进口国要求加强了对于出口原产地申报的监管。

③ 检验检疫合规要求。进出口商品出入境前、中、后期都可能存在海关检验检疫相关的合规风险。根据《进出口商品检验法实施条例》第 45 条规定:"企业未按照规定提供报检事项的真实情况,将被处以罚款;一旦涉及伪造、变造、买卖或者盗窃检验证单、印章、标志、封识、货物通关单或者使用伪造、变造的检验证单、印章、标志、封识、货物通关单,企业将面临没收违法所得、罚款甚至被追究刑事责任的风险。"因此,企业开展进出口贸易,应事先确认该商品是否属于检验检疫监管范围,并确保在规定期限内如实报检。

④ 特殊物品进口合规要求。《出入境特殊物品卫生检疫管理规定》第 2 条规定明确将微生物、人体组织、生物制品、血液及其制品列为特殊物品,并按风险等级分为 A,B,C,D 四级,采取不同的卫生检疫监管方式,因此企业在涉及上述物项物品时应当履行特殊物品进口合规要求。

(4) 海关稽查合规要求及违规后果

① 数据归档与保存合规。在货物通关后,企业应及时归档保存相应的报关单证、进出口单证、检疫证明等相关材料。若海关在稽查过程中发现企业材料缺失并在规定期限内未能及时提供,则会对企业依法作出行政处罚,处罚通常为罚款人民币 10000 元整。

② 海关申报合规要求。海关稽查行政处罚案件中,因申报不实而产生的处罚占比较高。针对进出口货物的申报,海关在稽查过程中会注重报关单中的下列内容:一是原产地是否属实,不同的原产地的货物税率往往存在差异;二是货物数量、价格、规格是否属实;三是运费、保险费等其他申报价款是否属实,有些企业报关时的成交方式为 FOB,但海关在稽查中若发现不一致,则会核定实际价格并作出补缴税款通知;四是是否如实申报进出口方之间的特殊关系等内容。

③ 结转手续及账簿合规要求。企业进出口的原材料在加工后未按照海关规定办理结转手续,海关在实施稽查后将依法作出行政处罚。此外,企业应当在账簿上准确记载进出口货物的损耗量及库存情况,若记载内容与实际不符,也将面临行政处罚。

④ 货物税收优惠政策合规。根据国务院和各地政府出台的法律文件和进出口政策,减免税、保税货物在通关后应当按照《海关法》相应法规及政策文件中规定的用途进行使用,包括主体的限制、使用地域的限制、担保抵押和转让的限制等。若企业违规使用优惠政策,海关会根据实际情况作出补缴税款、缴纳罚金等决定。

3. 对外贸易境外主要合规要求及违规后果

(1) 贸易调查合规要求及违规后果

中美贸易摩擦持续频发,美国对中国采取的贸易保护措施,主要为贸易调查措施、经济制裁、出口管制等,其中贸易调查措施主要包括:反倾销调查、反补贴调查、保障措施调查、232 调查、301 调查。

① 反倾销补贴调查合规要求。反倾销、反补贴调查是指接受出口国认为特定国家的特定产品存在补贴、倾销行为，导致国内相关产业受到损害（损害主要表现为实质性损害、实质性损害威胁、实质性阻碍国内产业建立及发展），因而裁定采取的措施，其制裁手段一般包括反倾销税、反补贴税、价格承诺。企业应根据美国法律、WTO 规则有关反倾销补贴措施的规定积极应诉、督促美国遵守规则，以争取撤诉、和解等低损害或无损害的结案结果。

② 保障措施调查合规要求。保障措施是指某一产品的进口数量增加，导致对生产同类或直接竞争产品的国内产业造成严重损害或严重损害威胁时，对该产品的进口进行限制。保障措施调查具备的条件有：根据进口数量认定是否构成进口激增、是否造成严重损害、上述进口激增与严重损害之间具备因果关系。需注意的是，与反倾销、反补贴调查相比，保障措施调查中的进口激增和产品价格无关，主要是依照进口数量的变化情况判定，此外保障措施调查中"严重损害"的认定一般要达到实质性损害的程度，该损害程度往往高于反倾销、反补贴调查。

③ 232 调查合规要求。232 调查是指美国商务部根据 1962 年《贸易扩展法》第 232 条款授权，对特定产品进口是否威胁美国国家安全进行立案调查，并在立案之后 270 天内向总统提交报告，根据报告对进口产品威胁国家安全的判断，美国总统将在 90 天内决定是否对相关产品的进口采取最终措施。美方以维护国家安全为由，将 232 调查同其他贸易救济措施进行组合实施，中国产业无疑承受着巨大影响。中国企业应以理性态度应对美国 232 调查，善于利用中美法律政策、国际贸易相关法律惯例、WTO 规则，积极向中美有关部门提出申诉，采取法律手段寻求救济，在严峻形势的挑战下寻求发展机会，提高出口产品结构的多样性，在政策环境支持下优化结构，以提高自身风险抵抗能力与竞争能力。

④ 301 调查合规要求。根据美国《1974 年贸易法》第 301 条规定，美国对认为是"不公平"的其他国家贸易做法进行调查，最终由总统决定采取提高关税、限制进口、停止有关协定等报复性措施。应对 301 调查，企业应当关注有关产品排除申请，在产品被采取 301 调查时，企业可从保护美国生产商、进口商利益的角度出发，积极联系美国下游生产商、进口商，鼓励其向美国贸易代表办公室提交产品排除申请来退税。此外，就有关排除标准，如果产品只能从中国进口，在美国或第三国没有该产品以及类似产品，或采取加征额外关税对美国申请人或美国其他利益造成经济损害的，那么产品存在被排除的可能性。

(2) 出口管制合规要求及违规后果

出口管制是指国家出于政治、经济、军事和对外政策的需要，制定的限制商品出口的相关法律和规章，以对出口国别和出口商品进行控制。美国出口管制制度的法律基础主要有《出口管理法》《武器出口管制法》《国际紧急经济权力法案》等。上述三部法律构成了美国出口管制制度的基础，涵盖军用领域的出口管制和军民两用产品和技术的出口管制（商业出口管制）。美国《出口管理条例》限制或禁止与"特定国家"或该"特定国家"的公司进行与"管制物品"相关的"交易"。美国商务部制定的《商业管制清单》定义了"管制物品"的范围，指的是被明确列举的原产于美国的产品或技术，美国政府对于"管制物品"采取签发许可证的管理模式，并在签发出口许可证流程中设立了大量的环节，包括政府部门磋商、多方审查等。出口许可的类型包括一般许可证、单项有效许可证（又称特种许可证）、多次有效许可证。一般来说，出口许可由出口商进行申请。虽然美国企业是美国出口管制规则的主要义务主体，但美国的出口管制规则也具有一定的域外效力。出口的概念针对原产美国的产品或技术的所有流转，采取的政策是考察产品的终端用户或终端用途，即美国原产的产品或技术不论如何流转都禁止被禁运对象所用。

美国的出口管制制度甚至包括对于非原产于美国的产品或技术的限制。当外国产品的产品成分中包含一定比例的美国来源成分或被认定为直接采用美国的技术或软件生产的"直接产品",就属于管制范围。而一旦外国产品被认定适用美国出口管制规则,那么该产品不论是出口、再出口或是国内转卖都需要符合美国出口管制规则。美国出口管制制度所定义的违规行为不仅包括直接违规行为,还包括间接造成或协助违规的行为等间接行为。美国出口管制制度设定的是严格责任,即只要出现违规结果,就可能面临法律责任。如果违规行为是有意为之,则可能同时涉及民事和刑事双重责任。"有意为之"包括主观故意或无视法律,在出口管制和制裁案例中,只要行为人知道其行为是违规行为,即使他不知道所违反的具体法律,仍然可构成刑事责任。除此之外,违规者还可能被列入各种经济制裁清单、被剥夺获取美国产品的权利、被限制使用美元或被限制与美国公司交易。企业若希望避免遭遇出口管制风险,应当全面了解国内外的出口管制制度,并建立完善的内控制度,减少因出口管制遭到的损失。

(3) 技术标准合规要求及违规后果

技术性贸易措施是指一国以维护国家安全、保障人类健康和安全、保护生态环境、防止欺诈行为、保证产品质量为由,采取一些强制性或非强制性的技术性措施,这些措施成为其他国家商品和服务自由进入该国市场的障碍。名目繁多且日益增多的技术性措施正在对国际贸易产生越来越大的影响。

① 技术认证标准合规要求。技术标准是指经公认机构批准的、非强制执行的、供通用或重复使用的产品或相关工艺和生产方法的规则、指南或特性的文件。有关专门术语、符号、包装、标志或标签要求也是标准的组成部分。目前大量技术标准,有行业标准、国家标准,也有国际标准,这些标准对国际贸易产生重大影响,对发展中国家的出口影响更为深远。标准认证包括抽样、检验和检查;评估、验证和合格保证;注册、认可和批准以及各项的组合。认证是指由授权机构出具的证明,一般由第三方对某一事物、行为或活动的本质或特征,经当事人提出的文件或实物审核后给予的证明,这通常被称为"第三方认证"。认证分为产品认证和体系认证。产品认证主要是指产品符合技术规定或标准的规定。其中因产品的安全性直接关系到消费者的生命健康,所以产品的安全认证为强制认证。目前主要有欧洲、北美、日本产品的安全体系。体系认证是指确认生产或管理体系符合相应规定。目前最为流行的国际体系认证有 ISO 质量管理体系认证和 ISO 环境管理体系认证。

② 检验检疫标准合规要求。动植物检疫措施是指为保护人类、动植物的生命或健康而采取的动物卫生和植物卫生措施。这些措施包括:保护人类的生命免受食品和饮料中添加剂、污染物、毒素以及外来动植物病虫害传入危害的措施;保护动物的生命免受饲料中添加剂、污染物、毒素以及外来病虫害传入危害的措施;保护植物的生命免受外来病虫害传入危害的措施;防止外来病虫害传入而造成危害的措施。受此影响最大的产品是食品和药品。食品方面主要是农药、兽药残留量的规定,加工过程添加剂的规定,对动植物病虫害的规定,其他污染物的规定,生产、加工卫生、安全的规定等。

(4) 知识产权合规要求及违规后果

① 知识产权国际合规原则要求。一是国民待遇原则,在知识产权保护方面,各缔约国之间相互给予平等待遇,使缔约国国民与本国国民在知识产权方面享有同等待遇。《与贸易有关的知识产权协定》(*Agreement on Trade-Related Aspects of Intellectual Property Rights*,TRIPs)还特别规定"在知识产权保护方面,每一缔约国给予其他缔约国国民的待遇不得低于其给予本国国民的待遇"。二是最低保护标准原则,是指各缔约国依据本国法对该条约缔约国国民的知识产权保护不能低于该条约规定的最低标准。最低保护标准包括保护对象、权利的取得方式、权利内容、保护期限等。三是权利独立原则,是指享有国民待遇的人就其同一发明而在不同成员方内申请及享有的专利权,彼此独立,互不影响。专利申请人在成员国家是否获得专利、所获专利的有效性,不影响其在其他成员方获得专利和专利的有效性。四是权利用尽原则,是指知识产权商品首次销售之后,知识产权权利人的权利即被用尽。该

原则仅适用于具有排他性的知识产权，如专利权、商标权和著作权。

② 专利侵权调查合规要求。以下主要以美国"337调查"为例探讨企业跨境专利侵权风险。专利侵权调查即"337调查"，是指美国国际贸易委员会根据美国《1930年关税法》第337节和相关修正案进行的调查，调查对象为进口产品侵犯美国知识产权的行为以及其他进口贸易中的不公平竞争行为。近年来，我国出口企业在美国被展开"337调查"的案件越来越多。"337调查"关于知识产权的不正当贸易构成包括两个方面：一是进口产品侵犯了在美国注册的专利权、著作权、商标权等专有权；二是美国存在相关产业或相关产业正在筹建中。如果"337调查"成立，美国有权采取以下四种救济措施：一是发布有限排除令，禁止申请书被列名的侵权企业侵权产品进入美国市场；二是普遍排除令，不分来源地，禁止所有同类侵权产品进入美国市场；三是停止令，要求停止侵权行为，包括在美国的销售、广告宣传行为；四是没收令，没收所有试图进入美国市场的侵权产品。

③ 商标侵权调查合规要求。商标是企业非常重要的知识产权，国内的很多知名企业都曾经在跨出国门的时候才发现自己的商标已经在国外被注册，如海信、康佳、同仁堂、五粮液这些国内知名品牌都曾经在国外被人抢注。虽然这些在国外被注册的商标大多被商标持有人通过诉讼或者协商的方式最终取回，但是都付出了很大的代价。对我国企业来说，申请商标国际注册的主要途径有两个：一是逐一国家注册，分别到目的国商标主管机关申请。这种方式成本较高；二是马德里商标国际注册，根据马德里条约和《商标国际注册马德里议定》的规定进行注册。

④ 知识产权海关备案合规要求。是指知识产权权利人依据《知识产权海关保护条例》的规定，将其知识产权的法律状况、知识产权合法使用情况、有关货物的基本信息及进出口情况以书面形式在海关总署进行登记，以便海关部门在对进出口货物的监管过程中可以主动对相关知识产权进行保护。知识产权权利人既可以自行办理备案申请，也可以委托代理人办理；境外的法人、自然人和其他组织必须委托境内的代理人办理。

（三）境外投资合规管理基础知识

1. 境外投资概述

境外投资，是指境内企业直接或通过其控制的境外企业，以投入资产、权益或提供融资、担保等方式，获得境外所有权、控制权、经营管理权及其他相关权益的投资活动。中国改革开放40多年来，伴随着中国企业实力的壮大，境外投资也已经成为企业国际化经营和战略转型的重要途径。

1978年，改革开放拉开了中国企业境外投资的序幕。这一阶段中国改革开放尚处于"引进来"的阶段，境外投资缺乏法律法规和政策支持，所涉及的行业主要为航空、矿产资源等行业。1992年"南方谈话"后，国务院扩大企业对外投资权限，对企业的境外投资项目实行审批制度，企业境外投资数量和金额相较以前有较大增长，投资专业度也出现大幅提升。然而与发达国家相比，中国企业的境外投资规模仍然悬殊。进入21世纪以来，改革开放进入了新的历史性阶段，中国企业境外投资的步伐开始加快。随着境外并购占中国对外直接投资的比重不断提升，中国逐渐走向对外投资和吸引外资相平衡的新阶段，中国企业对外投资在全球的影响力也在不断增强。

2. 境外投资国内主要合规要求及违规后果

（1）企业境外投资主要合规要求及违规后果

① 中华人民共和国国家发展和改革委员会核准与备案。根据《企业境外投资管理办法》，企业开展境外投资，应当履行境外投资项目核准、备案等手续，报告有关信息，配合监督检查。国家发展改革

委对投资主体直接或通过其控制的境外企业开展的敏感类项目实行核准管理,包括涉及敏感国家和地区的项目、涉及敏感行业的项目。实行备案管理的范围是投资主体直接开展的非敏感类项目,即涉及投资主体直接投入资产、权益或提供融资、担保的非敏感类项目。

② 中华人民共和国商务部核准与备案。《境外投资管理办法》为境外直接投资搭建了基本的制度框架,该制度要求商务部和省级商务主管部门按照企业境外投资的不同情形,分别实行备案和核准管理。其中企业境外投资涉及敏感国家和地区、敏感行业的,实行核准管理。企业其他情形的境外投资,实行备案管理。

③ 国家外汇管理局境外投资外汇监管。国家外汇管理局发布的《境内机构境外直接投资外汇管理规定》规定,境内机构境外直接投资获得境外直接投资主管部门核准后,应到所在地外汇局办理境外直接投资外汇登记。境外投资关系到国家的国际收支平衡,实行外汇管制的国家会对外投资用汇采取一定措施。我国境外投资的外汇管理制度经过多年发展呈逐步放宽的态势,根据《关于进一步简化和改进直接投资外汇管理政策的通知》,境内外投资主体可直接到银行办理直接投资外汇登记。

(2) 国有企业境外投资合规要求及违规后果

① 经营资质合规管理。《境外国有资产管理暂行办法》第5条规定,境外国有资产经营实行政企职责分开,出资者所有权与企业法人财产权分离,政府分级监管,企业自主经营的原则。中央及省属企业及其各级子企业依法对境外企业享有资产收益、参与重大决策和选择管理者等出资人权利,依法制定或者参与制定其出资的境外企业章程,并应当依法参与其出资的境外参股、联营、合作企业重大事项管理。

② 重大事项决策合规管理。《境外国有资产管理暂行办法》第11条规定了以下重大决策事项,具体包括:境外发行公司债券、股票和上市等融资活动;超过企业净资产50%的投资活动;企业增、减资本金;向外方转让国有产权或股权导致失去控股地位;企业分立合并、重组、出售、解散和申请破产等重大事项。

③ 国有资产处置管理。国有企业境外国有资产的处置,都应遵守《企业国有资产法》《国有资产监督管理暂行条例》《境外国有资产管理暂行办法》等对国有资产管理的规定。中央企业还应当遵守适用于中央企业的专门处置管理规定。《中央企业境外国有资产监督管理暂行办法》第3条规定,国家从以下方面对境外投资活动进行监管:制定有关监督管理制度、实施监督检查;资产统计、清产核资、资产评估和绩效评价等;落实有关资产的保值增值责任等。

④ 境外国有资产的监督管理。境外国有资产遵循"国家统一所有、政府分级监管"的原则,各级国资委负责对本级政府管辖的境外国有资产进行监督管理。《境外国有资产管理暂行办法》第4条规定,国有资产管理机构对违法违规行为责任人给予经济、行政处罚;建立境外国有资产经营责任制,组织实施境外企业国有资本金绩效评价;审核境外企业重大国有资本运营决策事项;检查监督境外国有资产的运营状况等事项。

⑤ 境外机构经营合规管理。《境外国有资产管理暂行办法》第9条规定,境内投资者对所属境外机构行使出资者职能,必须明确管理的职能部门及其工作职责,严禁法定代表人及其他任何人越过职能部门,对境外机构采用个人单线联系方式进行管理。第17条规定,境外机构为企业的,其在境外以借款、发行公司债券等方式筹集资金的,其所筹集资金不得调入境内使用。境外机构为非经营性机构的,不得以其自身名义直接对外筹集资金。

⑥ 中央企业投资负面清单。国资委建立并发布中央企业境外投资项目负面清单,设定禁止类和特别监管类境外投资项目,实行分类监管。《中央企业境外投资监督管理办法》第9条规定,列入负面清

单特别监管类的境外投资项目，中央企业应当报送国资委履行出资人审核把关程序；负面清单之外的境外投资项目，由中央企业按照企业发展战略和规划自主决策。

3. 境外投资在境外的主要合规要求及违规后果

（1）政府审批合规要求及违规后果

东道国政府审批作为政府干预的主要形式，对跨境并购交易产生着极大的影响。事实上，政府的审批和合规贯穿整个跨境并购过程。政府对跨境并购交易阶段设置的审批措施主要包括市场准入限制措施、所有权和控制权限制措施、市场竞争限制措施等。

① 市场准入限制措施。市场准入限制是指东道国政府对境外企业进入东道国市场进行限制。东道国在市场准入和设立方面对境外投资企业通常采取的做法包括：禁止企业直接投资于某些工业或活动；对特定行业、产业或活动所允许的外国公司设置数量限制；最低资本要求；后续追加投资或再投资要求；投资的审查、授权和登记；符合某些发展或其他准则（例如环境责任）条件；投资必须采取一定的法律形式（例如根据当地公司法要求注册成立）；对进入形式的限制；对非股权投资的特殊要求。

② 所有权和控制权限制措施。所有权与控制权限制是指政府对境外企业所持的所有权与控制权进行限制，从而规范跨境并购主体的行为，防范跨境并购带来的先进技术转移、市场垄断等不利影响。东道国在所有权与控制权方面对跨境并购中的外国投资企业通常采取的做法包括：对外资所有权的限制（例如外资持股比例不得超过50%）；强制进行合资，要么由政府参与，要么由当地投资者参与；强制附期限的所有权转让；公司实际控制人和股东的国籍限制等。

③ 市场竞争限制措施。作为全球普遍关注并重点控制的问题之一，各个国家和地区均对境外投资可能产生的不利市场竞争影响乃至垄断行为进行严格限制。超过一定范围的不正当竞争、垄断等恶性行为将破坏市场的自我调节功能，损害消费者权益。东道国在审查过程中可能会根据境外投资实际情况，判断境外企业对市场竞争的特有影响，从而对境外投资加设相关限制。

④ 境外投资事后审批。东道国政府对境外投资的审查主要通过事先申报进行，东道国对投资交易完成后可能对相关市场产生的影响进行预测分析，如果政府认为这一交易完成将对东道国产生不利影响或构成垄断，则会禁止交易。企业还应当在境外投资完成后关注可能出现的事后审批，这类监管主要针对企业在东道国的市场经营行为，企业如出现违规情形，则可能会受到东道国的监管处罚。

（2）安全审查合规要求及违规后果

东道国政府对境外投资实施的监管中，国家安全审查一直是其监管的重要组成部分。国家安全审查制度最初是为了限制其他国家参与本国军事和国防工业，以防止外国政府通过企业实施的境外投资活动危害国家安全。伴随着经济的发展和资本的全球流动，国家安全审查被逐渐扩展适用于国家战略产业和关键基础设施产业等领域，并被用来保护国家核心技术信息和秘密。近年来，各国还将经济、能源、数据和网络等对本国发展产生重要影响的因素纳入国家安全审查，使国家安全审查的适用范围呈现出更加丰富、多元的特点。

国家安全审查逐渐成为各国进行经济、政治博弈的工具，使得企业对国家安全审查的可预期性降低，因此企业在进行境外投资前，应当充分了解东道国的安全审查监管措施及趋势，合理规避可能产生的合规风险。

美国和欧盟作为中国企业境外投资的重要对象，中国相关企业应当对其国家安全审查制度进行充分了解。美国出台《2018年外国投资风险评估现代化法案》（*Foreign Investment Risk Review Modernization Act of 2018*，FIRRMA），欧盟则出台适用于欧盟境内的安全审查监管规范《欧盟外商直接投资审查条例》（*Regulation for the Screening of Foreign Direct Investments*）。美国和欧盟在实际审查中对中国企业也趋于严格，中国企业境外投资将面临更多约束。

（3）国际反垄断合规要求及违规后果

适度竞争有利于市场的繁荣和进步，但恶性竞争则将导致市场自我调节失灵。因此，各国都致力于在市场运行中对不正当竞争行为予以规制。反垄断审查属于不正当竞争监管的一部分。企业在境外投资交易完成前，东道国通过自愿或强制的预先申报审查制度，对境外投资交易是否存在市场垄断问题进行前置审查，确认境外投资完成后是否会对本国市场造成重大不利影响。境外投资完成后，东道国还会对企业的日常运营情况进行动态反垄断监管。反垄断审查的目的在于防止企业实施限制或排除市场竞争的行为，进而维持公平有序的市场竞争，保持市场活力。境外投资交易通常规模较大，业务所涉国家较多，在交易开展过程中，交易将面临来自不同国家的反垄断审查。因此对于开展境外投资企业而言，应当对境外投资活动可能触发的反垄断审查进行充分了解和准备。

（四）对外承包工程合规管理基础知识

1. 对外承包工程概述

对外承包工程是指企业或者其他单位承包境外建设工程项目的活动，包括咨询、勘察、设计、监理、招标、造价、采购、施工、安装、调试、运营、管理等。中华人民共和国成立以来，中国对外承包工程经历了从外经企业、工程公司、设计院、装备制造厂、运营维护公司到物流、矿业、房地产和投资公司的发展过程，我国已成为国际工程市场名副其实的国际工程承包大国。

1978年以前，中国对外承包工程主要为援外工程，这些援外项目的实施对打破帝国主义对中国的封锁，帮助第三世界国家的经济发展起到了积极的作用。1978年后，以"窗口企业"为主，对外承包工程活动以实施援外项目、劳务分包项目、国际招标项目为主，中国对外承包工程进入起步阶段和稳定发展阶段。21世纪初，工程公司、设计院和装备制造企业纷纷"走出去"，非洲成为中国对外承包工程最大市场，并开始尝试BOT项目，这一时期是中国对外承包工程的高速发展阶段。2013年，"一带一路"倡议提出之后，南亚、东南亚等国业务蓬勃发展，以中巴经济走廊系列为代表的项目进入"投建营"阶段，项目规模与产业链越来越复杂，中国对外承包工程不断进行转型升级。2017年，国务院取消对外承包工程资质审批，由核准改为备案，对外承包工程实现全面"走出去"。近年来，随着投资-建设-运营模式的兴起，投资企业也正式参与国际工程业务，推动中国对外承包工程企业实现全产业链覆盖。

2. 对外承包工程国内主要合规要求及违规后果

《对外承包工程管理条例》是我国对外承包工程的指导规范。这一境外经营活动还涉及国家发展改革委、商务部、外管局、国资委等多个政府部门的监管，具体包括分包管理、劳务管理、安全质量管理、事故汇报、项目所在地监管等。对外承包工程企业除应当遵守境外投资领域合规要求以外，还应当遵守以下对外承包工程领域的合规要求。

（1）经营管理合规要求及违规后果

① 对外承包工程经营资质。《对外承包工程管理条例》正式取消对外承包工程资格审批，删除了商务主管部门可以吊销对外承包工程资格证书的规定。对外承包工程资格核发的取消，使企业承包国外工程不再受到相关资格限制，进一步调动企业对外承包工程的积极性。同时，相关部门也将加强事中事后监管，规范行业的经营秩序。

② 对外承包工程风险防范。《对外承包工程管理条例》第7条规定，国务院商务主管部门应当会同

有关部门建立对外承包工程安全风险评估机制，定期发布有关国家和地区安全状况的评估结果，及时提供预警信息，指导对外承包工程的单位做好安全风险防范。第17条规定，对外承包工程企业应当建立、健全对外承包工程突发事件预警、防范和应急处置机制，制定对外承包工程突发事件应急预案。与境外工程项目发包人订立合同后，要建立及时的突发事件报告制度。

③ 对外承包工程人员保护。《对外承包工程管理条例》第12条规定，对外承包工程的单位应当依法与其招用的外派人员订立劳动合同，按照合同约定向外派人员提供工作条件和支付报酬，履行用人单位义务，并保护其人身财产安全。第15条规定，对外承包工程单位设立存缴备用金用于支付外派人员的报酬、因发生突发事件外派人员回国或者接受其他紧急救助所需费用，以及依法对外派人员的损失进行赔偿所需费用。

④ 对外承包工程安全生产。《对外承包工程管理条例》第10条规定，对外承包工程的单位应当加强对工程质量和安全生产的管理，建立、健全并严格执行工程质量和安全生产管理的规章制度。对外承包工程单位将工程项目分包的，应当与分包单位订立专门的工程质量和安全生产管理协议，或者在分包合同中约定各自的工程质量和安全生产管理责任，并对分包单位的工程质量和安全生产统一协调、管理。

⑤ 对外承包工程监督管理。《对外承包工程管理条例》第5条规定，我国对外承包工程监管主要是国务院主管部门和有关部门、地方政府、商会协会。国务院商务主管部门负责全国对外承包工程的监督管理，国务院有关部门在各自的职责范围内负责与对外承包工程有关的管理工作。国务院建设主管部门组织协调建设企业参与对外承包工程。

（2）劳务管理合规要求及违规后果

① 对外承包工程劳务资质。《对外劳务合作管理条例》第6条规定："企业对外承包工程企业从事对外劳务活动应当满足如下资质：符合企业法人条件；实缴注册资本不低于600万元人民币；有3名以上熟悉对外劳务合作业务的管理人员；有健全的内部管理制度和突发事件应急处置制度；法定代表人没有故意犯罪记录。"

② 对外承包工程劳务备用金。《对外劳务合作管理条例》第9条规定，对外劳务合作企业应当自工商行政管理部门登记之日起5个工作日内，在负责审批的商务主管部门指定的银行开设专门账户，缴存不低于300万元人民币的对外劳务合作风险处置备用金。备用金也可以通过向负责审批的商务主管部门提交等额银行保函的方式缴存。备用金用于支付下列费用：对外劳务合作企业非法收取的服务费；依法应支付的劳动报酬；依法应赔偿的费用；因发生突发事件，劳务人员回国或者接受紧急救助所需费用。

③ 对外承包工程劳务活动。《对外劳务合作管理条例》第7条规定，未依法取得对外劳务合作经营资格并向工商行政管理部门办理登记，任何单位和个人不得从事对外劳务合作。第8条规定，任何单位和个人不得以商务、旅游、留学等名义组织劳务人员赴国外工作；对外劳务合作企业不得允许其他单位或者个人以本企业的名义组织劳务人员赴国外工作；对非法从事对外劳务经营活动的，公安、工商行政管理部门有权依法予以取缔。

④ 对外承包工程劳务合同。《对外劳务合作管理条例》第21条规定，对外劳务合作企业应当与国外业主订立书面劳务合作合同。劳务合作合同应具备劳务人员的工作内容和时间、合同期限、劳动条件、劳动许可办理、劳动保险、经济补偿、突发情况救助、违约责任等条款，并在签订合同时保障劳动者知情权。

另外，商务部、外交部、财政部等部门颁布了一系列的法规和部门规章，对中国企业对外劳务合作经营资格管理、服务平台资金管理、备用金管理、人员分类管理等各个环节均进行了规制。例如《商务部办公厅关于继续做好对外劳务合作管理有关工作的通知》《商务部、外交部关于建立境外劳务群体性事件预警机制的通知》《商务部关于印发〈对外承包工程业务统计制度〉〈对外劳务合作业务统计制度〉的通知》等。

（3）外汇管理合规要求及违规后果

① 对外承包工程货物贸易外汇管理。在货物贸易方面，相关的外汇管理规定主要有《货物贸易外汇管理指引》《货物贸易外汇管理指引实施细则》，这两份文件主要对企业名录管理、贸易外汇收支管理、非现场核查、现场核查、分类管理进行规定。在企业名录管理方面，外汇局实行"贸易外汇收支企业名录"登记管理，由金融机构对名录内的企业办理贸易外汇收支业务。企业应持有关材料到外汇局办理对外贸易经营权登记或注销手续。

② 对外承包工程结汇付汇事项管理。除货物贸易外汇规定中的外汇收支规定外，境外工程承包涉及的结汇、售惠、付汇事项还应当遵守中国人民银行发布的《结汇、售惠及付汇管理规定》的合规要求。另外，外汇管理局发布的《境外外汇账户管理规定》明确了账户如何开立、使用以及对外汇账户的监管。第12条规定，境内机构不得出租、出借、串用境外外汇账户。第13条规定，需变更境外外汇账户的开户行、收支范围、账户最高金额和使用期限等内容的，应当事先向外汇局申请。境内机构的境外外汇账户的开立、收支由外汇管理局依照相关规定进行监管。此外，对外承包工程还应当依照《国际收支统计申报办法》进行国际收支统计申报。

3. 对外承包工程境外主要合规要求及违规后果

（1）投标管理合规要求及违规后果

企业参与境外工程投标时，部分业主为了选择更适合的承包商，利用优势地位压榨对方利润以求保障自身，制定严苛的招标文件和合同条款。这种行为导致企业不得不低价竞标，且中标后在履约过程中非常被动甚至出现巨额亏损。投标是承包商开始海外市场项目投资的第一步，该阶段所隐藏的风险会在履约阶段逐渐浮现，企业在投标阶段要特别重视合规管理，采取相应的行之有效的措施防范风险。

与其他投标人分享机密投标信息，或向其他投标人或业主提供任何有价物等违反投标合规规定及有关法律的行为。

① 投标文件合规。企业不得伪造投标资料，提交含有虚假内容的投标文件。不得提供、承诺、接受或收取与投标、项目或业务有关的任何形式的贿赂、回扣、佣金或任何其他有价物。禁止不同投标人使用同一单位或者同一人的资金缴纳投标保证金，同一单位或者同一人持不同投标人的资格预审文件、投标文件投标。企业应注意不得将不同投标人资格审查资料或者投标资料混装，也不得阻碍或者拒绝接受投标监督和检查。

② 投标代理人合规。在国际工程中，代理人承担着沟通桥梁的角色，代理人可以从中斡旋、了解情况、提供信息，对投标策略提出建议，对项目的成功中标有着至关重要的作用。企业应当选取资信良好、实力强劲、合作愿景较强和沟通顺畅的代理人，同时也要监督对方完成事先承诺，合理评价其工作效率、工作能力、获取信息的准确性，防止代理人与业主暗中勾结恶意压低报价或诱导二次报价，损害企业利益。

（2）合同管理合规要求及违规后果

企业在进行国际工程承包时，应当对国际工程合同等相关文件进行有效地合规管理。合同管理能够促使企业从实现商业目标且控制风险的角度选择最合适的工程项目方案，通过合同管理制度、合作操作流程、标准合同文本相结合，对项目合规风险进行充分识别。

① 工程承包合同管理制度。企业应当按照合同管理全周期的要求，就合同管理全过程的每个环节，建立和健全具体的、操作性强的管理制度，使合同管理有章可循。相关制度应有：一是合同管理基本制度，包括立项、审核、批准、履行等环节；二是合同管理其他制度，如合同归口管理，合同授权委托，合同审查，合同会签和审批等；三是合同重大失误责任追究制度。

② 工程承包合同周期管理。在全周期合同管理的每个环节，都应嵌入信息化手段，运用技术手段控制合同管理风险。合同的全周期管理应有合同的起草、审查、审批、履约以及合同档案管理等。

③ 工程承包信息系统管理。合同管理信息系统采用模块化设计，将各项功能通过模块的设置来实现，整个系统共包括合同订立管理、合同履行管理、履约评价管理、合同查询统计、合同监管、标准文本管理、应用与系统管理、系统接口等模块，各模块功能既相互独立，又相互联系，共同构成一个有机整体。

④ 工程承包合同合规审查。一是企业应当审查合同主体是否合格。主体资格上存在法律缺陷，将是合同无可回避的根本性缺陷。二是审查条款内容是否合法。在内容合法性方面，交易内容、交易模式以及术语等均应尽最大可能与法律规范的规定相一致。三是审查双方约定是否合理。实用性条款是合同基本条款的细化和延伸，也是为了确保按交易条件达到交易目的而增加的条款，需要根据交易目的和交易条件审查该条款是否包含必需的实体及程序内容等。四是审查权利义务是否明确。权利义务不明确是合同的隐患，严重影响交易的安全性。五是审查是否满足交易需求。合同条款不仅要满足交易本身的需要，还要在更为宏观的高度上为交易的目的服务。

（3）劳工管理合规要求及违规后果

《关于多国企业和社会政策的三方原则宣言》是国际劳工组织为各国企业对员工就业、培训、工作条件和生活条件、产业关系以及一般性政策保障等内容的指导性文件，对外承包工程的企业在劳工管理方面应当遵守相关合规要求。

① 禁止雇佣童工。企业应遵守东道国法律规定的最低就业年龄，通常是15岁。《1999年禁止和立即行动消除最恶劣形式的童工劳动公约》第3条规定："涉及有害于儿童的健康、安全或道德的危险工作或任务，应适用18岁的最低就业年龄标准。"《关于多国企业和社会政策的三方原则宣言》第16条规定："企业应当在充分条件下为青少年提供工作机会，而不是完全将其排除在就业机会之外，企业可以通过向最低就业年龄到18岁之间的年轻人提供无危险的劳动机会，以促进青年就业。"

② 集体协商。集体谈判是解决工作条件、劳动待遇、雇主和工人或其各自组织之间关系的建设性方式，良好的集体谈判有利于企业对员工进行管理和保护。集体谈判的运行机制是企业与员工之间协商确定工作条款和条件，并规范雇主、工人及其组织之间的关系，从而达成集体协议。企业应当遵守东道国关于集体协商的相关要求，为工人代表提供便利，以协助其制定有效的集体协议。企业应当根据实际情况对企业重组、员工培训、裁员程序、安全卫生问题、争议解决程序以及纪律规定等内容与员工进行谈判协商。

③ 组织工会。关于结社自由和集体谈判的基本国际标准是《结社自由和保护组织权利公约》和《组织权利和集体谈判权利公约》。结社自由不仅是一项权利，通过结社，企业和员工能够更好地维护自己的经济利益以及公民权利，如生命权、安全权、诚信权、个人自由和集体自由等。在瞬息万变的全球市场中，企业面临许多不确定因素，与员工展开对话，可以更好地了解企业的问题并找到解决问题的方法。企业不得干涉员工的结社决定和工会活动，应当确保所有员工都可以自由组建并加入工会。

④ 人身安全。根据《职业安全卫生管理体系指南》（OSH），企业应当与员工制定书面职业安全卫

生政策，内容应当与企业规模相适应；形式上应当简洁清楚，并进行签字确认。企业还应当制定职业安全卫生制度，包括预防工伤、疾病和事故的应对措施；遵守涉及职业安全卫生的国家法律法规、相关标准和集体协议；确保就职业安全卫生事项征求员工意见的民主机制等。企业应确保与员工及其安全卫生代表协商，告知并培训他们与职业安全卫生有关的所有事项，包括与工作相关的应急事件处理。

⑤ 工资保障。《确定最低工资公约（第131号）》这一国际劳工标准没有为计算工资而设定特殊方法。其目的是允许在制定和计算工资时有一定的灵活性，但要确保员工取得足够的工资（无论是固定工资或计件工资），足够满足员工及其家庭的需要。企业提供的工资和福利应当不少于同行业可比较的企业所提供的工资和福利。此外，企业应当通过集体谈判确定工资待遇，并使用法定货币直接支付给员工，不能以本票、凭证或优惠券的形式支付。企业发放工资的行为应该是透明的，发放工资时清楚标示总工资，所有扣除项和扣除原因以及应付的净工资。企业应当定期支付工资，在计件工资支付系统下，每月支付工资不少于2次，并保留足够记录。企业应当同工同酬，支付的报酬等级应确保从事同等价值工作的男女同工同酬。

⑥ 订立劳动合同。国际劳工组织的公约没有具体规定雇用合同应包括的事项。但是，《2011年家政工人公约》第7条就家政工人提供了类似的指导。这些规定包括：试用期（如适用）、要从事的工作类型、报酬、正常工作时间以及每日和每周的休息时间、带薪年假的数量、提供食物和住宿条件、与终止雇用有关的条款和条件，包括家政工人或雇主的任何通知期、遣返条款。

（4）环境保护合规要求及违规后果

企业对外承包工程主要涉及基础设施建设，往往需要对原有的自然环境予以较大的改变，也极易对当地的自然环境造成巨大的影响或破坏，企业在环境保护能力不足的情况下容易产生环境保护合规风险。随着全球"人类命运共同体"理念的确立，企业在进行工程承包建设中应当特别关注东道国的环境保护合规。

① 健全环境保护管理体制。企业应当将环境保护纳入企业发展战略和生产经营计划，建立相应的环境保护规章制度，强化企业的环境、健康和生产安全管理。企业应当克服在国内法律环境下的经营习惯，深入了解东道国的环境保护法律和监管体系，全面收集东道国环境保护基本情况、法律规定、相关争议解决机制等。

② 开展环境保护尽职调查。电力企业承包对外工程项目时，应当与专业服务咨询机构加强合作，开展环境保护国别尽职调查、相关方尽职调查，重点评估相关方在经营活动中所涉及的危险废物、土壤和地下水污染等情况，以及相关方的环境保护责任与赔偿情况，降低潜在的环境保护责任风险，提高对东道国国家风险的研判能力。

③ 开展环境保护影响评价。企业应根据东道国的法律法规要求，对其开发建设和生产经营活动开展环境影响评价，充分考虑其开发建设和生产经营活动对生态资源、生态环境、文化遗产、风景名胜、民风民俗等方面的影响，并根据环境影响评价结果，采取合理措施降低可能产生的不利影响。

④ 强化环境保护监管沟通。电力企业应当积极向项目所在国环境保护监管机构征求环境保护问题的监管意见和建议。此外，应当建立电力企业环境社会责任沟通方式和对话机制，主动加强与所在社区和相关社会团体的联系与沟通，并可以依照东道国法律法规要求，采取座谈会、听证会等方式，就本企业建设项目和经营活动的环境影响听取意见和建议。

⑤ 采取环境资源保护措施。电力企业应当审慎考虑所在区域的生态功能定位，对于可能受到影响的具有保护价值的动植物资源，应当在东道国政府及社区的配合下，优先采取就地、就近保护等措施，减少对当地生物多样性的不利影响。

⑥ 制定环保事件应急预案。企业对可能存在的环境事故风险，应当根据环境事故和其他突发事件的性质特点和可能造成的环境危害，制定环境事故和其他突发事件的应急预案，并建立向当地政府、环境保护监管机构、社会公众以及电力企业总部报告沟通制度。

（五）境外日常经营合规管理基础知识

1. 境外日常经营概述

党的二十大报告提出，要培育具有全球竞争力的世界一流企业。应当看到，世界一流企业不仅在技术创新、产品研发、营销服务等方面具有一流实力，还要在合规管理与合规文化建设方面独树一帜。在国际竞争规则不断变化和竞争日益激烈的情况下，企业需要加快提升境外经营合规管理力度，才能真正形成具有国际竞争力的世界一流企业。21世纪初，欧美国家开始加大执法力度，引导企业强化合规经营。与此同时，各国际组织也纷纷出台指引，促进企业加强合规管理。一批在行业内领先的跨国公司，率先加强合规管理，在国际市场上形成了新的竞争优势——合规竞争力。中国企业应当通过建立一流的合规管理体系，针对境外经营重点领域开展有效的合规管理，增强企业自身的合规竞争力。

2. 境外日常经营国内主要合规要求及违规后果

（1）反贿赂合规要求及违规后果

① 国家工作人员反贿赂合规要求。国家工作人员贿赂犯罪，即"官员贿赂"。根据《刑法》第93条的规定，国家工作人员包括国家机关中从事公务的人员，也包括国有公司、企业、事业单位、人民团体中从事公务的人员。与国家工作人员接受贿赂有关的罪名主要包括受贿罪、单位受贿罪、行贿罪、对有影响力的人行贿罪、对单位行贿罪、介绍贿赂罪、单位行贿罪等。党的十八大以来更是采取一系列新举措加强惩治和预防腐败体系建设，并发布了《监察法》，确立了监察委员会这一组织机构，由其对所有行使公权力的公职人员进行监察，调查职务违法和职务犯罪，开展廉政建设和反腐败工作。

② 反商业贿赂合规要求。涉及非国家工作人员的贿赂犯罪，即"商业贿赂"。相关罪名主要包括非国家工作人员受贿罪、对非国家工作人员行贿罪、单位受贿罪等。近年来，为规范市场秩序，确保公平的商业竞争环境，我国政府对于商业贿赂的惩治力度也在不断加大。《反不正当竞争法》第7条规定，企业不得采用财物或者其他手段贿赂交易相对方的工作人员、受交易相对方委托办理相关事务的单位或者个人、利用职权或者影响力影响交易的单位或者个人，以谋取交易机会或者竞争优势。

③ 境外经营反贿赂合规要求。为打击国际市场中的腐败贿赂问题，确保国际市场的公平竞争环境，《刑法修正案（八）》首次明确将为谋取不正当商业利益而给予外国公职人员、国际公共组织官员以财物的行为规定为犯罪，即"对外国公职人员、国际公共组织官员行贿罪"。企业在境外日常经营过程中，不仅在涉及我国国内主体之间的对外投资核准备案、项目融资、国内企业合作、海关进出口等环节要注意遵守禁止官员贿赂和商业贿赂的反腐败法律法规；在东道国也要特别注意，要遵守我国禁止对外国公职人员、国际公共组织官员行贿的合规要求。

（2）反洗钱合规要求及违规后果

① 反洗钱资金来源合规要求。洗钱是指通过各种方式掩饰、隐瞒特定上游犯罪所得及其收益的来源和性质的活动。就洗钱资金来源的上游犯罪而言，我国的反洗钱立法经过多年的发展，不断扩大上游犯罪的范围，目前已明确包括毒品犯罪、黑社会性质的组织犯罪、恐怖活动犯罪、走私犯罪、贪污贿赂犯罪、破坏金融管理秩序犯罪和金融诈骗犯罪。

② 反洗钱行为方式合规要求。就进行洗钱的各种方式而言，则包括提供资金账户，协助将财产转

换为现金、金融票据、有价证券、通过转账或者其他结算方式，协助资金转移，协助将资金汇往境外以及其他掩饰、隐瞒犯罪所得及其收益的来源和性质的行为。而反洗钱是政府动用立法、司法和行政力量，调动有关机构和人员对洗钱活动予以识别和惩处，从而遏制洗钱犯罪及相关上游犯罪的国家行为。

③ 反洗钱金融领域合规要求。洗钱涉及大量资金的跨国流动，因此各国都将金融机构置于反洗钱活动的核心地位，国际上的反洗钱合作也主要集中在金融领域。《中国人民银行法》第4条规定，中国人民银行负责指导、部署金融业反洗钱工作，负责反洗钱的资金监测，执行反洗钱规定。中国人民银行还制定了《金融机构反洗钱规定》《金融机构大额交易和可疑交易报告管理办法》《金融机构报告涉嫌恐怖融资的可疑交易管理办法》《金融机构客户身份识别和客户身份资料及交易记录保存管理办法》等反洗钱细则规定，构建金融机构内部控制和报告制度，加强客户身份识别．客户身份资料和交易记录保存以及大额交易和可疑交易报告等各项反洗钱和反恐怖融资义务，以形成涵盖事前、事中、事后的完整监管链条。

④ 境外经营反洗钱合规要求。我国还加入了《联合国反腐败公约》《联合国打击跨国有组织犯罪公约》，以打击跨国洗钱和其上游恐怖主义、贿赂腐败、毒品买卖等犯罪行为。随着我国对外投资规模迅速上升，人民币国际化进程不断推进，跨境资本流动规模不断扩大，防范和打击跨境投资洗钱风险的任务艰巨。以虚假的境外投资并购非法获取外汇、转移资产进行洗钱的活动时有发生，尤其是房地产、娱乐业等特殊行业具有大量现金收入的特性，更是洗钱活动的高发领域。这对于我国境外企业的财务合规，以及我国各大银行的境外经营合规都提出了更高的要求。

3. 境外日常经营境外主要合规要求及违规后果

（1）国际反腐败合规要求及违规后果

腐败是一种自古以来伴随着人类文明的社会现象，是全球都无法避免的共性问题，任何一家企业都应当将反腐败方面的合规管理放在第一顺位。全球性公约、区域性公约和各国法律构成了国际反腐败的主要合规依据。全球性公约主要是指《联合国反腐败公约》，对于腐败的定义是："妨害司法，窝赃，为犯罪所得洗钱，私营部门侵吞财产，私营部门贿赂，资产非法增加，滥用职权，影响力交易，公职人员挪用、贪污或者以其他类似方式侵犯财产，贿赂国际公共组织官员或者外国及本国公职人员"。

① 联合国反腐败合规要求。《联合国反腐败公约》将五种腐败犯罪列入公约打击范围，一是交易型腐败犯罪，即行贿和受贿行为；二是侵占型腐败犯罪，以贪污、挪用等方式侵占财产以及私营部门侵吞财产；三是渎职型腐败犯罪；四是资产来源不明型腐败犯罪；五是关联型腐败犯罪，包括财务犯罪、洗钱犯罪、窝赃犯罪和妨碍司法犯罪四种具体类型。《联合国反腐败公约》规定了六项禁止性义务，即不得设立账外账户、账外交易、使用假账单、谎报支出用途、虚列支出、故意销毁账簿。

② 经合组织反腐败合规要求。经合组织发布的《国际商务交易活动反对行贿外国公职人员公约》（*Convention on Combating Bribery of Foreign Public Officials in International Business Transactions*）制定了具有法律约束力的反腐标准，将国际商业交易中的外国公职人员贿赂定为刑事犯罪，无论涉嫌贿赂的公司是否为招标结果顺位第一的公司，只要其为了获得或保有业务或其他不当利益而行贿都属于犯罪。其次，不论行贿者是否真实履行了行贿的承诺，均构成行贿犯罪行为。此外，无论提供的贿金价值高低、后果如何、当地风俗习惯如何、当地政府机关对这种行为的容忍度如何，或者辩称为了获得或保有业务或其他不当利益提供贿金的行为无法避免，均落入行贿犯罪的范围。

③ 美国反腐败合规要求。美国政府积极推动《反海外腐败法》（*Foreign Corrupt Practices Act*，FCPA）的国际化，将外国企业或自然人在美国国内的行贿行为纳入管辖范围，在美国上市的企业、主

要经营地在美国的企业、与美国有一定关联行为的企业均受《反海外腐败法》的管辖。美国《反海外腐败法》主要由三个部分构成：一是反贿赂条款，禁止企业为获得或者维持目前或潜在的合同关系，向美国以外政府官员提供或给予任何有价值的物品，包括财物、服务或利益。二是账簿记录，要求上市企业保持精准的账簿和会计记录，以确保企业经营过程的透明度，严禁企业以做假账或不入账的方式隐藏不正当支出。三是内部控制，要求上市企业建立完善的会计及财务控制，以充分确保使人合理确信所有的交易都获得了适当授权。内部制度包括以下因素：董事会的职权、公司程序和政策在内部的传达情况、权力和责任的分配制度、个人能力和操守、能够执行和遵守政策和程序的能力、客观有效的内部审计功能。此外，《反海外腐败法》以主观认定行贿行为，只要有行贿的承诺即构成犯罪。这种情况下不要求对方是否利用职务之便使行贿人获取不正当利益。因此，即使腐败行为没有实际成功，也都将视为犯罪。

（2）国际反洗钱合规要求及违规后果

国际金融行动特别工作组将洗钱定义为"犯罪组织或个人通过掩饰、转移、藏匿其非法财产来源与收益，逃避国家和社会监管的行为"。21世纪以来，除传统洗钱行为外，各类新兴洗钱方式，如虚拟货币洗钱、网络支付洗钱等交织掺杂，相互掩护，导致洗钱行为不断恶化，严重挑战国际社会的经济秩序。

① 联合国反洗钱合规要求。联合国的四项公约构成了联合国反洗钱合规制度体系：一是《联合国禁止非法贩运麻醉药品和精神药物公约》，该公约明确将洗钱行为确定为犯罪，并纳入非法贩运毒品罪的一部分；二是《制止向恐怖主义提供资助的国际公约》，该公约将资助恐怖活动规定为犯罪，由于恐怖主义活动常常伴随着洗钱行为，因此该公约亦对洗钱行为进行了规范；三是《联合国打击跨国有组织犯罪公约》，由于越来越多的洗钱犯罪表现为跨国有组织犯罪，因此该公约在相应条款专门规定了洗钱行为属于跨国有组织犯罪行为，并针对预防、侦查、起诉相应犯罪行为的程序进行了规定；四是《联合国反腐败公约》，其细化了预防洗钱犯罪的规定，在没收犯罪所得收益方面，该公约提出了资产追回的新思路。

② 美国反洗钱合规要求。《银行保密法》（*Bank Secrecy Act*，BSA）是美国反洗钱主要立法。外国资金的秘密银行账户是《银行保密法》主要规制对象，要求受监管的银行机构必须识别并保存进出美国或存入金融机构的货币和金融工具的来源、流向记录。美国财政部门可以依据《银行保密法》要求特定的金融机构提交信息报告，例如报告某账户的受益人等。美国金融执法机构有权对违法者提起民事或刑事诉讼，违法者将面临罚款、罚金、监禁等民事、刑事处罚。《通过提供拦截和阻止恐怖主义所需的适当工具以团结和强化美国法案》（*Uniting and Strengthening America by Providing Appropriate Tools Required to Intercept and Obstruct Terrorism*，USA PATRIOT ACT）还对《银行保密法》项下的反洗钱相关规定进行修订，包括要求金融机构从政策、程序和风控措施方面制定反洗钱方案，指定合规官员，对内部人员进行培训，对反洗钱方案进行独立测试，并基于风险对客户活动和信息进行持续的监测和更新。此外，2017年5月，美国参议院还通过了《打击洗钱、恐怖主义融资和造假法案》（*Combating Money Laundering*，*Terrorist Financing*，*and Counterfeiting Act of 2017*），试图通过消除诸如虚拟货币等立法空白和风险，加强现有的反洗钱和打击恐怖主义融资的法律监管。

（3）国际财税合规要求及违规后果

国际税收是指两个或两个以上国家各自基于其税收管辖权，对同一纳税人进行征税而发生的国家间税收分配关系。其实质是各国政府对各自主权管辖范围内的跨国纳税人征税而形成的税收权益分配。随着国际经济交往增加，纳税人的境外经济活动日渐频繁，各国之间税收制度和税收法律的差异性使得国际税收相关法律问题日益凸显。跨国纳税人的跨国所得通常会被按照属地原则以及属人原则进行重复征税。

国际避税是指纳税人利用各国法律的漏洞，以减少其本应承担的纳税数额。全球化促进了资本的全球流动，跨国企业为追求利润最大化，利用减税或免税政策成为常见做法。国际逃税则是指纳税人通过各种非法手段，减少或逃避其应缴税款。

① 国际税收双边协定。国内税收信息获取行为直接依赖于国家权力的强制力，以及税收相关的法律规范。因此国与国之间的税收信息的相互交流有着先天障碍。目前国与国之间解决相关税收问题的方式是通过建立双边协定或多边协定的方式交换国内的税收信息。双边协定是指不同国家之间通过签订双边税收情报交换协定或者避免双重征税协定来获取税收信息，实践中通常表现为当一方发生国内案件纠纷时，请求另一方提供相关情报，或一方主管当局发现特定约定的情况发生时主动将涉税信息提供给另一方主管当局的情况。

② 国际税收多边协定。《多边税收征管互助公约》由经合组织与欧洲委员会共同制定，其主旨在尊重纳税人权利的前提下，组织各国合作打击国际避税，涵盖税收信息交换的内容。《金融账户涉税信息自动交换标准》由经合组织发布，并经 G20 布里斯班峰会核准，成为各国加强国际税收合作、打击跨境逃税避税的有力工具。主管当局根据标准要求规范各国金融账户涉税信息自动交换行为，一方金融机构首先应通过尽职调查程序，识别另一方的税收居民个人和企业在该机构开设的账户，定期向金融机构所在地的主管部门报送账户持有者的名称、纳税人识别号、地址、账号、余额、利息、股息等信息，再由所在地的税务主管当局与账户持有人的居民国税务主管当局开展信息交换，最终为各方进行跨境税源监管提供信息支持。

③ 美国国际财税合规要求。《海外账户税收合规法案》（Foreign Account Tax Compliance Act，FATCA）规定了信息报告制度和预提税制度。该规定要求海外金融机构必须向美国国税局报告美国纳税人的海外金融账户信息，或美国纳税人在其中享有实质收益的外国实体的金融账户信息；不遵守新报告义务的外国金融机构在获得来源于美国的某些收入（包括股票红利、利息、保险费等）时将被征收 30% 的预提税。

第二节　境外领域合规管理实务

电力企业及其境外子公司、分公司、代表机构等境外分支机构（以下统称企业）针对境外业务实施合规管理，具体应该如何践行？目前，有关企业合规管理的国际标准、指南以及我国国家标准、办法和指引已不下十个，主要有：国际标准化组织（ISO）2021 年发布的《合规管理体系 要求及使用指南》（ISO 37301—2021）（以下简称《37301 合规指南》）、现行国家标准《合规管理体系 指南》（GB/T 35770—2017）、2022 年国资委发布的《中央企业合规管理办法》（以下简称《央企合规办法》）以及 2018 年国资委发布的《中央企业合规管理指引（试行）》（以下简称《央企合规指引》）以及国家发展改革委等七部门联合发布的《企业境外经营合规管理指引》（以下简称《企业境外合规指引》）。本节内容将立足上述法规、指引、标准的相关规定，结合企业"走出去"经营活动的特点、国内外合规监管形势和要求以及国内外相关合规管理优秀实践和经验等，从构建合规组织、制定合规管理制度、建设合规管理运行机制、建设合规管理保障机制等方面，详细介绍企业境外业务合规管理的具体做法，为企业提升境外业务合规管理的效率和效能提供参考。

（一）电力企业境外业务合规组织

企业合规组织是企业建设企业合规管理体系、实施合规管理的组织载体[①]，电力企业开展境外业务合规管理，首要工作是构建合规组织体系，以此奠定企业合规管理的环境基调，为企业合规管理工作高效有序开展提供重要的组织保障。

中央企业构建企业合规管理组织，应当遵守《央企合规办法》《央企合规指引》的规定，其他企业则可以参照《企业境外合规指引》《37301合规指南》以及《央企合规办法》《央企合规指引》的规定，建设本企业的合规管理组织。

虽然前述标准、办法、指引等对合规组织的要求各不相同，但大体上均是围绕公司治理层、公司管理层及公司执行层三个维度规定企业合规管理组织的架构。为此，本书将基于这三大方面，对设计企业合规组织及其具体合规管理职责进行总体的阐述。实践中，各企业应结合本企业性质、发展战略、经营规模、业务范围和特点、经营地点等，确定适合本企业的合规组织建设方案。

1. 公司合规治理层

公司治理层的合规管理组织机构，通常指公司党委（党组）、董事会、合规委员会、企业主要负责人、经理层、合规负责人等，负责公司合规管理的顶层设计进行重大事项决策，对公司合规经营起统筹协调作用。[②]

（1）党委（党组）

在中央企业，坚持党的领导是开展企业合规管理的最核心原则。《央企合规办法》第5条和第7条规定，中央企业要充分发挥企业党委（党组）领导作用，把党的领导贯穿合规管理全过程。党委（党组）应当在合规治理中"把方向、管大局、促落实"，有效提高本企业依法合规经营治理水平。为此，中央企业应将党委（党组）确定为本企业合规管理组织架构的第一层级。充分发挥企业党委（党组）领导作用，落实全面依法治国战略部署有关要求，与中央企业的使命和地位相匹配，目的是确保合规管理方向不偏，动作不乱，风险可控。为此，中央企业应将党委（党组）确定为本企业合规管理组织架构的第一层级。一方面这是由中央企业的性质决定的，另一方面明确党委（党组）在企业合规管理中的责任。中央企业应当严格遵守党内法规制度，党建工作机构在党委（党组）领导下，按照有关规定履行相应职责，推动相关党内法规制度有效贯彻落实。将严格遵守党内法规制度列为合规管理的重要内容。此外，党委（党组）成员作为中央企业领导，应当带头依法依规开展经营管理活动，行有规矩，行有所止。党委（党组）的以上率下，有助于企业培育和践行合规文化，良好的企业形象和员工行为可期、可实现。

（2）董事会

企业合规管理的重要前提是最高层的重视[③]。董事会作为企业的经营决策机构，应当在企业建设、运行合规管理体系中发挥领导作用，这对企业树立合规意识、建立高效的合规管理体系至关重要。

《央企合规办法》第8条规定，中央企业的董事会主要履行如下合规管理职责：一是审议批准合规管理基本制度、体系建设方案和年度报告等；二是研究决定合规管理重大事项；三是推动完善合规管理体系并对其有效性进行评价；四是决定合规管理部门设置及职责。

依据《企业境外合规指引》《合规管理体系 指南》（GB/T 35770—2017），非央企的其他企业的董事

[①] 郭青红. 企业合规管理体系实务指南[M]. 北京：人民法院出版社，2020.
[②] 陈瑞华. 企业合规制度的三个维度——比较法视野下的分析[J]. 比较法研究，2019（3）：62.
[③] 曹志龙. 企业合规管理操作指引与案例解析[M]. 北京：中国法制出版社，2021.

会合规管理职责应当包括但不限于以下内容：一是审议批准公司的合规体系建设方案、合规制度、合规报告等；二是推动完善公司合规管理体系并对其有效性进行评价；三是决定合规管理负责人的任免；四是决定合规管理部门的设置和职能；五是听取并研究决定企业合规管理重大情况；六是赋予合规管理部门、人员适当的权限、足够的资源开展合规管理工作。

（3）合规委员会

《央企合规指引》第11条规定，企业可以结合实际设立合规委员会。在国际实践中，合规委员会是常见于企业的一级合规管理组织，通常在企业董事会中设置，存在独立职能专委会或多职能合署专委会等多种形式。在不设董事会的企业中，合规委员会可以由执行董事牵头或企业总经理牵头企业相关最高管理层人员组成。《央企合规办法》第11条明确规定，中央企业设立合规委员会，可以与企业法治建设领导机构等合署。

企业合规委员会的主要职责包括：一是研究决定企业合规管理工作中的重点、难点问题或提出意见建议；二是统筹协调、监督、指导、评价企业合规管理工作；三是向董事会提出合规管理的意见和建议。根据《央企合规办法》第11条规定，中央企业合规委员会的职责为统筹协调合规管理工作，定期召开会议，研究解决重点难点问题。

（4）主要负责人

依据目前最新的合规管理国际标准 ISO 37301，企业最高管理者应在合规管理中发挥领导作用。目前，在国内关于合规管理的各种标准、指引、办法中，《央企合规办法》率先与该最新国际标准对接，该办法第10条规定，中央企业主要负责人作为推进法治建设第一责任人，应当切实履行依法合规经营管理重要组织者、推动者和实践者的职责，积极推进合规管理各项工作。非央企类的其他企业可以以 ISO 37301 和《央企合规办法》的相关规定为参考，将本企业主要负责人纳入企业合规管理组织架构，赋予其相关合规管理职责。

（5）监事会

监事会是企业合规治理的内部监督组织，监事会的合规管理职能主要是监督董事会、董事、高级管理人员的合规管理履职情况。按照2021年《公司法修订草案》（最新版）中关于有限责任公司、股份有限公司、国有独资企业监事会或监事的设置可能不再是必需的规定，2022年出台的《央企合规办法》删除了《央企合规指引》中监事会合规管理职能的内容，不再强制要求中央企业将监事会作为合规管理组织中的一个层级。

2. 公司合规管理层

公司管理层的合规管理组织机构，通常指以企业总经理为核心的高级管理团队以及公司合规负责人，在企业合规管理组织架构中发挥承上启下的作用。

（1）经理层

企业经理层负责落实党委（党组）、董事会、合规委员会等上层合规管理组织的要求，领导、指导、监督企业各内设机构开展合规管理工作。

《央企合规办法》第9条规定，中央企业经理层应当在企业合规治理中发挥"谋经营、抓落实、强管理"的作用，具体应履行以下职能：一是拟订合规管理体系建设方案，经董事会批准后组织实施；二是拟订合规管理基本制度，批准年度计划等，组织制定合规管理具体制度；三是组织应对重大合规风险事件；四是指导监督各部门和所属单位合规管理工作。

（2）首席合规官

根据国际合规通行实践，设立首席合规官是世界一流企业的普遍做法，《37301合规指南》明确规定，应当指定一人对合规管理体系运行负有职责、享有权限。首席合规官的设置是对管理层合规职能的重要补充，通过明确由首席合规官对企业合规管理负直接责任，并领导企业合规管理部门，有利于进一步落实合规管理责任，统筹各方力量更好推动企业合规管理工作。

《央企合规办法》首次提出央企设置首席合规官，该办法第12条规定，中央企业应当结合实际设置首席合规官，不新增领导岗位和职数，由总法律顾问兼任，对企业主要负责人负责，具体履行指导本企业开展合规管理工作、领导合规管理部门的职能。

3. 公司合规执行层

公司执行层的合规管理组织，是确保公司合规管理工作成效的根本保证，其构建包括两方面内容：一是确定企业各部门在合规管理中的角色和职责。在国际合规实践中，大型企业通常借鉴企业防控风险的"三道防线"机制，将企业业务部门、合规管理部门、相关监督部门等企业各内设机构，分别划归为企业合规管理的第一、第二和第三道防线，各防线分工负责、各司其职、层层把关，切实落实企业合规管理各项要求；二是企业各部门配备专兼职合规管理工作人员，打造一支高水平、专业化的合规管理人才队伍，夯实企业合规管理工作基础。

（1）业务及职能部门

企业的业务及职能部门是企业合规管理的"第一道防线"，对本部门职责范围内的企业生产经营活动的合规性承担直接、首要的主体责任。一般而言，企业的业务部门包括但不限于产品研发、市场运营、采购、加工制造、销售、物流等部门；企业的职能部门则具体指战略、规划、投融资、财务、风控、内控、内部审计、法律事务、人力资源、质量、安环卫等部门。基于合规管理的"三道防线"机制，尽管职能部门中的合规管理部门以及纪检、监察、审计等部门被划归为"第二道防线"和"第三道防线"，但这些部门仍然应是其自身行为合规性的第一道防线。

依据《央企合规办法》第13条规定，中央企业业务及职能部门具体应履行如下合规管理职责：一是建立健全本部门业务合规管理制度和流程，开展合规风险识别评估，编制风险清单和应对预案。二是定期梳理重点岗位合规风险，将合规要求纳入岗位职责。三是负责本部门经营管理行为的合规审查。四是及时报告合规风险，组织或者配合开展应对处置。五是组织或者配合开展违规问题调查和整改。

非央企类的其他企业还可参考《企业境外合规指引》《央企合规指引》《保险公司合规管理办法》等的规定，对其业务及职能部门设置合规管理职责，包括组织或配合合规管理部门进行合规管理评估，接受合规考核评价，对本部门员工进行合规考核评价，支持和配合合规管理部门的其他工作等合规管理职责。

（2）合规管理部门

企业的合规管理部门是企业合规管理的"第二道防线"，牵头负责企业的合规管理工作。根据《合规管理体系 指南》（GB/T 35770—2017）、《企业境外合规指引》《央企合规指引》《央企合规办法》等我国有关企业合规管理的国家标准、办法和指引，企业可以结合实际决定是否设置专门的合规管理部门，但必须确保合规管理部门的独立性，不受其他部门和人员的干预。

关于企业合规管理部门的职责，就中央企业而言，《央企合规办法》第14条明确规定合规管理部门应履行以下职责：一是组织起草合规管理基本制度、具体制度、年度计划和工作报告等。二是负责规章制度、经济合同、重大决策合规审查。三是组织开展合规风险识别、预警和应对处置，根据董事会授权开展合规管理体系有效性评价。四是受理职责范围内的违规举报，提出分类处置意见，组织或者参与对违规行为的调查。五是组织或者协助业务及职能部门开展合规培训，受理合规咨询，推进合规管理信息化建设。

无论是中央企业还是其他企业，从现行有关合规管理的标准、办法和指引等可以总结出企业合规管理部门的职责主要为以下三点：

① 管理性质的工作，如合规管理工作的组织、指导、协调、监督、支持等。

② 程序性质的工作，如合规风险评估，合规管理评估，考核与评价等。

③ 实务性质的工作，如起草合规管理制度、合规报告，具体合规风险事件的研究和应对，开展企业重大事项、合同协议、规章制度等的合规审查。

（3）合规监督部门

企业的纪检监察、审计、巡视等部门是企业合规管理的"第三道防线"，主要负责在各自职权范围内开展企业合规管理监督和追责等工作。

关于第三道防线的合规管理职能，《央企合规办法》规定，中央企业纪检监察机构和审计、巡视巡察、监督追责等部门依据有关规定，在职权范围内对合规要求落实情况进行监督，对违规行为进行调查，按照规定开展责任追究。《企业境外合规指引》也提到，企业审计部门应对企业合规管理的执行情况、合规管理体系的适当性和有效性等进行独立审计。其他受理举报的监督部门应针对举报信息制定调查方案并开展调查。

（4）合规管理工作人员

企业的合规管理工作人员包括企业合规管理部门的合规管理人员以及企业各部门的专职和兼职合规管理人员。《央企合规办法》对此有明确的规定，该办法第 13 条规定，业务及职能部门应当设置合规管理员，由业务骨干担任，并接受合规管理部门业务指导和培训；《央企合规办法》第 14 条规定，合规管理部门应当配备与经营规模、业务范围、风险水平相适应的专职合规管理人员，加强业务培训，提升专业化水平。除此之外，其他非中央企业的企业可以根据本单位实际需要，配备相应的合规管理人员。合规管理人员的合规管理职责为负责企业合规管理日常工作的具体执行。

（二）电力企业境外业务合规管理制度

企业合规管理制度是企业内部制定的，有关企业合规管理活动且需员工在生产经营中共同遵守的制度性安排的统称。合规管理制度是企业开展境外业务合规管理的关键基础性工作，完善的合规管理制度是企业实施境外业务合规管理的重要依据来源，有利于企业顺利推进境外业务合规管理体系的建设和运行，保障境外业务合规风险可控受控。

1. 境外业务合规管理制度的层级划分

（1）合规管理基本制度

根据《央企合规办法》第 17 条、《企业境外合规指引》第 13 条规定，企业合规管理基本制度是企业境外业务合规管理制度的第一层级（注：《企业境外合规指引》称为"合规行为准则"）。企业应首先制定合规管理基本制度，其是实施境外业务合规治理最基本、最重要的合规管理纲领，是企业制定其他境外业务合规管理制度的基础和依据。合规管理基本制度是企业所有部门和全体员工普遍遵守的基本行为规范。其内容通常包括：企业的核心价值观、合规内涵、合规目标、基本原则；合规管理基本制度适用范围、地位；组织机构设置及其职责、运行机制、考核评价；企业核心合规要求和合规行为准则；违规后果和应对等。[1]

---

[1] 郭青红. 企业合规管理体系实务指南[M]. 北京：人民法院出版社，2020.

(2) 合规管理具体制度

《央企合规办法》第 18 条以及《企业境外合规指引》第 14 条均要求，企业应在合规管理基本制度的基础上，制定合规管理具体制度（注：《企业境外合规指引》称为"合规管理办法"），该制度是企业境外业务合规管理制度的第二层级。鉴于合规管理基本制度通常是关于企业合规管理体系各主要构成要素（即合规组织，合规风险管理，合规审查，合规评审，违规举报、调查与处置办法，合规报告等）的原则性、概况性的规定，故企业需要对此制定更加细化的合规管理具体制度，以确保合规管理得到有效落实。具体而言，企业可针对企业境外业务合规管理的组织、重点领域、风险较高的业务领域的合规风险管控、合规审查、合规评审、违规举报、违规追责、合规培训等方面制定专项合规管理制度，如《合规风险管理办法》《合规考核评价办法》《违规追责管理办法》《反商业贿赂管理办法》等。其中，为便于理解什么是重点领域，本教材分别将《央企合规办法》《央企合规指引》与《企业境外合规指引》中有关重点领域的规定进行了整理，具体见表：

重点领域
① 市场交易合规管理制度。完善交易管理制度，严格履行决策批准程序，建立健全自律诚信体系，突出反商业贿赂、反垄断、反不正当竞争，规范资产交易、招投标等活动
② 安全环保合规管理制度。严格执行国家安全生产、环境保护法律法规，完善企业生产规范和安全环保制度，加强监督检查，及时发现并整改安全环保违规问题
③ 产品质量合规管理制度。完善质量体系，加强过程控制，严把各环节质量关，提供优质产品和服务
④ 劳动用工合规管理制度。严格遵守劳动法律法规，健全完善劳动合同管理制度，规范劳动合同签订、履行、变更和解除，切实维护劳动者合法权益
⑤ 财务税收合规管理制度。健全完善财务内部控制体系，严格执行财务事项操作和审批流程，严守财经纪律，强化依法纳税意识，严格遵守税收法律政策
⑥ 知识产权合规管理制度。及时申请注册知识产权成果，规范实施许可和转让，加强对商业秘密和商标的保护，依法规范使用他人知识产权，防止侵权行为
⑦ 商业伙伴合规管理制度。对重要商业伙伴开展合规调查，通过签订合规协议、要求作出合规承诺等方式规范商业伙伴行为
⑧ 其他需要重点关注的领域，如数据保护合规管理制度等

(3) 合规操作管理流程

《企业境外合规指引》第 15 条规定，企业可结合境外经营实际，就合规行为准则和管理办法制定相应的配套合规操作流程，进一步细化标准和要求；也可以将具体标准和要求与现有业务流程结合，以便于员工理解、落实相应合规要求。《央企合规办法》第 13 条提出，明确合规管理流程，确保合规要求融入业务领域。由此可见，企业境外业务合规管理制度的第三层级是制定"合规操作流程"或者"合规管理流程"。合规操作/管理流程是对合规管理基本制度和具体制度的进一步细化，是企业合规管理和业务管理高度融合的产物[①]，包括企业横向职能管理领域（如公司治理、印章管理、境外投资管理、担保管理等）的合规操作/管理流程，以及纵向业务领域（如询比价采购、安全培训、火电工程验收、电力生产计划编制等）的合规操作/管理流程，其表现形式可以为单行的制度，也可以是将合规管理要点和程序直接融入业务管理制度和流程之中，成为业务管理制度和流程的一部分。

2. 境外业务合规管理制度的制定原则

(1) 联系实际原则

企业制定合规管理制度应从企业自身实际情况出发，量体裁衣，确保制度对本企业的适用性。比

---

① 郭青红. 企业合规管理体系实务指南［M］. 北京：人民法院出版社，2020.

如，企业制定宽严适度的合规管理制度，避免过度合规管理，影响企业发展。为此，企业通常需要在了解掌握社会经济、政治、外部合规要求等企业外部环境以及企业经营范围、组织结构、业务运行模式、业务规模等企业内部环境因素的基础上，精准识别合规义务、合规风险，明确管控要求和管控方式，最终体现在合规管理制度中。与此同时，企业还应密切跟进内外部环境变化，适时做好合规管理制度立改废，确保合规管理制度与时俱进，始终符合企业实际需要。

（2）分级分类原则

企业在落实合规管理全面性原则、建立健全企业合规管理制度的同时，还应根据适用范围、效力层级等，构建分级分类的合规管理制度体系，实现对企业境外业务的重点领域、重点环节、重点人员的合规风险管控，保障企业境外业务合规管理更精准、更高效，企业切不可盲目追求境外业务合规管理制度"大而全"，面面俱到，导致合规管理重点不突出，合规管理资源分散，无法力出一孔，合规管理浮于表面、缺乏深度。

（3）公开公正原则

从制度的本质来看，公开公正是制度的本质要求，只有经过公开制定、公正执行的制度才具有公信力，并成为人们普遍践行的准则和规则[1]。因此，企业制定合规管理制度也需要坚持公开公正原则。具体而言，公开包括制度的制定程序公开、制度内容公开、查阅渠道公开、执行适用公开等；公正则要求制度应当适用于包括领导干部在内的企业全体人员，制度的内容应当确保权利和义务相对等。

3. 境外业务合规管理制度的制定流程

在实践中，由于各企业的实际情况不同，企业制定合规管理制度的流程也会有所差异，但一般情况下，企业境外业务合规管理制度的制定流程可考虑以下内容：

① 计划制定。企业基于研究企业内外部环境（如了解境外业务东道国合规监管要求）、对标相关企业（如同行业世界一流企业）等，编制本企业合规管理制度制定计划，并报企业领导（治理机构）审批同意。

② 组织推动。明确由企业合规管理组织体系中的相关层级（如首席合规官领导企业合规管理部门），履行牵头组织推进、协调沟通、制度起草等合规管理制度制定的各项具体工作。

③ 信息收集。通过开展内外部调研，深度了解与拟制定合规管理制度相关的国家/地区、行业、企业集团（企业集团所属单位适用）的合规要求，学习研究先进企业、组织的优秀实践案例，梳理分析本企业的合规管理重点领域、重要合规风险、过往案例等，以有效识别企业境外业务合规义务、合规管理领域、内容、方式、措施等编制合规管理制度所必需的各种信息。

④ 制度起草。由企业相关部门起草合规管理制度。按照企业境外业务合规管理制度的三个层级，首先制定合规管理基本制度，其次是合规管理具体制度，最后是合规操作/管理流程。

⑤ 意见征集。企业相关部门在起草合规管理制度时，应加强与合规管理部门、业务及职能部门、合规监督部门等企业内部其他部门的沟通协商，属于集团公司或母公司要对所属企业落实相关管控要求的，可充分听取所属企业的意见。此外，对于涉及员工切身利益的合规管理制度，应当征求员工意见。

⑥ 内部评审。企业相关部门完成合规管理制度拟稿的，应履行企业内部评审流程。

⑦ 外部报批。如有相关规定，企业相关部门在履行完企业内部评审流程后，应将企业合规管理制度草拟稿，提交国家监管部门、集团公司或者母公司审核批准。

---

[1] 张文显. 法理学（第五版）[M]. 北京：高等教育出版社，2018.

⑧ 发布实施。企业相关部门完成上述流程后，即可通过企业正式发文发布实施合规管理制度。

⑨ 外部报备。如有相关规定，企业应将企业合规管理制度的正式发文版，提交国家监管部门、集团公司或者母公司备案。

⑩ 合规培训。企业可视情况，针对新制定的合规管理办法及时组织宣贯和培训，指导员工认真学习、遵守并主动适用合规管理制度。

⑪ 后续评价。企业应当结合企业内外部情况等，及时对合规管理制度的实施情况开展后续评价，分析合规管理制度是否存在偏差和不足，是否需要废止和修改，实现企业合规管理制度体系的持续有效运行。

⑫ 总结推广。若企业无法一步到位，在企业内部所有部门或者所属企业中落实相关合规管理制度的制定，或者难以在相对短时间内建立较为健全的合规管理制度体系的，可采用以点带面的方法，通过试点先行，待后续评价满足要求且相关条件成熟时，再逐步推广，最终达成合规管理制度的全覆盖和充分完善。

（三）电力企业境外业务合规管理运行机制

电力企业境外业务合规管理的成效如何，除有合理的组织架构确立合规管理组织保障、完备的合规管理制度明确一系列"静态"合规要求外，关键还取决于合规管理"动态"运行的好坏。企业境外业务合规管理运行机制是指企业为保障企业的经营行为和员工的履职行为符合合规要求、实现企业合规风险防控有效的各类管理做法、管理措施的总称。合规管理运行机制具体包括哪些内容，相关的法律法规以及相关标准的规定存在一定差异，为此，本书选取普遍认可度较高且较为重要的几个机制进行阐述。

1. 合规风险管理机制

电力企业境外业务合规风险是企业主要风险之一，企业境外业务合规管理的目标是有效防范境外业务合规风险，因此，合规风险管理不仅是电力企业境外业务合规管理的核心，也是企业开展各项境外业务合规管理工作的基础，贯穿企业境外业务合规管理的始终。综合《中央企业全面风险管理指引》《风险管理 风险评估计划》《37301合规指南》《合规管理体系 指南》（GB/T 35770—2017）《企业境外合规指引》等规定，合规风险管理流程主要包括合规风险义务识别、合规风险识别、合规风险评估、合规风险应对等内容。

（1）境外业务合规义务的识别

在《37301合规指南》中，合规风险被定义为不遵守组织合规义务的后果和发生的可能性。由此可见，企业在识别、评估境外业务合规风险之前，首先要识别企业境外业务合规义务。根据《37301合规指南》，合规义务分为两大类：合规要求和合规承诺。

① 合规要求。合规要求是企业在开展境外业务时必须遵守的义务，对企业具有强制约束力。其通常来源于境内外的相关外部合规规范，比如，《37301合规指南》规定包括：法律法规、监管机构发布的命令、规则或指南；强制性标准；许可证、执照或其他形式的授权；法院或行政法庭的判决；条约、惯例和协议等。如果违反合规要求，企业将受到来自相关监管机构、相关利益方的制裁和处罚。例如，在欧盟市场，"CE"标志属强制性认证标志，不论是欧盟内部企业生产的产品（如所有通电的产品），还是其他国家生产并出口到欧盟的产品，均须通过"CE"认证并加贴"CE"标志，否则将被监管机构认定为不符合欧盟技术标准而被处以销毁等处罚措施。

② 合规承诺。合规承诺则是企业自愿选择遵守的义务。比如，《37301合规指南》规定包括：企业

与社会团体或非政府组织签订的协议；与公共权力机构和客户签订的协议；与其他组织签署合同产生的义务；企业对自己的要求；企业对质量和环境保护的承诺；企业愿意遵守的相关组织的和产业的标准等。一般地，合规承诺包括伦理道德标准承诺和企业产品服务品质承诺两类[①]。前者为企业就所遵从的伦理道德标准和品质等做的承诺，主要内容有不操纵市场、不欺诈、反腐败、反洗钱、诚信、尊重人权等。例如，企业根据国家市场监管总局《企业境外反垄断合规指引》，就所从事的境外经营活动签发反垄断合规承诺书；后者为企业围绕所提供产品、服务的品质所作出的业务沟通和专业技术的承诺，主要内容有相关方信息沟通、相关方要求识别响应、产品技术标准和改进、产品质量标准、售后服务、产品节能等。合规承诺是企业为赢得境外业务涉及市场各方主体的认可，而自主加压，提出的比法律法规规定的合规要求更高标准的合规义务，尽管企业不遵从合规承诺，一般不会遭受来自监管机构的制裁，但会使企业陷于不诚信的境地，影响企业在境外业务活动中获得交易机会或竞争优势，对企业的经济利益和声誉不同程度地造成负面影响，不利于企业的长久健康发展。

企业识别合规义务，需要基于自身境外业务合规风险管理的目标领域范围，收集适用的所有内外部合规规范，并逐条梳理、分析合规义务，将合规义务区分合规要求和合规承诺后，划归到企业内具体的部门、岗位、流程中，对此，企业可最终形成合规义务清单。

需要注意的是，企业境外业务的合规义务不是一成不变的，企业后续应根据内外部环境变化情况，如合规规范新增、修订、废止的情况，企业内设组织机构、岗位的最新情况，对合规义务清单进行动态维护。在《37301合规指南》中，ISO列举了企业可借以获取涉及更新合规义务有关信息的几种方式：安排专人列入相关监管部门的收件人名单、关注监管部门网站、与监管部门密切沟通、加入团体组织、订阅相关信息服务、参与行业论坛和研讨会、实时关注监管机构的公告和法院判决等。

（2）境外业务合规风险的识别

合规风险，是指企业或其员工在经营管理过程中的不合规行为引发法律责任、造成经济或声誉损失以及其他负面影响的可能性。合规风险识别是发现、收集、确认、描述、分类、整理合规风险，对其产生原因、影响范围、潜在后果等进行分析归纳，最终形成企业合规风险清单，为合规风险分析和评价明确对象和范围[②]。

① 获取合规风险初始信息。企业应在厘清境外业务合规义务的基础上，围绕境外业务的重点领域、重点人员、重点环节，收集合规风险的初步信息。具体方式可以是：问卷调查、合规咨询、审查、审计、报告、考核和违规查处等企业内部途径，或者外部第三方机构咨询、尽职调查、与境外业务所在国中国使领馆、境外业务所在地政府机构沟通、参加行业组织研讨、研究外部案例等企业外部途径。但是，对于中央企业而言，某些识别合规风险的方式是强制性的，企业必须执行。如根据《中央企业境外投资监督管理办法》，从事境外投资的中央企业应委托独立第三方有资质的咨询机构对投资所在国（地区）政治、经济、社会、文化、市场、法律、政策等风险做全面评估。

② 整理加工合规分析初始信息。依据《中央企业全面风险管理指引》（国资发改革〔2006〕108号，简称《风险管理指引》）第17条关于"企业对收集的初始信息应进行必要的筛选、提炼、对比、分类、组合，以便进行风险评估"的规定，企业对获取的风险初始信息进行全面梳理、总结、分析和提炼具有普遍性或典型性特征，对本企业境外业务具有风险警示和风险预防价值的合规风险预警信息。

③ 编制并动态维护合规风险清单。企业应在完成上述合规风险初始信息的整理加工的基础上，编制合规风险清单。在实践中，合规风险清单各式各样，如可以是企业级合规风险清单、部门级合规风

---

① 王志乐.企业合规管理操作指南［M］.北京：中国法制出版社，2017.
② 郭青红.企业合规管理体系实务指南［M］.北京：人民法院出版社，2020.

险清单、岗位级合规风险清单,以及专项合规风险清单。但无论是哪种合规风险清单,清单中可列明合规风险名称、风险描述、风险涉及的合规义务及合规条款、风险涉及的企业内部/外部主体、经营管理活动等内容。

(3) 境外业务合规风险的评估

评估合规风险是指在识别合规风险的基础上,对合规风险进行分析与评价。合规风险评估包括合规风险分析和合规风险评价两个过程。

① 境外业务合规风险分析。根据《央企合规办法》《企业境外合规指引》《合规管理体系指南》的规定,合规风险分析是指对不合规的原因、来源、后果的严重程度、不合规及其后果发生的可能性等的分析。企业进行合规风险分析是为了加深对合规风险的了解,为后续的合规风险评价和应对提供支持。

a. 合规风险可能性分析。合规风险可能性是指企业合规风险发生概率的大小或者发生的频率。对合规风险进行定性可能性分析的,可能性可分为"高、中、低"三个级别,也可细分为"很高、高、中、低、很低"五个级别。分析合规风险定量可能性的,可以围绕企业合规规范完善度、合规规范执行度、合规管理人员培养度、外部监管执行力度、违规行为发生频度五个方面,从合规风险发生概率方面分析,从 0 到 100%。

b. 合规风险后果影响程度分析。合规风险影响程度是指合规风险对企业经营管理和业务发展所产生影响的大小。对合规风险后果影响程度进行定性分析的,后果可分为"严重、一般、轻微"三个级别,也可细分为"很严重、严重、中等、轻微、极低"五个级别。实施合规风险后果影响程度定量分析时,企业可以考虑以下因素:影响的类型,包括财产类损失和商誉损失、企业形象损失、知识产权损失等非财产类损失;影响的严重程度,包括财产损失金额的大小、非财产损失的影响范围、人员伤亡数量、利益相关者的反应等。[①]

② 境外业务合规风险评价。合规风险评价是指将合规风险分析的结果与企业能够承受的风险水平相比较,或者在各种合规风险分析结果之间进行比较,以确定合规风险的等级。常见的合规风险评价结果是将合规风险划归为三个或者四个重要性等级,分别是"重大、中等、较低"合规风险,或者是"重大、较大、一般、低"合规风险。在实践中,企业可以绘制合规风险分布平面图,在图中用不同的颜色标示不同等级合规风险的分布,比如使用"红、黄、绿"三种颜色区域,分别代表"重大、中等、较低"合规风险。用颜色进行区分后,合规风险实现可视化,企业可以清楚地辨识不同颜色区域中的不

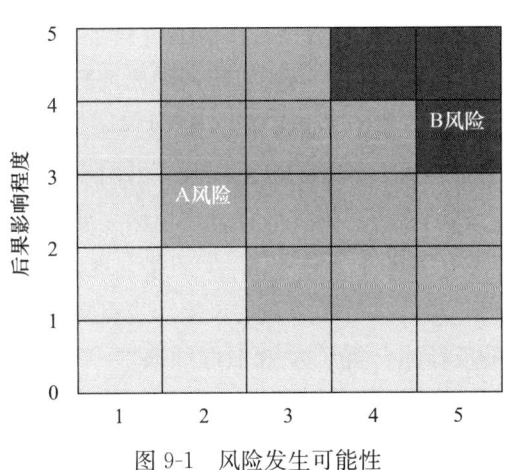

图 9-1 风险发生可能性

同等级风险,那些位于高合规风险区域(如红色区域)里的合规风险更加醒目,有利于企业决策层给予更高关注以及更优先的管控,见图 9-1。

(4) 境外业务合规风险的应对

合规风险的应对是在完成合规风险评估之后,企业选择采取的用以控制和/或化解风险的措施,包括改变风险事件发生的可能性和后果,以及针对合规风险采取的相应对策,消除合规风险或者将合规风险控制在企业可承受的范围。

---

① 郭青红. 企业合规管理体系实务指南[M]. 北京:人民法院出版社,2020.

针对合规风险评估出的各类风险，企业应当制作合规风险应对预案。应对策略依然是在风险管理所包含的"规避、降低、承受、转移"四大策略之中进行选择，具体措施则需要根据境外业务合规风险的具体内容、企业具体业务特点、资源配置情况、外部环境特点等进行设计。常见的措施主要包括：停止风险活动以规避风险；增加风险或承担新的风险以寻求机会；消除具有负面影响的风险源；改变风险事件发生的可能性的大小及其分布的性质；改变风险事件发生的可能后果；保险转移、协议分担风险等。

需要特别注意的是，企业应当区分不同等级的境外业务合规风险，确定风险管理的优先次序，并实施差异化管理。比如，对于企业级的境外业务灰犀牛风险，企业应集中人力、物力、财力进行防控，避免出现"颠覆性"风险问题。对此，企业可全面采取以下应对措施：

① 成立公司级的风险防控领导小组并定期召开会议；

② 明确主责部门与配合部门沟通协作机制；

③ 建立健全企业相关业务管理、监督检查等规章制度和合规手册、指引、业务流程、岗位职责、协议模板；

④ 实施风险日常监测、评估、定期报告（最好月报）和重大风险事件随时报告；

⑤ 与境外业务合规风险涉及的国内监管部门和东道国政府机构、企业、组织充分沟通、协商；

⑥ 研究、整理境外业务合规风险涉及的国内外法律、政策、标准等合规规范、争议解决机制和协议、文件、邮件等信息资料；

⑦ 聘请第三方机构提供专业服务和支持；

⑧ 建立风险舆情管控机制；

⑨ 开展企业相关人员的合规培训；

⑩ 实施风险管控工作情况过程监控、定期绩效考核和复盘总结。

（5）境外业务合规风险的主要内容

境外业务合规风险的主要内容，是指企业在从事境外业务相关活动时可能引发合规风险的因素，识别企业可能触发的合规风险，并对合规风险的出现频率作出判断，这是合规风险管理工作的重要基础。归纳而言，境外业务合规风险主要包括以下内容。

① 反贿赂合规风险。反贿赂合规风险一般来自企业的销售、市场或其他与获得或保有业务相关的部门。当然，行贿风险的风险源也有可能是这些部门的上级主管部门，甚至是企业的最高层领导，这时的反贿赂合规风险就不再局限在一个部门或岗位的局部偶发风险，而是整个企业所面临的系统性风险。

② 保密合规风险。保密合规风险是企业因侵犯国家秘密、商业秘密而产生的风险，既包括企业侵犯我国的国家秘密和其他企业商业秘密的风险，也可能包括企业在境外侵犯东道国国家秘密和境外企业权利人商业秘密的风险。具体而言，保密合规风险包含两个部分。一是企业中能够接触国家秘密或商业秘密的部门、决策人员、维保人员、执行人员，这些内部人员更有机会接触和获取秘密，特别是因为工作原因而掌握或者接触到秘密的关键人员可能会通过监守自盗、非法保存、非法携带、出卖等方式违反国家秘密或商业秘密的合规要求。二是对于与企业存在对立、竞争关系的个人或实体等，有可能通过各种不正当的手段，从企业窃取国家秘密或商业秘密，从而牵连相关企业，触发保密合规风险。

③ 员工舞弊合规风险。员工舞弊是指员工采用欺骗手段谋取私利。一般而言，员工舞弊包括以下几种情形：贪污或者职务侵占、受贿、挪用资产、利益冲突、窃取商业秘密、盗窃实物资产等。就企

业员工舞弊风险而言，直接导致风险发生的部门可能涵盖企业的各个部门或岗位。有的部门或岗位是权力部门或岗位，从而导致其可能滥用手中的权力寻租；有的部门或岗位掌握业务机会从而可能利用这些业务机会为自己谋私利等。

④ 反垄断合规风险。在企业境外经营活动中，最有可能触发反垄断合规风险的部门是销售部、市场部以及这些部门的分管领导。他们出于主观意愿或因为业务压力，与竞争对手签订横向垄断协议或者强迫下游的经销商、代理商接受最低价格或者按既定的转售价格销售产品。此外，因为垄断协议所涵盖的主题还可能包括价格以外的因素，如竞争对手之间达成协议联合抵制某个新技术的开发与运用，因此企业中主管技术开发与运用的职能部门也可能触发反垄断合规风险。与此同时，滥用市场支配地位也是反垄断合规管理的重要环节，而在一个企业中能够有权力去实施这一行为的部门和岗位往往是企业里面对许多重大业务事项有决断力的部门和岗位。

⑤ 反洗钱合规风险。反洗钱是指为了预防通过各种方式掩饰、隐瞒毒品犯罪、黑社会性质的组织犯罪、恐怖活动犯罪、走私犯罪、贪污贿赂犯罪、破坏金融管理秩序犯罪、金融诈骗犯罪等犯罪所得及其收益的来源和性质的洗钱活动。反洗钱合规风险主要包含两方面，一是借助银行等金融机构从事洗钱的个人或企业行为，二是企业因违反反洗钱合规义务的渎职行为。

⑥ 贸易管制合规风险。贸易管制是一个国家为特定的经济和政治目的，通过国内立法和缔结国际条约的方式，限制外国商品进口，并在一定程度上限制本国产品出口的行为。国家对外国商品实施进口限制是为了保护本国相关行业利益、改善本国国际收支状况等。从贸易管制手段来看，进口管制的措施包括关税和其他针对外国商品倾销所实施的反倾销等非关税措施。出口管制的主要措施包括出口许可证制度等多边出口管制。

⑦ 工程承包合规风险。对外承包工程是一项综合性的国际经济合作方式。从事对外工程承包的企业或联合体通过招标与投标的方式，与业主签订承包合同，取得某项工程的实施权利，并按合同规定，完成整个工程项目的合作方式。在对外工程承包项目建设过程中，除了反贿赂合规风险、员工舞弊风险等传统合规风险之外，还可能涉及对外工程承包项目中特有的合规风险，包括招投标违规风险、项目履约合规风险等。对于承包方而言，对外工程承包项目的合规义务来源是由有关文件组成的合同文件，这些合同文件包括招标通知书、投标须知、合同条件、投标书、中标通知书和协议书等，这些合同文件包含承包方必须履行的合同条件。对外工程承包项目内容复杂广泛、工程周期长并且涉及境外工作，导致风险可能触发的因素较多，是相关企业应当重点关注的合规风险。

⑧ 数据安全合规风险。数据安全合规风险包括三方面：一是操作风险，是指由于信息系统、内部控制缺陷或者行为人的疏忽等非主观故意因素而造成损失的风险。例如员工对系统操作规程不熟悉，导致操作失误，在系统运维过程中，也极可能触发数据安全事件。二是欺诈风险，包括外部黑客对企业的欺诈，以及企业内部员工的欺诈。黑客攻击网络的手段也随着大数据、云计算、物联网等新技术、新应用的出现而迭代更新，因此不断出现一些内外勾结的欺诈事件，给企业带来不小的挑战。三是合规处罚风险，指企业因网络安全事件或数据安全违规行为而受到监管部门和相关机关的处罚。

⑨ 财务税收合规风险。企业在国际经营过程中会对本企业可能涉及的国际税收进行筹划，即在满足合规要求基础上事先制定用于减少国际纳税义务的跨国投资经营计划，利用公开合法的手段，达到规避或减轻税收负担目的的经济现象。因此，国际税收筹划已成为跨国企业防范风险、追求利润最大化的一种重要手段。企业需要注意的是，财务税收筹划要建立在合规、合理的基础上，以风险控制和长期筹划为原则，应当确保符合商业实质要求，且不单以税务规避为目的。税收筹划的方法也不能过于激进和创新，尽可能降低相关合规风险。

2. 合规尽职调查机制

（1）合规尽职调查的概念

在企业合规业务中，合规尽职调查是基本方法和必要工具，主要是指企业在开展各项经营活动以及发展第三方合作伙伴时，利用法律、管理、财税等方面的专业分析对其经营活动是否符合法律法规、政府监管规定、行业准则和企业章程、规章制度以及国际条约、规则等要求所进行的专业调查，进而评估和防范外部可能产生的合规风险，为企业管理层提供决策支持。根据前述定义，合规尽职调查的工作目标贯穿于企业经营活动及员工履职行为的各个方面，既包括对企业内部的章程、规章制度的履行情况的核查，也包括对企业外部如法律法规、政府监管规定、行业准则及国际条约、规则的履行及遵守情况的调查。合规尽职调查的目的在于评估并识别目标企业及其员工履行合规义务的情况以及因不合规行为所可能引发的经济或声誉风险。

（2）合规尽职调查的意义

合规尽职调查阶段的工作以识别出目标企业的经营活动、特定业务的开展情况以及员工履职工作的风险作为节点，该阶段形成的结论为企业合规业务的下一步工作提供基础。合规尽职调查是企业合规业务的前置性工作，企业合规业务均应以企业合规尽职调查的工作结果为基础展开。在企业合规业务中应当建立规范的工作流程指引和科学的工作方法，不应当因业务需求相对简单或者工作人员对问题较为熟悉，就贸然在工作开始之初就直奔结论而去，忽略某些工作阶段的具体工作，很容易导致工作结论偏颇、疏漏甚至错误，以及可能导致在工作结论做出后发现存在问题而返工，大大影响工作效率。

合规尽职调查和典型的法律尽职调查工作既有共性、又有一定区别。合规尽职调查在内涵上属于法律尽职调查的一种，其基本的特点、原则和方法与一般的法律尽职调查相似，具备真实性、全面性、重点性、保密性、合法性、独立性的特点。相对而言，合规尽职调查的重点性更加突出。典型的法律尽职调查中更加注重全面性，一般而言会对目标企业进行地毯式的全面搜集信息，从目标企业的基本信息、资产、财税到劳动关系、涉诉等方面进行全面的摸底，进而在目标企业的全面性信息中发现并提示相关风险。因此，典型的法律尽职调查工作范围相对宽泛并且调查的深度相对较浅。而合规尽职调查中更加强调重点性，一般会在合规尽职调查工作开始就有特定的调查目标或者调查范围，有针对性地对某些合规问题或企业现状进行专项、深入调查，这就要求律师在调查中要将相关合规问题进行实质性地查明、并给出确定的调查结论。

其次，合规尽职调查对体系化、标准化、规范性的要求相对更高。随着国际企业合规标准的建立及快速发展，以及企业合规在我国逐渐受到重视，各行业监管部门陆续出台了企业风险管理的指引，如银保监会、证监会陆续出台对金融行业的合规管理要求、国资委颁布的《中央企业合规管理指引（试行）》、各部委联合颁布的《企业境外经营合规管理指引》等，对于企业合规体系提出了较为明确、规范的要求。相信随着经济的发展，该等指引性文件对于合规管理的要求会进一步系统化、更具操作性。这就要求合规尽职调查不应当孤立地看待某类合规问题，应当深刻理解、把握相关规范要求，具备合规管理体系化、标准化、规范性思维。

部分合规业务中可能不需要出具专门的合规尽职调查报告，但即便对于简单的合规咨询业务，其工作内容也应当包括合规尽职调查阶段的工作，应当按照合规尽职调查的工作方法穷尽各类核心事实和法律政策规定，最终所交付的工作成果也必然应包括合规尽职调查阶段的内容及结论，否则该等工作成果将缺乏必要的依据和支撑。

因此，合规尽职调查阶段的工作方法是否得当、调查是否尽责、能否正确识别风险显得异常重要，合规尽职调查的结论能否准确地切中要害，直接决定了合规业务整体工作的效果甚至成败。

（3）合规尽职调查的流程

实践中，可以根据所承接的各类业务的特点，灵活地简化、调整和进一步细化合规尽职调查流程，但应当基于各类业务特点在具体工作开展前建立统一的工作流程，而非由具体操作人员在个案中对工作流程和阶段性工作成果随意进行删减、调整。一般而言，合规尽职调查的流程应当包括以下方面。

① 落实保密工作。一般而言，合规尽职调查对于保密性的要求更高，如果尽调工作涉及对外披露相关信息，企业应当建立严格的保密制度，签订保密协议，明确分工，落实保密责任，并且需要根据各项目的特点明确具体的保密要求，对于调查所获取的资料应当建立文件台账、签署交接记录、留存工作底档，并由专人保管。

② 确定尽调范围。调查工作启动前，需要对调查目标进行初步分析，明确调查工作的范围，并制定行之有效的调查方案。实践中，有的项目在调查启动前，调查目标可能比较笼统和模糊，需要随着调查的进一步深入开展逐步调整、明确调查目标及工作范围，对于此类项目，应当尽量明确可能的调查方向。此阶段应对于目前初步掌握的资料进行研阅，同时对公开信息及法律法规、行业标准等进行检索，以尽快确定、调整调查方向。对于工作中信息不明确、文件缺失等问题制定问题清单，进行若干轮的信息及文件补充工作，以穷尽所掌握的全部信息及材料。对于客户提供的书面文件的原始凭证应进行必要的核查，并记录核查情况。

③ 访谈与外部调查。基于书面文件的审阅，对于仍缺失的信息或者尚待验证的信息，可以视情况组织相关人员访谈。访谈之前应当制作主要问题清单，在访谈时制作访谈笔录，并由访谈人员签署。如果对于必要的事实，通过书面文件、信息以及人员访谈均无法获取的，可以通过外部调查的手段进一步搜集。

④ 法律、政策及专业咨询。根据掌握的事实情况，对相关法律法规进行全面检索，并形成检索报告。如有必要，对于相关行业监管态度及政策信息不清楚的，可以向相关政府部门进行咨询，并制作咨询记录，记录应当载明咨询的时间、咨询方式、咨询人员及沟通过程。对于特别疑难重大的项目或者存在一定专业技术壁垒的项目，如有必要可以进一步委托、咨询专业的中介机构（如会计师、审计师、税务师、背景调查机构、鉴定机构、专家等）出具专门的咨询意见。

⑤ 出具风险识别清单。基于前期工作，初步形成调查目标涉及的主要法律问题及风险识别结果，并出具风险识别清单，该清单应包括风险识别内容及初步结论，并在企业内部进行充分的沟通及讨论后，根据反馈内容对风险识别清单进行不断修正和完善。

⑥ 出具尽调报告。待风险识别清单确定后，撰写全面的调查报告，报告应当包括：调查的事实情况及依据、法律法规及政策现状、存在的合规问题分析及评估。该阶段的工作需要就尽职调查报告的内容与相关业务人员进行频繁的沟通，通过不断修正内容形成尽职调查报告。

（4）合规尽职调查的主要内容

企业境外业务中可能涉及的合规尽职调查内容主要包括以下方面。

① 招投标合规尽职调查。针对境外招投标项目，企业应当查询公开的项目出售信息，了解项目出售要求。通过互联网或签订的合同等方式，确认项目最后成交结果，核对企业在项目中获取的信息是否与公开的项目出售信息相符。针对国际通行要求，项目所在国的合规要求，中国国内企业层面的合规要求等，企业应当调查本次并购文件编写、提交等工作中易发的违规行为，进行合规风险事前提示。

② 东道国合规尽职调查。针对境外项目东道国，企业应当对其国家包括外国投资监管、劳动用工、外汇管理、海关监管、环境保护、反垄断、国家安全审查等方面的法律法规要求进行调查，分析本项

目的合规风险。此外,还应当对东道国涉及的国际组织、相关国家的合规制裁情况进行调查。

③ 境外项目合规尽调。企业应当对拟经营的项目在东道国的合规性,包括但不限于政府层面的投资决策、审批流程,企业持有项目的合规性、合法性等进行分析。此外,还应当对具体的业务活动的合法合规性要求进行分析,包括项目所在国、企业等实体要求和程序要求等。

④ 相关方合规尽调。企业应当对合作方、交易对手、相关政府官员(包括但不限于相关实体可能涉及的股东、实际控制者、子公司或关联公司)的相关情况进行合规尽职调查,包括确认其是否合法设立及存续,企业概况、股权结构、主营业务、财务状况;涉诉涉仲情况、主要高管的状况、企业及高管是否有违法违规、不诚信记录及报道(特别是腐败)、是否有较大的债务、侵权等其他争议纠纷、行政处罚记录等。此外,还应当包括相关方是否受到世行、欧洲投资银行、美国等制裁。

⑤ 协议及文件合规尽职调查。企业应当对本企业对外签署的各类协议等相关文件进行形式和实质内容合规审查,对其他相关方对本企业的合规承诺是否充分进行审查,并对相关文件可能产生的合规风险进行事前提示。

3. 合规管理协同机制

国资委《关于全面推进法治央企建设的意见》第一节要求企业在法治建设中应当坚持权责明确,强化协同配合。即明确企业主要负责人、总法律顾问、法律事务机构、其他部门在推进法治建设中的责任,有效整合资源,增强工作合力,形成上下联动、部门协同的法治建设大格局。基于此,《央企合规办法》《央企合规指引》《企业境外合规指引》均在不同程度上明确了合规管理协同运作机制的重要性,既包括横向层面合规管理与法务管理、内部控制、风险管理之间的协同,也包括纵向层面企业机构、人员之间的上下协同。

(1)合规管理部门协同运作机制

结合《央企合规办法》《央企合规指引》的规定,企业应当根据实际建立健全合规管理与法务管理、内部控制、风险管理之间的协同运作机制,加强统筹协调,避免交叉重复,提高管理效能。合规管理与法务管理、内部控制、风险管理之间的协同联动应当坚持效率和质量兼顾、保密与共享兼顾、协同与分工兼顾、部分与整体兼顾,提升部门协同联动与管理的效率和质量。对于合规管理与企业法务管理、内部控制、风险管理等相关业务与职能部门及人员之间的协同运作,应当遵循以下要求。

① 职责分工协同。企业应当建立法务管理、合规管理、监察、审计、内控、风险管理之间相互协调合作联动的业务流程,明确各部门在协同联动中的职责,保障分工明确、各司其职但又协同联动。

② 业务信息协同。作为企业经营管理信息化、一体化、协同化建设的重要工具,企业经营管理信息管理系统是加强合规管理横向协同联动的有效载体。法务管理、合规管理、内控管理和风险管理系统对企业的审计、监察管理人员开放,并提供相应访问权限,及时调取信息。审计、监察信息管理系统可以根据保密相关规定,对法律、合规、内控、风控管理人员有条件开放,使合规管理人员及时了解企业审计监察数据。

③ 合规信息协同。对于审计和监察部门在履行职责过程中发现的经营管理合规风险,应当及时将风险信息、风险报告、整改措施及意见反馈至合规管理部门。法务管理、合规管理、内控管理和风险管理部门的评估、审查资料则充当企业监察审计的信息资料来源。法务管理、合规管理、监察、审计、内控、风险管理部门应当采取联合办公、联席会议、管理信息同步共享等方式,加强合规信息协同。

④ 合规资源协同。在企业经营管理组织结构中,法务管理、合规管理、监察、审计、内控、风险管理的专业职能存在差异,但在具体开展工作过程中往往会与其他职能产生重合,企业内部管理制度的制定和适用工作需要法律、合规、内控部门提供人员和专业支持;违规举报调查和追责机制则需要

审计、合规、监察管理人员联合开展工作，因此需要在资源配置方面加强横向协同。

⑤ 组织管理协同。企业可以形成常态化会议和工作组织机制，比如设置法律、合规、内控、风险管理一体化工作领导小组和委员会，定期组织召开与检察审计部门的月度联合会议，就涉及合规管理的重大事项进行联合研讨、集体决策、联署办公。对于企业专项风险管理项目、体系有效性评价、重大事项与重点环节合规整改项目等，企业可以组成联合项目小组，分工协作，共同推进。

(2) 合规管理层级协同运作机制

根据国资委《关于全面推进法治央企建设的意见》第二节，企业应当明确企业主要负责人、总法律顾问、法律事务机构、其他部门在推进法治建设中的责任，有效整合资源，增强工作合力，形成上下联动的协同运作机制。所谓"上下联动"，即要求企业构建合规管理层级协同运作机制。

① 企业内部层级协同。根据《企业境外合规指引》第17条，合规负责人和合规管理部门应享有畅通的合规汇报渠道。合规管理部门应当定期向企业决策层和高级管理层汇报合规管理情况。合规管理部门向上级报告的内容包括但不限于：合规风险管理情况、合规培训评价情况、违规行为以及处理情况、企业存在的合规缺陷以及整改情况、企业合规管理工作的有效性评价。对于可能产生重大合规风险的违规行为，合规管理部门应当立即向决策层和高级管理层汇报，进行风险预警，并化解重大合规风险。

② 企业外部层级协同。企业应当根据实际情况加强本企业与集团总部、子公司及分支机构之间的合规管理层级协同机制。企业可以根据实际情况建立与集团总部、子公司及分支机构之间建设一体化法律、合规、内控、风险管理平台，实现集团总部法律、合规、内控、风险管理的层级协同管理。通过协同管理平台，集团内部可以开展合规管理集体培训、考核和合规审查工作，集团总部与子公司的治理机构和相关部门能够实现双向协同，形成集团层面的上下联动。

4. 合规管理审查机制

合规审查是指企业对其规章制度制定、重大事项决策、合同协议签订等各方面经营管理行为的合规性进行审核、检查、评价。合规审查是企业内部日常、专业的合规管理活动，可在事前、事中或事后开展，它是企业境外业务合规管理运行机制的重要组成部分，对于保证企业执行和落实合规规范、合规义务，从源头上有效防控合规风险具有不可替代的重要作用。

(1) 合规审查的依据

企业境外业务合规审查的依据主要包括如下两种类型：

① 外部合规依据。一是国际条约、国际规则、国际组织（如欧盟的制裁决议、世界银行的反腐败指导方针）相关决定文件等；二是国内法律法规、部门规章、司法解释、司法判例、监管规定、行政决定、强制性标准、行业准则、商业实践惯例、诚信道德规范等；三是企业境外业务涉及的其他国家和地区的法律法规、司法判例、监管规定、行政决定、强制性标准、行业准则、商业实践惯例、诚信道德规范等；四是具有一定域外管辖效力的国外法律法规文件，如美国出口管制、反腐败相关文件；五是企业所属控股公司、实际控制人的管理规定。

② 内部合规依据。一是企业章程、股东会决议、董事会决议、经理层决议等；二是企业的规章制度；三是所在行业的自律性协定、自愿性对外承诺等；四是企业对外签订的合同协议、备忘录等；五是企业选择适用的推荐性国家标准、行业标准、自行制定的内部标准。

由此可见，企业开展境外业务合规审查适用的依据外延较宽，因此需事先对其进行识别，确保审查依据的关联、有效、准确、全面和完整。实践中，企业识别合规依据应当注意以下三点：一是可参照《合规管理体系 指南》（GB/T 35770—2017）列举的方法（例如，列入相关监管部门收件人名单、成为专业团体的会员、订阅相关信息服务、参加行业论坛和研讨会、监视监管部门网站、与境内外监管部门会晤、与法律顾问洽商、监视监管声明和法院判决等合规义务来源），全面获取并梳理适用于本企业境外业务的合规管理要求并建立完整的数据库，并对应业务流程、环节、岗位进行分解；二是密切关注合规依据的时效性，及时掌握合规依据的修改、增补、废止情况，适时调整数据库；三是对企业员工开展合规培训，提升其知规用规的意识及能力水平。[①]

（2）合规审查的范围

依据境外业务合规管理全面覆盖原则，合规审查的对象应该包括公司所有的经营管理活动，与此同时，企业需要根据企业内外环境的具体情况，突出抓好以下三个方面的合规审查：

① 重点领域合规审查。就企业境外业务而言，常见的合规审查重点、热点领域有：外商准入（如投资审批、国家安全审查等）、行业监管、贸易管制、外汇管制、土地监管、不动产权利、安全环保、产品质量、劳动用工、财务税收、知识产权、商业伙伴以及数据保护、反腐败、反倾销、反欺诈、反洗钱、反恐怖融资等。实践中，不同的企业，其合规审查的重点领域不尽相同。如，在全球新冠疫情蔓延及国际贸易和政治格局愈发紧张、越来越多的司法管辖区引入或强化其限制外商投资的规则的大背景下，我国海外电力投资企业开展跨国并购时，大概率会在并购之初遭遇投资目的国极为严苛的国家安全审查，企业必然将其列入合规审查予以重点关注。

② 重大事项合规审查。目前，我国有关合规管理的标准、指引、办法等，对于重大事项没有统一定义，如《央企合规办法》第14条规定的是"规章制度、经济合同、重大决策"，企业可结合实际，自行确定境外业务中重大事项的具体范畴。如，一般情形下，企业实施境外电力投资项目时，诸如特许经营协议、购电协议、土地协议、政府担保函/支持函等主体合同的谈判和签署均属于企业的重大事项，需要通过全程嵌入合规审查，进行重点合规管控。

③ 重点环节合规审查。根据《央企合规指引》，重点环节指，制度制定环节、经营决策环节、生产运营环节，以及其他需要重点关注的环节。其中，企业需以合规风险为导向，结合内外部环境，科学界定"其他需要重点关注的环节"。以国际多边金融机构资助的电力项目招标为例，近年来，资格审查阶段的合规性审查日益成为关键内容，多家中资电力工程企业在投标中，因投标业绩和信息披露等的不实陈述，被国际多边金融机构认定为投标欺诈从而施加不同程度的制裁，包括丧失中标机会、在制裁期内取消参加该金融机构出资项目的投标资格，甚至给予联合制裁等，对企业的经济和声誉造成严重损失，成为中资电力工程企业在海外经营中面临的主要合规风险。为此，企业应着重强化由此类投标欺诈不合规引发投标业务合规风险的管控，将对拟提交投标资格文件等投标文件的审查设置为重点环节，强化对其的合规审查。

（3）合规审查的主体

鉴于《央企合规办法》《企业境外合规指引》在对企业内部对企业合规管理设置了"三道防线"，所以负责合规审查的主体宜根据"三道防线"进行划分，包括以下三类部门：

① 业务及职能部门。合规审查不是企业合规管理部门的专属职责，"管业务必须管合规"，作为境外企业合规管理的"第一道防线"，业务及职能部门负责本部门职责范围内企业境外业务的全面合规审查，并突出强化对重点领域、重大事项、重点环节的合规审查。

② 合规管理部门。根据《央企合规办法》，企业合规管理的"第二道防线"即企业合规管理部门，负责对规章制度、经济合同、重大决策进行合规审查。除此之外，企业还可视情况，将企业境外业务

[①] 郭青红．企业合规管理体系实务指南［M］．北京：人民法院出版社，2020．

中的其他重大、重要事项纳入合规管理部门的审查范围。

③ 合规监督部门。企业境外业务合规管理最后一道防线是纪检监察、审计、巡视巡察等监督部门，在其职责范围内对合规要求落实情况进行监督，对违规行为进行调查，并按照规定开展责任追究。

（4）合规审查的实施

一般而言，企业各部门应按照以下顺序履行境外业务合规审查职责。

① 业务及职能部门合规审查。业务及职能部门的合规审查是企业实施合规审查工作的第一步。首先，企业业务及职能部门应对本部门经营管理行为进行全面合规审查。其次，对于根据企业的制度规定，还需提交企业内其他相关部门（如财务、安全环保、审计等）做专业性合规审查的事项，或者虽未有制度规定，但业务及职能部门认为确有必要的，业务及职能部门应当按规定或者主动提交其他相关部门开展专业性合规审查。

② 合规管理部门合规审查。《央企合规办法》明确，合规管理部门负责规章制度、经济合同、重大决策等重要事项的合规审查。因此，中央企业的业务及职能部门在完成前述合规审查后，还应当将属于规章制度、经济合同、重大决策的事项提请合规管理部门作合规审查。当然，无论是哪种类型的企业，均可依据实际，规定需要提交合规管理部门实施合规审查的其他事项。

③ 合规监督部门合规审查。企业的合规监督部门遵循其职责权限，从监督角度对企业经营管理是否符合合规要求进行监督和检查，其既可以是以上提及的事前、事中的专业性审查，也可以是事后的合规审查。

除此之外，企业开展境外业务合规审查时，还需关注以下内容。

① 贯彻党的领导。习近平总书记强调，中国特色现代企业制度，"特"就特在把党的领导融入公司治理各环节，把企业党组织内嵌到公司治理结构之中[①]。《央企合规办法》要求"中央企业应当把党的领导贯穿合规管理全过程"。为此，中央企业实施境外业务合规审查，务必坚持党的领导。具体而言，中央企业境外子企业/机构的重大事项，应当经该单位党组织前置研究。境外子企业/机构未设置党组织的，则应当提交其国内控股公司或者母公司的党组织集体研究决策，切实发挥党组织的领导作用，确保党的领导在境外机构全覆盖。

② 落实首席官履职。中央企业应当严格执行《央企合规办法》的规定，结合实际设立首席合规官，由总法律顾问兼任，本企业境外业务的重大决策事项的审查意见应当由首席合规官把关签字，对决策的合规性提出明确意见，以此保障合规管理负责人全面参与企业境外业务重大决策，在合规审查中发挥关键作用，确保企业有效防控重大合规风险。

③ 编制合规审查操作规则。为使合规审查规范有序开展，确保合规审查质量，避免该项工作流于形式，企业的业务及职能部门、合规管理部门、合规监督部门应当在各自职责范围内，根据企业合规审查依据、合规风险等企业内外部情况，在相关经营管理流程中嵌入合规审查的同时，明确合规审查事项清单以及合规审查的标准、流程和重点等合规审查操作层面的细化规定。

④ 实行上级公司提级管控。国内控股公司或者母公司对于境外子企业相关重要领域、重大业务、重点环节等事项，例如，中央企业"三重一大"事项，境外子企业发债、境外重大资产处置、海外项目代理等，应当要求境外子企业/机构除完成本单位合规审查外，还需进一步上报控股公司或者母公司相关部门进行合规审查。但需注意的是，企业须采取有效措施，避免或防控因此类提级管控而可能引发的法人人格否认风险。

---

① 郝鹏. 新时代国有企业改革发展和党的建设的科学指南[J]. 求是，2022（13）.

⑤ 实行合规审查前移。一般情况下，合规管理部门的合规审查常位于业务及职能部门合规审查之后，属于发挥第二道防线作用。但如果合规审查涉及企业境外业务的重点领域、重大项目、重大事项等，企业宜将合规管理部门的合规审查前置到该重大项目或者事项的启动阶段，甚至贯穿始终，实现合规管理部门事前、事中和事后的全过程合规审查。

⑥ 设置合规审查关口前移。一般情况下，合规管理部门的合规审查常位于业务及职能部门合规审查之后，属于发挥第二道防线作用。但如若合规审查涉及企业境外业务的重点领域、重大项目、重大事项等，企业宜将合规管理部门的合规审查前置到该重大项目或者事项的启动阶段，甚至贯穿始终，实现合规管理部门事前、事中和事后的全过程合规审查。

⑦ 明确相关保密规定要求。企业应对境外业务相关业务和信息是否属于国家秘密或企业商业秘密以及对应的秘密等级保持高度的敏锐性，企业应依法依规建立健全保密规章制度，采取有效保密措施，确保开展合规审查时，有关信息、资料在国内外的安全流转和办理，切实履行保密义务，严防涉密事件发生。

⑧ 引入外部合规审查机制。因企业境外业务的开展往往涉及遵守境外业务所在地的法律法规、司法判例、监管规定等。为此，企业可结合实际，制定聘请当地独立第三方机构（如律师事务所、会计师事务所）实施合规审查的内部制度，促进企业科学合理安全利用外部资源，让外部合规审查与企业内合规审查互相补充、互为助益。

5. 合规举报调查机制

（1）合规举报机制

企业实施境外业务合规管理，除通过开展合规风险管理、合规审查等工作外，针对常规监测较难发现的企业员工或相关第三方刻意违规、隐蔽违规风险，企业还应当根据《37301合规指南》《央企合规办法》《企业境外合规指引》《关于加强和规范事中事后监管的指导意见》等的规定，结合自身特点和实际情况，建立和完善合规举报机制，以便及时揭示潜在或隐藏的已发生的违规行为，从而保障企业合规管理体系的有效运行。

综合国内外有关合规管理的各种规定、指南、标准的相关内容，企业建立高效的境外业务合规举报机制，具体可以从以下方面入手：

① 建立畅通的举报渠道。企业应确立企业内外部人员就其对企业境外业务活动中的任何合规问题向企业进行举报的方法、流程、程序。企业常见做法有：设立专门的举报热线或邮箱并通过企业网站、企业微信公众号等渠道对内对外广而告之；在企业营业场所安置举报箱；明确企业受理举报的主体，如管理层、企业内设相关部门等。

② 建立有效的保护制度。企业应采取一切必要的保护措施，保障举报人免遭报复，减少、消除举报人的后顾之忧。具体而言，相关措施包括但不限于：允许匿名举报、制定严格的保密纪律、控制知悉人员范围、设定回避政策、禁止企业直接或间接地以任何形式打击报复举报人、严惩泄密者和打击报复者、不予公开奖励等。

③ 建立适当的激励机制。为鼓励企业职工、客户或第三方积极举报与本企业相关的违法违规行为或疑似违法违规行为，企业可分别从两个维度对举报实施一定力度的激励：一是对于参与违规活动员工的勇于纠错、主动举报，企业可视情况从轻、减轻或免除责罚；二是对于不存在违规行为的企业内外部人员主动吹哨、实施举报，企业可根据举报为企业避免或挽回损失等的情况，给予相应奖励。例如，举报人是国外客户的，企业可为其评定更高的资信等级，优先考虑提供更多的商业机会；举报人是企业员工的，企业的奖励方式可以是发放奖金、提供职务待遇、奖励物质礼品等。

④ 营造良好的举报环境。企业应当通过向员工、社会积极宣传企业最高决策机构、高级管理层支持、鼓励举报的态度，为举报工作提供必要的人、财、物资源保障，确保举报受理、处置的独立性，及时进行举报反馈等工作，积极营造良好的举报氛围，促使企业内外的"吹哨人"乐于发声、敢于发声，为企业强化、落实境外业务合规管理、防控合规风险提供强有力的支撑。

(2) 合规调查机制

根据《央企合规办法》第24条、《企业境外合规指引》第20条的规定，企业针对受理的境外业务合规举报，应当进行调查，为此企业须建立相应的合规调查流程，并明确具体的工作内容、标准和要求，以保障调查工作规范有序开展，具体可从以下几方面进行考虑：

① 初步研判是否调查。对于已受理的举报，企业在初步核实举报的真实性，是否有明确的举报对象，是否属于合规调查的范畴等情况后，做出调查或不予调查的决定。

② 制定调查方案。企业合规调查归口管理部门应当根据举报问题的不同性质、严重以及复杂程度、敏感性、牵涉面等，有针对性地制定专项合规调查方案，方案通常需要明确：

参与调查的企业部门和人员。企业应主要基于相关部门职责与举报内容的关联性来选择参与调查部门，并综合考虑个人能力、专业知识、时间分配等因素确定适当的调查人员，同时必须确保其与被调查案件不存在利益冲突。

是否需要外部独立第三方机构。如有必要，企业可聘请具备法定资质，经验丰富的机构协助调查。

调查团队的分工。企业可将调查人员分成若干小组，明确任务分工，各司其职，形成工作合力。

调查遵守的原则。如以事实为依据、以法律为准绳；保障被调查人员的合法权益；宽严相济、惩戒与教育相结合；客观中立、清正廉洁、保守秘密等。

调查的对象和需要查明的问题。企业应梳理举报线索，列明需要查证的相关事实，以及具体向谁进行调查核实。

调查的方法和措施。如核查文件、询问访谈人员等；

调查工作的时间安排、顺序。企业应统筹每项调查任务的起始、完成时间、先后顺序，保障调查顺利推进。

③ 实施合规调查。企业通过实施合规调查，收集相关信息、获得有关证据。企业在调查中，常需关注调查举报线索的全面性（如围绕"5W原则"，即时间、地点、参与人员、事件起因、事件情况进行调查分析[①]）、获取证据的关联性、真实性和完整性、调查取证的先后顺序、技巧，并应当就调查保密、证据形式、证据保存、调查文件归档等提出具体要求。

④ 制作调查报告。企业调查终结后，合规管理调查人员应当制作调查报告，对调查结论进行解释说明。调查报告应当包括对违规事件的具体陈述、调查采取的措施情况、调查收集的证据情况等。调查报告仅涉及事实部分，因此不得包含结论和处理意见等价值判断性内容。此外，调查报告的流转、接收、存储、归档应当采取保密措施，确保合规调查工作全程闭环。

在合规调查实施后，调查团队应当及时制作并形成书面的调查报告。一般而言，调查报告应当简明扼要、重点突出，其内容集中于案件线索信息、调查前期的审批流程、合规调查过程、调查的事实情况、相关证据、调查结论及处理建议等。需注意，对于举报失实的，调查人员应及时建议企业启动澄清正名程序，维护被调查对象的声誉、消除有关负面影响。

6. 合规追责问责机制

无论是《企业境外合规指引》，还是《央企合规办法》，均对企业的合规追责问责提出要求。《企业

[①] 王志乐. 企业合规管理操作指南[M]. 北京：中国法制出版社，2017.

境外合规指引》第 21 条规定，企业应建立全面有效的合规问责制度，明晰合规责任范围，细化违规惩处标准，严格认定和追究违规行为责任。《央企合规办法》第 24 条和第 25 条规定，企业应当对举报问题进行调查和处理，对造成资产损失或者严重不良后果的，移交责任追究部门；对涉嫌违纪违法的，按照规定移交纪检监察等相关部门或者机构。企业应当完善违规行为追责问责机制，具体而言，企业需要明确合规管理追责问责的处置措施和实施方式。因此，企业对于经合规调查核实的境外业务中的违规行为，应持"零容忍"态度，须通过制定内部规范、制度等建立相关追责问责机制并加以严格执行，坚决做到有规必依、执规必严、违规必究，筑牢企业员工和相关方"不敢违规"的屏障，有力维护境外业务合规管理的严肃性和权威性。

一般情况下，企业境外业务合规追责问责机制主要包括：明确追责依据，以及明晰追责范围、权限、流程、内部追责或移送外部追责的标准、方式等。

对国有企业而言，其开展境外业务违规追责问责的依据通常来自国家相关法律法规、规章以及有关政府部门的监管文件。根据国有企业追究责任的不同，追责问责依据可划分为三种类型：追究违规经营责任的依据，例如，国资委《中央企业违规经营投资责任追究实施办法（试行）》《中央企业境外投资监督管理办法》《监察法》等；追究违反党纪责任的依据，包括党章和党内法规，例如《中国共产党纪律处分条例》；追究职务违法违规责任的依据，例如《监察法》及其实施条例。国有企业实施违规处置，应当严格执行前述依据规定，做好区分合规管理牵头部门和企业纪检监察部门违规追责问责职责权限，明确违规追责的范围以及不同违规行为所对应的问责标准、处置程序、处置方式、移送标准等各项工作。同时，如相关内容依据未做要求，或者规定相对原则、抽象的，则企业还需结合实际，通过制发企业制度，进行细化明确。

非国有企业对本企业境外业务中相关违规人员的问责处置，主要依据内部规章制度，企业可以参考国家法律法规等合规规范制定本企业这类规章制度。

（四）电力企业境外业务合规管理保障机制

1. 合规管理计划

依据《37301 合规指南》有关 PDCA 循环等的规定，电力企业在推进境外业务合规管理时，需要先行制定合规管理计划，确定企业境外业务需要应对的风险和机会，明确合规目标以及如何实现这些目标等内容，这样提前明晰工作思路，有利于确保企业境外业务合规管理有条不紊地开展，对实现预期目标，防范并减少负面影响、实现持续改进具有重要作用。

（1）境外业务合规管理计划的种类和内容

① 年度合规管理计划。国家标准《合规管理体系 指南》（GB/T 35770—2017）第 6.5.1 条规定，组织的合规管理体系宜包括所必需的文件化信息，例如年度合规计划。年度合规计划是企业年度合规管理的总体安排。编制年度合规管理计划，首先是设定合规目标，并在此基础上，运用 5W2H 策划全年的合规管理具体需要做什么、为什么做、谁去做、在哪儿做、什么时候做、怎么做、需要什么资源等内容。其中，"关于做什么"是从全面合规的角度，围绕合规管理体系十三个构成要素[①]（具体包括：合规方针、合规组织、合规风险管理、合规制度与流程、合规审查、合规管理评估、合规审计、合规考核与评价、合规培训与宣传、违规管理与问责、合规管理计划与合规报告、合规信息管理系统、企业合规文化）进行设计安排。

---

① 郭青红. 企业合规管理体系实务指南[M]. 北京：人民法院出版社，2020.

② 专项合规管理计划。专项合规计划是指在年度合规计划之外，企业针对专项合规管理事项制定的单独计划。专项合规管理事项一般来源于企业对某一合规管理领域设定的专门合规安排，也可能以上级合规管理指示或者临时产生的重大合规风险为依据确定。[1]

（2）境外业务合规管理计划的制定和调整

① 合规管理计划的制定。合规管理计划一般应由企业的合规管理部门牵头起草。合规管理部门在起草过程中应当进行充分调研，包括总结上一年度合规管理情况，识别公司目前阶段的合规义务和合规风险，了解公司合规管理需求等。合规管理计划草案应当根据公司内部文件审批流程，例如，《央企合规办法》规定须经经理层批准。对于监管较为严格的行业，企业可能还需要根据行业监管机构的要求履行合规管理计划备案程序，如《商业银行合规风险管理指引》第26条就规定了商业银行的合规风险管理计划报送流程。

② 合规管理计划的调整。企业在实施合规管理计划的过程中，可能会根据合规要求、合规义务、合规风险等的变化情况对原计划进行优化调整。企业可定期核查合规计划的适用性、充分性和有效性，并有针对性地对合规管理计划进行修订，以确保企业合规管理体系建立健全并有效运行。

2. 合规管理文化建设

根据《37301合规指南》和《合规管理体系 指南》（GB/T 35770－2017），合规文化是指贯穿整个组织的价值观、道德规范和信念，与组织的结构和控制系统相互作用，产生有利于合规成果的行为准则。合规文化反映了企业的治理层、管理层、员工与其他相关方对合规管理的整体意识和态度。合规文化不仅是企业合规管理体系的基本构成要素，同时也是企业文化的重要组成部分。电力企业开展境外业务合规管理，必然要培育企业合规文化，只有让"人人合规、事事合规"的依法合规经营理念厚植于每个员工心中，合规才能成为全员的行为准则和自觉行动，从而有效保障企业境外业务合规管理体系建设、运行的真正落实。

（1）合规文化的主要内容

从合规管理的国内外的标准、指引、办法等来看，企业合规文化的基本内容，主要包括合规物质文化、合规行为文化、合规制度文化、合规精神文化等内容[2]。

（2）合规文化的培育方式

企业境外业务合规文化的培育，并非一日之功，企业可结合实际，采取以下多项措施，并坚持不懈，久久为功，以确保收到实际效果：

① 明确企业合规价值观。企业通过在官网发布合规宣言（中英文）、组织企业内外关键人员签订合规承诺等方式，向企业中方和外籍员工、重要的境外业务商业伙伴等清晰传递企业对于合规管理必要性、重要性等的认识，以及企业落实有关合规管理要求、追求合规管理相关目标的态度。

② 落实领导者合规示范。企业最高领导者充分发挥在构建境外业务合规文化中的决定性作用，以身作则、率先垂范，带头倡导和坚持合规管理理念，积极遵守合规规范，给予企业境外业务合规管理工作最大的支持和保障。

③ 实施企业员工合规培训。"以全面覆盖、重点突出、分级分类、创新形式"为原则，在事前充分调研培训需求的基础上，面向全体新老员工、中外籍员工持续进行合规培训，围绕境外业务所涉相关

---

[1] 参见杨俊：《企业事后合规有效性的评估审查要素及验收规则》，北京大成（上海）律师事务所，载大成刑辩网http://criminallaw.dachenglaw.com/results/699.html，访问时间：2022年10月13日

[2] 参见闫建军、孙伟、罗瑶：《新规下，企业合规文化如何建设》，元正盛业律师事务所，载元正盛业法律资讯http://www.yzsylaw.com/articles/show/361，访问时间：2022年10月15日

国内外合规要求，针对重点国别/地区、重大项目/事项、重点岗位，着重抓好重点和热点领域合规管理、重点合规风险防控的相关培训，针对不同层级、不同岗位、不同国籍的员工，设计实施内容贴近其日常履职和业务特点且有所侧重的差异化分类分层培训，以提升培训的有效性，帮助全员切实树立、增强合规意识，掌握、提高合规管理的各项技能。

④ 举办商业伙伴合规培训。企业推动将境外业务商业伙伴的合规培训纳入企业整体合规宣传教育培训体系。企业可区分不同国别/地区、不同合作类型、不同合规风险等级的商业伙伴，组织开展内容针对性强、形式多样的合规培训（如反腐败、反欺诈等），引导和帮助商业伙伴形成能与企业相匹配的合规管理理念和合规管理水平。

⑤ 组织企业外部合规宣传。向境外业务的相关利益相关方和社会各界特别是东道国/地区的监管部门广泛宣传企业合规管理理念，积极塑造企业依法合规生产经营的良好形象。

⑥ 建立企业合规反馈沟通机制。企业建立合规咨询、投诉热线等，便利企业内外各方就相关合规问题、信息及时与企业进行沟通交流。

⑦ 建立企业合规绩效考核体系。企业定期和不定期考核相关内设机构、员工、境外子企业的落实合规管理工作情况，将合规考核与绩效工资、评优评先或者境外业务合作伙伴选用等挂钩。

⑧ 健全企业合规奖惩机制。企业在合规管理考核的基础上，对合规表现优异的企业中外籍员工、企业内设机构和外部合作伙伴等单位和个人给予公开表彰和奖励，反之，予以公开批评和惩戒。

3. 合规管理信息化建设

随着技术的飞速发展和成熟，电力企业将传统的管理模式逐步转型为数字化管理模式已成必然趋势。合规管理作为企业管理三大支柱之一，同样也需要电力企业借助区块链、大数据、云计算、人工智能等新一代信息技术，推动合规管理的信息化、数字化、智能化，通过数字赋能，不断提升企业合规管理工作的效率和效能。

（1）合规管理信息系统的内容和功能

① 合规管理信息系统的内容。在信息化不断深入发展的背景下，企业管理信息系统成为企业经营管理过程中不可或缺的技术工具。与财务、人力、采购、内控等管理信息系统一样，合规管理信息系统也逐渐因企业合规管理工作的强化而成为管理信息系统体系的重要组成部分。结合《央企合规办法》第33条规定，合规管理信息系统包括但不限于以下内容：

a. 合规制度。包括适用于企业经营管理的法律法规、监管规定、行业标准、国际规则等外部合规管理规范；也包括公司章程、企业规章制度、企业标准等内部合规管理规范。

b. 典型案例。包括与企业生产经营和管理相关的指导案例、司法文书、执法处罚案例、行业违规案例、企业内部违规通报案例等。

c. 合规资料。包括合规管理相关的学术论文、实务指南、操作手册、咨询报告等辅助合规管理人员进行合规分析的研究资料；也包括制裁数据、管制清单、实践报告、经验分享、行业惯例等应用性较强的实践资料。

d. 企业信息。企业可根据实际情况设定合规管理信息系统的企业内部合规管理信息的范围，需在上传相关信息前判断传输至信息系统的合规信息是否属于限制传输的保密信息。企业信息包括但不限于如下合规管理信息：合规管理格式文件、内部合规审查意见、风险识别和评估信息、合规管理组织和制度信息、合规管理评价信息、违规管理信息等。

② 合规管理信息系统的功能。合规管理信息系统通过数字化方式，赋能企业合规管理体系建设，有助于提高合规管理的效率和质量、增强合规管理工作过程的透明度、完善合规风险管理的评估方法。

此外，在企业各层级组织之间，合规管理信息系统加强了企业各层级之间的横向、纵向联系，使企业员工提升了合规主动性；在企业与集团内其他企业之间，合规管理信息系统便于总部开展远程指导工作，提高了集团总体合规管理水平。具体而言合规管理信息系统有如下功能：[①]

a. 知识管理。合规管理信息系统以数字化方式将各类合规制度、典型案例、合规资料、企业信息等合规知识存储并共享至平台，便于员工根据自身需求进行检索和查询，同时还能够帮助技术管理人员统计和分析系统使用情况。

b. 风险管理。合规管理信息系统运用大数据等技术，储存并及时更新风险清单，能够实现对重点领域、重点环节的实时动态监测，从而帮助企业快速应对合规风险。

c. 流程管理。企业在梳理各项业务流程的基础上，识别合规风险点，并将合规要求和管控措施直接以系统化、信息化方式嵌入电子业务流程，使业务在运行过程中随时掌握合规管理情况。

d. 制度管理。由于各层级的合规管理要求较为复杂，合规管理信息平台提供的检索、查询、比对功能帮助企业员工降低非必要的时间成本，使员工及时了解合规管理要求。此外，企业内部管理制度在系统上及时发布、修订、废止和收集补充意见，也极大提高了工作效率。

e. 合规审查。企业的合规审查涉及多个方面，包括但不限于对公司重大决策、重大项目、重大合同文件、大额投资、规章制度、日常经营业务管理等事项的合规审查。合规管理信息系统将企业的合规审查工作以数字化、标准化、清单化形式呈现，减少企业员工的沟通成本，使企业合规审查实现高效透明。

f. 违规管理。企业可以在合规管理信息系统中搭建违规事件举报处理平台，通过该平台可以及时受理企业内违规事件举报案件，并实时公开违规事件处置进展及相关监管措施。企业员工的失信违规情况也可以作为记录在平台上进行通报，在企业范围内起到良好的警示作用。

（2）合规管理信息系统的实施和维护

① 合规管理信息系统的实施。合规管理信息系统作为企业的信息技术支持项目，宜根据企业项目管理的相关要求进行部署和实施，具体包含如下流程：

a. 项目立项。企业合规管理信息系统项目团队应当根据企业项目管理相关规定，申报项目和项目建设预算，并按照企业内部审批流程要求履行审批程序，经企业项目负责人批准后开展工作。

b. 项目计划。项目团队应当首先制定合规管理信息系统的项目计划，计划应当在充分研究、讨论的基础上合理制定，并按照确定的计划有序推进工作。

c. 项目研讨。在前期工作的基础上，项目团队应当与企业内部各层级、各部门进行密切沟通和协作，明确各部门对合规管理信息系统的建设需求和拟实现的功能目标。此外，项目团队还需要与外部技术人员、服务机构等专家进行合作对接，确定合规管理信息系统的建设细节。

d. 技术部署。在人员、技术、经费等资源配备完备后，项目团队应根据建设方案具体开展技术部署，选择安全高效的软硬件设施，输入合规管理相关的基础信息，并根据调试情况及时排除缺陷和技术问题。

e. 验收培训。合规管理信息系统初步建设完成后，项目团队应当对系统进行测试、检查，同时根据用户使用反馈情况及时更新、完善。项目团队还应当根据企业具体情况，开展合规管理信息系统使用培训，帮助企业人员掌握和熟练使用系统。

② 合规管理信息系统的维护。合规管理信息系统在正式投入使用后，企业技术人员应当及时对合

---

① ［美］斯蒂芬·哈格. 信息时代的管理信息系统. 颜志军译. 北京：机械工业出版社，2016.

规管理信息系统进行维护和完善，可委派技术专员或合规管理人员对系统进行专门管理，确保系统能够有效运行。合规管理信息系统在维护过程中，应当注意以下事项：一是合规管理信息更新速度快，为了保证企业使用系统时能够获取最新的信息和资源，避免因信息不对称而导致合规管理出现错误和矛盾，应当确保信息时刻保持更新。二是合规管理信息系统可能搭载较多企业内部信息和商业秘密，因此应当对系统的网络安全、数据保护、访问权限、防御系统等进行维护，必要时根据安全情况提升保护级别。三是由于合规管理信息系统可能会根据企业实际经营管理情况和业务变化而进行升级和扩展，因此应当确保合规管理信息系统具有良好的扩展性和延伸空间。四是对于合规管理信息系统中的自动化检测、风险预警和分析等功能，应当进行定期测试和优化，确保系统提供的数据和分析意见能够正确指导企业的合规管理工作。

（3）合规管理信息系统的一体化建设

国资委发布的《关于全面推进法治央企建设的意见》第2节要求，中央企业应当加快提升合规管理能力，探索建立法律、合规、风险、内控一体化管理平台。此外《中央企业合规管理指引》第4条要求，企业应当推动合规管理与法律风险防范、监察、审计、内控等工作相统筹、相衔接，确保合规管理体系有效运行。基于此，企业应当对现有管理信息平台与合规管理信息平台进行测试与诊断，根据国家要求探索将合规管理信息系统与企业财税管理、内控管理、人力管理、采购管理等信息系统深度融合，使合规管理与其他信息系统相互衔接、互通共享，避免企业合规管理出现重叠、矛盾的情况。

4. 合规管理评估机制

电力企业开展境外业务合规管理工作是否有效、科学、真实，需要借助一定的判断标准进行明确，即建立电力企业境外业务合规管理评估机制。评估机制包括考核机制和评价机制两部分，前者侧重于对本企业内部的合规管理绩效进行分析、考察；后者则侧重于对境外业务合规管理体系和相关工作的有效性进行综合分析、考察。

（1）合规管理考核机制

合规管理考核主要是对企业各部门及管理人员和员工的合规管理绩效进行的评价、考核，是企业合规管理体系的重要构成要素，也是合规管理保障的重要措施之一，能够帮助员工树立正确的业绩观，激发员工参与企业合规管理的积极性，有效促进企业全面提升合规执行力。

《企业境外合规指引》第18条和《中央企业合规管理办法》第28条均规定了有关合规管理考核的内容，要求企业开展合规管理考核，并将考核结果作为企业绩效考核的重要依据，与评优评先、职务任免、职务晋升以及薪酬待遇等挂钩，企业应就考核制定相关的合规管理基本制度。

合规管理考核可以是集团公司或控股公司自上而下组织开展的考核，也可以是企业实施的自我评价考核，无论是哪一种形式的考核，企业均可以制定单独的合规绩效考核机制，也可将合规考核融入总体的绩效管理体系中。

企业境外业务合规管理考核的流程主要有：

首先，企业应结合实际，制定具体量化的境外业务合规考核指标。考核指标应基于不同的考核对象，例如，位于不同国别或者所负责的海外投资项目处于建设、运营等不同阶段的境外分支机构，高级管理人员和员工，业务部门和职能部门，部门和人员等，进行差异化设计。例如，对于境外业务涉及员工的合规考核，考核内容包括但不限于按时参加合规培训，严格执行合规管理制度和流程，积极支持和配合合规管理机构工作，及时汇报合规风险，是否发生违规行为及违规行为的性质、发生次数、危害程度的具体情况，是否及时有效纠正违规行为以及落实合规管理整改措施等。而针对境外分支机构的合规考核，考核内容则可以是领导是否重视合规管理，是否及时组织合规培训，参加有效培训的员工的比例，境外业务合规管理制度、流程的执行情况，是否按上级公司要求开展合规自查、报告合规风险等工作，有无被东道国监管机构给予合规处罚或制裁，有无及时排查、识别并妥善应对合规风险，是否存在不合规问题及其后果、纠正情况，就公司合规管理在东道国或者与其他国际组织宣传及沟通的情况等。

其次，企业应围绕考核指标收集合规管理考核信息。合规管理考核信息可来源于内部和外部（如企业各部门、员工、境外分支机构、境外合作伙伴、东道国监管机构、国际组织、境外中介机构等）。

再次，企业应当对收集的合规管理考核信息进行分类、分析和评估，在与被考核对象进行充分沟通后，制作合规管理考核报告，考核报告涵盖考核依据、考核主体、考核对象、考核时间、考核评价方法、流程、考核结果、优秀的做法和经验、发现的合规问题及整改建议等。

最后，企业应合理运用合规管理考核的结果，把其与企业的绩效管理挂钩，作为企业各部门或者境外分支机构评优评先的重要依据，以及员工评优、提薪、晋升等的一项重要指标，同时，表彰和奖励合规管理优秀的部门、境外分支机构和员工，督促问题整改并落实责任追究。

（2）合规管理评价机制

本处所指合规管理评价是指对企业境外业务合规管理体系有效性的评价，该项工作是企业境外业务合规管理体系闭环管理的重要组成部分，对于企业查找境外业务合规管理可能存在的问题，在后续持续改进合规管理体系，不断提升企业的风险防范能力和合规管理水平具有极为重要的保障作用。

① 合规管理评价的依据和分类。国有企业或者其他类型企业实施境外业务合规管理体系有效性评价的依据包括《37301 合规指南》第 10.2 条、《中央企业合规管理办法》第 22 条、《央企合规指引》第 22 条、《企业境外合规指引》第 27 条，以及国内相关部门和机构出台的有关合规管理的其他文件。从合规管理评价的范围和内容上分析，可以划分为全面合规管理评价与专项合规管理评价；按照合规管理评价的频率，可以划分为定期评价、临时评价和反复评价；根据评价机构的级别来划分，可以划分为集团评价、同级评价和自我评价。[1]

② 合规管理评价的原则和标准。不同的企业，合规管理千差万别，这决定了企业境外业务合规管理体系有效性评价应当针对不同企业有所差异。为此，企业可围绕合规管理体系的设计、执行、效果和改进四个维度，以符合性、全面性、有效性、独立性为评价原则、以 PDCA 循环，即 Plan（计划）、Do（执行）、Check（检查）和 Act（处理）为评价路径，在吸收借鉴国内外合规评价标准、规范和实践经验的基础上，设计出既符合企业实际和国内合规要求、又能根据具体需要符合国外合规要求的境外业务合规管理体系评价指标。关于前述合规管理评价的四个原则，可以分别做如下理解：

a. 符合性：评价企业境外业务合规管理体系的设计是否符合企业内外部因素，兼顾成本与效率，并根据变化持续调整和改进，是否满足企业合规风险管控需求，以及有利于企业预期合规目标的实现。

b. 全面性：评价活动应贯穿企业境外业务的全员、全领域、全过程，评价指标应系统全面。

c. 有效性：评价应针对企业境外业务合规管理的环境（如，高层认识、制度建设、资源保障、文化培育等）、合规管理履职、合规管理制度和流程的运行、合规风险防控、企业合规管理提升改进等方面情况进行判断。

d. 独立性原则。实施评价活动的牵头部门或机构应独立于业务部门，做到分离和中立。

此外，截至目前，可供企业参考的国内外合规评价标准、规范主要包括：

a. 国外层面：全面评价可参考美国《联邦量刑指南》要求企业制定的《有效的合规与伦理方案》、

---

[1] 郭青红. 企业合规管理体系实务指南［M］. 北京：人民法院出版社，2020.

美国司法部《企业合规体系有效性评价》《37301合规指南》；专项评价可参考美国司法部《企业合规方案评估》（反腐败合规评价适用）、《反垄断刑事调查中的企业合规方案评估》（反垄断合规评价适用）、世界银行集团《诚信合规指南》（诚信合规评价适用）。

b. 国内层面：全面评价可参考最高人民检察院、司法部、财政部、生态环境部、国务院国有资产监督管理委员会、国家税务总局、国家市场监督管理总局、中华全国工商业联合会以及中国国际贸易促进委员会等九部委《关于建立涉案企业合规第三方监督评估机制的指导意见（试行）》《〈关于建立涉案企业合规第三方监督评估机制的指导意见（试行）〉实施细则》《涉案企业合规建设、评估和审查办法（试行）》；中国企业评价协会《企业合规管理体系有效性评价》（T/CESS 002—2022）；中国中小企业协会发布的《中小企业合规管理体系有效性评价》（T/CASMES 19—2022）；中国证券业协会《证券公司合规管理有效性评估指引（2021年修订）》。

（3）合规管理评价的方法和流程

合规管理评价的方法包括但不限于现场访谈、文本审阅、问卷调研、能力测试、抽样统计、穿行测试、系统数据测试等。实施合规管理评价的流程主要包括：

① 成立评价工作小组；

② 研究制定评价方案；

③ 研究构建评价指标体系；

④ 发出评价通知；

⑤ 使用前述方法开展评价；

⑥ 对评价情况进行反馈沟通，形成评价结论；

⑦ 制作合规评价报告，履行企业审批程序；

⑧ 发出整改通知；

⑨ 监督落实整改；

⑩ 将整改情况纳入下次评价范围。

第三节　境外领域合规管理经典案例

（一）A公司违反美国出口管制禁令案

1. 案情介绍

A公司是中国领先的通信设备上市公司，主营通信、数据及网络业务。早在2013年，美国监管机构已经在调查A公司违反美国出口管制规定的情况，A公司为规避美方监管，制定《进出口管制风险规避方案》，并找到一家上市公司作为隔断公司，代替A公司跟伊朗进行进出口交易。

2014年，美方截获了A公司《关于全面整顿和规范公司出口管制相关业务的报告》和《进出口管制风险规避方案》的两份机密文件。文件描述了A公司通过设立、控制和使用一系列"隔断"公司绕开美国出口管制的方案，而且明确记载了如何出口产品到禁运国家，又能有效躲过美国核查的做法。

2016年3月，美国因A公司违反了《美国出口管理条例》和《伊朗交易与制裁条例》，将A公司列入"实体名单"。2016年3月7日，A公司向美国政府提出和解，美国政府聘用第三方进驻调查，但是A公司在调查过程中，试图隐瞒相关信息，导致美方对A公司提出的三项指控不仅包括串谋非法出口，还包括阻挠司法以及向联邦调查人员做出虚假陈述。

2017年3月23日，A公司与美国政府就出口管制调查案件达成和解协议。A公司同意支付8.9亿美元的刑事和民事罚金。作为和解协议的一部分，A公司同意解职其4位高级员工，并对35名其他员工减少奖金或处分。一旦A公司违背了该和解协议的任何方面，该禁制令就会被立即激活。

2018年3月13日，美国发函告知A公司，由于A公司违反了和解协议中对员工进行处理的条款，对A公司的待定制裁会生效。美国商务部评估了A公司的回应，认为A公司进行虚假陈述、多次违反美国出口管制法、干扰司法调查活动，最终签署对A公司实施禁令的文件。2018年4月17日，美国商务部激活禁制令，正式宣布将禁止美国公司向A公司销售零部件、商品、软件和技术7年，期限至2025年。

2018年5月22日，中国和美国方面就解决A公司的争议问题达成大致框架方案，协议将解除美国公司向A公司销售零部件和软件的禁令。若完成商讨，将解除限制美国企业向A公司销售零部件和软件的禁制令。而A公司将要被迫对管理层和董事会进行调整并缴纳一定数额的罚金。2018年5月25日，美国商务部解除对A公司的销售禁令，并通报美国国会。美国商务部部长罗斯表示，在寻求对A公司制裁以外做法，可能包括安插商务部指派的人员进入A公司并组成合规部门，定期向商务部报告。2022年3月3日A公司收到美国法院发出的庭审指令，内容为通知公司参加关于缓刑期撤销的听证会。2022年3月22日A公司收到法院判决，裁定不予撤销A公司的缓刑期且不附加任何处罚，并确认监察官任期将于原定的2022年3月22日（美国时间）结束。随着美方法院的判决，不仅宣告了美国对于A公司的7年缓刑期终于结束，更意味着A公司终于摆脱了纠缠了7年之久来自美方的制裁。到此为止，A公司出口管制案得以告一段落。

2. 合规建议

贸易合规是企业合规管理的重要领域。A公司被美国处罚的背景发生在中美贸易摩擦大背景下，给中美贸易谈判带来了不利影响。A公司用数十亿美元甚至企业的生存作为代价换来了深刻的教训，即我国企业国际化经营，要把合规作为企业国际化战略的基石。合规经营，应该是企业制定"走出去"战略的前提与硬性条件约束，值得我国"走出去"的企业铭记。一是推动合规从高层和企业文化做起。只有当企业文化强调诚信与正直，并且董事会和高级管理层做出表率，合规才最为有效。二是对企业员工进行定期针对性培训。应对企业员工与高层领导进行与出口管制和制裁相关的法律法规及企业相关政策的定期与定制培训，并对关键部门如销售、采购、研发和供应链等开展针对性培训，将员工违反出口法律法规的风险降至最低。三是合规部门应该在组织原则上保持独立性。不论一家企业如何组织其合规部门，该合规部门都应该是独立的。同时，应该由一名集团合规官全面负责合规风险管理。而且，合规部门有向高级管理层，必要时，向董事会或董事会下设的委员会自由报告的权利。四是推动企业合规管理制度的落地，要能够及时、全面、公正地调查并妥善解决任何指控或潜在的违反出口管制的行为，及时制定一套可供操作的标准化流程，特别是加强具体管控措施的执行程序。如果企业有合规制度但不去执行，可能比没有合规制度更糟糕。五是建立一套详细的交易程序，对所有交易项目进行分析和分类，以评估它们是否可能是美国产品，是否需要出口许可证。同时企业应确保涉及出口管制项目的交易由合规人员标记和处理。此外，对于所有项目，应该有程序来对所有交易中各方进行筛选和归类，例如哪些属于实体名单，哪些属于名单范围。六是要进行定期审计或评估。为了确定和解决书面程序与实际执行之间的不一致问题，定期审计或评估程序可能包含以下内容：使用经验丰富的内部和外部审计人员，法律和贸易控制合规人员；内部检查和核查通常应涉及交易层面和流程层面的合规工作审查，特别强调高风险领域；以及审计或评估后的报告，制定纠正措施和后续程序。

（二）B公司违反国家市场竞争规则案

1. 案情介绍

B公司是美国知名通信公司，在中国开展业务已逾20年。B公司在中国国内的业务涵盖手机、集成电路、互联网等众多行业。2013年11月，根据国内外一些企业的举报，国家发展改革委对B公司在北京和上海的两个办公地点进行了调查，调取了相关文件资料，同时向包括手机制造企业、芯片制造企业等国内外众多企业发出了协助调查的通知。随后，B公司否认其存在国家发展改革委指出的"滥用市场支配地位、收取不公平的高价许可费"等问题。2014年8月，国家发展改革委表示，已经确定B公司的垄断事实。2014年8月22日，B公司表示，愿就国家发展改革委调查关注的问题"作出改进""将进一步努力寻求最终解决方案"。2014年12月，时任国家发展改革委价监局局长许昆林表示，B公司案"已经进入处罚阶段"，预计调查很快将结束。

2015年2月10日，国家发展改革委网站上公布了针对B公司反垄断调查和处罚的结果，B公司在CDMA、WCDMA、LTE无线通信标准必要专利许可市场和基带芯片市场具有市场支配地位，实施了收取不公平的高价专利许可费、无正当理由搭售非无线通信标准必要专利许可、在基带芯片销售中附加不合理条件等滥用市场支配地位的行为。据此，国家发改委对B公司处以其在我国市场2013年度销售额8%的罚款（约合60.88亿元人民币），责令B公司停止违法行为并进行整改。

2. 合规建议

企业反垄断合规是合规管理的重点领域，企业在开展全球化经营时，其生产经营活动面临来自全球反垄断机构的监管；针对同类型的垄断行为，企业将面临全球各个执法机构各自处罚的风险。同时，企业应注意避免违法行为，拥有自主知识产权的企业，尤其是掌握标准及专利的企业，要注意公平、合理、非歧视地行使知识产权，避免在行使知识产权过程中从事强制捆绑搭售、拒绝许可、附加不合理限制条件、歧视许可等行为。

① 制定便于执行的反垄断合规政策。为防控反垄断风险，企业首先应在其内部普及反垄断法相关知识、建立防控反垄断风险的各项规章制度，并采取措施监督其有效执行。一套内容完备且便于执行的反垄断合规政策是达到上述目标的前提和基本保障。

② 梳理识别反垄断风险点。一般而言，企业面临的涉及反垄断风险的领域主要包括与竞争对手的交往（涉及横向垄断协议）、与客户的交往（涉及纵向垄断协议）、对市场支配地位的滥用和可能导致排除或限制竞争的经营者集中等几个方面（经营者集中主要涉及企业进行的并购、合资、合作等特定项目。限于篇幅，本书暂不涉及针对经营者集中的讨论）。企业应尽快着手在相关的业务流程中设置控制措施，以便对反垄断风险进行管控。

③ 开展反垄断合规培训。反垄断法的价值在于防范垄断行为、维护市场竞争秩序、保护消费者利益。对于企业员工而言，这些理念未免过于抽象和遥远，难以直接转化为对其日常行为的约束，这就需要企业组织有效的反垄断合规培训，以使反垄断法的理念和要求真正为员工所理解，并成为指导其日常工作的准则。

④ 做好应对执法机关监管的准备。各国反垄断执法机关有权进入被调查企业的营业场所或其他有关场所进行检查、询问相关人员、查封扣押证据、查询相关银行账户。面对执法官员，企业应提前做好应对策略，确定责任部门和责任人，制定现场调查的准备和协调、现场调查过程中的注意事项，以及现场调查结束后应完成的工作等一系列流程要求，明确告知员工在执法机关现场调查期间可以从事

和禁止从事的行为。

(三) C公司、D公司违反世界银行投标规则案

1. 案情介绍

根据世界银行相关规定，企业在参与世行项目时，投标企业如果实施涉嫌欺诈、腐败等可被制裁行为，可能会被世界银行列入黑名单，禁止在一定时间内参与世行项目。C公司及其20家附属公司因违反采购指南条款于2017年4月被列入世行黑名单，制裁期为15个月。世行的调查显示，C公司在某基础设施工业安置建设项目中，为了满足投标要求，提交虚假合同（包含虚假工期，虚假合同金额）。世行在评标阶段取消了C公司投标资格。

此外，2015年5月29日，世行宣布禁止D公司若干子企业参与世界银行拨款项目，禁令期限不等。这些企业在独立投标相关项目时，违反了世界银行关于禁止同一集团旗下多家实体重复投标同一项目的投标规定。根据世行与D公司签订的协议，D公司下属三家子企业承诺与世界银行诚信团队合作，并按要求启用与世行诚信合规守则一致的公司合规计划。

2. 合规建议

企业在参与世界银行的招标项目时，若被发现存在腐败、欺诈、共谋、胁迫、妨碍等问题可能会落入黑名单制裁范围。这不仅对企业的当期经营业绩产生重要影响，还会对企业的信用、声誉带来不良影响，从而影响企业的长期绩效。因为企业被世界银行列入黑名单后，其他国际银行或者企业可以通过信息共享和检索查到企业的违规历史，导致企业在涉外信贷与合作中受到限制，影响企业国际化发展。

① 积极应对世界银行制裁。世界银行制裁程序通常包括调查、制裁、合规改进、解除制裁几个阶段。实践中，企业因处置不当而被加重制裁或未能如期解除制裁的案例并不少见，主要原因是企业面对世界银行调查和制裁时往往缺乏足够的专业研判和应对能力。为有效应对世界银行调查和制裁，企业应掌握应对调查和解除制裁两方面工作的基本原则和关键做法。应对调查，企业应重点做好专业团队组建和内部调查两项工作，对世界银行问询应积极回应、适当配合，同时充分行使正当权利，根据实际情况通过申诉程序或和解方式处置。当企业被制裁时，解除制裁就成为企业应对工作的中心任务。通常，被制裁企业须采取合规改进措施并经合规监督官审查通过后才能解除制裁。

② 建立完备的廉政合规体系。世界银行可以根据一定条件解除企业的制裁，前置条件是受制裁企业有效建立并实施符合《世界银行集团廉政合规指南》标准的诚信合规计划。制裁并非在制裁期满后就自动解除的。有企业错误地认为，一旦制裁期届满，世界银行就会自动将其从制裁名单中移除。事实上，若被制裁企业未如期开展合规改进工作或在制裁期满未及时提出解除制裁申请，将面临制裁期延长或被加重制裁的结果。实现解除制裁目标正确的工作程序是：企业实施合规改进，经合规监督官审查通过后以书面形式向世界银行廉政合规官提交解除制裁申请。世界银行评定达标，方视为解除制裁。

(四) E公司违反国家反贿赂规定案

1. 案情介绍

E公司是国内规模较大的跨国医疗企业，主营药物及疫苗研发业务。E公司为打开药品的销售渠道和提高药品的销售价格，利用举办学术会议和借助旅行社等渠道，向政府官员、医药行业协会、医院

工作人员和医生等行贿。在掌握确凿证据后，公安部指示公安机关立案侦查，于 2013 年 5 月 27 日和 7 月 10 日组织两次集中抓捕行动，在北京、上海、南京等地对 E 公司的部分高管和多家旅行社工作人员采取了刑事强制措施。

经过初步的审讯，E 公司的犯罪嫌疑人对犯罪事实供认不讳。企业运营总经理等部分高管通过旅行社，以虚增会议规模等手段进行套现。旅行社按照不成文的默契协议向部分高管以支付现金等方式行贿。除了高管使用一定的费用，销售人员还通过虚开和虚构会议的方式套现，用以行贿政府官员、专家和医生等。2013 年 7 月 15 日，E 公司发布致歉声明，表示公司支持中国政府根除腐败的决心和医疗改革，对 E 公司的商业行贿行为感到羞愧。同时表示，公司某些员工及机构的欺诈和不道德行为严重违背了 E 公司的规章制度、管理流程、价值观和标准，E 公司对此类行为绝不姑息和容忍。E 公司被判处罚金人民币 30 亿元，这是迄今为止中国因企业商业腐败开出的最大罚单，E 公司中国高管等被告人被判处有期徒刑 2 到 3 年。

2. 合规建议

合规管理制度的建立和完善是一项系统性的工程，合理有效的合规管理制度有利于企业经济活动的有序进行，防止和纠正企业各种差错的发生，对于企业内部人员的商业贿赂行为也有一定程度的抑制作用。

① 完善企业的合规管理环境。合规管理环境建设是企业合规管理的重要前提和基础，是企业合规管理体系建设的重要组成部分。企业的合规管理体系应当建立在一个强调沟通和交流的企业文化上，只有这样，合规管理体系才能为企业员工所认同，员工才可能在发现企业合规管理存在某些缺陷时愿意并能够和企业高层沟通，从而发挥每一位员工的力量，完善企业合规管理制度，使合规管理制度更加有效。E 公司的商业贿赂行为不是个人行为，而是群体的行为，如果企业的某一位员工愿意将企业运作体系中的漏洞及时地反映给公司高层，就可以避免此次商业贿赂行为的发生。

② 设置健全的组织机构。企业设计组织结构时需要建立合规组织体系，使企业的每一项经济业务都经过两个及以上的部门或人员处理，每一个部门或单个人都必须与其他部门或个人的工作相联系，从而相互监督和制约。同时科学地划分权责关系，赋予合规管理实质性的内容，可以调动各方面的积极性，提高合规管理的质量和效果。E 公司的员工在审核医药代表们的报账时，只是简单地审核发票的类型和数额是否符合公司规定，至于报账内容是否属实则不予考虑，没能保证账实相符。因此，E 公司的组织机构的设置，没能很好地达到内部牵制的效果，企业员工权责也不统一。

③ 完善外部监督体系。企业合规管理制度的有效实施需要外部监督，完善外部监督体系，可以弥补企业合规管理制度的不足。企业合规管理机构和人员由于固有的思维惯性，无法发现企业长期存在的合规管理缺陷。因此，企业应当不定期聘请外部机构对企业进行审计，由独立的专业审计人员对企业的生产流程和制度进行审计，可以更客观地对企业合规管理进行评价，识别企业合规管理中存在的缺陷从而采取相应的方法予以改进。

从表面上看，该案件是企业对商业合作伙伴合规管理不到位而造成的。从深处追究，我们会发现，E 公司不是没有合规管理体系，而是有较完整的合规管理体系。但是，管理层为了追求业绩，没有制止甚至参与了商业腐败，导致合规管理体系出现了系统性的坍塌。确保公司合规管理体系得到有效落实，最高管理层以身作则，支持合规管理，对腐败采取零容忍态度非常重要。